W9-ANQ-223

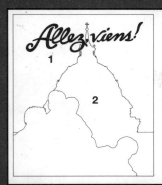

Front cover:

1 An intricate French lace pattern

2 The dome of Les Invalides, a hospital founded in 1670 by King Louis XIV to treat his injured soldiers, now a war museum and the site of the tomb of Napoleon I

Back cover:

Three students in Chartres purchasing baguettes, a staple of the French diet

Holt French Level 3

Allez, viens! ®

With Integrated Multimedia

Emmanuel Rongiéras d'Usseau

HOLT, RINEHART AND WINSTON
Harcourt Brace & Company

Austin • New York • Orlando • Atlanta • San Francisco • Boston • Dallas • Toronto • London

AUTHOR

Emmanuel Rongiéras d'Usseau
Le Kremlin-Bicêtre, France

Mr. Rongiéras d'Usseau contributed to the development of the scope and sequence for the chapters, created basic material and listening scripts, selected realia, and wrote activities.

CONTRIBUTING WRITERS

Jayne Abrate
The University of Missouri
Rolla Campus
Rolla, MO

Judith Ryser
San Marcos High School
San Marcos, TX

CONSULTANT

John DeMado
Washington, CT

REVIEWERS

Deana Allert
U.S. Peace Corps volunteer
Senegal, 1991-1992
Berkeley, CA

Donna Clementi
Appleton West High School
Appleton, WI

Donald Doehla
Vallejo Senior High School
Vallejo, CA

Amina Elaisammi
Embassy of the Kingdom of Morocco
Washington, DC

Zohra Ben Hamida
Tunisian Information Office
Washington, DC

Joseph F. Herney
Briarcliff High School
Briarcliff Manor, NY

Sam Leone
Freehold Township High School
Freehold, NJ

Patricia Norwood
University of Texas at Austin
Austin, TX

Joann K. Pompa
Mountain Pointe High School
Phoenix, AZ

Marc Prévost
Austin Community College
Austin, TX

FIELD TEST PARTICIPANTS

Marie Allison
New Hanover High School
Wilmington, NC

Gabrielle Applequist
Capital High School
Boise, ID

Jana Brinton
Bingham High School
Riverton, UT

Nancy J. Cook
Sam Houston High School
Lake Charles, LA

Rachael Gray
Williams High School
Plano, TX

Katherine Kohler
Nathan Hale Middle School
Norwalk, CT

Nancy Mirsky
Museum Junior High School
Yonkers, NY

Myrna S. Nie
Whetstone High School
Columbus, OH

Jacqueline Reid
Union High School
Tulsa, OK

Judith Ryser
San Marcos High School
San Marcos, TX

Erin Hahn Sass
Lincoln Southeast High School
Lincoln, NE

Linda Sherwin
Sandy Creek High School
Tyrone, GA

Norma Joplin Sivers
Arlington Heights High School
Fort Worth, TX

Lorabeth Stroup
Lovejoy High School
Lovejoy, GA

Robert Vizena
W.W. Lewis Middle School
Sulphur, LA

Gladys Wade
New Hanover High School
Wilmington, NC

Kathy White
Grimsley High School
Greensboro, NC

To the Student

Some people have the opportunity to learn a new language by living in another country. Most of us, however, begin learning another language and getting acquainted with a foreign culture in a classroom with the help of a teacher, classmates, and a textbook. To use your book effectively, you need to know how it works.

Allez, viens! *(Come along!)* is organized to help you learn French and become familiar with the cultures of people who speak French. Each chapter presents concepts in French and strategies for learning a new language. This book also has three Location Openers set throughout the francophone world.

Location Opener You'll find three four-page photo essays called Location Openers that introduce different French-speaking places. You can also see these locations on video and on CD-ROM.

Chapter Opener The Chapter Opener pages tell you the chapter theme and goals, and outline what you will learn to do in each section of the chapter.

Mise en train *(Getting started)* and **Remise en train** *(Getting started again)* These illustrated stories show you French-speaking people in real-life situations, using the language you'll learn in the chapter.

Première and **Deuxième étape** *(First* and *Second Part)* The chapter is divided into two sections called **étapes**. At the beginning of each **étape**, there is a reminder of the goals for this part of the chapter. Within the **étape** are **Comment dit-on... ?** *(How do you say . . . ?)* boxes that contain the French expressions you'll need to communicate and **Vocabulaire** and **Grammaire/Note de Grammaire** boxes that give you the French words and grammatical structures you'll need to know. Activities in each **étape** enable you to practice the new expressions, vocabulary, and structures and thereby develop your skills in listening, reading, speaking, and writing.

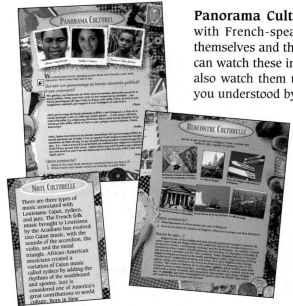

Panorama Culturel *(Cultural Panorama)* On this page are interviews with French-speaking people from around the world. They talk about themselves and their lives, and you can compare their culture to yours. You can watch these interviews on video or listen to them on audio CD. You can also watch them using the CD-ROM program, then check to see how well you understood by answering some questions about what the people say.

Rencontre Culturelle *(Cultural Encounter)* This section, found in nine of the chapters, gives you a first-hand encounter with some aspect of a French-speaking culture.

Note Culturelle *(Culture Note)* In each chapter, there are notes with more information about the cultures of French-speaking people. These notes might tell you interesting facts, describe common customs, or offer other information that will help you learn more about the French-speaking world.

Lisons! *(Let's read!)* The reading section follows the two **étapes**. The selections are related to the chapter themes and help you develop your reading skills in French. The **De bons conseils** *(Helpful advice)* boxes in this section are strategies to improve your reading comprehension.

Ecrivons! *(Let's write!)* will develop your writing skills. Each chapter will guide you to write a composition related to the themes of the chapter. The **De bons conseils** box will help you develop a specific writing strategy.

Mise en pratique *(Review)* The activities on these pages practice what you've learned in the chapter and help you improve your listening, reading, and communication skills. You'll also review what you've learned about culture.

Que sais-je? *(Let's see if I can . . .)* This page at the end of each chapter contains a series of questions and short activities to help you see if you've achieved the chapter goals. Page numbers beside each section tell you where to go for help if you need it.

A good way to get ready for this year of French study is to review and practice what you learned before.
1. Use the flashcards you've made to review vocabulary and expressions. Pay close attention to those you use the most.
2. Look at the charts in the back of this book to refresh your memory on important grammar points.
3. With a classmate, practice short conversations on the topics you learned about last year.

Tu te rappelles?
...nd ce que?
...wed directly by a verb.
...c'est leurs masques.
• ...e comprends pas ce qui est important.
• Ce que is an object and it is usually followed directly by a subject.
Ce que j'adore, c'est le jazz.
Je ne sais pas ce qu'elle fait.

Vocabulaire à la carte
un acteur/une actrice
un(e) assistant(e) social(e) — a social worker
un(e) banquier (-ière)
un(e) dessinateur (-trice) — a commercial artist
un(e) diplomate
un(e) électricien(ne)
un(e) fonctionnaire — a government employee
un juge
un mannequin — a model

A la française
...peakers often begin a sentence with a
...pronoun like il, elle, or ça and then repeat
...n subject at the end of the sentence for
...is. Look at these examples: C'est fou
...il est grand, cet éléphant! or Ça doit être
...que, la savane.

Si tu as oublié
family vocabulary
va à la page R17

You'll also find special features in each chapter that provide extra tips and reminders.

De bons conseils *(Advice)* offers study hints to help you succeed in a language class. **Tu te rappelles?** *(Do you remember?)* reminds you of expressions, grammar, and vocabulary you may have forgotten. **A la française** *(The French Way)* gives you additional expressions to add more color to your speech. **Vocabulaire à la carte** *(Additional Vocabulary)* lists extra words you might find helpful. These words will not appear on the quizzes and tests unless your teacher chooses to include them. You will also find helpful stamps called **Si tu as oublié** to reference material you might have forgotten.

Vocabulaire *(Vocabulary)* On the French-English vocabulary list on the last page of the chapter, the words are grouped by **étape**. These words and expressions will be on the quizzes and tests.

You'll also find French-English and English-French vocabulary lists at the end of the book. The words you'll need to know for the quizzes and tests are in boldface type.

At the end of your book, you'll find more helpful material, such as:
- a summary of the expressions you'll learn in the **Comment dit-on... ?** boxes
- a list of review vocabulary
- additional vocabulary words you might want to use
- a summary of the grammar you'll study
- a section of additional activities to practice the grammar you'll learn
- a grammar index to help you find where structures are presented

Allez, viens! Come along on an exciting trip to new cultures and a new language!

Bon voyage!

Explanation of Icons in *Allez, viens!*

Throughout *Allez, viens!,* you'll see these symbols, or icons, next to activities. They'll tell you what you'll do with that activity. Here's a key to help you understand the icons.

 Listening Activities This icon indicates a listening activity. You'll need to listen to the CD or your teacher to complete the activity.

 CD-ROM Activities Whenever this icon appears, you know there's a related activity on the *Allez, viens! Interactive CD-ROM Program.*

 Writing Activities You'll see this icon next to writing activities. The directions may ask you to write words, sentences, paragraphs, or a whole composition.

 Pair Work Activities Activities with this icon are to be done with a partner. Both you and your partner are responsible for completing the activity.

 Group Work Activities If an activity has this icon next to it, you'll complete it with a small group of classmates. Each person in the group is responsible for a share of the work.

Contents

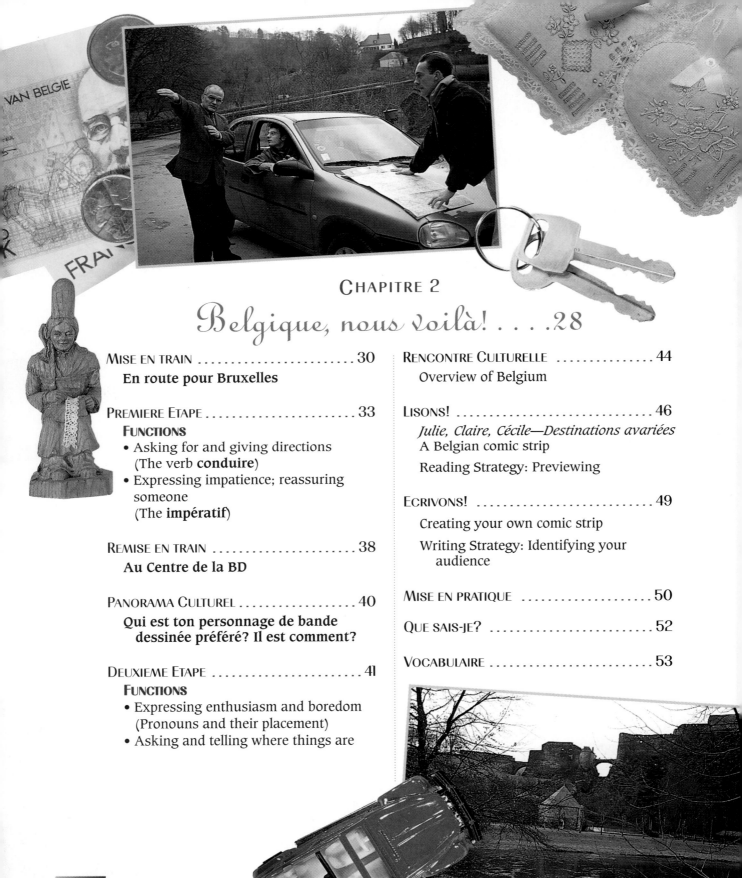

CHAPITRE 2

Belgique, nous voilà! 28

CHAPITRE 3
Soyons responsables! 54

CHAPITRE 4
Des goûts et des couleurs 80

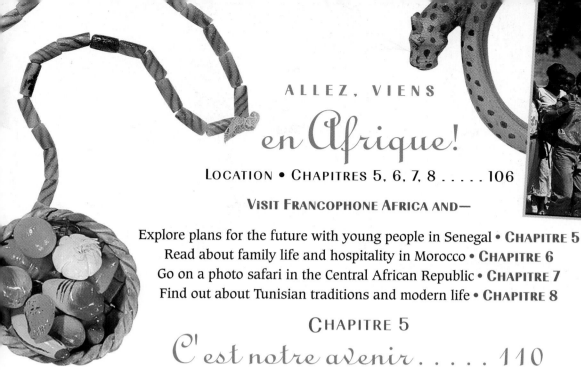

ALLEZ, VIENS

en Afrique!

VISIT FRANCOPHONE AFRICA AND—

Explore plans for the future with young people in Senegal • CHAPITRE 5
Read about family life and hospitality in Morocco • CHAPITRE 6
Go on a photo safari in the Central African Republic • CHAPITRE 7
Find out about Tunisian traditions and modern life • CHAPITRE 8

CHAPITRE 5

C'est notre avenir 110

xi

CHAPITRE 6

Ma famille, mes copains et moi 136

CHAPITRE 7
Un safari-photo 162

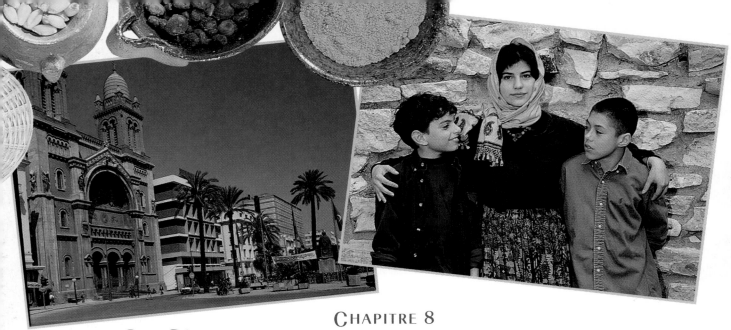

CHAPITRE 8
La Tunisie, pays de contrastes 188

ALLEZ, VIENS

en Amérique!

**VISIT FRANCOPHONE NORTH AMERICA
AND THE CARIBBEAN AND—**

CHAPITRE 9
C'est l'fun! 218

CHAPITRE 10
Rencontres au soleil 244

CHAPITRE 11
Laissez les bons temps rouler! 270

VISIT A GATHERING OF NATIONS
AT THE OLYMPICS AND—

Meet athletes
from around the world
• CHAPITRE 12

CHAPITRE 12
Echanges sportifs et culturels . . . 296

REFERENCE SECTION

Cultural References

PARKS

REGIONAL DIFFERENCES

SHOPPING

SPORTS

TECHNOLOGY

TRAVEL

La France

ANGLETERRE

PAYS-BAS

Mer du Nord

La Manche

Dunkerque
Calais
Lille

BELGIQUE

ALLEMAGNE

LUXEMBOURG

Le Havre
Rouen

Reims

Meuse

Caen

Seine

Nancy

Strasbourg

LES VOSGES

Paris

Brest

Chartres

Colmar

Rennes

Orléans

Dijon

Nantes

Loire

Tours

Saône

LE JURA

SUISSE

F R A N C E

Poitiers

Vichy

Lyon

Océan Atlantique

Limoges

Clermont-Ferrand

Grenoble

ITALIE

LE MASSIF
CENTRAL

LES ALPES

Bordeaux

Rhône

Garonne

Avignon
Arles
Aix-en-Provence

Nice
Cannes

MONACO

Montpellier

Marseille

Toulouse

Biarritz

LES PYRÉNÉES

Mer Méditerranée

ANDORRE

N
O   E
S

ESPAGNE

Corse

Ajaccio

France, les régions

Nord-Pas-de-Calais

Haute-Normandie

Picardie

Basse-Normandie

Bretagne

Paris ✪
Île-de-France

Champagne-Ardenne

Lorraine

● Strasbourg

Pays de la Loire

● Chenonceaux

Centre

Bourgogne

Alsace

Franche-Comté

Poitou-Charentes

Limousin

Auvergne

● Morzine

Rhône-Alpes

Aquitaine

● Biarritz

Midi-Pyrénées

Languedoc-Roussillon

Provence-Alpes-Côte d'Azur

L'Europe francophone

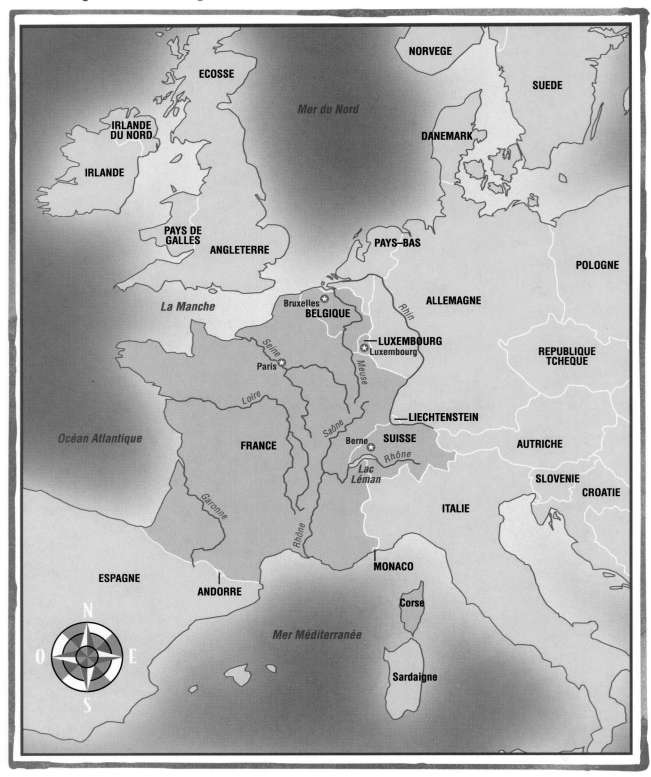

NORVEGE

SUEDE

ECOSSE

Mer du Nord

IRLANDE DU NORD

DANEMARK

IRLANDE

PAYS DE GALLES

ANGLETERRE

PAYS-BAS

POLOGNE

La Manche

ALLEMAGNE

Bruxelles
BELGIQUE

Seine

LUXEMBOURG
Luxembourg

Rhin

Paris

Meuse

REPUBLIQUE TCHEQUE

Loire

LIECHTENSTEIN

Océan Atlantique

Saône

Berne

SUISSE

AUTRICHE

FRANCE

Rhône

Lac Léman

SLOVENIE

CROATIE

Garonne

ITALIE

Rhône

MONACO

ESPAGNE

ANDORRE

Corse

Mer Méditerranée

Sardaigne

N O E S

L'Afrique francophone

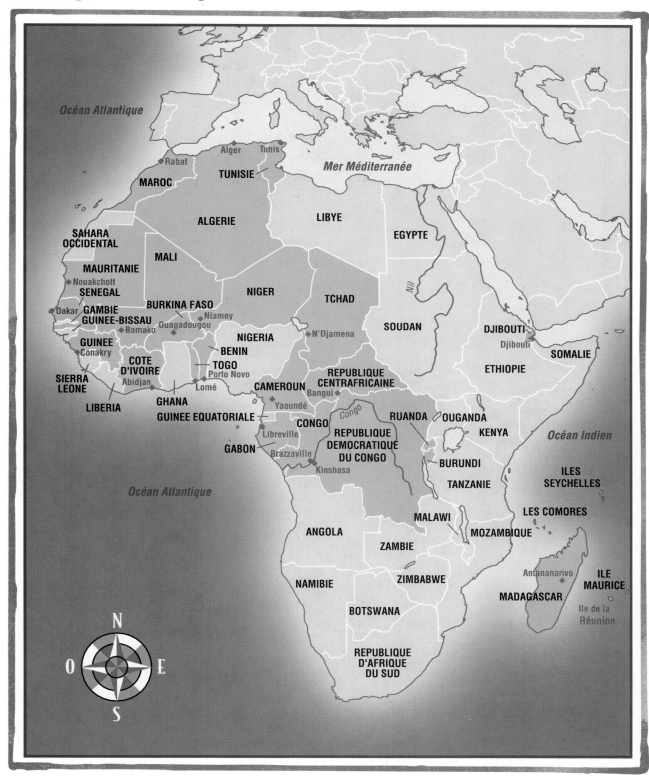

Océan Atlantique

Mer Méditerranée

Alger
Tunis
Rabat
TUNISIE
MAROC
ALGERIE
LIBYE
EGYPTE
SAHARA OCCIDENTAL
MALI
MAURITANIE
Nouakchott
SENEGAL
NIGER
TCHAD
SOUDAN
DJIBOUTI
Dakar
GAMBIE
BURKINA FASO
Niamey
Ouagadougou
Djibouti
GUINEE-BISSAU
Bamako
N'Djamena
SOMALIE
GUINEE
NIGERIA
Conakry
BENIN
ETHIOPIE
COTE D'IVOIRE
TOGO
Porto Novo
REPUBLIQUE CENTRAFRICAINE
SIERRA LEONE
Abidjan
Lomé
CAMEROUN
Bangui
LIBERIA
GHANA
Yaoundé
RUANDA
OUGANDA
GUINEE EQUATORIALE
Congo
KENYA
Océan Indien
CONGO
REPUBLIQUE DEMOCRATIQUE DU CONGO
Libreville
GABON
Brazzaville
BURUNDI
Kinshasa
TANZANIE
ILES SEYCHELLES
Océan Atlantique
LES COMORES
MALAWI
ANGOLA
MOZAMBIQUE
ZAMBIE
Antananarivo
ILE MAURICE
ZIMBABWE
NAMIBIE
MADAGASCAR
Ile de la Réunion
BOTSWANA
REPUBLIQUE D'AFRIQUE DU SUD

N O E S

L'Amérique francophone

Le Monde francophone

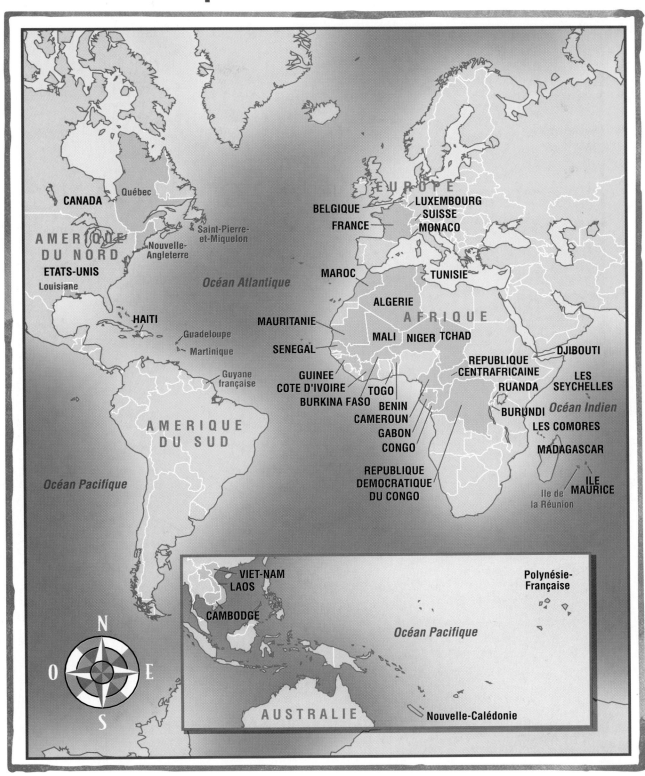

Allez, viens en Europe francophone!

La ville de Genève au bord du lac Léman

L'Europe francophone

	La Belgique	La France	La Suisse
Population	10.200.000	56.600.000	7.200.000
Superficie (km²)	30.527	543.965	41.285
Capitale	Bruxelles	Paris	Berne
Autres villes importantes	Liège	Lyon	Zurich
	Anvers	Marseille	Genève
	Charleroi	Bordeaux	Lausanne
	Mons	Nice	Bâle
	Gand	Strasbourg	

Autres états francophones :
Le Luxembourg, La principauté de Monaco

go.hrw.com
WAO FRANCOPHONE EUROPE

L'Europe de l'Ouest n'est pas très grande, mais elle présente beaucoup de régions différentes qui ne correspondent pas exactement aux frontières politiques. La langue contribue à accentuer ces différences parce qu'elle correspond à une culture. Par exemple, en Belgique, on parle français dans le sud et flamand dans le nord. En Suisse, on parle français, italien et allemand et au Luxembourg on parle français, luxembourgeois et allemand. Il y a six millions de francophones en Europe qui vivent dans des pays autres que la France.

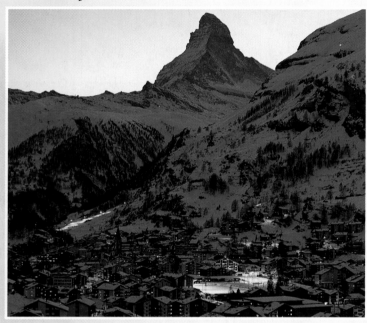

② Bruxelles est la capitale de la Belgique et sa population est bilingue français-flamand.

① «Matterhorn» est le nom allemand du **Mont Cervin** dans les Alpes suisses. Il domine la célèbre station de sports d'hiver de Zermatt, un village où les automobiles ne sont pas autorisées.

③ En Normandie, dans le nord-ouest de la France, l'abbaye gothique du **Mont-Saint-Michel** est un grand lieu touristique.

⑤ Les fortifications de **la ville de Carcassonne** sont un bel exemple d'architecture médiévale.

④ La région **des Ardennes** est partagée entre la France, le Luxembourg et la Belgique.

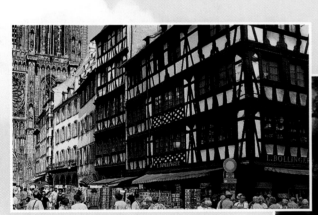

⑥ En Europe, le chemin de fer est très développé et permet de passer partout et de visiter un maximum de régions.

⑦ **La ville de Strasbourg** est la capitale de l'Alsace, à la frontière franco-allemande. Sa culture est partagée entre les deux pays.

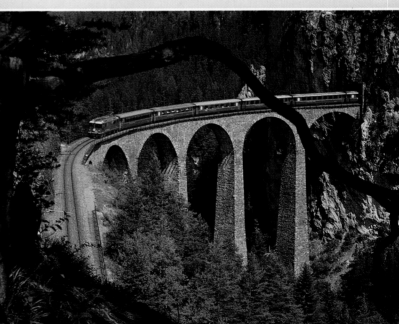

1

France, les régions

① La belle ville alsacienne de Colmar

Viens avec nous en France, pays connu pour la diversité de ses régions. Chaque région se différencie des autres par son histoire, sa culture et ses traditions. Mais ce n'est pas tout : chaque région est aussi fière de ses spécialités gastronomiques dont la renommée est mondiale.

In this chapter you will review and practice

- renewing old acquaintances; inquiring; expressing enthusiasm and dissatisfaction; exchanging information; asking and describing what a place was like
- expressing indecision; making recommendations; ordering and asking for details

And you will

- listen to French teenagers talk about their vacations
- read a short story
- write a travel brochure
- find out about the varied regions of France

② Je suis contente de te revoir!

③ Je n'arrive pas à me décider.

Mise en train

Les Retrouvailles

A Colmar, de jeunes Alsaciens se réunissent au restaurant pour parler de leurs vacances avant la rentrée.

❶ HECTOR Salut, les copains. Ça fait plaisir de vous revoir.

PAULINE Bonjour. J'ai l'impression que ça fait une éternité qu'on ne s'est pas vus.

JULIEN Dis donc, Patricia, tu as l'air en forme. Ça te réussit, les vacances.

PATRICIA Toi aussi, tu es bien bronzé. C'était bien, Biarritz?

JULIEN Oui, super! Il a fait un temps magnifique.

PAULINE Eh, on pourrait aussi bien parler assis.

YASMINE Alors, on se met où?

HECTOR Là, non? Il y a une table pour cinq.

❷ HECTOR Alors, Yasmine, c'était bien, tes vacances?

YASMINE Oui, pas mal. J'ai passé une semaine à Paris avec mes parents. J'ai visité la tour Eiffel, Notre-Dame, le Louvre, bref, tous les monuments parisiens! Il a fait tellement chaud et lourd qu'à la fin, j'en avais marre des visites. Mais je ne connaissais pas Paris et je suis ravie d'y être allée.

Nord-Pas-de-Calais

Haute-Normandie

Basse-Normandie

Paris

PARIS

MUSÉE DU LOUVRE

Bretagne

Pays de la Loire

Chenonceaux

Centre

Poitou-Charentes

Limousin

Aquitaine

Biarritz

Midi-Pyrénées

Languedoc-Roussillon

❸ HECTOR Et toi, Julien, qu'est-ce que tu as fait?

JULIEN En juillet, je suis allé dans le sud-ouest, à Biarritz, au bord de la mer. Il a fait un temps superbe. Je me suis baigné tous les jours et j'ai fait de la planche à voile. Au mois d'août, je suis allé camper avec des copains en Lozère. On a fait de la randonnée. On a dormi à la belle étoile. C'était génial. C'est magnifique, la Lozère.

Ile-de-France
Picardie

Champagne-Ardenne

Lorraine

Strasbourg

Alsace

❹ HECTOR Et toi, Patricia? Tu as passé de bonnes vacances?

PATRICIA Excellentes. Moi, je suis restée à Colmar. Je me suis bien amusée. Une de mes cousines est venue. Nous sommes allées au cinéma. Nous avons fait de l'équitation et nous sommes allées à la piscine. C'était sympa. Fin août, j'ai pris le train pour aller passer quelques jours chez mes grands-parents à Strasbourg.

Franche-Comté

Bourgogne

❺ HECTOR Toi aussi, tu es restée ici, Pauline?

PAULINE Non, en juillet, je suis allée me promener en voiture avec mes parents. Nous avons visité les châteaux de la Loire, puis nous sommes allés au Futuroscope à Poitiers. C'était pas mal.

HECTOR Et au mois d'août?

PAULINE Oh là là, c'était l'horreur! Il a plu tout le temps. Tous mes copains étaient partis. Je suis restée à la maison. J'ai lu et j'ai regardé la télé. A part ça, je n'ai rien fait.

Auvergne

Rhône-Alpes

❻ PAULINE Qu'est-ce que tu as fait, Hector?

HECTOR Je suis parti trois semaines en camp de vacances à Morzine, en Savoie. C'était super. Nous avons fait du vélo et du rafting. J'ai adoré. Après, en août, je suis allé chez mon oncle. Il a une ferme à Saint-Quentin, au nord-est de Paris. C'était chouette. Je l'ai aidé pour la moisson. Je me suis occupé des animaux. J'ai repeint le garage. Je ne me suis pas ennuyé une seconde!

Provence-Alpes-Côte d'Azur

1 Tu as compris?

1. Where are these young people meeting?
2. What time of year is it? How do you know?
3. How long has it been since they've seen one another?
4. Where did the teenagers go during their vacations?
5. What sort of activities did they participate in?

2 Vrai ou faux?

1. C'était la première fois que Yasmine visitait Paris.
2. Pendant l'été, Julien a fait du camping.
3. Patricia est partie en camp de vacances.
4. Pendant ses vacances, Pauline a voyagé avec ses parents.
5. L'oncle d'Hector habite à Morzine.

3 C'est qui?

Parmi les jeunes dans **Les Retrouvailles**, qui...

1. ne s'est pas amusé(e) pendant le mois d'août?
2. a visité des monuments pendant ses vacances?
3. est allé(e) dans une ferme pendant ses vacances?
4. aime faire du camping?
5. aime faire de l'équitation?

4 Content ou pas content?

Qui est très content(e) de ses vacances?
Qui est moins content(e)?

Bretagne

5 Qu'est-ce qu'on peut y faire?

D'après **Les Retrouvailles**, où est-ce qu'on peut...

1. se baigner dans l'océan?
2. visiter des musées?
3. trouver des rivières avec des torrents?
4. voir de magnifiques châteaux?

6 Cherche les expressions

What do the young people in **Les Retrouvailles** say to . . .

1. greet one another after a long absence?
2. compliment someone?
3. make a suggestion?
4. express dissatisfaction with a vacation?
5. express enthusiasm for a vacation?

NOTE CULTURELLE

Every region of France has its own traditions. Some are observed daily while others, such as traditional clothing or folk dances, are reserved for special occasions or festivals. Women's traditional clothing generally includes skirts and blouses or dresses made of regional fabric, with decorated aprons, shawls or lace collars, and headdresses. The most famous of the headdresses are the Breton **coiffes**, which are tall, ornate lace headpieces. Men's costumes are generally composed of decorated pants, white shirts, and vests. Foot-wear is usually the **sabot**, or wooden shoe.

7 Et maintenant, à toi

Regarde les cartes postales aux pages 6 et 7. Où est-ce que tu aimerais aller en vacances? Pourquoi?

PREMIERE ETAPE

Renewing old acquaintances; inquiring; expressing enthusiasm and dissatisfaction; exchanging information; asking and describing what a place was like

COMMENT DIT-ON... ?

Renewing old acquaintances

To greet someone you haven't seen recently:

Ça fait longtemps qu'on ne s'est pas vu(e)s. *It's been a long time since we've seen each other.*

Je suis content(e) de te revoir. *I'm glad to see you again.*

Qu'est-ce que tu deviens? *What's going on with you?*

Quoi de neuf? *What's new?*

To respond:

Ça fait deux mois. *It's been . . .*

Depuis l'hiver. *Since . . .*

Moi aussi.

~~Il y a = ago~~ *Il y a = ago*

Toujours la même chose! *Same old thing!*

Rien (de spécial). *Nothing (special).*

---

8 Ecoute!

Ecoute les dialogues et choisis la phrase qui correspond à chaque dialogue. Ils ne se sont pas vus depuis:

a. trois mois   **b.** deux ans   **c.** janvier   **d.** le mois de juin

9 Il y a belle lurette... ! *It's been ages!*

Ça fait longtemps que tu n'as pas vu un(e) de tes ami(e)s. Qu'est-ce que vous vous dites? Avec ton partenaire, crée une conversation.

COMMENT DIT-ON... ?

Inquiring; expressing enthusiasm and dissatisfaction

To inquire about someone's trip or vacation:

C'était comment, tes vacances?
Ça s'est bien passé?

Comment ça s'est passé?
Tu t'es bien amusé(e)?

To express enthusiasm:

C'était chouette!
Ça s'est très bien passé.
Super!
Je me suis beaucoup amusé(e). *I had a lot of fun.*

To express dissatisfaction:

C'était pas terrible.
Ça ne s'est pas très bien passé.
Pas trop bien. *Not too good/well.*
Je me suis ennuyé(e). *I was bored.*

10 Ecoute!

Ecoute ces dialogues. Est-ce que ces personnes sont contentes ou non?

11 Qu'est-ce qu'ils disent?

Christophe téléphone à ses amis pour savoir comment leur week-end s'est passé. Utilise les expressions dans le **Comment dit-on... ?**, page 9, pour recréer leurs conversations.

a.   b.   c.   d.

COMMENT DIT-ON... ?
Exchanging information

To ask about someone's vacation:

Est-ce que tu es resté(e) ici?
Did you stay here?

Quand est-ce que tu y es allé(e)?

Avec qui est-ce que tu y es allé(e)?

Tu es parti(e) comment?
How did you get there?
Quel temps est-ce qu'il a fait?
Faisait

Où est-ce que tu as dormi?

To answer:

Oui, je suis resté(e) ici tout le temps. . . . *the whole time.*

Non, je suis parti(e) dix jours en août. *No, I went away for . . .*

J'y suis allé(e) début/fin juillet. *I went there at the beginning/ end of . . .*

J'y suis allé(e) seul(e)/avec mes parents. *I went alone/with . . .*

Je suis parti(e) en train. *I went by . . .*

Il a fait un temps magnifique. *The weather was . . .*

Il a plu. *It rained.* (il pleuvait)

A l'hôtel. *In the hotel.*

12 Cherche la bonne réponse

Choisis la bonne réponse à chaque question.

1. Où est-ce que tu es allé?
2. Quand est-ce que tu y es allé?
3. Avec qui est-ce que tu y es allé?
4. Vous êtes partis comment?
5. Quel temps est-ce qu'il a fait?

a. Super beau!
b. Avec un groupe de jeunes.
c. Fin août.
d. Dans les Alpes.
e. En train.

CD-ROM Disc 1

GRAMMAIRE The passé composé

To tell what happened in the past, you use the **passé composé**. Remember that the **passé composé** has two parts: a present-tense form of a helping verb, **avoir** or **être**, and the past participle of the main verb.

You use **avoir** as the helping verb with most French verbs.

> Vous **avez acheté** des souvenirs.

Other verbs use **être** as their helping verb. These verbs include . . .

1. verbs that indicate motion: **aller, sortir, partir, retourner, venir, arriver, entrer, monter, descendre, tomber, rentrer,** and **revenir.**

    > Je **suis tombé(e).**

2. verbs that indicate a state or condition, like **mourir, naître,** and **rester.**

    > Tu **es resté(e)** jusqu'à dix heures.

3. all reflexive verbs, like **se lever, s'amuser, se laver,** and **se promener.**

    > Elle **s'est amusée** avec ses amis.

Do you remember how to form the past participle of regular verbs?

-er verbs	drop **-er** from the infinitive and add **-é**: emporter → emport → emporté
-ir verbs	drop **-ir** from the infinitive and add **-i**: finir → fin → fini
-re verbs	drop **-re** from the infinitive and add **-u**: perdre → perd → perdu

As you already know, some verbs have irregular past participles. You use **avoir** as the helping verb with those listed here.

dire	**dit**	prendre	**pris**	voir	**vu**	boire	**bu**
écrire	**écrit**	être	**été**	lire	**lu**	pouvoir	**pu**
mettre	**mis**	faire	**fait**	avoir	**eu**	vouloir	**voulu**

Remember that when you use **être** as the helping verb, the past participle agrees in gender and number with the subject, unless it is followed by a direct object.

> Elle **s'est lavée.**   *but*   Elle **s'est lavé** les cheveux.

13 Ecoute!

Ecoute ces gens qui parlent de leurs vacances. Est-ce qu'ils parlent du passé ou du futur?

14 Des vacances super

Complète la carte postale que ton amie Elodie t'a envoyée avec le passé composé des verbes entre parenthèses.

> Une petite carte postale pour te dire bonjour de Cannes où nous passons des vacances super. Mes parents __1__ (partir) en voiture début juillet, mais ma sœur et moi, nous __2__ (prendre) le train. On __3__ (arriver) le 16 juillet. Il __4__ (faire) un temps magnifique toute la semaine. Mes parents __5__ (dormir) chez nos amis. Nous, on __6__ (préférer) faire du camping. Cette semaine, Sophie et moi, on __7__ (aller) à la plage tous les jours. On __8__ (se baigner) et on __9__ (jouer) au volley. Hier, on __10__ (visiter) le musée maritime. J' __11__ (voir) des bateaux superbes. Et nous __12__ (rencontrer) des garçons sympa. Et toi, qu'est-ce que tu fais? A bientôt.
>
> Elodie

COMMENT DIT-ON... ?
Asking and describing what a place was like

To ask what a place was like:
Où se trouve la Côte d'Azur?

To describe what a place was like:
La Côte d'Azur **se trouve** au bord de la Méditerranée.
La Côte d'Azur **est située** dans le sud de là France.
. . . is located . . .

Qu'est-ce qu'il y avait à voir?
What was there to see?

Il y avait de belles plages.

Qu'est-ce qu'il y avait à faire?
What was there to do?

Il y avait des tas de choses à faire.

Il y avait des gens sympa?

Il y avait beaucoup de jeunes.

C'était comment?

C'était génial/mieux que Paris/**super.**

Il faisait beau/chaud?
Was the weather . . . ?

Il faisait beau.
The weather was . . .

15 Ecoute!

Tes amis Annick, Joséphine et Pierre viennent juste de rentrer de vacances. Ils t'ont laissé des messages sur ton répondeur. Ecoute leurs messages et choisis l'endroit où chaque personne est allée.

a.

b.

c.

GRAMMAIRE The imparfait

To describe what things used to be like or to talk about repeated actions in the past, you use the imperfect tense. To form the **imparfait**, use the **nous** form of the verb in the present tense without **-ons** (partir → nous partons → part-). Add the following endings to the stem: **-ais**, **-ais**, **-ait**, **-ions**, **-iez**, and **-aient**.

> Je **partais** vers sept heures.   Nous **allions** à la montagne tous les ans.

To describe things in the past, you will often need to use the imperfect forms of **avoir** and **être**. Just like for other verbs, you add the imperfect endings to the stems. The stem of **avoir** is **av-**.

> Tu **avais** les cheveux blonds.

Remember that **être** uses the irregular stem **ét-**.

> Ils **étaient** en vacances au bord de la mer.

16 Quand j'étais jeune,...

Qu'est-ce que Cédric faisait pendant les vacances quand il était plus jeune? Complète son journal avec des verbes à l'imparfait.

> Quand j'étais petit, mes parents et moi, nous __1__ à la Martinique tous les ans pour rendre visite à mes grands-parents. On __2__ en avion de l'aéroport de Paris. On __3__ là-bas tout l'été. J'adorais aller à la Martinique parce que là-bas, il __4__ toujours beau! Mes parents dormaient chez mes grands-parents, mais moi, je __5__ dans une tente dans le jardin. C'__6__ chouette! Nous __7__ sur la plage le matin. L'après-midi, moi, je __8__ dans la mer. Et le soir, on __9__ le zouk. On faisait beaucoup de choses et on ne __10__ jamais. C'était vraiment bien, les vacances à la Martinique.

aller   partir
    faire
nager   s'ennuyer
    être   dormir
danser   rester
    se promener

17 Qu'est-ce que tu as fait?

Demande à ton/ta camarade ce qu'il/elle a fait pendant ses vacances. Puis, changez de rôles.

18 Mon journal

Les vacances sont finies. Qu'est-ce que tu as fait? Ecris tes souvenirs d'été—vrais ou imaginaires—dans ton journal.

Si tu as oublié les sports, va à la page R18.

19 Interview

a. Avec un(e) camarade, pense à une personne célèbre. Il/Elle rentre de vacances. Tu es journaliste et tu l'interviewes sur ses vacances. Tu es payé(e) à la ligne, donc pose un maximum de questions pour écrire ton article. Jouez cette scène et puis, changez de rôles.

b. Ecris ton article. Avant publication, tu le soumets à l'éditeur (ton/ta camarade), qui en fait la critique et fait quelques petites corrections, si nécessaire.

Bon appétit!

Regarde la carte. Est-ce que tu reconnais certains de ces plats? Lesquels?

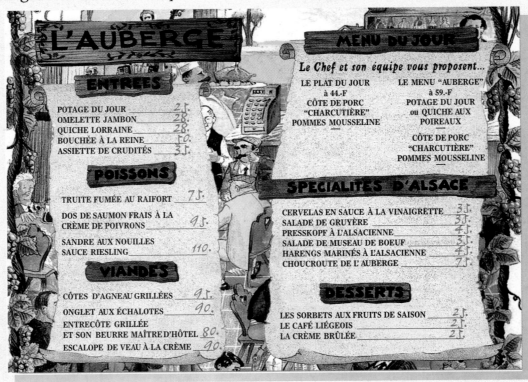

L'AUBERGE

ENTRÉES

POTAGE DU JOUR	2.
OMELETTE JAMBON	28.
QUICHE LORRAINE	28.
BOUCHÉE À LA REINE	50.
ASSIETTE DE CRUDITÉS	35.

POISSONS

TRUITE FUMÉE AU RAIFORT	75.
DOS DE SAUMON FRAIS À LA CRÈME DE POIVRONS	95.
SANDRE AUX NOUILLES SAUCE RIESLING	110.

VIANDES

CÔTES D'AGNEAU GRILLÉES	95.
ONGLET AUX ÉCHALOTES	90.
ENTRECÔTE GRILLÉE ET SON BEURRE MAÎTRE D'HÔTEL	80.
ESCALOPE DE VEAU À LA CRÈME	90.

MENU DU JOUR

Le Chef et son équipe vous proposent...

LE PLAT DU JOUR
à 44.-F
CÔTE DE PORC
"CHARCUTIÈRE"
POMMES MOUSSELINE

LE MENU "AUBERGE"
à 59.-F
POTAGE DU JOUR
ou QUICHE AUX
POIREAUX

CÔTE DE PORC
"CHARCUTIÈRE"
POMMES MOUSSELINE

SPÉCIALITÉS D'ALSACE

CERVELAS EN SAUCE À LA VINAIGRETTE	35.
SALADE DE GRUYÈRE	35.
PRESSKOPF À L'ALSACIENNE	45.
SALADE DE MUSEAU DE BOEUF	35.
HARENGS MARINÉS À L'ALSACIENNE	45.
CHOUCROUTE DE L'AUBERGE	75.

DESSERTS

LES SORBETS AUX FRUITS DE SAISON	25.
LE CAFÉ LIÉGEOIS	25.
LA CRÈME BRÛLÉE	25.

20 Tu as compris?

1. What are the teenagers in **Bon appétit!** talking about?
2. Who has the most difficulty making a decision?
3. What do the teenagers ask the waitress to bring to the table?
4. Why can't they divide the check evenly?

21 Vrai ou faux?

1. D'habitude, Yasmine prend du poulet et des frites.
2. Pauline n'a jamais mangé de presskopf.
3. Hector a pris le plat du jour.
4. Tout le monde a pris un dessert.

22 Entrée ou fromage?

Regarde la carte de L'Auberge et dis si ces plats sont des entrées, des poissons, des viandes ou des desserts.

la quiche lorraine

la truite fumée

le sandre

le café liégeois

les côtes d'agneau

l'escalope de veau

la crème brûlée

le potage

l'entrecôte grillée

l'omelette jambon

Midi et quart...

PATRICIA   Qu'est-ce que vous allez prendre? Je n'arrive pas à me décider.

JULIEN   Moi non plus, tout me tente. Comme entrée, j'hésite entre une bouchée à la reine et de la quiche. Et toi, Yasmine?

YASMINE   Aucune idée. Je ne sais pas quoi prendre.

JULIEN   Toi, évidemment, si tu n'as pas ton poulet rôti et tes frites, tu préfères mourir de faim.

YASMINE   Oh, ça suffit, les sarcasmes.

PAULINE   Essaie le presskopf. C'est un plat alsacien délicieux.

LA SERVEUSE   Vous avez décidé?

HECTOR   Non, pas encore. Un instant, s'il vous plaît.

Midi vingt-cinq...

LA SERVEUSE   Vous avez choisi, maintenant?

PAULINE   Oui, je crois. Comme entrée, je vais prendre l'assiette de crudités. Et ensuite, le plat du jour.

HECTOR   Moi aussi, la même chose.

PATRICIA   Je voudrais la choucroute... ou, non, donnez-moi plutôt l'entrecôte grillée. Ou bien...

JULIEN   Bon, tu te décides!

PATRICIA   OK, OK! Je vais prendre... Ah, non! Voilà, j'ai trouvé! La truite!

Une heure...

PAULINE   Alors, il est comment, ton presskopf?

YASMINE   Pas mal... Euh, passe-moi le sel, s'il te plaît. Et la moutarde.

PATRICIA   Madame, est-ce qu'on pourrait avoir du pain, s'il vous plaît? Ah! Et une carafe d'eau!

LA SERVEUSE   Oui, tout de suite.

Deux heures et quart...

PATRICIA   Bon, on y va?

HECTOR   D'accord... Madame? L'addition, s'il vous plaît?

LA SERVEUSE   Oui, tout de suite... Voilà.

JULIEN   Ça fait combien?

HECTOR   595 F. Divisé par cinq, ça fait... 120 F par personne.

PAULINE   Eh, moi, j'ai pas pris de dessert! Et Yasmine non plus!

HECTOR   C'est vrai, tu as raison. Bon, eh bien, chacun paie sa part.

23   Cherche les expressions

Look back at **Bon appétit!** to find ways to . . .

1. ask someone what he or she is going to have.
2. express indecision.
3. tell what you're going to have.
4. ask someone to pass you something.
5. ask a server to bring you something.
6. ask how much the check is.

24   Ecoute!

Ecoute le dialogue. Combien est-ce que chaque personne doit payer?

> Julien   Pauline   Hector
> Yasmine   Patricia

25   Et maintenant, à toi

Pense à des plats américains. Qu'est-ce que tu préfères manger comme entrée, poisson, viande et dessert?

PANORAMA CULTUREL

Marie • France

Christian • France

Célestine • Côte d'Ivoire

We asked some people about the specialties of their regions. Here's what they had to say.

Quelles sont les spécialités de ta région?

«La bouillabaisse. C'est un plat provençal surtout marseillais... C'est une soupe de poissons... On fait ça avec divers poissons et du pain, des petits croûtons de pain... Voilà.»

-Marie

«Euh... les spécialités [de Cherbourg, ce] sont des petits homards que nous appelons «les demoiselles de Cherbourg» et qui sont des grosses crevettes... En Normandie, nous avons du cidre que nous faisons avec des pommes, [de] la crème fraîche, du boudin et du thon.»

-Christian

«En Côte d'Ivoire il y a d'abord l'attiéké, qu'on peut exporter [et] importer du moins d'ailleurs. Et aussi, il y a le foutou. Le foutou, c'est de la banane mélangée [avec] du manioc. On fait cuire et on pile. Ensuite, [il est] accompagné de la sauce graine généralement et ensuite, il y a la sauce arachide accompagnée du riz.»

-Célestine

Qu'en penses-tu?

1. What are the specialties these people mention?
2. What are the specialties of your area? What are the specialties of other states?
3. Choose a region of France or another francophone country and find out what its specialties are.

DEUXIEME ETAPE

Expressing indecision; making recommendations; ordering and asking for details

COMMENT DIT-ON... ?

Expressing indecision; making recommendations

A server might ask: Est-ce que vous avez choisi

Qu'est-ce que vous allez prendre?

To express indecision:

Je ne sais pas.

Tout me tente.
Everything looks tempting.

Je n'arrive pas à me décider.
I can't make up my mind.

J'hésite entre le saumon **et la** truite fumée.
I can't decide between . . . and . . .

To make recommendations:

Tu devrais prendre les côtelettes d'agneau.

Pourquoi tu ne prends pas l'escalope de veau à la crème?

Essaie les tomates farcies.
Try . . .

Prends le saumon.

26 Ecoute!

Ecoute les phrases suivantes. Est-ce que les personnes hésitent ou recommandent quelque chose?

VOCABULAIRE

Voici un menu français traduit en anglais:

Le Routier Sympa
Menu à 59 francs

LES ENTREES
APPETIZERS

les carottes râpées
grated carrots with vinaigrette

le céleri rémoulade
grated celery root with mayonnaise and vinaigrette

l'assiette de crudités
plate of raw vegetables with vinaigrette

l'assiette de charcuterie
plate of pâté, ham, and cold sausage

LES PLATS PRINCIPAUX
MAIN DISHES

le steak-frites
steak with French fries

le poulet haricots verts
roasted chicken with green beans

l'escalope de dinde purée
sliced turkey breast with mashed potatoes

le filet de sole riz champignons
filet of sole with rice and mushrooms

la côtelette de porc pâtes
porkchop with pasta

LA SALADE VERTE
SALAD

L'ASSIETTE DE FROMAGES
A SELECTION OF CHEESES

camembert
brie
roquefort
fromage de chèvre
goat cheese

LES DESSERTS
DESSERTS

les tartes aux fruits
fruit pies/tarts

la crème caramel
caramel custard

Si tu as oublié
foods
va à la page R17.

27 Pas américain, ça!

Regarde la carte à la page 17. A ton avis, quels plats est-ce qu'on ne trouve pas normalement aux Etats-Unis?

28 Ecoute!

Ecoute ce dialogue. Le serveur a mélangé les commandes et demande à son client ce qu'il a mangé. Laquelle des commandes suivantes est la bonne?

a.
salade de tomates
poulet frites
salade verte
tarte aux pommes

b.
salade de tomates
poulet haricots verts
assiette de fromages
tarte aux pommes

c.
salade de tomates
poulet haricots verts
salade verte
tarte aux prunes

29 Vous désirez?

Et toi, qu'est-ce que tu prends? Regarde la carte du **Routier Sympa** et choisis une entrée, un plat et un dessert. Ensuite, demande à un(e) camarade de classe ce qu'il/elle prend.

COMMENT DIT-ON... ?

Ordering and asking for details

A server might ask:

Vous avez choisi?
Have you made your selection?
Vous avez décidé?

Que voulez-vous comme entrée?
What would you like for an appetizer?
Et comme boisson? *And to drink?*
Comment désirez-vous votre viande? *How do you like your . . . cooked?*

To ask for details:

Qu'est-ce que vous avez comme spécialités? *What kind of . . . do you have?*
Qu'est-ce que vous me conseillez?
What do you recommend?
Qu'est-ce que c'est, le presskopf?
What is . . .?

To respond to the server:

Non, pas encore.
Un instant, s'il vous plaît.
Oui, je vais prendre la soupe à l'oignon.
Comme entrée, j'aimerais le pâté de campagne.

De l'eau, s'il vous plaît.
Saignant(e). *Rare.*
A point. *Medium rare.*
Bien cuit(e). *Well-done.*

NOTE CULTURELLE

Dans chaque région de France, on peut manger des plats traditionnels variés ; par exemple, **la bouillabaisse** en Provence, **le foie gras** dans le Périgord, **les crêpes** en Bretagne, **le cassoulet** dans le Languedoc et **la choucroute** en Alsace.

30 Ecoute!

Tu es au restaurant. Le serveur te pose des questions. Choisis la meilleure réponse.

a. A point.
b. De l'eau minérale.
c. La crème caramel, s'il vous plaît.
d. Les crudités.
e. Oui, je vais prendre le steak-frites.

31 Méli-mélo!

Mets dans l'ordre ce dialogue entre un serveur et un client. Ensuite, joue la scène avec ton/ta camarade.

«Bon, je reviens.»

«Non, pas encore... euh... Qu'est-ce que vous avez comme spécialités?»

«Nous avons notre choucroute maison.»

«OK, une choucroute.»

«Bon, c'est tout?»

«Vous avez choisi?»

«Ah non, finalement, je vais prendre le poulet haricots verts et une carafe d'eau.»

32 Au dîner

Choisis des mots et expressions dans la boîte suivante pour compléter cette conversation entre un serveur et un client.

qu'est-ce que   dessert   boisson

comme   du   des

de l'   comment   saignante

s'il vous plaît   de la   un

Tu te rappelles ?

Use the definite articles **le, la,** and **les** *(the)* when you are referring to a specific item and with the verb **aimer,** for example, **J'aime les escargots.** The indefinite articles **un, une** *(a, an)* and **des** *(some)* are used to refer to whole items. Remember to use the partitive articles **du, de la,** and **de l',** *(some)* when you refer to a portion of an item. **Je voudrais de la salade et de l'eau minérale.**

— Bonjour, vous avez choisi?
— Oui, __1__ entrée, j'aimerais les crudités.
— D'accord. Et comme plat principal?
— Je vais prendre un steak-frites.
— __2__ désirez-vous votre viande?
— Bien cuite, s'il vous plaît.
— Et comme __3__ ?
— Qu'est-ce que vous avez comme gâteaux?
— Nous avons __4__ tarte aux poires et __5__ gâteaux au chocolat.
— Euh... non, je vais plutôt prendre __6__ fromage.
— Très bien. Et comme __7__ ?
— Eh bien, __8__ eau minérale, s'il vous plaît.

33 Mon journal

Où es-tu allé(e) la dernière fois que tu as mangé au restaurant? Tu étais avec qui? Qu'est-ce que tu as mangé? C'était comment?

chouette!

Il faut être raisonnable

Ce qui m'étonne, c'est qu'à la maison on n'a pas encore parlé des vacances ! Les autres années, Papa dit qu'il veut aller quelque part, Maman dit qu'elle veut aller ailleurs, ça fait des tas d'histoires. Papa et Maman disent que puisque c'est comme ça ils préfèrent rester à la maison, moi je pleure, et puis on va où voulait aller Maman. Mais cette année, rien.

Pourtant, les copains de l'école se préparent tous à partir. Geoffroy, qui a un papa très riche, va passer ses vacances dans la grande maison que son papa a au bord de la mer.

Agnan, qui est le premier de la classe et le chouchou de la maîtresse, s'en va en Angleterre passer ses vacances dans une école où on va lui apprendre à parler l'anglais. Il est fou, Agnan.

Alceste va manger des truffes en Périgord, où son papa a un ami qui a une charcuterie. Et c'est comme ça pour tous : ils vont à la mer, à la montagne ou chez leurs mémés à la campagne. Il n'y a que moi qui ne sais pas encore où je vais aller, et c'est très embêtant, parce qu'une des choses que j'aime le mieux dans les vacances, c'est d'en parler avant et après aux copains.

Alors, je suis allé dans le jardin et j'ai attendu Papa, et quand il est arrivé de son bureau, j'ai couru vers lui ; il m'a pris dans ses bras, il m'a fait « Oupla ! » et je lui ai

DE BONS CONSEILS

Identifying the point of view of the narrator of a story is a key to understanding the story itself. A foreign tourist, a small child, and an eighty-year-old woman would probably relate the same incident very differently. When you read, think about the person who is telling the story. Who is he? Where does he live? What is his age? What kind of person does he seem to be? Answering these kinds of questions will help you to understand the narrator's point of view, and so get more out of the story.

A. Scan the first paragraph. From whose point of view is the story told? How old would you say this person is?

B. Knowing who the narrator is, what do you think you'll read about in the story?

C. What is the narrator's relationship to . . .
   1. Geoffroy, Agnan, and Alceste?
   2. Maman and Papa?

D. What is Nicolas concerned about at the beginning of the story?

E. Match Nicolas's schoolfriends with their vacation destinations and planned activities.

Alceste
Geoffroy
Agnan

apprendre à parler anglais
Périgord
Angleterre
manger des truffes
au bord de la mer

demandé où nous allions partir en vacances. Alors, Papa a cessé de rigoler, il m'a posé par terre et il m'a dit qu'on allait en parler dans la maison, où nous avons trouvé Maman assise dans le salon.

— Je crois que le moment est venu, a dit Papa.

— Oui, a dit Maman, il m'en a parlé tout à l'heure.

— Alors, il faut le lui dire, a dit Papa.

— Eh bien, dis-lui, a dit Maman.

Alors, Papa s'est assis dans le fauteuil, il m'a pris par les mains et il m'a tiré contre ses genoux.

— Mon Nicolas est un grand garçon raisonnable, n'est-ce pas ? a demandé Papa.

Moi, j'aime pas trop quand on me dit que je suis un grand garçon, parce que d'habitude, quand on me dit ça, c'est qu'on va me faire des choses qui ne me plaisent pas.

— Et je suis sûr, a dit Papa, que mon grand garçon aimerait bien aller à la mer !

— Oh ! oui, j'ai dit.

— Aller à la mer, nager, pêcher, jouer sur la plage, se promener dans les bois, a dit Papa.

— Il y a des bois, là où on va ? j'ai demandé. Alors c'est pas là où on a été l'année dernière ?

— Ecoute, a dit Maman à Papa. Je ne peux pas. Je me demande si c'est une si bonne idée que ça. Je préfère y renoncer. Peut-être, l'année prochaine...

— Non ! a dit Papa. Ce qui est décidé est décidé. Un peu de courage, que diable ! Et Nicolas va être très raisonnable ; n'est-ce pas, Nicolas ?

Moi j'ai dit que oui, que j'allais être drôlement raisonnable.

— Et on va aller à l'hôtel ? j'ai demandé.

— Pas exactement, a dit Papa. Je... je crois que tu coucheras sous la tente. C'est très bien, tu sais...

Alors là, j'étais content comme tout.

— Sous la tente, comme les Indiens dans le livre que m'a donné tante Dorothée ? j'ai demandé.

— C'est ça, a dit Papa.

— Chic ! j'ai crié. Tu me laisseras t'aider à monter la tente ? Et à faire du feu pour cuire le manger ? Oh ! ça va être chic, chic, chic !

F. How do you know that Nicolas's parents don't want to tell him something? Find five things they say that show you this. Then find three actions or gestures that illustrate their nervousness.

G. Which of the following sentences do they say to make him accept the idea?

> Ce qui est décidé est décidé.

> Ce soir, pour le dessert, il y aura de la tarte.

> Tu iras seul, comme un grand.

> Mon Nicolas est un grand garçon raisonnable, n'est-ce pas?

> C'est la première fois que tu seras séparé de nous...

H. Pourquoi est-ce que Nicolas n'aime pas que ses parents l'appellent "grand garçon"?

I. Where do Nicolas's parents plan for him to go on vacation? What will he do there? Where will he sleep?

J. Associe ces mots de vocabulaire avec leurs synonymes.

1. cesser de   • a. leurs grands-mères
2. des tas de   • b. s'arrêter de
3. ce qui m'étonne, c'est que   • c. autre part
4. leurs mémés   • d. rire
5. puisque   • e. je suis surpris que
6. ailleurs   • f. beaucoup de
7. rigoler   • g. parce que

Papa s'est essuyé la figure avec son mouchoir, comme s'il avait très chaud, et puis il m'a dit :

— Nicolas, nous devons parler d'homme à homme. Il faut que tu sois très raisonnable.

— Et si tu es bien sage et tu te conduis comme un grand garçon, a dit Maman, ce soir, pour le dessert, il y aura de la tarte.

Alors Papa a toussé un peu dans sa gorge, il m'a mis ses mains sur mes épaules et puis il m'a dit :

— Nicolas, mon petit, nous ne partirons pas avec toi en vacances. Tu iras seul, comme un grand.

— Comment, seul ? j'ai demandé. Vous ne partez pas, vous ?

— Nicolas, a dit Papa, je t'en prie, sois raisonnable. Maman et moi, nous irons faire un petit voyage, et comme nous avons pensé que ça ne t'amuserait pas, nous avons décidé que toi tu irais en colonie de vacances. Ça te fera le plus grand bien, tu seras avec des petits camarades de ton âge

et tu t'amuseras beaucoup...

— Bien sûr, c'est la première fois que tu seras séparé de nous, Nicolas, mais c'est pour ton bien, a dit Maman.

— Alors, Nicolas, mon grand... qu'est-ce que tu en dis ? m'a demandé Papa.

— Chouette ! j'ai crié, et je me suis mis à danser dans le salon. Parce que c'est vrai, il paraît que c'est terrible, les colonies de vacances : on se fait des tas de copains, on fait des promenades, des jeux, on chante autour d'un gros feu, et j'étais tellement content que j'ai embrassé Papa et Maman. Ce qui est drôle, c'est que Papa et Maman me regardaient avec des gros yeux ronds. Ils avaient même l'air un peu fâché.

Pourtant, je ne sais pas, moi, mais je crois que j'ai été raisonnable, non ?

K. Recherche ces mots de vocabulaire et ces expressions dans le texte ci-dessus. Utilise le contexte et les images pour deviner leur sens.

le chouchou de la maîtresse

Il m'a tiré contre ses genoux.

Papa s'est essuyé la figure.

Je préfère y renoncer.

Je me suis mis à danser...

L. What is Nicolas's reaction to his parents' news? Why?

M. How do Nicolas's parents feel about his reaction? Are they really relieved that he took it so well? How do you know?

N. What is the significance of the title *Il faut être raisonnable?* Why is the title ironic, in light of the story?

O. En te référant au texte ci-dessus, comment pourrais-tu décrire Nicolas? Et ses parents?

P. This story is told from a child's point of view. Find five examples in the text of language typical of the way a child would express himself.

Q. Quels seraient tes sentiments si tu étais à la place de Nicolas?

In the story you've just read, Nicolas talks about places all over France where his friends are going for their vacation. America also has many unique regions. In this activity, you'll select a region of America where you would like to take a vacation. Then, you'll write a travel brochure for that region, including anything a vacationer might need to know.

Une brochure touristique

Choisis une région des Etats-Unis que tu trouves intéressante. Ecris une brochure pour convaincre des touristes de visiter cette région.

A. Préparation

1. Connais-tu bien la région que tu as choisie? Commence par écrire ce que tu sais déjà.
2. Si tu as besoin de plus d'informations, renseigne-toi à la bibliothèque. Essaie de trouver des renseignements sur les activités, les points d'intérêt, les spécialités régionales et la géographie de la région que tu vas décrire.
3. Réfléchis un peu. Dans quel but *(purpose)* est-ce que tu écris?
4. Pense à des mots que tu vas utiliser dans ta brochure pour atteindre ton but.
   a. Fais une liste d'adjectifs emphatiques comme «formidable» ou «extraordinaire» pour décrire la région.
   b. Maintenant, fais une liste de mots ou d'expressions qui décrivent les caractéristiques de ta région; par exemple, «montagneux» ou «Il y a beaucoup de soleil».

DE BONS CONSEILS
You always have a purpose for writing. You may want to explain something to someone, to relate a funny incident, to create, or just to put your thoughts down on paper. Whatever your reason is, it will influence the way you write. You will determine the tone, the language, and even the organization of your writing according to your purpose.

B. Rédaction

1. Fais un brouillon *(rough draft)* de ta brochure. N'oublie pas de diviser ta présentation en trois parties :
   a. Une brève introduction où l'on apprend de quelle région tu parles.
   b. Toutes les informations sur les aspects les plus intéressants de la région.
   c. Une partie finale qui puisse convaincre les gens de venir découvrir la région.
2. Pour illustrer ta brochure, trouve des photos dans des magazines ou fais tes propres dessins.

C. Evaluation

1. Est-ce que ta brochure peut vraiment convaincre quelqu'un de choisir cet endroit pour y passer ses vacances? Montre-la à un(e) camarade de classe et demande-lui son opinion.
2. Vérifie l'orthographe *(spelling)* et la grammaire de ton brouillon. Fais les révisions nécessaires. Mets ta brochure au propre.

MISE EN PRATIQUE

  1
a. Prépare un questionnaire sur les vacances des jeunes Américains.

b. Pose tes questions aux autres élèves pour savoir où ils sont allés, comment, avec qui, etc.

 2 C'est le premier jour d'école. Tu rencontres un(e) ami(e) qui te demande comment tes vacances se sont passées, ce que tu as fait, mangé, etc. Joue cette scène avec ton/ta camarade.

 3 Regarde le menu et fais une liste de deux entrées, trois plats principaux et trois desserts.

▬ A LA SOUPE LES POTACHES ▬

Les menus suivants seront servis mardi à midi dans les cantines scolaires:

CITÉ TECHNIQUE: aile de raie, sauce aux câpres, pommes vapeur ou coq au riesling et spaetzlé, entrée au choix, dessert au choix.

LYCÉE BARTHOLDI: assiette de charcuterie, filet de poisson sauce nantua, riz, orange.

LYCÉE CAMILLE SÉE: spaghettis à la bolognaise ou gratin de raviolis au poulet, entrée et dessert au choix.

COLLÈGE BERLIOZ: choux-fleurs ou brocolis en salade, filet de lingue, blettes et pommes de terre à la crème, Danette.

COLLÈGE MOLIÈRE: potage, raviolis au gratin, salade verte, cône glacé.

COLLÈGE SAINT-ANDRÉ: côte de porc, gratin de choux-fleurs ou émincé de dinde, pâtes, entrée, fromage et dessert au choix.

INSTITUT DE L'ASSOMPTION: omelette-frites, entrée, fromage et dessert au choix.

INSTITUTION SAINT-JEAN: spaghettis bolognaise ou émincé de veau, petits pois à la française, entrée, fromage et dessert au choix.

ÉCOLES MATERNELLES: salade au gruyère, rôti de bœuf, choux-fleurs au gratin, salade de fruits.

Un petit mot de ta correspondante à Colmar. Je t'envoie les menus scolaires qui sont publiés dans l'Alsace, notre journal régional. Les spécialités comme les spaetzlé (ce sont des pâtes alsaciennes) et la salade au gruyère, c'est typique de chez nous. En général, on a deux heures pour manger. On peut manger à la cantine ou rentrer à la maison. Moi, je préfère manger au lycée. Écris-moi pour me dire comment ça se passe, les repas du midi chez vous.

Salut,
Martine

4 Réponds à ta correspondante Martine et explique-lui comment le repas de midi se passe dans ton école. N'oublie pas de donner des exemples de menus typiques.

 5 Ecoute les lycéens suivants. Décide dans quelle école ils vont en t'aidant des menus à la page 24.

Le Cygne

Les Entrées

Potage du jour	20,-
Salade de crudités	35,-
Escargots maison Dz . . 72, -1/2 Dz . .	36,-
Champignons frais sautés à l'ail	40,-
Salade frisée au chèvre chaud	45,-
Salade de foie de veau	45,-

Les Viandes

Faux-filet au poivre	85,-
Filet mignon	75,-
Steak Tartare.	78,-
Emincé de veau au curry	85,-
Steak de saumon grillé, sauce à l'oseille	85,-

Les Plats Régionaux et les Petits Plats

Tarte flambée gratinée	40,-
Tripes au vin blanc	64,-
Tête de veau vinaigrette	64,-
Rognons de porc aux champignons. . .	64,-
Foies de lapins sautés	68,-

Cervelle d'agneau.	72,-
Brochette garnie	72,-
Steak foie de veau lyonnaise	76,-
Pâté en croûte garni	58,-
Salade de bœuf garnie	64,-

Les fromages

Assortiment de fromages.	32,-
Munster.	24,-
Camembert.	20,-
Gruyère.	20,-
Chèvre	24,-
Bleu.	24,-

Les desserts

Assiette de sorbets	36,-
Gâteau au chocolat, aux deux sauces	32,-
Soupe de kiwis à la sauce menthe	35,-
Pommes Grand-Mère au miel	32,-
Brochette de fruits	35,-
Tarte flambée aux pommes ou bananes	35,-

6 **JEU DE ROLE**

You're at a restaurant with friends. One of you plays the server. The others, playing the customers, look at the menu from Le Cygne but are unsure about what to order. Ask each other questions, make recommendations, and order.

Can you use what you've learned in this chapter?

1 How would you . . .
1. greet a friend you hadn't seen in a while?
2. inquire about your friend's activities?

2 How would you respond if . . .
1. a friend you hadn't seen in a while greeted you?
2. your friend wanted to know what you've been doing?

3 How would you ask a friend how his or her vacation was?

4 How might these people describe their vacations?

1.　　2.　　3.　　4.

5 What questions would you ask to find out . . .
1. where your friend went on vacation and how he or she got there?
2. who he or she went with?
3. where he or she stayed and what the weather was like?

6 How would you answer the questions in number 5?

7 How would you ask what a place was like? How would you describe a place?

8 What would you say if you couldn't decide what to order in a restaurant?

9 How would you recommend that someone order a certain dish?

10 How do you ask the server . . .
1. what the restaurant's specialties are?
2. what kinds of appetizers there are?
3. for a recommendation?

11 How would you order each of the following items?
1. un café　　2. du poulet　　3. de la glace aux fraises

PREMIERE ETAPE

Renewing old acquaintances

Ça fait longtemps qu'on ne s'est pas vu(e)s. *It's been a long time since we've seen each other.*
Je suis content(e) de te revoir. *I'm glad to see you again.*
Ça fait... *It's been . . .*
Depuis... *Since . . .*
Qu'est-ce que tu deviens? *What's going on with you?*
Quoi de neuf? *What's new?*
Toujours la même chose! *Same old thing!*
Rien (de spécial). *Nothing (special).*

Inquiring; expressing enthusiasm and dissatisfaction

C'était comment, tes vacances? *How was your vacation?*
Tu t'es bien amusé(e)? *Did you have fun?*
Je me suis beaucoup amusé(e). *I had a lot of fun.*
C'était pas terrible. *It wasn't so great.*
Je me suis ennuyé(e). *I was bored.*
Pas trop bien. *Not too good.*

Exchanging information

Est-ce que tu es resté(e) ici? *Did you stay here?*
Oui, je suis resté(e) ici tout le temps. *Yes, I stayed here the whole time.*
Non, je suis parti(e)... *No, I went away for . . .*
J'y suis allé(e) début/fin... *I went at the beginning/end of . . .*
J'y suis allé(e) seul(e)/avec... *I went alone/with . . .*
Tu es parti(e) comment? *How did you get there?*
Je suis parti(e) en... *I went by . . .*
Où est-ce que tu as dormi? *Where did you stay?*
A l'hôtel. *In a hotel.*
Quel temps est-ce qu'il a fait? *What was the weather like?*
Il a fait un temps... *The weather was . . .*
Il a plu. *It rained.*

Asking and describing what a place was like

... est situé(e)... *. . . is located . . .*
Qu'est-ce qu'il y avait à voir? *What was there to see?*
Qu'est-ce qu'il y avait à faire? *What was there to do?*
Il faisait... ? *Was the weather . . . ?*
Il faisait... *The weather was . . .*

DEUXIEME ETAPE

Expressing indecision

Tout me tente. *Everything looks tempting.*
Je n'arrive pas à me décider. *I can't make up my mind.*
J'hésite entre... et... *I can't decide between . . . and . . .*

Making recommendations

Tu devrais prendre... *You should have . . .*
Essaie... *Try . . .*

French menu

les entrées (f.) *appetizers*
l'assiette (f.) de charcuterie *plate of pâté, ham, and cold sausage*
l'assiette de crudités (f.) *plate of raw vegetables with vinaigrette*
les carottes râpées *grated carrots with vinaigrette dressing*
le céleri rémoulade *grated celery root with mayonnaise and vinaigrette*
les plats (m.) principaux *main dishes*
la côtelette de porc pâtes *porkchop with pasta*
l'escalope (f.) de dinde purée *sliced turkey breast with mashed potatoes*
le filet de sole riz champignons *filet of sole with rice and mushrooms*
le poulet haricots verts *roasted chicken with green beans*
la salade verte *salad*
l'assiette de fromages *a selection of cheeses*
le fromage de chèvre *goat cheese*
la crème caramel *caramel custard*
les tartes (f.) aux fruits *fruit pies/tarts*

Ordering and asking for details

Que voulez-vous comme entrée? *What would you like for an appetizer?*
Comme entrée, j'aimerais... *For an appetizer, I would like . . .*
Et comme boisson? *And to drink?*
Comment désirez-vous votre viande? *How do you like your meat cooked?*
Saignante. *Rare.*
A point. *Medium rare.*
Bien cuite. *Well-done.*
Qu'est-ce que vous avez comme... ? *What kind of . . . do you have?*
Qu'est-ce que vous me conseillez? *What do you recommend?*
Qu'est-ce que c'est,... ? *What is . . . ?*

2 Belgique, nous voilà!

① La Grand-Place, cœur de la ville de Bruxelles

Viens visiter la Belgique, pays de la bande dessinée! C'est là que sont nés quelques-uns des personnages de bande dessinée les plus célèbres. A Bruxelles, on peut découvrir une petite merveille, le Centre Belge de la Bande Dessinée.

In this chapter you will review and practice

- asking for and giving directions; expressing impatience; reassuring someone
- expressing enthusiasm and boredom; asking and telling where things are

And you will

- listen to two teenagers as they tour a comic book museum
- read a comic strip in French
- write your own comic strip
- find out about specialty items produced in Belgium

② Vous allez voir un panneau qui indique l'entrée de l'autoroute.

③ Vous pourriez me dire où se trouve le Palais Royal?

Mise en train

En route pour Bruxelles

Dans une station-service à Sedan, juste avant de partir pour la Belgique...

❶ LE POMPISTE Bonjour!

STEPHANE Le plein de super, s'il vous plaît.

HERVE A quelle heure tu crois qu'on va arriver à Bruxelles?

STEPHANE Bruxelles, c'est à environ 170 kilomètres d'ici. Donc, ça va nous prendre une heure et demie au plus et le Centre ouvre à dix heures. On a largement le temps.

HERVE Chouette! Je suis vachement content d'aller au Centre de la BD.

LE POMPISTE Voilà. Ce sera tout?

HERVE Euh... Vous pourriez vérifier l'huile, s'il vous plaît? Ah! Et les pneus aussi!

LE POMPISTE Oui, bien sûr.

STEPHANE Qu'est-ce qu'on va faire après la visite du Centre?

HERVE On pourrait aller à la Grand-Place, au palais, au musée de l'Armée...

STEPHANE Hé! N'oublie pas qu'on doit rentrer ce soir.

LE POMPISTE L'huile, ça va. J'ai mis de l'air dans les pneus. Ça fait 125 francs.

STEPHANE Hervé, tu me passes 63 francs?

HERVE Euh... Moi, j'ai juste assez pour Bruxelles...

STEPHANE Oh, tu pousses, quand même! C'est toujours la même chose!

Ils traversent la ville de Bouillon...

❷ STEPHANE Tiens, tu as vu le château? Super! On s'arrête?

HERVE *Oh, non, écoute! On n'a pas le temps!*

STEPHANE En tout cas, on doit s'arrêter pour demander comment on arrive à l'autoroute.

❸ STEPHANE Pardon, monsieur. La route pour Bruxelles, s'il vous plaît?

LE MONSIEUR Alors, pour Bruxelles... Vous suivez la N. 89 pendant à peu près 12 kilomètres. Là, vous allez voir un panneau qui indique l'entrée de l'autoroute. Prenez la direction de Bruxelles. C'est la E. 411. Elle vous conduira tout droit au centre-ville. Vous ne pouvez pas le manquer.

STEPHANE Ah ben, ça n'a pas l'air compliqué. Merci, monsieur.

Sur la E. 411, près de Namur...

❹ HERVE Je suis vraiment impatient d'arriver! Va plus vite, bon sang! Tu n'avances pas!

STEPHANE Du calme, du calme! Il n'y a pas le feu! Il est seulement neuf heures. Tu es toujours... Oh là là! Qu'est-ce qui se passe?

HERVE On a un pneu crevé! Arrête-toi! Arrête-toi!

STEPHANE Zut, alors!

HERVE Euh, tu sais changer les pneus, toi?

STEPHANE Ouais, mais tu vas m'aider quand même!

HERVE Euh, ouais. Mais je ne sais pas comment on fait.

STEPHANE Tu es vraiment nul comme type! Bon, je vais chercher la roue de secours. Prends la boîte à outils et le cric.

HERVE Grouille-toi! On va être en retard! Je voulais arriver à l'heure d'ouverture pour éviter la foule.

STEPHANE Oh, écoute. Ça ne va pas prendre longtemps.

1 Tu as compris?

1. Where are Stéphane and Hervé going?
2. What do they plan to do there?
3. Where do they stop along the way? Why?
4. Who seems to be more impatient? Why?
5. What happens at the end?

2 Mets dans le bon ordre

Mets ces phrases dans le bon ordre d'après **En route pour Bruxelles.**

1. Ils ont un pneu crevé.
2. Stéphane dit qu'il veut visiter le château.
3. Le pompiste vérifie l'huile.
4. Stéphane va chercher la roue de secours.
5. Ils s'arrêtent pour demander la route.
6. Le pompiste fait le plein de super.

3 Qui dit quoi?

Stéphane

Hervé

le pompiste

le monsieur

> Grouille-toi! On va être en retard!

> Le Centre ouvre à dix heures. On a largement le temps.

> Moi, j'ai juste assez pour Bruxelles.

> Ah ben, ça n'a pas l'air compliqué.

> Vous allez voir un panneau qui indique l'entrée de l'autoroute.

> Voilà. Ce sera tout?

> Tu es vraiment nul comme type!

> L'huile, ça va. Ça fait 125 francs.

4 Comment sont-ils?

Comment est Stéphane? Et Hervé? Choisis les adjectifs qui les décrivent le mieux.

impatient   sûr de lui   patient   embêtant
    calme   grippe-sou (stingy)   énervé   égoïste

5 Cherche les expressions

What do the young people in **En route pour Bruxelles** say to . . .

1. have the gas tank filled?
2. have the oil checked?
3. suggest places they should visit?
4. point out something?
5. express impatience?
6. ask for directions?
7. express annoyance?
8. reassure someone?

6 Et maintenant, à toi

Est-ce que tu as déjà fait un long voyage en voiture? Où est-ce que tu es allé(e)? Avec qui? Est-ce que vous vous êtes arrêté(e)s en route? Pourquoi?

PREMIERE ETAPE

Asking for and giving directions; expressing impatience; reassuring someone

responsible

COMMENT DIT-ON... ?

Asking for and giving directions

To ask for directions:

- **La route pour** Bruxelles, **s'il vous plaît?** *Could you tell me how to get to . . . ?*
- **Comment on va à** Namur?
- **Où se trouve... ?**

To give directions:

- **Pour (aller à)** Bruxelles, **vous suivez la** N. (Nationale) 89 **pendant à peu près 35 kilomètres.** *To get to . . . , follow . . . for about . . . kilometers.*
- **Vous allez voir un panneau qui indique l'entrée de l'autoroute.** *You'll see a sign that points out the freeway entrance.*
- **Vous allez traverser** un grand pont.
- **Après** le pont, **vous allez tomber sur** un petit village. *After . . . , you'll come across . . . .*
- **Cette route va vous conduire au centre-ville.** *This road will lead you into the center of town.*
- **Vous allez continuer tout droit, jusqu'au carrefour/au feu rouge.** *. . . up to the intersection/stop light.*

7 Ecoute!

Ecoute cette conversation. Est-ce que cette jeune fille va à Spa, Malmédy ou Verviers?

8 Méli-mélo!

Mets ce dialogue entre Adrienne et Mme Zidan dans le bon ordre. Ensuite, joue la scène avec ton/ta camarade.

Tu te rappelles ?

Do you remember how to tell that something is going to happen? Use a form of the verb **aller** *(to go)* plus the infinitive of another verb. **Demain, je vais visiter la ville de Bruxelles.**

«Au revoir, mademoiselle.»

«Eh bien, le panneau pour la N. 44.»

«Ah bon, très bien. Je vous remercie beaucoup, madame.»

«Ensuite, vous allez continuer pendant à peu près 10 kilomètres et vous allez tomber sur une vieille église. Juste après l'église, vous allez voir le panneau.»

«Pardon, madame. Où se trouve la N. 44, s'il vous plaît?»

«Bon, très bien. Et ensuite?»

«Eh bien, vous allez suivre cette route jusqu'au feu rouge. Au feu rouge, vous allez tourner à droite.»

«Au revoir, madame.»

«Quel panneau?»

«Je vous en prie.»

9 La route pour Liège, s'il vous plaît?

Tu voyages en Belgique près de Salmchâteau. Tu t'arrêtes à une station-service pour demander la route pour Liège. Joue cette scène avec ton/ta camarade.

10 Devine!

Regarde la carte et choisis une ville autre que *(besides)* Liège. Ecris un petit mot à un camarade pour lui expliquer comment aller de cette ville à Liège. Ton camarade doit lire ton mot et deviner quelle ville tu as choisie. Ensuite, changez de rôles.

avoir un pneu crevé	to have a flat tire
faire la vidange	to change the oil
faire le plein	to fill it up
vérifier ...	to check . . .
les freins (m.)	the brakes
l'huile (f.)	the oil
la pression des pneus	the tire pressure
mettre de l'air dans les pneus	to put air in the tires
mettre de l'huile dans le moteur	to put oil in the motor
mettre la roue de secours	to put on the spare tire
nettoyer le pare-brise	to clean the windshield
tomber en panne (d'essence)	to break down (run out of gas)

la station-service
l'essence (f.)
de l'ordinaire
du super (sans plomb)
le réservoir
le pompiste
un pneu

11 Ecoute!

Est-ce que c'est le pompiste ou le chauffeur qui parle?

12 Qu'est-ce qui se passe?

Qu'est-ce qui se passe sur ces images?

1.

2.

3.

4.

GRAMMAIRE The verb conduire

Conduire is an irregular verb. Here are the present tense forms.

conduire *(to drive)*

Je **conduis**		Nous **conduisons**	
Tu **conduis**	une Peugeot®.	Vous **conduisez**	une Citroën®.
Il/Elle/On **conduit**		Ils/Elles **conduisent**	

• The past participle of **conduire** is **conduit**: Il **a conduit** trop vite.

13 En voiture

Est-ce que ces chauffeurs conduisent bien ou mal?

1. M. Martin

2. Elles

3. Tu

4. Vous

14 Des problèmes de voiture

Qu'est-ce qu'il faut faire dans chacun des cas suivants? Propose une solution à chaque problème.

1. L'huile de ma voiture est trop vieille.
2. On est tombés en panne d'essence.
3. Ma voiture ne s'arrête *(stop)* pas assez vite.
4. J'ai un pneu crevé.
5. Je ne vois pas bien la route.

a. Il faut faire le plein de super.
b. Tu devrais vérifier les freins.
c. Il faut mettre la roue de secours.
d. Tu devrais faire la vidange.
e. Vérifie la pression des pneus!
f. Il faut nettoyer le pare-brise.

15 Viens chez moi!

Ton ami habite à Stavelot. Ecris-lui une lettre pour l'inviter à passer un week-end chez toi à Hannut. Ton ami n'est jamais venu chez toi et il ne conduit pas souvent. Explique-lui comment venir à Hannut. Rappelle-lui aussi ce qu'il doit faire avant de partir pour éviter d'avoir des problèmes de voiture en route. Utilise la carte à la page 34.

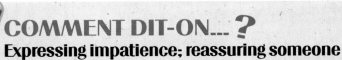

COMMENT DIT-ON... ?

Expressing impatience; reassuring someone

To express impatience:
Mais qu'est-ce que tu fais?
Tu peux te dépêcher? *Can you hurry up?*
Grouille-toi! *Get a move on!*
On n'a pas le temps!
Je suis vraiment impatient(e) d'arriver!

To reassure someone:
Ça ne va pas prendre longtemps! *It won't take long!*
Sois patient(e)! *Be patient!*
On a largement le temps. *We've got plenty of time.*
Il n'y a pas le feu. *Where's the fire?*
Du calme, du calme. *Calm down.*

---

16 Ecoute!

Est-ce que ces personnes sont impatientes ou plutôt calmes?

17 Qu'est-ce qu'ils sont énervés!

Rassure ces gens.

1.

2.

3.

4.

GRAMMAIRE The imperative

Do you remember how to make commands and suggestions ?

- Use the **tu** and **vous** forms of the verb, without **tu** and **vous,** to make commands. Don't forget to drop the **s** when you write the **tu** form of an **-er** verb as a command.

  Faites le plein!   **Mets** de l'huile dans le moteur!
  Regarde!   **Vérifie** la pression des pneus!

- To make suggestions, use the **nous** form of the verb, without **nous.**

  Allons à Bruxelles!   **Tournons** à droite!

- Place reflexive or object pronouns after the verb in a positive command or suggestion. Place a hyphen between the verb and the pronoun when writing. In negative commands and suggestions, place the pronouns before the verb.

  Grouille-toi!   **Dépêchons**-nous!   Ne **vous** inquiétez pas!

- While almost all verbs follow this pattern, the verb **être** has irregular imperative forms.

  Sois gentil!   **Soyez** patients!   **Soyons** à l'heure!

18 On est en retard!

Utilise les expressions de la boîte à droite pour écrire une conversation dans laquelle vous êtes enfin parti(e)s pour un concert avec un(e) ami(e). Tu ne sais pas comment y arriver, donc tu demandes des indications à ton ami(e). En route, vous tombez en panne d'essence. Comme vous êtes déjà en retard, tu es très impatient(e)! Ton ami(e) va te rassurer et proposer une solution.

> être patient(e)
>
> se grouiller
>
> regarder la carte
>
> ne... pas avoir le temps
>
> faire le plein

Remise en train

Au Centre de la BD

CENTRE BELGE DE LA BANDE DESSINÉE

ouvert tous les jours (sauf lundi) de 10 à 18 heures
20 rue des Sables - B- 1000 Bruxelles
Tél : 02/219.19.80
Fax : 02/219.23.76

—

BELGISCH CENTRUM VAN HET BEELDVERHAAL

open alle dagen behalve op maandag
van 10 tot 18 uur.
Zandstraat 20 - B.1000 Brussel
Tel : 02/219.19.80
Fax : 02/219.23.76

A l'accueil...

STEPHANE Tu as vu ça? C'est grandiose ici. Je n'imaginais pas ça comme ça. Regarde un peu cet escalier.

HERVE «1905. Art nouveau. Architecte Horta. C'est un ancien magasin qui... »

STEPHANE Arrête, ça suffit. Une vraie encyclopédie, ce garçon. Tu as les billets? Tu viens?

HERVE Attends, je voudrais demander quelque chose. Pardon, mademoiselle, on n'est jamais venus ici. On commence par où?

L'HOTESSE Vous pouvez commencer où vous voulez, mais surtout ne manquez pas la bédéthèque. C'est là, juste en face.

HERVE Merci, mademoiselle.

STEPHANE Alors, on monte?

19 Tu as compris?

1. Where are Hervé and Stéphane?
2. What comic book series does Hervé collect?
3. What does Stéphane decide to read? Does he like it?
4. What is the **bédéthèque**? Can you guess how the word was formed?*

20 Trouve...

1. le nom d'un album de BD.
2. le nom d'un personnage de BD.
3. le nom d'un architecte.

21 Vrai ou faux?

1. Stéphane a déjà visité le Centre de la BD.
2. La bédéthèque est au premier étage.
3. Hervé a lu tous les Tintin.
4. D'habitude, Stéphane lit de la science-fiction.
5. *Le Sceptre d'Ottokar* est un album de Tintin.
6. Le Centre est fermé le lundi.
7. Le Centre est ouvert jusqu'à huit heures du soir.

* **Bandes dessinées** are often referred to as **BD** (pronounced **bédé**). The word **bédéthèque** is formed from the abbreviation **bédé** and the ending -**thèque**, as in **bibliothèque**.

STEPHANE Eh, regarde. C'est la fusée de Tintin dans *On a marché sur la lune.* Tu l'as lu?

HERVE Bien sûr. J'ai lu tous les Tintin, sauf *Le Sceptre d'Ottokar.*

A la bédéthèque...

STEPHANE Regarde toutes ces bandes dessinées! Je pourrais passer toute la journée ici.

HERVE Moi, je vais chercher le Tintin que je n'ai pas encore lu. Et toi, qu'est-ce que tu vas lire?

STEPHANE Je ne sais pas. Tu as une idée?

HERVE Tiens, regarde! On est juste devant toute la série des Schtroumpfs, les petits hommes bleus. Tu en as déjà lu?

STEPHANE Non, jamais.

HERVE Tu devrais. C'est rigolo comme tout.

STEPHANE Bon, donne. Ça me changera de la science-fiction.

Plus tard...

STEPHANE Alors, ça t'a plu, ton *Sceptre d'Ottokar?*

HERVE Oui, c'était drôle et plein d'action. Et toi, les Schtroumpfs, qu'est-ce que tu en penses?

STEPHANE J'ai « schtroumpfé » que c'était bien!

22 Mets dans le bon ordre

Mets les activités de Stéphane et d'Hervé dans le bon ordre d'après **Au Centre de la BD.**

1. Hervé cherche le Tintin qu'il n'a pas encore lu.
2. Ils voient la fusée de Tintin.
3. Ils montent au premier étage.
4. Hervé conseille à Stéphane de lire un album des Schtroumpfs.
5. Ils se trouvent à l'accueil.
6. Hervé demande à l'hôtesse par où commencer la visite.

23 Cherche les expressions

What do the people in **Au Centre de la BD** say to . . .

1. point out something?
2. tell where something is?
3. give advice?
4. ask an opinion?
5. express enthusiasm?

24 Et maintenant, à toi

Quel est ton personnage de bande dessinée préféré? Pourquoi?

PANORAMA CULTUREL

Olivier • Martinique

Onélia • France

Bosco • Côte d'Ivoire

We asked some French-speaking people about their favorite comic book characters. Here's what they had to say.

Qui est ton personnage de bande dessinée préféré? Il est comment?

«En général, *Les Aventures de Tintin* sont les bandes dessinées que je lis et que je préfère. Tintin, pour moi, c'est un bon moyen de se distraire… qui trouve des énigmes de façon très loufoque, très drôle. Tintin, [il est] un peu maigrichon, vraiment, par rapport à moi, intelligent et très futé.»

-Olivier

«Mon personnage de bande dessinée préféré, c'est Iznogoud. Le titre de la bande dessinée, c'est *Le Calife qui voulait devenir…* Il est assez méchant, mais très drôle. Il y a beaucoup d'humour dans cette bande dessinée. Et je trouve ça très drôle, même si c'est un peu cynique comme histoire. J'aime beaucoup.»

-Onélia

«Moi, j'adore énormément les bandes dessinées. Mon personnage préféré de bande dessinée est Donald. C'est un canard. Il est toujours dans les bandes dessinées de Walt Disney. Ce qui me plaît beaucoup dans ce personnage-là, c'est que… il a… c'est surtout à lui qu'arrivent les malheurs par rapport à Gontran, et oncle Picsou qui est très avare. J'adore beaucoup celui-là parce que vraiment il est très strict et puis il se met beaucoup en colère et puis, enfin, il est très rigolo, quoi.»

-Bosco

Qu'en penses-tu?

1. Which of the comic book characters mentioned have you heard of?
2. Which French comic books would you most like to read? Why?

DEUXIEME ETAPE

Expressing enthusiasm and boredom; asking and telling where things are

COMMENT DIT-ON... ?

Expressing enthusiasm and boredom

To express enthusiasm:

Qu'est-ce que c'est... ! *That is so . . . !*

Ce que c'est bien! *Isn't it great!*

C'est... comme tout! *It's as . . . as anything!*

Ça me branche! *I'm crazy about that!*

To express boredom:

C'est mortel!

Ça me casse les pieds! *That's so boring/annoying!*

Ça m'embête! *That bores me!*

Ça m'ennuie à mourir! *That bores me to death!*

VOCABULAIRE

CD-ROM Disc 1

rigolo (rigolote)	*funny, hysterical*	**rasant(e)**	*boring*
fou (folle)	*crazy, funny*	**mortel (mortelle)**	*deadly boring*
dingue	*wild, crazy, funny*	**de mauvais goût**	*in poor taste*
marrant(e)	*funny*	**bébé**	*childish, stupid*

25 **Ecoute!**

Stéphane et Hervé visitent la bédéthèque. Est-ce qu'ils s'amusent ou s'ennuient?

26 **Des goûts et des couleurs**

Qu'est-ce que tu penses de ces bandes dessinées? Utilise les expressions et mots du **Vocabulaire** et du **Comment dit-on...?** pour donner ton opinion.

Corto Maltèse, ce que c'est bien!

Snoopy®

Garfield®

Superman®

Tintin®

Calvin et Hobbes®

Astérix®

A la française

Look at these gestures that French speakers commonly use to express enthusiasm or boredom. Can you tell which is which?

GRAMMAIRE   Pronouns and their placement

You've already learned several pronouns commonly used in French.

- The object pronouns: **me, te, nous, vous, le/l', la/l', les, lui,** and **leur**

If you're unsure whether a particular French verb takes a direct or an indirect object, study the list on page R38.

- The pronouns **en** and **y:**

   En replaces **de** + a thing or things that have already been mentioned.

   > Tu veux **des BD** pour Noël?   Oui, j'**en** voudrais trois.

   Y replaces a phrase meaning **to, at,** or **in** + a place that has been mentioned.

   > Tu es allé **au Centre de la BD?**   Oui, j'**y** suis allé hier.

- Pronouns are usually placed before the conjugated verb.

   > Je **la** regarde.   Elle **en** parle.   Je **leur** ai donné de l'argent.

- In affirmative commands, put the pronoun after the verb, connected to it by a hyphen. Remember that in this position, **me** and **te** change to **moi** and **toi.**

   > Allons-**y**!   Cherchons-**la**!   Ecris-**moi**!

- If an infinitive follows the verb, put the pronoun before the infinitive.

   > Il ne veut pas **le** lire.   Tu devrais **en** acheter.

- Use the table below to help you remember how to order pronouns if you have more than one in a sentence.

me	le			
te	la	lui	y	en
se	l'	leur		
nous	les			
vous				

   > Nous **le lui** avons donné.   Tu **leur y** as parlé?

27   Qu'est-ce que c'est bien, le Centre de la BD!

Tu viens de recevoir un message électronique d'un ami qui te raconte sa visite au Centre Belge de la Bande Dessinée. Complète son message avec les pronoms qui manquent.

Samedi, j'ai visité le Centre de la BD. C'était très chouette. Je ne regrette pas d'___1___ être allé! D'abord, en arrivant, je suis allé en haut pour voir la fusée de Tintin. Je ___2___ ai trouvée vraiment super. Après, je me suis promené dans le Centre avec mes parents, mais ils ne voulaient pas rester trop longtemps à la bédéthèque, alors je ___3___ ai demandé de ___4___ attendre au café, au premier étage. J'ai trouvé des tas de BD de Tintin. Comme je ne ___5___ ai pas toutes à la maison, j'___6___ ai lu plusieurs. C'est marrant comme tout, Tintin! Ensuite, je suis allé à la boutique de cadeaux. Je ___7___ ai acheté un Astérix parce que je sais que ça te branche, Astérix. J'ai aussi acheté quelque chose pour ton frère. Il va trouver ça très rigolo. Dis-___8___ que c'est une surprise! Bon, je te laisse. A la semaine prochaine.

Victor

COMMENT DIT-ON...?

Asking and telling where things are

To ask where something is:

Vous pourriez me dire où il y a un téléphone?

Pardon, vous savez où se trouve l'ascenseur?
Tu sais où sont les toilettes?

To tell where something is:

Par là, au bout du couloir. *Over there, at the end of the hallway.*
Juste là, à côté de l'escalier. *Right there, next to . . .*
En bas. *Downstairs.*
En haut. *Upstairs.*
Au fond. *Towards the back.*

Au rez-de-chaussée. *On the ground floor.*
Au premier étage. *On the second floor.*
En face du guichet. *Across from . . .*
A l'entrée de la bédéthèque. *At the entrance to . . .*

28 Ecoute!

Ecoute ces personnes qui demandent des renseignements à l'accueil du Centre de la BD. Regarde le plan du Centre et choisis la lettre qui correspond à leur destination.

Rez-de-chaussée

Premier étage

29 Pardon, vous savez où....

Mets cette conversation entre un visiteur et un employé du Centre de la Bande Dessinée dans le bon ordre.

— Oui, bien sûr. Elles sont au premier étage, à côté de la boutique de cadeaux.
— Ah, non, elle est en bas, en face du guichet. Vous voyez, là, au bout du couloir.
— Alors, voyons... il y en a un au rez-de-chaussée, en face de la bédéthèque. Et il y en a aussi au premier étage, près de l'escalier.
— Et la bédéthèque? Elle est bien en haut?
— Bon, très bien. Merci.
— Ah, oui, je vois. Et je dois aussi téléphoner. Vous savez où se trouvent les téléphones?
— Je vous en prie. Bonne visite!
— Pardon, Monsieur, vous pourriez me dire où sont les toilettes?

RENCONTRE CULTURELLE

Qu'est-ce que tu sais sur la Belgique? Pour t'en faire une meilleure idée, regarde ces photos.

Quelques produits de Belgique : le chocolat, la dentelle et l'endive

La ville de Bruges

Deux des langues officielles de la Belgique

Le quartier financier à Bruxelles

Les pêcheurs de la mer du Nord

La ville de Liège

Qu'en penses-tu?

1. What impression do these photos give you of Belgium?
2. How do you think the location of Belgium influences its people and their lifestyles?

Savais-tu que... ?

Belgium is one of the smallest and most densely populated European countries. Its name comes from the Belgae tribes who settled the area in the second century B.C. Bordered by France, Luxembourg, Germany, and the Netherlands, the country's central location has been a source of both prosperity and hardship, for throughout its history it has served as a battleground for other countries. Today, Belgium has one of the most highly developed economies in the world, and Belgians enjoy a high standard of living. Popular sports include bicycle racing and soccer, and many Belgians enjoy fishing, pigeon racing, and camping in the Ardennes forest in the southeastern part of the country. The country is famous for its chocolates, **gaufres** (thick waffles eaten with whipped cream or other toppings), and **frites,** which are sold at sidewalk stands and eaten with a variety of sauces such as mustard, mayonnaise, and vinegar. Belgian lace, or **dentelle,** has been renowned for its quality since the Middle Ages and is still made by hand in Bruges and Brussels.

30 Dis-moi où se trouve....

Ton ami(e) belge passe sa première journée dans ton école. Il/Elle te demande où se trouvent certains endroits. Joue cette scène avec ton/ta camarade.

31 Qu'elle est belle, la ville de Bruxelles!

Tu fais la visite de Bruxelles avec ton ami(e). Regarde les activités sur les photos suivantes. Dis ce que tu veux faire. Ton ami(e) va accepter ou refuser et dire s'il/si elle trouve ces activités amusantes ou ennuyeuses.

aller au théâtre de marionnettes de Toone

acheter de la dentelle

aller voir le Palais Royal

goûter du chocolat belge

32 Trop de renseignements à donner!

Tu travailles dans un musée belge pour l'été. Ton camarade choisit deux endroits et te demande où ils se trouvent. Regarde le plan du musée et explique-lui où sont ces endroits. Ensuite, changez de rôles.

33 Le guide du musée

Utilise le plan de l'activité 32 pour créer une brochure pour les visiteurs du musée. Explique où se trouvent la bibliothèque, les salles d'expositions, le restaurant et la boutique de cadeaux. N'oublie pas aussi d'indiquer où il y a des toilettes et des téléphones.

DESTINATIONS AVARIÉES

SALUT, C'EST CÉCILE !... DIS T'AS PAS OUBLIÉ POUR CET APRÈS-MIDI HEIN ! RÉUNION CHEZ MOI, POUR LES VACANCES ! VA FALLOIR DÉCIDER OÙ ON VA !

OUBLIÉ ? TU RIGOLES ?

JULIE ET MOI, ON A DÉVALISÉ LES AGENCES DE VOYAGES ET LES BIBLIOTHÈQUES ; ON A BIEN UNE TONNE DE PROSPECTUS, TU VAS VOIR !...

CHOUETTE ! ON VA SE MARRER !... ALLEZ, SALUT !

14 HEURES...

BOUM ! C'EST NOUS ! ON T'APPORTE LE SOLEIL ! LA MER, LA MONTAGNE, LE CIEL BLEU, ET TOUT ET TOUT !...

OUAIS : SUR PAPIER GLACÉ !

HOLALA ! QUEL PAQUET ! ÇA VA PAS ÊTRE FACILE DE CHOISIR !

OUI : FAUDRA PROCÉDER PAR ÉLIMINATION !

BONNE IDÉE ! MOI, J'ÉLIMINE DÉJÀ LE PÔLE NORD, LE GROENLAND ET LES ÎLES SPITZBERG !

ET AUSSI, LA TERRE ADÉLIE, LA NORVÈGE...EUH... LA MONGOLIE EXTÉRIEURE...

C'EST DINGUE COMME ELLE RETIENT MIEUX SA GÉO POUR LES VACANCES QUE POUR L'ÉCOLE !...

QUESTION DE MOTIVATION !

DE BONS CONSEILS

Previewing lets you get an idea of what's going to happen before you begin to read. When you preview, you take note of such things as the title, subheadings, pictures, captions, charts, and graphs in order to see how the text is organized and what its function is. Once you've done that, you'll be able to predict the kinds of information and vocabulary you will encounter. Taking time to preview a text will make a new reading easier and more fun.

1. A girl is talking on the phone. Who might she be talking to?

2. Two other girls arrive. What are they carrying? What might the girls be planning?

3. What emotions do the girls display during their discussion? Do the emotions change as the story progresses?

4. What can you predict about the outcome of the story based on the girls' expressions in the last frame?

A. Preview the comic strip and make predictions about what's going to happen.

B. What predictions can you make about the language you'll find in the comic strip?

C. Now, read the dialogue in the first frame. Is the comic strip about friends getting together to . . .
   a. leave for vacation?
   b. talk about a vacation they took?
   c. talk about where to go on vacation?

D. Associe chaque pays avec ce qu'on y trouve.

l'Irlande	l'Espagne	la Suisse
les plages	vert	les montagnes
sauvage	le soleil	moins de monde

E. What words and phrases in the text express the girls' disagreement about where to go?

F. Why do Claire and Cécile change their minds about where they want to go? What causes them to get angry once again?

G. Trouve dans la colonne de droite l'équivalent des expressions de la colonne de gauche.
   1. une tonne de   a. faire la fête
   2. se marrer   b. c'est incroyable
   3. faire la nouba   c. beaucoup de
   4. terrible   d. s'amuser
   5. c'est dingue   e. merveilleux

H. Retrouve les expressions ci-dessous dans le texte. Réfère-toi au contexte pour deviner leur sens.

Et tout et tout.

C'est bien parce que c'est toi.

Mener quelqu'un par le bout du nez.

Assez ri.

I. Some dialogues are written to represent the way people speak in everyday language. How are **ne, tu, il y a,** and **je** abbreviated in this comic strip? Can you think of a general rule these writers used to represent spoken language?

J. Why is Julie so happy at the end of the story? Why are the other two girls suspicious?

K. If **avarié** means *ruined,* what does the title mean? How is this a play on words?

L. Est-ce qu'il t'est déjà arrivé de te disputer avec tes amis? Comment est-ce que ça s'est terminé?

Have you ever tried to create your own comic strip? Telling an entire story in just a few frames can be very challenging; there isn't much room for dialogue, so it's important to choose your words carefully. In this exercise, you'll create a comic strip in French with your own characters, story, and illustrations.

Ma propre bande dessinée

Maintenant, tu vas créer ta propre bande dessinée. Imagine des personnages et crée une situation amusante ou intéressante. Ensuite, raconte ton histoire sans la rendre trop longue!

A. Préparation

Avant d'écrire ta BD, n'oublie pas de suivre les étapes suivantes.

1. Réfléchis bien à ces questions.
   a. A quel public est-ce que tu t'adresses? A des enfants? A tes camarades de classe?
   b. Quel ton est approprié à ton sujet? Sérieux? Amusant?
   c. Quels types de personnages et quel genre d'histoire est-ce que tu veux créer?
2. Ecris une description de tes personnages et de ce qui leur arrivera.
3. Pense au nombre d'images nécessaires pour raconter ton histoire.

B. Rédaction

1. Pour créer tes illustrations, dessine des images ou découpe-les dans un magazine ou une autre BD.
2. Ecris les dialogues dans les bulles de ta BD.

C. Evaluation

1. Fais une évaluation de ta BD. Pose-toi ces questions.
   a. Est-ce que ta BD est amusante ou intéressante?
   b. Est-ce que chaque image montre la progression de l'histoire?
   c. Est-ce que tu as utilisé un vocabulaire approprié à tes lecteurs?
   d. Est-ce que tu as raconté toute l'histoire sur le même ton?
2. Fais les révisions nécessaires. N'oublie pas de vérifier l'orthographe et la grammaire.

DE BONS CONSEILS

Just as the way you talk depends on who you're talking to, the way you write should also be directed by the people who will be reading your writing, your *audience*. Before you begin to write, ask yourself the following questions: For what audience is this intended? How much does my audience know about this topic? What strong feelings might the audience have about the topic? Should I use formal or informal language in addressing the audience? How can I make my message interesting to this particular audience? Your writing will be much more effective and meaningful if you tailor it to fit the interests, knowledge, and experience of the people for whom it is intended.

1 Lis les lettres suivantes et réponds aux questions.

Aimez-vous la BD?

«Je voudrais vous poser une question : que pensez-vous des bandes dessinées ?
Aimez-vous Tintin, Astérix, Gaston et les autres? Lisez-vous plus de BD
que de romans? D'avance, merci ! » Marie-Céline, Le Chesnay

«Buenos días, Marie-Céline ! Ta question est très intéressante. Personnellement, je trouve que si l'histoire est bien tournée et les dessins sont bien faits, les BD feront exploser les librairies.

Mais je pense qu'on devrait s'en servir pour expliquer aux enfants et aux adolescents la vie ou la politique ; parfois on ne comprend plus rien ! Et peut-être que les BD pourront nous apprendre plein de choses faciles ou compliquées, tout en rigolant ! On pourrait apprendre la vie de Napoléon ou celle de César !

Entre nous, ça serait plus drôle que les explications de nos parents, non? Enfin, je t'ai donné mon avis là-dessus. Vive les bandes dessinées et vive le dessin artistique !»

Bénédicte, Pontoise

«Moi, je préfère les romans aux bandes dessinées.

D'abord parce que je suis un rêveur et que les romans chassent les idées noires de notre tête et peuplent celle-ci de songes merveilleux.

J'ai peu de BD, mais je lis tout de même quelques BD : Tintin, Astérix, Boule et Bill, Gaston et d'autres.

Je voudrais laisser un message : «Ceux qui n'ont pas encore découvert les romans ne doivent pas avoir peur de ceux-ci, car une BD ne remplacera jamais un roman !» Bonne lecture ! Plongez-vous vite dans Alexandre Dumas, Jules Verne, Victor Hugo !»

Julien, Alès

«Salut Marie-Céline ! Moi, j'adore les bandes dessinées. Je bouquine beaucoup. Mais dans les BD, il n'y a pas ce qu'il y a dans les autres livres. Même si on ne sait pas lire, les images nous aident à comprendre le thème, et si on n'aime pas lire, rien ne vaut de feuilleter les BD.

J'ai toute la collection Tintin, Lucky Luke, et Astérix. Quand on n'a pas envie de se plonger dans des romans mieux vaut lire une bande dessinée.»

Aurélie, Toulouse

1. What kind of letters do you think these are?

2. What question are these teenagers answering?

3. How many of these teenagers prefer to read comic books? How many prefer novels?

4. Why do some of the teenagers prefer comic books? And novels?

 2 Ecris ta réponse à la question posée par Marie-Céline. Est-ce que tu lis souvent des bandes dessinées? Plus souvent que des romans? Pourquoi ou pourquoi pas?

 3 Ecoute les conversations de ces jeunes qui se trouvent dans un parc d'attractions. Est-ce que la personne qui répond est impatiente ou est-ce qu'elle essaie de rassurer l'autre?

4 Donne le nom de quelques produits typiques de la Belgique. Qu'est-ce que tu voudrais acheter si tu allais en Belgique?

 5 Avec ton/ta camarade, choisissez un de ces endroits pour y passer la journée. N'oubliez pas de donner votre opinion sur chaque endroit.

PARC DE RECREATION MONT MOSAN   Ⓑ   F8
Huy

Il y a toujours du nouveau au Mont Mosan! Enfin un vrai parc de récréation à la portée de toutes les bourses.
Le spectacle des otaries (trois espèces différentes), les phoques, l'exposition sur les mammifères marins, la vaste plaine de jeux, les châteaux gonflables, la cafétéria et sa petite restauration, etc...
Pour une journée de détente, pensez Mont Mosan.
Ouvert du 2/4 au 31/10/94 : de 10h00 à 20h00 • Prix : 100 FB, Grp 70 FB • p, P • B-4500 Huy, Plaine de la Sarte • Tél.: 085/23.29.96 • Fax : 085/21.30.61.

CHATEAU FORT DE LOGNE
Vieuxville-Ferrières

F9

L'un des plus fameux châteaux de la vallée de l'Ourthe (IX° - XV° siècles) et néanmoins injustement méconnu !
Antique forteresse des abbés de Stavelot, le Château de Logne devint au XV° siècle une base importante des de la Marck, les "Sangliers des Ardennes".
Sur place, le guide vous fera revivre le Moyen Age avec ses coutumes et ses guerres; il vous mènera dans de mystérieux souterrains que hante encore la Gatte d'Or, gardienne d'un fabuleux trésor. Du haut de son enceinte, le Château vous offrira un point de vue unique.

A proximité, le Musée du Comté de Logne présente les objets découverts lors des fouilles au Château.

Ouvert du 1/7 au 31/8, tous les jours de 10.00 à 18.00 h + W.E. de mai à octobre : de 13.00 à 18.00 h. • Prix : ad. 100 FB, enf. 70 FB; grp. : ad. 80 FB, enf. 60 FB • V : 45 min. Visites guidées en F, NL (GB sur demande) • p, P • B-4190 Vieuxville, La Bouverie 1 • Tél.: 086/21.20.33 ou 086/21.24.12.

6

J E U   D E   R O L E

You've chosen where to go, but you don't know how to get there! You have to call the tourist bureau to ask where the town is and how to get there from Stavelot. Your friend will play the role of the tourist bureau employee. He/She can use the map on page 34. Write the directions that he/she gives you. Don't forget to repeat them to make sure you understood. Ask the employee what he/she thinks of the attraction you plan to visit.

Can you use what you've learned in this chapter?

Can you ask for and give directions? p. 33

1 How would you ask someone for directions to Brussels?

2 How would you give someone directions from your home to . . .
1. your school?
2. your best friend's house?
3. the nearest grocery store?

Can you express impatience? p. 36

3 How would you express your impatience if . . .
1. you wanted to leave, but your friend wouldn't get ready?
2. your friend wanted to stop and look in a music store on the way to the movies?
3. you were hurrying to a class with a friend who suddenly stopped to talk to someone?

Can you reassure someone? p. 36

4 For each of the situations in number 3, what would the other person say to reassure you?

Can you express enthusiasm and boredom? p. 41

5 How would you express your enthusiasm for your three favorite TV shows and comic strips to a friend?

6 How would you express boredom with these activities?

playing golf	
doing homework	cleaning the house
watching a documentary	listening to a lecture

Can you ask and tell where things are? p. 43

7 What questions would you ask to find . . .
1. a telephone?
2. a bathroom?
3. the elevator?

8 How would you tell a new student at your school where to find . . .
1. the bathroom?
2. the cafeteria?
3. the science lab?
4. the principal's office?

PREMIERE ETAPE

Asking for and giving directions

La route pour... , s'il vous plaît? *Could you tell me how to get to . . . ?*

Comment on va à... ? *How can I get to . . . ?*

Pour (aller à)... , vous suivez la... pendant à peu près... kilomètres. *To get to . . . , follow . . . for about . . . kilometers.*

Vous allez voir un panneau qui indique l'entrée de l'autoroute. *You'll see a sign that points out the freeway entrance.*

Vous allez traverser... *You'll cross . . .*

Après... , vous allez tomber sur... *After . . . , you'll come across . . .*

Cette route va vous conduire au centre-ville. *This road will lead you into the center of town.*

Vous allez continuer tout droit, jusqu'au carrefour/au feu rouge. *You'll keep going straight ahead, up to the intersection/the stop light.*

conduire *to drive*

At the gas station

avoir un pneu crevé *to have a flat tire*

l'essence (f.) *gas*

faire le plein *to fill it up*

faire la vidange *to change the oil*

mettre de l'air dans les pneus *to put air in the tires*

de l'huile dans le moteur *oil in the motor*

la roue de secours *to put on the spare tire*

nettoyer le pare-brise *to clean the windshield*

le/la pompiste *the gas station attendant*

le réservoir *the gas tank*

une station-service *a gas station*

de l'ordinaire *regular gas*

du super (sans plomb) *premium gas*

tomber en panne (d'essence) *to break down (run out of gas)*

vérifier... *to check . . .*

les freins (m.) *the brakes*

l'huile *the oil*

la pression des pneus *the tire pressure*

Expressing impatience

Mais qu'est-ce que tu fais? *What are you doing?*

Tu peux te dépêcher? *Can you hurry up?*

Grouille-toi! *Get a move on!*

On n'a pas le temps! *We don't have time!*

Je suis vraiment impatient(e) de... ! *I'm really anxious to . . . !*

Reassuring someone

Ça ne va pas prendre longtemps! *It's not going to take long!*

Sois patient(e)! *Be patient!*

On a largement le temps. *We've got plenty of time.*

Il n'y a pas le feu. *Where's the fire?*

Du calme, du calme. *Calm down.*

DEUXIEME ETAPE

Expressing enthusiasm and boredom

Qu'est-ce que c'est... ! *That is so . . . !*

Ce que c'est bien! *Isn't it great!*

C'est... comme tout! *It's as . . . as anything!*

Ça me branche! *I'm crazy about that!*

Ça me casse les pieds! *That's so boring!*

Ça m'embête! *That bores me!*

Ça m'ennuie à mourir! *That bores me to death!*

Adjectives

rigolo(rigolote) *funny, hysterical*

fou (folle) *crazy, funny*

dingue *wild, crazy, funny*

marrant(e) *funny*

rasant(e) *boring*

mortel(mortelle) *deadly boring*

de mauvais goût *in poor taste*

bébé *childish, stupid*

Asking and telling where things are

Vous pourriez me dire où il y a... ? *Could you tell me where I can find . . . ?*

Pardon, vous savez où se trouve... ? *Excuse me, do you know where . . . is?*

Tu sais où sont... ? *Do you know where . . . are?*

Par là, au bout du couloir. *Over there, at the end of the hallway.*

Juste là, à côté de... *Right there, next to . . .*

En bas. *Downstairs.*

En haut. *Upstairs.*

Au fond. *Towards the back.*

Au rez-de-chaussée. *On the ground floor.*

Au premier étage. *On the second floor.*

A l'entrée de... *At the entrance to . . .*

CHAPITRE

3

Soyons responsables!

① En Suisse, on protège l'environnement!

Viens avec nous en Suisse où les montagnes sont reines et la propreté est une tradition. Dans ce petit pays d'Europe, la nature et la civilisation essaient de coexister harmonieusement. Avec les Suisses, disons «Vive l'écologie!»

In this chapter you will learn

- to ask for, grant, and refuse permission; to express obligation
- to forbid; to reproach; to justify your actions and reject others' excuses

And you will

- listen to teenagers asking for permission
- read fables about personal responsibility
- write a brochure for an environmental cause
- find out about Swiss efforts to protect the environment

② Eh! Tu ne sais pas que c'est interdit de jeter des papiers par terre?

③ Il faut que je tonde la pelouse d'abord.

Mise en train

Je peux sortir?

A Lausanne, en Suisse francophone, comme partout ailleurs, quand on veut sortir, il faut demander la permission aux parents.

❶ Chez Mélanie...

MELANIE   Papa, est-ce que je peux aller au cinéma ce soir?

M. BONVIN   Ce soir? Est-ce que tu as fait tes devoirs?

MELANIE   Euh non, pas encore.

M. BONVIN   Alors, c'est non.

MELANIE   Mais papa... Je peux les faire après le film!

M. BONVIN   Pas question. Tu ne vas pas faire tes devoirs à onze heures du soir.

MELANIE   Ecoute, papa...

M. BONVIN   N'insiste pas, c'est comme ça.

MELANIE   J'en ai marre! C'est toujours la même chose!

❷ Mélanie au téléphone...

MELANIE   Claire? Je suis désolée, je n'ai pas le droit de sortir. Il faut que je fasse mes devoirs.

CLAIRE   Tant pis.

MELANIE   Ce sera pour la prochaine fois.

CLAIRE   D'accord. Salut.

❸ Chez Gilles...

GILLES   Dites, vous voulez bien que je parte faire une randonnée en montagne avec des copains?

MME FORNEREAU   Quand ça?

GILLES   Pendant les vacances de Pâques.

M. FORNEREAU   Et ton examen d'entrée au lycée?

GILLES   C'est-à-dire que...

M. FORNEREAU   Si je me souviens bien, tu n'as pas eu de très bonnes notes en français.

GILLES   Non, c'est vrai, elles n'étaient pas terribles.

MME FORNEREAU   Alors, pour ta randonnée, on est d'accord si tu as de bonnes notes en français. Sinon, tu restes ici pour réviser.

GILLES   D'accord.

❹ Gilles au téléphone...

GILLES   Cyrille? J'ai parlé avec mes parents de notre projet de vacances.

CYRILLE   Ah oui? Qu'est-ce qu'ils ont dit?

GILLES   Ils ne sont pas très chauds.

CYRILLE   Ah, dommage!

GILLES   Attends, ils veulent bien. Mais il faut que je travaille mon français.

CYRILLE   C'est drôle! Mes parents m'ont dit la même chose!

ANNEE SCOLAIRE : 1999
BULLETIN TRIMES

NOM : *Fornereau*   PRENOM : G
MATIERES   MOYENNE   CO

Anglais	*12*	
Français	*8*	
Mathématiques	*10*	
Histoire / Géographie	*14*	

❺ Chez Karine...

KARINE   Dites, je suis invitée à une soirée d'anniversaire. Est-ce que je peux y aller?

MME LABORIT   Chez qui?

KARINE   Chez Jean-Michel. Samedi soir.

M. LABORIT   Hmm... d'accord, mais il faut que tu rentres à minuit au plus tard.

KARINE   Mais papa, la soirée commence à neuf heures. C'est trop tôt, minuit.

M. LABORIT   J'ai dit minuit au plus tard.

KARINE   Mais je n'ai pas école le lendemain.

MME LABORIT   Ecoute, tu es déjà fatiguée. Tu travailles beaucoup en semaine.

KARINE   Mais le week-end, c'est fait pour s'amuser!

❻ Karine au téléphone...

KARINE   Jean-Michel? C'est d'accord pour samedi. Mais je dois rentrer à minuit.

JEAN-MICHEL   Dommage. Mais c'est pas grave. Tu auras quand même le temps de manger et de danser.

❼ Chez Charles...

CHARLES   Maman, ça te dérange si je vais chez Gabriel regarder une vidéo cet après-midi?

MME PANETIER   Tu n'as pas de devoirs à faire?

CHARLES   Non, j'ai tout fait.

MME PANETIER   Tu as rangé ta chambre?

CHARLES   Euh, non.

MME PANETIER   Alors, il faut d'abord que tu ranges ta chambre.

CHARLES   Je peux y aller après?

MME PANETIER   Oui, si tu ne rentres pas trop tard. Tes grands-parents viennent dîner et tu dois mettre la table.

CHARLES   D'accord. Je fonce ranger ma chambre.

❽ Charles au téléphone...

CHARLES   Gabriel, je ne peux pas venir tout de suite. Il faut d'abord que je fasse des trucs à la maison.

GABRIEL   OK. A quelle heure est-ce que tu viens, alors?

CHARLES   Vers trois heures.

GABRIEL   Bien. On t'attend pour regarder le film.

1 Tu as compris?

1. What are the teenagers asking their parents?
2. Who gets permission and who doesn't?
3. On what conditions do the parents give their permission?

2 Qui suis-je?

Complète les phrases et dis quel(le) jeune de **Je peux sortir?** parle.

a.

b.

c.

d.

1. «Moi, je n'ai pas...
2. «Moi, je voudrais bien...
3. «Moi, il faut d'abord que...
4. «Moi, je dois...
5. «Moi, il faut que...

je fasse des trucs à la maison.»

je travaille mon français.»

faire une randonnée en montagne.»

le droit de sortir.»

rentrer à minuit.»

3 Ecoute!

C'est le parent de quel(le) jeune qui parle?

Mélanie	Karine	
Charles		Gilles

4 Cherche les expressions

What do the people in **Je peux sortir?** say to . . .

1. ask permission?
2. grant permission?
3. refuse permission?
4. protest?
5. end a conversation?
6. express disappointment?
7. express obligation?

> ### NOTE CULTURELLE
>
> On dit des Suisses qu'ils sont disciplinés, travailleurs et minutieux. Ils sont contents lorsqu'ils parviennent à faire quelque chose de constructif. Les enfants suisses doivent apprendre à travailler dur très jeunes. Même les plus jeunes doivent participer à quelques tâches ménagères et, plus ils grandissent, plus ils ont de responsabilités. Lorsque les adolescents sortent de l'école, ils savent que des heures de travail—devoirs pour l'école aussi bien que tâches ménagères—les attendent à la maison. Tout ce temps passé à travailler ensemble est peut-être l'une des raisons pour lesquelles les Suisses restent si proches de leur famille.

5 Et maintenant, à toi

Est-ce que tes parents te permettent toujours de sortir? Sinon, leurs raisons sont-elles similaires à ou différentes de celles que donnent les parents dans **Je peux sortir?**

PREMIERE ETAPE

*Asking for, granting, and refusing permission;
expressing obligation*

VOCABULAIRE

Chez toi, qui doit...

enlever la neige?

laver les vitres?

faire la lessive?

faire la poussière?

nettoyer le parquet?

faire le repassage?

arroser le jardin?

tondre la pelouse?

débarrasser la table
donner à manger au chat
faire la cuisine

faire la vaisselle
faire son lit
garder les enfants

mettre la table
nettoyer la salle de bains
passer l'aspirateur

ramasser les feuilles
to rake leaves
sortir le chien

6 Ecoute!

Regarde les listes de tâches ménagères *(household chores)* que Christiane et Amina doivent faire. Ecoute les conversations et dis si c'est Christiane ou Amina qui parle.

Christiane
débarrasser la table
faire la vaisselle
sortir le chien
faire la poussière
laver les vitres
arroser le jardin
faire le repassage

Amina
faire la lessive
faire la cuisine
mettre la table
passer l'aspirateur
nettoyer le parquet
donner à manger au chat
nettoyer les salles de bains

7 C'est à qui de le faire?

Qu'est-ce que chacun des jeunes à droite doit faire?

8 C'est trop!

Tu crois que tu fais trop de choses chez toi. Tu veux savoir ce que ton/ta camarade fait chez lui/elle. Demande-lui qui fait chaque tâche ménagère dans sa famille et dis-lui qui les fait chez toi. Dis si tu crois que c'est juste ou injuste et pourquoi.

Félicité   Jean   Serge

COMMENT DIT-ON... ?

Asking for, granting, and refusing permission; expressing obligation

To ask for permission:

J'aimerais aller au concert ce soir avec Jean-Luc.

Je peux inviter des amis?

Tu veux bien que je sorte? *Is it OK with you if I go out?*

Ça te dérange si je fais la vaisselle plus tard? *Do you mind if . . . ?*

To grant permission:

Oui, bien sûr!

Ça va pour cette fois.
OK, just this once.

Oui, si tu as fait tes devoirs.

To refuse permission:

Ce n'est pas possible.

Pas question.

Tu n'as pas le droit de sortir après minuit. *You're not allowed to . . .*

To express obligation:

Il faut que tu fasses tes devoirs d'abord. *You have to do . . .*

Tu dois garder ta petite sœur ce soir.

Tu te rappelles ?

Devoir is an irregular verb.

devoir *(must, to have to)*

Je **dois**	
Tu **dois**	
Il/Elle/On **doit**	
Nous **devons**	faire la lessive.
Vous **devez**	
Ils/Elles **doivent**	

· The past participle of **devoir** is **dû**.
· **Tu devrais** *(You should)* is also a form of **devoir**.

---

9 Ecoute!

Ecoute ces conversations et dis si les permissions sont accordées *(granted)* ou refusées.

GRAMMAIRE The subjunctive

All the verb forms you've already learned have been in the indicative mood. There's another mood used in French called **le subjonctif**. You have to use subjunctive verb forms in clauses after specific phrases that express *obligation* (**Il faut que...**) and *will* (**vouloir que...**). You'll learn more of these phrases later, along with some other uses of the subjunctive.

- To make the present subjunctive forms of most verbs, drop the ending of the **ils/elles** form of the present tense and add –e, –es, –e, –ions, –iez, –ent.

rentr~~ent~~	Il faut qu'ils **rentrent** à dix heures.
finiss~~ent~~	Il faut que nous **finissions** avant de partir.
répond~~ent~~	Elle veut que je lui **réponde**.
sort~~ent~~	Tu veux bien que je **sorte** ce soir?

- Some irregular verbs, such as **prendre** and **venir**, have two stems to which you add the subjunctive endings. The stem for **nous** and **vous** comes from the **nous** form of the present tense. The other stem comes from the **ils/elles** form.

prendre
nous prenons → **pren-** → que vous **preniez**
ils/elles prennent → **prenn-** → qu'elle **prenne**

venir
nous venons → **ven-** → que nous **venions**
ils/elles viennent → **vienn-** → que je **vienne**

- Some irregular verbs have the same irregular stem for all the forms. The stem of the verb **faire** is **fass–**. You add the regular subjunctive endings to the irregular stem: Il faut que tu **fasses** ton lit!

10 Fais des phrases

Marc a trop de choses à faire! Qu'est-ce qu'il faut qu'il fasse? Complète ses phrases en utilisant les expressions ci-dessous.

je sorte mon chien

je fasse mes devoirs

réparer mon vélo

ranger ma chambre

je trouve mon livre d'anglais

je garde ma petite sœur

11 Quel désordre!

Regarde la maison de Marina après sa soirée! Qu'est-ce qu'il faut que Marina et son frère fassent?

12 Un drame!

Avec ton/ta camarade, écris des dialogues pour illustrer les situations ci-dessous. Jouez les scènes.

1. Michel veut aller au cinéma et demande la permission à son père. Son père veut bien, si Michel a fini ses devoirs.
2. Malika aimerait regarder un film à dix heures du soir. Sa mère refuse parce que c'est trop tard et parce que Malika a école demain. Malika insiste. Sa mère met un point final à la discussion.

À la française

You can use words such as **dis donc** (hey), **dites** (say), **au fait** (by the way), and **alors** to start up a conversation or bring up a particular topic.

13 Je peux?

a. Tu as reçu cette invitation pour une soirée. Demande à tes parents la permission d'y aller. Ils veulent en savoir plus : chez qui? avec qui? quand? à quelle heure? Ensuite, ils te donnent la permission à condition que tu fasses d'abord quelques tâches ménagères. Prépare et joue cette scène avec deux autres camarades.

b. Téléphone à Viviane pour accepter son invitation. Dis-lui que tu as des tâches à faire, mais que tu peux venir après ça.

Tu es invité(e) à une boum!
Où? Avenue de Tivoli 60, Lausanne
Quand? Le Samedi 12 mars à partir de 21h
Pourquoi? Les 17 ans de Viviane Gervais
(Si tu comptes venir, téléphone au 234 68 70 avant le 10 mars)

VOCABULAIRE

Il faut que tu...

dises la vérité.	*tell the truth.*
manges mieux.	*eat better.*
respectes tes profs et tes parents.	*respect your teachers and your parents.*
aides les personnes âgées.	*help elderly people.*
partages tes affaires.	*share your things.*
prennes tes propres décisions.	*make up your own mind.*
conduises prudemment.	*drive safely.*
sois attentionné(e).	*be considerate.*
sois prudent(e).	*be careful/aware.*
sois plus responsable.	*be more responsible.*
sois tolérant(e).	*be tolerant.*
sois poli(e).	*be polite.*

14 C'est pas bien, ça!

Ces gens n'ont pas une attitude très responsable. Dis-leur ce qu'il faut qu'ils fassent.

1.

2.

3.

4.

15 Il faut que tu....

Quelles sont les choses que tes parents te rappellent souvent? Fais-en une liste et compare-la avec celle de ton/ta camarade.

16 Voilà ce qu'il faut faire

Ton ami(e) te téléphone pour discuter des problèmes suivants. Dis-lui ce qu'il/elle doit faire, à ton avis.

Il/Elle s'est foulé la cheville.

Il/Elle s'est fâché(e) parce que sa sœur a voulu emprunter son nouveau jean.

Il/Elle a raté une interro et l'a caché à ses parents.

Son grand-père ne peut plus conduire.

Il/Elle a grossi.

Il/Elle s'est disputé(e) avec ses parents.

17 Que c'est compliqué, tout ça!

D'après toi, quelles sont les responsabilités et obligations d'un(e) adolescent(e)? Fais-en une liste et compare ta liste avec celle de ton/ta camarade.

Remise en train

Laissez-les vivre!

Finalement, les parents de Gilles lui ont donné la permission de partir avec ses copains. Ils sont allés faire une randonnée...

Equipement adéquat

En montagne, le temps peut changer soudainement et de manière inattendue (pluie, orage, grêle, neige jusqu'en basse altitude, même en été et en automne). Un équipement approprié est donc d'une importance vitale:

Chaussures de montagne à tige montante, avec semelles de caoutchouc profilées

Vêtements permettant de faire face à un changement de temps inattendu. Aujourd'hui, le principe de «couches superposées» s'est imposé de manière générale; on préfère à une seule veste très chaude plusieurs vêtements légers portés les uns par-dessus les autres.

Protection contre le froid: pull-over, bonnet, gants, pantalons longs

Protection contre le soleil: chapeau, lunettes de soleil, crème solaire

Protection contre le vent et la pluie

Sac à dos avec bretelles larges et bien ajustées, et ceinture sur les hanches

Cartes pédestres et cartes nationales précises, à l'échelle 1:50 000 ou 1:25 000, guides d'excursions, éventuellement altimètre et boussole

Vivres et boissons: en particulier pour les enfants, prendre suffisamment à boire. Pas de boissons alcoolisées pendant les randonnées en montagne!

Pour les cas d'urgence: bande élastique et pansements rapides (sparadrap), éventuellement couverture de sauvetage, sifflet à roulette, lampe de poche

Les bâtons de marche peuvent apporter une aide précieuse à la descente, car ils soulagent les articulations.

---

18 Tu as compris?

1. What are the two brochures about?
2. Where are Gilles and Isabelle?
3. What is the disagreement between them?
4. How does Gilles justify his action?
5. What are Isabelle's feelings?

19 Ecoute!

Isabelle fait savoir à Gilles les six règles de la randonnée. De laquelle est-ce qu'elle parle?

20 Des reproches

Dans la forêt, Isabelle fait des reproches à Gilles. Combine logiquement ses morceaux de phrases.

1. N'allume jamais...

    a. et emporte-les avec toi.

2. Ne coupe pas inutilement...

    b. de feu en forêt.

3. Ramasse soigneusement tes déchets...

    c. des branchages et des fleurs.

Isabelle surprend Gilles en train de cueillir des fleurs.

ISABELLE	*Dis donc, tu n'as pas lu la brochure?*
GILLES	*Quoi?*
ISABELLE	*Il est interdit de cueillir des fleurs!*
GILLES	*Mais c'est pour faire un tout petit bouquet.*
ISABELLE	*Tu ne devrais pas. Regarde la brochure!*
GILLES	*Je ne suis pas le seul... tout le monde fait pareil!*
ISABELLE	*Eh bien, ce n'est pas une raison.*
GILLES	*Tant pis. C'était pour toi, ces fleurs.*
ISABELLE	*Pour moi? Euh... Eh bien, c'est gentil... Mais ce n'est pas une excuse!*
GILLES	*Tu ne les veux pas?*
ISABELLE	*Euh... Maintenant qu'elles sont cueillies. C'est pas bien, mais... je te remercie quand même.*
GILLES	*Je te promets, c'est la dernière fois!*

Les six règles des randonnées en montagne

Planifiez soigneusement chaque randonnée en montagne.

Ayez un équipement approprié et complet.

Ne vous lancez jamais seul(e) dans une randonnée en montagne.

Informez un parent, ou une connaissance, de votre randonnée.

Surveillez constamment l'évolution du temps.

Respectez le principe: «Dans le doute, faire demi-tour».

NOTE CULTURELLE

Switzerland is famous for its neutrality, yet being neutral doesn't mean that Switzerland isolates itself from the world. Through its efforts in such organizations as the International Red Cross, the World Health Organization, the World Wide Fund for Nature, the United Nations Educational, Scientific and Cultural Organization, and the United Nations International Development Organization, Switzerland takes an active role in working to resolve world conflict, in promoting the rights and safety of prisoners of war and war refugees, and in providing educational, scientific, and technical support to developing countries.

21 Qu'est-ce qu'on emporte?

Nomme au moins dix objets qu'il faut emporter quand on fait une randonnée en montagne.

22 Cherche les expressions

What expressions do the teenagers in **Laissez-les vivre!** use to . . .

1. say that something is not allowed?
2. make an excuse?
3. reproach someone?
4. reject an excuse?
5. make a promise?

23 Et maintenant, à toi

Est-ce que tu es déjà allé(e) dans un parc national? Quelles règles est-ce qu'il fallait respecter? Est-ce que tu as suivi ces règles? Pourquoi ou pourquoi pas?

RENCONTRE CULTURELLE

Est-ce que tu connais la Suisse? Regarde les photos suivantes pour découvrir quelques caractéristiques de ce pays.

Les maisons qu'on appelle des chalets sont typiquement suisses.

Le ski est un sport qui a beaucoup d'amateurs.

Bitte nicht stören
Prière de ne pas déranger
Do not disturb, please
Non disturbare, prego

On parle plusieurs langues en Suisse.

La Suisse est aussi un centre financier important.

La Suisse est réputée pour ses belles montagnes.

On dit des montres suisses qu'elles sont d'excellente qualité.

Qu'en penses-tu?

1. What impression do these photos give you of Switzerland?
2. How might geography influence the agriculture and industries of the country?

Savais-tu que... ?

Switzerland is a confederation of semi-independent states called **cantons**. There are four official languages spoken in Switzerland: German, French, Italian, and Romansch. Three-fifths of the country is covered by the Alps, and the Jura mountains cover another significant portion. The Swiss people have taken a country with few natural resources and a harsh climate and made it prosper. Switzerland is well known for its chocolates, cheese, and other dairy products, but most of the country's wealth is made possible by Swiss ingenuity and know-how. For example, Swiss banks are world renowned, and Swiss clocks and watches are known for their accuracy and precision.

DEUXIEME ETAPE

Forbidding; reproaching; justifying your actions and rejecting others' excuses

COMMENT DIT-ON... ?

Forbidding

Veuillez ne pas marcher sur la pelouse.
Please do not . . .
Prière de ne pas fumer.
Please do not smoke.
Il est interdit de jeter des papiers.
It's forbidden to . . .
Interdiction de stationner.
Parking is not allowed.
Défense d'écrire sur les murs.
Do not . . .

NOTE DE GRAMMAIRE

If you want to make an infinitive negative, place both the **ne** and the **pas** before it. Do the same with **ne... jamais** and **ne... rien**.

Prière de **ne pas** donner à manger aux animaux.
Il m'a promis de **ne jamais** le faire.
Je lui ai dit de **ne rien** manger.

24 Les interdictions

Trouve l'interdiction que chaque symbole représente.

1.   2.   3.   4.

b. *Il est interdit de manger.*   d. *Défense de pêcher.*

a. *Interdiction de stationner.*   c. *Défense de chasser.*

25 Ecoute!

Pour préserver la nature, il faut respecter certaines règles. Le parc national de l'Engadine informe ses visiteurs. Ecoute le message et fais une liste de quatre interdictions.

26 C'est ma chambre!

Ecris des interdictions à mettre sur la porte de ta chambre. Compare ta liste avec celle de ton/ta camarade.

PANORAMA CULTUREL

Alexandre • Côte d'Ivoire

Micheline • Belgique

Mathieu • Québec

We asked people what environmental issues they were most concerned about. Here's what they had to say.

Quels sont les problèmes écologiques les plus importants?

«Les problèmes qui me gênent dans ma vie sont les saletés que l'on jette dans les rues... Quand on se promène dans la rue, on voit les saletés. Bon, si on est avec un étranger, il voit les saletés. Bon, ça ne lui fait pas plaisir. J'aimerais que le maire organise la population à nettoyer la ville.»

-Alexandre

«Il y a surtout le problème des trous dans l'ozone qui sont en train de réchauffer l'atmosphère. Si on ne fait pas quelque chose rapidement, il y aura de gros problèmes. On risque même de tous disparaître.»

-Micheline

«Ce qu'on a détruit durant le siècle, on ne peut pas tout refaire... parce qu'on est dans un système où l'on consomme beaucoup. On consomme beaucoup trop. Et puis, c'est la consommation, c'est ça qui nous détruit. Il faut consommer moins, [ce] qui veut dire faire attention à ce qu'on prend et recycler. Je veux dire, quand on prend quelque chose, puis on le jette, mais on peut le reprendre et faire quelque chose d'autre.»

-Mathieu

Qu'en penses-tu?
1. Among the environmental issues mentioned by the interviewees, which concern you the most? Why?
2. Do any of these problems occur in your area? What solutions have been proposed?
3. What can you do personally to care for the environment?

VOCABULAIRE

jeter des ordures...	to throw trash . . .
par terre	on the ground
dans l'eau	
gaspiller...	to waste . . .
l'énergie (f.)	
l'eau	
utiliser des aérosols	
faire du bruit ~o make noise	
fumer	to smoke
cueillir des fleurs	to pick flowers

recycler...	to recycle . . .
les boîtes (f.)	cans
le verre	glass
le plastique	
le papier	
éteindre...	to turn off/out . . .
la télé	
les lumières (f.)	
planter un arbre	to plant a tree
partager son véhicule	to share a car
prendre les transports en commun	to take public transportation

27 Ecoute!

Isabelle parle des habitudes de sa famille. Est-ce qu'elles sont bonnes ou mauvaises?
1. Sa mère
2. Ses cousins
3. Son frère
4. Son père
5. Sa sœur

28 Protégeons notre planète!

Eric is in charge of creating a poster for his school's environmental awareness week. Help him by filling in the blanks in his rough draft using some of the words and expressions below.

> utiliser des aérosols   fumer   prenez les transports en commun
>
> plantez un arbre   par terre   éteignez la lumière   le papier
>
> gaspiller   l'eau   recycler   partagez

Soyez responsables! Pour protéger notre planète, suivez ces quelques petits conseils. Pour commencer, ne jetez pas d'ordures __1__ et pensez à __2__ ce qui peut être réutilisé : les boîtes, le verre, le plastique et __3__ sur lequel vous écrivez tous les jours. Pour réduire la pollution, __4__ votre véhicule avec des amis ou __5__. Vous réaliserez vite que le bus et le métro, c'est pas si mal. A la maison, évitez d' __6__ ; ils détruisent la couche d'ozone et mettent notre planète en danger. Quand vous sortez d'une pièce, __7__ pour ne pas __8__ l'énergie. C'est aussi simple que ça et vous serez fiers de contribuer à la protection de notre environnement.

COMMENT DIT-ON... ?

Reproaching; justifying your actions; rejecting others' excuses

To reproach someone:

Vous (ne) devriez (pas) gaspiller l'eau. *You should(n't) . . .*

Tu as tort de fumer. *You're wrong to . . .*

Ce n'est pas bien de cueillir des fleurs. *It's not good to . . .*

Tu ferais bien de ne pas utiliser d'aérosols. *You'd do well not to . . .*

To justify your actions:

Je suis quand même libre, non?
I'm free, aren't I?

Tout le monde fait pareil.
Everybody does it.

Je ne suis pas le/la seul(e) à faire du bruit. *I'm not the only one who . . .*

To reject others' excuses:

Pense aux autres.
Think about other people.

Ce n'est pas une raison.

Ce n'est pas parce que tout le monde le fait que tu dois le faire.

NOTE CULTURELLE

La minuterie is an invention designed to save electricity. In many apartment buildings and other public structures, there is a system of switches in the hallways and stairways to light the way for residents or visitors. When you press a switch, the lights go on and then go off automatically, giving you time to reach either your own door or the next switch.

29 Ecoute!

Est-ce que ces personnes font des reproches ou trouvent des excuses?

30 Pense aux autres!

Quels reproches est-ce que tu peux faire à ces personnes?

1.

2.

3.

4.

31 Mais non!

Ton/ta camarade ne respecte pas l'environnement et il/elle fait les choses suivantes. Il/Elle va trouver des excuses pour se justifier. Tu vas lui faire des reproches pour qu'il/elle change ses habitudes. Joue cette scène avec ton/ta camarade.

pêcher là où c'est interdit

fumer

cueillir des fleurs en montagne

faire de la moto dans la nature

jeter ses chewing-gums par terre

mettre sa musique très fort

avoir la télé et la chaîne stéréo allumées en même temps

32 Un test

Fais ce test pour savoir si tu respectes l'environnement. Inscris le nombre de tes points sur une feuille de papier. Ensuite, calcule ton score. Compare tes résultats avec ceux de ton/ta camarade.

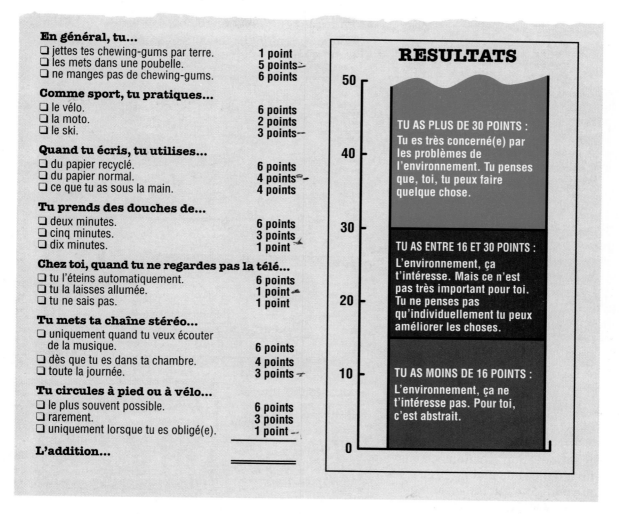

En général, tu...
- ❑ jettes tes chewing-gums par terre.   **1 point**
- ❑ les mets dans une poubelle.   **5 points**
- ❑ ne manges pas de chewing-gums.   **6 points**

Comme sport, tu pratiques...
- ❑ le vélo.   **6 points**
- ❑ la moto.   **2 points**
- ❑ le ski.   **3 points**

Quand tu écris, tu utilises...
- ❑ du papier recyclé.   **6 points**
- ❑ du papier normal.   **4 points**
- ❑ ce que tu as sous la main.   **4 points**

Tu prends des douches de...
- ❑ deux minutes.   **6 points**
- ❑ cinq minutes.   **3 points**
- ❑ dix minutes.   **1 point**

Chez toi, quand tu ne regardes pas la télé...
- ❑ tu l'éteins automatiquement.   **6 points**
- ❑ tu la laisses allumée.   **1 point**
- ❑ tu ne sais pas.   **1 point**

Tu mets ta chaîne stéréo...
- ❑ uniquement quand tu veux écouter de la musique.   **6 points**
- ❑ dès que tu es dans ta chambre.   **4 points**
- ❑ toute la journée.   **3 points**

Tu circules à pied ou à vélo...
- ❑ le plus souvent possible.   **6 points**
- ❑ rarement.   **3 points**
- ❑ uniquement lorsque tu es obligé(e).   **1 point**

L'addition...

RESULTATS

50 — 40 — 30 — 20 — 10 — 0

TU AS PLUS DE 30 POINTS :
Tu es très concerné(e) par les problèmes de l'environnement. Tu penses que, toi, tu peux faire quelque chose.

TU AS ENTRE 16 ET 30 POINTS :
L'environnement, ça t'intéresse. Mais ce n'est pas très important pour toi. Tu ne penses pas qu'individuellement tu peux améliorer les choses.

TU AS MOINS DE 16 POINTS :
L'environnement, ça ne t'intéresse pas. Pour toi, c'est abstrait.

33 Mon journal

Tu as pris des résolutions! Ecris quelques phrases dans ton journal pour décrire tes mauvaises habitudes ou celles de tes amis quant à l'environnement et ce qu'il faut que tu fasses ou qu'ils fassent pour les changer.

34 Une annonce publique

With two friends, write the script for a public service announcement. Create a scene in which someone acts irresponsibly. The other group members reproach this person, who tries to make excuses for his or her behavior. Finally, you'll show why it's necessary to act responsibly. Act out this scene for your classmates.

LISONS!

A. Does the picture at the top of the reading give you any clue to what it will be about?

B. The introduction mentions people who are **nigauds** and **malins**. Can you figure out the meanings of these words from their context? What part of speech are they? How are they related to each other?

Albert Nez en l'air

C. Where does Albert live? Why is it a problem that he is **étourdi**?

D. Which of the following is *not* a warning that Albert's parents make when he goes on a trip?
1. Attention à la circulation.
2. Traverse seulement quand le feu est rouge.
3. Ne traverse pas sans regarder.
4. Prends les rues bleues.

Dans la vie, il y a des malins, à qui il n'arrive jamais rien, et les nigauds, à qui il arrive plein d'accidents idiots. Comme les malins, il ne leur arrive jamais rien, c'est difficile de raconter leurs histoires. Les nigauds, c'est beaucoup plus rigolo. Voici donc quelques histoires de nigauds, pour tous les malins qui veulent rester malins, et les nigauds qui veulent devenir malins...

ALBERT NEZ EN L'AIR

*A*lbert Nez en l'air vivait sur une petite base de l'espace nommée Val-Fleuri. On y faisait

pousser des plantes venues de toute la galaxie. Albert était très étourdi, ce qui est ennuyeux quand on habite dans l'espace.

Un jour, les parents d'Albert l'ont envoyé voir son tonton à Villeneuve-sur-Orbite, une grande ville de l'espace. Avant le départ, ils lui ont fait des recommandations : « Attention à la circulation. A Villeneuve-sur-Orbite, les rues bleues sont réservées aux piétons, les rues orange aux voitures et les rues jaunes aux vélos. Et on ne peut traverser que si le feu est rouge. »

Dans la fusée pour Villeneuve-sur-Orbite, Albert rêvassait un peu. A travers le hublot, il voyait la ville de l'espace se rapprocher... Il n'a pas entendu l'hôtesse qui lui demandait d'attacher sa ceinture. L'arrivée de la fusée sur la ville a été un peu brutale mais il faut dire qu'elle allait à 20 000 kilomètres à l'heure. Tout le monde est resté bien accroché à son siège, sauf Albert qui a été projeté à travers le hublot !

Albert s'est retrouvé au beau milieu d'un carrefour. Il a hésité : « Euh, la rue orange, c'est les piétons. La bleue... ça doit être les vélos. Et les voitures prennent la rue jaune ! A moins que ce ne soit la bleue ? » Albert a regardé le feu, qui était vert. Il s'est dit : « Bon, c'est vert, alors je peux passer ! » Albert est parti droit vers la rue orange. Manque de chance, un énorme camion à réaction arrivait à pleine vitesse...

Le camion a culbuté Albert à une telle vitesse que l'étourdi a traversé toute la ville, est passé à travers la bulle de verre et est parti comme une fusée dans l'espace... C'est pourquoi aujourd'hui, si vous demandez : « Où est Albert ? », tout le monde vous répond : «Dans la Lune !»

E. How can people travel on the following roads, according to Albert's parents?
  1. blue roads   a. by car
  2. orange roads   b. by bicycle
  3. yellow roads   c. on foot

F. Albert is hurled out of the spaceship because he forgets to . . .
  a. sit down when the spaceship lands.
  b. close the porthole.
  c. fasten his seatbelt.

G. Why didn't Albert hear what the flight attendant was saying?
  1. There was too much noise in the spaceship.
  2. He was looking out the window and didn't pay attention.
  3. He had fallen out of the spaceship.

H. Associe chaque mot de la colonne de gauche avec une définition de la colonne de droite.
  1. étourdi   a. une petite
  2. hublot   fenêtre
  3. s'accrocher à   ronde
  4. culbuter   b. se tenir à
           c. qui oublie tout
           d. renverser

I. How does Albert end up on the moon?

J. Can you guess what the expression **être dans la lune** means? Why is it used at the end of the story?

K. Can you think of reasons why people might be **dans la lune?** Have you ever felt this way? Did anything unexpected happen to you? What might have happened?

JULIE BOUM

Julie Boum était la fille du célèbre savant, le professeur Jim Boum. C'était une fille très curieuse mais vraiment pas très maligne. Elle avait toujours envie de faire des expériences comme son papa... Un après-midi, Julie s'ennuyait un peu. Elle se promenait dans la maison quand elle a trouvé la porte du laboratoire ouverte.

Elle est entrée, bien décidée à explorer cet endroit mystérieux. Une drôle de machine, avec un bouton rouge, était accrochée au mur. On aurait dit une sorte de jouet...

Julie a appuyé sur le bouton mais rien ne s'est passé. Quelle déception ! Julie s'est approchée un peu de la machine. Zouf ! elle a senti que ses cheveux étaient aspirés à l'intérieur. Elle a relevé la tête mais trop tard : sa tresse gauche avait été coupée net. Julie aimait beaucoup cette tresse. Elle a regardé dans la machine pour voir où étaient passés ses cheveux. Horreur ! La deuxième tresse a disparu à son tour.

Julie était bien embêtée. Elle a décidé de se faire repousser ses tresses grâce à la pilule pousse-minute, une invention de son papa. Il suffisait d'en avaler une pour que les cheveux poussent très vite !

Julie a ouvert le placard à pilules et a hésité un instant. Il y avait des pilules vertes et des bleues. « Le plus simple, c'est d'en prendre une de chaque ! » s'est dit Julie.

On n'a jamais bien su ce qui s'était passé. Les voisins ont entendu un grand « Bang » : le laboratoire a explosé en 726 morceaux. On a juste retrouvé les tresses de Julie, recrachées par la machine...

As you've seen, a fable is simply a story with the purpose of teaching a moral, a lesson about life. There are many traditional fables, such as those told by the Greek writer Aesop, but fables can also be modern and funny, like the ones you've just read. In this activity, you're going to create your own fable.

Ta fable à toi

Maintenant, tu vas inventer une fable. Raconte une histoire qui a une morale.

A. Préparation

1. Choisis d'abord une morale dont tu veux parler. Pense à quelque chose qu'il ne faut pas faire ou à quelque chose qu'il est bon de faire. Voici quelques sujets possibles pour t'inspirer.

> ne pas être attentionné(e)   ne penser qu'à soi   ne rien vouloir partager
>
> ne pas protéger l'environnement   ne pas être prudent(e)
>
> faire des commérages *(gossip)*   ne pas bien manger

2. Invente l'histoire d'une personne qui ne fait pas ce qu'elle devrait faire et raconte ce qui lui arrive.
3. Fais un plan.
   a. Ecris les événements principaux de ton histoire dans l'ordre où ils vont arriver.
   b. Pense aux détails de chaque événement et écris-les.

B. Rédaction

Fais un brouillon de ta fable en suivant ton plan.

C. Evaluation

1. Relis ton brouillon en essayant de répondre aux questions suivantes.
   a. Est-ce que tu as respecté l'ordre de ton plan?
   b. Est-ce que tu as oublié quelque chose?
   c. Est-ce qu'il y a des passages ou des détails qui ne sont pas importants pour comprendre l'histoire?
   d. Est-ce que les lecteurs vont comprendre la morale de ton histoire?
2. Fais les corrections nécessaires pour améliorer ton histoire. Ajoute plus de détails s'il le faut.
3. Rédige la version finale de ta fable. N'oublie pas de corriger les fautes d'orthographe, de grammaire et de vocabulaire.

DE BONS CONSEILS
Sometimes writers know exactly how they want a story to end even before they start to write, and sometimes they allow the story to develop and create its own ending. When you know your ending beforehand, it's very important that you structure the story so that it leads steadily and logically to its conclusion. Making a brief outline of the events and details that you want to include in your story, in their proper order, will help you to do this.

MISE EN PRATIQUE

1 Ecoute cette conversation entre Sabine et sa mère et réponds aux questions.

1. Où est-ce que Sabine veut aller?

2. Pourquoi est-ce que sa mère ne veut pas qu'elle y aille? A quelle condition est-ce qu'elle pourrait y aller?

3. Quelles sont trois choses que Sabine doit faire avant de partir?

2 Pense à quelque chose que tu voudrais faire et demande la permission à ton père/ta mère. Il/Elle te rappelle ce qu'il faut que tu fasses et refuse. Tu insistes. Enfin, tu obtiens la permission, à certaines conditions. Joue cette scène avec ton/ta camarade.

3 Lis cette brochure et réponds aux questions suivantes.

AIDEZ-NOUS A...

Nous sommes parmi les 10% de privilégiés, sur cette planète, qui n'avons qu'à tourner un robinet pour obtenir de l'eau potable.

Si nous souhaitons conserver ce privilège, pensons aussi à tourner le robinet dans l'autre sens, afin que cette eau précieuse ne s'écoule pas inutilement.

Une des tâches du Département des travaux publics est de veiller sur la qualité de l'eau restituée à la nature. Pour y parvenir, il a besoin de votre aide sous deux formes:

EVITER LE GASPILLAGE
LIMITER LA POLLUTION

Votre récompense sera de bénéficier plus longtemps d'une eau de bonne qualité. Vos petits-enfants vous en seront reconnaissants. Les arbres, les fleurs et les oiseaux aussi.

Pour éviter le gaspillage

LE PETIT TRUC:
Remplissez entièrement la machine lorsque vous lavez le linge ou la vaisselle. Et n'ajoutez que le minimum de produit en fonction de la durée de l'eau.

LE GESTE JUSTE:
Ne videz pas complètement votre chasse d'eau lorsque ce n'est pas nécessaire. Un petit geste économique à faire: rabattre le clapet ou remonter la manette!

LE BONS SENS:
Ne faites pas la vaisselle sous l'eau courante. Préférez la douche au bain!

TOUT CE QUE VOUS MELEZ A L'EAU DOIT ETRE TOT OU TARD RETIRE.

PROTEGER LES EAUX!

250 litres par personne et par jour

Savez-vous que chaque Genevois, pour son usage privé, utilise environ 250 litres d'eau par jour? Mais si on tient compte des besoins de l'industrie, de l'artisanat, du commerce et de l'agriculture, cette moyenne grimpe à 550 litres par personne.

Ces 550 litres disparaissent dans les canalisations et aboutissent aux stations d'épuration, où ils sont traités avant d'être rejetés dans le lac ou des rivières.

Le traitement de ces eaux est complexe et coûteux. Il nécessite une surveillance permanente. Pensez-y chaque fois que vous êtes tenté de laisser un robinet inutilement ouvert.

Voici ce que chacun d'entre nous consomme en moyenne: cochez les postes où vous pourriez facilement économiser.

litres	
83	WC
80	douche et bain
25	lessive
15	hygiène corporelle
15	vaisselle
12,5	nettoyage (maison et voiture)
12,5	arrosage
7	boisson et cuisson

1. What sort of brochure is this? Who do you think distributes it?

2. What are the two main things this brochure asks people to do?

3. What are a few things you can do to save water?

4. How much water does an average person in Geneva use? What happens to the water after it is used?

5. Which activity requires the most water? Which activity requires the least water?

4 Tu veux préserver l'environnement. Avec deux autres élèves, pensez à un site naturel que vous voulez préserver. Ensuite, préparez une brochure pour attirer l'attention sur ce site et ce qu'il faut que tout le monde fasse pour le préserver.

5 Avec ton/ta camarade, crée quelques panneaux contenant les messages suivants.

No swimming.

No smoking.

Don't feed the animals.

No food or drink.

Don't pick the flowers.

No littering.

Don't walk on the grass.

6

JEU DE ROLE

You and your friends are going to participate in a demonstration. Choose a good cause, such as forest conservation, animal protection, or water and air pollution. Make signs with slogans and plan what you're going to say to the crowd of onlookers. Act out this scene. The rest of the class will act as the onlookers who aren't very interested in the environment. Remind them of their obligations.

CE TERRAIN A ETE SAUVE POUR LES PETITS-ENFANTS DE NOS ENFANTS GRACE A L'ASSISTANCE DU

WORLD WILDLIFE FUND

LA FONDATION INTERNATIONALE POUR LA SAUVEGARDE DE LA FAUNE ET DES ENDROITS ET TERRITOIRES SAUVAGES

Can you use what you've learned in this chapter?

Can you ask for, grant, and refuse permission? p. 60

1 How would you ask permission to do something with a friend this weekend?

2 If you were a parent, how would you give your teenager permission to do something? How would you refuse permission?

3 What would you say to a friend who wanted to borrow your favorite cassette or CD?

Can you express obligation? p. 60

4 How would you tell your brother or sister that he or she has to . . .
1. do the laundry?   **2.** take out the dog?   **3.** mow the lawn?

Can you forbid someone to do something? p. 67

5 How would you tell what these signs forbid?

1.   2.   3.

Can you reproach someone? p. 70

6 What would you say to someone who . . .
1. throws trash out of the car window?
2. uses aerosol sprays around the house?
3. smokes?

7 How would you reproach these people?

1.   2.

Can you justify your actions and reject others' excuses? p. 70

8 What would you say to justify an action of yours that angered someone?

9 What would you say to a child who makes excuses for doing something wrong?

VOCABULAIRE

PREMIERE ETAPE

Asking for, granting, and refusing permission

J'aimerais...   *I'd like . . .*
Tu veux bien que... ?   *Is it OK with you if . . . ?*
Ça te dérange si... ?   *Do you mind if . . . ?*
Ça va pour cette fois.   *OK, just this once.*
Tu n'as pas le droit de...   *You're not allowed to . . .*

Expressing obligation

Il faut que tu... d'abord.   *You have to . . . first.*

Household chores

arroser le jardin   *to water the garden/yard*
donner à manger à   *to feed*
enlever la neige   *to shovel snow*
faire la cuisine   *to cook*
faire la lessive   *to do the laundry*
faire son lit   *to make one's bed*
faire la poussière   *to dust*
faire le repassage   *to do the ironing*
laver les vitres   *to wash the windows*
mettre la table   *to set the table*
nettoyer le parquet   *to clean the floor*
nettoyer la salle de bains   *to clean the bathroom*
ramasser les feuilles   *to rake leaves*
sortir le chien   *to take out the dog*
tondre la pelouse   *to mow the lawn*

Personal responsibilities

aider les personnes âgées   *to help elderly people*
conduire prudemment   *to drive safely*
dire la vérité   *to tell the truth*
manger mieux   *to eat better*
partager tes affaires   *to share your things*
prendre tes propres décisions   *to make up your own mind*
respecter tes profs et tes parents   *to respect your teachers and parents*
Il faut que tu sois . . .   *You must be . . .*
    attentionné(e)   *considerate*
    poli(e)   *polite*
    prudent(e)   *careful, aware*
    responsable   *responsible*
    tolérant(e)   *tolerant*

DEUXIEME ETAPE

Forbidding

Veuillez ne pas...   *Please do not . . .*
Prière de ne pas...   *Please do not . . .*
Il est interdit de...   *It's forbidden to . . .*
Interdiction de...   *. . . is not allowed.*
Défense de...   *Do not . . .*

Social responsibilities

cueillir des fleurs   *to pick flowers*
éteindre les lumières (f.)/la télé   *to turn off the lights/the TV*
partager son véhicule   *to share one's vehicle*
planter un arbre   *to plant a tree*
prendre les transports en commun   *to take public transportation*
recycler   *to recycle*
    les boîtes (f.)   *cans*
    le papier   *paper*
    le plastique   *plastic*
    le verre   *glass*
faire du bruit   *to make noise*
fumer   *to smoke*
gaspiller   *to waste*
    l'eau (f.)   *water*
    l'énergie (f.)   *energy*
jeter des ordures   *to throw trash*
    par terre   *on the ground*
    dans l'eau   *in the water*
utiliser des aérosols   *to use aerosol sprays*

Reproaching

Vous (ne) devriez (pas)...   *You should(n't) . . .*
Tu as tort de...   *You're wrong to . . .*
Ce n'est pas bien de...   *It's not good to . . .*

Tu ferais bien de ne pas...   *You'd do well not to . . .*

Justifying your actions; rejecting others' excuses

Je suis quand même libre, non?   *I'm free, aren't I?*
Tout le monde fait pareil.   *Everybody does it.*
Je ne suis pas le/la seul(e) à...   *I'm not the only one who . . .*
Pense aux autres.   *Think about other people.*
Ce n'est pas une raison.   *That's no reason.*
Ce n'est pas parce que tout le monde le fait que tu dois le faire.   *Just because everyone else does it doesn't mean you have to.*

4
Des goûts et des couleurs

① Paris, centre de la mode

La France est bien connue pour son influence sur la mode. Le look est une notion importante dans la vie des Français. Quel que soit leur âge, style ou niveau social, ils font attention à ce qu'ils portent. Et toi, quels styles de vêtements et de coiffure est-ce que tu aimes?

In this chapter you will learn

- to ask for and give opinions; to ask which one(s); to point out and identify people and things
- to pay and respond to compliments; to reassure someone

And you will

- listen to French teenagers talk about fashion
- read about a Paris fashion designer's line of clothing
- write a fashion report for the year 2025
- find out about the French sense of style

② Ça fait vraiment cloche!

③ Crois-moi, c'est tout à fait toi!

Mise en train

Mon look, c'est mon affaire

Axcelle entre dans le salon avec le courrier qu'elle vient d'aller chercher...

❶ JEROME   Ah, tu es allée chercher le courrier? Il y a quelque chose pour moi?

AXCELLE   Non, rien pour toi, comme d'habitude.

JEROME   Et ça, c'est quoi? Un magazine?

AXCELLE   Non, c'est le catalogue printemps-été de Quelle. J'espère qu'il y a des trucs bien.

JEROME   Tu es vraiment obsédée par la mode, toi! De toute façon, il n'y a que ça qui vous intéresse, vous, les filles!

Axcelle regarde le catalogue...

AXCELLE   Ouah! Génial, cet ensemble! Tu n'aimes pas?

JEROME   Lequel?

AXCELLE   Celui-là, le noir avec le pantalon à pattes d'eph.

❷ JEROME   Ah! Ne me dis pas que tu aimes vraiment ça! C'est affreux!

AXCELLE   Tu comprends vraiment rien à la mode, toi! C'est super branché comme style et puis, si tu sortais un peu, tu verrais que tout le monde s'habille comme ça.

JEROME   Ouais, ben, c'est peut-être à la mode, mais je trouve quand même ça ridicule!... Ça, par contre, je trouve que c'est très classe.

AXCELLE   Le tailleur rose, là?

JEROME   Oui, comment tu le trouves?

❸ AXCELLE   Pas mal, mais bon, je ne me vois pas aller à l'école comme ça. Ça fait un peu trop sérieux.

JEROME   Peut-être, mais au moins, c'est élégant.

AXCELLE   Tiens, regarde ce qu'elle porte, la fille, là.

JEROME   Laquelle?

❹ AXCELLE   Celle avec le caleçon imprimé et le grand tee-shirt. J'aime bien ça. C'est sympa, ça peut se porter partout et c'est moins sérieux que ton tailleur. Qu'est-ce que tu en dis?

JEROME   Ouais... J'aime bien ce genre de vêtements. C'est cool et puis... c'est moins bizarre que ton pattes d'eph. Bon, à mon tour de regarder un peu!

AXCELLE   Ben, je croyais qu'il n'y avait que les filles qui s'intéressaient à la mode!

JEROME   Oh, ça va, hein! Elle est où, la section «hommes»?

AXCELLE   Après les enfants.

❺ JEROME Ah, voilà... Oh là là, c'est nul! Il n'y a rien qui me plaît!

AXCELLE Du calme. Tu n'as pas tout vu. Tiens, il est chouette, ce gilet, non?

JEROME Ouah! Un gilet en cuir pour 299 F! C'est hyper-cool! Je crois que je vais le commander. En plus, j'ai vraiment plus rien à me mettre.

AXCELLE Tiens, au fait, tu as quelque chose pour le mariage de Joël et Virginie?

JEROME Tu fais bien d'en parler. Non, j'ai rien et je me demande ce que je pourrais bien mettre. A ton avis, un pantalon à pinces et une chemise, ça irait?

AXCELLE Euh... si j'étais toi, je mettrais plutôt un costume et une cravate.

JEROME Tu crois?

AXCELLE Ben, oui, c'est quand même un mariage! Et puis, je suis sûre que c'est ce que la plupart des hommes vont mettre.

JEROME Ce n'est pas trop habillé?

AXCELLE Ecoute! Au pire, tu seras le mieux habillé de tous, pour une fois!

JEROME Ah, très drôle. Va un peu à la page des costumes au lieu de dire n'importe quoi... Tiens, il te plaît, celui-là?

❻ AXCELLE Ouais, je trouve qu'il est très chic. En tout cas, si tu l'achètes, prends aussi la cravate, elle va très bien avec.

JEROME Ouais, peut-être... Enfin, j'ai encore le temps d'y penser. Il reste deux mois avant le mariage.

AXCELLE Bon, retourne à la section «femmes» que je trouve quelque chose pour ce mariage, moi aussi... Tiens, voilà. Elle est parfaite, cette robe, non?

❼ JEROME Tu rigoles ou quoi?

AXCELLE Non, pourquoi? Tu as quelque chose contre les robes à pois?

JEROME Ben, euh... T'étonne pas si je fais semblant de ne pas te connaître si tu mets ça au mariage!

1 Tu as compris?

1. What does Axcelle receive in the mail?
2. What sort of clothes does Axcelle like? What does Jérôme think about them?
3. For what upcoming event do they try to select outfits?
4. What is Jérôme thinking of wearing? What about Axcelle?

2 Qui parle de quoi?

C'est l'opinion d'Axcelle ou de Jérôme? De quels vêtements est-ce qu'ils parlent?

1. Ça peut se porter partout.
2. Si tu l'achètes, prends aussi la cravate, elle va très bien avec.
3. Ne me dis pas que tu aimes vraiment ça! C'est affreux!
4. T'étonne pas si je fais semblant de ne pas te connaître si tu mets ça au mariage!
5. Je ne me vois pas aller à l'école comme ça. Ça fait un peu trop sérieux.

3 Les styles

Quels vêtements de **Mon look, c'est mon affaire** sont...

> décontractés?   chic?
> très à la mode?   élégants?
> branchés?   sérieux?

4 Quels vêtements?

Quel est le vêtement de **Mon look, c'est mon affaire** qui correspond à chacune des descriptions suivantes?

Une élégance raffinée pour ce costume réalisé dans un mélange de coton et polyester. Veste coupe classique avec fente dos, 1 poche poitrine et 2 poches intérieures. Pantalon à pinces, montage ville : fermeture par glissière.	Imprimé pastilles pour cette robe fluide. Entièrement boutonnée devant, taille appuyée par découpes devant et dos. Encolure en V, pinces sous poitrine. Manches courtes. Epaulettes. Base ample et dansante. Long. 90cm.	Une qualité de cuir superbe pour ce gilet sans manches. Empiècement avec double surpiqûre. 2 poches passepoilées. Fermeture par pressions. Dos 100% polyester rehaussé d'un lien et d'une boucle. 100% cuir (agneau).	Bien mode, le pantalon «patte d'eph» avec base en dentelle. Taille élastiquée. Entrejambes 72 cm env. 55% coton, 43% polyamide, 2% élasthanne.

5 Cherche les expressions

In **Mon look, c'est mon affaire,** what expressions do Axcelle and Jérôme use to . . .

1. ask an opinion?
2. ask which one(s)?
3. point out an item?
4. give a favorable opinion?
5. give an unfavorable opinion?

NOTE CULTURELLE

La France est réputée pour sa **haute couture.** Mais bien sûr, tout le monde n'a pas les moyens de se payer des vêtements créés par des grands couturiers tels que Christian Dior ou Nina Ricci. Dans les grands magasins comme les **Galeries Lafayette** ou le **Printemps,** on peut trouver des vêtements moins chers, mais de bonne qualité. Les jeunes peuvent également acheter des vêtements relativement bon marché dans des boutiques de mode telles que **Kookaï, NAF-NAF** et **Ton sur ton.**

6 Et maintenant, à toi

Est-ce que tu t'es déjà habillé(e) pour une occasion spéciale? Laquelle? Quels vêtements est-ce que tu as choisis? Quel est ton look préféré?

PREMIERE ETAPE

*Asking for and giving opinions; asking which one(s);
pointing out and identifying people and things*

Si tu as oublié
clothing
vocabulary
va à la page R17.

VOCABULAIRE

CD-ROM
Disc 1

La boîte à mode

un costume

une cravate
en soie

une robe à
col en V

un gilet
en laine

des gants
(m.)

un sac

des hauts
talons (m.)

une chemise
à rayures

un pantalon
à pinces

un pendentif

un tee-shirt
forme tunique

un caleçon
à pois

un collant

des bottes (f.)
en cuir

une mini-jupe
écossaise

un col roulé

7 Ecoute!

Gabrielle et son amie Suzette parlent de ce que tout le monde portait à la boum hier soir.
De qui est-ce qu'elles parlent?

Nathalie

Lian

Antoine

Brigitte

Tatiana

Ahmed

Etienne

8 Je mets quoi, alors?

Ton ami(e) ne sait pas quoi mettre.
Donne-lui des conseils.

—Je ne sais pas quoi mettre avec...
—Tu devrais mettre...

ma mini-jupe écossaise	ta chemise à rayures
mon pattes d'eph	ta cravate en soie
mon pantalon à pinces	ton tee-shirt forme
ma robe à col en V	tunique
mon costume	ton col roulé
mon caleçon imprimé	ton foulard à pois
	ton pull bleu foncé

Vocabulaire à la carte

un pattes d'eph	*bell bottoms*
un débardeur	*a tank top*
un coupe-vent	*a windbreaker*
des bretelles (f.)	*suspenders, straps*
des bottines (f.)	*ankle boots*
des mocassins (m.)	*loafers*
à manches courtes/longues	*short/long-sleeved*
en toile	*linen*
en daim	*suede*
à carreaux	*checked*
imprimé(e)	*printed*
bleu clair	*light blue*
bleu foncé	*dark blue*

9 Qu'est-ce qu'on met?

Un(e) ami(e) français(e) te demande
ce que les Américains mettent pour
aller à ces endroits. Joue cette scène
avec ton/ta camarade.

au concert

au restaurant

à un mariage

à l'école

à une boum

à une interview pour un job

COMMENT DIT-ON... ?

Asking for and giving opinions

To ask for an opinion:

Comment tu trouves ce collant?
Tu n'aimes pas ce pendentif?
Elle te plaît, cette mini-jupe?
Qu'est-ce que tu penses de ces bottes?
Qu'en penses-tu?
 What do you think of it?

To give a favorable opinion:

Je le trouve super.
Je l'aime bien.
Elle me plaît beaucoup.
J'aime bien ce genre de bottes.
 I really like this type of . . .
C'est très bien, ça.

To give an unfavorable opinion:

Je le trouve moche.
Je ne l'aime pas tellement.
Elle ne me plaît pas du tout.
Je trouve qu'elles font vieux.
 I think they look . . .
Ça fait vraiment cloche!
 That looks really stupid!

10 Ecoute!

Ecoute ces jeunes qui parlent de vêtements. Ils les aiment ou pas?

11 Qu'est-ce qu'ils se disent?

Ces jeunes sont en train de faire les magasins. Utilise les expressions de **Comment dit-on...?** pour recréer leurs conversations.

1.   2.   3.   4.

VOCABULAIRE

affreux (-euse)	*hideous*	**délirant(e)**	*wild*	**hyper-cool**	**sobre**	*plain*
chic		**élégant(e)**		**ringard(e)** *corny*	**tape-à-l'œil**	*gaudy*
classe	*classy*	**génial(e)**		**sérieux (-euse)** *conservative*	**vulgaire**	*tasteless*

12 Des vêtements pour tous les goûts

Tes amis portent les vêtements et accessoires suivants. Qu'est-ce que tu leur dis?

1. un tailleur bleu foncé et des hauts talons
2. des mocassins en daim noir
3. un pantalon à pinces, une chemise en coton et une cravate
4. un pattes d'eph à fleurs et un tee-shirt à rayures
5. un costume avec une chemise blanche à manches longues

C'est...
Je le/la/les trouve...
Je trouve que ça fait...
Je trouve ça...

13 Qu'en penses-tu?

Regarde ces vêtements. Tu penses acheter quelque chose, mais tu veux savoir ce qu'en pense ton/ta camarade. Demande-lui comment il/elle trouve ces vêtements.

D. Le gilet écossais sans manches. Très mode, il ajoute une petite note colorée à toute tenue. Réalisé en 50% acrylique, 45% laine et 5% autres fibres.
Rouge : 231.6946.
3 tailles : 34/36, 38/40, 42/44
279 F

G. La chemise à rayures. Col boutonné, poche poitrine à rabat boutonné, poignets à patte capucin, empiècement dos double avec pli creux et lichette. Entretien facile : elle est en 80% coton, 20% polyester.
Prune : 261.0111. Bleu : 271.0112.
Vert : 271.0115. Mousse : 271.0118.
4 encolures :   37/38 169 F
39/40, 41/42 179 F   43/44 189 F

I. Les bottes drapées. A porter avec ou sans revers. Dessus cuir pleine fleur (bovin). Tige 25 cm doublée en synthétique. Demi-semelle intérieure synthétique. Semelle extérieure en élastomère. Talon enrobé peau 8 cm.
6 pointures : 36, 37, 38, 39, 40, 41
Noir : 521.2376. 479 F
Verni noir : 521.2379. 529 F

14 Quel style!

Demande à ton/ta camarade ce qu'il/elle pense de ces différents styles. Est-ce que tu es d'accord?

grunge   baba   BCBG   punk

15 Un style tout nouveau

a. Tu es styliste de mode. Avec tes camarades, crée une nouvelle ligne de vêtements. Dessine trois ensembles.

b. Avec tes camarades, faites votre publicité. Ecrivez une description de votre nouvelle ligne de vêtements. Créez un slogan pour attirer l'attention de vos clients potentiels.

COMMENT DIT-ON... ?
Asking which one(s); pointing out and identifying people and things

LEQUEL EST-CE QUE TU PRÉFÈRES?

CELUI AVEC LES LUNETTES!

To ask which one(s):
Quelle jupe est-ce que tu préfères?
Tu aimes ces chemises? **Laquelle**
   est-ce que tu vas acheter?
Tu essaies un jean? **Lequel?**

To point out and identify things:
Ça, c'est la jupe que je préfère.
Moi, j'aime bien **ces** chaussures-**là**.
Je préfère **celles-là**. *. . . those.*
Celui du garçon là-bas. *The one . . .*
Tu n'aimes pas **le vert?**

To point out and identify people:
Regarde **celui avec** les lunettes!
   . . . the one (man/boy) with . . .
Celle qui parle à la vendeuse.
   The one (woman/girl) who . . .
Tu vois **la fille au** pull bleu?*. . . the*
   girl with/wearing the . . .
Là-bas, le garçon qui porte un
   pantalon rouge. *Over there, the*
   boy who . . .

16 Ecoute!

Pendant que Julien et Marc attendent devant le cinéma, ils parlent des vêtements que portent les jeunes qui passent. De qui est-ce qu'ils parlent?

Sylvain

Michèle

Valentin

Annette

CHAPITRE 4   Des goûts et des couleurs

GRAMMAIRE The interrogative and demonstrative pronouns

- When you want to ask *which one(s)*, use the appropriate interrogative pronoun to refer to the noun.

	masculine	*feminine*
singular	**lequel?**	**laquelle?**
plural	**lesquels?**	**lesquelles?**

—Je vais acheter ce pantalon.
—**Lequel?**
—Je trouve qu'ils sont moches, ces gants.
—**Lesquels?**

- When you want to say *this one, that one, these,* or *those,* use the appropriate demonstrative pronoun to refer to the noun.

	masculine	*feminine*
singular	**celui**-là	**celle**-là
plural	**ceux**-là	**celles**-là

Moi, je vais acheter **celui**-là. (ce sac-là)
Celle-là? Oui, je l'aime bien, mais elle coûte trop cher! (cette jupe-là)
Oh, je déteste **ceux**-là! Qu'est-ce qu'ils sont moches! (ces gilets-là)
Tu n'aimes pas **celles**-là? Moi je les adore! (ces bottes-là)

17 Ecoute!

Ecoute ces conversations qui ont lieu dans des boutiques de mode. De quoi est-ce qu'on parle?

> des bottes
> un caleçon
> des hauts talons
> une jupe écossaise

18 C'est bien ça, non?

Fabrice cherche un cadeau d'anniversaire pour sa sœur. Il ne sait pas quoi acheter. Djamila lui donne des conseils. Complète leur conversation avec un pronom interrogatif ou démonstratif.

DJAMILA Pourquoi tu ne lui achètes pas des bottes? Qu'est-ce que tu penses de ces bottes-là?

FABRICE __1__ ?

DJAMILA Les blanches. Elles sont chic, non?

FABRICE Moi, je préfère __2__-là.

DJAMILA Bon, d'accord. Et ces gants-là? C'est une bonne idée, des gants, non?

FABRICE __3__ ?

DJAMILA __4__-là, les noirs.

FABRICE Oui, ils sont classe; mais, euh, je ne sais pas...

DJAMILA Oh, regarde! J'adore ce col roulé. Qu'en penses-tu?

FABRICE Je ne le vois pas. C'est __5__ ?

DJAMILA __6__-là, à côté du pull bleu foncé. Tu vois, là-bas?

FABRICE Oui, il est vachement bien! Je le prends!

19 Le rôle de la mode

Lis la question de Sélima et les réponses de quelques jeunes. Ensuite, réponds aux questions.

J'écris cette lettre pour savoir ce que vous pensez de la mode d'aujourd'hui. Je trouve qu'au lycée, beaucoup de filles portent des vêtements vraiment vulgaires, par exemple des pattes d'eph ou des mini-jupes trop courtes. A mon avis, c'est vraiment affreux! Moi, je préfère mettre des trucs plus sobres, comme par exemple un caleçon avec un tee-shirt forme tunique ou un col roulé. J'aime bien ce genre de vêtements parce que c'est confortable. Et vous, qu'est-ce que vous en pensez?
Sélima

Bonjour, Sélima. Personnellement, je pense que tu as raison. Moi aussi, j'aime les vêtements simples. Je trouve que les gens s'habillent souvent de façon vraiment ringarde ou vulgaire. Ils achètent leurs vêtements dans les boutiques à la dernière mode et c'est pour ça qu'ils pensent qu'ils sont hyper-cool. En fait, ils n'ont pas de personnalité et ils ne peuvent pas créer leur propre look. C'est dommage.
Stéphanie

Sélima, tu ne dois pas juger les gens d'après leurs vêtements. Nous avons tous des goûts différents, et c'est ça qui rend le monde intéressant. Moi, par exemple, j'aime les vêtements délirants, surtout les hauts talons. Je porte toujours des bijoux et je me maquille tous les jours. C'est mon style. Mais je respecte les filles qui préfèrent mettre des trucs plus sérieux. Toi aussi, tu dois apprendre à respecter les autres!
Florence

Salut, Sélima. Je voudrais répondre à ta question. A mon avis, la mode d'aujourd'hui est super et c'est très important de la suivre, surtout quand on est jeune. C'est un moment où on peut porter ce qu'on veut. Après, quand on travaille, c'est différent. Il faut mettre des vêtements sérieux tout le temps et c'est vraiment pas marrant. C'est pour ça que je pense qu'il faut profiter de notre jeunesse et s'amuser avec la mode.
Caroline

1. How do the types of clothes Sélima prefers compare to those worn by most of her classmates?
2. In the three responses to Sélima, who agrees with her and who disagrees with her?
3. What reason(s) are given by the girls who disagree with Sélima?
4. Which of the four opinions is closest to your own? Why?

20 Regarde les gens qui passent!

a. Rémi et Céline sont à la terrasse d'un café. Ils regardent les passants et ils font des commentaires sur leurs vêtements. Imagine ce qu'ils disent et écris leur conversation.

b. Echange ton dialogue avec celui d'un(e) camarade. Travaillez ensemble pour faire un seul dialogue, puis jouez ce dialogue.

PANORAMA CULTUREL

Mélanie • Québec

Sylviane • Martinique

Céline • Viêt-nam

We asked people for their ideas on fashion and personal style. Here's what they had to say.

Quel est ton style de vêtements préféré?

«Moi, c'est un bon gilet, puis un jean(s), c'est toujours ça que je porte. Des fois, je peux porter d'autres sortes de pantalons, pas de jeans, mais... un bon chandail et puis je suis bien là-dedans. Il faut que je sois confortable. Si je ne suis pas confortable, je ne le porterai pas.»

-Mélanie

«J'aime surtout les vêtements... j'aime surtout les matières. J'aime beaucoup le coton, le lin, les matières naturelles, parce que, bon, on vit dans un pays où il fait très chaud et il faut pouvoir supporter la chaleur. Et j'aime beaucoup aussi les couleurs, parce que bon, je vis dans un pays ensoleillé, donc les couleurs sont des choses très importantes.»

Est-ce que c'est important d'être à la mode?

«Oui, c'est important d'être à la mode, parce que, bon, nous en Martinique, on a quand même ce côté un petit peu français et européen où on aime beaucoup les vêtements et on aime beaucoup se montrer.»

-Sylviane

Quel est ton style de vêtements préféré?

«J'aime tout ce qui est hors du commun. Enfin... qui est pas tellement banal mais qui... qu'on peut pas voir tous les jours, quoi.»

Est-ce que c'est important d'être à la mode?

«Ça dépend. Je veux dire... Il y a certaines filles qui s'habillent mais qui n'ont rien à l'intérieur, qui n'ont pas un esprit très beau à l'intérieur. C'est pas très beau à l'intérieur. Donc, elles ont besoin de bien s'habiller. Mais enfin, ça dépend.»

-Céline

Qu'en penses-tu?

1. Which person do you most agree with? Why?
2. What reasons do these people give to support their opinions about fashion and style?
3. Do you think it's important to follow the latest trends or to be in style? Why or why not?

Remise en train

Chacun son style!

PERRINE Oh, ça va être super ce soir!
LARISSA Je parie que Loïc va venir...
PERRINE Je crois pas! Il déteste le heavy metal.
LARISSA Ah oui, c'est vrai. Il est tellement BCBG, tu trouves pas?

PERRINE Eh! Tu penses que je devrais mettre du mascara?
LARISSA Mmm... non. C'est trop tape-à-l'œil.

PERRINE Ah! Et mon rouge à lèvres orange, tu le trouves trop tape-à-l'œil aussi?
LARISSA Je ne sais pas, moi. Qu'est-ce que tu mets?
PERRINE Ben, soit ma mini-jupe noire avec un débardeur vert, soit ma robe violette.

21 Tu as compris?

1. What are Perrine and Larissa talking about?
2. Where are they getting ready to go?
3. What are they doing to get ready?
4. Why did Perrine decide to change her hairstyle?
5. Does Larissa approve of her new style?

22 Vrai ou faux?

1. Perrine et Larissa se préparent à sortir.
2. Larissa a déjà choisi ce qu'elle va mettre pour aller au concert.
3. Les stylistes de Biguine ne font pas de coupes bizarres.
4. Perrine s'est fait couper les cheveux comme d'habitude.
5. Perrine va mettre sa mini-jupe noire avec son débardeur vert.

23 Choisis le bon mot

Complète chaque phrase avec l'expression qui convient.

1. Larissa trouve le mascara de Perrine trop ▒▒▒ .
2. Perrine veut mettre du ▒▒▒ orange pour aller avec sa robe violette.
3. Larissa va emprunter ▒▒▒ de Perrine.
4. Les cheveux de Perrine sont ▒▒▒ et ▒▒▒ .
5. Chez Biguine, il y avait un garçon aux cheveux ▒▒▒ .

tape-à-l'œil	frisés
verts	l'ombre à paupières
rouge à lèvres	orange

LARISSA   Alors, je dirais le rouge à lèvres orange si tu mets ta robe violette. Et moi? Je me demande ce que je vais mettre... Oh, dis donc! Elle est géniale, ton ombre à paupières!

PERRINE   Tu peux l'emprunter, si tu veux.

LARISSA   Merci. Décidément, j'aime vraiment tes cheveux comme ça!

PERRINE   Tu crois? Je suis allée chez Biguine hier. Je voulais juste me faire couper les cheveux comme d'habitude. Mais quand j'ai vu les autres clients! Ils avaient des coupes dingues!

LARISSA   Ah oui?

PERRINE   Ouais. Il y en avait une qui avait les cheveux tondus d'un côté, et longs et raides de l'autre. Un autre avait une coupe à la Mohawk.

LARISSA   C'est pas vrai!

PERRINE   Je te jure! Et il avait même les cheveux teints en vert.

LARISSA   Et c'est pour ça que tu as décidé de te faire friser et teindre en orange?

PERRINE   Ben oui. Tu es sûre que c'est pas trop bizarre?

LARISSA   Mais non! L'orange te va très bien!

PERRINE   Ouais! Justement, j'ai pensé que ça irait bien avec mon rouge à lèvres et avec ma robe violette.

24   Cherche les expressions

In **Chacun son style!** what expressions do Perrine and Larissa use to . . .

1. tell who they think will be at the concert?
2. ask for advice?
3. ask for an opinion?
4. give an opinion?
5. pay a compliment?
6. respond to a compliment?
7. express disbelief?
8. reassure a friend?

NOTE CULTURELLE

The French sense of fashion tends to be natural and includes a personal touch. Women and teenage girls usually wear very little makeup and tend to prefer simple haircuts. Jewelry is also understated. If a woman is wearing large earrings, she probably wouldn't also wear a large bracelet or necklace. Men typically prefer a simpler style as well, seldom wearing large rings or belts with big buckles.

25   Et maintenant, à toi

Quelle coupe de cheveux est-ce que tu préfères? Est-ce que tu as l'air plus ou moins sérieux(-euse) que les jeunes dans **Chacun son style!**?

*Paying and responding to compliments;
reassuring someone*

VOCABULAIRE

CD-ROM
Disc 1

la frange

les cheveux frisés

les cheveux courts

les cheveux longs et raides

une queue de cheval

une moustache

la coiffeuse (le coiffeur)

une coupe

un shampooing

les cheveux en brosse

une barbe *a beard*	**une natte** *a braid*	**se friser** *to curl (hair)*
les cheveux teints *dyed/colored hair*	**des pattes** *sideburns*	**se maquiller** *to put on makeup*
un chignon *a bun*	**(se faire) une permanente**	**se raser** *to shave*
une coupe au carré *a square cut*	*(to give yourself) a perm*	**se teindre** *to dye (hair)*

26   Ecoute!

Qui dit chacune des phrases suivantes,
le coiffeur ou le client/la cliente?

27   Voilà ma famille

Dominique te montre une photo de
sa famille. Demande-lui qui sont
les gens sur la photo. Joue cette
scène avec ton/ta camarade.

Si tu as oublié
family
vocabulary
va à la page R17.

—C'est qui, cette femme?
—Laquelle?
—Celle aux cheveux...
—C'est ma...

GRAMMAIRE The causative faire

- If you want to say that you are *having something done,* use the verb **faire** with the infinitive of the verb that tells what you want done.

  Je **fais nettoyer** mon costume.   Elle **a fait réparer** ses bottes.
  I'm having my suit cleaned.   *She had her boots repaired.*

- If the verb that tells what you want done is reflexive, place the reflexive pronoun before the conjugation of **faire.**

  Je **me fais couper** les cheveux. **(se couper)** *I'm having my hair cut.*
  Il **s'est fait raser** la moustache. **(se raser)** *He had his mustache shaved.*
  Tu vas **te faire friser? (se friser)** *Are you going to get your hair curled?*

28   Une journée bien remplie

Qu'est-ce que M. Mouchet fait faire aujourd'hui?

1.

2.

3.

4.

29   Qu'est-ce que je leur dis?

Ton ami(e) va chez le coiffeur mais ne sait pas comment il/elle veut se faire coiffer. Donne-lui des conseils. Ensuite, changez de rôles.

—Qu'est-ce que tu en penses, toi?
—Tu devrais te faire couper les cheveux en brosse.

se couper les cheveux
se friser
se raser la barbe
se teindre
se faire une permanente

30 Mannequin d'un jour

Lis cet article et fais les activités suivantes.

a. Associe les mots AVANT et APRES à ces phrases.

Elle porte un chemisier blanc.

Elle a une coupe dégradée.

Elle porte un pull noir.

Elle a les cheveux longs et raides.

b. Maintenant, imagine que tu es un/une des stylistes de **Mannequin d'un jour.** Tu n'aimes pas le look qui a été conseillé à Liliane. Ecris un paragraphe dans lequel tu suggères une autre coupe de cheveux et d'autres vêtements pour Liliane.

AVANT

Les cheveux raides avec peu de volume, une peau fine et fragile.

PREMIERE ETAPE

LA COUPE DE CHEVEUX

Les cheveux de Liliane sont coupés sur une base de carré. Ils sont ensuite effilés tout autour de son visage. La frange est dégradée pour donner un effet déstructuré à l'ensemble de la coiffure (Coiffure réalisée par Arnaud pour Franck Provost)

DEUXIEME ETAPE

LE MAQUILLAGE

Application d'une poudre libre abricot pour faire ressortir son teint. Ses sourcils sont redessinés au crayon. Ensuite, pour agrandir son regard, pose d'un crayon noir sur les paupières supérieures et inférieures, avec une touche de mascara noir sur les cils supérieurs. Avec, pour la touche finale, un blush framboise coordonné au rouge à lèvres.

APRES

Un caleçon noir avec un petit pull chaussette très mode, et des bottines coordonnées (Vêtements et chaussures offerts par La Blanche Porte).

COMMENT DIT-ON... ?

Paying and responding to compliments; reassuring someone

To pay a compliment:
Je te trouve très bien comme ça.
Ça fait très bien.
C'est tout à fait toi.
Ça va avec tes yeux.
Ça te va comme un gant.
  It fits you like a glove.
Que tu es jolie **avec ça!**
  You really look . . . in that!
C'est assorti à ton pull.
  That matches . . .

To reassure someone:
Crois-moi, c'est tout à fait toi.
Je t'assure, c'est réussi. *Really, . . .*
Fais-moi confiance, c'est très classe. *Trust me, . . .*

To respond to a compliment:
Ça te plaît vraiment?
Tu crois?
C'est gentil.
Oh, c'est un vieux truc.
  This old thing?
Oh, tu sais, je ne l'ai pas payé(e) cher.

Je ne dis pas ça pour te faire plaisir.
  I'm not just saying that.

---

31 Ecoute!

Ecoute ces conversations. Est-ce que ces gens répondent à un compliment ou est-ce qu'ils rassurent quelqu'un?

CHAPITRE 4   Des goûts et des couleurs

32 On bavarde!

Mets en ordre les éléments de chacune des conversations que tu entends à cette boum.

a. Oui, elle te plaît?
    Ah, tu t'es acheté une nouvelle jupe?
    Je la trouve jolie. Elle va bien avec ton chemisier.
    C'est gentil. Tu sais, je ne l'ai pas payée cher.

b. Euh, non.
    En tout cas, c'est tout à fait toi!
    Moi, je te trouve très bien comme ça.
    Dis donc, il est nouveau, ton coupe-vent?
    Oh, c'est un vieux truc.

c. Tu crois?
    Oui, ça me va comment?
    Dis-moi, tu t'es maquillée!
    Je t'assure, ça va bien avec tes yeux.
    Ça te va très bien.

d. Ah oui?
    Tiens, tu es allée chez le coiffeur!
    Ça te va très bien.
    Comment tu trouves?
    Je t'assure, c'est tout à fait toi.

e. Ça va avec ton style.
    Oui. Qu'en penses-tu?
    Vraiment?
    Tu t'es fait couper les cheveux?
    Fais-moi confiance, c'est très réussi.

33 Un nouveau look

a. Ton/ta camarade te téléphone pour te dire qu'il/elle s'est fait couper les cheveux. Il/Elle te raconte son rendez-vous chez le coiffeur.

b. Tu rencontres ton/ta camarade. Tu lui fais des compliments sur sa coupe de cheveux. Tu dois le/la rassurer parce qu'il/elle n'est pas certain(e) qu'il/elle aime ce nouveau style.

34 Jeu de rôle

a. You're going to a school dance. Discuss with your friend what you're going to wear. What kind of look do you prefer? What are you going to do to get ready? Are you going to the barber/hair stylist?

b. You're at the dance. You meet a friend who pays you a compliment. You respond and pay him/her a compliment. Your friend isn't very confident about how he/she looks, so you reassure him/her.

LISONS!

HAUTE-COUTURE
AUTOMNE-HIVER

DIX
Trois-quart silhouetté en satin jade.
Sweater en plumes rouges et roses.
Jupe en velours incarnat.

ONZE
Veste cintrée en tweed artisanal bleu,
bordeaux et argent à poignets de
renard rouge. T-shirt en crêpe cycla-
men brodé d'un collier trompe-l'œil.
Jupe en velours pourpre.

DOUZE
Veste-corset en tissage artisanal
pourpre et mordoré à poignets
brodés. Pantalon masculin en lainage
marine fileté de rouge.

CHRISTIAN LACROIX
COLLECTION HAUTE-COUTURE
AUTOMNE-HIVER

«Il y a incontestablement chez moi l'envie d'un vêtement net, épuré, structuré. Après les formes souples
de ces dernières saisons, la mode se reconstruit. Les
hanches sont dessinées, la taille étranglée avec des
corselets. La jupe-cloche s'évase pour donner à la sil-
houette une forme sablier que souligne encore le
retour de l'épaule. Bref, un structuré léger, qui ne
verse jamais dans la roideur, et dont les matières très
élaborées, les ornements, les détails de broderies
servent encore à gommer tout ce qu'il pourrait avoir
d'autoritaire. Tout en ayant le sentiment de demeurer fidèle à moi-même, cette collection me paraît à
des années-lumière de l'an passé.»

PRET-A-PORTER
AUTOMNE-HIVER

QUARANTE-TROIS
Bustier en patches de maille
et dentelle naturelle. Jupe
longue en dentelle noire et or.

QUARANTE-QUATRE
Parka en cuir noir argenté à
parements de Mongolie et
brodé d'ex-votos. Mini-jupe de
dentelle argent sur fuseau de
velours noir à bandes dorées.

QUARANTE-CINQ
Parka en cuir «platine».

QUARANTE-SIX
Veste trapèze gansée à motifs
de chenille «cœurs» noir et
blanc. Liquette et pantalon
large en crêpe imprimé
«d'étoile» coordonné.

DE BONS CONSEILS
If a reading seems difficult at
first, you can use your
deductive reasoning skills to
develop meaning. Start with
a word you know and use it to figure out
the words and phrases around it. How are
they related to the familiar word? Do they
modify it, like an adjective or adverb? Do
they show its action, like a verb? Once you
understand whole phrases, link them
together into longer passages. By
building on what you know, you can turn
a difficult reading into something
coherent and understandable.

A. What is this reading selection about?
Who is Christian Lacroix?

B. What kind of vocabulary do you expect to
find in this type of reading?

C. What are the names of the three collections
of clothing? What do the names suggest
about the type of clothing you would find
in each collection?

D. On pages 98 and 99, what information do
you find in the paragraphs? In the short,
numbered items?

PRÊT-À-PORTER
AUTOMNE-HIVER

QUATRE-VINGT-TROIS
Caraco de taffetas «chaîne» fleuri bleu pastel brodé d'or et bordé de dentelle noire.

QUATRE-VINGT-QUATRE
Sweater de maille artisanale orné d'arabesques de gomme cuivrée et empierrée. Jupe de taffetas orange à fleurs chinoises sur jupon de taffetas à carreaux.

QUATRE-VINGT-CINQ
Bustier de maille artisanale orné d'arabesques de gomme cuivrée et empierrée à manches et basques de mousseline rousse. Jupe à trois étages en patches de taffetas bordé de dentelle.

BAZAR DE CHRISTIAN LACROIX
AUTOMNE-HIVER

«Cette collection «Bazar» n'a pas été pensée comme une ligne secondaire, «bis» ou «ter» mais comme une ligne complémentaire à la fois «autonome» et faite pour coexister avec le Prêt-à-Porter et même la Couture (une cliente de Haute-Couture vient souvent faire ses essayages en jeans et en T-shirt : autant qu'ils viennent de chez nous !) et pourquoi pas imaginer, ce n'est pas pour moi une utopie, une femme dont la tenue serait composée d'éléments des trois lignes confondues (Haute-Couture, Prêt-à-Porter et Bazar). Enfin, en tant que styliste, je ressentais le besoin de préparer le prochain millénaire en prouvant que la Maison Christian Lacroix, symbolique des années 80 qui l'ont vue naître, pouvait avoir sa propre version des années 90 et 2000, parler à la rue sans rien perdre de ses racines (le Sud, le métissage des cultures, l'histoire revisitée, toujours d'actualité).»

SEPT
Blouson en satin imper à col de peau lainée. Gilet XVIIIe en peau lainée. Pull ras-du-cou en shetland. Jeans surteint.

HUIT
Coupe-vent en satin imper. Veste de gardian en velours gansé. Gilet de gardian en velours gansé. Chemise cintrée en jean. Jupon en madras de laine.

NEUF
Mini-blouson en satin imper et gilet de peau lainée. Gilet en shetland rayé. Col roulé en shetland rayé. Jupon en madras de laine contrasté.

E. Lequel de ces adjectifs n'est pas utilisé par Christian Lacroix pour décrire sa collection de **Haute Couture**?

> net
> structuré
> souple
> léger
> élaboré
> autoritaire

F. How does Lacroix feel about clothing from his three lines being worn together?

G. Can you tell which descriptions match the outfits in the four sketches?

H. How would you describe what these clothes look like?

> jupe en velours pourpre
> sweater de plumes
> parka en cuir noir
> mini-jupe de dentelle argent
> veste trapèze
> jupe à trois étages

COLLECTION HAUTE-COUTURE

FORMES
Vestes cintrées, épaulées et parfois corsetées, longues, silhouettées ou même étriquées. Jupes «trapèze», «cloche» ou ondulées. Quelques pantalons. Tuniques fluides, robes souples et corolles architecturées pour le cocktail, grandes jupes libres ou crinolines craquantes à minces hauts très précieux le soir, quelques fourreaux.

ORNEMENTS
Plumes, fourrures et dorures. Patches, pochoirs et peintures. Tubes, paillettes et sequins de music-hall, nightclub et fête foraine dégradés, nacrés et irisés. Broderies orientalisantes.

ACCESSOIRES
Variations sur les chapeaux d'homme. Bijoux composites autour du cou. Sacs minuscules en bandoulière. Bottes, richelieux et sandales.

MATIERES
Cachemire, tweeds artisanaux et plumes, maille enrichie, jerseys enluminés et velours travaillés. Faille froissée, satin duchesse et brocarts métallisés. Dentelles toujours. Soies peintes, ombrées ou changeantes.

PRET-A-PORTER

TISSUS
Mohair, tweeds artisanaux, rayures masculines, écossais, velours vieilli ou frappé d'or, crêpes, tulles de laine et georgette imprimés, satin damassé oriental, soies reliéfées, mousseline ombrée, taffetas «chaîne», cuirs platines ou pyrogravés, fausse fourrure et dentelles métalliques.

ACCESSOIRES
Chapeaux composites, bijoux ethniques, collants-dentelles, étoles patchworks, «guillies», boots et escarpins à talons aiguilles, ornements de cheveux, clous, ex-votos, passementeries, arabesques d'or et de sequins, motifs de gomme cuivrée empierrée.

FORMES
Manteaux folkloriques trenches, parkas ethniques, vestes étriquées, cardigans «historiques», smokings en patchworks de noirs, panoplies militaires, minikilts ou maxi-jupes «châlet», les robes sont des tuniques et parfois des maillots du soir.

MOTIFS
Carreaux et rayures, tartans, cachemires et fleurs géantes, peaux de bête et camouflage, bouquets chinois, tapis et tapisseries, pochoirs de dentelle.

Christian Lacroix

BAZAR

ACCESSOIRES
Chapeaux de cuir et bérets jacquard, gants tricotés ou imprimés, gourmettes, bracelets, sautoirs, boucles d'oreilles, pendentifs et boutons de manchettes «Lettres, croix et clochettes», jambières et collants-dentelles, ceintures, «colliers-de-chien» et «poignets-de-force» en peau lainée, mouchoirs à breloques.

MATIERES
Du nylon matelassé ou non, du drap caban, des lainages à carreaux, des rayures masculines, du satin, du crêpe, de la peau, du jean, des tweeds, de la maille, du jersey et du tissu-cravate.

CHAUSSURES
Bottes hautes lacées à bouts ronds en cuir frappé chocolat ou noir. Richelieux à semelle crantée et talon bobine en cuir frappé ou en satin et vernis noir. Mocassins effilés à bouts carrés en satin et vernis noir ou en cuir frappé.

Q : Quelles sont les qualités que vous revendiquez chez les femmes qui sont fidèles au style Lacroix ?
C.L. : La liberté qu'elles prennent d'être différentes. Ma cliente n'est pas de celles qui cherchent à passer inaperçues. Elle étonne, elle détone, elle choque, au meilleur sens du terme. Parce qu'avant tout, elle est libre. Sans doute nous inscrivons-nous dans une évolution générale de la mode. Il me semble cependant qu'aujourd'hui les notions de passé, de présent, de futur sont dépourvues de signification. Le mot contemporain a bien vieilli en ce qui concerne le goût. Désormais, l'élégance la plus pointue mélange toutes les époques, tous les styles, toutes les catégories de vêtements, et même les catégories de prix.

I. What kind of information is given on the third page of the reading?

J. Give examples of what elements make up the look of each of Lacroix's lines.

K. Classe chaque objet dans la catégorie à laquelle il appartient.

chapeaux de cuir
lainages à carreaux
bottes hautes lacées
plumes, fourrures et dorures

collants-dentelles
fleurs géantes
robes souples

L. Recherche la racine *(root word)* de ces adjectifs pour en deviner le sens.
1. métallisé
2. argenté
3. doré
4. lainé
5. épaulé
6. bordé

M. How does Christian Lacroix characterize his average client?

N. D'après Lacroix, comment peut-on définir l'élégance? Et toi? Comment est-ce que tu la définis?

You've just seen some fashions created by a famous French designer. In this activity, you'll have the chance to use your imagination to decide what kinds of fashions people will be wearing in the future. You'll take on the role of a TV fashion correspondent in the year 2025 and report on what people are wearing.

La Mode en l'an 2025

On est en 2025. Tu es journaliste de mode pour l'émission **Paris branché** et tu dois faire un reportage sur la mode actuelle.

A. Préparation

1. Qu'est-ce qu'on porte en l'an 2025? Quel est le look à la mode? Pour t'en faire une idée, pose-toi les questions suivantes.
   a. Comment est-ce que le monde a changé? Comment sont les gens en 2025? Comment est-ce que cela influence leurs goûts?
   b. Est-ce qu'il y a de nouveaux tissus ou de nouvelles matières dont on peut faire des vêtements?
   c. Est-ce qu'il y a des styles du passé qui reviennent à la mode?
2. Choisis un genre de vêtements particulier pour ton reportage, par exemple, les vêtements de soirée, les vêtements de sport ou les vêtements préférés des adolescents.

DE BONS CONSEILS
Sometimes it's hard to come up with ideas for writing about an imaginary situation. One good way to jump-start your imagination is to ask yourself questions about the topic. For example, if you're asked to write about an imaginary place, you might ask yourself: How are the people there different from us? What's important to them? What do they do? Where do they live? How do they dress? Asking yourself these kinds of questions is a great way to generate ideas and help you get started. Don't be afraid to turn your imagination loose!

B. Rédaction

Fais un brouillon de ton reportage.
1. Décris le type de vêtements que tu as choisi. N'oublie pas d'ajouter quelques informations sur...
   a. le style général des vêtements : décontracté, classique, habillé, sportif, etc.
   b. les couleurs et les motifs
   c. les tissus et les matières
   d. les endroits où on porte ce genre de vêtements
   e. le prix de ces vêtements
   f. le genre de boutiques ou de magasins où on peut les acheter
2. A la fin du reportage, parle des catégories suivantes pour compléter le look.
   a. accessoires
   b. chaussures
3. Fais quelques dessins des vêtements que tu as décrits pour illustrer ton reportage.

C. Evaluation

1. Relis ton brouillon. Est-ce que tu peux ajouter quelques détails pour rendre ton reportage plus intéressant?
2. Corrige la grammaire, l'orthographe et le vocabulaire et rédige la version finale de ton reportage.
3. Devant la classe, joue le rôle du/de la journaliste et présente ton reportage à la télé.

MISE EN PRATIQUE

CD-ROM
Disc 1

1 Lis ce que ces stars françaises disent à propos de leur look. Ensuite, écoute bien. Est-ce que c'est Vanessa ou Hélène qui parle?

look

Vanessa Paradis

look

«J'aime tout ce qui est rétro et surtout les vêtements dans le style des années 70. J'adore mélanger tous les styles; des pattes d'eph avec un bustier en cuir ou une mini-jupe écossaise rouge avec une fausse fourrure violette, par exemple. Je mélange des fringues que je trouve aux puces avec des vêtements ultra-chic de Gaultier ou Lacroix. J'ai une petite faiblesse pour Castelbajac.»

250 F
315 F
495 F

Beauté

«Je change de make-up tous les jours selon mon humeur. En variant les couleurs, je deviens sage ou capricieuse, classique ou extravagante. Le soir, j'adore les tons violets et les faux cils pour faire ressortir mes yeux. Pour dessiner le contour de ma bouche, je mets un rouge à lèvres violet ou rouge. Le jour, je préfère ne pas mettre trop de make-up, juste un fond de teint clair et de la poudre transparente avec un rouge à lèvres mat. Mes fans me trouvent plus jolie comme ça. »

look

«Moi, je suis une fille de la campagne. Mon style est plutôt «nature». Je préfère les vêtements en laine, les jupes et les robes longues et les pochettes style péruvien, par exemple. Comme je passe la plupart de mon temps libre à la campagne, j'aime aussi porter de gros pulls et des jeans. Ces vêtements sont parfaits pour faire des balades avec mes chiens. »

Hélène Rolles

Beauté

«A mon avis, la beauté c'est la simplicité, alors je ne mets pas de make-up le jour. Le soir, si je sors avec des copains, je mets un peu de rouge à lèvres beige. C'est suffisant! Pour avoir les cheveux impeccables, je les lave tous les matins avec un shampooing de Jean-Claude Biguine. Je ne mets jamais de parfum et les déodorants parfumants, ce n'est pas mon truc. »

240 F
306 F
479 F

2 a. Tu travailles pour un magazine de mode français. Tu vas interviewer une célébrité sur son look. Joue cette scène avec ton/ta camarade. Puis, changez de rôles.

b. Ecris ton article pour le magazine. N'oublie pas de dire quels sont les vêtements préférés de la célébrité, comment il/elle préfère se coiffer et pourquoi.

3 a. Ton ami(e) a un entretien d'embauche *(job interview)*. Il/Elle ne sait pas quoi mettre. Discute avec lui/elle d'un ensemble possible. Dis-lui ce que tu penses de ses idées et il/elle va aussi te donner son opinion.

b. Ton ami(e) a choisi quelque chose à mettre. Il/Elle l'essaie pour voir si ça lui va bien. Fais-lui des compliments et rassure-le/-la.

4 Qu'est-ce que tu penses du look de ces mannequins français? Avec ton/ta camarade, parle de leurs vêtements et de leur look.

Brian porte un pantalon en coton blanc cassé extra large et une chemise rouge et blanche à carreaux. Comme chaussures, il porte des bottines en daim marron. Sur la tête, il a noué un bandana blanc et bleu qui apporte une note d'originalité à son style cool et confortable.

Patrice porte une veste et un gilet en lin gris clair, un pantalon en lin gris foncé, une chemise en coton, une cravate en soie rayée et un chapeau en paille. Le tout, création Hermès

5 ♫ **J E U   D E   R O L E**

With group members, create outfits to present in a fashion show. Make sketches of outfits and ask other group members their opinions. Then, decide together which outfits you're going to present and write descriptions of them. During the fashion show, take turns being models and the commentator who describes the clothing. As the audience, your classmates will point out the outfits that they find interesting and tell what they think of them. They'll also write down their opinions of each outfit. Which outfits are the most popular?

Can you use what you've learned in this chapter?

1 How would you ask your friend's opinion of these items?

1.   2.   3.

2 How would you give your opinion of the items in number 1 if you liked them? If you disliked them?

3 Your friend is pointing out some things she likes, but you can't tell which one(s) she's talking about. How do you ask?

1.   2.   3.

4 How would your friend answer your questions in number 3?

5 How would you identify the following people if you didn't know their names?

1.   2.

6 How would you compliment a friend on an article of clothing?

7 How would you respond if someone complimented you on your clothing?

8 What would you say to reassure a friend who is uncertain about a new haircut or article of clothing?

PREMIERE ETAPE

Asking for and giving opinions

Qu'est-ce que tu penses de... ? *What do you think of . . .?*
Qu'en penses-tu? *What do you think of it?*
J'aime bien ce genre de... *I like this type of . . .*
Je trouve qu'ils/elles font... *I think they look . . .*
Ça fait vraiment cloche! *That looks really stupid!*

Clothing and styles

un caleçon *leggings*
un collant *panty hose, tights*
un col roulé *a turtleneck sweater*
un costume *a man's suit*
des gants (m.) *gloves*
un gilet *a vest*
des hauts talons (m.) *high heels*
une mini-jupe *a miniskirt*
un pendentif *a pendant*

un sac *a purse*
à col en V *V-necked*
à pinces *pleated*
à pois *polka-dot*
à rayures *striped*
écossais(e) *plaid*
en laine *wool*
en soie *silk*
forme tunique *tunic style*

Describing clothing or hairstyles

affreux(-euse) *hideous*
classe *classy*
délirant(e) *wild*
élégant(e) *elegant, sophisticated*
hyper-cool *super cool*
ringard(e) *corny*
sérieux(-euse) *conservative*
sobre *plain*
tape-à-l'œil *gaudy*
vulgaire *tasteless*

Asking which one(s)

Quel(s)/Quelle(s)... ? *Which . . . ?*
Lequel/Laquelle? *Which one?*
Lesquels/Lesquelles? *Which ones?*

Pointing out and identifying people and things

Celui-là/Celle-là. *That one.*
Ceux-là/Celles-là. *Those.*
Celui du... *The one . . .*
Celui avec... *The one (man/boy) with . . .*
Celle qui... *The one (woman/girl) who . . .*
La fille au... *The girl in the/with the . . .*
Là-bas, le garçon qui... *Over there, the boy who . . .*

DEUXIEME ETAPE

Paying and responding to compliments

Que tu es... avec ça! *You really look . . . in that!*
Ça te va comme un gant. *That fits you like a glove.*
C'est assorti à... *That matches . . .*
Oh, c'est un vieux truc. *This old thing?*
Oh, tu sais, je ne l'ai pas payé(e) cher. *Oh, it wasn't expensive.*

Reassuring someone

Crois-moi, ... *Believe me, . . .*
Je t'assure, ... *Really, . . .*
Fais-moi confiance, ... *Trust me, . . .*
Je ne dis pas ça pour te faire plaisir. *I'm not just saying that.*

Hair and hairstyles

une barbe *a beard*
les cheveux courts *short hair*
    en brosse *a crew cut*
    frisés *curly hair*
    longs *long hair*
    raides *straight hair*
    teints *dyed hair*
un chignon *a bun*

un coiffeur/une coiffeuse *a hair stylist/barber*
une coupe *a haircut*
une coupe au carré *a square cut*
la frange *bangs*
une moustache *a mustache*
une natte *a braid*
des pattes (f.) *sideburns*
une permanente *a perm*
une queue de cheval *a pony tail*
un shampooing *a shampoo*
faire + inf. *to have (something) done*
se friser *to curl one's hair*
se maquiller *to put on makeup*
se raser *to shave*
(se faire) une permanente *(to give yourself) a perm*

Allez, viens en Afrique francophone !

Une mosquée en Afrique

L'Afrique francophone

	Le Maroc	La Tunisie	Le Sénégal	La République centrafricaine
Population	30.391.000	9.183.000	9.403.000	3.342.000
Superficie (km^2)	459.000	154.000	197.000	622.000
Capitale	Rabat	Tunis	Dakar	Bangui
Spécialités	pastilla, thé à la menthe	couscous, tajine	maffé, chawarma	dengbé

Autres états et régions francophones : l'Algérie, le Bénin, le Burkina Faso, le Burundi, le Cameroun, les Comores, le Congo, la Côte d'Ivoire, Djibouti, le Gabon, la Guinée, l'île Maurice, le Mali, la Mauritanie, Madagascar, Mayotte, le Niger, la République démocratique du Congo, la Réunion, le Ruanda, les Seychelles, le Tchad, le Togo

go.hrw.com
WAO FRANCOPHONE AFRICA

En Afrique, la francophonie ne représente pas tout à fait la culture traditionnelle française telle qu'on la trouve en Europe. La langue française a été introduite par les colons français. Dans certains de ces pays, le mélange des cultures a été très bien accepté par les populations. Beaucoup de jeunes parlent français et continuent leurs études en France avec l'aide de bourses du gouvernement français; ils rentrent alors dans leur pays avec un diplôme qui leur donne accès à des postes importants. Par contre, dans d'autres pays comme l'Algérie, l'union des cultures ne s'est pas faite aussi parfaitement parce qu'il y a un mouvement très puissant qui cherche à préserver les traditions religieuses et culturelles.

① Le baobab est un arbre typiquement africain. Souvent, les villages sont construits près d'un baobab.

② Casablanca, au Maroc, est un des plus grands ports artificiels du monde.

③ Le désert du Sahara recouvre une grande partie de l'Afrique du Nord.

④ **Abidjan,** avec ses gratte-ciel et ses larges avenues, est la ville principale de la Côte d'Ivoire.

⑤ Au marché marocain qu'on appelle **un souk,** on trouve des fruits et des légumes. En plus, tout l'artisanat africain est souvent représenté.

⑥ La République centrafricaine est un pays de savanes. On peut y voir de nombreux animaux sauvages.

⑦ Malgré l'influence de la culture française, les peuples africains sont restés très proches de leurs traditions. Partout en Afrique, les gens portent toujours des costumes traditionnels.

5

C'est notre avenir

① Dakar, centre économique du Sénégal

As-tu déjà pensé à ton avenir? Les jeunes Sénégalais que nous rencontrons ici se demandent ce qu'ils vont faire plus tard. Pour certains, le baccalauréat est une étape importante. D'autres finissent leurs études avant la terminale et commencent à travailler très jeunes. Et pour toi, qu'est-ce que ce sera? L'université? Le travail?

In this chapter you will learn

- to ask about and express intentions; to express conditions and possibilities
- to ask about future plans; to express wishes; to express indecision; to give advice; to request information; to write a formal letter

And you will

- listen to teenagers talk about their plans for the future
- read an excerpt from a novel
- write a letter to apply for a job
- find out how teenagers in francophone countries choose and prepare for a career

② Tu ferais mieux de continuer tes études.

③ Peut-être que je ferai un apprentissage.

Mise en train

L'avenir, c'est demain

L'avenir, c'est dans un ou deux ans. C'est le bac, l'université, le travail, le mariage... Comment est-ce que ces jeunes Sénégalais voient leur avenir après le lycée?

L'année prochaine, j'aurai dix-huit ans et je passerai mon bac. Ensuite, si je le réussis, j'entrerai à l'université. Je voudrais faire des études de médecine. Dans sept ou huit ans, si tout va bien, il se peut que je sois médecin. Bien sûr, si je rencontre une fille que j'aime, il est possible que je me marie et que j'aie des enfants. Mais ça, c'est pour plus tard. Pour l'instant, le principal, c'est de réussir mon bac.

❶ Lamine, 17 ans, Dakar

J'ai du mal à imaginer mon avenir. Je ne sais pas ce que je ferai après le bac. Peut-être que j'arrêterai mes études et que je travaillerai avec mes parents. Ils ont une boutique de vêtements et ils voudraient que je travaille avec eux. Ça ne m'intéresse pas tellement, mais il faut bien que je gagne de l'argent. Et ici, à Dakar, il y a beaucoup de chômage. Enfin, j'ai encore un an pour réfléchir.

❷ Fatima, 17 ans, Dakar

Plus tard, j'ai l'intention d'être musicien. J'espère que je serai célèbre, mais bon, je ne rêve pas trop. En tout cas, après mon bac, j'arrêterai mes études et je me consacrerai entièrement à la musique. Je joue déjà du saxophone dans un petit groupe de World Music. C'est mon rêve et je pense que je réussirai. Le seul problème, c'est convaincre mes parents. Je ne sais pas s'ils seront d'accord. Il faut que j'en parle avec eux. Mais j'attendrai le bon moment!

❸ Omar, 16 ans, Dakar

Après le bac, je pense voyager. Mon frère habite en France et j'irai peut-être le rejoindre. Il m'écrit qu'il aime beaucoup la vie là-bas. Au début, c'était difficile, mais il s'est bien intégré. Il travaille dans une entreprise d'import-export. Il fait venir des vêtements sénégalais. Moi, ça me plairait bien comme travail. J'aime beaucoup la mode. Ici, c'est difficile pour une fille de trouver du travail. Mais ce ne sera pas facile d'obtenir un permis de travail pour la France. Et puis, mes parents ne sont pas d'accord. Ils pensent qu'il vaut mieux rester dans son pays que d'aller vivre dans un autre pays. Alors, il faudra que j'attende d'être majeure. Quand j'aurai dix-huit ans, je prendrai une décision.

4 Safiétou, 16 ans, Dakar

5 Ousmane, 18 ans, Saint-Louis

Moi, quand j'aurai vingt et un ans, je passerai immédiatement mon permis de conduire pour être chauffeur de taxi, comme mon père. J'aime beaucoup conduire. Et puis, dans un taxi, on rencontre des tas de gens, des touristes, surtout. Je discute beaucoup avec mon père, il aime son métier. Je crois que ça me plaira aussi. Je ne sais pas si je ferai ça toute ma vie, mais, pour l'instant, ça m'intéresse.

Après le bac, moi, j'ai décidé de partir en vacances un mois pour me reposer du lycée! J'ai l'intention d'aller à la plage et de jouer au volley avec les copains. Après, je ferai une école de commerce à Dakar. Là-bas, j'habiterai chez mon oncle. Quand je serai à Dakar, je tiens à aller au cinéma et au concert parce qu'ici, quand on veut sortir, il n'y a pas grand-chose. C'est une petite ville, avec un seul lycée et assez peu de distractions. Une fois en ville, je compte travailler, bien sûr, mais aussi m'amuser! Après, quand j'aurai mon diplôme de l'école de commerce, je chercherai du travail dans une banque. C'est ça qui m'intéresse.

6 Penda, 17 ans, Joal-Fadiout

1 Tu as compris?

1. At what stage in their lives are the writers of the letters you've just read?
2. What question would these letters answer?
3. What do these teenagers plan to do?

2 C'est qui?

Associe les jeunes de **L'avenir, c'est demain** aux projets qu'ils ont pour l'avenir.

Lamine   Penda

Safiétou   Ousmane

partir en vacances

travailler dans une banque

passer son permis de conduire

aller en France

faire une école de commerce

être chauffeur de taxi

faire des études de médecine

travailler avec son frère

3 Vrai ou faux?

1. Fatima est contente à l'idée de travailler dans la boutique de ses parents.
2. Omar veut arrêter ses études et se consacrer à sa musique.
3. Le frère de Safiétou vend des vêtements sénégalais en France.
4. Les parents de Safiétou veulent bien qu'elle habite chez son frère.
5. Ousmane serait content de pouvoir rencontrer des touristes.
6. Penda pense chercher du travail dans une entreprise d'import-export.

4 Cherche les expressions

What expressions do the teenagers in **L'avenir, c'est demain** use to . . .

1. express a condition?
2. express a possibility?
3. express indecision?
4. express an intention?
5. express an obligation?
6. express interest in something?

5 Et maintenant, à toi

Qu'est-ce que tu penses faire après le lycée? Est-ce que tu vas faire comme un des jeunes de **L'avenir, c'est demain**?

NOTE CULTURELLE

Career opportunities are extremely limited for young people in Senegal, especially those who do not live in big cities. Most of the people in the country work in agriculture, and young people are generally expected to work in the fields, as their parents do. Although the law requires that all children complete six years of schooling, in reality only 40% of Senegalese children go to elementary school, and only 10% attend high school. Very few go on to attend a university, like **l'université de Dakar.**

RENCONTRE CULTURELLE

Qu'est-ce que tu sais sur le Sénégal? Pour t'en faire une meilleure idée, regarde ces photos.

Un marché en plein air

Dakar, la capitale du Sénégal

L'arachide est le produit agricole principal.

La musique traditionnelle est toujours populaire.

La pêche est une activité très importante.

On peut acheter des masques dans les marchés d'artisans.

Qu'en penses-tu?

1. What impression of Senegal do these photos give you?
2. Judging from the photos, what are some of the activities of the people of Senegal? Do people do similar things in cities and towns you know of in other parts of the French-speaking world? In your community?

Savais-tu que... ?

Senegal, a small country in western Africa, is composed of numerous ethnic groups, including the Wolof, Serer, Diola, and Toucouleur. Many people live in modern urban centers such as Senegal's immense capital, Dakar, which is a business and trade center for all of western Africa. However, most Senegalese live in rural areas and practice customs that date back several hundred years. A chief and group of elders govern each village, deciding on matters such as building a well or a mosque. Agriculture is the mainstay of the economy, and people of all ages participate in cultivating peanuts and other crops, as well as in raising cattle and fishing. People in both cities and villages have strong traditions expressed by their involvement in arts, crafts, music, and dance. Even sports, which are very popular, are sometimes rooted in village traditions, such as **la lutte sans frappe,** a type of wrestling dating back to the seventeenth century.

PREMIERE ETAPE

Asking about and expressing intentions; expressing conditions and possibilities

VOCABULAIRE

Regarde ce que le père d'Adja a fait dans sa jeunesse.

A dix-huit ans, il **a réussi son bac.**

Ensuite, il **a fait son service militaire.**

Puis, à vingt et un ans, il **a passé son permis de conduire.**

Après, il **est entré à l'université.**

Il **a fini ses études.**

Il **a été** deux mois **au chômage.**
He was unemployed. . .

Ensuite, il **a trouvé un travail.**

A vingt-sept ans, il **s'est marié.**

Et, à vingt-neuf ans, il **a eu une fille,** Adja.

arrêter ses études	**faire une école technique**
choisir un métier *to choose a career*	**obtenir son diplôme**
faire un apprentissage *to do an apprenticeship*	**quitter sa famille** *to leave home*

6 Ecoute!

Ecoute le père d'Adja et ses amis se rappeler des souvenirs de leur jeunesse et décide si la personne qui parle est le père d'Adja ou non.

COMMENT DIT-ON...?

Asking about and expressing intentions; expressing conditions and possibilities

To ask about intentions:

Qu'est-ce que tu as l'intention de faire en juillet?

Qu'est-ce que tu comptes faire cet été? *What do you plan to do...?*

Qu'est-ce que tu penses faire après le bac?

Qu'est-ce que tu vas faire l'année prochaine?

To express conditions:

Si je réussis mon bac, j'entrerai à l'université. *If...,*

Si j'habite à Dakar, je chercherai un travail.

To express intentions:

J'ai l'intention de partir en vacances.

Je compte passer mon permis cet été. *I'm planning on...*

Après le bac, **je pense** travailler.

Je tiens à continuer mes études. *I really want to...*

To express possibilities:

Peut-être que je travaillerai. *Maybe...*

***Il se peut que** je fasse un apprentissage. *It might be that...*

***Il est possible que** je fasse des études de médecine. *It's possible that...*

7 Ecoute!

Ecoute ces jeunes qui parlent de leurs projets pour après le lycée. Qui a l'intention de...

1. se marier?
2. trouver un travail?
3. faire un apprentissage?
4. entrer à l'université?
5. prendre un appartement?
6. faire son service militaire?
7. partir en vacances?
8. quitter sa famille?

Séka   Prosper

Prisca

Angèle

Tu te rappelles ?

Do you remember the forms of the subjunctive that you learned in Chapter 3? Take the **-ent** off of the present tense **ils/elles** form of the verb and add the endings **-e, -es, -e, -ions, -iez, -ent**. Remember that some verbs have irregular stems, but use the regular endings. Have you noticed some new uses of the subjunctive?

8 Il se peut que je...

Qu'est-ce que Bertille pense faire après le lycée? Complète ses phrases.

1.

Il se peut que je...

2.

3.

4.

*Notice that you use the subjunctive with the expressions **Il se peut que** and **Il est possible que**.

GRAMMAIRE Le futur

You've learned to use **aller** with an infinitive to say that you are *going to do* something. Now you will learn how to say that you *will do* something.

Je prendrai une décision.   **Il retrouvera** des amis.
I will make . . .   *He'll meet . . .*

- To form the future tense of most verbs, add the endings **-ai, -as, -a, -ons, -ez, -ont** to the infinitive. If the infinitive ends in **-re**, drop the final **e** before you add the endings.

    Je **parlerai** français.   Nous **voyagerons** au Sénégal.
    Tu **choisiras** un métier.   Vous **sortirez** après minuit.
    Il/Elle/On **vendra** des fruits. Ils/Elles **prendront** une décision.

- Verbs that have a spelling change in the present tense have the same change in their future stem.

    achèter- (acheter)   **appeller- (appeler)**

- Some irregular verbs have a special stem to which you add the same endings. Here are some of the most common ones:

    aur- (avoir)   **fer- (faire)**   **ser- (être)**
    deviendr- (devenir)   **ir- (aller)**   **verr- (voir)**
    devr- (devoir)   **pourr- (pouvoir)**   **viendr- (venir)**
    enverr- (envoyer)   **saur- (savoir)**   **voudr- (vouloir)**

    Je **ferai** mes devoirs.   On **viendra** à neuf heures.

9 L'avenir de Gérard

Christine imagine l'avenir de son cousin, Gérard. Complète leur conversation.

GERARD   Dis, Christine, à ton avis, qu'est-ce que je __1__ (devenir)?

CHRISTINE   D'abord, tu __2__ (réussir) ton bac.

GERARD   Et après?

CHRISTINE   Après ça, tu __3__ (entrer) à l'université.

GERARD   Ah non! J'en ai marre des études! Je __4__ (chercher) un travail.

CHRISTINE   Non, tu __5__ (finir) tes études à l'université.

GERARD   Et pourquoi? Qu'est-ce que je __6__ (faire) après?

CHRISTINE   Si tu finis, tu __7__ (être) peut-être diplomate.

GERARD   Mais je ne veux pas être diplomate.

CHRISTINE   Et pourquoi pas? Comme ça, tu __8__ (pouvoir) voyager partout.

GERARD   Euh...

CHRISTINE   Tu __9__ (aller) dans beaucoup de pays étrangers. Tu __10__ (voir) le monde entier, quoi. Tu __11__ (apprendre) beaucoup de langues...

GERARD   Oui, ça pourrait être intéressant, mais j'ai l'intention de me marier. Est-ce que j'__12__ (avoir) des enfants?

CHRISTINE   Oui. Et ta famille __13__ (vivre) avec toi.

GERARD   Et on __14__ (acheter) une grande maison?

CHRISTINE   Oui! Ça __15__ (être) nécessaire à cause de tes sept enfants!

10 Le temps passe

Safiétou et Penda se marieront cet été. Imagine leur vie pendant les vingt années qui suivront.

Elle…

quitter sa famille
travailler comme
professeur
écrire un livre
aller en France

Il…

finir ses études
chercher un travail
devenir banquier
avoir une barbe
faire un
apprentissage

Ils…

avoir des enfants
acheter une maison
prendre des vacances
chaque année
faire un voyage en
Amérique

11 Qu'est-ce qu'elle fera?

Qu'est-ce qu'Adjoua fera si elle rend visite à son frère à Paris?

1.

3.

2.

4.

12 Fais des phrases

Fais des phrases pour décrire des activités que tes amis et toi ferez peut-être après le lycée.

Moi, je	choisir un métier	dormir jusqu'à midi
Mes amis	se marier	aller dans une école technique
Un(e) de mes ami(e)s	prendre un appartement	gagner de l'argent
Mes amis et moi, nous	entrer à l'université	voyager beaucoup
	chercher du travail	

13 Leurs projets d'avenir

Avant le bac, ces jeunes disent à leurs parents ce qu'ils veulent faire plus tard. Avec ton/ta camarade, écris les dialogues entre ces jeunes et un de leurs parents. Puis, jouez ces scènes.

Chakib rêve de devenir footballeur professionnel.

Aïcha hésite entre aller à l'université et travailler comme vendeuse.

Marina veut trouver un travail et habiter à Dakar.

Farouk ne sait pas ce qu'il veut faire.

Remise en train

Passe ton bac d'abord!

Omar Zidane habite à Dakar, au Sénégal. Pour lui, c'est bientôt la fin du lycée. Qu'est-ce qu'il va faire après? Il a une discussion à ce sujet avec ses parents.

MME ZIDANE	Alors, Omar? Tu as réfléchi? Tu sais ce que tu veux faire après ton bac?
OMAR	Euh, oui. J'aimerais faire de la musique.
MME ZIDANE	De la musique!
OMAR	Oui, du saxophone. Je voudrais faire une école de musique.
M. ZIDANE	Tu ferais mieux d'entrer à l'université pour faire des études sérieuses.
OMAR	Pourquoi? C'est pas sérieux, la musique?
MME ZIDANE	Tu sais bien, il n'y a pas beaucoup de débouchés. Il y a tellement de groupes. Tu ferais mieux de devenir médecin ou ingénieur, ou...
OMAR	Mais, maman, si je ne réussis pas à percer, je pourrai toujours devenir professeur de musique.
M. ZIDANE	Tu sais, ce n'est pas très bien payé, professeur.
OMAR	Et alors? Ce n'est pas l'argent qui m'intéresse, c'est la musique!
MME ZIDANE	Ecoute, il faut d'abord que tu penses à ton bac. Après, on verra. Mais il faut que tu réfléchisses sérieusement. Musicien, c'est une profession difficile.
OMAR	Un jour, je serai célèbre. Et quand on me demandera comment je suis devenu musicien, je dirai : «Ça a été très dur. Mes parents ne voulaient pas que je fasse de la musique!»

14 Tu as compris?

1. What are Omar and his parents talking about?
2. What would Omar like to do?
3. What are his parents' concerns?
4. What advice does Dana give to Omar?
5. What information does he provide about himself in his letter?
6. What information does Omar request?

a. Un jour, je serai célèbre.

b. La musique, c'est un métier difficile.

c. Tu ferais mieux de devenir médecin ou ingénieur.

d. C'est pas sérieux, la musique?

e. Si je ne réussis pas, je pourrai toujours devenir professeur de musique.

f. Professeur de musique, ce n'est pas bien payé.

g. Il faudrait que tu fasses des études sérieuses.

h. Il n'y a pas de débouchés. Il y a trop de groupes.

i. Ce n'est pas l'argent qui m'intéresse.

15 Mais moi, je veux!

Décide si c'est Omar ou ses parents qui diraient les phrases suivantes, puis récris leur conversation.

Quelques jours plus tard, Omar parle à son amie Dana de sa conversation avec ses parents.

OMAR Tu sais, j'ai parlé avec mes parents.

DANA Ah oui? Et qu'est-ce qu'ils ont dit?

OMAR Eh bien, ils ne veulent pas que je fasse de la musique.

DANA Pourquoi?

OMAR Ils disent qu'il n'y a pas de débouchés.

DANA Tu leur as expliqué que tu pouvais devenir professeur de musique?

OMAR Oui. Mais ils veulent que je réfléchisse. Bref, ils ne sont pas d'accord.

DANA Tu sais, tu devrais te renseigner auprès d'une école de musique. Peut-être qu'avec plus d'informations, tu pourrais convaincre tes parents.

OMAR Tu as raison, je vais me renseigner un peu mieux.

Omar a finalement écrit une lettre à une école de musique pour avoir plus de renseignements.

> Omar Zidane
> 28, rue Vincent
> Dakar
>
> Dakar, le 12 mai 1996
>
> Monsieur le Directeur,
> Je me permets de vous écrire parce que j'ai entendu parler de votre école. J'aimerais beaucoup faire des études de musique après mon baccalauréat. Je joue du saxophone depuis cinq ans. Actuellement, je fais partie d'un groupe de World Music, mais j'aimerais me perfectionner. Auriez-vous l'amabilité de m'envoyer des renseignements sur votre école? Je voudrais savoir quels cours sont offerts, le prix, la durée de la formation et quand les cours commencent. Vous serait-il possible de m'envoyer une brochure?
>
> Avec mes remerciements anticipés, veuillez accepter, Monsieur le directeur, l'expression de mes salutations respectueuses.
>
> Omar Zidane

16 Cherche les expressions

According to **Passe ton bac d'abord!**, what expressions would you use to . . .

1. ask about someone's plans?
2. express a wish?
3. give advice?
4. express an obligation?
5. begin a letter?
6. request information?
7. end a letter?

17 Et maintenant, à toi

Et toi? Est-ce que tu as déjà parlé de ton avenir avec tes parents? Est-ce que vous êtes d'accord?

PANORAMA CULTUREL

Marieke • France

Rodolphe • Martinique

Mélanie • Québec

We asked some young people about their plans for the future. Here's what they had to say.

Quel métier aimerais-tu faire?

CD-ROM
Disc 2

«Plus tard, j'aimerais beaucoup faire du journalisme parce que j'aime bien enfin... écrire. Beaucoup. J'adore écrire, donc ça serait plutôt dans la presse. Et parce que... le contact, j'aime beaucoup. Je m'intéresse beaucoup à l'actualité. Enfin, c'est quelque chose que... Analyser, critiquer, j'aime beaucoup ça.»

-Marieke

«J'aurais aimé être avocat international. Parce que, à mon avis, c'est un métier qui est intéressant. Et puis, bon, comme je m'intéresse aux langues, donc, je pense que ça peut me permettre de pratiquer. Dans dix ans, j'imagine ma vie avec optimisme, assez bien. Je me vois vivre d'une manière assez bien, avec une situation fixe et une bonne situation.»

-Rodolphe

«J'aimerais être reporter pour un journal, ou encore être vétérinaire; c'est très différent, mais c'est deux choses que j'aime beaucoup. J'aimerais être chroniqueuse sportive. Chroniqueur sportif, j'aimerais beaucoup ça. Et puis, le problème, c'est qu'en médecine vétérinaire, il faut avoir des très bonnes notes. C'est ce qui m'empêche un peu d'aller là-dedans. C'est trop exigeant.»

-Mélanie

Qu'en penses-tu?

1. What future plans do these young people have?
2. Are you interested in any of the professions these people mention? Which ones?
3. What other professions are you interested in? Why?

DEUXIEME ETAPE

Asking about future plans; expressing wishes; expressing indecision; giving advice; requesting information; writing a formal letter

VOCABULAIRE

Quel métier est-ce que tu choisiras?

un ingénieur

un médecin

un plombier

un tailleur

un acteur/une actrice	
un agent de police/un policier	*a police officer*
un(e) architecte	
un(e) avocat(e)	*a lawyer*
un chauffeur	
un(e) comptable	*an accountant*
un(e) dentiste	
un écrivain	*a writer*
un homme/une femme d'affaires	*a businessman/woman*
un(e) infirmier (-ière)	*a nurse*

un instituteur/une institutrice	*an elementary school teacher*
un(e) journaliste	
un(e) mécanicien(ne)	
un(e) ouvrier (-ière)	*a worker*
un(e) pharmacien(ne)	
un pilote	
un professeur	
un(e) secrétaire	
un(e) serveur (-euse)	
un(e) technicien(ne)	

De bons conseils

The names of some careers in French have traditionally had only a masculine form. You can use the masculine form to refer to both women and men: **C'est un médecin** *(He or she is a doctor).* If you want to make it clear that you're talking about a woman, you can add the word **femme** to the masculine form: C'est une **femme** médecin.

NOTE CULTURELLE

In French-speaking countries, as in other places in the world, there is both formal and informal training available for young people who don't want to pursue a university education. In Senegal, an adult who owns a small business or who is skilled at a trade or a craft will teach younger family members, who often work for many years without pay while they're learning. This passing of knowledge and jobs from one generation to the next is especially important in a country such as Senegal, where the unemployment rate is 70–80 percent.

18 Ecoute!

Ecoute ces conversations et identifie les métiers des personnes qui parlent.

C'est un(e)...
Il est / Elle est...

19 Devinettes

Réfère-toi au vocabulaire pour deviner le métier des personnes suivantes.

1. M. Laval vend des médicaments.
2. Pierrick conduit la voiture d'une star de cinéma.
3. Mme Martel dessine des plans de maison pour ses clients.
4. Paul porte un uniforme bleu et il fait respecter la justice.
5. Les élèves de Maryline ont sept ans.

.... **V**ocabulaire *à la carte*
....

un acteur/une actrice	
un(e) assistant(e) social(e)	*a social worker*
un(e) banquier (-ière)	
un(e) dessinateur (-trice)	*a commercial artist*
un(e) diplomate	
un(e) électricien(ne)	
un(e) fonctionnaire	*a government employee*
un juge	
un mannequin	*a model*
un(e) menuisier(-ière)	*a carpenter*
un(e) programmeur (-euse)	
un(e) psychiatre	*a psychiatrist*
un(e) scientifique	
un soldat	*a soldier*
un(e) vétérinaire	

20 Qui suis-je?

Choisis une profession et décris-la. Ton/ta camarade devinera quel métier tu décris.

—Je m'occupe des malades.
—Non.
—Tu es infirmière?
—Tu es médecin?
—Oui.

21 Mon journal

Quels sont les métiers qui t'intéressent? Pourquoi? Est-ce que tu as déjà décidé ce que tu feras plus tard?

COMMENT DIT-ON... ?

Asking about future plans; expressing wishes; expressing indecision; giving advice

CD-ROM
Disc 2

To ask about future plans:

Tu sais ce que tu veux faire? *Do you know what you want to do?*
Tu as des projets? *Do you have plans?*
Qu'est-ce que tu veux faire plus tard? *What do you want to do . . . ?*

To express indecision:

Pas vraiment.
Je ne sais pas trop.
Non, je me demande.
Je n'en ai aucune idée.
I have no idea.
J'ai du mal à me décider. *I'm having trouble deciding.*
Je ne sais plus ce que je veux. *I don't know what I want anymore.*

To express wishes:

Je voudrais aller à l'université.
J'aimerais bien commencer à travailler.
Ce qui me plairait, c'est de voyager.
Mon rêve, c'est d'être dentiste.
My dream is to . . .

To give advice:

Tu n'as qu'à trouver un travail.
All you have to do is . . .
Tu devrais te renseigner.
Tu ferais mieux/bien de penser à ton bac.
Il faudrait que tu écrives à l'école de musique. *You ought to . . .*
Il vaudrait mieux que tu travailles.
It would be better if . . .

22 Ecoute!

Est-ce que ces gens savent ce qu'ils vont faire ou est-ce qu'ils hésitent?

23 Tu ferais bien de...

Ton/ta camarade te parle de ce qu'il/elle voudrait faire. Donne-lui des conseils. Changez de rôles.

—Ce qui me plairait, c'est de parler russe.
—Tu n'as qu'à trouver un travail en Russie.

DESIR
aller à l'université
acheter une voiture
être acteur/actrice
arrêter ses études
passer son permis de conduire
quitter sa famille
apprendre à jouer du piano
se marier
devenir musicien(ne)
écrire un roman
???

CONSEILS
attendre un peu
étudier
choisir un métier pratique
chercher un emploi
prendre des leçons de conduite
y réfléchir
aller à l'université
obtenir son diplôme
???

GRAMMAIRE Le conditionnel

Generally, you use the conditional in French when you want to tell what you *would* do under certain conditions. You might also use the conditional to be polite. Look at these examples:

Il **gagnerait** beaucoup d'argent comme médecin.
He would earn . . .
Si j'avais plus de temps, **j'étudierais** avec Marthe.
If I had more time, I would study . . .
Je **voudrais** des renseignements, s'il vous plaît.
I would like . . .

- To make the forms of the conditional, start with the same stem you use to make the future tense, but add the endings of the imperfect: -**ais**, -**ais**, -**ait**, -**ions**, -**iez**, -**aient**. Remember to drop the **e** from infinitives ending in -**re**.

Je **choisirais**		Nous **dirions**	
Tu **choisirais**	le bleu.	Vous **diriez**	la vérité.
Il/Elle/On **choisirait**		Ils/Elles **diraient**	

- The future and the conditional have the same irregular stems. (See page 118.)
Je **serais** content de continuer mes études.
Tu **ferais** bien d'étudier.

24 Quel métier choisir?

Antoine, le correspondant français de ta classe, te demande des conseils au sujet de ses études. Complète son message avec le conditionnel des verbes entre parenthèses.

```
Bientôt le bac! Après le bac, ma sœur et moi, nous __1__ (vouloir)
aller à l'université. Ma sœur __2__ (aimer) étudier la médecine. Moi,
je crois que l'archéologie m'__3__ (intéresser), mais mes parents ne
sont pas d'accord. Ils __4__ (aimer) que j'étudie le droit. Ils disent
que je __5__ (trouver) un travail plus facilement et que je __6__
(gagner) plus d'argent. Ils ont peut-être raison, mais moi, je veux
voyager. Si j'étais archéologue, je __7__ (pouvoir) aller en Egypte et
en Grèce. Je __8__ (rencontrer) aussi beaucoup de gens. A mon avis, je
__9__ (être) plus heureux. Et toi, qu'est-ce que tu __10__ (faire) à ma
place?
```

25 Si j'étais toi, je...

Réponds au message d'Antoine de l'activité 24. Dis-lui ce que tu ferais, si tu étais à sa place. Tu peux aussi lui donner d'autres conseils et suggérer plusieurs métiers qui pourraient aussi l'intéresser. Utilise le conditionnel dans ta réponse.

COMMENT DIT-ON... ?

Requesting information; writing a formal letter

To request information:

Pourriez-vous m'envoyer des renseignements sur votre école?
  Would you send me some information about . . . ?
Je voudrais savoir quels cours sont offerts.
Vous serait-il possible de m'envoyer une brochure sur votre école?
  Would it be possible for you to . . . ?

To begin a formal letter:

Monsieur/Madame,
En réponse à votre lettre du... *In response to your letter of . . .*
Suite à notre conversation téléphonique,... *Following our phone conversation, . . .*

To end a formal letter:

Je vous prie d'agréer, Monsieur/Madame, l'expression de mes sentiments distingués.
  Very truly yours, . . .

26 Ecoute!

Ecoute Armenan qui téléphone à une école technique. Mets les phrases suivantes dans l'ordre d'après la conversation.

a. Elle demande quels sont les frais d'inscription.
b. Armenan veut savoir quels cours elle pourrait suivre.
c. L'employé demande l'adresse d'Armenan.
d. Elle demande à quelle heure les cours sont offerts.
e. Elle demande à l'employé de lui envoyer une brochure.
f. Elle demande quand les cours commencent.
g. L'employé répond à l'appel d'Armenan.

NOTE DE GRAMMAIRE

You've already learned several ways to form questions. A formal way to form questions is to reverse the order of the subject and the verb. Notice that you place a hyphen between the verb and the inverted subject pronoun and that you insert a **t** between **il/elle** and a verb that ends with a vowel.

Comment allez-vous, monsieur?
Pourriez-vous me dire où se trouve la gare?
Va-t-il à Paris?

Inversion occurs in literature, in formal letters or speeches, and in very polite conversations, but it is not used often in conversational speech.

27 L'inversion

Récris ces phrases d'une façon plus polie en utilisant l'inversion.
1. Est-ce que tu peux me donner des conseils?
2. Vous pourriez me rapporter des timbres?
3. Elles ont combien de sœurs?
4. Il veut du café?
5. Est-ce qu'elle joue du piano?
6. Vous avez reçu ma lettre?
7. Il va à la bibliothèque?
8. Tu peux me téléphoner plus tard?

28 Une lettre officielle

Un de tes camarades veut passer une année dans un lycée français. Il te demande de l'aider à écrire une lettre à M. Durand, le directeur des échanges franco-américains. Remplace les parties soulignées *(underlined)* par des mots ou expressions plus polis.

(1) <u>Bonjour,</u>

Je vous écris parce que (2) <u>je veux</u> obtenir des renseignements sur les échanges franco-américains. (3) <u>Vous pourriez</u> me donner des informations sur les lycées français? Quand (4) <u>est-ce que je dois</u> m'inscrire? (5) <u>Vous avez</u> des brochures? (6) <u>Est-ce que vous pouvez</u> m'en envoyer une?

Merci d'avance.
(7) <u>Au revoir.</u>

29 Pourriez-vous me renseigner?

Tu voudrais passer ton permis de conduire. Téléphone à une auto-école pour demander combien ça coûte, à quelles heures et quels jours les cours sont offerts et comment s'inscrire. Joue cette scène avec ton/ta camarade.

30 Une lettre de requête

Ecris une lettre à une université ou à une école. Présente-toi, parle de ce que tu voudrais faire et demande des renseignements. N'oublie pas d'utiliser des formules de politesse dans ta lettre.

A. Scan the first paragraph. Who is the narrator? What information have you learned in Chapter 5 that might be important to understanding the narrator's point of view?

B. Knowing who the narrator is, what do you think you'll read about in the story?

C. How important an occasion is this for Laye, his family, and his village? How do you know?

D. What advice does Laye's father give him? What does he expect from him?

L'Enfant noir

J'avais quinze ans, quand je partis pour Conakry. J'allais y suivre l'enseignement technique à l'école Georges Poiret, devenue depuis le Collège technique.

Je quittais mes parents pour la deuxième fois. Je les avais quittés une première fois aussitôt après mon certificat d'études, pour servir d'interprète à un officier qui était venu faire des relevés de terrain dans notre région et en direction du Soudan. Cette fois, je prenais un congé beaucoup plus sérieux.

Depuis une semaine, ma mère accumulait les provisions. Conakry est à quelque 600 kilomètres de Kouroussa et, pour ma mère, c'était une terre inconnue, sinon inexplorée, où Dieu seul savait si l'on mange à sa faim.

La veille de mon départ, un magnifique festin réunit dans notre concession marabouts et féticheurs, notables et amis et, à dire vrai, quiconque se donnait la peine de franchir le seuil, car il ne fallait, dans l'esprit de ma mère, éloigner personne; il fallait tout au contraire que des représentants de toutes les classes de la société assistassent au festin, afin que la bénédiction qui m'accompagnerait fût complète.

— Que la chance te favorise ! Que tes études soient bonnes ! Et que Dieu te protège !

Je passai une triste nuit. J'étais très énervé, un peu angoissé aussi, et je me réveillai plusieurs fois.

Ma mère me réveilla à l'aube, et je me levai sans qu'elle dût insister. Je vis qu'elle avait les traits tirés, mais elle prenait sur elle, et je ne dis rien : je fis comme si son calme apparent me donnait réellement le change sur sa peine. Mes bagages étaient en tas dans la case.

— Cours vite faire tes adieux maintenant ! dit ma mère.

J'allai dire au revoir aux vieilles gens de notre concession et des concessions voisines, et j'avais le cœur gros. Ces hommes, ces femmes, je les connaissais depuis ma plus tendre enfance, depuis toujours je les avais vus à la place même où je les voyais, et aussi j'en avais vu disparaître : ma grand-mère paternelle avait disparu ! Et reverrais-je tous ceux auxquels je disais à présent adieu ?

Quand je revins près de ma mère et que je l'aperçus en larmes devant mes bagages, je me mis à pleurer à mon tour. Je me jetais dans ses bras et je l'étreignis.

— Mère ! criai-je.

Je l'entendais sangloter, je sentais sa poitrine douloureusement se soulever.

— Mère, ne pleure pas ! dis-je. Ne pleure pas !

Mais je n'arrivais pas moi-même à refréner mes larmes et je la suppliai de ne pas m'accompagner à la gare, car il me semblait qu'alors je ne pourrais jamais m'arracher à ses bras. Elle me fit signe qu'elle y consentit.

Mon père m'avait rapidement rejoint et il m'avait pris la main, comme du temps où j'étais encore enfant. Je ralentis le pas : j'étais sans courage, je sanglotais éperdument.

— Allons ! allons ! mon petit, dit-il. N'es-tu pas un grand garçon ?

Mais sa présence même, sa tendresse même — et davantage encore maintenant qu'il me tenait la main — m'enlevaient le peu de courage qui me restait, et il le comprit.

— Je n'irai pas plus loin, dit-il. Nous allons nous dire adieu ici : il ne convient pas que nous fondions en larmes à la gare, en présence de tes amis; et puis je ne veux pas laisser ta mère seule en ce moment : ta mère a beaucoup de peine ! J'en ai beaucoup aussi. Nous avons tous beaucoup de peine, mais nous devons nous montrer courageux. Sois courageux ! Mes frères, là-bas, s'occuperont de toi. Mais travaille bien ! Travaille comme tu travaillais ici. Nous avons consenti pour toi des sacrifices; il ne faut point qu'ils demeurent sans résultat.

Dans la cour, où l'on me donna les premières indications, au dortoir, où j'allai ranger mes vêtements, je trouvai des élèves venus comme moi de Haute-Guinée, et nous fîmes connaissance; je ne me sentis pas seul. Un peu plus tard, nous entrâmes en classe. Nous étions, anciens et nouveaux, réunis dans une même grande salle. Je me préparai à mettre les bouchées doubles, songeant à tirer déjà quelque parti de l'enseignement qu'on donnerait aux anciens, tout en m'en tenant évidemment au mien propre; mais presque aussitôt je m'aperçus qu'on ne faisait pas grande différence entre anciens et nouveaux : il semblait plutôt qu'on s'apprêtait à répéter aux anciens, pour la deuxième, voire pour la troisième fois, le cours qu'on leur avait seriné dès la première année. « Enfin, on verra bien ! » pensai-je; mais j'étais néanmoins troublé : le procédé ne me paraissait pas de bon augure.

Pour commencer, on nous dicta un texte très simple. Quand le maître corrigea les copies, j'eus peine à comprendre qu'elles pussent fourmiller de tant de fautes. C'était, je l'ai dit, un texte très simple, sans surprises, où pas un de mes compagnons de Kouroussa n'eût trouvé occasion de trébucher. Après, on nous donna un problème à résoudre; nous fûmes très exactement deux à trouver la solution ! J'en demeurai atterré : était-ce là l'école où j'accéderais à un niveau

E. Mets ces événements dans le bon ordre.

1. Laye se plaint à son oncle de sa nouvelle école.
2. La mère de Laye lui dit au revoir.
3. Laye commence à penser que les cours sont trop faciles.
4. Laye quitte son village pour aller à Conakry.
5. L'oncle de Laye lui conseille de rester à Conakry.
6. Il y a une grande fête pour souhaiter bonne chance à Laye.
7. Laye dit au revoir à son père.

F. Vrai ou faux?

1. La nouvelle école de Laye est si proche du village qu'il peut rendre visite à ses parents pendant les week-ends.
2. Dès la fin de la première semaine, Laye est déçu par sa nouvelle école.
3. Laye trouve que les cours sont trop difficiles.
4. L'oncle de Laye lui dit qu'il devrait être fier d'apprendre à travailler de ses mains.
5. La famille de Laye considère que les études sont très importantes.
6. Laye est très content de quitter sa famille.

G. Associe les mots de la colonne de gauche à ceux de la colonne de droite qui y sont apparentés.

refréner	zèbre
je ralentis	perdre
fourmiller	travailler
zébrées	lent
d'éraflures	fourmi
travailleur	frein
éperdument	

H. En te référant au contexte et à la racine des mots, associe chaque mot de la colonne de gauche à son équivalent de la colonne de droite.

1. franchir le seuil
2. éloigner
3. larmes
4. refréner
5. ralentis le pas
6. éperdument
7. fourmiller
8. zébrées
9. travailleur

a. arrêter
b. à rayures
c. quelqu'un qui travaille
d. ne pas permettre d'entrer
e. être plein de
f. ce qui sort des yeux quand on pleure
g. tristement
h. marche moins vite
i. entrer

I. How does Laye's view of education differ from his uncle's?

J. Que veut dire l'oncle de Laye par "une carrière de gratte-papier"? Quelles professions appartiennent à cette catégorie?

K. Quel conseil l'oncle de Laye lui donne-t-il? Pourquoi lui donne-t-il ce conseil?

L. If you found yourself in a similar situation, would your reaction be similar to or differ from Laye's?

M. Does your community place the same importance on education as Laye's family and community? Why or why not?

supérieur? Il me sembla que je retournais plusieurs années en arrière, que j'étais assis encore dans une des petites classes de Kouroussa. Mais c'était bien cela : la semaine s'écoula sans que j'eusse rien appris. Le dimanche, je m'en plaignis vivement à mon oncle :

— Rien! je n'ai rien appris, mon oncle! Tout ce qu'on nous a enseigné, je le savais depuis longtemps. Est-ce la peine vraiment d'aller à cette école? Autant regagner Kouroussa tout de suite!

— Non, dit mon oncle; non! Attends un peu!

— Il n'y a rien à attendre! J'ai bien vu qu'il n'y avait rien à attendre!

— Allons! ne sois pas si impatient! Es-tu toujours si impatient? Cette école où tu es, peut-être bien est-elle à un niveau trop bas pour ce qui regarde l'enseignement général, mais elle peut te donner une formation pratique que tu ne trouveras pas ailleurs. N'as-tu pas travaillé dans les ateliers?

Je lui montrai mes mains : elles étaient zébrées d'éraflures, et les pointes des doigts me brûlaient.

— Mais je ne veux pas devenir un ouvrier! dis-je.

— Pourquoi le deviendrais-tu?

— Je ne veux pas qu'on me méprise!

— Écoute-moi attentivement, dit mon oncle. Tous les élèves venant de Kouroussa ont toujours dédaigné l'école technique, toujours ils ont rêvé d'une carrière de gratte-papier. Est-ce une telle carrière que tu ambitionnes? Une carrière où vous serez perpétuellement treize à la douzaine? Si réellement ton choix s'est fixé sur une telle carrière, change d'école. Mais dis-toi bien ceci, retiens bien ceci : si j'avais vingt ans de moins, si j'avais mes études à refaire, je n'eusse point été à l'École normale; non! j'aurais appris un bon métier dans une école professionnelle : un bon métier m'eût conduit autrement loin!

— Mais alors, dis-je, j'aurais aussi bien pu ne pas quitter la forge paternelle!

—Tu aurais pu ne pas la quitter. Mais, dis-moi, n'as-tu jamais eu l'ambition de la dépasser?

Or, j'avais cette ambition; mais ce n'était pas en devenant un travailleur manuel que je la réaliserais; pas plus que l'opinion commune, je n'avais de considération pour de tels travailleurs.

— Mais qui te parle de travailleur manuel? dit mon oncle. Un technicien n'est pas nécessairement un manuel et, en tout cas, il n'est pas que cela : c'est un homme qui dirige et qui sait, le cas échéant, mettre la main à la pâte. Or les hommes qui dirigent des entreprises, ne savent pas tous mettre la main à la pâte, et ta supériorité sera là justement. Crois-moi : demeure où tu es!

How would you go about applying for a job that you've seen advertised in the paper? Usually companies request that applicants send a résumé, a cover letter, and a writing sample (in French and/or English). In this activity, you'll choose from the list of jobs below and write a letter in French to apply for the position.

Une lettre de candidature

Maintenant, tu vas écrire une lettre de candidature pour un emploi. Dans cette lettre, il faut convaincre l'employeur que tu es le meilleur candidat/la meilleure candidate pour le poste.

A. Préparation

1. Parmi ces emplois, choisis celui qui t'intéresserait le plus :
   a. apprenti cuisinier dans un restaurant français
   b. photographe stagiaire *(trainee)* dans une agence de mannequins
   c. employé saisonnier *(seasonal)* aux Nations-Unies
   d. serveur dans le café d'un grand hôtel
   e. apprenti journaliste pour le journal *Le Monde*
   f. secrétaire stagiaire bilingue dans un cabinet d'avocat

2. Fais une liste de tes qualifications et qualités (tu peux les imaginer) pour persuader l'employeur de ton expérience et de ton intérêt.

3. Pense à ce dont l'employeur a besoin. Est-ce qu'il y a d'autres détails que tu pourrais ajouter pour donner une image positive de toi à l'employeur?

4. Mets en ordre les détails que tu as écrits et termine avec les points les plus forts de ton argumentation pour avoir le maximum d'effet.

DE BONS CONSEILS
Details and structure are two of the most important elements in persuasive writing. To be as convincing as possible, you must choose facts and examples that will have the greatest impact on your audience. Try to predict your readers' concerns and address them. The structure of your argument also influences the effectiveness of your writing. Begin with your second-best points, followed by the weakest ones, and then put your strongest arguments last. Your most convincing argument will have a bigger impact if it is the last thing your audience reads.

B. Rédaction

Fais le brouillon de ta lettre. N'oublie pas les formules de politesse nécessaires.

En réponse à votre annonce parue dans…	In reply to your advertisement in . . .
poser sa candidature pour un emploi	to apply for a position
une entrevue	an interview
Veuillez trouver ci-joint mon curriculum vitae.	Please find enclosed my résumé.
Dans l'attente de votre réponse,…	I look forward to hearing from you.

C. Evaluation

1. Compare ta lettre à celles que tu as vues dans le chapitre :
   a. Est-ce que tu montres que tu possèdes toutes les qualifications nécessaires pour l'emploi?
   b. Est-ce que ses détails et sa structure rendent ta lettre convaincante?
   c. Est-ce que ton style est adéquat?

2. Rédige la version finale de ta lettre. N'oublie pas de corriger les fautes d'orthographe, de grammaire et de vocabulaire.

3. Donne ta lettre à un petit groupe de camarades qui jouent le rôle des employeurs. Ils vont la lire et dire si tu les as persuadés de t'accorder une entrevue.

MISE EN PRATIQUE

1 Ecoute la conversation de Karim et Sandrine et dis si les phrases suivantes sont vraies ou fausses.

1. Karim a réussi son bac.
2. Sandrine compte entrer à l'université.
3. Sandrine ne va pas quitter sa famille.
4. Karim sait ce qu'il veut faire plus tard.
5. Karim a l'intention de continuer ses études.
6. Sandrine conseille à Karim de chercher un travail.
7. Karim voudrait un travail où il puisse rencontrer des gens.
8. Sandrine conseille à Karim de lire un article dans le journal.

2 Lis l'article que Sandrine a donné à Karim. Puis, réponds aux questions.

1. What sort of preparation did these young people receive?
2. According to the school's director, what is the purpose of this program?
3. What does the director expect of the graduates?
4. Who attends this school?

HOTELLERIE -P.B. SAMB
De nouveaux professionnels sur le marché

Une trentaine d'élèves de diverses nationalités de l'Ecole de Formation Hôtelière et Touristique ont reçu vendredi soir leur diplôme.

Tous les candidats ayant réussi cette année, le ministre du Tourisme a félicité la direction et les professeurs de l'école, ainsi que les responsables d'entreprises qui ont contribué à leur formation en les encadrant au niveau des stages pratiques.

Les candidats de cuisine et pâtisserie, restaurant et gestion hôtelière reçoivent une formation de deux ou trois ans axée sur des disciplines relatives à un enseignement pratique doublée de techniques professionnelles, scientifiques, d'expression française ou de langues étrangères.

Il s'agit de «mettre à la disposition des industries hôtelières et touristiques des agents compétents et efficaces», selon le directeur de l'école. En leur souhaitant bonne chance dans leur vie professionnelle, le directeur les a invités à exercer «le plus beau métier du monde avec passion et un plaisir quotidien».

L'EFHT reçoit, en effet, chaque année, outre les élèves sénégalais, des ressortissants d'autres pays africains.

3 C'est le premier jour d'apprentissage de Karim à l'hôtel. Son supérieur lui a dit de prendre les messages et de répondre aux questions par écrit. Ecoute le message de M. Loukour et fais une liste de ses demandes. Puis, choisis la lettre que Karim lui enverra.

En réponse à votre demande, veuillez trouver ci-joint les renseignements que vous nous avez demandés. Notre village-hôtel se trouve au centre de la ville, proche des musées et des meilleurs restaurants. Le climat de la région est très doux et permet beaucoup d'activités de plein air dont la liste se trouve dans la brochure ci-jointe. En vous remerciant d'avance de votre attention, veuillez agréer, Monsieur, l'expression de nos salutations distinguées.

Suite à votre appel téléphonique du 20 juin, nous vous envoyons les renseignements que vous nous avez demandés. Notre établissement offre les sports suivants : tennis, planche à voile, pirogue et pêche. Sachez également que tous nos bungalows sont climatisés, comme vous pourrez le constater dans la brochure que vous trouverez ci-jointe. En vous remerciant d'avance de votre attention, nous vous prions d'agréer, Monsieur, l'expression de nos sentiments respectueux.

4 Lis ces lettres que quelques jeunes Sénégalais ont envoyées à un magazine de jeunes francophones. Ecris des réponses que tu enverras au magazine. Compare tes réponses à celles de ton/ta camarade.

Je vous écris parce que j'ai un petit problème. Je ne sais vraiment pas quoi faire. Je vais bientôt passer le bac, et je n'ai aucune idée pour mon avenir. Mes parents me proposent de travailler dans leur boutique de disques, mais ça ne m'intéresse pas beaucoup. Je préférerais continuer mes études. Mais pour quoi faire? Je suis bonne en langues et je suis nulle en maths. Est-ce que vous avez des conseils à me donner?

MARISA

J'ai 17 ans, je vais passer le bac à la fin de l'année. J'aimerais bien continuer mes études, mais j'hésite. Mes parents n'ont pas beaucoup d'argent. Quand je serai à l'université, il faudra qu'ils continuent à m'aider financièrement. Je ne sais pas quoi faire. Peut-être que je devrais commencer à travailler? Est-ce que quelqu'un a le même genre de problème? Répondez-moi.

YASSER

J'aimerais faire du cinéma, mais mes parents ne veulent pas. Ils sont tous les deux médecins. Ils préféreraient que j'entre à l'université et que je fasse des études de médecine. Ils disent qu'il n'y a pas d'avenir dans le cinéma. Pourtant, j'ai déjà fait plusieurs films vidéo. Mais je ne sais pas à qui les montrer. Je ne sais même pas s'ils sont bons ou mauvais. Si j'avais l'avis de quelqu'un, je pourrais prendre une décision.

MAMADOU

5 **JEU DE ROLE**

Talk to a parent about what you're thinking of doing after high school. Explain what you want to do with your future and why. Your parent is not very happy with your choice and tries to discourage you from it. Try to convince him or her. Change roles.

QUE SAIS-JE?

Can you use what you've learned in this chapter?

Can you ask about and express intentions? p. 117

1 How would you ask a friend what he or she plans to do after graduation?

2 How would you tell what you plan to do?

Can you express conditions and possibilities? p. 117

3 How would you tell someone what you will do, given these conditions?
1. Si je me marie,...
2. Si j'entre à l'université,...
3. Si je gagne de l'argent,...
4. Si je trouve un travail,...

4 How would you tell someone that you might do these things?

1.   2.   3.

Can you ask about future plans? p. 124

5 How would you ask someone about his or her future plans?

Can you express wishes? p. 124

6 How would you tell what you would like to do in the future?

Can you express indecision? p. 124

7 How would you express indecision about your future plans?

Can you give advice? p. 124

8 How would you advise a friend who . . .

> failed an exam?
> doesn't have any pocket money?
> would like to go to college?
> wants to be a teacher?
> is uncertain about his or her choice of profession?

Can you request information and write a formal letter? p. 126

9 How would you request information about courses, costs, and so forth from a school or university?

10 How would you write the closing of the letter in number 9?

PREMIÈRE ÉTAPE

Asking about and expressing intentions

Qu'est-ce que tu penses faire? *What do you think you'll do?*

Qu'est-ce que tu as l'intention de faire? *What do you intend to do?*

Qu'est-ce que tu comptes faire? *What do you plan to do?*

Je pense... *I think I'll . . .*

Je compte... *I'm planning on . . .*

Je tiens à... *I really want to . . .*

Expressing conditions and possibilities

Si... , *If . . . ,*

Peut-être que... *Maybe . . .*

Il se peut que... *It might be that . . .*

Il est possible que... *It's possible that . . .*

Future choices and plans

arrêter/finir ses études *to stop/finish one's studies*

avoir un enfant *to have a child*

choisir un métier *to choose a career*

entrer à l'université *to enter the university*

être au chômage *to be unemployed*

faire un apprentissage *to do an apprenticeship*

faire une école technique *to go to a technical school*

faire son service militaire *to do one's military service*

obtenir son diplôme *to get one's diploma*

se marier *to get married*

passer son permis de conduire *to get one's driver's license*

quitter sa famille *to leave home*

réussir son bac *to pass one's baccalaureat exam*

trouver un travail *to find a job*

DEUXIÈME ÉTAPE

Asking about future plans

Tu sais ce que tu veux faire? *Do you know what you want to do?*

Tu as des projets? *Do you have plans?*

Expressing wishes

J'aimerais bien... *I'd really like . . .*

Ce qui me plairait, c'est de... *What I would like is to . . .*

Mon rêve, c'est de... *My dream is to . . .*

Expressing indecision

Je ne sais pas trop. *I really don't know.*

Non, je me demande. *No, I wonder.*

Je n'en ai aucune idée. *I have no idea.*

J'ai du mal à me décider. *I'm having trouble deciding.*

Je ne sais plus ce que je veux. *I don't know what I want anymore.*

Giving advice

Tu n'as qu'à... *All you have to do is . . .*

Tu ferais mieux/bien de... *You would do better/well to . . .*

Il faudrait que tu... *You ought to . . .*

Il vaudrait mieux que... *It would be better if . . .*

Careers

un acteur/une actrice *an actor/an actress*

un agent de police/un policier *a police officer*

un(e) architecte *an architect*

un(e) avocat(e) *a lawyer*

un chauffeur *a driver*

un(e) comptable *an accountant*

un(e) dentiste *a dentist*

un écrivain *a writer*

un homme/une femme d'affaires *a businessman/woman*

un(e) infirmier(-ière) *a nurse*

un ingénieur *an engineer*

un(e) instituteur(-trice) *an elementary school teacher*

un(e) journaliste *a journalist*

un(e) mécanicien(ne) *a mechanic*

un médecin *a doctor*

un(e) ouvrier(-ière) *a worker*

un(e) pharmacien(ne) *a pharmacist*

un pilote *a pilot*

un plombier *a plumber*

un(e) secrétaire *a secretary*

un(e) serveur(-euse) *a server*

un tailleur *a tailor*

un(e) technicien(ne) *a technician*

Requesting information

Pourriez-vous m'envoyer des renseignements sur... ? *Could you send me information on . . . ?*

Je voudrais savoir... *I would like to know . . .*

Vous serait-il possible de... ? *Would it be possible for you to . . . ?*

Writing a formal letter

Monsieur/Madame, *Sir/Madam,*

En réponse à votre lettre du... *In response to your letter of . . .*

Suite à notre conversation téléphonique,... *Following our telephone conversation, . . .*

Je vous prie d'agréer, Monsieur/Madame, l'expression de mes sentiments distingués. *Very truly yours, . . .*

6

Ma famille, mes copains et moi

① Tu m'énerves, à la fin!

Pour la plupart d'entre nous, il est important d'avoir de bons rapports avec notre famille et nos amis. Est-ce qu'il t'arrive de te disputer avec tes parents, tes frères et sœurs ou tes copains, et de vouloir te réconcilier ou t'excuser? Chaque culture a sa manière de le faire. Allons au Maroc et observons quelques exemples du savoir-vivre marocain.

In this chapter you will learn

- to make, accept, and refuse suggestions; to make arrangements; to make and accept apologies
- to show and respond to hospitality; to express and respond to thanks; to quarrel

And you will

- listen to teenagers arranging to meet each other
- read two Moroccan stories
- write about your best friend
- find out about Moroccan hospitality

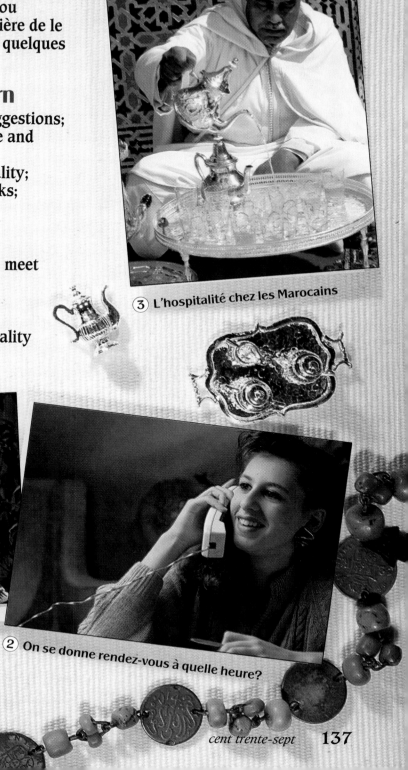

③ L'hospitalité chez les Marocains

② On se donne rendez-vous à quelle heure?

Mise en train

Naissance d'une amitié

La famille Simenot est en vacances à Fès. Ils commencent leur visite par une promenade dans la médina, le vieux quartier du centre-ville.

❶ M. SIMENOT — Qu'est-ce que vous voulez voir?

MME SIMENOT — Moi, j'aimerais bien voir les magasins de poteries et de tapis.

M. SIMENOT — Bonne idée.

RAPHAEL — Moi, je préférerais me promener. Ça vous embête si on se sépare?

MME SIMENOT — Pas du tout. Mais comment on fait pour se retrouver?

M. SIMENOT — On peut se donner rendez-vous devant la Porte Boujeloud.

RAPHAEL — D'accord. A quatre heures, ça va?

M. SIMENOT — Bon, ça va.

❷ MOKTAR — Bonjour. Tu es français?

RAPHAEL — Oui.

MOKTAR — Je m'appelle Moktar. Et toi?

RAPHAEL — Raphaël.

MOKTAR — Tu as vu mes beaux tapis? Ils sont pas chers.

RAPHAEL — Je te remercie, mais je n'ai pas d'argent. Je viens juste ici pour visiter.

MOKTAR — Tu es en vacances?

RAPHAEL — Oui.

MOKTAR — Ça te dit de prendre un thé?

RAPHAEL — Je te remercie, mais...

MOKTAR — Tu sais, au Maroc, il ne faut jamais refuser un thé.

RAPHAEL — Alors, j'accepte.

❸ MOKTAR — Tiens.

RAPHAEL — Merci... Aïe! C'est brûlant!

MOKTAR — Excuse-moi, j'aurais dû te prévenir. C'est comme ça qu'on boit le thé au Maroc. Très chaud.

RAPHAEL — C'est délicieux. Qu'est-ce que tu mets dedans?

MOKTAR — De la menthe.

RAPHAEL — Tu travailles ici?

MOKTAR — Oui, je tiens la boutique quand mes parents sont absents. Ils sont allés acheter des tapis dans le sud.

RAPHAEL   Tu ne vas plus au lycée?

MOKTAR   Non, j'ai arrêté à seize ans. J'ai l'intention de
          continuer l'affaire de mes parents... Alors,
          comment tu trouves le Maroc?

RAPHAEL   Tu sais, nous sommes arrivés hier seulement.
          Mais pour l'instant, je trouve les gens très
          accueillants.

MOKTAR   Vous allez rester à Fès?

RAPHAEL   Quelques jours seulement. Après, on compte
          aller à Marrakech.

MOKTAR   C'est chouette, Marrakech. C'est un
          peu bruyant, mais c'est très animé.
          Tu aimeras beaucoup.

RAPHAEL   Qu'est-ce qu'il y a à voir à Fès?

MOKTAR   Oh, des tas de choses. C'est d'une
          richesse! Vous devriez aller voir le Dar el
          Makhzen. C'est un immense palais où le roi
          réside quand il vient à Fès. Les portes
          sont magnifiques.

RAPHAEL   Ah oui?

MOKTAR   Oui. Et surtout, je vous conseille
          d'aller vous promener sur la place
          du Vieux Méchouar. C'est
          très sympa. Il y a des danseurs,
          des conteurs, des musiciens...

❹ RAPHAEL Je ne sais pas si on aura le temps.

MOKTAR   Encore du thé?

RAPHAEL   Volontiers... Dis-moi, quelle heure
          il est?

MOKTAR   Quatre heures.

RAPHAEL   Oh là là! Excuse-moi, j'ai rendez-vous
          avec mes parents. Je suis déjà
          en retard...

❺ MOKTAR   Qu'est-ce que tu fais demain? Tu as
          des projets?

RAPHAEL   Non, je suis libre. Je n'ai rien
          de prévu.

MOKTAR   Si tu veux, on peut se revoir.

RAPHAEL   Je veux bien.

MOKTAR   Ça t'intéresse d'aller écouter de la
          musique marocaine?

RAPHAEL   Oui, ça me plairait bien.

MOKTAR   Si ça te dit, on peut aller à un
          concert demain soir.

RAPHAEL   Moi, j'aimerais bien. Mais il faut que
          je demande la permission à mes
          parents. Comment on fait?

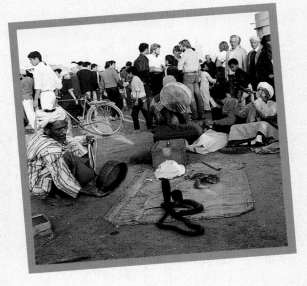

MOKTAR   On peut se téléphoner. Vous
          êtes à l'hôtel?

RAPHAEL   Oui, on est à l'hôtel Moussafir.

MOKTAR   Bon. Je te téléphone demain
          matin. Et si tes parents sont
          d'accord, on peut se retrouver à
          l'hôtel en fin d'après-midi.

RAPHAEL   Génial. Allez, il faut que j'y aille.
          Comment on dit «au revoir»
          en arabe?

MOKTAR   Bes-slama.

RAPHAEL   Bes-slama.

1 Tu as compris?

1. What is the Simenot family doing in Fès?
2. Why does Raphaël leave his parents?
3. Where does he meet Moktar? Why does Moktar speak to him?
4. What plans do they make?

2 Mets dans le bon ordre

Mets ces phrases dans le bon ordre d'après **Naissance d'une amitié**.

1. Moktar propose un thé à Raphaël.
2. Raphaël demande l'heure à Moktar.
3. Moktar apprend à Raphaël un mot en arabe.
4. Moktar dit à Raphaël ce qu'il devrait voir à Fès.
5. Moktar dit qu'il va téléphoner à Raphaël à l'hôtel Moussafir.
6. Moktar propose un autre verre de thé à Raphaël.

3 Alors, raconte!

Les parents de Raphaël lui posent des questions sur Moktar. Complète leur conversation.

MME SIMENOT *Qu'est-ce qu'il fait dans la médina?*

RAPHAEL Il...

M. SIMENOT *Il ne va pas au lycée?*

RAPHAEL Non, il...

MME SIMENOT *Qu'est-ce qu'il veut faire plus tard?*

RAPHAEL Il...

M. SIMENOT *Qu'est-ce qu'il t'a conseillé de voir à Fès?*

RAPHAEL Il...

4 Ça, c'est le Maroc!

Trouve les choses suivantes dans **Naissance d'une amitié**.

1. quelque chose à voir à Fès
2. une boisson typiquement marocaine
3. un objet artisanal marocain typique
4. un endroit où on trouve des danseurs
5. une expression en arabe

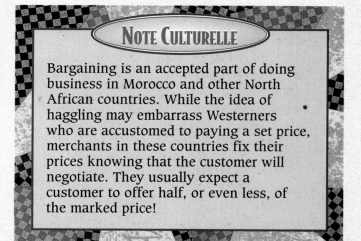

NOTE CULTURELLE

Bargaining is an accepted part of doing business in Morocco and other North African countries. While the idea of haggling may embarrass Westerners who are accustomed to paying a set price, merchants in these countries fix their prices knowing that the customer will negotiate. They usually expect a customer to offer half, or even less, of the marked price!

5 Cherche les expressions

What does Moktar or Raphaël say to . . .

1. offer tea?
2. accept an offer?
3. apologize?
4. give advice?
5. ask about someone's plans?
6. make a suggestion?
7. accept a suggestion?
8. arrange to meet someone?

6 Et maintenant, à toi

Raconte comment tu as rencontré un(e) de tes ami(e)s. Tu étais où? Dans quelle situation?

PREMIERE ETAPE

Making, accepting, and refusing suggestions; making arrangements; making and accepting apologies

COMMENT DIT-ON...?
Making, accepting, and refusing suggestions

To make a suggestion:

Ça t'intéresse d'aller écouter de la musique? *Would you be interested in . . . ?*

Ça te plairait de visiter le musée? *Would you like to . . . ?*

Tu ne voudrais pas aller te promener dans la médina?

To accept a suggestion:

Ce serait sympa. *That would be nice.*

Oui, ça me plairait beaucoup. *I'd like that a lot.*

Si, j'aimerais bien.

To refuse a suggestion:

Impossible, **je suis pris(e).** *I'm busy.*

J'aimerais bien mais je n'ai pas le temps. *I'd like to, but . . .*

C'est gentil, mais j'ai un rendez-vous. *That's nice of you, but I've got an appointment.*

7 Ecoute!

Ecoute ces conversations. Est-ce que ces personnes refusent ou acceptent les suggestions qu'on leur fait?

8 Qu'est-ce qu'il propose?

Fahmi voudrait sortir ce week-end. Qu'est-ce qu'il propose à son ami Youssef? Utilise différentes expressions.

a.

b.

c.

d.

e.

f.

9 Tu es libre ce week-end?

Tu es en classe. Tu veux proposer à ton/ta camarade de faire quelque chose ce week-end. Ecris-lui un petit mot et passe-lui le bout de papier. Il/Elle te répond sur la même feuille.

COMMENT DIT-ON... ?

Making arrangements

To make arrangements:

Comment est-ce qu'on fait?
How should we work this out?
Quand est-ce qu'on se revoit?
When are we getting together?

Où est-ce qu'on se retrouve?
A quelle heure est-ce qu'on se donne rendez-vous?
What time are we meeting?

10 Ecoute!

Malika et Rachida se donnent rendez-vous. Quand est-ce qu'elles vont se retrouver? Où? Qu'est-ce qu'elles vont faire?

Si tu as oublié reflexive verbs *va à la page R45.*

GRAMMAIRE   Reciprocal verbs

In addition to their reflexive meanings, the pronouns **se, nous,** and **vous** also have a reciprocal meaning. They mean *(to/for/at) each other* when added to any verb.

On **se** revoit l'année prochaine?
Will we see each other next year?

Vous **vous** êtes rencontrés sur la place?
Did you meet each other on the square?

- Make past participles agree with reciprocal pronouns when they are the <u>direct object</u> of the verb.

  Nous **nous** sommes rencontré**s** hier. *(each other)*

- You don't change the past participle if the reciprocal pronoun is the <u>indirect object</u> of the verb. (Some verbs that take an indirect object are *dire, parler, téléphoner, demander, écrire, offrir,* and *conseiller.)*

  Ils **se** sont parlé. *(to each other)*   Nous **nous** sommes écrit. *(to each other)*

11 Une rencontre intéressante

Complète le petit mot que ton ami Ivan t'a envoyé avec les formes des verbes entre parenthèses.

Hier, j'ai fait la connaissance d'une fille super. On __1__ (se rencontrer) à la piscine. Nous __2__ (se regarder) pendant un moment et puis on __3__ (se parler). Comme on voulait vraiment __4__ (se revoir), je lui ai demandé si ça lui plairait d'aller au café avec moi. Malheureusement, elle était prise. Alors, nous __5__ (se donner) rendez-vous samedi prochain. Sophie, Marc et toi, vous allez bien au ciné samedi? On peut venir avec vous? À quelle heure vous __6__ (se retrouver) là-bas?

---

12 On s'aime

Raconte l'histoire d'amour de Laure et Vincent d'après les images suivantes.

1. se voir

2. se téléphoner

3. se donner rendez-vous

4. se disputer

5. se quitter

6. se réconcilier

13 C'est comme ça

Ecris quelques phrases pour décrire tes rapports avec trois ou quatre des personnes suivantes.

1. ton/ta meilleur(e) ami(e)
2. tes parents
3. ton/ta petit(e) ami(e)
4. tes grands-parents
5. tes profs
6. ton frère/ta sœur

se dire tout

se voir souvent

s'entendre bien

se comprendre

s'aimer

se disputer

se téléphoner tous les jours

se parler

14 On se téléphone?

Tu as rencontré un garçon/une fille intéressant(e) et tu voudrais le/la revoir. Pose-lui des questions pour fixer un rendez-vous. Joue cette scène avec un(e) camarade.

^Ala française

French speakers use the subject pronoun **on** more often than **nous**, especially in informal speech. Try using **on** when you mean *we*: **On s'aime** (*We love each other*). If you need to emphasize *we*, you can say **Nous, on…**

Nous, on aime les escargots. Pas toi? *We like escargot. Don't you?*

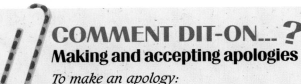

COMMENT DIT-ON... ?
Making and accepting apologies

To make an apology:

Je m'excuse d'être en retard. *I'm sorry for . . .*

Je suis vraiment désolé(e) d'avoir oublié de te téléphoner.

Pardonne-moi de ne pas avoir répondu. *Pardon me for . . .*

Je m'en veux d'avoir dit ça. *I feel bad that . . .*

To accept an apology:

Ce n'est pas grave.

Ça ne fait rien.

Il n'y a pas de mal.

Ne t'inquiète pas. *Don't worry about it.*

Ça arrive à tout le monde. *It happens to everybody.*

15 Ecoute!

Ecoute ces dialogues. Est-ce qu'on s'excuse ou est-ce qu'on répond à une excuse?

GRAMMAIRE The past infinitive

A verb following a conjugated verb must be an infinitive. The infinitives you've used so far are present infinitives. Infinitives may also express past time: **Je suis désolé d'avoir oublié** *(to have forgotten).* To make the past infinitive, use **avoir** or **être** and the past participle of the verb. Use **être** with the verbs that use **être** in the **passé composé.**

Je m'excuse d'**être arrivé(e)** trop tard. *I'm sorry I arrived too late.*

Je suis vraiment désolée de **m'être réveillée** si tard. *I'm really sorry I woke up so late.*

Je m'en veux de ne pas **avoir dit** au revoir. *I feel bad that I didn't say goodbye.*

16 Je m'excuse

Aïcha ne s'est pas très bien comportée *(didn't behave well)* la semaine dernière. Comment est-ce qu'elle s'excusera auprès de tout le monde?

1. Elle a perdu le livre de français de son amie.
2. Elle a oublié son rendez-vous avec Jean-Marc.
3. Elle s'est disputée avec sa mère.
4. Elle est arrivée en classe en retard.
5. Elle n'a pas téléphoné à son amie.
6. Elle a répété le secret de sa meilleure amie.

17 Mon journal

Décris tes rapports avec ton/ta meilleur(e) ami(e). Comment est-il/-elle? Comment es-tu? Pourquoi est-ce que vous vous entendez bien? Est-ce qu'il y a quelque chose que tu n'aimes pas chez lui/elle et qu'il/elle n'aime pas chez toi?

PANORAMA CULTUREL

Viviane • Côte d'Ivoire

Stanislas • France

Micheline • Belgique

We asked some people what's important to them. Here's what they told us.

Qu'est-ce qui est important dans la vie?

«Dans la vie, pour moi, ce qui compte, ce sont les parents. D'abord, il faut leur obéir, être à leur service, faire ce qui est mieux, ce qu'ils aiment.»

-Viviane

«Ce qui est important, c'est des... A mon avis, ce qui est important, c'est des relations avec des gens, l'argent, parce qu'il en faut et bien vivre, la qualité de vie.»

-Stanislas

«Trouver justement un métier qu'on aime. Il faut réussir. Pour réussir, il faut être heureux. Et pour être heureux, il faut trouver un métier qu'on aime. Il faut être heureux dans sa famille, d'une façon ou d'une autre. Ça peut être être marié, ne pas être marié. Ça n'a pas d'importance... Et vivre aussi dans un pays qu'on aime.»

-Micheline

Qu'est-ce qui est important dans le choix d'une profession?

«Il faut l'aimer. Il faut aimer le métier que l'on choisit, et si on l'aime pas, il faut avoir le courage de changer rapidement.»

-Micheline

Qu'en penses-tu?

1. What do each of these people think is important?
2. Which person do you most agree with? Why?
3. Do you disagree with any of these people? Why?
4. What other things do you think are important in life?

Remise en train

Ahlên, merhabîn

Moktar et Raphaël sont allés au concert.
Le lendemain, la famille Moussa accueille
la famille Simenot chez elle.

MOKTAR   Ça me fait plaisir de te voir.

RAPHAEL   Moi aussi.

MOKTAR   Je vous présente mes parents.

M. SIMENOT   Madame.

MME MOUSSA   Ahlên, merhabîn.

MOKTAR   Ma mère vous souhaite
la bienvenue.

M. MOUSSA   Bonjour. Entrez, s'il vous plaît.

M. SIMENOT   Vous êtes bien aimable.

MOKTAR   Mettez-vous à l'aise.

RAPHAEL   Papa, il faut retirer
tes chaussures.

M. SIMENOT   Ah, excusez-moi. Je suis navré.

M. MOUSSA   Ça ne fait rien. Vous savez, c'est
la coutume ici, mais si ça vous
gêne, ce n'est pas important.

M. SIMENOT   Non, non, pas du tout.

M. MOUSSA   Qu'est-ce que je vous sers?
Vous savez, ici, nous ne
servons pas d'alcool. Mais
nous avons des jus de fruits
et, bien sûr, du thé à la menthe.

MME SIMENOT   Je prendrais bien du thé.

M. SIMENOT   Oui, ça ira très bien.

RAPHAEL   Pour moi aussi, s'il vous plaît.

M. MOUSSA   Asseyez-vous, je vous en prie.

M. SIMENOT   Merci.

Amina apporte le thé.

AMINA   Bonjour.

M. MOUSSA   Ma fille, Amina...

MOKTAR   Fais gaffe. Amina a le chic
pour renverser le thé.

AMINA   Oh, ça va, hein! C'est pas moi
qui ai renversé la cafetière hier.

18   Tu as compris?

1. Where is the Simenot family?
2. What happens when they arrive?
3. What do the two families talk about?
4. Where does the Moussa family
invite the Simenot family to go?
5. Why do the Simenots hesitate to
accept the invitation?
6. What are the main steps in a
Moroccan wedding?

19   Vrai ou faux?

1. On sert du thé à la menthe.
2. Amina renverse souvent le thé.
3. C'est Amina qui a commencé
la dispute.
4. Les Simenot ont deux enfants.
5. Amina va se marier demain.
6. La mariée porte une coiffe
très élaborée.

20   Qu'est-ce qu'ils font?

Trouve dans le dialogue des phrases
pour décrire les situations suivantes.

1.

2.

3.

4.

MOKTAR	Rapporteuse!
M. MOUSSA	Ça suffit, les enfants!
AMINA	C'est lui qui a commencé.
M. SIMENOT	Euh... et vous avez d'autres enfants?
M. MOUSSA	Nous avons huit enfants. Tous sont mariés sauf Moktar et Amina. Et vous?
M. SIMENOT	Nous avons un autre fils, Jean. Il va se marier en août.
M. MOUSSA	Félicitations. Au fait, nous allons au mariage de ma cousine demain. Vous voulez venir avec nous?
MME SIMENOT	Oh, non. C'est pour la famille.
M. MOUSSA	Mais non! Pas du tout. Ils seront ravis de vous avoir!
MME SIMENOT	Bon, si vous pensez vraiment qu'on ne dérange pas.

A la fête de mariage...

RAPHAEL	Oh, c'est bon, ça! Qu'est-ce que c'est?
MOKTAR	Ça, c'est de la pastilla.
RAPHAEL	C'est fait avec du poulet?
MOKTAR	Non, c'est du pigeon. Il y a aussi des amandes.
RAPHAEL	Mmm... J'adore! Dis donc, c'est quand, la cérémonie?

MOKTAR	Il n'y a pas vraiment de cérémonie comme chez toi. D'abord, la famille de l'homme demande la main de la femme..., puis, les fiancés signent un contrat. Ensuite, le fiancé donne des cadeaux à sa future femme.
RAPHAEL	Et après?
MOKTAR	Et puis, on fait la fête.
RAPHAEL	Oh, dis donc, ta cousine, qu'est-ce qu'elle a sur la tête?
MOKTAR	Les mariées marocaines ont toujours des coiffes très élaborées.
RAPHAEL	Cool. Je parie que le mariage de mon frère ne sera pas aussi chouette.

21 C'est le Maroc?

Après avoir lu **Ahlên, merhabîn,** est-ce que ces traditions te semblent marocaines ou non?

1. En général, les gens sont très accueillants.
2. On préfère boire du thé glacé.
3. On offre des boissons alcoolisées aux invités.
4. On retire ses chaussures en entrant dans une maison.
5. Les mariées s'habillent de façon très simple.
6. La cérémonie de mariage a lieu dans une église.
7. On mange du pigeon.

22 Cherche les expressions

What do the Moussa and Simenot families say to . . .

1. welcome someone?
2. introduce someone?
3. offer something to drink?
4. ask someone to sit down?
5. tell someone to be careful?
6. accuse someone of being a tattletale?
7. express congratulations?
8. ask what something is?

23 Et maintenant, à toi

Comment est-ce qu'on accueille des invités dans ton pays? Est-ce que ça se fait comme au Maroc, ou est-ce que c'est différent?

Est-ce que tu connais le Maroc? Regarde les photos suivantes pour découvrir quelques caractéristiques de ce pays.

Casablanca, la plus grande ville du Maroc

Fès, centre spirituel, intellectuel et artistique du Maroc

Les artisans marocains sont renommés.

Les belles plages des côtes méditerranéenne et atlantique

Le quartier des tanneurs de cuir

Qu'en penses-tu?

1. What impression do these photos give you of Morocco?
2. What differences and similarities do you see between Morocco and the United States?

Savais-tu que... ?

Morocco is a mountainous country on the northwestern coast of Africa, graced with beautiful beaches on both its Atlantic and Mediterranean coasts. Arabic is the official language of Morocco, but a large percentage of the population speaks French as well. The people of Morocco are mainly of Arab and Berber origins: the Berbers have occupied the area since very ancient times, and the Arab conquest at the end of the seventh century A.D. brought Islam to the country. Morocco is almost 100 percent Islamic, and a mosque can be found in every village. The Moroccan people have a reputation for being master artisans and craftsmen; the high quality of their products is recognized throughout North Africa and Europe. Rugs, pottery, fine leather, copperware, and other goods are sold in Arab markets called **souks**. In a small village there may be only one market, but in large cities such as Fez or Marrakesh, you will find specialized markets such as a **souk de tapis** or **souk de poterie**.

Showing and responding to hospitality; expressing and responding to thanks; quarreling

COMMENT DIT-ON... ?

Showing and responding to hospitality; expressing and responding to thanks

To welcome someone:

Ça me fait plaisir de vous voir. *I'm happy to see you.*

Entrez, je vous en prie. *Come in, please.*

Donnez-moi votre manteau. *Give me . . .*

Mettez-vous à l'aise. *Relax.*

Asseyez-vous. *Sit down.*

To respond:

Moi aussi.

Merci.
Vous êtes bien aimable.
C'est gentil.

To offer food or drink:

Je vous sers quelque chose? *Can I offer you something?*

Qu'est-ce que je peux vous offrir? *What can I offer you?*

To respond:

Je prendrais bien un verre de thé. *I'd like some . . .*

Vous auriez des biscuits? *Would you have . . . ?*

To express thanks:

Merci bien/mille fois.

Je vous remercie. *Thank you.*

C'est vraiment très gentil de votre part.

To respond to thanks:

De rien.

Je vous en prie.

(Il n'y a) pas de quoi.

C'est tout à fait normal. *You don't have to thank me.*

24 Ecoute!

Ecoute M. Ben Assouan qui accueille ses invités. Choisis l'image qui correspond à ce qu'il dit.

a.

b.

c.

d.

25 Merci infiniment!

On te remercie. Choisis la réponse appropriée.

1. **Merci bien de m'avoir prêté ton cardigan. J'avais tellement froid!**
    a. Vous êtes bien aimable!
    b. De rien.
    c. Tu as toujours froid!

2. **Je vous remercie de m'avoir répondu si vite.**
    a. Ne vous inquiétez pas.
    b. Mettez-vous à l'aise.
    c. Je vous en prie.

3. **Si tu ne m'avais pas aidé, j'aurais raté l'examen. Je ne sais pas comment te remercier!**
    a. Fais tes devoirs tous les jours!
    b. C'est tout à fait normal!
    c. Ils sont difficiles, ces examens.

4. **Dis donc, on m'a donné le job. Merci mille fois. C'était vraiment gentil de ta part!**
    a. Ne sois pas en retard!
    b. Tu aimeras ce travail.
    c. Il n'y a pas de quoi.

26 Méli-mélo!

M. Fikri rend visite à son collègue. Mets leur conversation dans le bon ordre.

«Donnez-moi votre manteau.»

«Mettez-vous à l'aise.»

«Ça me fait plaisir de vous voir.»

«Qu'est-ce que je peux vous offrir?»

«Entrez, je vous en prie.»

«Bien sûr.»

«Vous auriez du thé?»

«Moi aussi.»

«Vous êtes bien aimable.»

«Merci.»

«C'est gentil.»

27 Merci mille fois!

Ecris un petit mot de remerciement à ton/ta camarade qui...

t'a invité(e) à sa boum.   t'a conseillé(e).   t'a envoyé une carte postale.   t'a donné un CD.

*Voilà la photo de ma famille que tu m'as demandée. Je t'explique qui est tout le monde. La vieille dame, ce n'est pas ma grand-mère, c'est mon **arrière-grand-mère**, Teta. Elle est **veuve**. A côté d'elle, il y a mon père et ma mère. Leurs parents sont morts. Mon père est **le petit-fils** de Teta. Tu te rends compte comme elle est vieille? Bon, il y a aussi ma sœur, Souad. Elle est **mariée**. Là, à côté de moi, c'est son **mari** Karim. De l'autre côté, c'est mon frère, Hassan. C'est **l'aîné**. Il a 25 ans. Il est **célibataire**. Il ne veut pas se marier! Et moi, tu vois, je suis le **benjamin**. Alors, tout le monde attend ton arrivée avec impatience. Tu seras reçu comme un roi.*

l'aîné(e)
  the oldest child
l'arrière-grand-mère
  great-grandmother
l'arrière-grand-père
  great-grandfather
le/la benjamin(e)
  the youngest child
le/la cadet(te)
  the younger child
les jumeaux/jumelles
  twins

le neveu *nephew*
la nièce *niece*
la petite-fille
  granddaughter
le petit-fils *grandson*
célibataire *single*
divorcé(e)
marié(e)
mort(e)
veuf/veuve *widowed*

28 Ecoute!

Ahmed a invité Eric chez lui. Ecoute leur conversation et décide quelle photo représente la famille d'Ahmed.

a.

b.

29 Les relations frères-sœurs

Lis ces remarques de quelques jeunes francophones et complète les phrases ci-dessous.

Saïd
Je peux parler de mes ennuis à ma grande sœur et je peux aussi lui emprunter de l'argent. On se fait confiance. Après la mort de mon père, je ne pouvais pas m'arrêter de pleurer et ma sœur venait toujours essayer de me réconforter dans ma chambre.

Gilles
Mon grand frère m'interdit d'aller dans sa chambre mais lui, il vient toujours fouiller dans la mienne. Il s'imagine qu'il peut me donner des ordres parce qu'il est l'aîné!

Hélène
Mes frères et sœurs doivent aller au lit plus tôt que moi parce qu'ils sont plus jeunes. Mais si je rentre plus tard que prévu quand je sors, mes parents ne sont pas contents parce qu'ils disent que je donne le mauvais exemple aux petits.

Djamila
Pour énerver ma sœur quand on regarde la télé ensemble, je change de chaîne sans lui demander son avis.

Sylvie
Mes deux frères me font tout le temps des blagues et m'embêtent quand je parle au téléphone avec mes copains. Et quand je fais mes devoirs, ils font beaucoup de bruit juste pour m'embêter.

1. _____ ne peut pas faire ses devoirs parce que ses frères font du bruit.
2. La sœur de _____ est compréhensive et elle l'aide à résoudre ses problèmes.
3. Quand _____ veut embêter sa sœur, elle change de chaîne sans lui demander.
4. Le frère de _____ entre souvent dans sa chambre pour fouiller dans ses affaires.
5. _____ n'aime pas avoir à donner l'exemple à ses petits frères et sœurs.

30 Mettez-vous à l'aise!

Ta famille a organisé une soirée. Tu accueilles les invités. Ils te remercient. N'oublie pas de présenter tes amis à chaque membre de ta famille. Joue cette scène avec tes camarades. Changez de rôles.

31 Ma famille

Complète les phrases suivantes avec le mot qui convient.

1. Mon arrière-grand-père est mort en mille neuf cent quatre-vingt-cinq. Alors, mon arrière-grand-mère est _____.
2. Mes grands-parents ont dix petits-fils et douze _____.
3. Michèle a dix-huit ans. Sa sœur Sophie a seize ans et son frère Joseph a quatorze ans. Elle est _____ et Joseph est _____.
4. Mon oncle Ali n'est pas marié. Il préfère rester _____.
5. La grand-mère de ma mère, c'est mon _____.
6. Mes cousines Yamilé et Rachida ont toutes les deux dix-sept ans. Elles sont _____.

jumelles
arrière-grand-père
marié
célibataire
petites-filles
veuf
veuve
l'aînée
arrière-grand-mère
la benjamine
le benjamin

COMMENT DIT-ON... ?
Quarreling

CD-ROM Disc 2

To accuse someone:

Rapporteur(-euse)! *Tattletale!*

Pleurnicheur(-euse)! *Crybaby!*

Tricheur(-euse)! *Cheater!*

Tu m'énerves, à la fin!
  You're really bugging me!

Tu es vraiment casse-pieds!
  You're such a pain!

Tu me prends la tête!
  You're driving me crazy!

To justify a quarrel:

C'est toujours la même chose!

C'est lui/elle qui a commencé!

Il/Elle m'a traité(e) d'imbécile!
  He/She called me a . . . !

C'est toujours moi qui prends!
  I'm always the one who gets blamed!

To respond to an accusation:

Oh, ça va, hein? *Oh, cut it out!*

Arrête!

Ça suffit!

Tu le fais exprès?
  Are you doing that on purpose?

Mêle-toi de tes oignons!
  Mind your own business!

Fiche-moi la paix! *Leave me alone!*

Casse-toi! *Get out of here!*

Tant pis pour toi! *Tough!*

A la française

You might hear some of these expressions exchanged between siblings or close friends, and they might even be used in a joking manner. However, as a non-native French speaker, you should be very careful with these expressions. Using these expressions with or around people you don't know very well could be considered rude, inappropriate, or even hostile.

32 Ecoute!

Ecoute ces disputes. Comment est-ce qu'elles ont commencé? A ton avis, est-ce que c'est la faute de Moktar ou d'Amina?

33 Arrête!

Ton frère/ta sœur t'énerve quand il/elle fait les choses ci-dessous. Tu le lui dis, et ça provoque une dispute. Joue ces scènes avec ton/ta camarade.

- emprunter tes CD sans te le demander
- se moquer de toi devant tes amis
- changer de chaîne alors que tu regardes quelque chose à la télé
- monopoliser le téléphone
- entrer dans ta chambre et fouiller dans tes affaires
- abîmer tes affaires

34 Les enfants terribles

Tu fais du baby-sitting et tu trouves que les enfants que tu gardes sont insupportables! Tes camarades, qui joueront les enfants, vont imaginer trois disputes qu'ils auront. Tu dois les empêcher de se disputer. Ils se justifient chaque fois.

35 Jeu de rôle

You've decided to throw a party. Unfortunately, you invite people who don't get along with one another. Act out this scene with your friends.
- Invite your guests and make arrangements for the party.
- Welcome your guests and offer refreshments.
- Your guests argue with one another and later apologize.

LISONS!

Les Trois Femmes du roi

Une nuit, le roi dit à son vizir :
- Allons faire le tour de la ville pour voir si tout est tranquille.

Ils se promènent. Les gens dorment ; il n'y a personne dans les rues. Tout à coup, ils voient de la lumière qui passe sous la porte d'une maison.
- Qui a encore sa lampe allumée à cette heure-ci ? dit le roi.

Ils s'arrêtent, mettent l'oreille contre la porte et écoutent ce que l'on dit derrière. Une jeune fille parle et dit à ses sœurs :
- Si le roi m'épousait, je pourrais faire manger tous les gens du pays avec un seul plat de couscous.

Une autre dit :
- S'il m'épousait, je pourrais habiller tous les gens du pays avec un seul morceau de tissu.
- Moi, dit la voix la plus jeune, je lui donnerais un garçon et une fille et ils auraient des cheveux d'argent.

Le lendemain, le roi envoie des gens à la maison où il a entendu du bruit.

Le père des jeunes filles est un homme vieux et pauvre. En entendant frapper à la porte, il demande :
- Qui frappe ?
- Viens ! Le roi veut te parler.

Le père a très peur. Il se demande pourquoi le roi veut le voir. Il demande à ses filles :
- Est-ce que vous avez parlé à des gens ? Est-ce que vous vous êtes disputées avec quelqu'un ?
- Non, père, n'aie pas peur ! disent-elles. Nous ne connaissons personne. Nous ne nous sommes disputées avec personne. Jamais nous ne sommes sorties de la maison.

Le vieillard sort et, tremblant de peur, suit les gens qui l'emmènent chez le roi.
- Bon vieillard, lui dit le roi. As-tu des filles ?
- Oui, Seigneur.
- Combien ?
- Trois.
- Veux-tu me les donner en mariage ? Je veux me marier avec toutes les trois, comme cela est permis par Dieu et son Prophète.
- Avec plaisir, ô Roi ! répond le père. Je n'ai pas trouvé de bergers pour devenir leurs maris et toi, Roi, tu les veux toutes les trois !

Le roi fait faire les fêtes du mariage et fait amener ses trois femmes à son palais.

Un jour, le roi dit à l'une de ses trois femmes :
- Tu as dit un jour que, si le roi t'épousait, tu pourrais faire manger tous les gens du pays avec un seul plat de couscous. Fais ce plat de couscous, je veux voir si tu as dit vrai.
- Je ferai ce couscous, ô Roi. Donne-moi seulement un demi-sac de farine.

Le lendemain, quand la femme a reçu du roi un demi-sac de farine, elle envoie quelqu'un acheter un sac de sel. Puis elle fait le couscous en mettant pour chaque part de farine deux parts de sel.

DE BONS CONSEILS

Stories set in your own culture are easy to understand because you can relate to them. When you read a story set in another country, however, you may be misled if you assume that the society and customs there are exactly the same as where you live. In order to best understand a story, think about the culture that it represents. What do you know that can help you? If you're not familiar with the country in the story, you may want to find out more about it. Taking the cultural context of a story into account will enable you to understand it better and will make it more enjoyable too.

Les Trois Femmes du roi

A. What fairy tales do you remember from your childhood? What characters or themes are usually found in children's stories?

B. Do you imagine that stories from other cultures are the same as or different from those told in the United States? Why?

C. Où sont le roi et son vizir ? Qu'est-ce qu'ils entendent ?

D. What is the father's reaction to being called in to see the king? What does this tell you about the relationship between the king and his subjects?

E. When questioned by their father, why do the daughters insist that they have not even left the house? Why would that be important? Is that something important in your culture?

Après elle le fait cuire. Alors le roi dit à tous les gens de venir et toute la grande maison est pleine. Il apporte le plat, le pose au milieu de la grande salle et invite tout le monde à manger. Mais chaque fois que quelqu'un prend une boulette de couscous, il la crache aussitôt parce qu'elle est trop salée. Les serviteurs disent :

- Mangez, messieurs !

Mais ils ont peur que le roi se mette en colère et ils répondent :

- Non, merci, nous en avons mangé beaucoup, c'est très bon, mais nous n'avons plus faim.

Et ils repartent tous chez eux sans dire que le couscous est trop salé. Quand ils sont partis, le roi voit que le plat est encore plein. Il est très heureux et dit :

- Dieu est avec moi ! Ma femme a dit vrai.

Il veut manger un peu de couscous et le crache lui aussi. Il se met en colère et va trouver sa femme :

- Tu as menti! Personne n'a mangé de ce couscous. Il était trop salé.

- Oui, mais tous les invités ont dit qu'ils en avaient mangé et qu'ils n'avaient plus faim !

- C'est vrai, tu n'as pas menti, répond le roi.

Un autre soir, il dit à son autre femme :

- Tu as dit un jour que, si le roi t'épousait, tu pourrais habiller tous les gens du pays avec un seul morceau de tissu. Fais cela, je le veux !

- Donne-moi un morceau de tissu, ô Roi, et tu verras que j'ai dit vrai.

Le lendemain matin, pendant que le roi appelle tous les gens, la femme coupe le tissu en petits bouts très fins. Puis elle se met au-dessus de la porte de la ville et dit au roi de faire passer tous les gens l'un derrière l'autre. Alors, elle laisse tomber sur chacun d'eux un petit bout de tissu que chacun attrape à la main. Quand ils sont passés, les gens disent au revoir au roi et rentrent chez eux sans rien dire. Ils n'osent pas dire qu'on s'est moqué d'eux parce qu'ils ont peur d'avoir la tête coupée. Le roi dit à sa femme :

- Tu n'as pas habillé tous les gens du pays !

- Si ! Chacun a eu sa part et ils sont tous partis contents.

- C'est vrai ; tu n'as pas menti !

La troisième femme, la plus jeune, avait dit :

- Si le roi m'épousait, je lui donnerais un garçon et une fille et ils auraient des cheveux d'argent.

Elle a peur que le roi se rappelle ce qu'elle a dit. Elle prie Dieu chaque jour et enfin, un enfant grandit dans son ventre. Ses sœurs pensent :

- Le roi va préférer notre sœur à cause de cet enfant. Que faire ?

Elles demandent conseil à une vieille qui leur dit :

- Attendez ! Je vous aiderai.

Quand l'enfant va naître, les deux sœurs appellent la vieille. Elle arrive avec une grande boîte dans laquelle elle a caché deux petits chiens. Elle dit qu'elle va soigner la maman et entre dans la chambre. Deux enfants naissent, un garçon et une fille, et ils ont tous les deux des cheveux d'argent. Alors la vieille prend les deux enfants ; elle les met dans la boîte et, à leur place, elle met les deux petits chiens.

F. Quelles sont les remarques qui n'ont pas été faites par les trois filles?

«Si le roi m'épousait...

  a. je pourrais habiller tous les gens du pays avec un seul morceau de tissu.»

  b. je pourrais construire des logements pour tous les gens du pays avec un seul bout de bois.»

  c. je lui donnerais des enfants avec des cheveux d'argent.»

  d. je pourrais changer la paille en or.»

  e. je pourrais faire manger tous les gens avec un seul plat de couscous.»

G. Look over the first story and find some examples of cultural differences. How does this information affect your understanding of the story?

H. What did the first and second wives do when asked to fulfill their vows? Why didn't the people of the kingdom complain? What was the king's reaction?

I. Pourquoi est-ce que les deux premières épouses sont-elles jalouses de la troisième? Que font-elles?

J. Vrai ou faux?

  1. Les enfants ont des cheveux d'argent.

  2. Le roi fait enfermer sa femme dans un donjon.

  3. Les deux enfants vont en bateau au pays du pêcheur et de sa femme.

  4. Le pêcheur est très heureux de trouver les enfants.

  5. Les enfants savent depuis leur naissance qu'ils sont les enfants du roi.

Puis elle va dire au roi :

- Votre femme a eu deux enfants, mais ils ressemblent à des chiens !

Alors le roi se met en colère et donne l'ordre d'enfermer sa femme dans la cage où vivent tous les chiens de la maison. Les sœurs et la vieille la conduisent à la cage et là, elle mange et vit avec les bêtes. La vieille va jeter à la mer la grosse boîte où sont les deux enfants. La mer emporte la boîte très loin, vers un pays où vivent un pêcheur et sa femme. Un jour le pêcheur, qui est dans son bateau, voit la boîte. Il s'approche, ouvre la boîte et voit deux petits enfants, avec des cheveux qui brillent comme le soleil. Il rentre chez lui très heureux, montre les enfants à sa femme et tous deux décident de les garder et de les élever. Les enfants grandissent heureux. Ils étudient le Coran et aident le pêcheur et sa femme dans leur travail.

Mes amis, vous voulez connaître la fin de l'histoire. Eh bien, écoutez !

Un jour, les deux enfants se disputent avec d'autres enfants. Ceux-ci leur disent :

- Vous êtes des étrangers ! Le pêcheur et sa femme ne sont pas vos parents. Ils vous ont trouvés dans une boîte sur la mer.

Alors les deux enfants, très tristes, disent au revoir en pleurant au pêcheur et à sa femme et s'en vont en bateau, très loin, sur la mer. Ils arrivent dans le pays du roi ; et là, ils ont beaucoup d'aventures et beaucoup de malheurs.

Un jour, le roi entend dire qu'il y a dans son pays deux jeunes gens qui ont des cheveux d'argent. Il se rappelle ce que lui a dit sa troisième femme autrefois et il les fait chercher. Quand les deux jeunes gens arrivent devant lui, il leur demande :

- Qui sont vos parents ?

- Nous ne les connaissons pas. Nous avons été trouvés un jour, il y a quinze ans, dans une grande boîte très loin d'ici sur la mer.

- Alors le roi leur tend les bras et s'écrie :

- C'est vous ! Vous êtes mes enfants ! Il y a quinze ans, quand vous êtes nés, on m'a dit que vous ressembliez à des chiens, et j'ai fait jeter votre mère dans une cage !

Et aussitôt il donne l'ordre qu'on aille chercher leur mère et qu'on jette les deux sœurs à sa place dans la cage aux chiens.

Les deux jeunes gens vivent alors heureux auprès du roi et de leur mère. Mais ils n'oublient pas le pêcheur et sa femme et leur envoient souvent de riches cadeaux.

La Petite Maison

Un homme construit une petite maison dans un endroit très étroit. Des gens passent et lui disent :

- Ta maison est trop petite !

Il leur répond :

- Vous dites que ma maison est trop petite, mais je serais content si je pouvais un jour la remplir de vrais amis.

K. Why do you think the third wife was treated so harshly? How do you think her punishment was chosen? What punishments would be the most humiliating to people in your culture?

L. How are the children finally reunited with their real father?

M. Qu'arrive-t-il aux deux enfants et à leur mère à la fin de l'histoire ? Est-ce que le dénouement de cette histoire te semble juste ?

La Petite Maison

N. What is the message of this little story? How does your knowledge of Moroccan culture help you better understand its point?

O. Quelle histoire as-tu préférée ? Pourquoi ? Est-ce que tu connais des histoires semblables à celles-ci ?

P. Quelle est la morale de ces deux histoires ?

Q. Thinking back to stories you remember from your childhood, do they reflect American culture? Why or why not?

The stories you just read deal with how people relate to each other. In this activity, you'll write your own story of how people relate to each other, in either a positive or a negative way.

Une histoire d'attitude

Maintenant, c'est à toi d'écrire une histoire où tu expliques comment, à ton avis, les gens devraient se comporter les uns envers les autres.

A. Préparation

D'abord, pense à la façon dont les gens agissent les uns envers les autres.
1. Fais un tableau pour organiser tes idées clairement.
   a. Divise ton tableau en deux colonnes : *Positive* et *Negative.*
   b. Remplis chaque colonne avec des choses que les gens font souvent, comme, par exemple, *Lying* ou *Being honest.*
   c. Examine ton tableau. Choisis quelque chose que tu voudrais mettre en valeur dans ton histoire.
2. Imagine le scénario de ton histoire.
   a. Qui est ton personnage principal? Quelle est son attitude?
   b. Quelles vont être les conséquences des actions du personnage principal sur les autres personnages?
   c. Est-ce que le personnage principal va être récompensé pour ses bonnes actions ou bien est-ce qu'il sera puni pour ses mauvaises actions?
3. Esquisse *(Outline)* les événements principaux de ton histoire.

B. Rédaction

Maintenant, fais un brouillon de ton histoire. N'oublie pas...
1. de décrire en détails le comportement de ton personnage principal.
2. d'expliquer les conséquences que ses actions ont sur les autres.
3. de bien montrer le rapport entre l'attitude du personnage principal et la fin de ton histoire.

C. Evaluation

1. Lis ton histoire à ton/ta camarade. Réfléchissez aux questions suivantes.
   a. Est-ce que l'histoire est claire? Est-ce qu'elle suit un ordre logique?
   b. Est-ce que c'est une histoire intéressante? Est-ce que tu pourrais ajouter des détails pour la rendre plus vivante?
2. Corrige les fautes d'orthographe, de grammaire et de vocabulaire.
3. Ecris la version finale de ton histoire.

DE BONS CONSEILS
No matter what the topic or purpose for writing, a writer must organize his or her ideas in a logical way. Many writers find graphic devices to be useful tools for organizing ideas. Time lines, charts, and diagrams are all examples of graphic devices that can help writers to visualize their ideas and clarify their thinking. The type of graphic device you choose will depend on what you're writing about. For example, a time line depicts a chronological progression of events, a comparison-and-contrast chart shows how two things are similar and different, and a flow chart shows the different steps involved in a process. When starting out on a writing task, try using a graphic device appropriate to your topic to help you organize your thoughts.

MISE EN PRATIQUE

1 Martin vient de trouver un nouvel ami, Ali, à Marrakech.
Ecoute leur conversation et réponds aux questions suivantes.

1. Lesquelles des activités suivantes est-ce qu'Ali propose à Martin?

   a. d'aller au souk el-Kebir
   b. de déjeuner chez lui
   c. de prendre un jus d'orange
   d. d'aller voir le palais de la Bahia
   e. d'aller à la place Jemaa-el-Fna

2. Lesquelles des suggestions d'Ali est-ce que Martin accepte?

3. A quelle heure est-ce qu'ils se donnent rendez-vous?

4. Où est-ce qu'ils se retrouvent?

   a. sur la place Jemaa-el-Fna   b. au palais de la Bahia   c. sur la place de Bâb Fteuh

Le guide du ROUTARD MAROC

La place Jemaa-el-Fna : Le matin, Jemaa-el-Fna est un immense marché. Cela va des délicieux jus d'orange pressés, aux épices et aux herbes médicinales, en passant par les écrivains publics à l'ombre de leur parapluie noir, et les diseuses de bonne aventure. Puis, peu à peu les vendeurs d'eau font leur apparition. Quand la chaleur se fait moins forte, les principaux acteurs entrent en scène : charmeurs de serpents au son de leur flûte, danseurs gnaouas tournant comme des derviches au son des tambourins, vendeurs de fripes étalant leur frusques sur le sol, restaurants ambulants avec roulante et brasero. Les pickpockets sont à la fête, principalement autour des conteurs qui attirent grand nombre de badauds.

Les souks : Pénétrer seul dans les souks relève de l'exploit, car rares sont ceux qui parviennent à échapper aux guides insistants. Voici quelques conseils :
- Suivre un groupe de touristes et faire semblant d'être avec eux, du moins pour les premiers mètres du parcours, les plus difficiles.
- Ne pas porter de tee-shirts ou de sacs évoquant des marques connues de voyagistes. Sinon, vous êtes sûr d'être repéré immédiatement.

Le minaret de la Koutoubia : la Tour Eiffel locale. Tout le monde le connaît et il sert de point de repère. Son décor est différent sur chaque face. Sa tour, aussi haute que celles de Notre-Dame de Paris, est couronnée d'un lanternon surmonté de quatre boules dorées. La légende voudrait nous faire croire qu'elles sont d'or pur et que l'influence des planètes leur permet de tenir en équilibre !

La mosquée de la kasbah : se repère aisément grâce à son minaret aux entrelacs de couleur turquoise qui se détachent du ciel. Vous ne pourrez rien voir d'autre puisque la mosquée, dont la salle de prière ne comprend pas moins de onze nefs, est réservée aux musulmans.

Les tombeaux saadiens : Ouvert de 8h30 à 12h et de 14h30 à 17h30 ou 18h. Fermé le mardi. Joli mausolée de Moulay Ahmed el-Mansour, mort de la peste à Fès en 1603, et qui repose, entouré de ses fils, sous une coupole de cèdre doré que supportent douze colonnes de marbre de Carrare. Le jardin est un havre de paix.

Le palais de la Bahia : Visite, obligatoirement accompagnée d'un guide, de 8h30 à 12h et de 14h30 à 18h. Ces horaires peuvent toutefois varier selon la saison. Construite vers 1880, cette riche demeure princière est un chef-d'œuvre de l'art marocain. Sur plus de 8 ha, des appartements superbement décorés débouchent sur des patios fleuris.

A voir aussi: Le souk des Teinturiers, le souk Chouari (bois), le souk du Cuivre, le souk Smata (cuir), le souk des Bijoutiers, le souk el-Kebir (cuir), le souk Zrabia (caftans, tapis), les kissarias (vêtements, étoffes).

2 Lis ces extraits d'un guide français sur ce qu'on peut voir à Marrakech et réponds aux questions suivantes.

1. What are some things you might see if you visit the **place Jemaa-el-Fna?** What should you be aware of?

2. What kind of souks could you visit? What problem might you run into when going into this area? What does the guidebook suggest you do?

3. With what monument could you compare the **minaret de la Koutoubia?** Why?

4. What can you see at the **tombeaux saadiens?**

5. Which of the sites is a masterpiece of Moroccan art? Do you need a guide?

3 A Marrakech, tu as rencontré quelqu'un avec qui tu voudrais faire un tour de la ville. Propose-lui de visiter des endroits qui sont mentionnés dans le guide. Il/Elle va aussi faire des suggestions. Décidez ensemble de ce que vous allez faire pendant votre séjour. N'oubliez pas de fixer les jours, les heures et les endroits où vous allez vous rencontrer.

4 Avec un partenaire, imagine une situation où ton/ta meilleur(e) ami(e) a fait quelque chose qui t'a rendu(e) furieux(-euse). Vous vous disputez et il/elle s'excuse. Comme il/elle est vraiment désolé(e), tu acceptes ses excuses. Créez un dialogue, puis jouez cette situation.

5 Ton correspondant marocain vient bientôt passer une année aux Etats-Unis. Il voudrait savoir si les Américains sont aussi accueillants que les Marocains. Ecris-lui une lettre où tu lui expliques comment on accueille les gens dans la région où tu habites.

6 JEU DE ROLE

You're going to a cousin's wedding. Act out the following scenes with classmates.

- When you arrive at your cousin's house, his family greets you and tries to make you feel at home.

- The night before the wedding, your cousin's fiancée shows up looking angry. They have a quarrel. They make up, however, and apologize to each other and to you.

- On the day of the wedding, there are some family members attending whom you don't know. Your cousin tells you who they are and introduces you.

Félicitations pour votre mariage

Can you use what you've learned in this chapter?

Can you make, accept, and refuse suggestions? p.141

1 How would you suggest the following activities to a friend?

1. 2. 3.

2 How would you accept the suggestions in number 1?

3 How would you refuse the suggestions in number 1?

Can you make arrangements? p.142

4 You and your friend have decided to do one of the activities pictured above. What would you say to make the necessary arrangements?

Can you make and accept apologies? p.144

5 You've just broken your best friend's CD player. How do you apologize?

6 How would you accept the apology in number 5?

Can you show and respond to hospitality? p.149

7 What would you say to your guests when . . .
a. they've just arrived at your home?
b. you've taken their coats and they're standing inside the doorway?
c. you'd like to offer them something to eat or drink?

8 How would you respond as a guest in each of the situations in number 7?

Can you express and respond to thanks? p.149

9 How would you thank these people?
a. A good friend lends you a new CD.
b. A stranger stops to help pick up some things you've dropped.

10 How would you respond if you were the people in number 9?

Can you quarrel? p.153

11 What would you say in the following situations?
a. Your sister is annoying you while you try to do your homework.
b. You get in trouble for something your classmate did.
c. Your little brother enters your room and starts looking through your things.

PREMIERE ETAPE

Making, accepting, and refusing suggestions

Ça t'intéresse de... ?   *Would you be interested in . . .?*
Ça te plairait de... ?   *Would you like to . . .?*
Tu ne voudrais pas... ?   *Wouldn't you like to . . .?*
Ce serait sympa.   *That would be nice.*
Ça me plairait beaucoup.   *I'd like that a lot.*
Je suis pris(e).   *I'm busy.*

J'aimerais bien, mais j'ai un rendez-vous.   *I'd like to, but I've got an appointment.*
C'est gentil, mais j'ai un rendez-vous.   *That's nice of you, but I've got an appointment.*

Making arrangements

Comment est-ce qu'on fait?   *How should we work this out?*
Quand est-ce qu'on se revoit?   *When are we getting together?*
A quelle heure est-ce qu'on se donne rendez-vous?   *What time are we meeting?*

Making and accepting apologies

Je m'excuse de...   *I'm sorry for . . .*
Pardonne-moi de...   *Pardon me for . . .*
Je m'en veux de...   *I feel bad that . . .*
Ça arrive à tout le monde.   *It happens to everybody.*
Ne t'inquiète pas.   *Don't worry about it.*

DEUXIEME ETAPE

Showing and responding to hospitality

Entrez, je vous en prie.   *Come in, please.*
Ça me fait plaisir de vous voir.   *I'm happy to see you.*
Donnez-moi...   *Give me . . .*
Mettez-vous à l'aise.   *Make yourself comfortable.*
Asseyez-vous.   *Sit down.*
Vous êtes bien aimable.   *That's kind of you.*
Je vous sers quelque chose?   *Can I offer you something?*
Qu'est-ce que je peux vous offrir?   *What can I offer you?*
Je prendrais bien...   *I'd like some . . .*
Vous auriez... ?   *Would you have . . . ?*

Expressing and responding to thanks

Merci bien/mille fois.   *Thank you very much.*
Je vous remercie.   *Thank you.*
C'est vraiment très gentil de votre part.   *That's very nice of you.*
De rien.   *You're welcome.*

Je vous en prie.   *You're very welcome.*
(Il n'y a) pas de quoi.   *It's nothing.*
C'est tout à fait normal.   *You don't have to thank me.*

Family relationships

l'aîné(e)   *the oldest child*
l'arrière-grand-mère   *great-grandmother*
l'arrière-grand-père   *great-grandfather*
le/la benjamin(e)   *the youngest child*
le/la cadet(te)   *the younger child*
les jumeaux(-elles)   *twins*
le neveu   *nephew*
la nièce   *niece*
la petite-fille   *granddaughter*
le petit-fils   *grandson*
célibataire   *single*
divorcé(e)   *divorced*
marié(e)   *married*
mort(e)   *dead*
veuf(-ve)   *widowed*

Quarreling

Rapporteur(-euse)!   *Tattletale!*
Pleurnicheur(-euse)!   *Crybaby!*
Tricheur(-euse)!   *Cheater!*
Tu m'énerves, à la fin!   *You're really bugging me!*
Tu es vraiment casse-pieds!   *You're such a pain!*
Tu me prends la tête!   *You're driving me crazy!*
Oh, ça va, hein?   *Oh, cut it out!*
Arrête!   *Stop!*
Ça suffit!   *That's enough!*
Tu le fais exprès?   *Are you doing that on purpose?*
Mêle-toi de tes oignons!   *Mind your own business!*
Fiche-moi la paix!   *Leave me alone!*
Casse-toi!   *Get out of here!*
Tant pis pour toi!   *Tough!*
C'est toujours la même chose!   *It's always the same!*
C'est lui/elle qui a commencé!   *He/She started it!*
Il/Elle m'a traité(e) de... !   *He/She called me a . . . !*
C'est toujours moi qui prends!   *I'm always the one who gets blamed!*

7
Un safari-photo

① La République centrafricaine,
pays aux forêts tropicales
et aux animaux sauvages

As-tu déjà vécu une aventure extraordinaire dans un pays étranger ou une région inconnue? Lucie et Joseph Zokoue sont allés en Afrique faire un safari-photo dans le pays de leurs ancêtres, la République centrafricaine. On peut y admirer de nombreux animaux sauvages au milieu de paysages spectaculaires. Viens avec nous voir la brousse africaine!

In this chapter you will learn

- to make suppositions; to express doubt and certainty; to ask for and give advice
- to express astonishment; to caution someone; to express fear; to reassure someone; to express relief

And you will

- listen to teenagers plan a safari
- read an African animal tale
- write about an African safari
- find out about endangered African animals

② Est-ce qu'il est nécessaire qu'on se fasse vacciner?

③ Ouah! C'est fou comme il va vite, ce guépard!

Mise en train

Un safari, ça se prépare!

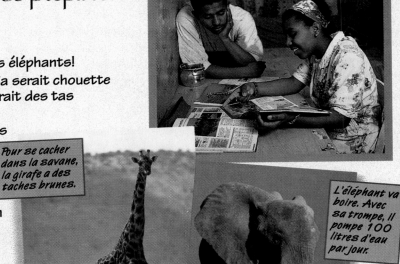

❶ LUCIE Oh, dis donc! Regarde les éléphants!

JOSEPH Oh, oui! Ils sont super! Ça serait chouette d'aller en Afrique. On verrait des tas d'animaux sauvages.

LUCIE Je parie qu'il y a des lions et des tigres partout!

JOSEPH Tu sais, je ne crois pas qu'il y ait de tigres en Afrique.

LUCIE Ah, bon... Alors, papa, on va en Afrique pour les vacances? On pourrait faire un safari.

> *Pour se cacher dans la savane, la girafe a des taches brunes.*

> *L'éléphant va boire. Avec sa trompe, il pompe 100 litres d'eau par jour.*

❷ M. ZOKOUE Ah! Bravo! Ma fille veut tuer des éléphants maintenant!

LUCIE Mais non, papa! Un safari-photo, bien sûr! Les safaris, c'est illégal! Et puis, tu sais bien que je déteste qu'on tue les animaux!

❸ JOSEPH Du calme, du calme. On a compris.

M. ZOKOUE De toute façon, ça coûte très cher, les safaris.

LUCIE Oh, allez, quoi!

M. ZOKOUE Et puis, ça doit être très dangereux...

JOSEPH Mais non, tout le monde va en Afrique maintenant. Et puis, ça serait chouette d'aller en République centrafricaine puisque c'est là où Pépé est né.

LUCIE Tu imagines si on pouvait aller dans son village pour voir comment c'est...

JOSEPH Je me demande si on a encore de la famille là-bas... Tu crois qu'ils mangent des araignées?

LUCIE Ça doit être cool!

M. ZOKOUE Bon, bon... on verra.

❹ Lucie et Joseph ont persuadé leur père d'aller en République centrafricaine. Il est maintenant nécessaire qu'ils organisent leur voyage.

M. ZOKOUE   Bon. Si on veut faire un safari cette année, il faut que je prenne les billets maintenant. Ça vous dit toujours?

LUCIE   Bien sûr que ça me dit!

M. ZOKOUE   Et toi, Joseph?

JOSEPH   Moi aussi... mais...

M. ZOKOUE   Qu'est-ce qu'il y a?

JOSEPH   Euh, je me demande s'il y aura des moustiques.

LUCIE   Oh, ils ne vont pas te manger, hein?

M. ZOKOUE   Joseph a raison. Les moustiques sont féroces en Afrique. Ils peuvent transmettre des maladies. Il faudra bien se protéger.

JOSEPH   Tu vois!

M. ZOKOUE   Ah! Au fait, je dois appeler l'ambassade pour savoir ce qu'on doit faire avant de partir.

❺ M. ZOKOUE   Bonjour madame, je pars en République centrafricaine pour les vacances.

L'EMPLOYEE   Oui?

M. ZOKOUE   Quelles sont les vaccinations obligatoires?

L'EMPLOYEE   Eh bien, il faut que vous vous fassiez vacciner contre la fièvre jaune.

M. ZOKOUE   Est-ce qu'il faut un traitement particulier pour le paludisme?

L'EMPLOYEE   Oui, pour ça vous devriez consulter un médecin.

M. ZOKOUE   Merci beaucoup. Au revoir.

LUCIE   Alors, qu'est-ce qu'elle a dit? On doit se faire vacciner?

M. ZOKOUE   Oui, c'est obligatoire.

JOSEPH   Quoi! Une piqûre!

M. ZOKOUE   J'ai bien peur que ce soit nécessaire.

❻ JOSEPH   Ah non, alors!

LUCIE   Quel trouillard, je t'assure!

M. ZOKOUE   Ecoutez, c'est simple, les enfants. Pas de piqûre, pas de safari!

❼ Enfin, avant de partir, il faut que M. Zokoue et ses enfants fassent leurs valises.

JOSEPH   Tu crois que je devrais prendre des cassettes?

M. ZOKOUE   Je ne crois pas que ce soit la peine. Tu n'auras pas le temps de les écouter. Mais n'oublie pas ton appareil-photo.

LUCIE   Tu seras trop occupé à tuer les moustiques pour écouter de la musique.

JOSEPH   Oh, arrête! On ne te demande rien! Papa, tu penses que je prends un pull?

M. ZOKOUE   Oui, il vaut mieux. Tu en auras peut-être besoin. Il peut faire froid la nuit.

LUCIE   Est-ce qu'on emporte de la crème solaire?

M. ZOKOUE   Bien sûr. Il va faire très chaud. Il faut aussi qu'on achète de la lotion anti-moustique. Surtout, c'est très important qu'on emporte une trousse de premiers soins avec des pansements, un désinfectant et des comprimés pour purifier l'eau.

LUCIE   Eh ben! C'est vraiment l'aventure!

1 Tu as compris?

1. Where is the Zokoue family going for vacation?
2. What are they going to do there?
3. Why does M. Zokoue hesitate to go?
4. What reasons do Lucie and Joseph give to persuade their father to go?
5. What do they have to do before leaving?

2 Qui dit quoi?

Est-ce que c'est Lucie, Joseph ou M. Zokoue qui parle?

1. «Je parie qu'il y a des lions et des tigres partout!»
2. «De toute façon, ça coûte très cher, les safaris. Et puis, ça doit être très dangereux.»
3. «Euh, je me demande s'il y aura des moustiques.»
4. «Quel trouillard, je t'assure!»
5. «Ecoutez, c'est simple. Pas de piqûre, pas de safari!»

3 Qu'est-ce qu'on emporte?

D'après **Un safari, ça se prépare!**, lesquels de ces objets est-ce que les Zokoue vont emporter en Afrique? Pourquoi?

une robe   un pull   des cassettes
de la lotion anti-moustique
de la crème solaire   des bottes
des pansements
des comprimés
de l'aspirine   un appareil-photo

4 Mets dans le bon ordre

Mets ces phrases dans le bon ordre d'après **Un safari, ça se prépare!**

1. Lucie et Joseph proposent de passer les vacances en République centrafricaine.
2. Les Zokoue font leurs valises.
3. Lucie et Joseph lisent un article sur l'Afrique.
4. Joseph se demande s'il y aura des moustiques.
5. M. Zokoue téléphone à l'ambassade.

5 Cherche les expressions

What do Lucie, Joseph, and M. Zokoue say to . . .

1. point out something?
2. make a supposition?
3. express doubt?
4. make a strong objection?
5. reassure someone?
6. express necessity?
7. ask for advice?
8. give advice?

6 Et maintenant, à toi

Est-ce que tu aimerais faire un safari-photo? Pourquoi ou pourquoi pas? Quels animaux est-ce que tu aimerais voir?

NOTE CULTURELLE

The Central African Republic has a great variety of wildlife. In the northern savannah regions you will see lions, leopards, buffalo, elephants, hyenas, and antelope. The rain forests in the south are some of the few gorilla habitats left in Africa. Here you will also find large populations of chimpanzees, monkeys, and giant squirrels. Along the rivers there are hippopotamuses, crocodiles, and rhinoceroses. Many species of birds, snakes, bats, and butterflies can be found throughout the country. The Central African Republic is a true zoologist's paradise!

RENCONTRE CULTURELLE

Qu'est-ce que tu sais sur la République centrafricaine? Pour t'en faire une meilleure idée, regarde ces photos.

Bangui est une grande ville moderne.

Les ouvriers agricoles récoltent des grains de café, l'un des produits d'exportation essentiels.

Les traditions africaines sont observées lors de nombreuses cérémonies.

L'Oubangui, source de vie

Qu'en penses-tu?

1. What impressions do you get of the Central African Republic from these photos?
2. Based on the photos, in what activities do people from the Central African Republic participate? What do they do to earn a living?

Savais-tu que... ?

The Central African Republic is a landlocked country, bordered by Cameroon, the Congo, the Democratic Republic of the Congo, Sudan, and Chad. However, it has a major lifeline in the Oubangui River, which is an important source of fresh water and fish. Most of the country's exported goods—diamonds, coffee, wood, and cotton—are shipped on this river. The Central African Republic is composed of many ethnic groups, such as the Baya, Banda, and Mandjia. Among the most ancient settlers in this area are the Pygmies, a people short in stature who inhabit the tropical forest. French is the official language in government and in the school system, but Sango is the national language. It is the most widely used and understood.

PREMIERE ETAPE

*Making suppositions; expressing doubt and certainty;
asking for and giving advice*

VOCABULAIRE

une araignée

une mouche

l'herbe (f.)

des fourmis (f.)

la forêt tropicale

un point d'eau

un oiseau

un papillon

la savane

un arbre   la brousse   un moustique   une rivière   un serpent   la végétation tropicale

7 Ecoute!

Ecoute ces touristes qui visitent la République centrafricaine. Est-ce qu'ils se trouvent dans la forêt tropicale ou dans la savane?

8 Mais il y a plein de bêtes!

Complète la conversation entre Joseph et Lucie en employant les images données.

JOSEPH   Un safari, c'est une bonne idée, mais il y a tellement d'insectes! Ecoute! Il y a des centaines de .
On peut attraper le paludisme, tu sais.

LUCIE   Bon. On peut se faire vacciner, alors.

JOSEPH   Et puis, il y a des et des . Je parie qu'il y a même des scorpions!

LUCIE   Il faut que tu fasses attention, c'est tout.

JOSEPH   Tu sais bien que j'ai peur des . Et n'oublie pas les tsé-tsé. On pourrait mourir, quoi.

LUCIE   Ecoute! Si tu veux, tu peux toujours rester à la maison!

COMMENT DIT-ON... ?

Making suppositions; expressing doubt and certainty

To make a supposition:

On pourrait sûrement faire une balade s'il fait beau.

Je parie qu'il y a des serpents.

Ça doit être magnifique.
It must be . . .

Il doit y avoir des lions.
There must be . . .

To express doubt:

Ça m'étonnerait qu'il y ait des ours.
I'd be surprised if . . .

Je ne suis pas sûr(e) que ce soit une bonne idée. *I'm not sure that . . .*

Je ne suis pas certain(e) qu'il y fasse chaud la nuit. *I'm not certain that . . .*

Je ne pense pas qu'on puisse sortir de la jeep. *I don't think that . . .*

To express certainty:

Je suis certain(e) qu'il y aura des lions. *I'm certain that . . .*

Je suis sûr(e) qu'il y pleut beaucoup. *I'm sure that . . .*

Je sais qu'il y a des moustiques.

Je suis convaincu(e) que c'est dangereux. *I'm convinced that . . .*

NOTE DE GRAMMAIRE

How do you know which verb form to use after new expressions you learn?

- If there's only one subject, use an infinitive: Je sais **prendre** des photos.

- If there are two clauses, with a different subject in each clause, you'll have to decide whether the second verb should be in the subjunctive or indicative mood.

Je sais qu'il y **a** des moustiques.
Ça m'étonnerait qu'il y **ait** des ours.

- Look for patterns to help you decide which verb form to use. For example, expressions used to express doubt usually take the subjunctive. Expressions that convey certainty usually take the indicative.

9 Ecoute!

Ecoute les remarques de ces gens. Est-ce qu'ils expriment une certitude ou un doute?

10 Ça doit être fou!

Ton ami(e) te propose de faire un safari, mais ça ne te dit pas trop. Vous discutez de votre voyage éventuel en imaginant comment ça serait.

—Je parie que(qu')...
—On pourrait sûrement...
—Ça doit être...
—Il doit y avoir...

formidable.

goûter des plats africains.

il y a des moustiques.

il y a des serpents venimeux.

voir des chutes d'eau impressionnantes.

photographier de beaux animaux.

rencontrer des gens intéressants.

intéressant.

des forêts magnifiques.

il y a des araignées.

il fait trop chaud.

En partant pour un safari, il ne faut pas oublier d'emporter...

un appareil-photo

de la lotion anti-moustique

une trousse de premiers soins

un imperméable

un désinfectant

des pansements (m.)

une gourde

un caméscope et des cassettes (f.)

des pellicules (f.)

des lunettes (f.) de soleil

de la crème solaire

une torche

des jumelles (f.)

une carte de crédit

un passeport

des chèques (m.) de voyage

11 Ecoute!

Mathieu laisse un message sur le répondeur de Frédéric pour lui rappeler ce qu'il doit emporter pour le safari. Fais une liste de six choses qu'il ne doit pas oublier.

12 N'oublie pas!

Sabine se prépare pour partir faire un safari. Elle te demande de regarder sa liste et de lui dire ce qu'elle a oublié.

> caméscope, cassettes
> appareil-photo, pellicules
> jumelles
> chaussures de marche
> torche
> lotion anti-moustique
> chapeau
> crème solaire
> lunettes de soleil
> trousse de premiers soins
> gourde
> passeport
> chèques de voyage

COMMENT DIT-ON... ?

Asking for and giving advice

To ask for advice:

Tu crois que je devrais emporter des jumelles? *Do you think I should . . . ?*
Tu penses qu'il vaudrait mieux se faire vacciner? *Do you think it'd be better to . . . ?*

To respond:

Je crois que ça vaut mieux. *I think that's better.*
A mon avis, c'est plus sûr. *In my opinion, it's safer.*
Ce n'est pas la peine. *It's not worth it.*
Je ne crois pas que ce soit utile. *I don't think it's worthwhile.*

To give advice:

Il faudrait que tu prennes de la lotion anti-moustique. *You ought to . . .*
Il est très important que tu emportes une trousse de premiers soins.
Il est essentiel que tu te fasses vacciner.
Il est nécessaire que tu prennes un imperméable et des bottes.

---

13 Ecoute!

Dans une agence de voyages, tu entends cette conversation entre un client et l'employée. D'après l'employée, lesquels de ces préparatifs sont nécessaires pour aller en République centrafricaine?

14 Cher Justin

Ton correspondant, Justin, qui habite en République centrafricaine, va venir passer un mois chez toi. Il t'a envoyé cette lettre pour te demander ce qu'il doit faire comme préparatifs avant son départ. Ecris-lui une lettre et réponds à ses questions en utilisant les expressions de **Comment dit-on... ?**

> se faire vacciner
> acheter des bottes
> obtenir un visa
> prendre son passeport
> emporter une trousse de premiers soins
> prendre un manteau
> consulter un médecin
> emporter de la lotion anti-moustique
> acheter une valise
> acheter des jumelles

Bonjour de Bangui,

Hier, j'ai appris la bonne nouvelle. Je pars pour les Etats-Unis le mois prochain. Je ne sais pas trop quoi prendre. Est-ce que tu peux me donner des conseils pour les préparatifs? Est-ce que je dois demander un visa à l'ambassade américaine? Je n'ai pas encore mon passeport non plus. Tes amis parlent français? A ton avis, est-ce que je dois prendre un dictionnaire? Et comme vêtements, tu penses qu'il vaudrait mieux que je prenne des pulls et des manteaux ou des shorts et des tee-shirts? Est-ce que je dois aller voir un docteur avant de partir? Il y a beaucoup d'insectes chez toi? Tu crois que je devrais prendre de la lotion anti-moustique? Réponds-moi vite!

A bientôt,
Justin

GRAMMAIRE Using the subjunctive

You've already learned to use the subjunctive after expressions of *wishing* and *obligation.* You also use the subjunctive after many expressions of . . .

necessity:

**Il est nécessaire qu'on se
    fasse** vacciner.
Il est essentiel que...
Il est important que...
Il faudrait que...
Il vaudrait mieux que...

possibility:

Il est possible que ce
    soit dangereux.
Il se peut que...

doubt:

Je ne crois pas qu'il y ait
    de tigres.
Je ne pense pas que...
Ça m'étonnerait que...
Je ne suis pas sûr(e) que...
Je ne suis pas certain(e) que...

emotion:

Je suis désolé(e) que tu ne
    puisses pas venir.
Je suis heureux(-euse) que...
J'ai peur que...

Remember, you <u>do not</u> use the subjective after expressions of certainty such as
je sais que... and **je suis certain(e) que...**

Si tu as oublié the subjunctive va à la page 61.

15 A toi de jouer!

Lucie et Joseph parlent
de leur voyage en Afrique.
Choisis une proposition
qui pourrait compléter
chaque phrase ci-dessous.

«Il faudrait que(qu')...
«Je suis sûr(e) que(qu')...
«Je suis désolé(e) que(qu')...
«J'ai peur que(qu')...
«Il se peut que(qu')...
«Je crois bien que(qu')...

il y a de beaux animaux.»

tu restes dans la jeep.»

tu ne puisses pas venir.»

on se fasse vacciner.»

on partira en safari.»

il fasse trop chaud.»

on va goûter des plats africains.»

16 On part en Afrique!

a. Tu veux faire un safari, mais tu dois convaincre ton ami(e) qui n'a pas très envie de
   t'accompagner. Dis-lui ce que tu crois que vous pourrez y faire et y voir.

b. Vous avez décidé de faire le safari! Maintenant, discutez de ce qu'il faut que vous fassiez
   avant de partir. Demande à ton ami(e) ce que tu devrais emporter.

PANORAMA CULTUREL

Emmanuel • France

Betty • Martinique

Christian • France

Cities, regions, and even countries can have a reputation. We wanted to know what people thought of specific places. Here's what they told us.

Quelle est l'image de ta région?

«La réputation de la Provence, c'est d'être un peu, surtout à Marseille, d'être un peu bagarreur, d'être un peu «m'as-tu-vu». C'est-à-dire, de se montrer un peu. C'est vrai que c'est souvent le cas à Marseille, hein. Parce que c'est souvent des jeunes qui font ça... Mais les vrais Marseillais sont pas comme ça, quoi.»

-Emmanuel

«Bon alors, les étrangers pensent que la Martinique est une île merveilleuse où il fait toujours très beau, où on peut pratiquer des sports nautiques comme le surf, le ski nautique, où le sable est fin et chaud et où on peut vivre des expériences nouvelles avec un compagnon quelquefois. Ils pensent que la Martinique est une île très accueillante ou très chaleureuse aussi, où il est bon de vivre.»

-Betty

«Ben, en fait, nous [les Français] sommes un peuple assez libre et nous avons inventé la démocratie. Et je crois que beaucoup de pays nous envient notre système politique, d'autre part, bien que ce soit pas un système parfait.»

-Christian

Qu'en penses-tu?

1. What reputation does the area where you live have? Is it justified? Why or why not?
2. What foreign country would you most like to visit? What image do you have of this place?
3. Do you agree with these peoples' statements? Why or why not?

Remise en train

Le safari, c'est l'aventure!

Les Zokoue sont maintenant en République centrafricaine dans le parc national Bamingui-Bangoran, accompagnés par un guide.

① M. ZOKOUE Oh! Regardez comme c'est beau, les enfants!

LUCIE Est-ce que les animaux sont protégés ici?

LE GUIDE Oui, la chasse est illégale. Malheureusement, il y a des braconniers. C'est pour ça qu'on doit surveiller la réserve en permanence.

JOSEPH Des braconniers? Qu'est-ce qu'ils tuent comme animaux?

LE GUIDE Eh bien, les éléphants pour leur ivoire, les singes et les guépards pour leur fourrure et les rhinocéros pour leur corne.

LUCIE C'est dégoûtant! Ça me rend malade!

② LUCIE Eh, tu as vu?

JOSEPH Non, qu'est-ce que c'était?

LUCIE Une gazelle... Vous pourriez arrêter la voiture, s'il vous plaît? J'aimerais prendre une photo.

JOSEPH Tu es folle! Reste ici, c'est dangereux!

M. ZOKOUE Méfie-toi, Lucie, j'ai peur qu'il y ait des lions.

LE GUIDE N'ayez pas peur. S'il y avait un lion, la gazelle le sentirait et elle s'enfuirait.

③ LUCIE Vous avez entendu?

JOSEPH Quoi?

LUCIE Ces bruits horribles! Ces cris! Je me demande ce que c'est.

LE GUIDE Ne vous en faites pas, ce sont des singes. On ne les voit pas facilement. Ils se cachent dans les arbres... Tenez, vous les voyez, là?

LUCIE Ah oui! Oh, super!

17 Tu as compris?

1. Where is the Zokoue family? What are they doing?
2. What is Lucie's concern?
3. What does Lucie want to take a picture of?
4. Does the guide think it's safe to get out of the car?
5. What does Joseph worry about?
6. What happens when Lucie tries to photograph the rhinoceros?

18 Vrai ou faux?

1. La chasse est illégale dans les réserves.
2. Les singes chantent de belles chansons.
3. Le lion laisse les meilleurs morceaux à ses petits.
4. On chasse les rhinocéros pour leur corne.
5. Les gnous sont les animaux les plus forts de la brousse.
6. Les rhinocéros vont plus vite que les voitures.

4 M. ZOKOUE Regardez là-bas! Une famille de lions!

LUCIE Qu'est-ce qu'ils mangent?

LE GUIDE Un gnou, sûrement.

LUCIE Mais, c'est horrible!

JOSEPH Mais non, c'est la loi de la nature. Les plus forts mangent les plus faibles.

M. ZOKOUE Vous avez vu comme le lion se garde les meilleurs morceaux? C'est vraiment le roi des animaux!

5 JOSEPH Oh, dis donc! C'est dingue! Qu'est-ce qu'ils sont gros, ces éléphants! Euh, qu'est-ce qu'on ferait si on tombait en panne au milieu du troupeau?

LE GUIDE On ne ferait rien. J'appellerais la base et on attendrait. Mais j'espère que ça ne nous arrivera pas parce que les éléphants sont imprévisibles. Ils pourraient nous attaquer s'ils avaient peur.

JOSEPH Euh... Vous êtes sûr que vous avez fait le plein d'essence avant de partir?

6 M. ZOKOUE Regardez, il y a un rhinocéros là-bas.

LUCIE Vous pourriez vous arrêter, s'il vous plaît?

LE GUIDE Faites attention, les rhinocéros peuvent charger.

M. ZOKOUE Tu ferais peut-être mieux de rester dans la jeep pour prendre ta photo.

LE GUIDE Ne vous inquiétez pas, je le surveille... Mais restez près de nous.

LUCIE D'accord.

Lucie se prépare à prendre une photo du rhinocéros.

LUCIE Souris, petit rhino... Souris.

LE GUIDE Attention, remontez vite!

LUCIE Mais quoi?

M. ZOKOUE Remonte, Lucie, dépêche-toi! Le rhinocéros charge!

LUCIE Aïe! Aïe! Aïe!

LE GUIDE Ne paniquez pas, mais remontez vite.

Elle remonte dans la voiture.

LE GUIDE Accrochez-vous! On va aller très vite!

JOSEPH Ben, dis donc! On l'a échappé belle!

LUCIE Chouette alors! Comme dans les films!

19 Ils sont comment, les animaux?

Associe chaque animal à sa description.

Le singe...
L'éléphant...
La gazelle...
Le rhinocéros...
Le lion...

est le roi des animaux.
est imprévisible.
peut charger.
vit dans les arbres.
sent le lion quand il arrive.

20 Cherche les expressions

What do the people in **Le safari, c'est l'aventure!** say to . . .

1. express disgust?
2. give a warning?
3. reassure someone?
4. express astonishment?
5. express relief?

21 Et maintenant, à toi

Quels animaux est-ce que tu voudrais voir si tu faisais un safari-photo en Afrique?

REMISE EN TRAIN

DEUXIEME ETAPE

Expressing astonishment; cautioning someone; expressing fear; reassuring someone; expressing relief

VOCABULAIRE

CD-ROM
Disc 2

Le guépard est l'animal le plus rapide : quand il poursuit sa proie, il peut courir à une vitesse de 110 km/h.

L'éléphant (m.), l'animal le plus **lourd** de la terre, a de grandes oreilles plates, des défenses en ivoire et une longue trompe dont il se sert pour boire et pour se laver. L'éléphant utilise aussi sa trompe pour ramasser ou attraper ce qu'il veut manger.

La girafe est un grand mammifère roux et beige. Grâce à son très long cou, elle réussit à attraper les feuilles tout en haut des arbres.

Le rhinocéros est un gros herbivore qui possède une ou deux **cornes** qu'il utilise pour donner des coups aux autres rhinocéros avec qui il se bat. Les rhinocéros sont chassés par les braconniers pour leurs cornes.

L'hippopotame (m.) est un énorme animal dont le nom veut dire "cheval du fleuve". Il est très à l'aise dans l'eau où il se baigne dans la journée. Puis le soir, il sort de l'eau pour chercher sa nourriture.

Le singe passe la plupart de son temps dans les arbres. Il est très agile et il peut se balancer ou sauter d'un arbre à l'autre rapidement et très facilement.

Le zèbre ressemble beaucoup au cheval, mais il a des rayures noires et blanches grâce auxquelles il peut se cacher dans la brousse.

Le lion est souvent appelé le roi des animaux. Il passe la plupart de son temps à dormir. Quand la lionne a attrapé **une proie**, le lion vient manger les meilleurs morceaux, puis c'est le tour des lionnes et enfin, celui des lionceaux.

22 Quel animal?

Complète ces phrases avec le nom de l'animal approprié.

1. ____ utilise sa trompe pour boire.
2. L'animal qui court le plus vite est ____.
3. Quand deux ____ se battent, ils utilisent leurs cornes.
4. ____ est un très gros animal qui adore se baigner dans l'eau.
5. C'est dans les arbres que ____ passent la plupart de leurs journées.
6. ____ a une belle robe blanche et noire à rayures.
7. Le cou de ____ est presque aussi long que son corps.
8. On appelle souvent ____ le roi des animaux.

VOCABULAIRE à la carte

une antilope	
une autruche	*an ostrich*
un babouin	*a baboon*
un flamant	*a flamingo*
une gazelle	
un gorille	
une hyène	*a hyena*
un vautour	*a vulture*

23 Qu'il est féroce, le lion!

D'après toi, quel est l'animal le plus... ?

féroce   méchant   laid   courageux   fort
agile   mignon   lourd   rapide
dangereux   timide   intelligent

24 Devine!

Choisis un animal et fais une phrase pour le décrire. Ton/ta camarade va deviner de quel animal tu parles.

COMMENT DIT-ON... ?

Expressing astonishment

Oh, dis donc! *Wow!*
Ça alors! *How about that!*
C'est pas vrai!
Ouah! *Wow!*
C'est le pied! *Cool! Neat!*
Tiens! Regarde un peu! *Hey! Check it out!*
Qu'est-ce qu'elle est grande, cette girafe! *How . . . he/she/it is!*

C'est fou comme elle va vite, cette gazelle! *I can't believe how . . . !*
Quel paysage incroyable!
Tu as vu comme il est gros, l'hippopotame? *Did you see how . . . ?*
Je n'ai jamais vu un aussi gros éléphant.

À la française

French speakers often begin a sentence with a subject pronoun like **il**, **elle**, or **ça** and then repeat the noun subject at the end of the sentence for emphasis. Look at these examples: C'est fou comme **il** est grand, **cet éléphant**! or Ça doit être magnifique, **la savane**.

25 Ecoute!

Ecoute les remarques de ces gens qui visitent la savane. Est-ce qu'ils expriment leur étonnement ou non?

26 Ouah!

Voici des photos de ton safari que tu vas envoyer à ta famille et à tes amis. Décris chaque scène et exprime ton étonnement à propos de chaque scène.

1.   2.   3.   4.

27 Mon journal

Imagine un voyage plein d'aventures. Où est-ce que tu irais? Qu'est-ce que tu y ferais? Quels animaux tu verrais? Comment est-ce que ça serait?

Si tu as oublié the conditional va à la page 125.

COMMENT DIT-ON... ?

Cautioning someone; expressing fear; reassuring someone; expressing relief

To caution someone:

Je vous signale que les animaux peuvent charger. *I'm warning you that* . . .

Il serait plus prudent de rester dans la voiture. *It would be wiser to* . . .

Faites attention/gaffe! *Look out!*

Attention aux araignées! *Watch out for . . . !*

Méfiez-vous! *Be careful!*

Ne bougez pas. *Don't move.*

To express fear:

J'ai très peur des lions.

J'ai peur que ce soit un serpent.

J'ai la frousse! *I'm scared to death!*

To reassure someone:

Ne vous en faites pas.

N'ayez pas peur. *Don't be afraid.*

Calmez-vous!

Pas de panique!

To express relief:

On a eu de la chance! *We were lucky!*

Ouf! On a eu chaud! *Whew! That was a real scare!*

On l'a échappé belle! *That was close!*

28 Ecoute!

a. Ecoute les remarques de ces gens qui explorent la savane. Est-ce qu'ils avertissent *(caution)* ou rassurent *(reassure)* quelqu'un?

b. Maintenant, écoute ces gens et dis s'ils expriment leur peur ou leur soulagement *(relief)*.

29 Du calme!

Choisis la réponse appropriée pour rassurer la personne qui a fait les remarques suivantes.

1. «Oh! Il y a des araignées! J'ai très peur des araignées.»
   a. Les araignées sont méchantes.   **b.** Regarde un peu!   **c.** N'ayez pas peur.

2. «Voilà, on s'est perdus et il fait déjà nuit. J'ai la frousse!»
   a. Rapporteur!   **b.** Ne t'en fais pas!   **c.** On a eu chaud!

3. «Tu as entendu? J'ai peur que ce soit un lion.»
   a. Quel lion énorme!   **b.** On l'a échappé belle.   **c.** Pas de panique!

30 Attention!

Qu'est-ce que tu dirais pour avertir ces gens?

1.

2.

3.

4.

GRAMMAIRE Irregular subjunctive forms

You've already learned some verbs that have irregular stems in the subjunctive. Here are some others.

- To form the subjunctive of the verb **pouvoir,** add the regular subjunctive endings to the stem **puiss-.**

    Je ne pense pas qu'on **puisse** toucher les animaux.

- To form the subjunctive of the verb **aller,** add the regular endings to the stems **all-** (for the **nous** and **vous** forms) and **aill-** (for all other forms).

que j'**aille**	que nous **allions**
que tu **ailles**	que vous **alliez**
qu'il/elle/on **aille**	qu'ils/elles **aillent**

    Je ne veux pas que tu **ailles** en Afrique.
    J'ai peur que vous **alliez** trop vite.

- All the subjunctive forms of the verbs **être** and **avoir** are irregular.

que je **sois**	que nous **soyons**	que j'**aie**	que nous **ayons**
que tu **sois**	que vous **soyez**	que tu **aies**	que vous **ayez**
qu'il/elle/on **soit**	qu'ils **soient**	qu'il/elle/on **ait**	qu'ils **aient**

    Il a peur que ce **soit** trop dangereux.
    Je ne pense pas qu'il y **ait** d'orignaux.

31 Je ne sais pas, moi!

Fabien et Suzanne parlent d'un voyage qu'ils pourraient faire avec leurs amis. Complète leur conversation en mettant les verbes au subjonctif.

FABIEN Ben moi, j'ai peur que ce __1__ (être) dangereux!

SUZANNE Moi aussi. Il se peut qu'il y __2__ (avoir) des serpents!

FABIEN Oui. Et il est fort possible que les animaux __3__ (être) féroces.

SUZANNE Bien sûr. Je ne crois pas qu'on __4__ (pouvoir) sortir de la voiture.

FABIEN Sans doute pas. Il faudra que tu __5__ (prendre) tes photos de l'intérieur de la voiture.

SUZANNE En plus, mes parents ne voudront pas que j'y __6__ (aller). Ils auraient trop peur.

FABIEN Et n'oublie pas qu'il est nécessaire qu'on se __7__ (faire) vacciner.

SUZANNE Bon, ben, finalement, je ne crois pas que ce __8__ (être) une bonne idée!

32 La savane, c'est l'aventure!

With two friends, write a scene for a movie based on the following description. Then, act out the scene together.

A group of friends is in the savannah. They express their astonishment at the sight of the wild animals. One person expresses a fear of something, and another reassures him/her. A third person warns the group of some imminent danger. The group finds itself in a dangerous situation, but everyone comes out of it safely and each person expresses relief.

LISONS!

LE CIMETIERE DES ELEPHANTS

Autrefois, le peuple des éléphants vivait au bord de la rivière Sankourou. Il avait pour roi le puissant et sage Khoro. Un jour, le petit tisserin s'est posé sur la défense de Khoro et lui a raconté, tout effrayé :

«Hélas, puissant Khoro ! C'est terrible ! Une foule d'êtres noirs à deux pattes est arrivée dans notre pays. Ils possèdent de drôles d'objets qui tuent. Ils s'étendent partout et dévastent tout sur leur passage.»

Khoro a souri : « Je connais ces êtres. Ce sont les hommes. Ils sont petits et ne sont pas très forts. Leurs armes ne peuvent pas transpercer l'épaisse peau des éléphants.»

Cependant, peu de temps après, Khoro a cessé de sourire. Les hommes noirs n'étaient ni très grands, ni très forts, mais ils étaient nombreux. Certes, leurs armes ne pouvaient transpercer l'épaisse peau des éléphants.

Toutefois, une flèche bien lancée pouvait tuer un éléphant, si elle le frappait à l'œil. Les hommes brûlaient les forêts pour en faire des champs. En outre, une terrible sécheresse éprouvait le pays. Les éléphants étaient aux abois. Ils mouraient de faim et par les armes des hommes noirs. C'est alors que le puissant Roi des Eléphants a rassemblé ses sujets et leur a dit :

«Cette terre n'est plus bénie des dieux. La famine et les hommes noirs nous font souffrir. Nous devons partir d'ici. Nous irons vers le soleil couchant. Notre route sera droite, comme l'était jusqu'à présent notre vie. Nous passerons sur tout ce qui se trouvera sur notre chemin, que ce soient les marécages ou les hommes noirs. Nous sommes peut-être un petit peuple, mais chacun de nous est plus fort que dix fois dix singes. Nous atteindrons notre but. Il n'en reste pas moins que ce pays a toujours été notre terre. Aussi, nous y reviendrons quelques jours chaque année, le premier mois qui suit la saison des pluies. Ainsi, nos enfants le connaîtront, les vieux et les malades pourront y vivre leurs derniers instants.»

DE BONS CONSEILS

Understanding linking words can help you see the connection between ideas. Some common French linking words are **pourtant** (yet), **cependant** (however), **néanmoins** (nevertheless), **alors** (so, therefore), and **ainsi** (thus, in this way). Linking words can connect ideas in several different ways. They can continue or expand on an idea, show a cause-and-effect relationship, or express a contradiction. Notice how the linking word functions in this example: **Ce travail est dangereux. Il faut cependant le faire.** As you begin to read more sophisticated texts in French, paying attention to the linking words will help you to understand not only the events of the story, but also the more subtle relationship of ideas.

Le Cimetière des éléphants

A. Who are the «**peuple**» that this story is about? Who is Khoro?

B. Who are «**les êtres noirs à deux pattes**»? What problem do they present? Why isn't Khoro worried about them at first?

C. Lequel de ses événements n'a rien à voir avec l'arrivée des humains?

Les hommes brûlaient les forêts.

Il y avait une terrible sécheresse.

Une tornade a détruit leur terre.

Les hommes noirs tuaient les éléphants.

Ainsi a parlé le puissant Khoro, et il en a été comme il a dit. Le passage des éléphants ressemblait à celui d'une tornade : les arbres ont été arrachés, les champs piétinés, les villages détruits. Beaucoup d'hommes ont péri. La force des éléphants était effrayante.

Cela s'est passé il y a longtemps, très longtemps, mais chaque année, les éléphants continuent à emprunter le même chemin pour montrer leur ancienne patrie à leurs petits et pour que les vieux puissent y mourir. Depuis ce temps, on ne trouve plus de cadavres d'éléphants dans la forêt car ceux-ci vont mourir sur les bords de la rivière Sankourou. Là se trouve leur cimetière bien que personne ne sache l'endroit exact.

LA TORTUE ET LE LÉOPARD

Les enfants étaient agités à cause du formidable chasseur qui était passé par leur village ce matin-là. Ce qui les avait impressionnés le plus, c'était la quantité de gris-gris qu'il portait sur lui.

«Quand je serai grand, moi aussi je serai chasseur !» a dit l'un des enfants.

Son oncle, qui l'avait entendu, lui a dit : «Si tu veux vraiment devenir un grand chasseur, il te faudra apprendre beaucoup de choses. Tu devras savoir construire des pièges efficaces pour duper les animaux que tu voudras attraper ; ils sont intelligents, tu sais, et ce n'est pas aussi facile que tu crois de les capturer.»

«Oh, raconte-nous une histoire de pièges !» dit le petit garçon. Les autres enfants voulaient aussi que l'oncle leur raconte une histoire. «Oui, raconte-nous une histoire! Raconte-nous une histoire !»

Voici ce que l'oncle leur a raconté :

Un jour, Dame Tortue, perdue dans ses pensées, rentrait joyeusement chez elle. En d'autres mots, elle traînait sa carapace un peu plus vite que d'habitude. Mais, elle n'avançait pas très vite car elle s'arrêtait constamment pour sentir une fleur sauvage par ici, ou pour manger un bouton de fleur par là. Elle aurait dû faire attention à des choses plus importantes. Ainsi, sur son chemin, il y avait comme un grand tapis de feuilles de palmier qu'un serpent svelte traversait. Sans réfléchir, la tortue le suivait quand, tout à coup, les feuilles ont cédé sous elle. Boum ! Elle est tombée dans le piège que les chasseurs d'un village alentour avaient creusé au milieu du chemin.

Grâce à sa carapace très dure, elle ne s'est pas blessée. Mais comment allait-elle sortir de ce piège ? Elle savait bien qu'elle devait s'échapper avant le lendemain matin si elle ne voulait pas finir dans la soupe du village.

Alors, Dame Tortue a commencé à réfléchir sérieusement. Elle réfléchissait toujours quand elle a entendu un grand boum... C'était un magnifique léopard, grand, languissant, souple et féroce qui venait de tomber dans le piège, lui aussi. Son grognement montrait bien qu'il n'appréciait pas le stratagème que les chasseurs avaient utilisé pour le capturer.

D. Find three examples of linking words in **Le Cimetière des éléphants.** What purpose does each of these words serve? How does it connect one idea with another?

E. Quelle décision Khoro prend-il pour sauver ses sujets?

F. Find the sentence that begins **«Aussi, nous y reviendrons... »** near the end of the last paragraph on page 180. In this sentence, **aussi** doesn't mean *also*. Figure out what it means from the way it connects that sentence to the ones before.

G. Quelles raisons donne Khoro pour retourner chaque année au pays des éléphants?

H. Cite les effets du passage des éléphants.

I. Ordonne ces événements.

Les éléphants partent du bord de la rivière.

Les éléphants reviennent à la rivière pour mourir.

Les hommes font souffrir les éléphants.

Les hommes arrivent à la rivière.

Le roi Khoro parle à ses sujets.

J. What phenomenon is explained in the last paragraph?

Dame Tortue pensait plus vite qu'elle ne marchait. Avant que le léopard ne la remarque, elle s'est mise à crier d'une voix hautaine : «Mais qu'est-ce que tu fais ici, et qui t'a enseigné de pareilles manières ? Tu n'as donc jamais appris qu'on ne s'invite pas chez une dame, comme ça ?»

Le léopard s'est retourné et a regardé Dame Tortue d'un air stupéfait.

«Tu ne sais donc pas que je ne reçois jamais après la tombée de la nuit ?» a continué la tortue. «Sors d'ici, espèce de voyou tacheté !»

C'était plus que le léopard ne pouvait supporter d'une vieille dame aussi laide. Avec un grognement féroce, il a saisi la tortue et l'a lancée en l'air d'un grand coup de patte. «Sors de ce trou toi-même, espèce de vieille gourde osseuse au cou ridé !» il lui a crié. «Je fais ce que je veux !»

«Merci beaucoup, grand léopard» a doucement répondu la tortue de là où elle avait atterri. «Je te conseille d'économiser tes forces pour demain, quand les chasseurs viendront te chercher. Bonne nuit !»

Dame Tortue est alors partie, soulagée et reconnaissante d'avoir eu autant de chance. Elle était aussi très fière d'avoir si bien su échapper à la fois aux chasseurs et au léopard.

La Tortue et le léopard

K. Name three things Dame Tortue is doing at the beginning of the story. How do her actions lead her to fall into the trap?

L. Who falls into the trap next?

M. Réfère-toi au contexte et aux illustrations pour deviner le sens de ces mots.

carapace trou
un piège
cédé lancée

N. Comment fait Dame Tortue pour se libérer?

O. What advice does Dame Tortue give the leopard? Why does she feel clever at the end of the story?

P. Vrai ou faux?

1. Dame Tortue faisait attention à son chemin en rentrant chez elle.
2. Le léopard est tombé dans le piège avant la tombée de la nuit.
3. Dame Tortue a imaginé un stratagème pour sortir du piège.
4. Le léopard a gentiment aidé Dame Tortue à sortir du piège.
5. Le léopard était obligé d'attendre les chasseurs pour sortir du piège.
6. Dame Tortue n'est pas très maligne.

Q. What lessons does the story suggest?

R. Name three elements that are common to both tales. How is the subject of hunting treated differently in the two stories? Why? How do you feel about hunting?

You've just read two very different stories about animals. Each animal in the stories has a distinct personality, with qualities and flaws that make it seem human. In this activity you'll develop your own animal characters, using them to tell a story that you create.

Une histoire d'animaux

Maintenant tu vas écrire ta propre histoire d'animaux.

A. Préparation

1. Quel type d'histoire est-ce que tu préfères raconter?
   a. Tu peux écrire un mythe. Comme *Le Cimetière des éléphants,* ton mythe devra expliquer le comportement particulier d'un groupe d'animaux.
   b. Tu peux choisir d'écrire une fable comme *La Tortue et le léopard.* Il doit y avoir, dans ta fable, une morale que tu veux enseigner aux autres.
   c. Si tu préfères, tu peux créer l'histoire de ton choix, à condition qu'elle ait des animaux pour personnages.
2. Imagine l'intrigue de ton histoire. Qu'est-ce qui se passera?
3. Qui vont être les personnages de ton histoire? Fais une courte description de chacun des personnages principaux et explique son rôle dans l'histoire.
4. Fais une liste où tu notes les événements dans l'ordre où ils arriveront. Assure-toi que tu n'as pas oublié d'événements importants.

B. Rédaction

1. Fais un brouillon de ton histoire en suivant ton plan. Vérifie que tu as suivi un ordre logique dans l'action de l'histoire.
2. Utilise quelques-uns des mots suivants pour montrer l'ordre des événements.

au début	puis
d'abord	ensuite
pendant que	après
quand	à la fin

cependant
néanmoins
mais
en fait
alors
parce que
et

DE BONS CONSEILS
Sequencing, the way you put the events of a story in order, is an important part of storytelling. The action in a story should proceed logically, with no gaps or jumps to break the reader's attention. Sequencing words such as **d'abord, ensuite, puis,** and **enfin** are useful in relating the order of events in a story. Linking words such as those you learned on page 180 can help you relate one sentence to another. Proper sequencing of your sentences and ideas will create a smooth narrative flow in a story.

3. Pour lier les différentes idées et rendre ton histoire plus agréable à lire, utilise certains des mots à droite.

C. Evaluation

1. Relis ton brouillon.
   a. Est-ce que tu as raconté les événements principaux de l'histoire dans un ordre logique?
   b. Est-ce que tu as utilisé des mots de liaison entre les différents événements?
2. Vérifie la grammaire et l'orthographe de ton histoire et fais les corrections nécessaires.
3. Donne ton histoire à un(e) camarade de classe. Est-ce que le but de l'histoire est clair?

MISE EN PRATIQUE

1 En Afrique, un gardien d'une réserve que tu visites te donne ce dépliant. Lis-le et réponds aux questions suivantes.

PLUS JAMAIS ÇA!

Savez-vous que 3 200 espèces animales et 40 000 espèces végétales sont menacées d'extinction? Le commerce international de la vie sauvage est la deuxième cause de disparition de celles-ci. Malgré la réglementation existante, un négoce illégal important persiste. Pour lutter contre celui-ci, un bureau TRAFFIC vient d'être créé en France. Agissez avec lui, aidez-le...

WWF France

LES FAITS

Dans le monde entier, singes, éléphants, rhinocéros, félins, crocodiles, perroquets, tortues... sont tués pour leur peau, leurs plumes, leur ivoire, ou capturés vivants : Pour 1 animal vendu jusqu'à 20 meurent durant la capture et les transports. Le bénéfice tiré du trafic illicite de la vie sauvage représente 1/3 du commerce total et profite à une «mafia» internationale. Les collectionneurs, les touristes contribuent à la surexploitation de la faune et de la flore sauvages qui participe à l'appauvrissement des pays en développement.

WWF / Kes Hillman

LES RISQUES

Pour la vie sauvage : Dans le monde 3 200 espèces animales sont menacées d'extinction et 40 000 espèces végétales sont en voie de disparition.
Pour l'homme : Le trafic d'animaux véhicule des maladies transmissibles à l'homme ou aux animaux domestiques et d'élevage. Certains animaux sont porteurs de la rage, de la fièvre jaune...

LES SOLUTIONS

Prise de conscience : Vous êtes concernés! Vous êtes la meilleure arme contre la surexploitation de la vie sauvage et de son trafic. Evitez d'acheter : ivoire, corail, écailles de tortue, peaux et fourrures, insectes, objets en plume, animaux sauvages, vivants ou empaillés. Réfléchissez, renseignez-vous!

AIDEZ-NOUS A PROTEGER LA VIE

1. What is this brochure about?
2. According to the brochure, why are these animals hunted?
3. Who contributes to the problem besides poachers? How?
4. What risks to people and to animals are mentioned?
5. What does the brochure recommend that each person do to help solve the problem?

 2 Après avoir lu le dépliant, tu veux faire quelque chose pour la protection des animaux. Ecris une lettre à tes camarades où tu leur expliques ce qu'il faut faire pour sauver les animaux.

☐ Je désire participer à la lutte contre le commerce illégal de la vie sauvage et verse un don de :
☐ 100 F   ☐ 200 F   ☐ 500 F et +
☐ Je désire devenir membre du WWF
En étant membre, je reçois la Revue PANDA (au moins 4 fois l'an) et le PANDA Nouvelles (4 à 6 fois l'an)
☐ Mlle ☐ Mme ☐ M. ☐ Famille ☐ Firme
Nom
Prénom
Rue, No
No postal   Localité
Année de naissance   Signature
(au-dessous de 16 ans, celle du répondant)
☐ Je m'intéresse aux activités de la section WWF de ma région et désire une information à ce sujet.
☐ J'aimerais également devenir membre de la section WWF de ma région qui agit (par des travaux pratiques) pour la protection de la nature locale. Cotisation annuelle supplémentaire à celle du WWF Suisse: max. Fr.5.- (pour les jeunes membres de moins de 20 ans pas de supplément).

3 Ecoute Roger qui montre à sa classe les diapositives *(slides)* de son voyage en Afrique. Quels endroits l'ont vraiment impressionné?

a.

b.

c.

d.

e.

f.

4 Tu vas faire un safari avec ton ami(e). Tu lui décris comment sera le paysage et quels animaux vous pourrez y voir, d'après toi. Il/Elle s'est renseigné(e) et te dit s'il/si elle croit que tu as raison. Faites aussi une liste de ce qu'il faut faire avant de partir et de ce qu'il faut emporter. Si ton ami(e) oublie quelque chose, fais-lui des suggestions.

5 Imagine que tu es dans la brousse africaine. Ecris tes aventures des trois premiers jours. Ensuite, raconte-les à ton/ta camarade.

6

JEU DE ROLE

You and your friends are camping in a reserve. Suddenly you hear noises that sound like gunshots. Wondering what the noises could be, you decide to go see what's happening. As you come over a hill, you see poachers. Knowing that you could be in danger, you leave immediately. When you reach a village, you look for a phone to call the reserve patrol. Act out this scene with your classmates. Remember to do these things at the appropriate times:

- express fear
- warn your friends
- make suppositions
- reassure one another
- express your relief

QUE SAIS-JE?

Can you use what you've learned in this chapter?

1 How would you make suppositions about what you would see on a safari?

2 How would you express your doubt or certainty about seeing the following animals on safari in Africa?

1.   2.   3.   4.

3 How would you ask whether these items are necessary for a trip?

1.   2.   3.

4 How would you tell a friend whether the items in number 3 are necessary for . . .
1. a trip to Africa?   2. a trip to the North Pole?

5 How would you express your feelings about something really impressive?

6 How would you warn people in these situations?
1. A friend is about to step out into a busy street without looking.
2. A relative is traveling to a country where the mosquitoes carry malaria.
3. A friend is approached by a mean dog.

7 How would you express fear of . . .
1. snakes and spiders?   2. a horror movie you're watching?

8 How would you reassure someone who is afraid of the things in number 7?

9 How would you express your relief at . . .
1. not getting bitten by a mean dog?
2. not getting a bad grade at school?

PREMIERE ETAPE

Making suppositions

On pourrait sûrement... *We'd be able to . . . for sure.*
Ça doit être... *It must be . . .*
Il doit y avoir... *There must be . . .*

Expressing doubt and certainty

Ça m'étonnerait que... *I'd be surprised if . . .*
Je (ne) suis (pas) sûr(e) que... *I'm (not) sure that . . .*
Je (ne) suis (pas) certain(e) que... *I'm (not) certain that . . .*
Je ne pense pas que... *I don't think that . . .*
Je sais que... *I know that . . .*
Je suis convaincu(e) que... *I'm convinced that . . .*

Rain forest and savannah

une araignée *a spider*
un arbre *a tree*

la brousse *the brush*
une fourmi *an ant*
l'herbe (f.) *grass*
une mouche *a fly*
un oiseau *a bird*
un papillon *a butterfly*
le paysage *scenery*
un point d'eau *a watering hole*
une rivière *a river*
la savane *the savannah*
un serpent *a snake*
la végétation tropicale *tropical vegetation*

Asking for and giving advice

Tu crois que je devrais... ? *Do you think I should . . .?*
Tu penses qu'il vaudrait mieux... ? *Do you think it'd be better to . . .?*
Je crois que ça vaut mieux. *I think that's better.*
A mon avis, c'est plus sûr. *In my opinion, it's safer.*

Ce n'est pas la peine. *It's not worth it.*
Je ne crois pas que ce soit utile. *I don't think it's worthwhile.*
Il faudrait que... *You ought to . . .*
Il est très important que... *It's very important that . . .*
Il est essentiel que... *It's essential that . . .*
Il est nécessaire que... *It's necessary that . . .*

Packing for a safari

un caméscope *a camcorder*
une carte de crédit *a credit card*
de la crème solaire *sunscreen*
un désinfectant *disinfectant*
une gourde *a canteen*
des jumelles (f.) *binoculars*
des pansements (m.) *bandages*
une pellicule *a roll of film*
une torche *a flashlight*

DEUXIEME ETAPE

Expressing astonishment

Oh, dis donc! *Wow!*
Ça alors! *How about that!*
Ouah! *Wow!*
C'est le pied! *Cool! Neat!*
Tiens! Regarde un peu! *Hey! Check it out!*
C'est fou comme... ! *I can't believe how . . . !*
Tu as vu comme... ? *Did you see how . . . ?*
Je n'ai jamais vu un(e) aussi... *I've never seen such a . . .*
Qu'est-ce qu'il/elle est... ! *How . . . he/she/it is!*

African animals

une corne *a horn*
un éléphant *an elephant*

une girafe *a giraffe*
un guépard *a cheetah*
un hippopotame *a hippopotamus*
un lion *a lion*
lourd(e) *heavy*
la proie *the prey*
un rhinocéros *a rhinoceros*
un singe *a monkey*
une trompe *a trunk*
un zèbre *a zebra*

Cautioning and reassuring someone

Je vous signale que... *I'm warning you that . . .*
Il serait plus prudent de... *It would be wiser to . . .*
Faites attention/gaffe! *Look out!*
Attention à... ! *Watch out for . . . !*

Méfiez-vous! *Be careful!*
Ne bougez pas. *Don't move.*
N'ayez pas peur. *Don't be afraid.*
Calmez-vous! *Calm down!*
Pas de panique! *Don't panic!*

Expressing fear and relief

J'ai très peur de (que)... *I'm very afraid of (that) . . .*
J'ai la frousse! *I'm scared to death!*
On a eu de la chance! *We were lucky!*
Ouf! On a eu chaud! *Whew! That was a real scare!*
On l'a échappé belle! *That was close!*

La Tunisie, pays de contrastes

① La Tunisie, un pays au carrefour de la tradition et de la modernité

Tu connais la Tunisie? C'est un pays à deux visages. D'un côté, c'est de plus en plus moderne. De l'autre côté, les Tunisiens restent très attachés à leurs traditions. Allez, viens! On va faire un tour en Tunisie.

In this chapter you will learn

- to ask someone to convey good wishes; to close a letter; to express hopes or wishes; to give advice
- to complain; to express annoyance; to make comparisons

And you will

- listen to teenagers talk about city life
- read about ancient and modern Tunisia
- write about your hometown
- find out about traditional and modern styles of dress in Tunisia

② Salue ton oncle et ta tante.

③ Les embouteillages, c'est l'horreur!

Mise en train

Bisous de Nefta

A Nefta, dans un endroit en bordure du désert de Tunisie, vit Zohra, avec son père, sa mère et ses deux frères. Ils habitent dans une petite ferme où on élève des moutons et on cultive l'olivier et le dattier. En plus du lycée, Zohra aide ses parents à la ferme. Quand elle a un moment de libre, elle écrit à sa cousine Aïcha qui habite à Tunis.

Ils récoltent des dattes.

Chère Aïcha,

Ce soir, il y a un coucher de soleil génial. La lumière se reflète dans les branches des palmiers. Tout est super calme. Je pense à toi, dans ta grande ville. Est-ce qu'il y a des couchers de soleil comme ça à Tunis? J'aimerais tellement que tu sois là. Tu es ma confidente et c'est avec toi que je m'amuse le mieux. Ça serait sympa si tu pouvais venir pendant les vacances. Moi, c'est sûr, je ne pourrai pas aller te voir à Tunis. Quelle barbe! C'est la saison des dattes. Si tu venais, on pourrait les cueillir ensemble. Et puis, le soir, on se baladerait sur l'avenue Bourguiba ou dans la palmeraie. On irait discuter sous les arbres de la Corbeille. On se lèverait tôt le matin pour aller voir le soleil se lever! Et puis, toutes les deux, on s'occuperait des moutons et on aiderait maman aussi. Tu sais, elle est super fatiguée en ce moment. Ça serait vraiment chouette.

Regarde ce beau coucher de soleil!

Qu'est-ce qu'elle est fatiguée, maman!

C'est très
tranquille, Nefta.

Mais, bon, peut-être que tu as d'autres projets. Je vais te dire un secret : dans deux ans, après mon bac, j'aimerais bien étudier l'archéologie à l'université de Tunis. Enfin, il faut d'abord que j'en parle à papa et maman. J'ai peur qu'ils disent non. Il faudrait que j'arrive à les convaincre. Tu les connais, ils sont architraditionnels. Pour eux, une fille n'a pas besoin de faire d'études. A la place, ils voudraient que je me marie et que je m'occupe de ma maison et de mes enfants. Maman m'a même trouvé un mari! Elle voudrait que j'épouse Mustafa, le fils des voisins. Il est gentil, mais il est loin d'être mon prince charmant! Et puis je n'ai que dix-sept ans et j'aimerais quand même bien avoir le droit de choisir mon mari moi-même! Ça, tu vois, c'est un truc que maman ne comprend pas. Elle, elle s'est mariée à quatorze ans. Ce sont ses parents qui lui ont choisi son mari. Et, toute sa vie, elle s'est occupée de nous et de la maison. Encore maintenant, c'est elle qui fait tout à la maison. Elle va chercher l'eau au puits, elle porte le bois sur sa tête, elle fait la cuisine. Elle veut que je fasse comme elle. Tu as de la chance d'avoir des parents modernes, toi! Bon, il faut que je te laisse. Bisous à oncle Khaled et tante Brigitte, et à Rachid aussi. Dis-leur que je pense à eux et que je vais leur écrire. Maman et Papa vous embrassent tous très fort. A bientôt.

Zohra

P.S. Au fait, merci pour ta carte. La vue de Tunis était super. C'est quand même beau, la Tunisie! Ecris-moi vite! Grosses bises.

Les femmes
travaillent tout le
temps.

Me voilà avec Ahmed
et Hassan.

1 Tu as compris?

1. To whom is Zohra writing?
2. What time of day is it?
3. What does Zohra like about the place where she lives?
4. What doesn't she like about her family life?
5. What secret does Zohra share with Aïcha?
6. What does she ask Aïcha to do?

2 Vrai ou faux?

1. Aïcha est la sœur de Zohra.
2. Nefta est au nord de la Tunisie.
3. Il y a de beaux couchers de soleil à Nefta.
4. Aïcha habite un petit village calme.
5. Tunis est plus grand que Nefta.
6. A Tunis, il y a une université.
7. Zohra veut faire des études de médecine.

3 C'est qui?

A ton avis, qui pourrait dire les phrases suivantes? Zohra ou ses parents?

1. «Ce qui est important, c'est de faire des études.»
2. «Les femmes doivent s'occuper de la maison.»
3. «Une fille devrait se marier très jeune.»
4. «Pour une femme, c'est inutile de faire des études.»
5. «Il faut qu'une femme puisse choisir son mari.»
6. «Mustafa serait un bon mari.»

4 Qu'est-ce qu'elle a dit?

Aïcha dit à sa mère qu'elle a reçu une lettre de Zohra. Complète leur dialogue avec des mots de la lettre.

AICHA   J'ai reçu une lettre de Zohra. Elle vous _____ bien fort.

SA MERE   C'est gentil. Comment va sa mère?

AICHA   Elle est _____ .

SA MERE   Est-ce que Zohra va venir nous voir?

AICHA   Elle ne pourra pas. C'est la saison des _____ .

SA MERE   Est-ce qu'elle sait ce qu'elle veut faire après son bac?

AICHA   Elle veut _____ . Mais elle a peur que ses parents disent non. Tu sais, ils sont _____ .

SA MERE   Je vais leur en parler. Si elle venait à Tunis, elle pourrait habiter avec nous.

AICHA   Super, je le lui dirai. A propos, elle m'invite chez elle pour les vacances. Elle dit qu'on pourrait _____ . Je peux y aller?

SA MERE   Si tu as de bonnes notes.

5 Cherche les expressions

What expressions does Zohra use in her letter to . . .

1. express a wish?
2. express an obligation?
3. express a concern?
4. convey good wishes to someone?
5. thank someone?
6. end her letter?

6 Et maintenant, à toi

Est-ce que tu préfères que tes parents soient plutôt traditionnels, comme ceux de Zohra, ou plutôt modernes, comme ceux d'Aïcha? Pourquoi?

Qu'est-ce que tu sais sur la Tunisie? Pour t'en faire une meilleure idée, regarde ces photos.

Le Tunis moderne : une ville pleine d'activité

Les chameaux sont utilisés pour le labour des terres.

Le Tunis ancien : la médina avec ses marchés traditionnels

On voit encore l'influence française en Tunisie.

Dans le sud, les oasis accueillent nomades et touristes.

Qu'en penses-tu?

1. What impressions do these photos give you of Tunisia?
2. Judging from the photos, what different kinds of people live in Tunisia?

Savais-tu que... ?

Tunisia is a small North African country of mountains, grasslands, and desert. The majority of Tunisians live in cities on the coastline and in the north, the only part of the country with enough moisture to grow crops. While the indigenous people of Tunisia are the Berbers, they make up only a small part of the population, most of which is of Arab descent. Although Tunis, the capital, is an ancient city, it is also the modern political, cultural, and industrial center of the country. In the old part of the city, **la médina,** you can find narrow, winding streets, small shops, and open markets. The modern part of the city has tall buildings and tree-lined boulevards. Seventy-five years as a French protectorate have left their mark on Tunisia. The architecture of government buildings, parks, restaurants, and sidewalk cafés are all reminders of the French presence. Although Arabic is the official language of the country, French is still taught and is used in administration and commerce.

PREMIERE ETAPE

Asking someone to convey good wishes; closing a letter; expressing hopes or wishes; giving advice

COMMENT DIT-ON...?

Asking someone to convey good wishes; closing a letter

To ask someone to convey good wishes:

Embrasse ta tante **pour moi.**
Give . . . a kiss for me.
Fais-lui/-leur **mes amitiés.**
Give . . . my regards.
Salue-le/-la/-les **de ma part.**
Tell . . . hi for me.
Dis-lui **que je vais** lui **écrire.**
Dis-lui **que je pense à** elle/lui.

To close a letter:

Bien des choses à tes parents.
All the best to . . .
Je t'embrasse bien fort.
Hugs and kisses.
Grosses bises. *Hugs and kisses.*
Bisous à tes cousins. *Kisses to . . .*

7 Ecoute!

Indique les dialogues où quelqu'un transmet ses amitiés.

8 Fais nos amitiés à la famille!

Djamil va rendre visite à plusieurs membres de sa famille cet été. Ses parents veulent leur faire leurs amitiés. Complète chacune de leurs recommandations avec des mots ou expressions du **Comment dit-on... ?**

1. Quand tu arrives, _____ tes grands-parents pour moi.
2. N'oublie pas de dire à Karim que je vais _____ écrire.
3. Quand tu verras tes cousins, _____ de notre part.
4. Tu vas rendre visite à Habib et Salima? _____ nos amitiés.
5. Et quand tu verras oncle Aziz, salue-_____ de ma part.
6. Et n'oublie pas de dire à tante Zohra que je _____ à elle.

9 Embrasse tout le monde pour nous!

Habib va passer ses vacances chez ses cousins. Imagine la conversation qu'il a avec sa famille avant de partir. Joue cette scène avec ton/ta camarade.

10 On pense à toi

Ecris une lettre à un(e) camarade qui passe six mois chez ses grands-parents en Tunisie. Raconte-lui les dernières nouvelles et n'oublie pas de transmettre les amitiés de tes camarades de classe.

VOCABULAIRE

En Tunisie, on pratique encore des activités traditionnelles.

On fait la cueillette *(harvest)* **des dattes** (f.),

des figues (f.).

des olives (f.) **et**

On fait de l'artisanat (m.) **de la poterie,**

des objets (m.) **en cuivre**

des tapis (m.),

et des bijoux (m.).

On élève *(raise)* **des chameaux** (m.),

des chèvres (f.) **et**

On donne à manger aux poules (f.).

On cultive le blé.

On trait les vaches (f.).

des moutons (m.).

11 Comme chez nous

Lesquelles des activités du **Vocabulaire** sont aussi bien américaines que tunisiennes?

12 Ecoute!

Karim rend visite à ses cousins en Tunisie. Amira lui montre où ils habitent. Quelles images est-ce que tu associes à leurs conversations?

a.

b.

c.

d.

e.

f.

g.

NOTE CULTURELLE

Tunisia is an extraordinary blend of modern and traditional life. In its cities a visitor can see high-rise buildings, airports, and public transportation. People use computers, drive sports cars, and wear the latest fashions from Paris. In more rural parts of Tunisia, life has changed very little in hundreds of years. Tunisians in these areas live much as their ancestors did, often in tents or in homes made of sun-hardened mud. They may raise sheep or goats, or migrate with herds of camels, stopping to drink at the same oasis as their ancestors did a thousand years before.

13 Qu'est-ce qu'on y fait?

Regarde cette carte. Dis ce qu'on voit et ce qu'on fait en Tunisie selon les régions.

Ça serait chouette si je pouvais aller en Tunisie!

COMMENT DIT-ON...?

Expressing hopes or wishes; giving advice

To express a hope or wish:

Si seulement je pouvais, j'habiterais à la campagne. *If only I could, . . .*

Si j'avais le choix, j'irais à l'université. *If I had the choice, . . .*

Si c'était possible, j'habiterais à Tunis. *If it were possible, . . .*

Ça serait chouette si je pouvais danser. *It would be great if . . .*

Qu'est-ce que j'aimerais partir en vacances! *I'd really like to . . .*

To give advice:

Si c'était moi, je chercherais du travail. *If it were me, . . .*

Si j'étais toi, j'en parlerais avec mes parents. *If I were you, . . .*

A ta place, j'irais à la campagne. *If I were in your place, . . .*

14 Ecoute!

Ecoute ces dialogues. Est-ce que les gens parlent de ce qu'ils aimeraient faire ou est-ce qu'ils donnent des conseils?

GRAMMAIRE Si clauses

To say that *if* something were so, something else *would* happen, begin one part, or clause, of your sentence with **si** *(if)* and put the verb in the imperfect; in the other part of the sentence, put the verb in the conditional.

Si elle **habitait** dans une grande ville, elle **serait** plus stressée.

If she lived in a big city, she would be more stressed.

- You don't always have to begin your sentence with the **si** clause.

Ça **serait** chouette **si** j'**habitais** à la campagne.

Si tu as oublié the imperfect va à la page R47.

15 A toi de jouer

Fais des phrases avec les éléments suivants. Si j'allais... je...

photographier des animaux sauvages   au Maroc   acheter de la dentelle   en France

manger du couscous   acheter une montre   au Sénégal   manger du chocolat

visiter le Louvre   boire du thé   en Tunisie   acheter un tapis

en Suisse   visiter des ruines romaines

en Belgique   emporter des vêtements légers   en République centrafricaine

16 Qu'est-ce qu'ils disent?

Qu'est-ce qu'ils rêvent de faire?

Si je pouvais, je...

1.   2.   3.   4.

17 Si j'étais toi,...

Parle d'un problème avec ton/ta camarade. Il/Elle te conseillera.

—J'ai besoin d'argent.
—Si j'étais toi, je chercherais du travail.

Je suis déprimé(e).

J'ai mal à la tête.

Mon/ma meilleur(e) ami(e) ne me parle plus.

Je suis toujours fatigué(e).

Je ne m'entends pas bien avec mes parents.

Je n'ai rien à mettre pour la boum.

J'ai raté mes examens.

18 Je pense à toi

Ecris une lettre à ton/ta correspondant(e) tunisien(ne) pour lui dire ce que vous feriez s'il/si elle venait chez toi.

> Chère Aïcha,
> Je serais tellement contente si tu venais
> me voir. Je pourrais te montrer ma ville.
> D'abord, on irait...

19 Te voilà de retour!

Ton ami(e) et sa famille reviennent d'un voyage en Tunisie. Il/Elle te parle de ce qu'ils y ont fait. Pose-lui des questions sur le pays et dis-lui ce que tu voudrais faire si tu y allais. Avant de le/la quitter, transmets tes amitiés à sa famille.

PANORAMA CULTUREL

Gilles • France   Sylviane • Martinique   Pierre • Québec

We asked some people how their cities have changed since they've been living there. Here's what they told us.

Cette ville a beaucoup évolué?

«Ouais, énormément, elle [Paris] change tous les jours, et je m'intéresse énormément à la ville. Je fais des choses particulières. Je prends des photos, justement. Chaque fois qu'un immeuble est détruit, je viens le prendre en photo avant qu'il n'existe plus et que soit reconstruit un truc qui ne soit pas beau, quoi. Donc, j'essaie de, justement, garder des traces de la vie de Paris, et je suis assez nostalgique du vieux Paris des années 1900 jusqu'à 1940.»

-Gilles

«La Martinique a énormément changé. Je dois dire que je suis née en Martinique. J'ai passé la plupart de mon enfance en Martinique. J'ai beaucoup voyagé, mais justement, lors de mes voyages, de mes différents voyages, on voit quand même des évolutions complètement différentes. L'art de vivre martiniquais est en train de s'européaniser et c'est dommage quelque part.»

-Sylviane

«Dû à l'automation, l'informatique, aujourd'hui, les gens sont obligés d'aller dans des grands centres pour continuer à gagner leur vie. Parce que l'évolution, comme vous savez, a tout transformé au niveau de tous les pays.»

-Pierre

Qu'en penses-tu?

1. What kinds of changes do these people mention? Have there been similar changes where you live? How have these changes affected the way people live?
2. Choose a city in the francophone world that you would like to find out more about. Research its past to find out what it was like 50 or 100 years ago.

Remise en train

Salut de Tunis

Aïcha répond vite à la lettre de Zohra.

*Quelle chaleur!
Et quelle pollution!*

Chère Zohra,

Merci pour ta lettre. Elle m'a fait super plaisir. Qu'est-ce que tu as de la chance! Moi aussi, j'aimerais voir de beaux couchers de soleil. Ici, à Tunis, il fait chaud et lourd en ce moment. Résultat, il y a encore plus de pollution que d'habitude. C'est vraiment l'horreur! J'aimerais bien être à ta place au milieu des palmiers. Ça a l'air génial, Nefta! Ici, c'est beaucoup plus bruyant, plus stressant. Il y a trop de voitures et de vélomoteurs. Dès qu'on ouvre les fenêtres, c'est insupportable. Les klaxons, les cris, le bruit des moteurs! D'un autre côté, j'adore vivre ici. C'est super, tous ces cinémas, ces cafés, ces théâtres, cette animation! J'aimerais tellement que tu viennes faire tes études ici. Si tu venais, je te montrerais la ville. On irait se promener dans la médina. On irait voir les derniers films.

Que c'est bruyant, les grandes villes!

20 Tu as compris?

1. What does Aïcha complain about?
2. How is life different where Aïcha and Zohra live?
3. How does Aïcha offer to help her cousin?
4. What news does Aïcha have for Zohra?

21 Comment est-elle?

Choisis parmi les phrases à droite celles qui décrivent le mieux Aïcha.

Elle aime le cinéma.

Elle n'aime pas Tunis.

Elle est dynamique.

Elle est musulmane.

Elle aimerait avoir des parents plus traditionnels.

Elle veut travailler.

Elle ne sort jamais.

La pollution la dégoûte.

Elle aime la nature.

Elle cherche un mari.

On s'amuserait bien, tu sais. Essaie de convaincre tes parents. Remarque, je les comprends. Pour eux, c'est pas normal qu'une fille veuille travailler. C'est contre la tradition. Tu sais ce que je vais faire? Je vais demander à Papa et Maman s'ils peuvent parler à tes parents. Je suis sûre qu'ils pourront les convaincre. Heureusement que je n'ai pas ces problèmes avec eux. S'ils voulaient choisir mon mari à ma place, ils m'entendraient! Tout ce qu'ils demandent, c'est que je me marie avec un musulman. Ben, ça, on verra! Pour l'instant, ce qui m'intéresse, moi, c'est de gagner ma vie! Au fait, je ne t'ai pas dit? Figure-toi que j'ai un petit ami. Il s'appelle Chakib. Je crois que tu l'aimerais beaucoup. C'est un poète. Il écrit des poésies géniales. Je pourrais te parler de lui pendant des heures. Bon, je te laisse. Tu sais, je voudrais bien venir te voir pendant les vacances, mais c'est impossible. J'ai trouvé un job pour l'été. Je vais travailler au festival de Tunis. Ça me plaît bien et ça me fera un peu d'argent. C'est vraiment bête, mais j'espère qu'on se verra quand même bientôt. Bien des choses à tes parents et à tes frères. Grosses bises.

Aïcha

Tunis, c'est super animé!

Voilà Chakib,
c'est un vrai poète!

C'est génial de se promener
dans la médina.

22   Cherche les expressions

What does Aïcha say in her letter to . . .

1. express envy?
2. express a wish?
3. complain?
4. compare Tunis and Nefta?
5. express certainty?
6. break some news?
7. express an impossibility?
8. excuse herself?
9. end her letter?

23   La vie à Tunis

D'après Aïcha, quels sont les avantages de Tunis? Quels en sont les inconvénients?

24   Et maintenant, à toi

Où est-ce que tu habites? En ville comme Aïcha ou à la campagne comme Zohra? D'après toi, quels sont les avantages et les inconvénients des deux?

DEUXIEME ETAPE

Complaining; expressing annoyance; making comparisons

VOCABULAIRE

- un immeuble
- un arrêt de bus
- une place de stationnement
- un embouteillage
- une foule
- un vélomoteur
- un passage pour piétons
- un trottoir

le bruit *noise*	**la circulation** *traffic*	**des gens mal élevés** *impolite people*
des gens pressés *people in a hurry*	**un gratte-ciel** *a skyscraper*	**la pollution** *pollution*

25 Ecoute!

Ecoute ces remarques. Est-ce que les gens sont à la campagne ou à la ville?

26 C'est pas vrai!

Zohra rend visite à Aïcha. Complète leur conversation avec les mots du **Vocabulaire.**

ZOHRA Oh dis donc, qu'est-ce qu'ils sont grands, __1__ !

AICHA Oui, un peu plus et on se croirait à New York, non?

ZOHRA Oui, tu as raison. Ailleurs, __2__ sont beaucoup moins grands. Eh, regarde un peu cet homme, là-bas, sur __3__ ! Tu as vu comme il crie!

AICHA Tu sais, il y a __4__ partout, mais j'ai l'impression qu'il y en a encore plus dans les grandes villes qu'ailleurs! Oh là là! Cette circulation, c'est vraiment l'horreur! Oh non! Encore __5__ ! On ne va jamais arriver à l'heure!

ZOHRA Ben, j'espère qu'en arrivant là-bas, on va trouver __6__ facilement.

AICHA Ça m'étonnerait! Le parking n'est pas très grand.

ZOHRA Attention! Cette femme est en plein milieu de la route!

AICHA Incroyable! Il y a __7__ là, à dix mètres, mais non, elle traverse à côté!

ZOHRA Bon, restons calmes! On est presque au musée.

COMMENT DIT-ON... ?
Complaining; expressing annoyance

To complain:

C'est l'horreur!
This is just horrible!
C'est insupportable, à la fin!
I won't put up with this!
J'en ai ras le bol!
I've really had it!
Je commence à en avoir marre!
I've just about had it!

To express annoyance at someone:

Non mais, vous vous prenez pour qui? *Who do you think you are?*
Surtout ne vous gênez pas! *Well just go right ahead!*
Ça va pas, non?! *Are you out of your mind?!*
Ça commence à bien faire, hein? *Enough is enough!*
Dites donc, ça vous gênerait de bouger? *Hey, do you think you can . . .?*

---

27 Ecoute!

Ecoute ces remarques. Est-ce que ces gens sont contents d'habiter en ville?

28 Ecoute!

Ecoute l'intonation des phrases suivantes et répète-les.

29 Ras le bol!

Nabil et Farid achètent leurs billets de train pour aller chez leurs cousins à la campagne. Imagine et écris leur dialogue d'après les images.

1.

2.

3.

30 Ça va pas, non?!

Il y a des gens qui t'embêtent en faisant les choses suivantes. Tu leur demandes poliment d'arrêter, mais ils refusent. Qu'est-ce que tu leur dis? Joue cette scène avec tes camarades.

monopolise un téléphone public.

te pousse (*pushes*) dans le métro.

met la radio très fort.

fume là où c'est interdit.

te marche sur les pieds.

parle très fort au cinéma.

COMMENT DIT-ON... ?

Making comparisons

Dans mon village, **ce n'était pas comme ça.** . . . *it wasn't like this.*

Ici, c'est stressant, **tandis que** chez moi, c'est tranquille. *Here . . . , whereas . . .*

A la campagne, il y a **moins d'**embouteillages. *. . . less/fewer . . .*

A Tunis, il y a **plus de** bruit. *. . . more . . .*

Tunis est **plus** grand **que** Nefta.

Nefta est une ville **moins** bruyante **que** Tunis.

31 On se dispute

Latifa et Mona vont passer leurs vacances ensemble. Latifa veut aller dans une grande ville mais Mona préfère aller à la campagne. Elles se disputent. Qui fait les remarques suivantes, Latifa ou Mona?

«Il y a plus de choses à voir.»

«Et puis, c'est plus tranquille!»

«En tout cas, c'est plus animé.»

«Peut-être, mais c'est moins stressant.»

«Mais il y a moins de pollution.»

«Oui, mais il y a moins de monde.»

«D'accord, mais c'est moins ennuyeux!»

GRAMMAIRE The comparative

- To compare nouns, use **plus de, moins de,** and **autant de** *(as many/much)* before the noun. Use **que** *(than)* to continue the comparison.

  Il fait **plus de** bruit **que** l'autre voisin.

  Elle a **moins d'**argent **que** son frère.

  Tu achètes **autant de** livres **que** moi.

- To compare adjectives and adverbs, use **plus, moins,** or **aussi** *(as).*
  Remember to make the adjectives agree with the nouns they refer to.

  Les gens sont **plus** pressés en ville **qu'**à la campagne.

  Mon village est **moins** pollué **que** la ville.

  La campagne est **aussi** intéressante **que** la ville.

- English uses only one word, *better,* as the comparative of both the adjective *good* and the adverb *well.* There are two words for *better* in French.

  You use **meilleur(e)(s)** to say that something *is better* than something else.

  Les fruits sont **meilleurs** à la campagne **qu'**en ville.

  You use **mieux** to say that something is *done better.*

  On mange **mieux** à la campagne **qu'**en ville.

32 Plus ou moins?

Utilise les mots suivants pour créer des phrases qui comparent la ville et la campagne.

EXEMPLE   moins / chèvre / vache

A la ville, il y a moins de chèvres et de vaches qu'à la campagne.

1. plus / embouteillage
2. avoir / autant / ami
3. moins / gens mal élevés / gens pressés
4. bon / fruit / légume

5. moins / air pollué / bruit
6. plus / musée / cinéma
7. moins / intéressant / magasin
8. gens / être / moins / stressé

33 Autrefois...

M. Fouad habite Tunis, mais il a passé sa jeunesse à la campagne et celle-ci lui manque. Continue son monologue.

—Oh, les gens étaient plus polis. Il y avait moins de stress. Et en plus...

vie	nourriture
problèmes	voisins
pollution	bruit
voitures	emploi
gens	stress
campagne	temps libre

pressé	travailleur
simple	bon
difficile	amusant
cher	compliqué
grand	pollué
sympa	énervant
tranquille	bruyant

34 Mon journal

Est-ce que tu habites en ville ou à la campagne? Compare l'endroit où tu vis avec un autre endroit, plus grand ou plus petit.

35 Jeu de rôle

You live in the city and you're unhappy about it. You complain and talk about what you'd do if you lived in the country. Your partner, who lives in the country, is also unhappy about where he/she lives. He/She complains and talks about all the things you can't do in the country. Act out this scene with your partner.

NOTE CULTURELLE

In many francophone countries, traditional dress is still found alongside modern forms of dress. Modern clothing is common in large Tunisian cities, but many people still choose to wear traditional clothing, or to combine the two styles. Tunisian businessmen often wear a suit topped by a **chéchia,** a type of fez, and a Tunisian woman who wears modern clothing will sometimes wear a **sifsari** or veil. This is a loose, robe-like garment with large folds convenient for carrying packages and even babies.

ENFANCE D'UNE FILLE

Edouard décroche le téléphone :

- Une petite fille, crie le correspondant... Tu as une petite fille !

- Merci, dit Edouard.

- Une très mignonne petite fille ! précise le correspondant. *Mabrouk* !

- Merci, répète Edouard.

Il raccroche. Pendant une quinzaine de jours, chaque fois qu'on lui demandera si sa femme a accouché, Edouard, mon père, répondra sans sourciller :

« Pas encore... C'est pour bientôt... Mais pas encore... »

Quinze jours pour se faire à l'idée qu'il a cette malchance : une fille...

Puis il finira par se persuader qu'après tout, il a sauvé l'honneur, puisqu'il a déjà un fils aîné. Alors, il avouera enfin :

« Eh bien oui ! Elle a accouché : c'est une fille... »

La fille, c'est moi.

Ainsi commence l'aventure...

J'étais toute gosse quand on m'a raconté l'histoire de ma naissance. Ce déclic du téléphone raccroché, ce « mabrouk » crispé, je me souviens les avoir entendus résonner comme un glas. Ils m'ont poursuivie longtemps et continuent de me poursuivre. Ils me disaient la malédiction d'être née femme. Comme un glas, et en même temps, comme un appel, un départ. Je crois que la révolte s'est levée très tôt en moi. Très dure, très violente. Sans aucun doute indispensable pour faire face à ce clivage que j'ai retrouvé dans toute ma vie : j'étais une femme dans un monde pour hommes.

Aussi loin que remontent mes souvenirs, tout, dans mon enfance, dans mon éducation, dans mes études, dans ce qui était permis ou défendu, devait me rappeler que je n'étais née que femme. Ma sœur et moi, nous n'avons absolument pas été élevées comme nos frères.

Notre éducation procédait de ce découpage saignant : « Toi, tu es une fille. Il faut que tu apprennes la cuisine, le ménage. Et tu te marieras, le plus vite possible. Lui, c'est un garçon. Il faut, - on en trouvera les moyens, à tout prix - qu'il fasse des études, qu'il gagne bien sa vie. » Le mariage d'un garçon, c'est affaire personnelle. Le mariage d'une fille, c'est l'affaire des parents : cela ne la regarde pas. D'ailleurs, nos parents nous l'expliquaient : la naissance d'une fille représente une responsabilité épouvantable. Il faut bien sûr l'assumer. Il faut surtout s'en décharger sur un mari, le plus rapidement possible.

Je crois que ma mère a mis un certain acharnement, peut-être inconscient, à maintenir ce clivage. Comme si, au fond, elle voulait reproduire ce qu'elle avait subi. Mon père aussi. Mais d'une certaine manière, il était plus neutre, il avait plus de recul, il était *l'homme*.

DE BONS CONSEILS
When you read in French, do you sometimes concentrate so much on understanding vocabulary and grammar that you lose track of what the reading itself is about? To solve this problem, first find the main idea, usually located near the beginning of the reading. Then think about how the different parts of the reading relate to the main idea. Do the subtopics act as definitions, summaries, paraphrases, or illustrations of the main topic? Are they results or consequences of the main idea, or even causes of it?

A. In the paragraph that begins **J'étais toute gosse...,** find the sentence that gives the main idea of the reading.

B. How does the first passage relate to the main idea? Why does the author relate the story of her birth?

C. What are three things Gisèle was told that a girl is supposed to do?

D. According to the author, which of the following does NOT describe how women were treated or how they felt?

asphyxiée   privilégiée   blessée   opprimée   sacrifiée

Victime de son éducation, ma mère a été mariée à moins de quinze ans. A seize ans, elle avait son premier enfant. Blessée, donc, mais fière, fière de sa maternité et fière de ses blessures, comme certains martyrs. Opprimée dans son plus jeune âge, niée dès son existence, passant sans transition, de la terrible autorité de mon grand-père, authentique *paterfamilias* de tribu, à celle de mon père, son mari, tout naturellement, elle opprimait à son tour.

Quand je refusais de me marier, à seize ans, elle me disait : « A ton âge, moi j'avais des enfants. » A travers moi, elle voulait revivre sa vie. Comme pour la justifier. Je comprends très bien cette démarche. Perpétuer les choses provoque toujours moins de heurts que vouloir les changer.

C'est quand nos études ont pris une certaine importance que j'ai ressenti la discrimination. Après le certificat d'études, il a été question que mon frère continue. Dans la famille, on était décidé à se priver de tout pour qu'il ait un diplôme. Pendant ce temps, j'avais progressé toute seule. Mais ça n'avait jamais intéressé personne. Mon frère n'était pas très bon élève, en cinquième. Il avait des colles. Il truquait. Il imitait, sur les bulletins scolaires, la signature paternelle. Et moi, je continuais mon chemin. Je réussissais. Mais personne ne me demandait quoi que ce soit. Au fond, personne ne s'en apercevait.

A dix ans, je savais déjà qu'il ne fallait pas compter sur un effort financier de mes parents pour m'aider à aller au lycée qui était payant. Et même assez cher. Je m'étais renseignée.

J'avais appris qu'il existait un concours des bourses, uniquement ouvert à une certaine catégorie sociale d'élèves. Celle à laquelle j'appartenais : les élèves pauvres. Pour réussir, il fallait faire un très bon score. J'ai donc passé cet examen. J'ai même été reçue en tête, autant que je me souvienne. J'obtenais de très bonnes notes, mais elles passaient toujours inaperçues. J'arrivais pour dire : « Je suis première en français. » C'était le moment même où se déclenchait un drame parce que mon frère était dernier en mathématiques. Il était homme et son avenir d'homme occupait toute la place. A en être asphyxiée. Toute l'attention était tournée vers lui. Je ne suis même pas sûre qu'on m'entendait quand je parlais de mes professeurs et de mes cours. Il m'a fallu accumuler beaucoup de succès, réussir mes examens de licence à la faculté pour que mes parents commencent à dire : « C'est pas mal, ce qu'elle fait. Après tout, peut-être est-elle un cas un peu particulier ? » Mais à l'époque, ça ne les intéressait pas, c'était secondaire.

Vint le moment où il fallut me décider au mariage. En clair, me marier, c'était arrêter mes études. A l'époque, ma mère aurait beaucoup souhaité me faire épouser un marchand d'huiles, fort riche et sympathique au demeurant. Il avait trente-cinq ans. Moi, j'en avais seize. C'était tout à fait dans les normes du mariage, en Tunisie.

Je ne voulais pas me marier. Je voulais étudier. Je revois toujours ma mère mettre son doigt sur sa tempe et dire : « Gisèle, elle ne veut pas se marier, elle veut étudier... »,

E. What kind of life had Gisèle's mother known? How are her experiences reflected in the way she raised her daughter?

F. Qui dirait les choses suivantes, Gisèle ou son frère?

« Je devais ranger, faire la vaisselle. »

« Tout le monde se prive pour que j'aie une éducation. »

« Mon mariage, c'est l'affaire de mes parents. »

« Personne ne s'intéresse à mon éducation. »

G. Pourquoi est-ce que l'auteur nous parle du genre d'étudiant qu'était son frère? En quoi cela a-t-il rapport avec le sujet?

H. Que pense Gisèle du mariage traditionnel, arrangé par les parents? Comment sa mère réagit-elle?

I. How did Gisèle save money for her education? Why is this significant, in relation to the main idea?

J. How does the author feel about her family today? Does she blame them for the way she was raised?

comme pour expliquer par ce geste : « Elle ne tourne pas rond cette fille! Elle est vraiment bizarre! » On a pensé que cela me passerait.

Mon frère avait redoublé deux fois. Je l'ai donc très vite rattrapé. On s'est finalement retrouvés dans la même classe. C'est à ce moment-là qu'il a quitté le lycée. Renvoyé je crois.

Mes parents ont enregistré cet échec toujours sans commentaire à mon égard. Je me demande cependant si mes succès n'ont pas été considérés, à ce moment-là, comme quelque chose de néfaste. Je bouleversais une règle établie, un ordre. Alors que personne ne s'occupait de moi, que je continue de progresser mais discrètement, comme dans une routine quotidienne, passe encore. Mais que je me fasse remarquer en coiffant au poteau l'homme, l'aîné de la famille, celui à qui on devait passer le flambeau de l'honneur, c'était trop!

L'offensive pour me marier s'est alors faite plus dure, car il fallait rétablir le processus : je me mariais, j'arrêtais mes études et mes parents continuaient à faire des sacrifices pour mon frère. Je me souviens même d'un fait important, compte tenu de notre niveau de vie : on est allé jusqu'à payer au garçon des leçons particulières de mathématiques. Cela représentait pour nous un luxe inouï.

Quelques années plus tard, c'est moi qui donnais des leçons particulières, au fils d'un avocat chez lequel mon père faisait des remplacements de secrétaire. J'étais en seconde, au lycée. Avec ces leçons de mathématiques et de latin, je voulais mettre de l'argent de côté :

j'avais décidé que j'irais à l'université en France et je savais que personne ne m'aiderait. C'était assez symbolique : mon frère avait besoin de leçons particulières ; moi, j'en donnais et je gagnais déjà le pouvoir d'apprendre.

Ce que je dis ici peut paraître dur à l'égard d'êtres auxquels je reste *affectivement* très liée, mais j'essaie d'être objective, de dire comment les choses se sont passées. Cela ne change rien à ce que j'éprouve pour ma mère, ma sœur, mon père, ces *victimes*. Je ne veux pas les accabler. Je voudrais les éclairer, de l'*intérieur*. J'explique pour eux et pour moi, l'aliénation qui fut la *nôtre*, qui reste, en grande partie, la leur. Je dénonce. D'une certaine manière, je les réhabilite aussi. De toutes manières, je viens d'eux, de ce milieu, et je ne l'oublie pas. Moi, j'étais déterminée à aller mon chemin, que ça plaise ou non. Et mon chemin passait d'abord par cette envie démesurée que j'avais de lire, d'apprendre, de connaître.

LES TUNISIENNES EN MARCHE

L'avocate et militante Gisèle Halimi a déjà relaté une anecdote significative entourant sa naissance. Son père, dont elle deviendra l'enfant préféré, mit quinze jours à accepter que son deuxième enfant fut une fille. C'était en 1927. En Tunisie. Aujourd'hui, il est fréquent de lire dans le carnet mondain des trois quotidiens de Tunis des faire-part de naissance ainsi rédigés : La famille est comblée par la nouveau-née... Inès a donné plus de joie à sa famille... Une jolie poupée prénommée Khaoula est venue égayer le foyer de... En 1994, en Tunisie, les petites filles ne sont plus une malédiction.

C'est le Président Habib Bourguiba qui, dans la foulée de l'indépendance, a entrepris de moderniser les lois. Le 13 août 1956, il promulgue le Code du statut personnel, véritable révolution qui fait de la femme une adulte en lui donnant un statut et des droits juridiques... A partir de là, les femmes, conscientes de leur existence, commencent à se regrouper en associations avec lesquelles il faudra désormais compter.

La Tunisienne, comparée à ses sœurs marocaines et algériennes, avance d'un pas allégé et rapide. « La Tunisie s'est toujours distinguée par une ouverture et un appel — aussi bien des hommes que des femmes — vers une législation plus favorable à ces dernières. »

K. A ton avis, doit-on traiter différemment les garçons et les filles?

L. The excerpt on the right is from a magazine article. How much time has passed since the events related by Gisèle Halimi in *Enfance d'une fille?* What changed during her lifetime?

M. Quel changement a eu lieu en Tunisie en 1956? Fais une liste de trois conséquences que ce changement a apporté dans la vie des femmes tunisiennes.

N. Quel était la situation des femmes aux Etats-Unis dans les années vingt? Comment cette situation a-t-elle changé?

In the exerpt you read from **La Cause des femmes,** *author Gisèle Halimi tells about the difficulties she faced growing up in a very traditional Tunisian family. In this activity, you'll write about your family or an imaginary or television family.*

Un récit familial

Maintenant, tu vas écrire un récit familial. Parle de ta propre famille, d'une famille imaginaire ou d'une famille de la télé.

A. Préparation

1. Avant de commencer à écrire, réponds aux questions suivantes pour déterminer si la famille de ton choix est traditionnelle ou moderne.
   a. Est-ce que les deux parents travaillent?
   b. Est-ce qu'ils s'occupent tous les deux des enfants?
   c. Est-ce que les enfants bénéficient d'une certaine indépendance?
   d. Comment est-ce que les parents partagent les tâches ménagères?
   e. S'il y a des enfants des deux sexes, est-ce que les corvées domestiques sont partagées de façon équitable entre les filles et les garçons?
   f. Est-ce que les garçons et les filles ont les mêmes droits et les mêmes responsabilités?
   g. Qu'est-ce que les parents espèrent pour l'avenir de leurs enfants? L'université? Une carrière professionnelle? Le mariage? Est-ce qu'ils espèrent les mêmes choses pour les garçons et pour les filles?
2. Maintenant, décide si cette famille est traditionnelle, moderne ou un mélange des deux. Ecris tes idées sur ce sujet pendant à peu près dix minutes. Trouve des exemples qui montrent si cette famille est plutôt traditionnelle ou plutôt moderne.
3. Relis ce que tu as écrit pour en garder l'essentiel. Fais un plan pour organiser tes idées principales. Si possible, ajoute des détails et d'autres informations appropriées.

B. Rédaction

Fais un brouillon de ton récit familial en suivant ton plan.

C. Evaluation

1. Fais une évaluation de ton récit. Est-ce que tu as bien suivi ton plan?
2. Est-ce que ton argumentation est logique? Est-ce que tu as clairement expliqué pourquoi tu trouves que cette famille est moderne ou traditionnelle? As-tu choisi de bons exemples?
3. Relis ton récit. Fais attention...
   a. à l'accord des sujets avec les verbes.
   b. aux accents.
   c. à l'orthographe.
   d. à la position et à l'accord des adjectifs.
4. Fais les changements nécessaires.

DE BONS CONSEILS
Brainstorming is a useful technique for generating ideas for your writing. In brainstorming, you quickly write down all the ideas that pop into your head when you think about your topic. Write single words or short phrases instead of complete sentences, and don't worry about whether the ideas are good or bad, relevant or too far-fetched. It may even help to give yourself a time limit of thirty seconds or a minute to jot down all your thoughts. Once you've finished, evaluate your ideas: keep the best ones and add information, examples, and details where needed.

MISE EN PRATIQUE

CD-ROM
Disc 2

1 Lis cette brochure et réponds aux questions suivantes.

*T*unis s'affirme Capitale. Non seulement aux yeux des touristes qui y trouvent shopping et distractions sportives et culturelles, mais en tant que centre politique, administratif, économique moderne. Siège d'organisations internationales, Tunis accueille également de nombreux congrès tout au long de l'année. Le festival de Carthage et les Journées cinématographiques et théâtrales, qui prennent également pour cadre les vestiges de la prestigieuse cité antique, sont l'occasion de rencontres internationales réputées. Tunis est une ville de caractère. Tunis a une âme. L'âme de Tunis, c'est à travers le contact, la discussion, le travail des habitants que le visiteur peut la deviner.

P·O·I·N·T·S F·O·R·T·S

En Ville

...Perspective Avenue Bourguiba, depuis la Place de l'Afrique. Centre National de l'Artisanat.
...Parc du Belvédère : panorama, zoo, piscine
...Dans la Médina : la Grande Mosquée, les souks couverts, terrasses de marchands de tapis ; mosquée Sidi Youssef ; musée lapidaire.
...Sidi Bou Khrissan ; musée des Arts et des Traditions populaires

En Banlieue

...Carthage : colline de Byrsa : panorama ; musée national ; quartier de l'Odéon. Les thermes d'Antonin et le musée de plein air ; le tophet ; les ports et le musée de la mer de Salammbô.
...La Marsa-Gammarth et le «Café Saf-Saf» ; les plages, les installations hôtelières et touristiques. Musée du Bardo. Chelles antiques.

1. According to the brochure, what might you do or see in Tunis?
2. Other than tourism, what are some possible reasons for visiting Tunis?
3. What does the brochure recommend as a way to discover the "soul of Tunis"?
4. How is Tunis important to Tunisian politics?
5. What places of interest near Tunis are mentioned in the brochure?

2 Tu vas passer six mois avec une famille tunisienne. Tu dois décider où tu voudrais habiter. On t'a donné le choix entre une grande ville et un petit village à la campagne. Avec ton/ta camarade, parle de ce qu'il y a à faire et à voir là-bas. Compare les deux endroits. Ton/Ta camarade te donnera des conseils.

3 Hoda parle de ce qu'elle désire faire cet été, mais elle a des problèmes. Leïla lui propose des solutions. Fais une liste de trois des souhaits de Hoda et des conseils que Leïla lui donne.

4 Relis la **Rencontre Culturelle** et les **Notes Culturelles** du chapitre et puis trouve les mots qui décrivent...

1. un peuple qui vivait en Tunisie avant l'arrivée des Arabes.
2. une sorte de chapeau que les hommes portent en Tunisie.
3. un vêtement porté par les femmes tunisiennes.
4. le vieux quartier d'une ville où il y a beaucoup de souks.

5 a. Tu es parti(e) en Tunisie il y a deux semaines. Ecris une carte postale à tes camarades de la classe de français. N'oublie pas de transmettre tes amitiés à tes autres copains.

b. Après trois mois en Tunisie, un magazine tunisien te demande d'écrire un article sur tes impressions du pays. Ecris un récit de ce que tu as fait et décris ce que tu as vu. N'oublie pas de comparer les diverses régions que tu as visitées.

6

JEU DE ROLE

You're visiting a friend who lives in a very big city. Your friend wants to show you one of the city's famous attractions. Act out the following situations with your partner.

- You agree to go see it. On the way, there is a big traffic jam. It's very hot and both of you are very unhappy. You both complain about the situation.

- You finally arrive at your destination, but someone zooms in front of you into the last parking space. You express your annoyance.

- You and your friend stand in line to get tickets and someone cuts in front of you. You're both furious!

- Finally you get to go in, but a few minutes later, someone announces that the attraction is about to close. Now you've really had it!

QUE SAIS-JE?

Can you use what you've learned in this chapter?

Can you ask someone to convey good wishes? p.194

Can you close a letter? p.194

Can you express hopes or wishes? p.197

Can you give advice? p.197

1 A friend who has been visiting you is about to go back home to her family. What would you say to send your best wishes?

2 How would you end a letter to a friend?

3 How would you express a wish to . . .
1. travel in Africa?   2. buy a new car?   3. go to college?

4 What advice would you give to a friend . . .
1. who's having trouble with a school subject?
2. whose parents are very strict?
3. who wants to live in another country?

Can you complain? p.203

5 What would you say to complain if you were in these situations?

1.   2.   3.

Can you express annoyance? p.203

6 How would you express your annoyance if . . .
1. someone shoved in front of you as you were boarding the bus?
2. someone grabbed an item from you that you wanted to buy?
3. the people behind you at the movies were talking loudly during the film?

Can you make comparisons? p.204

7 How would you compare the following?
1. your favorite and least favorite school subjects
2. the last two movies you saw
3. two places you've lived or visited

CHAPITRE 8   La Tunisie, pays de contrastes

PREMIERE ETAPE

Asking someone to convey good wishes

Embrasse... pour moi. *Give . . . a kiss for me.*
Fais mes amitiés à... *Give . . . my regards.*
Salue... de ma part. *Tell . . . hi for me.*
Dis à... que je vais lui écrire. *Tell . . . that I'm going to write.*
Dis à... que je pense à elle/lui. *Tell . . . that I'm thinking about her/him.*

Closing a letter

Bien des choses à... *All the best to . . .*
Je t'embrasse bien fort. *Hugs and kisses.*
Grosses bises. *Hugs and kisses.*
Bisous à... *Kisses to . . .*

Traditional life

le(s) bijou(x) (m.) *jewelry*
un chameau *a camel*
une chèvre *a goat*
le cuivre *brass, copper*
cultiver le blé *to grow wheat*
une datte *a date*
élever *to raise*
faire de l'artisanat (m.) *to make crafts*
faire la cueillette *to harvest*
une figue *a fig*
un mouton *a sheep*
une olive *an olive*
la poterie *pottery*
une poule *a chicken*
un tapis *a rug*
traire les vaches (f.) *to milk the cows*

Expressing hopes or wishes

Si seulement je pouvais,... *If only I could, . . .*
Si j'avais le choix,... *If I had a choice, . . .*
Si c'était possible,... *If it were possible, . . .*
Ça serait chouette si... *It would be great if . . .*
Qu'est-ce que j'aimerais... ! *I'd really like to . . . !*

Giving advice

Si c'était moi, ... *If it were me, . . .*
Si j'étais toi, ... *If I were you, . . .*
A ta place, ... *If I were in your place, . . .*

DEUXIEME ETAPE

City life

un arrêt de bus *a bus stop*
le bruit *noise*
la circulation *traffic*
un embouteillage *a traffic jam*
une foule *a crowd*
les gens mal élevés *impolite people*
les gens pressés *people in a hurry*
un gratte-ciel *a skyscraper*
un immeuble *building*
un passage pour piétons *a pedestrian crossing*
une place de stationnement *a parking place*
la pollution *pollution*
un trottoir *a sidewalk*
un vélomoteur *a moped*

Complaining

C'est l'horreur! *This is just horrible!*
C'est insupportable, à la fin! *I won't put up with this!*
J'en ai ras le bol! *I've really had it!*
Je commence à en avoir marre! *I've just about had it!*

Expressing annoyance

Non mais, vous vous prenez pour qui? *Who do you think you are?*
Non mais, surtout, ne vous gênez pas! *Well just go right ahead!*
Ça va pas, non?! *Are you out of your mind?!*

Ça commence à bien faire, hein? *Enough is enough!*
Dites donc, ça vous gênerait de... ? *Hey, do you think you can . . .?*

Making comparisons

Ce n'était pas comme ça. *It wasn't like this.*
Ici, ... tandis que... *Here . . . , whereas . . .*
moins de... que *fewer . . . than . . .*
plus de... que *more . . . than . . .*
autant de... que... *as many/as much . . . as . . .*
plus... que... *more . . . than . . .*
moins... que... *less . . . than . . .*
aussi... que... *as . . . as . . .*

Allez, viens en Amérique francophone!

Le Stade Olympique de Montréal

L'Amérique francophone

	Le Québec	La Louisiane	La Guadeloupe
Population	6.900.000	4.350.000	412.614
Superficie (km²)	1.667.926	125.625	1.709
Villes importantes	Montréal Québec	La Nouvelle-Orléans Baton Rouge Lafayette	Pointe-à-Pitre
Spécialités	ragoût de boulettes, tourtière, tarte à la ferlouche	jambalaya, soupe au gombo, écrevisses à l'étouffée	crabes farcis, boudin créole, acras de morue

Autres états et régions francophones :
la Nouvelle-Angleterre (région des Etats-Unis), Haïti, la Martinique, Saint-Pierre-et-Miquelon, la Guyane française

go.hrw.com
HRW WAO FRANCOPHONE AMERICA

CANADA
Québec
Saint-Pierre-et-Miquelon
Nouvelle-Angleterre
ETATS-UNIS
Louisiane
Océan Atlantique
MEXIQUE
HAITI
Guadeloupe
Mer des Caraïbes
Martinique
N
Guyane française

CD-ROM
Disc 3

Il y a 11 millions de francophones sur le continent américain. Dans les régions francophones, l'influence de la culture française est très évidente. Mais, en raison de l'éloignement de la France, chaque région a développé sa propre identité culturelle et linguistique. Par exemple, les Québécois ont une interprétation différente de certains mots et ils ont inventé d'autres mots et expressions pour les choses qui n'existaient pas en France. Les langues créoles des Antilles combinent des éléments du français, de l'anglais, de l'espagnol et des langues africaines. Le «cajun» de Louisiane est un mélange de français et d'anglais, mais aussi d'espagnol, d'allemand, de langues africaines et de langues indiennes d'Amérique.

① Dans la région des bayous, au sud de Baton Rouge et de Lafayette, la musique, la cuisine et la langue sont «cajuns».

② **Le vieux carré** de La Nouvelle-Orléans, avec ses balcons en fer forgé et ses bougainvilliers, attire beaucoup de touristes, en particulier pendant la saison de Mardi Gras.

③ Montréal est une grande métropole à l'américaine et la deuxième ville francophone du monde.

④ **La Soufrière** à la Guadeloupe est un volcan actif.

⑤ **Les chutes du Carbet** sont au milieu de la forêt tropicale de la Guadeloupe.

⑥ Comme dans les autres villes des Antilles, **le marché de Pointe-à-Pitre** à la Guadeloupe est très coloré.

⑦ **Vermilionville** en Louisiane est un village acadien reconstitué pour les touristes.

deux cent dix-sept **217**

① Le vieux quartier de Montréal, avec ses boutiques et ses cafés

FILM :

BOBINE

SCÈNE

RÉALISATEUR

CAMÉRA

Comme beaucoup de francophones, les Québécois adorent le cinéma et la télévision. Viens avec nous à Montréal, une des capitales médiatiques du monde.

In this chapter you will learn

- to agree and disagree; to express indifference; to make requests
- to ask for and make judgments; to ask for and make recommendations; to ask about and summarize a story

And you will

- listen to teenagers talking about TV and movies
- read a movie script
- write a scene for a TV show
- find out about the film industry in Montreal

③ Chut! Ne parle pas si fort!

② N'y va pas! C'est un navet!

Mise en train

La télé, ça se partage

Fabien et Danielle viennent de rentrer de l'école.

	19 h 30	20 h 00	20 h 30	21 h 00
	Ma maison	Sous un ciel variable		Enjeux
	Zap	Emilie, la passion d'une vie		Pour tout dire...
	Le Grand Journal		Détecteurs de mensonges	Visa santé
	Piment fort	Cinéma : La Chèvre		
				Columbo : Jeux d'ombre

❶ FABIEN   Qu'est-ce qu'il y a ce soir à la télé?

DANIELLE   C'est le troisième épisode d'Emilie, la passion d'une vie.

❷ FABIEN   Qu'est-ce que c'est, ça?

DANIELLE   C'est un feuilleton super. C'est l'histoire d'une jeune fille, Emilie, qui vit au Québec au début du siècle...

FABIEN   Tu te fiches de moi? Ça a l'air mortel, ton truc! Tu me passes le programme, s'il te plaît... ? Eh! Il y a La Chèvre, avec Gérard Depardieu!

DANIELLE   Pas question! Moi, je veux regarder Emilie.

FABIEN   Toi, tu ferais mieux de faire tes devoirs. C'est plus important.

DANIELLE   Tu parles! J'ai une idée, on n'a qu'à tirer à pile ou face.

FABIEN   Euh, tu crois? Je n'ai jamais de chance, moi.

DANIELLE   C'est la seule solution... Alors, pile ou face?

❸ FABIEN   Si je dis pile, ça va être face, et si je dis face, ça va être pile, alors je dis... face!

DANIELLE   Pile! T'as perdu!

FABIEN   C'est pas vrai! C'est toujours la même chose!

DANIELLE   T'inquiète pas, tu pourras le voir, ton film. Tu n'as qu'à l'enregistrer.

Ce soir-là, devant la télévision.

4 FABIEN Ça y est, j'ai mis le magnétoscope en route!

DANIELLE Chut, le feuilleton commence!

FABIEN J'espère que je n'ai pas raté le début.

DANIELLE Mais tais-toi, enfin!

FABIEN C'est Emilie, celle-là?

DANIELLE Non, c'est une villageoise. Emilie est plus jeune...
Tiens, c'est elle.

FABIEN Elle est pas terrible.

DANIELLE Ça te dérangerait de me laisser regarder
tranquillement?

FABIEN Et lui, qui c'est?

DANIELLE C'est Ovida.

FABIEN Pourquoi est-ce qu'ils se disputent?

DANIELLE Parce qu'ils s'aiment.

FABIEN C'est vraiment nul, ton feuilleton.

DANIELLE Bon, si tu ne peux pas te taire, va réviser
tes maths et fiche-moi la paix!

FABIEN Oh! Ça va! La télé est à tout le monde.

Un quart d'heure plus tard.

5 FABIEN Zut, la pub! C'est vraiment barbant,
à la fin. Ils coupent toujours les films au meilleur moment.

DANIELLE Au contraire, c'est pour créer du suspense.

FABIEN Moi, ces pubs pour des lessives ou des céréales, ça m'énerve!

DANIELLE Moi, pas du tout. Ça ne me dérange pas. Ça permet de faire une petite
pause. Et puis il y a de bonnes pubs. Tiens, regarde celle-là. Elle est chouette,
tu trouves pas?

FABIEN Tu rigoles! Tu es vraiment une esclave de la pub, toi!

DANIELLE Mais non! Je m'informe, c'est tout. C'est toi qui as tort de tout critiquer
comme ça!

6 FABIEN Bon, ça recommence? J'en ai marre,
moi.

DANIELLE Quoi?

FABIEN Eh bien, ton feuilleton, là, *Emilie.*

DANIELLE Ah! Parce que ça t'intéresse
maintenant?

FABIEN Pas du tout, mais je trouve
ça tellement bête que ça me
fait rire.

DANIELLE Quel hypocrite!

FABIEN Pense ce que tu veux,
je m'en fiche!

DANIELLE Ben...

FABIEN Tais-toi, ça reprend! Monte un peu
le son, on n'entend rien.

1 Tu as compris?

1. What are Fabien and Danielle doing?
2. What does Danielle want to watch on TV? And Fabien?
3. How do they decide which program to watch?
4. What compromise does Danielle suggest?
5. What do Fabien and Danielle think of TV commercials?
6. How does Fabien's opinion of the soap opera change?

2 Qui dit quoi?

Est-ce que c'est Fabien ou Danielle qui parle?

«Tu peux enregistrer ton film.»

«Ah! Parce que ça t'intéresse maintenant?»

«Ça m'énerve, la pub!»

«Ton feuilleton, il a l'air mortel!»

«C'est bien, la pub. Ça permet de faire une petite pause.»

3 Fais ton choix

1. *Emilie, la passion d'une vie* est...
   a. une publicité.
   b. un feuilleton.
   c. un film avec Gérard Depardieu.
2. Danielle suggère à Fabien...
   a. d'aller voir *La Chèvre* au cinéma.
   b. d'aller réviser ses maths.
   c. de regarder *Emilie* avec elle.
3. Quand Danielle et Fabien tirent à pile ou face,...
   a. Danielle gagne.
   b. Fabien gagne.
   c. ils perdent la pièce.
4. Selon Danielle, Emilie et Ovida se disputent parce qu'ils...
   a. ne veulent pas regarder la même émission à la télé.
   b. se détestent.
   c. s'aiment.
5. Pour Fabien, la publicité, c'est...
   a. bon pour permettre une petite pause.
   b. bien pour créer du suspense.
   c. nul.

NOTE CULTURELLE

La radio et la télévision canadiennes reflètent la diversité des cultures que l'on trouve dans le pays. Il y a deux chaînes nationales de télévision, une en français et une en anglais. Il y a également des chaînes de télévision privées comme CTV ou **Réseau de télévision.** Ces chaînes sont locales et leurs programmes sont soit en anglais soit en français. Les stations de radio, elles aussi, offrent des programmes dans les deux langues. Parfois, certains programmes sont même diffusés en dialecte inuit ainsi qu'en de nombreuses autres langues parlées par des Canadiens venus de différentes régions du monde.

4 Cherche les expressions

What expressions do Fabien and Danielle use to . . .

1. summarize a plot?
2. disagree?
3. give advice?
4. ask someone to be quiet?
5. express annoyance?
6. express indifference?

5 Et maintenant, à toi

Est-ce que ça t'arrive souvent de te disputer avec quelqu'un pour la télé?

RENCONTRE CULTURELLE

Qu'est-ce que tu sais sur Montréal? Pour t'en faire une meilleure idée, regarde ces photos.

Les petites rues du Vieux-Montréal sont pleines de charme.

Montréal est aussi un grand port.

Montréal est une ville ultra-moderne et dynamique.

Montréal est un centre artistique et culturel.

Les habitants de Montréal apprécient les activités de plein air.

Qu'en penses-tu?

1. What impression do these photos give you of Montreal?
2. What kinds of things might you be able to do if you visited or lived in Montreal?

Savais-tu que... ?

Montreal is the second largest French-speaking city in the world, but many of its residents also speak English. It is the business center of the province of Quebec and a major port, even though it is about 300 miles inland from the Atlantic Ocean! In addition to being an economic center of Canada, Montreal is a very lively city with a rich cultural life. It features popular yearly events, such as the **Festival international de jazz,** growing film and music industries, and an abundance of sports and other outdoor activities. Perhaps the most colorful district in the city is **Vieux-Montréal,** where shops and cafés line the cobblestone streets, artists display their wares, and musicians, jugglers, and dancers frequently perform.

PREMIERE ETAPE

Agreeing and disagreeing; expressing indifference; making requests

VOCABULAIRE

Qu'est-ce qu'il y a à la télé ce soir?

un feuilleton

une série

un vidéoclip

les informations (f.)

la météo

un documentaire

une publicité

un magazine télévisé

un dessin animé

une émission de variétés

un jeu télévisé

un reportage sportif

6 Ecoute!

Ecoute le programme de la soirée. De quel genre d'émissions est-ce que l'annonceur parle?

1. *Le Canada en guerre*
2. *Vive la rentrée*
3. *Pour tout dire*
4. *Ce soir*
5. *Des chiffres et des lettres*
6. *Tintin et le lac aux requins*
7. *Ad lib*

7 Devine!

Choisis l'émission ou le programme qui correspond à chacune des descriptions suivantes.

1. Les candidats choisissent des lettres et essaient de deviner des mots.
2. C'est pour essayer de vendre quelque chose.
3. On y décrit le temps qu'il va faire dans la région où on habite.
4. Ça peut parler de la vie des animaux en Afrique, par exemple.
5. On sait ce qui se passe dans le monde en regardant ce programme.
6. Les groupes y chantent leurs dernières chansons.
7. Ça peut raconter l'histoire de deux jeunes qui s'aiment.

8 Sondage

Ton/ta correspondant(e) canadien(ne) t'a demandé quelles émissions les jeunes Américains regardent. Demande à tes camarades ce qu'ils regardent le plus souvent. Note les deux émissions les plus populaires pour trois catégories du **Vocabulaire.** Compare tes notes avec celles de ton/ta camarade.

9 Mon journal

Quels genres d'émissions est-ce que tu préfères regarder? Pourquoi?

COMMENT DIT-ON... ?

Agreeing and disagreeing; expressing indifference

To express agreement:

Je suis d'accord avec toi.
Moi aussi, j'aime bien les feuilletons.
Moi non plus, je n'aime pas la pub.
Tu as raison.
Tu l'as dit! *You said it!*
Tout à fait! *Absolutely!*

To express disagreement:

Pas du tout.
Tu parles! *No way!*
Tu te fiches de moi? *Are you kidding me?*
Tu rigoles! *You're joking!*
Tu as tort.

To express indifference:

Je m'en fiche. *I don't give a darn.*
Ça m'est vraiment égal. *It's really all the same to me.*
Peu importe. *It doesn't matter much.*

Si tu as oublié
expressing opinions
va à la page R14.

10 Ecoute!

Ecoute ces gens qui parlent de la publicité. Est-ce que la personne qui répond est d'accord, pas d'accord ou indifférente?

11 C'est cool, les vidéoclips!

Est-ce que tu as vu le dernier vidéoclip de ces stars? Qu'est-ce que tu en penses? Parles-en avec ton/ta camarade qui te dira s'il/si elle est d'accord avec toi.

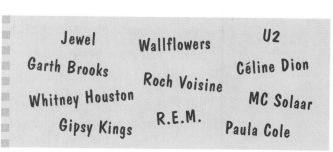

Jewel   Wallflowers   U2
Garth Brooks   Roch Voisine   Céline Dion
Whitney Houston   MC Solaar
Gipsy Kings   R.E.M.   Paula Cole

12 Tu rigoles!

Fais une liste de quatre émissions que tu aimes et de quatre autres que tu n'aimes pas. Montre ta liste à ton/ta camarade et donne-lui ton opinion sur chaque émission. Il/Elle va te dire s'il/si elle est d'accord et pourquoi.

VOCABULAIRE

le téléviseur   l'écran (m.)   un magnétoscope   un programme télé

le son   l'image (f.)   une chaîne   une cassette vidéo   la télécommande
(the sound)   (the picture)

13 Voilà comment on fait

Explique comment enregistrer une émission. Complète le texte en t'inspirant des images.

Alors, d'abord, il faut que tu vérifies l'heure de l'émission dans le . Ensuite, allume

ton _____ . Puis, choisis la qui t'intéresse. Mets une _____

dans ton _____ . Quand tu as l' _____ sur l' _____ , prends ta _____ et appuie sur le

bouton «enregistrement».

GRAMMAIRE   Negative expressions

Ne... rien *(nothing)* and **ne... pas encore** *(not yet)* are placed around the conjugated verb, just like **ne... pas, ne... plus,** and **ne... jamais.**

> Je **ne** peux **rien** entendre.   Ça **n**'a **pas encore** commencé.

When you use **ne... personne** in the **passé composé, personne** immediately follows the past participle:

> Elle **n**'a rencontré **personne** au cinéma.

Notice the placement of **rien** and **personne** when they are used as subjects:

> **Personne ne** regardait la télé.   **Rien n**'est tombé.

Notice the placement of **ne... aucun(e)** *(no, not any)*, **ne... ni... ni** *(neither . . . nor . . .)*, and **ne... nulle part** *(nowhere)*:

> Je **n**'ai **aucune** chance.   Il **n**'aime **ni** les feuilletons **ni** les drames.
> **Ni** mon frère **ni** ma sœur **n**'aiment la télé.
> Je **ne** vois la télécommande **nulle part.**

14 Questions-réponses

Quelles sont les réponses appropriées aux questions suivantes?

1. Qu'est-ce qu'il y a après le film?
2. Est-ce que le film est fini?
3. Tu veux voir un film ou un feuilleton?
4. Tu as trouvé quelque chose à regarder?
5. Où est la télécommande?

a. Non, il n'a pas encore commencé.
b. Non, il n'y a aucun programme intéressant en ce moment!
c. Je ne sais pas. Je ne la vois nulle part.
d. Ni l'un ni l'autre. Je préfère voir un reportage.
e. Il n'y a plus rien. C'est la fin des programmes.

NOTE DE GRAMMAIRE

Although the expression **ne... que** may look similar to the negative expressions you've learned, it has the positive meaning of *only*.

When you use **ne... que**, you place **ne** before the conjugated verb and **que** immediately before the word or phrase it refers to.

Il **ne** regarde **que** le sport.
He watches only sports.
Il **ne** regarde la télé **qu'**avec ses amis.
He watches TV only with his friends.

15 Tu as vu?

Lisette et Gisèle parlent au téléphone. Choisis une des expressions négatives ou **ne... que** pour compléter leur conversation.

LISETTE Hier soir, j'ai regardé *Les Meilleures Intentions*. Tu l'as vu, toi?

GISELE Non, je ———— ai ———— regardé hier. Je ———— regarde la télé ———— le samedi soir parce que je ———— ai ———— le temps.

LISETTE Moi non plus. J'ai trop de devoirs à faire en ce moment.

GISELE Je ———— ai ———— vu le nouveau vidéoclip de Céline Dion. Tu l'as vu, toi?

LISETTE Euh, non. Je ———— ai vu ———— celui de Céline ———— celui de Roch Voisine.

GISELE Dis donc, Lisette, tu veux aller au cinéma?

LISETTE Je voudrais bien, mais je ———— peux aller ———— cet après-midi. Je dois étudier. J'ai une interro demain.

COMMENT DIT-ON... ?

Making requests

To ask someone to be quiet:
Chut! *Shhh!*
Tais-toi! *Be quiet!*
Ne parle pas si fort. *Don't speak so loudly.*
Tu pourrais faire moins de bruit? *Could you make less noise?*
Vous pourriez vous taire, s'il vous plaît? *Could you please be quiet?*

To ask someone to adjust the volume:
Baisse le son. *Turn down the volume.*
Monte le son, on n'entend rien. *Turn up the volume.*

CD-ROM Disc 3

16 Ecoute!

Ecoute ces conversations. Dans lesquelles est-ce qu'on demande à quelqu'un de se taire?

17 Qu'est-ce qu'ils disent?

Qu'est-ce que ces personnes peuvent dire pour faire taire ces gens qui font du bruit?

1.   2.   3.   4.

18 Alors, là!

Danielle et Fabien essaient de choisir quelle émission regarder à la télé. Malheureusement, ils n'aiment pas les mêmes genres de programmes. Après plusieurs suggestions, ils tombent enfin d'accord sur une émission et commencent à la regarder, mais Fabien fait trop de bruit et Danielle n'entend rien. Imagine et écris leur conversation. Utilise au moins deux expressions négatives dans ta conversation.

Si tu as oublié **quarreling** *va à la page R9.*

19 Jeu de rôle

You want to watch something on TV with a Canadian friend. You try to pick a program from the TV listing that you both want to watch. Unfortunately, you have different preferences and can't agree on anything.

You finally make a choice together, but you're not happy with it and you get bored. Act out this conversation with a partner.

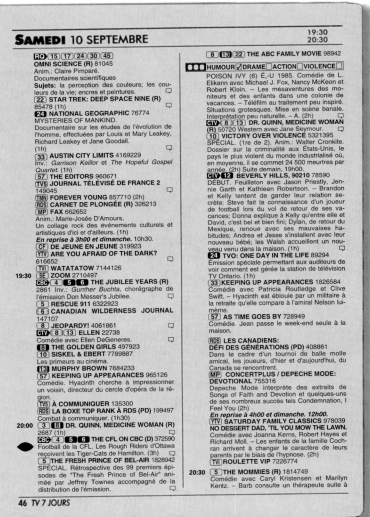

PANORAMA CULTUREL

Catherine • Québec

Sébastien • France

Jennifer • France

We asked people about the kinds of movies they like. Here's what they told us.

Quel genre de film préfères-tu?

«J'aime beaucoup les comédies. J'aime aussi les choses historiques, mais je regarde souvent les films pour leurs acteurs. Quand il y a des acteurs qui m'intéressent, je regarde les films. Et puis j'aime, en tout cas... Je suis une des rares qui aiment vraiment les films français. J'aime beaucoup.»

-Catherine

«Les films que je préfère, ce sont les films de science-fiction, Steven Spielberg, parce que j'adore les effets spéciaux, tout ce qui touche au grandiose. Sinon, j'aime bien aussi les comédies, comédies françaises. Je trouve ça assez drôle, et voilà.»

-Sébastien

«J'aime bien tous les films, de préférence les films d'action, les films sur les problèmes de tous les jours, sur les problèmes plus importants.»

-Jennifer

Qu'en penses-tu?

1. Which of these people share your tastes in movies?
2. What French-language films have you seen? Are they different from American films? If so, how?
3. Where can you go in your area to see foreign films?

CD-ROM
Disc 3

Remise en train

D'accord, pas d'accord

Vendredi, à Montréal, à la sortie du lycée...

❶ FABIEN Qu'est-ce que tu vas faire, ce week-end?

DINA Ma cousine vient à Montréal. J'aimerais bien l'emmener au cinéma, mais je ne sais pas trop quoi aller voir. Qu'est-ce que tu as vu comme bons films récemment?

FABIEN De bien, j'ai vu *L'Union sacrée*.

DINA Ah, oui? J'en ai beaucoup entendu parler. C'était comment?

FABIEN C'était super. Tu devrais aller le voir, je suis sûr que ça te plairait. C'est un film policier avec Patrick Bruel et Richard Berry. C'est plein d'action et de suspense; et en plus, c'est drôlement bien fait. Et puis, les acteurs sont super et on ne s'ennuie pas une seconde.

DINA Ça a l'air pas mal. C'est quoi exactement, l'histoire?

FABIEN Alors, tu vois, Berry fait partie des services secrets. Bruel, lui, il est flic. Au début, ils ne s'aiment pas du tout, mais ils sont obligés de travailler ensemble pour arrêter des terroristes. Voilà, je ne t'en dis pas plus. Je t'assure, il faut vraiment que tu ailles voir ce film.

❷ MARIE De quel film est-ce que tu parles?

FABIEN De *L'Union sacrée*.

MARIE Bof... c'est pas terrible!

FABIEN Ah non, je ne suis pas d'accord. J'ai trouvé ça très bien, moi.

MARIE Toi, de toute façon, tu aimes tous les films avec Patrick Bruel.

FABIEN Et alors? Il est génial comme acteur!

---

20 Tu as compris?

1. What are the teenagers talking about?
2. Do they reach an agreement?
3. Whose recommendation does Dina take?

21 C'est quel film?

Indique le film dont on parle.

«C'est un film policier.»

«C'est avec Patrick Bruel.»

«C'est une comédie.»

«C'est un drame.»

«C'est avec Gérard Depardieu.»

«C'est réalisé par Luc Besson.»

«C'est avec Chuck Norris.»

«C'est un film de karaté.»

❸ MARIE Bof. En tout cas, moi, je te conseille plutôt d'aller voir *Mon père, ce héros* avec Gérard Depardieu.

FABIEN Alors ça, c'est vraiment nul!

MARIE N'importe quoi. C'est très drôle.

DINA De quoi ça parle?

MARIE Ça parle d'une adolescente qui est en vacances avec son père dans une île. Elle rencontre un garçon super mignon et elle lui fait croire que son père est son petit ami.

FABIEN En tout cas, moi, j'ai trouvé ça plutôt lourd et je n'ai pas ri une seule fois.

MARIE Ne l'écoute pas. C'est vraiment marrant.

❹ ADRIEN Tu devrais plutôt aller voir *Sidekicks*.

DINA Qu'est-ce que c'est?

ADRIEN C'est l'histoire d'un garçon qui a des problèmes avec les autres enfants du quartier. Dans ses rêves, il vit toutes sortes d'aventures avec son idole, Chuck Norris. A la fin, il décide de prendre des leçons de karaté.

MARIE Ça m'étonnerait que Dina veuille voir un film de karaté!

ADRIEN Et pourquoi pas? Il y a beaucoup d'action et c'est très bien fait.

❺ MARIE Moi, je lui conseille plutôt *Le Grand Bleu*. C'est un film de Luc Besson, un drame.

ADRIEN Il paraît que c'est très mauvais. C'est long, c'est ennuyeux, c'est...

DINA Bon, euh, écoutez, merci pour vos conseils. Finalement, je crois que je ferais mieux de réfléchir et de choisir moi-même!

22 Vrai ou faux?

1. Dans *L'Union sacrée,* Bruel et Berry travaillent ensemble pour arrêter des terroristes.
2. Dans *Mon père, ce héros,* le père croit que sa fille va se marier avec un garçon super mignon.
3. Dans *Sidekicks,* Chuck Norris est prof de karaté.
4. *Le Grand Bleu* est un film court mais plein d'action et de suspense.
5. Dina décide d'aller voir *Le Grand Bleu.*

23 Cherche les expressions

What expressions do the teenagers use in **D'accord, pas d'accord** to . . .

1. ask someone to recommend a film?
2. make a recommendation?
3. make a positive judgment?
4. make a negative judgment?
5. ask what a movie is about?
6. summarize a movie?

24 Et maintenant, à toi

Quels genres de films est-ce que tu aimes? Quel est ton film préféré?

DEUXIEME ETAPE

Asking for and making judgments; asking for and making recommendations; asking about and summarizing a story

VOCABULAIRE

un film d'action
   d'aventures
   d'espionnage *(spy)*
   de guerre *(war)*
   d'horreur
   de science-fiction

un film classique
   étranger *(foreign)*
   historique
   policier

une comédie
une comédie musicale
un drame
une histoire d'amour
un western

25 Il y en a pour tous les goûts

Devine de quel genre de film il s'agit.

1. C'est drôle.
2. Il y a de beaux costumes du XVIe siècle.
3. Ça se passe dans l'espace.
4. Un détective cherche l'auteur d'un crime.
5. Le personnage principal est un monstre.
6. Il y a des sous-titres en anglais.

26 Qu'est-ce qu'on joue?

Lis ces résumés de films. A quel genre appartient chaque film?

> ## NOTE CULTURELLE
>
> Although its feature-film industry has long been overshadowed by Hollywood, Canada is a major force in the production of non-fiction and noncommercial films. Canada's National Film Board has produced nearly 20,000 documentaries and films, both live-action and animated. Its productions draw praise for their artistic and technical excellence, and some, such as *Mon Oncle Antoine* and *Le Château de sable,* have won awards at film festivals all over the world. Montreal's own festival, the **Festival des Films du monde**, is one of the most important in the world.

PONT DE LA RIVIERE KWAI (LE) — Amér.,coul. (57). De David Lean : Pendant la deuxième guerre mondiale, les Japonais capturent des soldats anglais et les forcent à travailler à la construction d'un pont de chemin de fer. Le Colonel Nicholson, qui au départ refuse de coopérer, finit par voir ce pont comme une source de fierté et un symbole de réussite personnelle. Mais un commando envoyé par l'état-major anglais s'apprête à détruire le pont. Avec Alec Guinness, William Holden.

VIEILLE DAME ET LES PIGEONS (LA) — Can., Dessin animé, coul. (94). De Alison Snowden et David Fine : Paris, années 60. Un policier affamé découvre dans un square une vieille dame qui nourrit les pigeons de mets succulents. Un film d'une grande originalité qui mêle humour et cruauté. Au même programme : 'L'Anniversaire de Bob'.

AMI AFRICAIN (L') — Amér., coul. (94). De Stewart Raffill : Au nord du Kenya, des touristes sont pris en otages par des braconniers, tueurs d'éléphants. La protection inattendue du chef des troupeaux parviendra-t-elle à sauver deux jeunes gens en fuite? Avec Jennifer McComb, Ashley Hamilton, Timothy Ackroyd, Mohamed Nangurai.

SITCOM — Franç., coul. (98). De François Ozon : Dans une famille bourgeoise ultra-classique, le père a ramené un soir un rat de laboratoire à la maison. Depuis cet événement anodin, le fils, un étudiant introverti, et sa soeur aînée se comportent de manière fort étrange... Conçue comme un sitcom (unité de lieu), cette farce fait preuve d'un mauvais goût absolu et d'un humour noir dérangeant. Une bombe indispensable dans le cinéma français. Avec Evelyne Dandry, François Marthouret, Marina De Van, et Adrian De Van.

PATRIOTES (LES) — Franç., coul. (93). De Eric Rochant : A 18 ans, Ariel Brenner, d'origine juive, quitte Paris et sa famille pour entrer dans les rangs du Mossad où il va être initié à l'art de la manipulation. Avec Yvan Attal, Richard Masur, Allen Garfield, Yossai Banai, Nancy Allen, Maurice Bénichou, Hippolyte Girardot, Jean-François Stévenin, Christine Pascal, Bernard Le Coq, Roger Mirmont, Myriem Roussel, Sandrine Kiberlain.

LA POMME — Iran., coul. (98). De Samira Makhmalbaf : Dans un quartier pauvre de Téhéran, des familles dénoncent aux services sociaux un homme qui séquestre ses fillettes depuis leur naissance...Le réalisateur iranien Mohsen Makhmalbaf au scénario et au montage laisse sa place derrière la caméra à sa fille de 18 ans, qui s'inspire d'un fait divers pour son premier film. Avec Massoumeh Naderi, Zahra Naderi, Ghorbanali Naderi, Azizeh Mohamadi, et Zahra Saghrisaz.

COMMENT DIT-ON... ?

Asking for and making judgments; asking for and making recommendations

To ask for judgments:

C'était comment?

Comment tu as trouvé ça?

To make a positive judgment:

Ça m'a beaucoup plu. *I liked it.*

J'ai trouvé ça amusant/pas mal.

Il y avait de bonnes scènes d'action.

Je ne me suis pas ennuyé(e) une seconde.

Ça m'a bien fait rire. *It really made me laugh.*

To ask someone to recommend a movie:

Qu'est-ce que tu as vu comme bon film?

Qu'est-ce qu'il y a comme bons films en ce moment?

To recommend a movie:

Tu devrais aller voir *La Chèvre.*

Je te recommande *Au revoir les enfants.*

Va voir *Les Visiteurs,* c'est génial comme film.

C'est à ne pas manquer! *Don't miss it!*

To make a negative judgment:

C'est nul/lourd. *It's no good/dull.*

C'est un navet.

Ça n'a aucun intérêt. *It's not interesting at all.*

Je n'ai pas du tout aimé.

Ça ne m'a pas emballé(e). *It didn't do anything for me.*

Je me suis ennuyé(e) à mourir. *I was bored to death.*

To advise against a movie:

Ne va surtout pas voir *Ça reste entre nous.*

Evite d'aller voir *La Famille Pierrafeu®. Avoid seeing . . .*

N'y va pas!

Ça ne vaut pas le coup! *It's not worth it!*

---

27 Ecoute!

Ecoute ces conversations. Est-ce que ces gens recommandent les films qu'ils ont vus ou pas?

28 De bons conseils

Quelques personnes ont fait des recommandations à propos des films qu'elles ont vus. Choisis une phrase dans la boîte de gauche pour compléter chaque phrase à droite.

«Oh, ça m'a beaucoup plu.
«Ça m'a bien fait rire.
«Oh! C'est nul.
«Il y a de beaux costumes.
«Ça n'a aucun intérêt.
«Ça ne m'a pas emballé.

Ça ne vaut pas le coup!»
Je te le recommande.»
C'est à ne pas manquer!»
Evite d'aller le voir.»
N'y va pas!»
Tu devrais aller le voir.»

29 Qu'est-ce qu'il y a comme bons films?

Quelqu'un dans ton groupe a envie d'aller voir un film. Chaque élève lui en recommande un. Pour chaque film, les autres disent s'ils sont du même avis ou non. S'ils ne sont pas d'accord, ils lui disent d'éviter ce film et en recommandent un autre.

Asking about and summarizing a story

To ask what a story is about:

De quoi ça parle?

Comment est-ce que ça commence? *How does it begin?*

Comment ça se termine? *How does it end?*

To summarize a story:

Ça parle d'un pays où il y a une guerre civile.

C'est l'histoire d'une femme qui joue du piano.

Il s'agit d'un homme au chômage. *It's about . . .*

Ça se passe en France. *It takes place . . .*

Au début, ils ne s'aiment pas. *At the beginning, . . .*

A ce moment-là, il tombe malade. *At that point, . . .*

A la fin, sa femme revient. *At the end, . . .*

---

30 **Ecoute!**

Ecoute Fabrice, un jeune Canadien, qui parle d'un film qu'il a vu. Ensuite, dis si les phrases suivantes sont vraies ou fausses.

1. Ça se passe près de Montréal.
2. C'est l'histoire d'un jeune homme qui s'appelle Chomi.
3. Ça parle d'un jeune homme qui est malade.
4. Au début de l'histoire, Chomi passe tout son temps avec Coyote.
5. A la fin de l'histoire, Olive est très fâchée.

GRAMMAIRE Relative pronouns

To make longer, more sophisticated sentences, you can join two or more clauses by using the words **qui** *(who, that)* and **que** *(whom, that, which)*. Use **qui** as the <u>subject</u> of a clause and **que** as the <u>object</u> of a clause.

> C'est l'histoire d'une femme **qui** est très grande. *(who)*
>
> Ça, c'est la femme **que** tu as a rencontrée au café. *(whom)*

- Since **qui** acts as a subject, it is usually followed by a verb. Since **que** acts as an object, it is normally followed by a subject.

- English speakers often leave out this pronoun but French speakers must use it.
  > Il n'a pas aimé le film **que** nous avons vu. *He didn't like the movie (that) we saw.*

- Drop the **e** from **que** before a vowel sound. Never drop the **i** from **qui**.
  > Elle a aimé le poème **qu'**elle a lu. C'est elle **qui** écrit les poèmes.

- Use the word **dont** if you mean *whose* or *about/of/from whom* or *which*.
  > Tu connais l'actrice **dont** il parle? *(about whom)*
  >
  > Ça, c'est le garçon **dont** la sœur est une actrice célèbre. *(whose sister)*

---

31 La suite

Complète chacune des phrases suivantes.

1. Le film...
2. C'est l'histoire de deux hommes...
3. La dame...
4. La comédie musicale...
5. Ça parle d'un petit garçon....
6. Je n'ai pas encore vu le drame...

a. dont tu parles est actrice.
b. qui passe au Clap est nulle.
c. que Sophie recommande.
d. qui partent vivre en Afrique.
e. que j'ai vu hier est amusant.
f. dont le chien a disparu.

32 C'est l'histoire de...

Fabien raconte l'intrigue d'un film qu'il recommande à Dina. Complète son récit avec **qui**, **que** ou **dont**.

C'est l'histoire d'un médecin _____ fuit. Un soir, il arrive chez lui et découvre _____ sa femme a été tuée par un homme _____ il ne connaît pas l'identité et _____ n'a qu'un bras. Personne ne veut croire _____ cet homme existe vraiment. C'est le médecin _____ est accusé du meurtre. Il est arrêté. Dans le bus _____ conduit les prisonniers à la prison, il y a une bagarre _____ cause un accident. Le bus est sur le point d'exploser et tout le monde s'échappe. Mais le médecin essaie de sauver quelqu'un _____ les mains sont attachées au siège par des menottes. Après, il s'enfuit et il devient «le fugitif» _____ la police recherche pendant le reste du film. Bon, je ne t'en dis pas plus. Va le voir. C'est génial comme film!

A la française

In French, as in English, you can use the present tense to tell what happened in the past. This makes stories more vivid. For example, if you're telling a story about someone who broke his arm, you might say: "So, he *falls* off the bike and *breaks* his arm!"

33 C'est à ne pas manquer!

Un de tes camarades écrit à son correspondant pour lui expliquer l'intrigue d'un film qu'il a vu. Récris sa lettre en liant les phrases avec des pronoms relatifs quand c'est possible.

34 Devine!

Ton/ta camarade va te raconter l'intrigue *(plot)* d'un film. Essaie de deviner de quel film il s'agit. Changez de rôles. N'oubliez pas d'utiliser **qui**, **que** et **dont**.

C'est l'histoire d'un savant. Ce savant s'appelle Frankenstein. Pendant ses études de médecine, Frankenstein rencontre un homme. Cet homme lui parle de ses expériences secrètes pour créer un être humain. Mais, avant de mourir, l'homme dit à Frankenstein de ne pas poursuivre les expériences. L'homme lui avait parlé de ces expériences. Le jeune savant refuse de prendre ces conseils au sérieux. Frankenstein se sert de ces secrets pour créer un être humain. Cet être humain est un monstre. Le monstre est furieux. Le corps et le visage sont horribles. D'abord, il ne comprend pas d'où il vient. Puis, il trouve le journal du savant. Frankenstein avait laissé le journal dans la poche de son manteau. Le monstre est très laid. Il le sait. Et personne ne l'aime. Il demande à Frankenstein de lui créer une compagne. Cette compagne lui ressemble. Je ne te raconte pas la fin... Tu verras. C'est assez terrifiant, mais c'est génial!

LISONS!

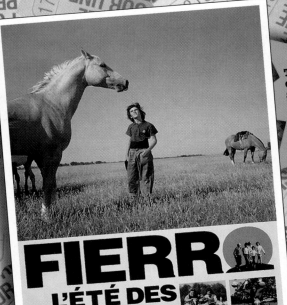

FIERRO...L'ETE DES SECRETS
SYNOPSIS

Les trois enfants d'une famille de Buenos Aires passent leurs vacances d'été à la ferme de leur grand-père dans la Pampa argentine. Pour le petit Felipe, neuf ans, c'est le bonheur parfait : un nouveau petit chiot et les gâteries de son grand-père. Pour Daniel, 12 ans, c'est l'occasion de prouver qu'il est un homme, en réussissant à dompter un cheval sauvage. Quant à Laura, 13 ans, elle n'est plus une fillette, mais pas encore une femme. Comment va-t-elle aborder l'adolescence dans ce monde traditionnellement macho? Le grand-père Federico, un homme fier et buté, devra exorciser ses vieux principes pour conserver l'amour de ses petits-enfants qui grandissent et surtout celui de Laura. FIERRO... l'été des secrets raconte la fin de l'enfance, ses joies, ses passions, les difficultés de grandir et de vieillir.

DE BONS CONSEILS

To use visualization, actively picture in your mind what you are reading—the setting, the way the characters look and are dressed, their actions and speech. Visualization enables you to create a context for what you are reading. If you come across a word you don't know, you can use this context to figure out the meaning of the word.

A. Read the synopsis of the story and answer the following questions.
1. Where does the story take place? At what time of year?
2. Who are the main characters in the story and how are they related to one another?
3. What will be significant for Daniel and for Laura this summer?

4. What is the difference between **grandir** and **vieillir**? To which characters do these words apply?

B. Look over the first dozen lines of the scene and answer these questions.
1. Which parts of the scene are the stage directions? What added information do they give?
2. What information is given by the words in parentheses next to each speaker's name?

C. Why did Federico have the colt Ruano brought to the ranch?

83. INT. JOUR. SALLE A MANGER

Federico termine son café. Il s'apprête à sortir. Daniel entre.

DANIEL : Ils viennent d'amener Ruano.

Federico se lève en souriant. Il se dirige vers le vestibule.

FEDERICO : J'ai pensé que ça serait plus facile pour toi de le dompter ici.

Daniel s'assoit.

FEDERICO (se méprenant) : Repose-toi un peu aujourd'hui ; tu continueras demain.

Il monte quelques marches d'escalier.

DANIEL : Je ne le monterai pas demain.

FEDERICO : Prends le temps qu'il te faut.

DANIEL : Je ne veux plus le dompter.

Federico s'arrête au milieu de l'escalier.

FEDERICO (surpris) : Qu'est-ce que tu veux dire ?

DANIEL (ferme) : Je ne veux plus le dompter.

Federico le dévisage un moment en silence. Arrivée de Felipe qui vient de la cuisine, suivi d'Anna. Ils se tiennent dans l'encadrement de la porte.

FEDERICO : C'est à cause de l'accident ?

DANIEL : Non, pas du tout.

FEDERICO : Explique-toi.

DANIEL : Ce cheval-là n'est pas pour moi.

FEDERICO : C'est toi qui l'as choisi.

Daniel garde le silence, les yeux dans le vague. Federico poursuit.

FEDERICO : C'est pas possible. Tu ne vas pas te laisser dominer par un cheval... Pas toi...

Laura sort de sa chambre et s'approche de la rembarde de l'escalier. Elle assiste à la conversation.

Daniel ne répond toujours pas.

FEDERICO : Il te fait peur ? C'est ça ?

Daniel lève les yeux et soutient le regard de son grand-père.

DANIEL (ferme) : J'ai pas peur !

FEDERICO : Je ne comprends pas, Daniel... (Un temps.) Je ne comprends pas... Si ce n'est pas de la peur, c'est quoi ? ... de la lâcheté ?

ANNA : Federico !

Daniel s'est durci sous l'accusation.

DANIEL : Tu ne peux pas comprendre. J'ai essayé...

FEDERICO (le coupant) : Puis, au premier obstacle, tu démissionnes !

DANIEL (ferme) : On n'est pas fait pour aller ensemble, c'est tout.

FEDERICO : C'est trop facile !

DANIEL (il hausse le ton) : Non, c'est pas facile !

D. Which of the following is NOT a synonym for **dompter**?

> dominer   **imposer sa volonté**
>
> **se soumettre**

E. What reason does Daniel give for not wanting to continue trying to break Ruano?
  a. He's afraid of the horse because of an accident.
  b. He's found another horse he prefers.
  c. He and the horse just aren't meant for each other.

F. How does Federico react when Daniel refuses to break the horse?

G. How does Laura intervene? Why? Does Federico pay any attention to her?

H. How does Federico treat the people he loves, according to Laura?

I. Name two things Federico does as a result of Laura's outburst.

J. To whom does each of these statements refer?

«Ça ne te regarde pas.»

«Tu me déçois beaucoup.»

«Je ne veux plus le dompter.»

«On n'est pas fait pour aller ensemble.»

«Tu veux dompter les gens que tu aimes aussi?»

«Tu nous aimes comme tu aimes ton cheval.»

FEDERICO : Tu me déçois, Daniel... Tu me déçois beaucoup.

Il ne bouge pas. Laura intervient.

LAURA (indignée mais pas agressive) : T'as pas le droit de lui dire ça.

FEDERICO : Ça, ça ne te regarde pas. Tais-toi !

ANNA : Federico, calme-toi. Tu vas pas faire une scène pour un cheval ?

FEDERICO (voix sourde) : Ne vous mêlez pas de ça. C'est à Daniel que je parle.

Il descend l'escalier.

FEDERICO (à Daniel) : Si tu n'es pas capable d'imposer ta volonté, tu ne seras pas capable de mener ta vie ! Comprends-tu ? Tu n'as pas le choix ; ou tu t'imposes, ou tu te soumets.

Laura descend l'escalier à son tour. Sa voix tremble un peu.

LAURA : Et les gens que tu aimes ? Tu veux les dompter aussi ? C'est ça ?

Federico l'ignore, il continue à s'adresser à Daniel.

FEDERICO : Comprends-tu ?

Laura a atteint le bas de l'escalier. D'un geste impulsif, elle pousse la potiche qui se trouve sur la colonne de l'escalier. La lourde potiche s'effondre avec fracas. Tout le monde sursaute.

LAURA (furieuse) : Ecoute-moi !

Federico se retourne. Felipe et Daniel

regardent Laura, stupéfaits. Elle a l'air d'une furie.

LAURA : Pourquoi ? Pourquoi tu fais ça ? Tu dis que tu veux qu'on soit heureux, mais tu décides toujours pour nous... Tu nous aimes comme tu aimes ton cheval ; va à droite, va à gauche, arrête... Puis quand on fait pas comme tu veux, ça ne fait pas ton affaire ! Pourquoi tu fais ça ? J'en ai assez, moi.

Federico la regarde un moment ; il est blême.

FEDERICO (les dents serrées) : Moi aussi j'en ai assez. Je ne veux plus rien entendre de toi. T'es pas bien ici ? Alors, tu fais tes bagages et tu pars par le prochain train. Et je t'interdis de sortir de ta chambre jusqu'à ton départ. Tu retournes à Buenos Aires !

FELIPE (à voix basse) : Comme grand-maman...

Seul Federico l'a entendu. Il lui jette un regard étrange. Il se tourne alors vers Daniel :

FEDERICO : Toi, on se reparlera ce soir.

Il se dirige vers la porte extérieure et la claque.

K. Réfère-toi au contexte pour deviner le sens de ces mots de vocabulaire.

> apprivoiser
>
> buté   aborder
>
> démissionner   la rembarde
>
> blême
>
> dévisager   la lâcheté

L. According to Federico, why must a person be able to impose his will on others? What does this reveal about his character?

M. Why do you think Federico finds it more difficult to deal with his grandchildren as they grow up?

N. Nomme quelques conflits typiques auxquels sont confrontés les adultes et les adolescents lorsque les adolescents grandissent et deviennent plus indépendants.

O. Formez des groupes de quatre étudiants. Chaque groupe choisit un conflit décrit dans l'activité N. Deux étudiants jouent le rôle de l'adolescent et doivent faire une liste d'arguments défendant leur point de vue. Les deux autres prennent le parti des parents. Chaque personne présente son point de vue et ensemble ils essaient de trouver différentes solutions au(x) conflit(s).

*Now that you have read the scene from **FIERRO... l'été des secrets,** you're going to have a chance to be a screenwriter, too. You and a classmate will write a scene for a television show. Your goal will be to convince a Canadian television producer to buy your idea and produce a Canadian TV series.*

Un scénario de télévision

Avec un(e) camarade, écris une petite scène pour une série télévisée dans laquelle deux personnages essaient de résoudre un désaccord.

A. Préparation

1. Choisissez le genre de série que vous voulez créer : une comédie, un drame, une série policière. Est-ce que vous voulez que votre série soit sérieuse ou drôle?
   a. Qu'est-ce qui se passe dans votre série?
   b. Qui sont les personnages principaux? Voici quelques exemples possibles.

> **DE BONS CONSEILS**
> A good writer will be careful to maintain consistency in all aspects of writing: mood, point of view, characterization, tone, and so on. For example, a menacing character in a horror story probably wouldn't say something humorous right in the middle of a scary scene. Likewise, a current slang expression would sound out of place in the script of a historical movie. To keep your work consistent, stick to the plan you made before you began to write; when you've finished your writing, read it over and check for things that seem illogical, out of place, or out of character.

> un mari et sa femme
> une famille
> un enfant et ses parents
> deux jeunes qui sont dans la même équipe de sport
> deux personnes qui travaillent au même endroit
> un garçon et une fille qui sortent ensemble
> deux bons/bonnes ami(e)s

   1. Faites une liste d'adjectifs pour décrire les personnalités de vos personnages.
   2. Rédigez ensuite une brève description de chaque personnage.
   c. Quel genre de relation ont les personnages? Est-ce qu'ils s'entendent bien ou pas? Quel problème ont-ils? Choisissez ce qui va se passer dans la scène que vous allez écrire.
2. Jouez votre scène. Improvisez un dialogue adapté à votre scène. Prenez des notes.

B. Rédaction

1. En utilisant vos notes, faites un plan de votre script. Puis, vérifiez que...
   a. le problème des personnages est présenté de façon claire.
   b. les réactions et les commentaires des personnages sont appropriés à la fois au contexte et à leur personnalité.
2. Rédigez votre dialogue en suivant le plan que vous avez fait.
3. Après avoir écrit le dialogue, ajoutez-y des instructions de mise en scène.

C. Evaluation

1. Quand vous avez terminé, relisez votre scène et répondez aux questions suivantes.
   a. Est-ce que le dialogue est réaliste?
   b. Est-ce que les réactions des personnages sont appropriées à leur personnalité et au contexte de l'histoire?
2. Vérifiez la grammaire et l'orthographe de votre histoire et faites les corrections nécessaires.

MISE EN PRATIQUE

CD-ROM
Disc 3

1 Ecoute la conversation entre Didier et Simone. Ensuite, mets le résumé de leur conversation dans le bon ordre.

a. Didier demande à Simone de se taire.

b. Didier n'aime pas les histoires d'amour.

c. Simone recommande un film à Didier.

d. Simone n'aime pas les films d'horreur.

e. Simone et Didier sont d'accord.

f. Didier veut la télécommande.

2 You work for a Canadian TV station and you're responsible for proposing the new fall prime-time programs. Pick programs you think the public will like. Make a timetable of programs that you'll present to your superiors. For each program, be prepared to give the type of show, a title, a summary, and the names of the actors who'll be in it.

3 Lis le texte et réponds aux questions à la page suivante.

LE FESTIVAL DES FILMS DU MONDE DE MONTREAL

Le Festival des Films du monde de Montréal a lieu tous les ans du 22 août au 2 septembre. Cette année, c'est la dix-huitième édition. Au programme, présentations des films, rencontres avec les stars et attribution des prix. Nous avons voulu partager cet événement haut en couleurs avec vous. Pour cela, Pierre Arnaud est allé interviewer Emma Halvick du magazine *Canada Cinéma*.

▶ Quand a lieu le Festival des Films du monde de Montréal?
- Le festival se déroule du 22 août au 2 septembre.

▶ Quel genre de films est-ce qu'on peut voir au festival et combien y a t-il de présentations?
- C'est un festival où l'on peut voir plus de deux cents films du monde entier, avec chaque année, un hommage rendu à un pays en particulier. Cette année, par exemple, c'est la Turquie.

▶ Combien de catégories différentes de films est-ce qu'il y a?
- Il y a neuf catégories de films. On peut voir toutes sortes de films : des comédies, des drames, des films d'espionnage, des films de guerre. Bref, il y en a pour tous les goûts.

▶ C'est la première fois que vous êtes chargée de couvrir ce festival?
- Non, c'est la deuxième année que je viens. Avec autant de plaisir que la première année, d'ailleurs. Vous savez, j'adore le cinéma, alors pour moi, c'est formidable d'avoir l'occasion de faire un reportage sur un festival du cinéma.

▶ Qu'est-ce qui vous plaît tant dans un festival du cinéma?
- Tout me plaît. J'ai l'occasion de voir des films étrangers que je ne pourrais pas voir ailleurs. Et puis, c'est merveilleux de pouvoir rencontrer et interviewer toutes ces stars.

▶ Combien de films voyez-vous en moyenne chaque année? Et quel est votre genre de films préféré?

- En général, je vois une trentaine de films. Personnellement, je préfère les films historiques. Cette année, j'ai vu un très bon film martiniquais. Ça se passe au début du siècle et ça parle de la vie d'une famille qui possède une plantation de cannes à sucre. C'est à ne pas manquer, à mon avis.

▶ Quelle est la star qui vous a le plus marquée cette année?
- Carole Bouquet, je crois. Elle est très impressionnante, surtout dans son dernier film. C'est un drame qui raconte l'histoire d'une femme qui a beaucoup de problèmes.

▶ Comment fonctionne le jury? Qui en sont les membres?
- Le jury est composé de six personnes plus le président. D'ailleurs, cette année, c'est Carole Bouquet qui est présidente. Les membres sont soit des acteurs, soit des producteurs, soit des réalisateurs, soit des critiques de cinéma. Après avoir vu les films en compétition, ils délibèrent jusqu'à ce qu'ils aient attribué les prix.

1. What kind of movies are shown at the Montreal film festival?

2. What does Emma Halvick particularly like about being at the festival?

3. What type of movie was Carole Bouquet in? What is it about?

4. What type of movies does Emma Halvick say she likes best? What was the story of the movie from Martinique that Emma Halvick says she saw? Does she recommend it?

4 Ton ami(e) et toi, vous vous trouvez à Montréal au moment du Festival des Films du monde. Vous regardez passer toutes les stars et vous discutez des films dans lesquels elles jouent. Dites ce que vous en pensez et si vous les recommandez.

5 Tu es critique de film et tu es au Festival des Films du monde avec un/une collègue qui travaille pour la même revue que toi. Choisissez un film à critiquer. Toi, tu en écris une critique positive et ton/ta camarade en écrit une négative. Présentez vos critiques à la classe.

6 JEU DE ROLE

You're a journalist at the **Festival des Films du monde** in Montreal. Interview a star. He/She will tell you about a new movie he/she has just made: what kind of movie it is, what it's about, what other actors/actresses are in it, and what he/she thinks about it. Remember to ask his/her opinion about other movies at the festival. Act out this scene with a classmate. Change roles.

Can you use what you've learned in this chapter?

Can you agree and disagree? p.225

1 You and a friend have just seen a movie together. Your friend thought the movie was great. How would you express your agreement with your friend?

2 How would you say that you disagree with your friend's opinion of the movie?

Can you express indifference? p.225

3 Your friend wants to know which TV show you want to watch next. What do you say if you really have no opinion?

Can you make requests? p.227

4 How would you ask the people in these situations to be quiet?

You're at a movie and the people behind you are talking loudly.

You're talking on the telephone and your brother has the TV turned up too loud.

You're trying to watch a TV show and your little sister is making noise.

Can you ask for and make judgments? p.233

5 What would you say to ask a friend her opinion of a TV program you've just seen together?

6 How would you answer the question in number 5 if you liked the program?

7 How would you answer the question in number 5 if you disliked the program?

Can you ask for and make recommendations? p.233

8 How would you ask a friend to recommend a movie?

9 How would you recommend a movie you've just seen to a friend?

10 What would you say if your friend wanted to go see a movie you thought was terrible?

Can you ask about and summarize a story? p.234

11 How do you ask a friend what a movie was about?

12 How would you tell someone about the last movie you saw?

PREMIERE ETAPE

Agreeing and disagreeing

Tu as raison.   *You're right.*
Tu l'as dit!   *You said it!*
Tout à fait!   *Absolutely!*
Tu parles!   *No way!*
Tu te fiches de moi?   *Are you kidding me?*
Tu rigoles!   *You're joking!*
Tu as tort.   *You're wrong.*

Expressing indifference

Je m'en fiche.   *I don't give a darn.*
Peu importe.   *It doesn't matter.*
ne... aucun(e)   *no . . .*
ne... ni... ni...   *neither . . . nor . . .*
ne... nulle part   *nowhere*
ne... que   *only*
ne... personne   *no one*
ne... rien   *nothing*

Television programming

un dessin animé   *a cartoon*
un documentaire   *a documentary*
une émission de variétés   *a variety show*
un feuilleton   *a soap opera*
les informations (f.)   *the news*
un jeu télévisé   *a game show*
un magazine télévisé   *a magazine show*
la météo   *the weather report*
une publicité   *a commercial*
un reportage sportif   *a sportscast*
une série   *a series*
un vidéoclip   *a music video*

The television

une cassette vidéo   *a videocassette*
une chaîne   *a channel*
l'écran (m.)   *the screen*
l'image (f.)   *the picture*
un magnétoscope   *a videocassette recorder*
un programme télé   *a TV guide/ listing*
le son   *the sound*
la télécommande   *the remote*
le téléviseur   *the television set*

Making requests

Chut!   *Shhh!*
Tais-toi!   *Be quiet!*
Ne parle pas si fort.   *Don't speak so loudly.*
Tu pourrais faire moins de bruit?   *Could you make less noise?*
Vous pourriez vous taire, s'il vous plaît?   *Could you please be quiet?*
Baisse/Monte le son.   *Turn down/ up the volume.*

DEUXIEME ETAPE

Asking for and making judgments

C'était comment?   *How was it?*
Comment tu as trouvé ça?   *How did you like it?*
Ça m'a beaucoup plu.   *I liked it a lot.*
J'ai trouvé ça amusant/pas mal.   *It was funny/not bad.*
Il y avait de...   *There were . . .*
Je ne me suis pas ennuyé(e) une seconde.   *I wasn't bored a second.*
Ça m'a bien fait rire.   *It really made me laugh.*
C'est nul/lourd.   *It's no good/dull.*
C'est un navet.   *It's trash.*
Ça n'a aucun intérêt.   *It's not interesting at all.*
Je n'ai pas du tout aimé.   *I didn't like it at all.*
Ça ne m'a pas emballé(e).   *It didn't do anything for me.*
Je me suis ennuyé(e) à mourir.   *I was bored to death.*

Asking for and making recommendations

Qu'est-ce que tu as vu comme bon film?   *What good movies have you seen?*
Qu'est-ce qu'il y a comme bons films en ce moment?   *What good movies are out now?*
Tu devrais aller voir...   *You should go see . . .*
Je te recommande...   *I recommend . . .*
Va voir... , c'est génial comme film.   *Go see . . . , it's a great movie.*
C'est à ne pas manquer!   *Don't miss it!*
N'y va pas!   *Don't go!*
Ne va surtout pas voir...   *Really, don't go see . . .*
Evite d'aller voir...   *Avoid seeing . . .*
Ça ne vaut pas le coup!   *It's not worth it!*

Types of movies

une comédie   *a comedy*
une comédie musicale   *a musical*
un drame   *a drama*
un film d'espionnage   *a spy flick*
de guerre   *a war movie*
étranger   *a foreign film*
historique   *a historical movie*

Asking about and summarizing a story

De quoi ça parle?   *What's it about?*
Comment est-ce que ça commence?   *How does it start?*
Comment ça se termine?   *How does it end?*
Ça parle de...   *It's about . . .*
C'est l'histoire de...   *It's the story of . . .*
Il s'agit de...   *It's about . . .*
Ça se passe...   *It takes place . . .*
Au début,...   *At the beginning, . . .*
A ce moment-là, ...   *At that point, . . .*
A la fin, ...   *At the end, . . .*

10
Rencontres au soleil

① La Guadeloupe, île où le monde marin est roi

Bienvenue à la Guadeloupe, une île aux paysages paradisiaques où les habitants sont réputés pour leur chaleur. Ici, tout le monde se connaît. Quand on se rencontre, il est normal de s'arrêter pour parler des dernières nouvelles ou pour plaisanter et discuter de choses et d'autres. Allez, viens avec nous à la Guadeloupe!

In this chapter you will learn

- to brag; to flatter; to tease
- to break some news; to show interest; to express disbelief; to tell a joke

And you will

- listen to teenagers talk about diving
- read a folktale from Guadeloupe
- write a newspaper article
- find out about social customs in Guadeloupe

③ C'est fastoche, ça!

② Je n'en reviens pas!

Mise en train

La plongée, quelle aventure!

Maxime et Pascal se rencontrent à la plage.

❶ PASCAL Salut, Maxime! Ça va?

MAXIME Très bien. Et toi? Tu as passé un bon week-end?

PASCAL Excellent. Devine ce que j'ai fait.

MAXIME Je ne sais pas.

PASCAL De la plongée.

MAXIME Ah oui? De la plongée sous-marine?

PASCAL Oui. C'était la première fois.

MAXIME Alors, comment tu as trouvé ça?

PASCAL Génial. Au début, j'avais un peu peur, mais une fois dans l'eau... Ouah! Regarde un peu les deux filles là-bas. Si on allait leur parler? Je les ai déjà vues hier. Elles ont l'air sympa.

MAXIME Ouais, pourquoi pas?

PASCAL Excusez-moi, mesdemoiselles, on s'est pas déjà rencontrés quelque part?

❷ BRIGITTE Euh... non, je crois pas.

PASCAL Ah bon, pourtant... je dois sûrement confondre avec quelqu'un d'autre. Au fait, moi, c'est Pascal. Et lui, c'est Maxime.

BRIGITTE Bonjour. Moi, c'est Brigitte et ma copine, c'est Angèle.

MAXIME Vous êtes d'ici?

BRIGITTE Non, on habite à Paris. On est là pour les vacances.

MAXIME Il fait beau aujourd'hui.

BRIGITTE Oui, un peu chaud, mais bon.

PASCAL Je disais juste à Maxime que ce week-end, j'avais fait de la plongée.

❸ ANGELE Ah oui? Mais c'est dangereux ça, non?

PASCAL Oh non. C'est fastoche, ça.

ANGELE Tu es descendu à quelle profondeur?

PASCAL Oh, à une quinzaine de mètres. Au fond de la mer, j'ai vu des poissons magnifiques, de toutes les couleurs, des étoiles de mer, d'énormes crabes. Et puis, vous ne devinerez jamais ce que j'ai vu.

4 ANGÈLE Raconte!

PASCAL Un requin!

ANGÈLE C'est pas vrai!

PASCAL Si, je t'assure. Il est même passé à moins de deux mètres de moi.

ANGÈLE Pas possible! Dis donc, tu as dû avoir peur, non?

PASCAL Oh, tu sais, j'en ai vu d'autres.

ANGÈLE Tu en as, du courage!

PASCAL C'est pas pour me vanter, mais moi, j'adore l'aventure.

BRIGITTE Oh, je t'en prie!

PASCAL Enfin, bref, je me suis approché du requin et j'ai essayé de lui faire peur. D'ailleurs, ça a marché. Il m'a regardé et il est parti.

5 ANGÈLE Alors là, tu m'épates!

PASCAL Si ça vous intéresse, on peut faire de la plongée ensemble.

ANGÈLE Oh ça serait chouette! Tu pourrais m'apprendre...

BRIGITTE Euh, je ne crois pas qu'on ait le temps.

ANGÈLE Mais, Brigitte...

BRIGITTE Au fait, tu as vu quelle heure il est? Il faut qu'on rentre à l'hôtel. Bon. Ben, à plus tard, hein?

PASCAL Vous savez, on vient souvent par ici. Comme ça, si vous nous cherchez...

Brigitte et Angèle s'en vont.

BRIGITTE Non, mais tu es amoureuse ou quoi?

ANGÈLE Lâche-moi, tu veux? Il a l'air sympa, c'est tout. Et vachement courageux en plus.

6 BRIGITTE Réveille-toi un peu! Il essayait de nous impressionner, c'est tout. Il n'arrêtait pas de se vanter.

ANGÈLE Qu'est-ce que tu en sais? Moi, en tout cas, je crois qu'il était sincère.

BRIGITTE Oh! Arrête de délirer!

Pendant ce temps-là...

PASCAL C'est dommage. Je crois que j'avais mes chances avec Angèle.

MAXIME Non mais, tu t'es pas regardé?

7 PASCAL Ben quoi? Elle est folle de moi, cette fille. Je crois que je vais essayer de la revoir.

MAXIME Oh, ça va. Je parie que tu n'en es même pas capable.

PASCAL Tu me crois pas? Eh ben, on va voir!

1 Tu as compris?

1. Where are Maxime and Pascal?
2. What are they talking about?
3. Whom do they meet?
4. What do they talk to the girls about?
5. What is Pascal's attitude?
6. What are the girls' reactions?
7. How does the conversation end?
8. What does Brigitte think of Angèle's behavior? What does Maxime think of Pascal's?

2 Qui dit quoi?

Qui fait les remarques suivantes, Brigitte, Pascal, Angèle ou Maxime?

1. «Elle est folle de moi, cette fille.»
2. «Non, mais tu es amoureuse ou quoi?»
3. «Je crois qu'il était sincère.»
4. «Réveille-toi un peu!»
5. «Non mais, tu t'es pas regardé!»
6. «C'est pas pour me vanter, mais moi, j'adore l'aventure.»
7. «Alors là, tu m'épates!»

3 Mets dans le bon ordre

Mets ces phrases dans le bon ordre d'après **La plongée, quelle aventure!**

1. Brigitte et Angèle s'en vont.
2. Maxime et Pascal engagent la conversation avec les filles.
3. Brigitte se moque *(teases)* d'Angèle.
4. Pascal se vante devant Angèle et Brigitte.
5. Brigitte coupe la conversation.
6. Angèle est très impressionnée.
7. Pascal propose aux filles de faire de la plongée avec eux.
8. Pascal est allé faire de la plongée.

4 Vrai ou faux?

1. C'est la première fois que Pascal voit Angèle et Brigitte.
2. Maxime demande à Angèle de sortir avec lui.
3. Pascal dit qu'il a vu un requin.
4. Angèle voudrait faire de la plongée.
5. Brigitte est très impressionnée par l'histoire de Pascal.

5 Cherche les expressions

What do the teenagers in **La plongée, quelle aventure!** say to . . .

1. strike up a conversation?
2. brag?
3. show interest?
4. show disbelief?
5. flatter someone?
6. tease someone?
7. respond to teasing?

NOTE CULTURELLE

The islands of Guadeloupe enjoy a warm, tropical climate year-round, with average temperatures of about 80 degrees Fahrenheit on the coast. Only on the summit of the Soufrière volcano can the temperature drop to a chilly 40 degrees! The climate, coupled with a long rainy season, produces a lush plant life, including mangrove swamps and dense forests. The coastline is dotted with bays and fringed with beaches, which are especially beautiful on the island of **Basse-Terre.** The warm water around the islands is home to an abundance of marine life, most notably a wide variety of fish such as tarpon, snapper, and many types of ray fish.

6 Et maintenant, à toi

Qu'est-ce que tu penses de la façon dont Pascal et Maxime ont abordé les filles? Comment est-ce que tu abordes quelqu'un que tu aimerais rencontrer?

RENCONTRE CULTURELLE

Est-ce que tu connais la Guadeloupe? Regarde les photos suivantes pour découvrir quelques caractéristiques de cette île.

On peut voir des fleurs magnifiques dans la forêt tropicale.

Pointe-à-Pitre, chef-lieu de la Guadeloupe

L'agriculture est un secteur important de l'économie de la Guadeloupe.

La Fête des Cuisinières, un événement gastronomique haut en couleurs

La musique fait partie de la vie quotidienne.

Qu'en penses-tu?

1. What impression do these photos give you of Guadeloupe?
2. Judging from the photos, what kinds of activities can people enjoy there?

Savais-tu que... ?

La Guadeloupe is the name given to a group of islands located in the West Indies, about 120 kilometers north of Martinique. Discovered by Christopher Columbus in 1493, **la Guadeloupe** was first colonized by the French. In 1946 Guadeloupe became a **département d'outre-mer (DOM),** a French overseas department whose residents have the same rights and benefits as other French citizens. Agriculture is an important industry in Guadeloupe, with banana plantations and sugarcane cultivation providing the islands' major exports. Music and dance play an important role in Guadeloupe's cultural life, and these combine with its distinctive creole cuisine in the **Fête des Cuisinières.** This annual event displays the talents of the female master chefs of the islands and features a colorful parade of the chefs who wear flamboyant creole costumes and carry decorated food baskets.

PREMIERE ETAPE

Bragging; flattering; teasing

VOCABULAIRE

L'île de la Guadeloupe est réputée pour la beauté de ses fonds marins.

une méduse · une pieuvre · un requin · un espadon · du corail · une crevette · un rocher · une tortue · un crabe · une algue · un hippocampe · une étoile de mer · un coquillage · un homard

7 Les fonds marins

Parmi ce que tu vois dans le **Vocabulaire**, qu'est-ce qu'on peut manger? Qu'est-ce qui est vivant *(alive)*? De quoi est-ce qu'on peut avoir peur?

8 Ecoute!

Dianne montre des diapos *(slides)* de ses vacances à la Guadeloupe à ses camarades de classe. De quelle diapo est-ce qu'elle parle?

a.   b.   c.   d.   e.   f.   g.   h.

9 Raconte!

Pascal raconte à Maxime ce qu'il a vu quand il a plongé. Complète leur conversation d'après les images.

MAXIME Ça s'est bien passé, la plongée?

PASCAL C'était super.

MAXIME Qu'est-ce que tu as vu?

PASCAL Ben, d'abord, j'ai vu des qui mangeaient. Sur les , il y avait beaucoup de et d' .

MAXIME Et quoi d'autre?

PASCAL Ensuite, on est passés par un endroit où il y avait beaucoup d' .

On m'a dit que c'est là qu'il y a des , mais je n'en ai pas vu.

Après quelques mètres, on est arrivés à un récif de . C'était beau.

MAXIME Tu as vu de gros poissons?

PASCAL Bien sûr. De loin, on a vu un , et puis il y avait une qui est passée tout près de moi.

MAXIME Cool!

PASCAL Et juste avant de partir, on a vu un .

MAXIME C'est pas vrai!

PASCAL Si. C'était hyper-cool. On m'a dit qu'il n'était pas dangereux. Par contre, une m'a piqué! Ça m'a fait vraiment mal.

10 C'est cool, la plongée

Tu as fait de la plongée pendant tes vacances à la Guadeloupe. Ecris une carte postale à tes camarades pour leur raconter ce que tu as vu.

COMMENT DIT-ON... ?

Bragging; flattering

To brag:

C'est fastoche, ça! *That's so easy!*

C'est pas pour me vanter, mais moi... *I'm not trying to brag, but . . .*

Oh, j'en ai vu d'autres. *I've done/seen bigger and better things.*

C'est moi, le/la meilleur(e). *I'm the best.*

C'est moi qui nage le mieux. *I . . . the best.*

To flatter someone:

Tu es fortiche/calé(e). *You're really strong/good at that.*

Alors là, tu m'épates! *I'm really impressed!*

Tu en as, du courage. *You've really got courage.*

Tu es vraiment le/la meilleur(e).

Tu es le garçon le plus cool que je connaisse. *You're the . . . -est . . . I know.*

11 Ecoute!

Ecoute ces conversations. Est-ce que c'est le garçon ou la fille qui se vante?

12 C'est pas pour me vanter, mais...

Bernard est très fier de lui. Il parle avec son cousin de ce qu'il a fait ou sait faire. Imagine et écris ce que Bernard dit. Utilise les mots et expressions dans la boîte suivante. Puis, écris ce que son cousin pourrait répondre pour flatter Bernard.

> C'est pas pour me vanter, mais...
>
> danser
>
> ...., c'est fastoche, ça!
>
> faire de la plongée et voir une pieuvre énorme
>
> C'est moi, le meilleur...
>
> avoir 18 à l'interro de français
>
> faire du deltaplane
>
> C'est moi qui... le mieux...

GRAMMAIRE   The superlative

Si tu as oublié the forms of the comparative va à la page 204.

To make the superlative forms in French, you just use the comparative forms along with the appropriate definite articles.

Adjectives:

> Ce coquillage est **le plus grand.** Celui-ci est **le moins grand.**
> *This shell is the biggest.   This one is the smallest.*
> Ce sont **les meilleures** régions pour la plongée.
> *These are the best regions for diving.*

- If the adjective precedes the noun, put the superlative construction and the adjective before the noun.
  > Gilles est **le plus grand garçon** de l'équipe.
  > *Gilles is the tallest boy on the team.*
- If the adjective follows the noun, put the article in front of the noun and repeat it in front of the superlative construction.
  > Le requin est l'animal **le plus** dangereux.
  > *The shark is the most dangerous animal.*
- Notice that you use **de** to say *in/of* after the superlative.
  > Tu es **la fille la plus** courageuse **de** notre classe.
  > *You're the most courageous girl in our class.*
- Don't forget to make the adjectives agree with the nouns.

Adverbs:

> C'est Brigitte qui court **le plus vite.** *Brigitte runs the fastest.*
> C'est Pascal qui court **le moins vite.** *Pascal runs the slowest.*
> C'est moi qui chante **le mieux.** *I sing the best.*

- In a superlative construction with an adverb, you will always use the article **le.**

13 C'est le plus...

Complète les phrases suivantes avec le superlatif des adjectifs et des adverbes entre parenthèses.

EXEMPLE   Ces algues sont sûrement _____ (–/long) de toutes.

                Ces algues sont sûrement les moins longues de toutes.

1. C'est Elodie qui nage _____ (–/vite).
2. Le requin est l'animal marin _____ (+/dangereux).
3. De nous tous, c'est Martin qui parle français _____ (+/bien).
4. A mon avis, c'est cette étoile de mer qui est _____ (+/mignon).
5. Les hippocampes sont vraiment les animaux _____ (+/bizarre).
6. _____ (+/beau) plages sont à l'ouest de l'île.
7. Regarde un peu cette tortue! Ça doit être _____ (+/gros) de toutes.
8. Je n'aime pas trop ces coquillages-là. Ce sont _____ (–/joli).

14 C'est la mer

Fais des phrases pour dire comment ces animaux sont, à ton avis.

    La tortue est l'animal marin le moins rapide.

mignon
gros
bizarre
dangereux
moche
rapide
beau

15 Pascal est vantard!

Pascal croit qu'il fait tout mieux que les autres. Qu'est-ce qu'il pourrait dire à propos des activités suivantes pour impressionner une fille?

    De tous les garçons, c'est moi qui chante le mieux.

parler anglais	conduire	danser
sauter	chanter	nager	s'habiller

bien		haut
	prudemment	vite

16 L'endroit le plus beau du monde

Pendant tes vacances à la Guadeloupe, tu téléphones à ton ami(e) pour lui dire ce que tu as fait et vu. Tu es impressionné(e), donc tu exagères. Tu es fier/fière de toi et tu te vantes un peu. Joue cette scène avec ton/ta camarade. Changez de rôles.

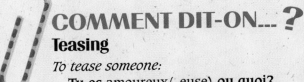

COMMENT DIT-ON... ?

Teasing

To tease someone:

Tu es amoureux(-euse) **ou quoi?**
Are you . . . or what?

Non mais, tu t'es pas regardé(e)!
If you could see how you look!

Réveille-toi un peu! *Get with it!*

Tu en rates pas une, toi! *You don't miss a thing, do you? (sarcastic)*

Arrête de délirer! *Stop being so silly!*

To respond to teasing:

Lâche-moi, tu veux?
Will you give me a break?

Je t'ai pas demandé ton avis. *I didn't ask your opinion.*

Oh, ça va, hein! *Oh, give me a break!*

Qu'est-ce que tu en sais? *What do you know about it?*

Ça peut arriver à tout le monde. *It could happen to anyone.*

Et toi, arrête de m'embêter! *Stop bothering me!*

17 Ecoute!

Ecoute ces dialogues entre Brigitte et Angèle. Dans quelles conversations est-ce qu'elles se taquinent *(tease)*?

18 Qu'est-ce que tu en sais?

Ton/Ta meilleur(e) ami(e) se moque de toi. Choisis la bonne réponse pour te défendre.

1. Tu en rates pas une, toi!
   a. Mais le bus n'est pas arrivé à l'heure.
   b. Ben, ça peut arriver à tout le monde!
   c. Oui, c'est vrai. J'ai raté un autre examen.

2. Tu es amoureux(-euse) ou quoi?
   a. J'en ai vu d'autres.
   b. Je ne suis jamais tombé(e) amoureux(-euse).
   c. Lâche-moi, tu veux?

3. Arrête de délirer!
   a. Mais c'est amusant de délirer!
   b. Et toi, arrête de m'embêter!
   c. Oh, c'est fastoche, ça!

4. Non, mais tu t'es pas regardé(e)!
   a. Je t'ai pas demandé ton avis.
   b. Je n'ai pas de miroir.
   c. Si, je suis très beau/belle.

5. Réveille-toi un peu!
   a. Je n'ai pas de réveil.
   b. Oh, j'ai sommeil.
   c. Oh, ça va, hein!

19 C'est fastoche, la plongée

Ces jeunes viennent de faire de la plongée. Ils parlent de ce qu'ils ont vu. Pendant la conversation, ils se vantent, se flattent et se taquinent. Ecris leur conversation.

PANORAMA CULTUREL

Evelyne • France

Epie • Côte d'Ivoire

Marie • France

We asked some students to describe a typical school day. Here's what they told us.

Tu peux décrire une de tes journées typiques?

«En semaine, ben, je me lève vers six heures et demie. Je fais ma toilette. Je m'habille et je vais déjeuner. Je prends le bus et j'arrive ici à huit heures, enfin, un peu avant huit heures. Je vais en cours de huit heures à midi. Je mange en vitesse de midi à une heure. Après, de une heure à six heures j'ai cours. A six heures, je prends le bus et j'arrive à sept heures à la maison. Et après, je mange, je travaille ou je regarde la télé et puis, je vais me coucher.»

-Evelyne

«Je me réveille à cinq heures. Je me lave. Je fais ma toilette. Je m'habille. Je prends mon petit déjeuner, puis je prends la route de l'école. Arrivée à l'école, je vais en classe. Nous faisons les cours et, à midi, je repars à la maison. Puis, je regarde la télévision et puis, je mange. Dans l'après-midi, je vais me coucher. Si on a cours le soir, je repars à l'école, et puis je reviens. Le soir, j'étudie et puis, je vais dormir.»

-Epie

«Je me lève vers six heures et demie. Je vais dans la salle de bains. Je me lave un petit peu. Je m'habille. Après, je vais donner à manger à mes chevaux. Après, je déjeune, puis ma mère, elle m'emmène avec mes petites sœurs à l'école. Après, la matinée, on travaille. A midi, je mange en ville avec des copines ou des copains, et l'après-midi, je retourne à l'école, et ma mère vient me chercher le soir à six heures. Et après, je me baigne ou je regarde la télé et après, je vais travailler. Et le soir, je mange et après, je donne à manger à mes chevaux et à mon chien, et je vais me coucher.»

-Marie

Qu'en penses-tu?
1. How do the routines of these students differ from a typical school day in the United States?
2. Which of these students has a routine most like your own?

Remise en train

Des nouvelles de Guadeloupe

Joëlle écrit à une amie, Marie-France, qui a quitté la Guadeloupe il y a quelques mois. Elle lui raconte tout ce qui s'est passé depuis son départ. Et il s'en est passé des choses!

20 Tu as compris?

1. Why does Joëlle write the letter?
2. What news does she share with Marie-France?
3. Where will the letter be sent?

21 C'est qui?

Dans la lettre de Joëlle, trouve le nom d'une personne qui...

1. a raté son bac.
2. s'est mariée.
3. s'est disputée avec son petit ami.
4. a participé à un relais.
5. s'est cassé la jambe.

22 Trouve la suite!

Complète les phrases suivantes avec les mots dans la boîte.

à la Martinique	dans le vieux centre
dans la boutique	à un concert de salsa

1. Hier, Joëlle est allée ____ avec Viviane.
2. Le mari de Julie habite ____.
3. Pour le moment, Michel travaille ____ de son père.
4. Joëlle aimerait pouvoir aller se promener ____ avec Marie-France.

Ma chère Marie-France,

Si tu savais comme tu me manques. Quand je sors de l'école, je me dis, «Tiens, si Marie-France était là, on irait se promener dans le vieux centre ou sur la place des Victoires.» Hier, j'ai pensé à toi. Je suis allée écouter un concert de salsa. Tu aurais adoré ça. Tout le monde était debout et dansait! J'y suis allée avec Viviane. Je ne t'ai pas dit? Elle et Paul se sont fâchés. Ils ne se parlent plus depuis trois mois. Paul me téléphone et me parle de Viviane, et Viviane ne me parle que de Paul. Au fait, tu savais que Prosper s'était cassé la jambe? Il est tombé en faisant une randonnée à la Soufrière. Je suis allée le voir à l'hôpital. Il a le moral, mais il a eu peur. Tu connais la dernière? Figure-toi que Julie, la sœur de Raoul, s'est mariée. Non, mais, tu te rends compte! Elle n'a que vingt ans. Je n'ai jamais vu son mari, mais j'ai entendu dire qu'il est sympa. Il est martiniquais et je crois qu'elle va aller habiter avec lui à Fort-de-France. Ah, et puis tu connais la meilleure? Tiens-toi bien. Michel a raté son bac. Je me demande vraiment comment il a fait. Il avait toujours de super notes. Il a dû paniquer le jour de l'examen. Il va le repasser cette année. Mais en attendant, il travaille dans la boutique de son père. Le pauvre! Lui qui voulait se lancer dans l'informatique! Comme tu vois, depuis que tu es partie, beaucoup de choses ont changé. Pour ma part, je n'arrête pas. Je suis vachement occupée. En plus, j'essaie de continuer mon entraînement. Je cours au moins une heure par jour. Je ne t'ai pas dit? On a gagné un relais où il y avait les meilleures athlètes des Antilles. C'est génial, non? Écris-moi vite pour me raconter ce que tu fais à Lyon. J'espère qu'il ne fait pas trop froid. Ici, comme tu peux l'imaginer, il fait un temps super. On va à la plage tous les week-ends. Je te laisse. Gros bisous.

Joëlle

23 Vrai ou faux?

1. Viviane et Paul se sont réconciliés.
2. Joëlle trouve que Julie était trop jeune pour se marier.
3. Michel veut étudier l'informatique.
4. Joëlle va à la plage tous les jours.
5. Beaucoup de choses ont changé.

24 Cherche les expressions

What expressions does Joëlle use to . . .

1. say she misses someone?
2. describe a hypothetical situation?
3. break some news?
4. make a supposition?
5. express pity?
6. end her letter?

25 Et maintenant, à toi

Est-ce que tu as des amis qui ont déménagé? Est-ce que tu leur écris quelquefois? Qu'est-ce que tu leur dis dans tes lettres?

DEUXIEME ETAPE

Breaking some news; showing interest; expressing disbelief; telling a joke

VOCABULAIRE

Depuis que Marie-France a quitté la Guadeloupe, il s'en est passé des choses!

Luc s'est fiancé.

Etienne **s'est acheté un vélomoteur.**

Mireille **s'est fait mal au dos en faisant du cheval.**

Lucien **a embouti la voiture** de son père.

Thérèse **s'est fait enlever les bagues.**

Michel **s'est cassé les jambes.**

Julien et Bruno **se sont bagarrés.**

Ophélia **s'est fait percer les oreilles.**

avoir des boutons *to have acne*　**perdre du poids** *to lose weight*
déménager *to move*　**prendre des leçons de conduite** *to take driving lessons*

26 Ecoute!

Sabine téléphone à son amie qui a déménagé pour lui donner des nouvelles. Regarde les jeunes dans le **Vocabulaire.** De qui est-ce qu'elle parle?

27 Qu'est qui s'est passé?

Lis les phrases suivantes et décide ce qui est arrivé à chaque fille.

1. Paula n'habite plus à Lyon.
2. Julie a de très belles dents.
3. Iman est allée chez le docteur.
4. Dina ne prend plus le bus.
5. Chloé porte une très jolie bague.

a. Elle s'est fait mal au bras.
b. Elle s'est acheté un vélomoteur.
c. Elle a déménagé.
d. Elle s'est fiancée.
e. Elle s'est fait enlever les bagues.

Si tu as oublié
Reciprocal verbs
va à la page 142.

COMMENT DIT-ON... ?

Breaking some news; showing interest; expressing disbelief

To break some news:

Tu savais que... ?

Tu connais la dernière?
Have you heard the latest?

J'ai entendu dire que...
I've heard that . . .

Figure-toi que... *Can you imagine that . . .*

Si tu avais vu ce qu'elle portait!
If you could have seen . . .

To show interest:

Raconte! *Tell me!*

Oh là là!

Qui t'a dit ça? *Who told you that?*

Et alors?

To express disbelief:

Mon œil! *No way!*

Je n'en reviens pas. *I don't believe it.*

N'importe quoi! *Yeah, right!*

28 ### Ecoute!

Tu entends les conversations suivantes à la cantine. Dans quelles conversations est-ce qu'on donne des nouvelles?

29 ### Je n'en reviens pas

Invente trois nouvelles incroyables en t'aidant des expressions dans la boîte suivante. Ensuite, annonce ces nouvelles à ton/ta camarade en utilisant les phrases dans le **Comment dit-on... ?** Il/Elle va exprimer des doutes.

s'acheter une voiture de sport   rencontrer une fille super

gagner à la loterie   se disputer à une boum   prendre des leçons de conduite

tomber amoureux   se bagarrer   se fiancer   se faire mal à la main

GRAMMAIRE   The past perfect

In English you use the past perfect tense to say that something happened even farther in the past than some other event. This tense is called the **plus-que-parfait** in French and you use it the same way in French as in English.

Elle n'a pas dit ce qu'il **avait fait.** *She didn't say what he had done.*

- To form the **plus-que-parfait,** you use the **imparfait** of **avoir** or **être** and add the past participle.

j'**avais dit**	j'**étais allé(e)**
tu **avais dit**	tu **étais allé(e)**
il/elle/on **avait dit**	il/elle/on **était allé(e)(s)**
nous **avions dit**	nous **étions allé(e)s**
vous **aviez dit**	vous **étiez allé(e)(s)**
ils/elles **avaient dit**	ils/elles **étaient allé(e)s**

- The rules for agreement of past participles are the same as for the **passé composé.**

30 C'est pas vrai!

Juliette raconte à Lucie ce qui est arrivé à leurs amis. Complète leur conversation en utilisant le passé composé ou le plus-que-parfait.

JULIETTE Tu connais la dernière? Benoît et Delphine ont cassé.

LUCIE C'est pas vrai! Qui t'a dit ça? Raconte!

JULIETTE Delphine. Elle m'a dit qu'elle (voir) Benoît au café avec une autre fille. Alors, elle lui (téléphoner) et elle lui (demander) s'il (se trouver) une nouvelle petite amie. Il a répondu qu'il (inviter) cette fille au café parce qu'elle (venir) de Martinique pour voir son frère qui était occupé. Mais Delphine ne l'a pas cru, alors elle lui a dit qu'elle en (finir) avec lui et qu'elle aussi (rencontrer) quelqu'un d'autre. Mais, tu vois, je lui ai dit que j'(parler) avec le frère de Benoît et qu'il (ne pas mentir).

LUCIE Qu'est-ce qui (arriver)?

JULIETTE Elle était fâchée. Elle a refusé de m'écouter.

31 Raconte!

Ta correspondante guadeloupéenne t'a envoyé une lettre. Elle te raconte tout ce qui s'est passé cette année. Tes camarades sont curieux. Raconte-leur ce qu'elle a écrit dans sa lettre. Utilise le plus-que-parfait.

Elle m'a dit que...

Je suis tombée malade.

J'ai été opérée.

Je suis allée à l'hôpital.

J'ai obtenu une bourse.

Je suis entrée à l'université.

J'ai perdu du poids.

Je suis partie en vacances.

Je me suis trouvé un petit ami.

Je me suis acheté une voiture.

J'ai travaillé pendant l'été.

32 Il s'en est passé des choses!

Ton ami Eric a passé une très mauvaise journée hier. Ecris un petit mot à un(e) ami(e) pour lui raconter ce qui est arrivé à Eric. Utilise les expressions dans la boîte suivante et le plus-que-parfait.

Eric a passé une journée horrible hier. Il m'a dit qu'il était arrivé à l'école en retard et...

ne pas étudier assez et rater son interro de géo   emboutir la voiture de ses parents

se disputer avec Martin et se bagarrer à la récréation

se faire mal à la jambe pendant le cours de gym

rentrer très tard à la maison et être privé de sortie

33 N'importe quoi!

Parle à ton/ta camarade des dernières aventures des personnages d'un feuilleton ou d'une série télévisée que tu connais.

COMMENT DIT-ON... ?

Telling a joke

To bring up a joke:

J'en connais une bonne.
I've got a good one.

Est-ce que tu connais l'histoire de... ?
Do you know the one about . . . ?

To continue a story:

... et alors, il dit que... *. . . so he says . . .*

... et l'autre lui répond... *. . . and the other one answers . . .*

To relate a joke:

Quelle est la différence entre... et... ?

Quel est le point commun entre... et... ?
What do . . . and . . . have in common?

C'est l'histoire d'un mec qui...
It's about a guy who . . .

To respond to a joke:

Elle est bien bonne! *That's a good one!*

Elle est nulle, ta blague! *What a bad joke!*

---

34 Ecoute!

Ecoute ces conversations et dis si c'est le début, le milieu *(middle)* ou la fin d'une blague *(joke)*.

A la française

Can you guess which of the phrases in the **Comment dit-on... ?** on page 259 this gesture expresses? *

35 Méli-mélo!

Joëlle raconte une blague à Viviane. Mets leur conversation dans le bon ordre.

«Et alors, il dit que les Français sont vraiment nuls.»

«Il y a un Texan à Paris avec sa femme. Il regarde la tour Eiffel, d'un air étonné.»

«J'en connais une bonne.»

«Tu connais l'histoire du Texan à Paris?»

«Parce que ça fait cent ans qu'ils ont mis ce derrick, et ils n'ont toujours pas obtenu de pétrole!»

«Non.»   «Raconte!»

«Elle est bien bonne!»

«Et alors?»   «Ben, pourquoi?»

36 Jeu de rôle

Your French class is on a trip to Guadeloupe. Act out these scenes with your classmates.

a. You're camping on the beach. It's night and you're sitting around the campfire. You're telling jokes and relating the latest news you know.

b. As you go to your sleeping bags, someone sees a snake and everyone is scared. One of you picks up the snake, throws it back into the dunes, and then brags about it. The others flatter this person and tease one another for being scared.

¡Əl ɐl ɥO

O'GAYA

Tout au fond de la mer chaude des Caraïbes, dans une maison entourée d'une véranda, vit une famille d'étoiles de mer : la famille Micabwa.

O'gaya, la fille aînée, n'est toujours pas rentrée ; pourtant là-haut, à l'horizon, le soleil a déjà mis sa robe de chambre sanguine.

Toute la famille est à table : papa Micabwa mange de bon appétit et Fia, sa fille cadette, se ressert de la salade d'algues.

L'horloge siffle neuf coups. Maman Micabwa aime bien cette horloge qu'ils ont rapportée de leur dernier voyage aux îles Galapagos. L'horloge ? C'est un énorme coquillage bleuté, un coquillage-temps. Comment sait-il l'heure ? Nul ne le

sait. Au neuvième coup, les coraux de la porte tintinnabulent : O'gaya, gracieuse étoile de mer, passe sous la pierre de lumière.

Papa Micabwa s'installe sous la véranda, dans son fauteuil à bascule pour boire une tisane d'anémones sauvages. La petite sœur s'éclipse dans sa chambre et revient, pailletée d'argent.

- Maman, je vais danser avec...

La fin de sa phrase est couverte par le vrombissement d'une superbe coquille Saint-Jacques pilotée par un jeune poulpe :

- Bonsoir, papa Micabwa, je vous enlève Fia pour la soirée.

- Ne l'enlace pas trop avec tous tes bras, lui répond malicieusement papa Micabwa.

Fia envoie un baiser à son père, la Saint-Jacques démarre dans un tourbillon de sable. Papa Micabwa reste songeur, il pense à O'gaya : «Il faudra que je lui parle : elle a l'air triste ces temps-ci.»

Maman Micabwa et O'gaya sortent toutes les deux sous la véranda. O'gaya s'installe sur les marches et maman Micabwa dans sa berceuse. Les étoiles luisent doucement dans l'eau de la nuit. O'gaya soupire :

- Je voudrais tant être une *étoile de ciel.*

Papa et maman Micabwa sursautent :

- Que dis-tu ?

O'gaya se tourne vers eux et répète :

DE BONS CONSEILS

Literature, such as a poem, story, or novel, is very different from the formal and objective writing that you find in a report or essay. The writer of literature is free to use imagination, emotion, and dramatic effect. To accomplish this, the writer can use literary techniques such as analogy and figurative language. An *analogy* is a comparison made between two things to show how they are alike. Figurative language, such as simile, metaphor, and personification, describes something by comparing it to something else. A *simile* compares two things by saying that one is like the other; this is usually expressed in French by the word **comme** or sometimes **tel.** A *metaphor* states that one thing is another: **Cet homme est un monstre d'égoïsme.** *Personification* gives human characteristics to an animal or object. Learning to recognize and understand these literary techniques when you read French will enable you to better understand and enjoy what you read.

A. Avant de lire l'histoire d'O'gaya, regarde les illustrations. Où cette histoire se passe-t-elle? Quelles créatures en sont les caractères principaux?

B. Dans le fond de quelle mer vit la famille Micabwa?
   a. la mer Méditerranée
   b. la mer des Caraïbes
   c. la mer Egée

C. Que fait la famille Micabwa au début de l'histoire? Qui n'est pas là?

D. Vrai ou faux?
   1. O'gaya mange avec sa famille.
   2. Fia est la fille aînée de la famille.
   3. L'ami de Fia est un poulpe *(octopus).*
   4. Le père d'O'gaya s'inquiète pour elle.

- Je voudrais tant être une *étoile de ciel*.

- Hélas ! Nous ne pouvons pas t'aider ma petite fille, répond maman Micabwa.

- Mais, ajoute papa Micabwa, je connais la tortue millénaire Man Dou, elle pourrait te conseiller.

Déjà, O'gaya saute de joie :

- Pourrais-je partir dès demain ?

Papa et maman Micabwa sourient tendrement :

- Mais, bien sûr ma chérie, tu pourras partir demain.

Le lendemain matin, O'gaya est si excitée qu'elle n'arrive pas à boire son lait d'éponge. Elle embrasse ses parents et part. Papa et maman Micabwa ne sont pas trop inquiets ; l'heure est venue pour O'gaya de grandir et de vivre ses rêves.

La voilà partie ! Elle avance vite, quand, tout à coup, une rangée de dents lui barre la route.

- Hé ! Où va-t-on ainsi, sans plus se gêner ? Vous prenez mon domaine pour un jardin public peut-être ? demande Morfyo le requin. O'gaya frissonne, rassemble son courage et répond :

- M. Morfyo, je rêvais, et je suis entrée par hasard sur vos terres.

- Et à quoi rêves-tu, petite impudente ?

- Je rêve d'être une *étoile de ciel* et je vais voir si la tortue Man Dou peut m'aider !

Morfyo éclate de rire et des milliers de bulles se forment autour de lui.

- Ecoute, petite, des «comme toi», je n'en ai jamais vu. Vouloir vivre dans le ciel ! Je n'en crois pas mes ouïes !

O'gaya n'essaie pas de fuir et fait face au requin :

- Allez-vous me manger M. Morfyo ? demande-t-elle.

- Et en plus, tu as de l'audace ! Décidément, petite, tu m'es bien sympathique. Allez, je t'emmène, grimpe sur mon dos !

Le redoutable requin, son habit noir décoré d'une étrange fleur, O'gaya, se dirige sans hésitation vers la demeure de la tortue Man Dou.

Sur le chemin, ils croisent des poissons-pipelettes en pleine conversation qui, de stupeur, restent bouche-bée.

Morfyo dépose O'gaya à la porte de Man Dou. La petite étoile de mer descend quelques marches et dans un bassin de sable, elle voit une énorme tortue à la carapace brune et jaune comme les gorgones-éventail.

- Man Dou ! Man Dou ! appelle-t-elle timidement.

Une tête apparaît hors de la carapace, deux yeux d'or fondu la fixent.

- Il faut que cela soit bien important pour

E. Find five details that the author uses to draw an analogy between the Micabwa family and a human family.

F. Qu'est-ce qu'O'gaya rêve de devenir?

G. The turtle Man Dou is a thousand years old. Why do O'gaya's parents send her to speak to the turtle? What does this tell you about this culture's attitude toward its elders?

H. Quelle est la première créature qu'elle rencontre?

I. What do you think **Je n'en crois pas mes ouïes !** means? If **ouïe** means *hearing* and **ouïes** means *gills,* what pun has the shark made?

J. Quelles sont les qualités d'O'gaya que le requin admire?

K. What metaphor is found in the sentence that begins **Le redoutable requin...** ?

L. What simile do you find in the paragraph that begins **Morfyo dépose O'gaya...** ?

M. Recherche ces mots de vocabulaire et réfère-toi au contexte pour deviner leur sens.

N. What kind of creature is Man Kya? What deal does O'gaya make with Man Kya to realize her dream?

O. What metaphor is used to describe Man Kya's strange collection?

tintinnabulent
vrombissement
tourbillon
luisent
grimpe
frissonne
se pelotonne
frémit
tisse

que tu oses me réveiller !

- Oh ! Oui, Man Dou, je voudrais être une *étoile de ciel*.

Man Dou cligne des yeux :

- Une étoile de ciel ! Je ne peux rien faire pour toi, mais va voir l'araignée d'eau, Man Kya, elle n'habite pas loin d'ici. Bonne chance !

Man Dou se pelotonne à nouveau dans sa carapace.

O'gaya s'en va. Elle n'est pas longue à trouver la demeure de Man Kya, un antre de fougères marines.

- Man Kya, êtes-vous là ?

- Oui, oui, entrez donc, j'arrive.

O'gaya soulève un rideau de longues et lourdes algues de goémon : elle se retrouve face à l'araignée d'eau.

- Que désires-tu petite ? demande-t-elle d'une voix aigrelette.

- Etre une étoile de ciel.

- Une étoile de ciel ! Drôle d'idée ; enfin, si tu le désires ! Connais-tu le prix de mes services ?

- Non, répond O'gaya, étonnée.

- Pour ce que tu me demandes, le tarif est de deux yeux.

- Mes yeux ? dit d'une voix angoissée O'gaya.

- Oui, viens voir mon jardin !

Elle sort, O'gaya la suit. Dans l'enclos, poussent des coraux ; pendus aux branches, des yeux les regardent, fruits étranges et colorés.

- Que penses-tu de ma belle collection ? Alors, que décides-tu ?

O'gaya frémit, mais son rêve est trop profondément gravé en elle pour être effacé par le temps. Elle accepte le marché et donne ses yeux. Alors, l'araignée d'eau Man Kya tisse une échelle avec le fil magique qu'elle sécrète.

L'ouvrage terminé, elle souffle trois notes dans une énorme conque. A la troisième note, un grand oiseau, une frégate noire, plonge. Elle lui met les deux boucles de l'échelle dans le bec et lui ordonne de les accrocher à un croissant de lune. La frégate remonte donc à la surface ; l'échelle se déroule dans toute sa splendeur argentée.

Man Kya guide O'gaya et lui souhaite bon voyage.

La petite étoile de mer se hisse sur l'échelle, fil à fil, jusqu'au ciel.

Alors le soir, doux comme un baiser, se pose sur la mer chaude des Caraïbes ; dans la maison du fond de l'eau, papa et maman Micabwa, assis sous la véranda, pensent tendrement à O'gaya.

Soudain, un reflet inattendu attire leur attention, ils se lèvent et regardent : tout là-haut, une petite étoile luit dans l'eau de la nuit.

P. Mets ces événements dans le bon ordre.

Man Kya souffle trois notes dans une énorme conque.

O'gaya se hisse sur l'échelle jusqu'au ciel.

Un oiseau accroche l'échelle à un croissant de lune.

O'gaya donne ses yeux à l'araignée d'eau.

Man Kya tisse une échelle.

Q. What simile do you find in the paragraph that begins **Alors le soir,...** ?

R. Why is personification an essential part of this story?

S. What need do you think O'gaya's dream expresses? What qualities are necessary for her to attain her dream?

T. Qu'est-ce que tu rêves de devenir quand tu seras adulte? Qu'est-ce que tu penses devoir faire pour réaliser ce rêve? Serais-tu prêt(e) à faire un grand sacrifice pour réaliser ce rêve, si nécessaire?

There are many possible ways to tell a story. A sequence of events can sound very different if you change the format and style in which you tell it, even if the details remain the same. In this activity, you're going to give O'gaya's story a new twist by retelling it as an article in a supermarket tabloid, with an appropriate sensationalistic style.

Une transformation incroyable!

Raconte l'histoire d'O'gaya à la manière des journaux à sensation. Décris les événements en les exagérant et essaie de rendre ton histoire aussi dramatique et intéressante que possible.

DE BONS CONSEILS
Style is a general term for the characteristics of a piece of writing. The style in which you write will usually be determined by what you are writing. For example, an academic paper requires a formal and objective tone, a high level of language, and a strict organization. A letter to a friend is informal, usually with slang expressions and a very loose organization. Advertising style often produces short, crisp sentences with words that appeal to the emotions. It's important that you use the accepted style for a type of writing, since violating that style might be considered unacceptable or ineffective.

A. Préparation

1. Avec ton/ta camarade, essayez de répondre aux questions suivantes.
   a. A quoi ressemble un journal à sensation? Est-ce que tu en connais? Qu'est-ce qui le rend différent d'un journal normal?
   b. Quels genres d'événements et de citations est-ce qu'on trouve dans les articles des journaux à sensation? Quelle sorte de photos est-ce qu'on peut y voir?
   c. Cherche la définition du mot *sensationalism* dans un dictionnaire anglais. En quoi est-ce que ces journaux font appel au sensationnalisme?
2. Fais un plan des événements principaux de l'histoire d'O'gaya.

B. Rédaction

1. Rédige le brouillon de ton histoire dans le style qu'utilisent les journaux à sensation.
   a. Regarde ton plan. Mets l'accent sur les parties de l'histoire qui sont les plus intéressantes.
   b. Choisis des mots que tu peux utiliser pour que l'histoire soit plus dramatique et plus sensationnelle.
   c. Change un peu les faits et exagère les détails pour rendre ton histoire plus dramatique.
   d. Illustre ton récit avec des citations réelles ou imaginaires.

C. Evaluation

1. Après avoir fini ton brouillon, relis ce que tu as écrit.
   a. Est-ce que tu as bien raconté ton histoire dans un style journalistique au lieu de simplement répéter les faits?
   b. Est-ce que ton récit est réellement intéressant et dramatique?
2. Rédige la version finale de ton article en prenant soin de corriger l'orthographe, la grammaire et le vocabulaire.
3. Illustre ton histoire avec des photos bizarres et peu crédibles telles que celles qu'on peut trouver dans un journal à sensation. Tu peux soit faire des dessins, soit découper des photos dans un vrai magazine.

MISE EN PRATIQUE

1 Ecoute ces conversations entre Nathalie et son frère, Nicolas. Qui est-ce qui se moque de l'autre, Nathalie ou Nicolas?

2 Lis cet article du site "La Faune sous-marine de la Guadeloupe." Ensuite, réponds aux questions à la page 267.

La Guadeloupe

La Faune sous-marine de la Guadeloupe

Avec la mer Rouge et les lagons du Pacifique, les Antilles possèdent les fonds sous-marins les plus spectaculaires du monde.

Un site protégé a été créé autour des Ilets Pigeon en face de Malendure sur la Basse-Terre, où même les non-sportifs peuvent admirer les beautés sous-marines à bord de bateaux à fonds de verre.

Mais en Guadeloupe, nul besoin d'être un plongeur émérite pour pouvoir admirer le spectacle des poissons multi-colores, un simple masque et un tuba vous permettent d'explorer les récifs coralliens présents sur pratiquement toutes les plages et souvent même dans une eau peu profonde, mais toujours chaude et limpide.

Les coraux aux noms souvent poétiques comme Gorgones en forme d'éventails jaunes, bruns ou violets, Cornes d'Elans, Pâte à Chaux, Cerveaux de Vénus méritent la visite à eux seuls.
Mais autour d'eux zigzague une foule de poissons de toutes les couleurs: les Sergents-majors jaunes et bleus, les Poissons-Papillons avec un deuxième œil fictif, les Poissons-perroquets, les Poissons-coffres, les Soleils écarlates, les Poissons-lunes, les Poissons-scorpions, les Balistes ...

Sur le sable vous pourrez voir des oursins blancs, les seuls comestibles ici, des étoiles de mer ou un des nombreux coquillages dont les Lambis, les Casques ou les Tritons sont les plus grandes espèces.

Les eaux de la Guadeloupe n'ont pratiquement pas d'habitant dangereux, il faut toutefois éviter les épines des oursins noirs non-comestibles, le Corail de Feu orange qui provoque des brûlures, les rares Méduses, la Murène et le Barracuda.

En haute mer, lors d'une sortie de pêche au gros, les Frégates vous indiquent des Dorades, des Thazards, des Thons, des Espadons, des Raies Manta et de temps en temps un Requin-marteau ou une famille de Cachalots et vous pourrez admirer le spectacle magnifique des poissons volants, les Exocets.

Respectez la mer !
La tentation est grande de cueillir des fragments de corail. Sachez que la récolte de coraux vivants est interdite - un récif met des dizaines d'années à se reconstituer ! Respectez les réglementations de capture de tortues et de langoustes, il n'y a que de cette façon que ce paradis aquatique le restera encore pour de nombreuses années.

1. If you don't like to scuba dive, how can you see the under-sea beauty of the Antilles?
2. What are **Cerveaux de Vénus** and **Gorgones?**
3. According to this article, what edible delicacies are found on the beaches of Guadeloupe?
4. What are two kinds of fish the article mentions? Two kinds of shells?
5. What dangerous marine life does the article mention?
6. Are you allowed to take pieces of live coral? Why or why not?

 3 Ton/ta correspondant(e) guadeloupéen(ne) voudrait avoir des nouvelles des Etats-Unis. Ecris-lui une lettre dans laquelle tu lui racontes les dernières nouvelles sur quelques célébrités.

 4 Choisis une des situations suivantes. Tu te vantes. Si ton/ta camarade est impressionné(e), il/elle va te flatter. S'il/si elle ne l'est pas, il/elle va te taquiner. Changez de rôles.

Tu as une nouvelle voiture.

Tu es le/la meilleur(e) dans un sport.

Tu as piloté un avion.

Tu as fait de la plongée.

Tu as fait du deltaplane.

Tu as les meilleures notes de la classe.

5 ♪ J E U   D E   R O L E

Your French class is having a party in honor of your pen pal from Guadeloupe, who is visiting. At the party, you'll break some news, tell jokes, brag, flatter, and tease each other. With a group of your classmates, write out a script for this scene and act it out. Remember to include the following situations.

- Each of you makes up two bits of news to tell the others.

- The pen pal talks about what it's like in Guadeloupe. He/She makes up an event to brag about. The others flatter him/her.

- Each of you teases one of your friends.

Can you use what you've learned in this chapter?

Can you brag? p. 251

1 What would you say to brag in the following situations?
1. You finish an assignment before everyone else.
2. You win a race.
3. You get the highest grade on a test.

Can you flatter? p. 251

2 What would you say to flatter a person if he/she were . . .
1. really athletic?
2. a good student?
3. very artistic?

Can you tease? p. 254

3 What would you say to tease the people in these situations?
1. Your friend seems to have a crush on someone.
2. Your brother gets dressed to go out on a date and none of his clothes match.
3. You're playing tennis with a friend who keeps missing the ball.

4 How would you respond to the teasing in number 3?

Can you break some news? p. 259

5 What would you say to tell a friend what happened to these people?

Can you show interest? p. 259

Can you express disbelief? p. 259

6 How would you show interest in something a friend was saying?

7 What would you say if you didn't believe what your friend was telling you?

Can you tell a joke? p. 261

8 How would you introduce a joke?

9 What would you say if you heard a joke you liked?

10 What would you say if the joke were bad?

PREMIERE ETAPE

Bragging

C'est fastoche, ça!   *That's so easy!*

C'est pas pour me vanter, mais moi...   *I'm not trying to brag, but . . .*

Oh, j'en ai vu d'autres.   *I've done/seen bigger and better things.*

C'est moi, le/la meilleur(e).   *I'm the best.*

C'est moi qui... le mieux.   *I ... the best.*

Flattering

Tu es fortiche/calé(e).   *You're really strong/good at that.*

Alors là, tu m'épates!   *I'm really impressed!*

Tu en as, du courage.   *You've really got courage.*

Tu es vraiment le/la meilleur(e).   *You're really the best.*

Tu es le/la... le/la plus... que je connaisse.   *You're the . . . -est . . . I know.*

Sea life

une algue   *seaweed*
un coquillage   *a shell*
du corail   *coral*
un crabe   *a crab*
une crevette   *a shrimp*
un espadon   *a swordfish*
une étoile de mer   *a starfish*
un hippocampe   *a seahorse*
un homard   *a lobster*
une méduse   *a jellyfish*
une pieuvre   *an octopus*
un requin   *a shark*
un rocher   *a rock*
une tortue   *a turtle*

Teasing

Tu es amoureux(-euse) ou quoi?   *Are you in love or what?*

Non mais, tu t'es pas regardé(e)!   *If you could see how you look!*

Réveille-toi un peu!   *Get with it!*

Tu en rates pas une, toi!   *You don't miss a thing, do you?* (sarcastic)

Arrête de délirer!   *Stop being so silly!*

Lâche-moi, tu veux?   *Will you give me a break?*

Je t'ai pas demandé ton avis.   *I didn't ask your opinion.*

Oh, ça va, hein!   *Oh, give me a break!*

Qu'est-ce que tu en sais?   *What do you know about it?*

Ça peut arriver à tout le monde.   *It could happen to anyone.*

Et toi, arrête de m'embêter!   *Stop bothering me!*

DEUXIEME ETAPE

Everyday life

s'acheter quelque chose   *to buy oneself something*

avoir des boutons   *to have acne*

se bagarrer   *to fight*

se casser le/la...   *to break one's . . .*

déménager   *to move*

emboutir la voiture   *to wreck the car*

se faire enlever les bagues   *to get one's braces off*

se faire mal à...   *to hurt one's . . .*

se faire percer les oreilles   *to get one's ears pierced*

se fiancer   *to get engaged*

perdre du poids   *to lose weight*

prendre des leçons de conduite   *to take driving lessons*

Breaking some news

Tu savais que... ?   *Did you know that . . . ?*

Tu connais la dernière?   *Have you heard the latest?*

J'ai entendu dire que...   *I've heard that . . .*

Figure-toi que...   *Can you imagine that . . .*

Si tu avais vu... !   *If you could have seen . . . !*

Showing interest

Oh là là!   *Oh wow!*
Qui t'a dit ça?   *Who told you that?*
Raconte!   *Tell me!*
Et alors?   *And then?*

Expressing disbelief

Mon œil!   *No way!*
Je n'en reviens pas.   *I don't believe it.*
N'importe quoi!   *Yeah, right!*

Telling jokes

J'en connais une bonne.   *I've got a good one.*

Est-ce que tu connais l'histoire de... ?   *Do you know the one about . . . ?*

Quelle est la différence entre... et... ?   *What's the difference between . . . and . . . ?*

Quel est le point commun entre... et... ?   *What do . . . and . . . have in common?*

C'est l'histoire d'un mec qui...   *It's about a guy who . . .*

... et alors, il dit que...   *so he says . . .*

... et l'autre lui répond...   *. . . and then the other one answers . . .*

Elle est bien bonne!   *That's a good one!*

Elle est nulle, ta blague!   *What a bad joke!*

11
Laissez les bons temps rouler!

1 On fait la fête en Louisiane!

Viens donc en Louisiane, le pays où tous
les prétextes sont bons pour faire la fête. Ici,
on aime déguster les spécialités gastronomiques
locales, danser au rythme de la musique cajun
et surtout, on aime s'amuser.

In this chapter you will review and practice

- asking for confirmation; asking for and giving opinions; agreeing and disagreeing
- asking for explanations; making observations; giving impressions

And you will

- listen to teenagers talk about music
- read a traditional French fable and a Creole variation
- write a poem or a song
- find out about the history of the Cajuns

② Ça te branche, cette musique?

③ Qu'est-ce qu'il y a dans un po-boy?

Mise en train

L'Arrivée à Lafayette

Simon Laforest est français. Il vient d'arriver à Lafayette, en Louisiane, pour passer les vacances de Pâques chez ses cousins éloignés qui s'appellent aussi Laforest. Dans la voiture, Simon découvre cette famille et ce pays qu'il ne connaît pas bien.

❶ M. LAFOREST Si je me souviens bien, tu es né à Paris.

SIMON Oui, c'est ça.

M. LAFOREST Et tu habites toujours à Montpellier?

SIMON Oui, oui...

M. LAFOREST Et comment va ta famille?

SIMON Oh, ça va...

M. LAFOREST Et ta grand-mère? Elle est toujours aussi marrante?

SIMON Oh, vous savez, elle, rien ne l'arrête.

M. LAFOREST Je me souviens d'elle, quand elle est venue ici. J'avais onze ans. Je garde un très bon souvenir d'elle. Elle dansait rudement bien sur la musique cajun! Et puis, je l'ai revue quand nous sommes venus chez vous, à Montpellier.

SIMON Vous savez, j'ai toujours le petit alligator en peluche que vous m'aviez offert.

M. LAFOREST Ah, oui?

SIMON C'était en quelle année, déjà?

M. LAFOREST Si je me souviens bien, c'était en 1982. Tu devais avoir deux ou trois ans. Tu es bien né en 1980?

SIMON Oui, c'est ça.

M. LAFOREST Ta sœur, elle, elle n'était pas encore née. Comment elle s'appelle, déjà?

SIMON Félicie.

❷ M. LAFOREST Est-ce que tu connais l'histoire de notre famille?

SIMON Euh, non. Papa me l'a racontée, mais j'ai oublié.

M. LAFOREST Tu vois, au XVIIIème siècle, nos ancêtres ont dû quitter l'Acadie. Un des frères Laforest, Clément, est venu habiter en Louisiane; l'autre, Hubert, est parti en France. Nous, nous sommes les descendants de Clément. Et ta famille descend d'Hubert.

❸ ANNE Oh, papa! On peut parler d'autre chose? Du présent, par exemple? Tu sais, Simon, ici, il y a plein de choses à faire. Il y a des tas de festivals. Tiens, rien que ce mois-ci, il y a le Festival International de Louisiane, ici, à Lafayette, le Festival de l'Ecrevisse à Breaux Bridge et le «Jazz and Heritage Festival» à La Nouvelle-Orléans.

④ ANNE Tu aimes le jazz, toi?

SIMON Oui, c'est super!

ANNE Génial! Moi aussi! Je vis pour le jazz. Mon rêve c'est de devenir musicienne professionnelle de jazz.

SIMON Tu joues de quoi?

ANNE De la trompette.

SIMON Chouette! Moi, je joue de la batterie. Tu aimes le rock aussi?

ANNE Euh, pas tellement. Je trouve que c'est trop bruyant, trop violent...

SIMON Tu rigoles! Tu as seize ans et tu n'aimes pas le rock?

ANNE Ben non. J'aime mieux la dance. Qu'est-ce que tu en penses, toi?

SIMON Oh, c'est nul!

ANNE Tu trouves? Bon, on peut toujours écouter du jazz ensemble, puisque tu aimes ça.

SIMON D'accord.

⑤ M. LAFOREST Tu sais, Simon, on a tout un programme pour toi. Pour commencer, on pourrait aller au Village Acadien.

SIMON Qu'est-ce que c'est?

M. LAFOREST C'est un musée en plein air qui présente les traditions acadiennes, la manière dont vivaient nos ancêtres, leur histoire...

ANNE Oui, c'est pas mal. Mais surtout la semaine prochaine, on va aller au Festival International de Louisiane. Tu vas voir, c'est vraiment cool! Il y aura...

M. LAFOREST Voilà. On est arrivés. Bienvenue chez nous.

1 Tu as compris?

1. How are Simon, Anne, and M. Laforest related?
2. Where does their conversation take place?
3. What does M. Laforest talk about?
4. What does Anne talk about?
5. What interest(s) do Simon and Anne share?
6. What do M. Laforest and Anne plan to show Simon?

2 Qui suis-je?

Qui dirait les phrases suivantes, M. Laforest, Anne ou Simon?

> Je joue de la batterie parce que j'adore le rock.

> Je voudrais que Simon s'amuse bien pendant son séjour.

> Je voudrais raconter à Simon l'histoire de notre famille.

> Le rock? Ça ne me branche pas tellement. C'est trop bruyant.

> Je rêve d'aller à La Nouvelle-Orléans et de devenir musicienne de jazz.

> Qu'est-ce que c'est, le Village Acadien?

3 Vrai ou faux?

1. M. Laforest a visité Montpellier en 1982.
2. La grand-mère de Simon ne sort plus.
3. M. Laforest a oublié le nom de la sœur de Simon.
4. La famille de Simon descend de Clément.
5. Anne et Simon vont écouter du rock ensemble.
6. Le Village Acadien est l'endroit où les musiciens cajuns habitent.
7. Il n'y a que deux grands festivals en Louisiane chaque année.

4 Cherche les expressions

What expressions do the people in **L'Arrivée à Lafayette** use to . . .

1. ask for confirmation?
2. give a positive opinion?
3. agree?
4. give a negative opinion?
5. disagree?
6. ask for an explanation?
7. welcome someone?

5 Et maintenant, à toi

Est-ce que tu as déjà voyagé dans un endroit que tu ne connaissais pas? Pourquoi est-ce que tu y es allé(e)? Qu'est-ce que tu y as fait et vu?

NOTE CULTURELLE

Laissez les bons temps rouler! *(Let the good times roll!)* is a popular saying in Louisiana, and with good reason. Louisianans seem to have a talent for having fun and need no special occasion to indulge their love of food, music, and dance. Any excuse for a party will do, from weekly dances called **fais do-do** (literally, *go night-night*) to festivals that celebrate rice, crawfish, or the sweet potato. Undoubtedly the biggest and most famous celebrations of all are the Mardi Gras events in New Orleans. The Mardi Gras season begins with a series of parties and balls, and culminates in colorful parades and the extravaganza of Mardi Gras night itself, the last Tuesday before Lent.

Septembre
Festival du Zydeco du Sud-Ouest de la Louisiane à Plaisance • Festival du Canard à Gueydan, Festival de la Crevette et du Pétrole Louisianais à Morgan City • Festivals Acadiens à Lafayette • Festival et Foire de la Canne à Sucre à New Iberia • Festival de la "Grenouille" à Rayne

Octobre
Festival du Bétail à Abbeville • Festival de l'Héritage et de la Musique Cajun à Lafayette • Festival du Coton et "Tournoi de la Ville Platte" • Festival du Folklore Louisianais à Eunice • Festival International du Riz à Crowley • Festival de la "Patate Douce" à Opelousas

Qu'est-ce que tu sais sur la Louisiane? Pour t'en faire une meilleure idée, regarde les photos.

Les écrevisses sont un plat typique en Louisiane.

Il y a de nombreux bayous en Louisiane.

C'est à La Nouvelle-Orléans que le jazz est né.

Le Café du Monde à la Nouvelle-Orléans

On peut visiter de magnifiques plantations.

Qu'en penses-tu?

1. What impression do these photos give you of Louisiana?
2. What are some of the different cultural influences illustrated in the photos?

Savais-tu que... ?

Louisiana's French heritage dates from 1682, when millions of acres of land in North America, including what is now Louisiana, were claimed by the explorer Cavelier de La Salle in the name of France. By the early 1700s, Louisiana was a thriving colony and its capital, **La Nouvelle-Orléans**, was an important cultural and political center. Louisiana became part of America when the young United States bought 827,000 square miles of France's North American territory in the Louisiana Purchase of 1803. The French imprint remained strong, however, and it was reinforced by the presence and cultural influence of settlers from the Acadia region of Canada. These people settled in southern Louisiana in large numbers after being driven out of Canada by the British in the mid-1750s; their descendants are the people we call **Cajuns**, from the word **Acadien**. Cajun French is derived from French forms and idioms from English, Spanish, German, Native-American, and African languages.

PREMIERE ETAPE

Asking for confirmation; asking for and giving opinions; agreeing and disagreeing

COMMENT DIT-ON... ?

Asking for confirmation

To ask for confirmation:

Vous habitez toujours à Bordeaux?
Do you still live . . . ?

Il y a **bien** trois garçons dans ta famille? *. . . , right?*

Comment elle s'appelle, **déjà?**
. . . again?

Ta mère a cinquante ans, **c'est ça?**
. . . , right?

Si je me souviens bien, tu es né en 1984. *If I remember correctly, . . .*

Si je ne me trompe pas, tu as 16 ans.
If I'm not mistaken, . . .

 6 Ecoute!

Tu es à la réunion des anciens élèves de ton lycée. Tu entends les conversations suivantes. Dans quelles conversations est-ce que ces gens vérifient des informations?

 7 Méli-mélo!

Agnès et Julie ne se sont pas vues depuis longtemps. Récris leur conversation dans le bon ordre.

«Vous êtes bien trois sœurs?»

«Si je me souviens bien, elle va à l'université, c'est ça?»

«Tu habites toujours Abbeville?»

«Et l'aînée, comment elle s'appelle, déjà?»

«Si je ne me trompe pas, la benjamine s'appelle Jacqueline.»

«Oui, avec ma famille.»

«Mais non. Elle est toujours chez nous. Elle travaille.»

«Non. Elle s'appelle Audrey.»

«Oui, c'est ça.»

«Edith.»

 8 Ça fait longtemps!

A une boum de ton club de français, tu vois un(e) camarade de classe de l'année dernière. Pose-lui des questions pour vérifier ce que tu te rappelles à son sujet. Changez de rôles.

Si tu as oublié *renewing old acquaintances* va à la page 9.

CD-ROM
Disc 3

la batterie

la guitare

le rock

l'accordéon (m.)

la musique cajun

le piano

la flûte / le violon

la musique classique

le chant

le blues

le saxophone

la trompette

le jazz

la basse

le country

le micro

la boîte à rythmes

le rap

le synthé

la dance

9 Ecoute!

a. Identifie le genre des extraits de musique suivants.

b. Identifie l'instrument que tu entends.

10 De quoi est-ce qu'on joue?

Regarde ce studio de musique. Qu'est-ce qu'il y a comme instruments? Quels genres de musique est-ce qu'on pourrait produire ici?

NOTE CULTURELLE

There are three types of music associated with Louisiana: Cajun, zydeco, and jazz. The French folk music brought to Louisiana by the Acadians has evolved into Cajun music, with the sounds of the accordion, the violin, and the metal triangle. African-American musicians created a variation of Cajun music called zydeco by adding the rhythms of the washboard and spoons. Jazz is considered one of America's great contributions to world culture. Born in New Orleans, it combines elements of traditional African music, spirituals, and brass-band marches.

11 Qu'est-ce qu'on y entend?

A ton avis, quels genres de musique seraient appropriés dans les situations à droite?

à une boum   à la mi-temps d'un match

au coin de la rue   dans un restaurant

à un mariage   à un rodéo

dans une discothèque   au bal annuel du lycée

12 Devine!

Pense à un musicien/une musicienne célèbre. Ensuite, dis aux autres élèves le genre de musique auquel il/elle est associé(e). Les autres élèves te posent des questions pour essayer de deviner qui c'est. Changez de rôles.

COMMENT DIT-ON...?

Asking for and giving opinions; agreeing and disagreeing

To ask for an opinion:
  Comment tu trouves ça, le jazz?
  Tu n'aimes pas la dance?
  Ça te plaît, le rap?
  Qu'est-ce que tu penses du blues?
  Ça te branche, le country?
    Are you into . . . ?

To give a positive opinion:
  Je trouve ça hyper-cool.
  Si, j'aime beaucoup.
  Ça me plaît beaucoup.
  Ça m'éclate.
    I'm wild about it.
  Je n'écoute que ça.
    That's all I . . .

To agree:
  Je suis d'accord avec toi.
  Moi aussi, j'aime bien le jazz.
  Moi non plus, je n'aime pas la dance.
  Ça, c'est sûr. *That's for sure.*
  Tu as raison.

To give a negative opinion:
  Je trouve ça nul.
  Je n'aime pas du tout.
  Ça ne me plaît pas du tout.
  Je n'aime pas tellement ça.
  Ça ne me branche pas trop.
    I'm not into that.

To disagree:
  Pas du tout.
  Tu parles!
  Tu rigoles!
  Tu délires ou quoi?
    Are you crazy or what?
  N'importe quoi!

---

13 Ecoute!

Ecoute Anne et Simon parler de musique. Quels genres de musique est-ce que Simon aime? Est-ce qu'Anne est d'accord ou pas?

14 Quelle musique écoutez-vous?

Lis ces réponses que quelques francophones ont envoyées à un magazine de jeunes et réponds aux questions suivantes.

1. What kinds of music do these teenagers like? What are their favorite groups?
2. Give five reasons why music is important to these teenagers.
3. What words do they use to describe the music they like?
4. List some places where French teenagers can listen to music.
5. Which teenager plays an instrument? Which one likes to dance?

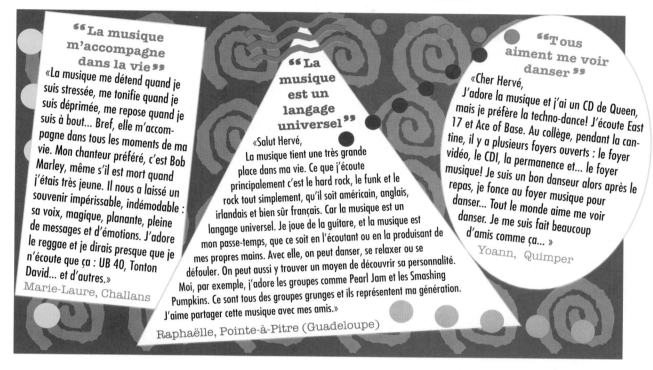

"La musique m'accompagne dans la vie"

«La musique me détend quand je suis stressée, me tonifie quand je suis déprimée, me repose quand je suis à bout... Bref, elle m'accompagne dans tous les moments de ma vie. Mon chanteur préféré, c'est Bob Marley, même s'il est mort quand j'étais très jeune. Il nous a laissé un souvenir impérissable, indémodable : sa voix, magique, planante, pleine de messages et d'émotions. J'adore le reggae et je dirais presque que je n'écoute que ça : UB 40, Tonton David... et d'autres.»
Marie-Laure, Challans

"La musique est un langage universel"

«Salut Hervé,
La musique tient une très grande place dans ma vie. Ce que j'écoute principalement c'est le hard rock, le funk et le rock tout simplement, qu'il soit américain, anglais, irlandais et bien sûr français. Car la musique est un langage universel. Je joue de la guitare, et la musique est mon passe-temps, que ce soit en l'écoutant ou en la produisant de mes propres mains. Avec elle, on peut danser, se relaxer ou se défouler. On peut aussi y trouver un moyen de découvrir sa personnalité. Moi, par exemple, j'adore les groupes comme Pearl Jam et les Smashing Pumpkins. Ce sont tous des groupes grunges et ils représentent ma génération. J'aime partager cette musique avec mes amis.»
Raphaëlle, Pointe-à-Pitre (Guadeloupe)

"Tous aiment me voir danser"

«Cher Hervé,
J'adore la musique et j'ai un CD de Queen, mais je préfère la techno-dance! J'écoute East 17 et Ace of Base. Au collège, pendant la cantine, il y a plusieurs foyers ouverts : le foyer vidéo, le CDI, la permanence et... le foyer musique! Je suis un bon danseur alors après le repas, je fonce au foyer musique pour danser... Tout le monde aime me voir danser. Je me suis fait beaucoup d'amis comme ça... »
Yoann, Quimper

15 Ça te branche?

Demande à ton/ta camarade ce qu'il/elle aime comme genre de musique. Quels sont ses compositeurs, chanteurs, musiciens ou groupes préférés?

16 Tu connais?

a. Imagine que tu es français(e). Tu as entendu parler de quelques nouveaux groupes américains. Tu voudrais les connaître. Ecris une lettre à ton/ta correspondant(e) américain(e) pour lui demander qui ils sont et s'il/si elle les aime.
b. Echange ta lettre avec celle de ton/ta camarade. Il/Elle jouera le rôle de ton/ta correspondant(e). Il/Elle va lire ta lettre et y répondre.

17 Mon journal

Est-ce que la musique est importante pour toi? Quels genres de musique préfères-tu? Quand est-ce que tu en écoutes? Avec qui? Pourquoi?

À la française

English speakers must use a direct object pronoun with verbs such as *like* or *love*: *Jazz? I love it!* When speaking informally to peers, French speakers often do not use an object pronoun, especially if what they're referring to is not a physical object: **Tu aimes le jazz, toi? Moi, j'adore!** or **Le rock? Moi, je n'aime pas trop.**

Remise en train

Un festival cajun

Les Laforest ont emmené Simon au Festival International de Louisiane. Dans la rue, ils s'arrêtent devant un groupe de musique cajun.

❶ ANNE Dis, Simon, ça te branche vraiment, cette musique?

SIMON Oh, c'est pas mal. Pourquoi? Qu'est-ce que tu proposes d'autre?

ANNE Ben, on pourrait aller écouter du jazz.

SIMON Oui, si tu veux.

ANNE Papa, maman, ça vous embête si Simon et moi, on va se balader de notre côté?

M. LAFOREST Non, pas du tout. On peut se retrouver plus tard au restaurant.

Anne et Simon sont maintenant dans un petit café où un groupe de jazz est en train de jouer.

❷ ANNE Alors, qu'est-ce que tu en penses?

SIMON C'est vraiment le pied. Ce qui est intéressant, c'est que ce genre de jazz est vraiment différent de ce qu'on entend en France. Comment est-ce qu'on appelle ça, déjà?

ANNE Dixieland.

SIMON Ah, oui. C'est ça.

ANNE Tu sais, si ça te plaît vraiment, on pourrait peut-être aller au festival de jazz à La Nouvelle-Orléans. C'est la semaine prochaine.

SIMON Ça serait super!

❸ ANNE On pourrait se promener dans le Vieux Carré et aller manger des beignets au Café du Monde. Tu en as entendu parler?

SIMON Oui, bien sûr.

ANNE Et je pourrais te montrer un de mes endroits préférés, le musée du jazz... Oh là là! Tu as vu l'heure?

SIMON Ah, oui. On devait retrouver tes parents à huit heures, non?

ANNE Oui, au Randol's. On y va?

---

18 Tu as compris?

1. What event does the Laforest family attend?
2. Why do Anne and Simon go off on their own?
3. What does Anne want to show Simon in New Orleans?
4. Where do they meet M. and Mme Laforest for dinner? What sort of place is it?
5. Why is Anne embarrassed?

19 Mets dans le bon ordre

Mets ces phrases dans le bon ordre d'après **Un festival cajun.**

1. Les Laforest dansent.
2. Simon et Anne écoutent du jazz.
3. Simon hésite entre le gombo et le jambalaya.
4. Anne propose à Simon d'aller visiter La Nouvelle-Orléans.
5. Anne et Simon arrivent au restaurant.
6. Anne a honte.

CHAPITRE 11   Laissez les bons temps rouler!

Au restaurant Randol's, Simon et les Laforest sont en train de regarder la carte.

❹ M. LAFOREST Qu'est-ce que tu veux, Simon?

SIMON Je ne sais vraiment pas quoi prendre. Tout me tente.

M. LAFOREST Pourquoi tu ne prends pas une spécialité d'ici? Du gombo, par exemple?

SIMON Qu'est-ce que c'est?

MME LAFOREST C'est une soupe.

SIMON Qu'est-ce qu'il y a dedans?

MME LAFOREST C'est à base d'okras et de riz avec des crevettes et du crabe. C'est assez épicé.

M. LAFOREST Simon, pourquoi tu n'essaies pas le jambalaya? C'est du riz avec du jambon, des saucisses, des crevettes et du crabe. C'est délicieux.

SIMON Euh, je vous laisse choisir pour moi.

Bienvenue chez Randol's où nous servons les meilleurs fruits de mer du pays cadjin. Restaurant favori des habitants de la région, Randol's, c'est le bon temps à la mode cadjine!

Une abondance de mets cadjins vous attendent chez Randol's, réputé pour ses crabes cuits à la vapeur. La cuisson à la vapeur conserve toute la saveur et nos épices-maison apportent une touche bien cadjine.

Un peu plus tard, toujours au restaurant.

❺ MME LAFOREST Ça y est, le groupe de zydeco commence à jouer! Comment tu trouves ça, Simon?

SIMON J'aime bien, mais je préfère quand même le jazz.

MME LAFOREST Tiens, Boudreaux, si on montrait un peu à Simon comment on danse chez nous?

M. et Mme Laforest se lèvent et vont danser.

❻ ANNE Oh, la honte! C'est pas vrai!

SIMON Ben quoi? Au moins, ils s'amusent! Et puis, ils dansent pas si mal que ça!

ANNE Oh, tu sais, il paraît que c'est de famille.

SIMON Tiens, on dirait que tu as entendu parler de ma grand-mère, toi aussi!

20 Cherche les expressions

What do Simon, Anne, or her parents say to . . .

1. ask for an opinion?
2. make a suggestion?
3. ask for permission?
4. make an observation?
5. ask for an explanation?
6. express indecision?
7. give an impression?
8. express embarrassment?

21 Et maintenant, à toi

Est-ce que tu es déjà allé(e) à un festival? C'était comment? Est-ce qu'il y a un festival là où tu habites? C'est un festival de quoi? Qu'est-ce qu'on peut y faire et y manger?

PANORAMA CULTUREL

Sandra • Martinique

Clémentine • France

Jennifer • France

We asked people to talk to us about parties and celebrations. Here's what they had to say.

Comment est-ce qu'on fait la fête ici?

«En Martinique, on fait la fête tout le temps, tous les week-ends déjà, c'est la fête. Par contre, on a de très grandes fêtes qui sont d'une part le Carnaval, qui est une très grande fête nationale ici en Martinique et dans la Caraïbe, et c'est au mois de février. On a trois jours de Carnaval pleins, avec des vidés, des gens dans la rue qui dansent, et le soir, avec des soirées extraordinaires, etc. Nous avons aussi la fête de Noël, qui est aussi une fête qui marche bien ici, où il y a pas mal de festivités et d'activités.»

-Sandra

«Alors, la fête... On fait la fête. On trouve toujours quelque chose à fêter, même s'il n'y en a pas vraiment. Donc, on sort le soir ou des fois les week-ends. On est souvent entre copains, nombreux. Soit on fait des soirées chez d'autres copains, soit on sort dans des discothèques ou bien au restaurant.»

-Clémentine

«Quand je fais la fête, premièrement, j'invite mes amis. Je les appelle par téléphone. On se retrouve chez moi ou chez quelqu'un d'autre. Puis, on achète à manger, des boissons, et on discute toute la soirée. On s'amuse. On danse.»

-Jennifer

Qu'en penses-tu?

1. What occasions do these people celebrate?
2. When you and your friends or family have a party, what do you do? How is this similar to or different from what these people do?

DEUXIEME ETAPE

*Asking for explanations; making observations;
giving impressions*

COMMENT DIT-ON... ?

Asking for explanations

To ask for an explanation:

Qu'est-ce que c'est?

Comment est-ce qu'on appelle ça?

Qu'est-ce que ça veut dire, «zydeco»?
What does . . . mean?

Qu'est-ce qu'il y a dans le po-boy?

Comment est-ce qu'on fait le gombo?

D'où vient le mot «cajun»?
Where does the word . . . come from?

Comment on dit «dix» **en anglais?**

---

22 Ecoute!

Ecoute ces personnes parler de leurs
séjours en Louisiane. Dans quelles
conversations est-ce qu'on demande à
quelqu'un d'expliquer quelque chose?

23 Qu'est-ce que c'est?

Trouve les bonnes réponses aux
questions de Simon.

A la française

French-speaking people rarely use the passive voice
(a sentence construction that focuses on <u>what</u> is
being done, rather than on <u>who</u> is doing it). For
expressions such as *French is spoken here, What is
that called?* or *How is gumbo made?* use **on** and a
verb in the active voice: **On parle français ici,
Comment est-ce qu'on appelle ça? Comment
est-ce qu'on fait le gombo?**

1. Qu'est-ce que c'est, le zydeco?

2. Comment est-ce qu'on appelle ce sandwich?

3. D'où vient le mot «cajun»?

4. Qu'est-ce qu'il y a dans le jambalaya?

5. Qu'est-ce que ça veut dire, «cocodrie»?

6. Comment on dit «La Nouvelle-Orléans» en anglais?

a. On appelle ça un «po-boy.»

b. C'est un genre de musique.

c. Il y a du riz et du jambon.

d. New Orleans.

e. Ça vient du mot «acadien».

f. Ça veut dire «alligator».

24 Qu'est-ce que ça veut dire?

Tu ne sais pas ce que sont les choses suivantes sur ces publicités. Demande à ton/ta camarade qu'il/elle te les explique. Varie les expressions que tu utilises.

le two-step
le zydeco
l'origine du mot «cajun»
le Festival International de Louisiane
le jambalaya

1. Venez danser le two-step au *Café des artistes*

2. Venez à l'Acadian Village, vous verrez comment vivaient les Cajuns au siècle dernier

Du 28 avril au 17 mai, ne manquez pas le Festival International de Louisiane

3. Restaurant Prejean's.
Spécialités louisianaises, po-boys, écrevisses, jambalaya...

4. *Musique zydeco* toute la nuit au... **Randol's** SEAFOOD & RESTAURANT LAFAYETTE, LA.

Si tu as oublié
foods
va à la page R18.

CD-ROM Disc 3

VOCABULAIRE

La Cuisine Cajun

Le po-boy : la spécialité de la Louisiane la plus connue et la moins chère. C'est en fait un sandwich qui peut contenir du poisson, **des écrevisses** (f.) *(crawfish)*, des huîtres, de la viande... Il constitue un repas à lui tout seul.

Des huîtres cuites Bienville (au jambon et aux champignons) ou Rockefeller **(aux épinards)** (m.) *(spinach):* Elles sont plus grosses qu'en France et presque pas **salées** *(salted).*

Le gombo : la grande spécialité régionale. C'est une soupe faite à base **d'okras** (m.) avec du riz, **des crevettes** (f.) *(shrimp),* **du crabe** et **des épices** (f.) *(spices).* En hiver, **l'andouille** (f.) *(sausage)* et le poulet remplacent souvent les crabes et les crevettes.

Le jambalaya : une autre des grandes spécialités louisianaises, est préparée à partir d'une énorme quantité de riz à laquelle on ajoute du jambon, du poulet, **des saucisses** (f.) *(sausages),* du porc frais, des crevettes et du crabe.

Les crustacés : la véritable attraction de la Louisiane. Les Cajuns connaissent plusieurs recettes pour préparer les crabes, crevettes et écrevisses qui abondent dans les eaux du delta : **en bisque, à la vapeur** *(steamed),* le plus souvent **frits** *(fried).* La meilleure préparation : **au court-bouillon** *(boiled).* On vous apporte généralement un plateau d'un kilo de ces braves bêtes, épicées à souhait.

Des poissons : les eaux des bayous et celles du golfe du Mexique fournissent de nombreuses espèces, dont l'omniprésent catfish que les Louisianais savent préparer de nombreuses façons, **farci au** *(stuffed with)* crabe, par exemple.

Des desserts : les Cajuns sont très amateurs de **pouding au pain,** genre de pain perdu truffé aux **raisins secs.**

25 Ecoute!

Ecoute Simon et Anne parler de la cuisine cajun. De quel plat est-ce qu'ils parlent?

a. b. c.

d. e. f.

26 Comment on appelle ce plat déjà?

Ton ami ne sait pas quoi choisir au restaurant où vous dînez à La Nouvelle-Orléans. Il ne se souvient plus du nom des plats qu'il aime. Lis ses descriptions et choisis la spécialité que chacune décrit.

1. C'est un sandwich aux écrevisses.
2. C'est une soupe dans laquelle il y a du riz, des okras et du crabe.
3. C'est délicieux. Il y a du riz, du jambon et du porc dedans.
4. Ce sont des crustacés très épicés cuits au court-bouillon.
5. C'est un dessert excellent plein de raisins secs.
6. C'est un hors-d'œuvre avec des épinards dedans.

a. du pouding au pain
b. des écrevisses
c. un po-boy
d. des huîtres Rockefeller
e. du gombo
f. du jambalaya

27 Ça a l'air bon

Choisis quelques plats du **Vocabulaire** à la page 284. Demande à ton/ta camarade s'il/si elle les a déjà goûtés ou voudrait les goûter. Il/Elle va te donner son opinion. Dis-lui si tu es d'accord et si tu voudrais les goûter.

28 Qu'est-ce qu'il y a dedans?

Ton club de français a décidé de faire une fête cajun. Tu vas préparer des plats cajuns avec tes amis. Discutez de ce que vous voudriez cuisiner et de ce que vous devez acheter. Faites une liste des plats et des ingrédients. Joue cette scène avec tes camarades.

COMMENT DIT-ON... ?

Making observations; giving impressions

To make an observation:

Ce qui est incroyable, **c'est** les épices.

Ce qui saute aux yeux, c'est les couleurs des costumes. *What catches your eye is . . .*

Ce qui me branche vraiment, c'est le jazz.

Ce que je trouve super, c'est Mardi Gras.

Ce que j'adore/j'aime, c'est voir les gens danser.

To give an impression:

On dirait que les Cajuns aiment bien s'amuser. *It looks like . . .*

Il me semble que les bâtiments sont vieux. *It seems to me that . . .*

J'ai l'impression que le blues est populaire ici.

Ils ont l'air d'aimer danser. *They seem to . . .*

29 Ecoute!

Ecoute Elise parler de son séjour en Louisiane. Dans quelles conversations est-ce qu'elle donne une impression ou fait une observation?

Tu te rappelles

Do you remember the pronouns **ce qui** and **ce que**?

- **Ce qui** is a subject and it is usually followed directly by a verb.

  Ce qui est incroyable, c'est leurs masques.
  Tu ne comprends pas **ce qui** est important.

- **Ce que** is an object and it is usually followed directly by a subject.

  Ce que j'adore, c'est le jazz.
  Je ne sais pas **ce qu'**elle fait.

30 Ce qui m'a plu...

Michelle parle du voyage de sa famille en Louisiane. Fais six ou sept phrases en employant les mots suivants.

Ce que Ce qui	était incroyable, m'a plu, ma mère a acheté j'ai trouvé super, m'a ennuyée, je ne comprends pas, mon frère a adoré, est génial,	c'était les alligators. c'était les beignets. c'était la cuisine. n'était pas très cher. c'était l'histoire des Acadiens. c'était la musique. c'était le musée. c'est pourquoi on porte des masques pendant Mardi Gras. c'était de se promener dans le Vieux Carré. c'est le marché français. c'était de manger au Café du Monde.

31 Grosses bises de Louisiane

Marianne est allée en Louisiane pour rendre visite à ses cousins. Elle a écrit cette lettre à sa meilleure amie en France. Complète sa lettre avec **ce qui** ou **ce que**.

Salut Hélène,

Ça va? Moi, ça va très bien. C'est super, la Louisiane! Tu avais raison. Voilà _____ j'ai fait pendant les trois premiers jours. Le premier jour, on m'a emmenée à un festival. On a écouté du jazz. C'était super. Tu sais _____ j'ai mangé? Une tarte aux écrevisses. _____ m'étonne, c'est que j'ai trouvé ça très bon. Puis, le deuxième jour, on a loué un canoë pour faire un tour du Bassin de l'Atchafalaya. Tu ne devineras jamais _____ s'est passé. Un alligator s'est approché de nous. _____ je ne comprends pas, c'est pourquoi le guide l'a encouragé à venir plus près. Il avait l'air d'avoir faim! _____ m'a fait peur, c'est qu'il est venu tout près de moi. Mais, évidemment, le guide savait _____ il faisait, et l'alligator ne nous a pas attaqués. Puis, le troisième jour, on est allés visiter une plantation. _____ était vraiment super, c'était les meubles d'époque, et puis, tu sais _____ on a vu dehors? Des champs de cannes à sucre. Demain, on va voir le chêne d'Évangéline. C'est l'arbre du célèbre poème de Longfellow. _____ est encore plus intéressant, c'est que c'est un des plus vieux arbres des États-Unis. Bon, je t'écrirai à nouveau la semaine prochaine.

32 Ce qui saute aux yeux,...

Pendant tes vacances en Louisiane, tu as pris beaucoup de photos. Avant de les envoyer à des amis, écris tes impressions et tes observations au verso *(on the back)*. Utilise **ce qui**, **ce que** et les expressions du **Comment dit-on... ?** dans tes phrases.

33 Jeu de rôle

You've just returned from your vacation and you show your pictures to a classmate. Act out the scene together.

- Your classmate thinks he or she recognizes what's in the picture.
- You say that he/she is not right.
- He/She asks you to explain what it is.

- He/She makes an observation.
- You give your opinion about it.
- He/She agrees or disagrees.

Froumi et Grasshopper

Wilson "Ben Guiné" Mitchell
(from *Cajun and Creole Folktales*)

Ah, *well,* et ça semble vrai, tout ça, vous comprends¿ Une froumi travaille tout l'été. Il t'apé ramasser des quoi et pi il emplit une maison. Il mandé Grasshopper, comme ça, li dit, "Comment ça se fait to viens pas aider moi¿ Mo pourras donne toi quelque chose."

"O!" Grasshopper dit, "O non!" Li dit, "Moi, mo pas gain le temps pour embêter avec toi!" Li dit, "Mo joue l'accordéon pour mon *living.*"

Froumi dit, *"All right, go ahead,* mais," li dit, "mo va, quand li parti, sauterelle, commencer mettre du manger à côté." Li met.

Et là, *well,* quand ça rivé dans l'hiver, il y avait la glace. Tout quelque chose té glacé! Vous comprends ça¿ Tout quelque chose té glacé! Froumi li, té dans sa maison.

Grasshopper cogné, "Tac, tac, tac."

Li dit, "Hé, hé, hé, *who's there¿*"

Li dit, "C'est moi, Grasshopper, *let me in!*"

Froumi dit, "To pas connais comment mo

DE BONS CONSEILS

A dialect is a form of a language used in a certain area or by a certain group of people. It may differ from the standard language in grammar, vocabulary, spelling, and pronunciation. If you are reading a text written in a dialect and you come across a word you don't recognize, ignore the grammatical ending and focus on understanding the root of the word. Look for recurring patterns in grammar and vocabulary and figure them out using contextual clues. Dialects are often influenced by other languages. Look for words and expressions that are borrowed or translated directly. Familiar French words may be used with different meanings in a dialect. Remember that your goal is to understand the main message.

A. Preview the illustrations, titles, and organization of the readings.

1. What kinds of texts are these?
2. Who are the main characters?

Froumi et Grasshopper

B. Creole languages often originate when the speakers of two or more different languages try to communicate with each other. The creole spoken in Louisiana is obviously influenced by standard French, but it follows its own unique rules. Before you read *Froumi et Grasshopper,* skim the text and see if you can find examples of the following:

1. how subject-verb agreement in Creole is different from standard French.

dis toi dans l'été-là? Mo travaille avec vous autres. T'étais apé jouer la musique. *O poor Grasshopper, go and play for your living!*" Li frémé sa petite porte, "Cabô!" Li té couché dans sa maison et Grasshopper té gelé. Yé trouvé li en haut les cannes maïs. C'est pas vrai, ça? Hein? Li travaille tout le temps l'été, mais quand ça fait froid, vous p'alé oir li. Vous peux passer en haut où li gain nique-là. Li dans sa maison, li. Mais Grasshopper, li dans l'été, c'est là li n-homme. C'est là li n-homme. Ça apé jouer, mais quand ça fait frette-là, li gelé, li voulait rentrer, mais Froumi dit li, "O non! Peux pas vini. O non!" Et ça semble vrai, hein? Il n'y a rien qu'est plus malin qu'une froumi, mais ça qu'est plus bête qu'un *grasshopper?*"

2. grammatical forms or sentence structures used in Creole that are not used in standard French.
3. Creole words or phrases that have been formed by dropping a syllable from a word or phrase in standard French.

C. Est-ce que tu peux trouver l'équivalent français des expressions créoles que tu as rencontrées dans le texte?

1. vini   **a.** tu/toi
2. mandé   **b.** fermer
3. mo   **c.** il
4. li   **d.** il fait froid
5. frémé   **e.** demander
6. ça fait frette   **f.** je/moi
7. to   **g.** venir

D. Vrai ou faux?

1. La sauterelle a aidé la fourmi tout l'été.
2. La fourmi joue de l'accordéon.
3. On a retrouvé la sauterelle gelée sur un épi de maïs.
4. La fourmi ne laisse pas la sauterelle entrer dans sa maison.

E. D'après ce que tu as appris dans ce chapitre, en quoi est-ce que Froumi et Grasshopper sont-ils le reflet de la culture de la Louisiane?

La Cigale et la fourmi

F. Now you're going to read a version of the same fable written by La Fontaine in the seventeeth century. What do you think will be different in this version?

La Cigale et la fourmi
(La Fontaine)

La cigale, ayant chanté
          Tout l'été,
Se trouva fort dépourvue
Quand la bise fut venue :
Pas un seul petit morceau
De mouche ou de vermisseau.
Elle alla crier famine
Chez la fourmi sa voisine,
La priant de lui prêter
Quelque grain pour subsister
Jusqu'à la saison nouvelle.
«Je vous paierai, lui dit-elle,
Avant l'oût, foi d'animal,
Intérêt et principal.»
La fourmi n'est pas prêteuse;
C'est là son moindre défaut.
«Que faisiez-vous au temps chaud?
Dit-elle à cette emprunteuse.
—Nuit et jour à tout venant
Je chantais, ne vous déplaise.
—Vous chantiez? j'en suis fort aise :
Eh bien! dansez maintenant.»

G. Ordonne ces événements dans l'ordre dans lequel ils apparaissent dans la fable.

La cigale chante.

La fourmi refuse d'aider la cigale.

La cigale n'a plus rien à manger.

La fourmi demande à la cigale ce qu'elle faisait tout l'été.

La cigale vient frapper à la porte de la fourmi pour lui demander à manger.

H. Qui, de la fourmi ou de la cigale, ferait les commentaires suivants?

1. Il faut travailler dur pendant l'été.

2. J'aime m'amuser et je ne pense pas au lendemain.

3. Je vous donnerai de l'argent plus tard si vous me donnez à manger.

4. Vous n'auriez pas dû chanter tout l'été.

5. Maintenant que l'hiver est là, j'ai faim et froid.

I. Relis les deux fables. En quoi sont-elles semblables? En quoi diffèrent-elles?

J. What is the moral of these fables? What do you think of the ant's behavior? What would do you have done in her place? Why?

K. Now rewrite the story from the ant's or the cicada/grasshopper's point of view. You may retell the events in the form of an interview, a short story, a poem, or a letter to a friend.

Think again about the poem in the reading selection. What makes a poem different from a short story or an essay? Poems often tend to focus on a specific experience, emotion, object, or person, and usually contain poetic devices to describe and show hidden meaning in their subjects. In this activity, you'll have the chance to discover and explore some of these poetic devices as you create your own poem or song lyric.

Un poète en herbe

Maintenant, c'est à toi d'écrire un poème ou une chanson.

A. Préparation

1. D'abord, choisis le sujet de ton poème. Tu peux parler d'...
   a. une personne qui joue un rôle important dans ta vie.
   b. un objet que tu aimes beaucoup ou que tu trouves original.
   c. un moment particulier de ta vie, important ou non.
   d. une expérience intéressante que tu as vécue.
2. Pour faire la description de ce que tu as choisi comme sujet, fais une liste d'adjectifs et de verbes pour décrire les caractéristiques particulières de ton sujet.
3. Pour parler de tes sentiments ou de tes émotions, fais une liste de mots ou d'images pour exprimer la joie, la solitude, l'appartenance...

DE BONS CONSEILS
Writers of poetry use a variety of techniques to communicate emotion and meaning, and to create interesting effects with the sounds of language. They use figurative language and **imagery**, words or phrases that appeal to the senses, to create vivid or startling descriptions of a subject. **Rhyme** is often associated with poetry, but there are other effective means of using sounds to convey feeling and mood, such as **repetition** and rhythm. Try experimenting with these poetic techniques and see how they add to the depth and intensity of your poetry or song lyrics.

B. Rédaction

1. Fais un brouillon de ton poème/ta chanson. Souviens-toi que ton but principal est de décrire ton sujet de façon vivante et intéressante.
2. Pendant que tu écris ton brouillon, essaie de créer des effets de son intéressants.
   a. Peux-tu utiliser une série de mots qui commencent par le même son?
   b. Peux-tu terminer tes phrases par des mots qui riment?
   c. Peux-tu combiner tes mots de façon à créer un certain rythme?
3. Essaie de faire ressortir les idées principales en répétant certaines phrases importantes.

C. Evaluation

1. Relis ton brouillon. Est-ce que tu as réussi à décrire ton sujet de façon intéressante ou à bien exprimer une émotion? Essaie de remplacer certains mots par des mots plus forts ou par des mots qui décrivent mieux ton sujet.
2. Maintenant, lis ton poème/ta chanson tout haut. Les sonorités sont-elles agréables? Cherche des endroits où tu peux répéter une phrase importante ou ajouter une nouvelle rime. Fais les changements nécessaires.
3. Corrige les fautes d'orthographe et de grammaire, puis rédige la version finale de ton poème/ta chanson. Fais-le/la lire à ton/ta camarade. Si tu as écrit une chanson et que tu as une idée du genre de musique que tu voudrais, chante ta chanson.

MISE EN PRATIQUE

CD-ROM
Disc 3

1 Lis ces recettes et réponds aux questions suivantes.

BEIGNETS DE BANANE

2 grosses bananes bien mûres,
  écrasées
1 tasse (250 ml.) de farine
  tamisée
2 cuillères à thé (10 ml.) de
  poudre à pâte
1 gros œuf

¼ tasse (60 ml.) de lait
1 cuillère à thé (5 ml.) de sucre
1 cuillère à thé (5 ml.)
  d'essence de vanille
Pincée de sel
Huile

Dans un bol à mélanger, mettre la farine, le sucre, la poudre à pâte et le sel. Battre l'œuf avec le lait et la vanille. Incorporer à la farine et bien mélanger. Ajouter les bananes et bien mélanger à nouveau. Mettre 1 pouce (2.5 cm) d'huile dans une poêle épaisse et chauffer à environ 375°F (190°C). Laisser tomber la pâte par cuillerées dans l'huile chaude et frire jusqu'à ce que les beignets soient bruns et dorés, en les tournant pour les frire également. Retirer et égoutter sur du papier absorbant. Saupoudrer de sucre en poudre.

CREVETTES ET JAMBON JAMBALAYA

2 livres (1 kg.) de crevettes,
  décortiquées et déveinées
1 tasse (250 ml.) de jambon,
  haché gros
1 piment vert, haché fin
½ tasse (125 ml.) de céleri,
  haché fin
2 tasses (500 ml.) de tomates,
  hachées
1 gros oignon, haché fin

1 gousse d'ail, émincée
2 cuillères à table (30 ml.) de
  persil, émincé
6 cuillères à thé (28 g.) de beurre
1 feuille de laurier (retirer
  avant de servir)
3 tasses (750 ml.) de riz bouilli
  chaud
1 cuillère à thé (5 ml.) de sel
6 gouttes de Tabasco

Dans une poêle épaisse, faire fondre 4 cuillères à thé (20 g.) de beurre à feu doux et sauter le piment, le céleri, l'oignon et le persil pour qu'ils soient transparents et légèrement brunis. Ajouter les tomates, l'ail et la feuille de laurier. Brasser constamment. Ajouter le sel et le Tabasco et cuire jusqu'à ce que le mélange commence à bouillir. Baisser le feu et mijoter 20 minutes, pour que le mélange épaississe. Dans une autre poêle, sauter les crevettes et le jambon dans 2 cuillères à thé (10 g.) de beurre. Quand les crevettes sont fermes et rosées, ajouter au mélange de tomates et cuire 5 minutes de plus. Ajouter le riz. Brasser pour bien mélanger jusqu'à ce que le riz soit bien enrobé et qu'il ait absorbé la sauce. Servir immédiatement.

1. Est-ce que ces phrases sont vraies ou fausses?

   1. Les beignets de bananes sont frits.

   2. On a besoin de beurre pour faire les deux recettes.

   3. Pour faire les beignets, il faut d'abord mélanger les bananes avec le lait.

   4. Il n'y a pas de légumes dans le jambalaya.

   5. Pour faire le jambalaya, il faut de la viande et du riz.

2. Quelle recette on choisit si on…

   1. veut manger un bon dessert?

   2. aime les crustacés?

   3. a envie de manger quelque chose qui est épicé?

2 Mathieu et Nadine décident ce qu'ils vont faire pendant leur visite en Louisiane. Ecoute leur conversation et mets les événements dans le bon ordre.

Mathieu demande à Nadine son opinion sur ce qu'elle mange.

Nadine propose d'aller au Village Acadien.

Nadine fait une observation.

Mathieu en donne une opinion négative.

Mathieu donne son impression sur la cuisine cajun.

Mathieu demande une explication au sujet du Village Acadien.

Mathieu demande une explication au sujet du gombo.

 3 Tu vas faire un voyage de cinq jours en Louisiane avec tes camarades. Où est-ce que tu veux aller? Qu'est-ce que tu veux faire? Fais des suggestions. Tes camarades vont te donner leur opinion. S'ils ne sont pas d'accord, ils vont proposer quelque chose d'autre. Quand vous aurez décidé, faites un programme de ce que vous allez faire chaque jour.

 4 Tu es en Louisiane et tu as quelques questions à poser à l'employé(e) de l'office de tourisme. Tu lui demandes de t'expliquer les mots suivants. Si tu crois les connaître, vérifie que tu as raison.

«jambalaya» «zydeco»
«Atchafalaya»
«cajun» «po-boy» «gombo»
«fais do-do» «Mardi Gras»

 5 Tu es journaliste pour un magazine de tourisme. Tu viens de rentrer d'un voyage en Louisiane. Ecris un article où tu donnes tes impressions et où tu fais des observations sur la Louisiane. N'oublie pas de parler des endroits que tu as visités, de la musique que tu as écoutée et de la cuisine que tu as goûtée.

6 ## JEU DE ROLE

You're visiting friends in southern Louisiana. They take you to a Cajun restaurant and dance hall. Act out the following scenes with your partners.

a. You don't know what to order, so your friends make suggestions. Because you're not familiar with the foods they suggest, you ask for some explanation. After you taste what you've ordered, your friends want to know what you think. Give your opinion and add an observation about Cajun food.

b. At the dance hall, you and your friends discuss your music preferences. When the live band starts to play, you don't know what kind of music it is. You ask your friends. They tell you and then ask you what you think of the music and dancing. Give them your impressions.

Can you use what you've learned in this chapter?

Can you ask for confirmation? p.276

1 You run into someone you haven't seen in a long time. How would you ask for confirmation about . . .
1. his or her brother's name?
2. where he or she lives?
3. his or her age?
4. where he or she goes to school?

Can you ask for and give an opinion? p.278

2 How would you ask a friend's opinion of your favorite music?

3 How would you express your opinions about the following types of music?

> le rock
> le jazz
> la musique classique
> le country
> le rap

Can you agree and disagree? p.278

4 A friend gives an opinion about a CD you've just bought. How would you express your agreement?

5 What do you say if you don't agree with your friend?

Can you ask for explanations? p.283

6 What do you say to ask . . .
1. what something is?
2. what something is called?
3. what something means?
4. what ingredients are in a dish?
5. how to say something in French?

Can you make observations? p.286

7 What observations would you make about . . .
1. your town?
2. your school?
3. a place you visited?
4. learning French?

Can you give impressions? p.286

8 How would you give your impressions of these situations?

1.

2.

3.

PREMIERE ETAPE

Asking for confirmation

toujours... ? *still . . . ?*
bien... ? *really . . . ?*
... déjà? *. . . again?*
Si je me souviens bien,... *If I remember correctly, . . .*
Si je ne me trompe pas,... *If I'm not mistaken, . . .*

Musical instruments

l'accordéon (m.) *the accordion*
la basse *the bass (guitar)*
la batterie *the drums*
la boîte à rythmes *the drum machine*
le chant *singing*
la flûte *the flute*
la guitare *the guitar*

le micro (le microphone) *the mike (the microphone)*
le piano *the piano*
le saxophone *the saxophone*
le synthé (le synthétiseur) *the synthesizer*
la trompette *the trumpet*
le violon *the violin*

Kinds of music

le blues *blues*
le country *country music*
la dance *dance music*
le jazz *jazz*
la musique cajun *Cajun music*
la musique classique *classical music*
le rap *rap*
le rock *rock*

Asking for and giving opinions

Qu'est-ce que tu penses de... ? *What do you think of . . . ?*
Ça te branche,... ? *Are you into . . . ?*
Ça m'éclate. *I'm wild about it.*
Je n'écoute que ça. *That's all I listen to.*
Ça ne me branche pas trop. *I'm not into that.*

Agreeing and disagreeing

Ça, c'est sûr. *That's for sure.*
Tu délires ou quoi? *Are you crazy or what?*

DEUXIEME ETAPE

Asking for explanations

Qu'est-ce que c'est? *What's that?*
Comment est-ce qu'on appelle ça? *What is that called?*
Qu'est-ce que ça veut dire,... ? *What does . . . mean?*
Qu'est-ce qu'il y a dans... ? *What's in . . . ?*
Comment est-ce qu'on fait... ? *How do you make . . . ?*
D'où vient le mot... ? *Where does the word . . . come from?*
Comment on dit... ? *How do you say . . . ?*

Cajun food

à la vapeur *steamed*
l'andouille (f.) *andouille sausage*
au court-bouillon *boiled*

les crustacés (m.) *shellfish*
les écrevisses (f.) *crawfish*
en bisque *bisque*
les épices (f.) *spices*
les épinards (m.) *spinach*
farci(e) (à) *stuffed (with)*
frit(e) *fried*
le gombo *gumbo*
le jambalaya *jambalaya*
des okras (m.) *okra*
le po-boy *po-boy sandwich*
le pouding au pain *bread pudding*
les raisins secs *raisins*
salé(e) *salty*
les saucisses (f.) *sausages*

Making observations

Ce qui est intéressant/incroyable, c'est... *What's interesting/ incredible is . . .*

Ce qui saute aux yeux, c'est... *What catches your eye is . . .*
Ce qui me branche vraiment, c'est... *What I'm really crazy about is . . .*
Ce que je trouve super, c'est... *What I think is super is . . .*
Ce que j'adore/j'aime, c'est... *What I like/love is . . .*

Giving impressions

On dirait que... *It looks like . . .*
Il me semble que... *It seems to me that . . .*
J'ai l'impression que... *I have the impression that . . .*
Ils ont l'air de... *They seem to . . .*

12
Echanges sportifs et culturels

1 Les Jeux olympiques, affrontement sportif et union culturelle

Viens aux Jeux olympiques! Tu pourras y rencontrer des jeunes du monde entier et découvrir toutes sortes de choses fascinantes sur leur pays, leur culture et leurs habitudes. Et puis, n'oublie pas, il y aura beaucoup de francophones en compétition et ce sera l'occasion pour toi de pratiquer ton français.

In this chapter you will review and practice

- expressing anticipation; making suppositions; expressing certainty and doubt
- inquiring; expressing excitement and disappointment

And you will

- listen to teenagers talking about their countries
- read about francophone athletes
- write an article for a sports magazine
- find out about some francophone athletes

② Il me tarde de voir les épreuves de gymnastique.

③ C'est comment, la vie là-bas?

Mise en train

A nous les Jeux olympiques!

Lisette téléphone à Julie pour lui souhaiter bonne chance aux Jeux olympiques.

❶ LISETTE Allô, Julie? Alors, tu es prête pour le grand départ?

JULIE Ne m'en parle pas! J'ai un trac fou!

LISETTE T'en fais pas. Ça va aller.

JULIE Je suis vraiment impatiente de partir. Tu sais, c'est ma première compétition olympique. Je me demande comment ça sera. En tout cas, je suis sûre que ça va être impressionnant.

LISETTE Moi, je parie que tu vas gagner la médaille d'or!

JULIE Tu parles! Ça m'étonnerait. Il doit y avoir des tas d'escrimeuses beaucoup plus fortes que moi, des championnes qui ont plus d'expérience. Surtout les Allemandes! Je suis certaine que c'est elles qui vont gagner. Si je suis au meilleur de ma forme, je pourrai peut-être arriver en demi-finale. Ça serait déjà très bien.

LISETTE Oh, arrête. Si tu penses comme ça, tu ne gagneras rien du tout. Un conseil : répète trois fois «C'est moi, la meilleure!»

JULIE C'est moi, la meilleure, c'est moi, la meilleure, c'est moi, la meilleure!

LISETTE Voilà. Très bien.

JULIE En tout cas, il me tarde d'assister aux épreuves d'athlétisme. Tu imagines un peu! Tous les meilleurs athlètes du monde réunis! Vivement que j'arrive! Au moins, j'aurai cette consolation si je ne gagne pas...

LISETTE Oh non! Tu ne vas pas recommencer! Je parie que tout va très bien se passer. Allez. Je t'embrasse et bonne chance!

Ali entre dans la chambre de son frère Youssef qui est en train de faire ses valises.

❷ ALI Salut. Alors, tu as tout ce qu'il te faut?

YOUSSEF Oui, je crois.

ALI Pense à prendre ton maillot.

YOUSSEF Très drôle! Je serai le seul plongeur olympique sans maillot!

ALI Alors, tu as le trac?

YOUSSEF Oh, tu sais, c'est pas pour me vanter, mais je crois que j'ai mes chances.

ALI Oh, arrête de délirer! Tu as vu qui est en compétition? L'Américain, là, il a beaucoup plus d'expérience que toi. C'est la troisième fois qu'il participe aux Jeux olympiques. Ça m'étonnerait que tu le battes.

YOUSSEF Tu es vraiment encourageant, toi. Ça arrive souvent que les plus jeunes concurrents gagnent, tu sais.

ALI Ouais. Bon, ben... bonne chance, hein.

A sa dernière séance d'entraînement avant de partir, Ophélia discute avec son entraîneur.

❸ M. DUVAL Eh bien, Ophélia? Tu n'as pas l'air en forme.

OPHELIA Oh, je ne sais pas. Ça fait tellement longtemps que je m'entraîne. Ça doit être le stress, sûrement.

M. DUVAL Allez! Encore un effort! C'est pas la mer à boire. Tu y es presque! Tu imagines si Marie-José Pérec parlait comme ça? Tu ferais mieux de te concentrer sur ton entraînement. Tu sais ce que je dis toujours...

OPHELIA Oui, je sais : «On n'arrive à rien sans rien.»

M. DUVAL C'est ça. Et n'oublie pas que, même si c'est beaucoup de travail maintenant, tu seras vraiment heureuse quand tu seras sur le podium.

OPHELIA Oui, je sais. Ça va sûrement être génial. Il y aura des champions de tous les pays... Ça sera chouette de parler à des Africains... Je n'ai jamais rencontré d'Africains. Et puis, il me tarde d'aller aux Etats-Unis... Je me demande s'il y a beaucoup d'Américains qui parlent français, parce que mon anglais n'est pas terrible...

M. DUVAL Oui. Enfin, n'oublie quand même pas l'entraînement.

OPHELIA Ça, je sais que je peux compter sur vous pour me le rappeler!

Mademba est à l'aéroport avec sa famille qui lui dit au revoir avant son départ pour les Etats-Unis.

❹ MME KAUSSI Tu es sûr que tu as tout ce qu'il te faut?

MADEMBA Mais oui, maman. T'en fais pas.

MME KAUSSI Fais attention. Tu sais ce qu'on dit. Ça peut être dangereux de se promener aux Etats-Unis...

MADEMBA N'aie pas peur. Tu sais, je suis champion de lutte! Je sais me défendre!

MME KAUSSI Bon. Mais quand même, méfie-toi. Et laisse ton argent dans ta chambre.

MADEMBA Mais maman, les Etats-Unis, c'est civilisé! Je parie que je vais me faire des tas de copains tout de suite. Il doit y avoir plein de francophones en compétition.

ADJOUBA Et n'oublie pas que tu m'as promis de demander un autographe à Lu Li.

MADEMBA Oui, oui. Je sais. Je ferai de mon mieux mais je ne suis pas certain de pouvoir la voir.

ADJOUBA Pourquoi? Tu ne vas pas aller voir les épreuves de gymnastique?

MADEMBA Tu sais, ça m'étonnerait que j'aie le temps. J'ai mon entraînement et puis je veux voir autant de matches de basket que possible. Bon. Je dois y aller. Dès que je serai installé, je vous appellerai.

MME KAUSSI Allez! Au revoir, mon petit et bonne chance! On est fiers de toi.

ADJOUBA Envoie-nous une carte postale dès que tu pourras... Et n'oublie pas de me rapporter quelque chose.

MADEMBA Oui, oui! Allez, à bientôt!

1 Tu as compris?

1. Where are these teenagers going?
2. When and where does each conversation take place?
3. How does Julie feel about her competition? What about Youssef?
4. What is Ophélia's coach discussing with her?
5. How does Mademba's family feel about his trip to the United States?

2 Qui dit quoi?

Quel(le) jeune fait ces remarques dans **A nous les Jeux olympiques**?

Tu sais, je suis champion de lutte! Je sais me défendre.

Ça sera chouette de parler à des Africains.

Si je suis au meilleur de ma forme, je pourrai peut-être arriver en demi-finale.

Il doit y avoir des tas d'escrimeuses beaucoup plus fortes que moi.

Je me demande s'il y a beaucoup d'Américains qui parlent français, parce que mon anglais n'est pas terrible.

Oh, tu sais, c'est pas pour me vanter, mais je crois que j'ai mes chances.

3 Vrai ou faux?

1. Julie compte gagner la médaille d'or.
2. Elle n'a pas envie de voir d'autres sports.
3. Youssef a oublié son maillot de bain.
4. Il a un trac fou.
5. Youssef pense que le plongeur américain va gagner.
6. M. Duval dit à Ophélia d'arrêter de s'entraîner et de se reposer.
7. Ophélia voudrait rencontrer beaucoup de gens aux Jeux olympiques.
8. Mademba compte assister à beaucoup d'épreuves de gymnastique.

4 Cherche les expressions

What do the people in **A nous les Jeux olympiques!** say to . . .

1. reassure someone?
2. express anticipation?
3. make a supposition?
4. express doubt?
5. brag?
6. tease?
7. encourage someone?
8. give advice?
9. caution someone?

5 Et maintenant, à toi

Est-ce que tu as déjà participé à une compétition ou à un événement sportif? Comment est-ce que tu t'es préparé(e)? Est-ce que tu étais inquiet/inquiète, impatient(e), sûr(e) de toi?

NOTE CULTURELLE

International sporting events, such as the Olympic Games and the World Cup bring athletes from all over the world together for friendly competition. Such events promote understanding and acceptance among people from many different cultures. Among the international sporting events associated with francophone countries are the **Tour de France,** regarded as the most grueling bicycle race in the world; the Paris-Dakar Rally, a motorcycle and automobile race between the capitals of France and Senegal; and the Roland-Garros tennis tournament, known in the United States as the French Open.

Expressing anticipation; making suppositions; expressing certainty and doubt

VOCABULAIRE

CD-ROM
Disc 3

le ballon

le panier

le basket-ball

l'escrimeur(-euse)
l'épée (f.)
le masque
la tenue

l'escrime (f.)

le bâton
le casque
le lanceur
la balle
le frappeur

le base-ball

les barres (f.) asymétriques
les anneaux (m.)
la poutre
l'entraîneur (m.)

la gymnastique

le saut à la perche
le lancer du disque
la course de fond
le saut en longueur

l'athlétisme (m.)

le plongeoir

**le plongeon acrobatique
(plonger)**

les rames (f.)

l'aviron (m.)

l'arc (m.)
la flèche

**le tir à l'arc
(tirer)**

les haltères (m.)

l'haltérophilie (f.)

la boxe
le cyclisme

l'équitation (f.)
le judo

la lutte
la natation

Si tu as oublié
sports
va à la page R18.

6 Ecoute!

Ecoute les conversations de ces spectateurs aux Jeux olympiques.
A quelles épreuves est-ce qu'ils assistent?

7 Quel sport?

Associe ces objets à leurs images. Pour quel sport est-ce qu'ils sont nécessaires?

1. une épée
2. une rame
3. un bâton
4. une flèche
5. une poutre
6. un panier
7. des anneaux
8. un masque
9. des haltères
10. un casque

8 Sportez-vous bien!

Regarde ce tableau et réponds aux questions suivantes.

BASKETBALL	GYMNASTIQUE	TIR A L'ARC	ESCRIME
QUI	**QUI**	**QUI**	**QUI**
Les plus grands sont favorisés. Les «pivots» américains (joueur central autour de qui pivote le jeu) mesurent au moins 2,10 m (1,90 m pour les femmes).	Sport en soi, la gym est aussi la préparation à tous les sports (vélo, tennis, ski...). Bien courir, bien lacer ses chaussures, bien respirer, c'est de la gym !	Ceux qui sont précis dans leurs gestes ou veulent le devenir.	Ceux qui ont le sens de l'observation, de la volonté, qui aiment prendre des décisions rapides.
QUOI	**QUOI**	**QUOI**	**QUOI**
Un ballon (600 g environ), des paniers, un terrain de 24 m sur 13 m où s'affrontent deux équipes de cinq joueurs.	Avec ou sans accessoires (barres, anneaux, agrès, ballon...), avec ou sans musique, seul ou à plusieurs.	Un arc, droit ou démontable, assorti à votre taille et à votre force. Des flèches proportionnelles à la longueur de vos bras. Des cibles.	Des chaussures de sport, un vieux gant, une salle où l'on vous prêtera, la première année, fleuret, masque et veste.
POURQUOI	**POURQUOI**	**POURQUOI**	**POURQUOI**
Un jeu plein de vivacité, qui peut s'interpréter décontracté, comme les chaussures qui portent son nom.	Pour se décontracter, bouger avec aisance, lutter contre le mal de dos ou le ras-le-bol scolaire, mieux vivre dans sa tête, grâce à un corps flexible comme un élastique.	Un sport qui monte : olympique depuis 1972. Se pratique en salle et au grand air.	Pour apprendre à se défendre dans la vie, avec adresse et politesse.

1. Trouve un sport...
   a. qui est une bonne préparation pour tous les sports.
   b. qui est bien pour ceux qui sont précis dans leurs gestes.
   c. où les plus grands sont favorisés.
   d. pour ceux qui aiment prendre des décisions rapides.

2. Qu'est-ce qu'il te faut pour faire...

   de la gymnastique?
   de l'escrime?   du basket?
   du tir à l'arc?

9 Qu'est-ce que tu en dis?

Ton ami(e) pense essayer un nouveau sport. Il/Elle te demande ton opinion. Tu lui donnes des conseils.

—Je pense faire du plongeon acrobatique. Qu'est-ce que tu en dis?

—Si j'étais toi, je ferais plutôt de la natation. C'est moins dangereux.

Tu te rappelles?

Do you remember what verb tenses to use with **si** clauses? If the **si** clause is in the imperfect, then the other clause is in the conditional.

Si j'**étais** toi, je **verrais** les épreuves de gymnastique.

Il **réussirait**, s'il **faisait** un effort.

dangereux   fatigant
        cool
ennuyeux   intéressant
                dur
facile   génial
        amusant
cher   bon pour la santé

10 Sondage

Ton correspondant français voudrait savoir quels sports sont les plus populaires chez toi. Fais un sondage dans ta classe. Demande à tes camarades de nommer par ordre de préférence cinq sports qu'ils aiment faire et cinq sports qu'ils aiment regarder à la télé. Compare tes résultats à ceux de ton/ta camarade.

11 Mon journal

Est-ce que le sport est important pour toi? Pourquoi ou pourquoi pas? Qu'est-ce que tu fais comme sport? Pourquoi est-ce que tu aimes ces sports?

COMMENT DIT-ON...?

Expressing anticipation; making suppositions; expressing certainty and doubt

To express anticipation:

Il me tarde de voir les épreuves de judo. *I can't wait to . . .*

Je suis vraiment impatient(e) de partir!

Vivement que je reçoive ma première médaille d'or!
I just can't wait to . . .

Dès que je serai là, je mangerai un hot-dog. *As soon as I get there, . . .*

Quand je verrai mes athlètes préférés, je leur demanderai un autographe.

To express certainty:

Je suis sûr(e)/certain(e) que le basket-ball va être super.

Ça, c'est sûr.

Je n'en ai aucun doute.
I have no doubt (of it).

To make a supposition:

Ça doit être cool!

Il doit y avoir beaucoup de francophones.

Je parie que les Russes vont gagner.

On pourra sûrement rencontrer des gens intéressants.

To express doubt:

Je ne suis pas sûr(e)/certain(e) que les escrimeurs français puissent gagner.

Je ne pense/crois pas qu'on puisse obtenir de places pour la gymnastique.

Ça m'étonnerait qu'il gagne la médaille d'or.

---

12 Ecoute!

Séverine part aux Etats-Unis. Elle discute avec son frère en faisant ses valises. Indique les conversations où elle fait une supposition et celles où elle exprime son impatience.

> **De bons conseils**
>
> The suffix **-eur/-euse** generally indicates a person who does the action a verb expresses. If **plonger** means *to dive,* who is a **plongeur**? You know the verb **jouer** means *to play.* How would you say *a player*? What are the words for the people who do these activities: **nager, sauter, courir, tirer, recevoir**?

GRAMMAIRE   The future after **quand** and **dès que**

You've learned that you generally use the future tense in French in the same way as you do in English. However, when talking about a future event in French, you use the future tense following the conjunctions **quand** and **dès que,** whereas in English, you use the present tense. Look at these examples:

> Je serai heureuse **quand** je **serai** sur le podium.
> *I'll be happy when I am on the podium.*

> Je vais lui demander son autographe **dès que** je le **verrai.**
> *I'm going to ask for his autograph as soon as I see him.*

---

* joueur/joueuse; nageur/nageuse, sauteur/sauteuse, coureur/coureuse, tireur/ tireuse, receveur/receveuse

13 Vivement les Jeux!

Un ami t'a envoyé ce message électronique. Complète le message avec les verbes entre parenthèses.

> Bientôt les Jeux! Je suis vraiment impatient de partir. Dès que je
> __1__ (trouver) le temps, je te __2__ (téléphoner) pour te raconter
> comment c'est. Je veux voir plein de choses là-bas. Mon équipe va
> devoir beaucoup s'entraîner, mais quand on __3__ (pouvoir), nous
> __4__ (aller) voir les épreuves d'escrime. On adore tous ça dans
> l'équipe! Marc et Sophie sont sûrs de rencontrer ton athlète
> préféré. Sophie m'a dit que quand ils le __5__ (voir), ils lui __6__
> (demander) un autographe pour toi. Et dès que je l'__7__ (avoir), je
> te l'__8__ (envoyer). Alors, envoie-moi ton adresse dès que tu __9__
> (pouvoir). Bon, je dois te laisser. A bientôt.
>
> Pierrick

14 Il me tarde de...

Nadine essaie d'imaginer comment ça sera aux Jeux olympiques. Qu'est-ce qu'elle dit? Utilise les mots et expressions pour faire des phrases complètes.

1. quand/athlète préféré/je/
   demander/voir/lui/autographe/je

3. parier/je/la médaille d'or de
   judo/gagner/je

2. impatient/voir/vraiment/aller/
   épreuves de natation/être/je

4. je/dès que/sympa/je/beaucoup/
   arriver/francophones/rencontrer

15 C'est trop cool!

Tu as gagné un voyage pour aller voir un de ces événements sportifs et tu te demandes comment ça sera. Ton/ta camarade te donnera son avis. Tu lui diras si tu crois qu'il/elle a raison. Changez de rôles.

le Superbowl   le Tour de France
Wimbledon   la Coupe du Monde
le rallye Paris-Dakar   Roland Garros

16 Que faire aux Jeux olympiques?

Imagine que tu es un(e) athlète et que tu vas participer aux Jeux olympiques pour la première fois. Ecris une lettre à ton/ta meilleur(e) ami(e) pour lui dire ce que tu veux faire et voir là-bas et comment tu penses que ça sera.

Remise en train

Un rendez-vous sportif et culturel

Quelques-uns des athlètes participant aux Jeux olympiques sont allés voir la finale de basket-ball.

❶ MADEMBA You beg my pardon, madame, is it lane euh, vingt-deux?

YVONNE Yes. Tu peux me parler en français, si tu veux. Je suis du Canada.

MADEMBA Super! Je m'appelle Mademba. Je suis du Sénégal. Je suis ici pour la lutte. Et toi?

YVONNE Moi, c'est Yvonne. Je joue au volley.

MADEMBA Au fait, c'est quoi, le score?

YVONNE Trente à vingt-sept pour les Etats-Unis.

MADEMBA Oh, zut alors! Allez, les Russes!

YVONNE Ah, non! Je suis pour les Américains, moi. Ils sont vraiment bons. Dis, tu as vu leur match contre les Brésiliens?

MADEMBA Oui, je l'ai vu à la télé avant de venir.

YVONNE Vous avez la télé au Sénégal?

MADEMBA Bien sûr. Et on a aussi des téléphones, des ordinateurs, des voitures, des avions... Il n'y a pas que des petits villages au Sénégal, il y a aussi des grandes villes modernes comme Dakar, par exemple.

❷ YVONNE Oh, pardon. Tu dois penser que je suis vraiment stupide.

MADEMBA Non, pas du tout. Beaucoup de gens pensent comme toi. Je trouve ça dommage que les gens ne s'intéressent pas à la culture des autres.

YVONNE Oui, c'est vraiment bête. On a vraiment de la chance d'être ici. Tu sais, j'aimerais bien que tu me racontes comment c'est dans ton pays. Dis donc, après le match, on peut aller manger quelque chose et discuter?

MADEMBA Ça serait super. Et comme ça, tu pourras me parler du Canada.

YVONNE D'accord.

---

17 Tu as compris?

1. What are these conversations about?
2. What are some things that Hélène wants to do in Guadeloupe?
3. How does Yvonne embarrass herself?
4. What did Jean-Paul and Julie enjoy most about their Olympic experience?

18 Mets dans le bon ordre

Mets dans le bon ordre les événements d'**Un rendez-vous sportif et culturel.**

Mademba parle de son pays.

Yvonne donne le score à Mademba.

Mademba cherche son siège.

Mademba rencontre Yvonne.

Mademba encourage les Russes.

Yvonne fait une gaffe (*blunder*).

Ophélia et Hélène passent leur dernière soirée aux Jeux à la finale de basket.

❸ HELENE Dis donc, il est super, ce match. A ton avis, qui va gagner?

OPHELIA Je ne sais pas.

HELENE Qu'est-ce qu'il y a? Tu as l'air triste.

OPHELIA Un peu, oui. Demain tu vas rentrer chez toi et moi aussi. On ne se verra plus.

HELENE C'est vrai. Mais je vais t'écrire et t'envoyer plein de photos.

OPHELIA Moi aussi. Tu sais, je ne t'oublierai pas. Et puis, tu dois absolument venir passer un mois chez moi cet été. D'accord?

❹ HELENE Pas de problème. Il me tarde de voir la Guadeloupe. Ça sera super de voir les belles plages et les forêts tropicales. Et puis, je veux aussi me balader dans les marchés, rencontrer plein de gens et danser le zouk.

OPHELIA Et moi, je suis vraiment impatiente de voir toutes les montagnes couvertes de neige qu'il y a chez toi, en Suisse. N'oublie pas que tu dois m'apprendre à skier.

A la mi-temps, Julie et Jean-Paul échangent leurs impressions des Jeux.

❺ JEAN-PAUL Alors, Julie, ça fait comment d'avoir eu la médaille d'or?

JULIE C'est trop cool! Mais j'arrive toujours pas à y croire.

JEAN-PAUL Félicitations. Tu étais vraiment impressionnante.

JULIE Arrête, tu vas me faire rougir. J'ai eu de la chance, c'est tout.

JEAN-PAUL Moi, par contre, qu'est-ce que j'ai pu être nul! On va se moquer de moi en Belgique. Quelle angoisse!

JULIE Ne t'en fais pas! Ça peut arriver à tout le monde!

JEAN-PAUL C'est vrai. Et puis, tu sais, en venant ici, j'ai rencontré des gens super et j'ai pu apprendre toutes sortes de choses sur leurs pays.

JULIE Oui, moi aussi. Et je pense que ça sera le meilleur souvenir que je garderai de ces Jeux olympiques.

19 Vrai ou faux?

1. Yvonne est pour les Russes.
2. Il y a de grandes villes modernes au Sénégal.
3. Mademba voudrait connaître le Canada.
4. Ophélia est impatiente de faire du ski.
5. Hélène ne s'intéresse pas du tout à la culture des autres.
6. Julie n'est même pas arrivée en finale.
7. Jean-Paul n'a pas aimé venir aux Jeux olympiques.

20 Cherche les expressions

What do the people in **Un rendez-vous sportif et culturel** say to . . .

1. give their name and nationality?
2. inquire about someone's country?
3. root for a team?
4. express embarrassment?
5. express excitement?
6. congratulate someone?
7. express disappointment?

21 Et maintenant, à toi

Est-ce que tu as déjà rencontré des gens d'un autre pays? Qu'est-ce que tu as appris sur leur pays?

VOCABULAIRE

Regarde les gens que Julie a rencontrés aux Jeux olympiques.

Je viens d'**Algérie**.

Je viens de **Côte d'Ivoire**.

Je viens de **Belgique**.

Je viens de **Guadeloupe**.

Je viens de **Tunisie**.

Je viens du **Niger**.

Je viens du **Maroc**.

Je viens de **Suisse**.

Je viens du **Sénégal**.

Je viens d'**Haïti**.

Je viens du **Canada**.

Je viens de **République centrafricaine**.

l'Afrique (f.) du Sud
l'Allemagne (f.)
l'Angleterre (f.)

le Brésil
la Chine
l'Espagne (f.)

les Etats-Unis (m.)
l'Italie (f.)
le Japon

le Mexique
la République démocratique du Congo
la Russie

22 C'est typique de chez nous

Dans quel pays est-ce qu'on peut voir les choses suivantes?

a.

b.

c.

d.

e.

f.

g.

Tu te rappelles ?

Do you remember how to say *in* or *to* a country? Use **au** before masculine countries and **en** before feminine countries. Use **en** before any country starting with a vowel and **aux** before all plural countries.

23 Si tu allais...

Après le lycée, ton/ta camarade voudrait voyager. Tu lui proposes des endroits où aller. Il/Elle te dira comment il/elle pense que ça sera là-bas. Dis si tu es d'accord.

—Si tu allais au Brésil, tu pourrais voir l'Amazone.
—Je parie que c'est sauvage, là-bas.
—Oui, c'est sûr.

> visiter le Kremlin   voir des mines de diamants
>
> voir des taureaux   visiter la Tour de Londres
>
> aller à Berlin   voir des temples
>
> voir des pyramides mayas   visiter le Vatican
>
> voir la Grande Muraille de Chine

COMMENT DIT-ON... ?

Inquiring

To inquire about someone's country:

Tu viens d'où?
C'est comment, la vie là-bas?
Qu'est-ce qu'on y mange?
On porte des pagnes chez toi?
Vous avez/Il y a des téléviseurs chez vous?
Qu'est-ce qui est typique de chez toi?

24 Ecoute!

Ecoute ces conversations qui ont lieu au village olympique. Est-ce que ces gens posent des questions sur le pays de quelqu'un ou sur autre chose?

25 Méli-mélo!

Crée un dialogue entre deux athlètes qui se rencontrent aux Jeux olympiques.

> «Chouette! C'est comment, la vie là-bas?»
>
> «Tu habites dans une maison?»   «Tu viens d'où?»
>
> «Qu'est-ce qu'on y mange?»
>
> «C'est fascinant! Qu'est-ce qu'il y a d'autre?»
>
> «Salut. Je m'appelle Dianne. Et toi?»

> «Oui, moi, j'habite dans une maison en ville, mais mes parents habitent dans une case *(hut)* au village.»
>
> «Ce qui est typique de chez nous, c'est les cassaves.»
>
> «C'est super.»   «Moi, c'est Koli.»
>
> «De République centrafricaine.»

26 C'est comment, la vie là-bas?

Pendant leur séjour au village des Jeux olympiques, ces jeunes francophones se rencontrent à la cantine. Ils voudraient connaître d'autres pays. Ils vont se poser des questions et faire des suppositions. Imagine et écris leurs dialogues.

PANORAMA CULTUREL

Christian • France

Taki • Côte d'Ivoire

Micheline • Belgique

We talked to people about the image others have of a typical person from their region or country. Here's what they told us.

Quelle est l'image d'une personne typique de cette région?

«Ah! Un Français typique, c'est un Français atypique. Il n'y a pas de Français typique. Peut-être, ce qui fait la particularité des Français, c'est que... ils ont du mal à être... à se ressembler, comme les autres. Nous sommes individualistes.»

-Christian

«L'Ivoirien typique, c'est celui-là qui aime la paix, parce que... Ici, la paix, on le dit souvent, est une seconde religion. Donc, l'Ivoirien typique pour moi, c'est celui-là qui est imprégné de l'idée de paix. C'est celui-là qui aime son prochain et qui est tolérant, donc, envers son prochain.»

-Taki

«Le Belge typique est un... [Il] aime les moules et [les] frites. Il est rigolo. Il aime la vie. Et par contre, c'est pas toujours très vrai parce qu'en fait, il y en a de sinistres qui n'aiment pas rire du tout. Il a aussi un accent bizarre, disent les Français, qui se moquent beaucoup d'eux.»

-Micheline

Qu'en penses-tu?

1. What is your idea of a typical person from France? From Switzerland? From Belgium? From francophone Africa? From the Caribbean? What do you base your impressions upon?
2. What ideas do you think foreigners have of a typical American? Where do you think they might get their impressions?

27 C'est pareil qu'ici?

Choisis un pays d'un des chapitres du livre. Imagine que tu es un(e) athlète de ce pays qui participe aux Jeux olympiques. Tu y rencontres un(e) Américain(e) qui va te poser des questions sur ton pays. Tu vas aussi lui poser des questions sur les Etats-Unis. Joue cette scène avec ton/ta camarade, puis changez de rôles.

COMMENT DIT-ON... ?
Expressing excitement and disappointment

To express excitement:	To express disappointment:
Génial!	**Les boules!** *Darn!*
C'est trop cool!	**J'en ai vraiment marre!**
J'arrive pas à y croire! *I can't believe it!*	**J'ai vraiment pas de chance.**
C'est pas possible!	**C'est pas juste.** *It's not fair.*
C'est vraiment le pied!	**Quelle angoisse!** *This is the worst!*
Youpi! *Yippee!*	**Qu'est-ce que je peux être nul(le)!** *I can't do anything right!*

28 Ecoute!

Ecoute ces jeunes qui téléphonent chez eux pour raconter à leurs parents ce qui leur est arrivé aux Jeux olympiques. Est-ce qu'ils ont gagné ou perdu?

29 Qu'est-ce qu'ils disent?

Qu'est-ce que ces jeunes athlètes disent à propos de ce qui leur est arrivé aux Jeux olympiques?

1.

2.

3.

4.

30 C'est pas possible!

Imagine que tu as participé aux Jeux olympiques. Ecris une carte postale à un(e) ami(e). Dis-lui comment la compétition s'est passée pour toi et qui tu as rencontré d'intéressant.

31 Jeu de rôle

You're a TV sports reporter covering the Olympics. At the end of the competition, you interview several athletes. Remember to ask questions about where they're from, how they did in the competition, and what they learned from being at the Games.

LE SPORT ET LE MONDE FRANCOPHONE

La naissance de l'Olympisme moderne a eu lieu en 1894, avec la création du Comité Olympique, consécration des efforts de Pierre de Coubertin. Le développement des activités physiques était alors très encouragé par le gouvernement républicain français qui voulait créer une élite forte. Mais, même si depuis le début des Jeux olympiques modernes, les francophones ont contribué à leur succès, l'influence de la France et des francophones n'est pas assez reconnue dans le monde du sport. Voici le portrait de plusieurs athlètes francophones qui méritent bien nos applaudissements pour leurs accomplissements hors du commun.

Marie-José Pérec

La Guadeloupéenne Marie-José Pérec est revenue en force aux Jeux olympiques d'Atlanta en 1996 où elle a remporté le 400 m, sa spécialité. Avec cette victoire, elle a aussi battu le record olympique ainsi que son propre record de France et elle est la première à gagner deux 400 m olympiques en suivant. Elle est également la troisième Française à remporter une médaille d'or olympique en athlétisme après Colette Besson (1968) et Micheline Ostermeyer (1948).

Son Palmarès

1991 - Médaille d'or du 400 m aux championnats du monde à Tokyo
1992 - Médaille d'or du 400 m aux Jeux olympiques de Barcelone
1994 - Deux médailles d'or aux championnats européens
1995 - Médaille d'or du 400 m aux championnats du monde à Göteborg en Suède
1996 - Médailles d'or du 200 m et 400 m aux Jeux olympiques d'Atlanta (record olympique du 400 m)
1998 - Deux médailles d'or du 200 m et 400 m à Athènes

DE BONS CONSEILS

While each chapter of this book has presented a single reading strategy, in reality you'll usually use a combination of strategies to help you understand and get more out of what you read. For example, if you're reading an autobiographical story written by a person from a different country, it will be important to identify the narrator's point of view and to take the cultural context of the story into account. In addition, you may need to use some of the comprehension strategies you've learned, such as using linking words, contextual clues, and deductive reasoning, in order to understand new words and the relationship of ideas in the reading. The style of the reading may require you to use strategies for understanding literary techniques or dialect, or for relating the subtopics to the main idea. Whatever type of reading you're faced with, remember that you have a variety of strategies available for meeting the challenges it presents.

Jacques Villeneuve

Né le 9 avril 1971 à St-Jean-Sur-Richelieu au Canada, il est le fils du célèbre Gilles Villeneuve et le neveu de Jacques Villeneuve. Il a commencé son entraînement au volant d'une Formule Ford de 1600 cc à la célèbre école de pilotage Jim Russell, située au circuit du Mont-Tremblant au Québec. Il n'a pas fallu longtemps pour que Jacques Villeneuve montre son talent naturel pour la course automobile. En 1995, il a remporté la victoire dans la série mondiale PPG IndyCar, à Indianapolis. Puis, en 1997, il a remporté le championnat du monde de Formule 1.

Patrick Roy

Né le 5 octobre 1965 à Québec, au Canada. Gardien de but pour l'Avalanche du Colorado. Détenteur de plusieurs records, il est considéré, dans la ligue nationale, comme l'un des gardiens de but les plus couronnés de succès. A été sélectionné par l'équipe canadienne de hockey pour les Jeux olympiques de Nagano, qui, au grand désappointement de tous a fini quatrième.

Christine Arron

En 1998, la performance de Christine Arron aux 17 ème Championnats d'Europe d'athlétisme a fait oublier l'absence de Marie-José Pérec. Arron a battu le record d'Europe en remportant le titre continental à l'épreuve du 100 mètres à Budapest, en 10 secondes 73. Cette victoire constitue la troisième meilleure performance mondiale de tous les temps.

Philippe Couprie

Il est l'un des meilleurs spécialistes mondiaux de course en fauteuil roulant. Il fait partie du Pontoise Olympique Club, un club dédié à la course en fauteuil qui est célèbre pour les excellents athlètes qu'il regroupe (Moustapha Badid fait aussi partie de ce club). Philippe Couprie a été sept fois champion de France de semi-marathon, une fois deuxième et il a obtenu le record de France du 1500 m en juin 1996, à Paris, puis à nouveau, aux Jeux olympiques d'Atlanta. Parmi ses autres accomplissements, on peut noter un titre de vice-champion olympique de marathon à Séoul, en 1988, et le record du monde de marathon à Boston, en 1989. Pour ce qui est de distances plus courtes, Philippe Couprie a été vice-champion du monde du 1500 m à Göteborg en 1995, champion olympique du 4 x 400 m à Atlanta en 1996 et il a obtenu la médaille de bronze du 1500 m aux Jeux olympiques d'Atlanta.

Le Sport et le monde francophone

A. Preview the article on the first two pages of the reading. What is it about? How is the information organized?

B. Now, make predictions about the article based on your preview. What kind of information and vocabulary do you expect to find?

C. According to the introduction and the photographs, what are some of the sports and sporting events that French-speakers have played important roles in?

D. Qui était Pierre de Coubertin? Que lui doit-on?

E. Quel athlète…
   1. a gagné une médaille d'or olympique?
   2. détient le 3ème meilleur temps mondial à l'épreuve du 100 m?
   3. a un père très connu?
   4. a été sept fois champion de France de semi-marathon?
   5. a battu le record du monde de marathon à Boston en 1989?
   6. a joué dans l'équipe de hockey canadienne aux Jeux olympiques de 1998 à Nagano?

F. Dans quel sport est-ce que Patrick Roy excelle? Que veut dire **gardien de but** selon toi?

World Cup 1998: Allez les bleus!

C'est ce que les fans de l'équipe de France n'ont cessé de crier durant les matchs de la Coupe du Monde. Quant au jour de la finale, ça a été l'euphorie générale pour les spectateurs français. En effet, la France a largement dominé le Brésil en gagnant par trois buts à zéro. Un véritable spectacle, non seulement sur le terrain, mais aussi dans les tribunes et plus tard, dans les rues, où plusieurs millions de supporters maquillés ont manifesté leur joie. Cette victoire a suscité dans tout le pays un enthousiasme populaire sans précédent depuis la Libération.

Fabien Barthez

Ses coéquipiers ont pris l'habitude de tapoter son crâne pour avoir de la chance. "Il y a des matchs où je me sens invincible" explique Fabien. "Je suis sûr de ne pas prendre de but. Ne me demandez pas pourquoi, c'est comme ça!" La finale de la Coupe du Monde 1998 contre le Brésil, à Saint-Denis, s'est avérée être un de ces matchs. Le gardien de but de l'équipe française y a joué un rôle primordial. C'est grâce à sa vitesse et à son agressivité qu'il est parvenu à arrêter les tentatives de but des Brésiliens et à contribuer à la victoire de l'équipe française.

Zinedine Zidane

C'est à la 27e minute du match contre les Brésiliens que Zinedine Zidane a ouvert le score d'un coup de tête. Plus tard, il récidive, et un deuxième coup de tête de "Zizou", comme il est surnommé par ses coéquipiers, rapproche l'équipe de France de la victoire. Quant au troisième but du match, il sera inscrit par Emmanuel Petit. Quand on demande à Zinedine Zidane de commenter les deux buts qu'il a marqués en finale, c'est de ses coéquipiers qu'il parle. Il répond: "J'avais à cœur de marquer pour eux, pour tout ce qu'ils m'ont donné, parce qu'ils m'ont toujours fait confiance. Beaucoup d'entre eux espéraient me voir marquer et m'avaient dit avant le match : 'Fais-nous quelque chose, tu vas nous la gagner.'" Zinedine Zidane n'était pourtant pas réputé jusqu'alors pour son jeu de tête. "C'est vrai", dit-il, "personne n'aurait parié avant la Coupe du Monde que j'allais marquer à deux reprises de cette façon."

World Cup 1998: Allez les bleus!

G. What is this article about? What kind of information do you expect to find in such an article?

H. De quelle manière les fans français ont-ils célébré la victoire de leur équipe nationale? Est-ce que les Américains célèbrent les victoires de leurs équipes sportives de la même manière?

I. Vrai ou faux?

1. Pour leur porter chance, les coéquipiers de Barthez lui touchent la tête.
2. Dans cet article, Barthez parle de son manque d'assurance.
3. Zidane n'a pas bien joué lors de la finale de la Coupe du Monde.
4. La finale de la Coupe du Monde 1998 a eu lieu entre la France et les Etats-Unis.
5. Zidane a partagé son succès avec ses coéquipiers.

J. En quoi les personnalités des deux joueurs de football mentionnés dans l'article sont-elles semblables ou différentes?

K. Combien de ces athlètes sont-ils connus aux Etats-Unis? D'après toi, pourquoi la presse américaine ne parle pas souvent des athlètes étrangers?

You've just read about many world-class athletes, some famous and some relatively unknown. Many people admire athletes for their skill and dedication, and for the determination and character required to become one of the very best in a sport. In this activity, you're going to write a magazine article about an athlete whom you admire or find interesting.

Un article de magazine

Tu veux envoyer un article sur un de tes athlètes préférés à un magazine sportif français. Ecris un article sur un(e) athlète que tu admires ou que tu trouves particulièrement intéressant(e).

A. Préparation

1. Choisis une personne que tu admires et au sujet de laquelle tu pourras trouver des informations.
2. Fais des recherches sur cette personne.
    a. Sélectionne des sources d'informations. Tu peux peut-être trouver ces informations dans des livres, des magazines ou des articles de journaux à la bibliothèque de ton école ou à la bibliothèque municipale.
    b. Lis toutes les informations que tu as trouvées et prends des notes ou fais des photocopies de ce que tu peux utiliser.
3. Organise les informations que tu as trouvées.
    a. Fais des catégories, comme par exemple, **Education, Entraînement** ou **Succès**.
    b. Fais un plan de ton article. Mets les catégories que tu as choisies dans l'ordre où elles apparaîtront dans ton devoir. Ensuite, organise les informations que tu as trouvées sous la forme de paragraphes.

DE BONS CONSEILS
Of course you know that doing research is important for writing a research paper, but it can also be necessary for other kinds of writing. Whether it's a movie scene, a tourist brochure, an article, or a letter to the editor, all writing requires complete and accurate information. You may have access to more traditional research materials, such as the card catalogue and the periodicals index, or more modern ones, such as on line information services and reference works stored on CD-ROM. Whatever the sources and types of information available to you, don't hesitate to do the research necessary to make your writing accurate as well as interesting.

B. Rédaction

1. Fais un brouillon de ton article en suivant le plan que tu as fait.
2. Vérifie que tu as bien utilisé toutes les informations que tu voulais. Consulte à nouveau les sources d'informations que tu as utilisées pour trouver des détails que tu pourrais ajouter.
3. S'il le faut, aide-toi d'un dictionnaire français-anglais pour traduire en français certaines des informations que tu as trouvées.
4. Trouve des photos pour illustrer ton article. Ecris une légende *(caption)* pour chaque photo et donne un titre à ton article.

C. Evaluation

1. Relis ton article et pose-toi les questions suivantes.
    a. Est-ce que tu as bien suivi ton plan?
    b. Est-ce que tu as trouvé des informations intéressantes pour ton article?
    c. Est-ce que tu as parlé des faits les plus importants de la vie de cet(te) athlète?
    d. Est-ce qu'il y a d'autres détails sur cet(te) athlète qui pourraient intéresser tes lecteurs?
2. Rédige la version finale de ton article en n'oubliant pas de corriger les fautes d'orthographe, de grammaire et de vocabulaire.

1 Lis cet article et réponds aux questions suivantes.

Les Jeux olympiques de l'antiquité à nos jours

Les Jeux olympiques de l'antiquité avaient lieu à Olympie en Grèce, tous les quatre ans, depuis l'an 776 av. J. C. jusqu'à leur interdiction par l'empereur Théodose Ier en 394 de notre ère. A l'origine, il n'y avait qu'une épreuve, une course de vitesse, et le vainqueur recevait une couronne de feuilles d'olivier comme récompense. D'autres épreuves de course furent ajoutées au fil du temps, ainsi que d'autres sports, comme la boxe et la lutte. Parmi les épreuves plus inhabituelles, il y avait la course en armure et la course de chars tirés non pas par des chevaux mais par deux mules. Avec le temps les récompenses devinrent plus recherchées et il y eut même des pots de vin, des cas de corruption et de boycottage.

S'inspirant des Jeux olympiques originaux, exempts de corruption, le baron français Pierre de Coubertin conçut les Jeux olympiques modernes. Il lança l'idée publiquement pour la première fois en 1892 puis passa les trois années et demie qui suivirent à rallier des soutiens. L'intérêt le plus fort se manifesta en Grèce et il fut donc décidé d'organiser les premiers Jeux olympiques à Athènes. Le terme "Olympiade" désigne la période de quatre années consécutives qui séparent deux éditions des Jeux. La première Olympiade de l'ère moderne débuta par les Jeux de 1896 à Athènes. Les Olympiades et les Jeux olympiques se calculent à partir de cette année-là, même si les Jeux n'ont pas eu lieu au cours d'une Olympiade donnée. Le terme "Olympiade" ne s'applique pas aux Jeux olympiques d'hiver.

Le premier comité international olympique (avec Pierre de Coubertin, assis à gauche)

Vrai ou faux?

1. Wrestling was included in the very first Olympics.
2. At one time, mule races were part of the Olympics.
3. Pierre de Coubertin was the father of the modern Olympics.
4. The term "Olympiade" does not apply to the Winter Olympics.
5. The events in the modern Olympics are the same as in the very first Olympics.
6. The first modern Olympics took place in 1892.

2 Ecoute Marion qui montre à ses amis les photos qu'elle a prises aux Jeux olympiques. De quelle photo est-ce qu'elle parle?

a. b. c. d.

e. f. g. h.

3 Tes camarades et toi, vous allez assister aux Jeux olympiques. Il faut que vous choisissiez à l'avance les événements que vous voulez voir pour pouvoir acheter des places. Dis à tes camarades quels sports il te tarde de voir. Ils/Elles vont parler de ce qu'ils/elles voudraient voir. Essayez de vous mettre d'accord pour pouvoir y aller tous ensemble.

4 Un magazine français va offrir un voyage aux Jeux olympiques à la personne qui écrira le meilleur essai sur la raison pour laquelle elle voudrait y aller. Ecris un essai. N'oublie pas de parler des épreuves auxquelles tu voudrais assister et de mentionner les gens que tu voudrais rencontrer. Décris comment tu imagines que ça sera.

5

JEU DE ROLE

You and your partner are Olympic athletes. Choose the sports that you play and the countries you represent. Then, act out the following situations.

a. Imagine you're meeting each other in the Olympic village for the first time. Ask questions to find out about each other's country and interests.

b. You meet again on the last day. Tell each other how your competitions went. (One of you did very well and one of you did poorly.) Talk about your other experiences and what you enjoyed about the Games.

QUE SAIS-JE?

Can you use what you've learned in this chapter?

Can you express anticipation? p. 304

1 How would you express your anticipation if you were . . .
1. going to watch the Olympic games?
2. about to be an exchange student in Switzerland?
3. traveling to a foreign country?

Can you make suppositions? p. 304

2 What suppositions can you make about the following situations?
1. Your school team is going to compete in a state tournament.
2. You have to tell your best friend you've lost his/her leather jacket.
3. You're going to spend the summer working in a store.

Can you express certainty and doubt? p. 304

3 Your friend asks you the following questions. How would you express your certainty?

> Est-ce que l'équipe de basket-ball américaine va gagner la médaille d'or?

> Est-ce qu'il y a une interro de maths demain?

> Est-ce que c'est une bonne idée d'étudier une langue étrangère?

4 How would you express doubt about the situations in number 3?

Can you inquire? p. 309

5 You've just been introduced to an exchange student from a foreign country. What questions would you ask to find out . . .
1. what life is like in that country?
2. what people eat and wear there?
3. what is typical there?

Can you express excitement and disappointment? p. 311

6 How would you express your excitement if . . .
1. your school's basketball team won the state championship?
2. you got a perfect grade on a very difficult test?
3. you received a birthday card with a $100 check inside?

7 How would you express your disappointment if . . .
1. you just missed first place in a competition?
2. you arrived late and found that your friends had left without you?
3. you received a lower grade than you had expected on a test?

PREMIERE ETAPE

Sports and equipment

les anneaux (m.) *the rings*
l'arc (m.) *the bow*
l'aviron (m.) *rowing*
la balle *the ball*
le ballon *the ball*
les barres (f.) asymétriques *the uneven parallel bars*
le bâton *the bat*
la boxe *boxing*
le casque *the helmet*
la course de fond *long-distance running*
le cyclisme *cycling*
l'entraîneur (m.) *the coach*
l'épée (f.) *the epee/the sword*
l'escrime (f.) *fencing*
l'escrimeur(-euse) *fencer*
la flèche *the arrow*
le frappeur *the batter*

la gymnastique *gymnastics*
les haltères (f.) *weights*
l'haltérophilie (f.) *weightlifting*
le judo *judo*
le lancer du disque *the discus throw*
le lanceur *the pitcher*
la lutte *wrestling*
le masque *the mask*
le panier *the basket*
le plongeoir *the diving board*
le plongeon acrobatique *diving*
plonger *to dive*
la poutre *the balance beam*
le saut à la perche *the pole vault*
le saut en longueur *the long jump*
les rames (f.) *oars*
la tenue *the outfit*
le tir à l'arc *archery*
tirer *to shoot*

Expressing anticipation

Il me tarde de... *I can't wait to . . .*
Je suis vraiment impatient(e) de... ! *I can hardly wait to . . . !*
Vivement que je... ! *I just can't wait to . . . !*
Dès que je serai là,... *As soon as I get there, . . .*
Quand je verrai... *When I see . . .*

Expressing certainty and doubt

Ça, c'est sûr. *That's for sure.*
Je n'en ai aucun doute. *I have no doubt of it.*

DEUXIEME ETAPE

Places of origin

l'Afrique (f.) du Sud *South Africa*
l'Algérie (f.) *Algeria*
l'Allemagne (f.) *Germany*
l'Angleterre (f.) *England*
la Belgique *Belgium*
le Brésil *Brazil*
le Canada *Canada*
la Chine *China*
la Côte d'Ivoire *the Republic of Côte d'Ivoire*
l'Espagne (f.) *Spain*
les Etats-Unis (m.) *the United States*
la Guadeloupe *Guadeloupe*
Haïti (m.) *Haiti*
l'Italie (f.) *Italy*
le Japon *Japan*
le Maroc *Morocco*
le Mexique *Mexico*
le Niger *Niger*
la République centrafricaine *the Central African Republic*

la République démocratique du Congo *the Democratic Republic of Congo*
la Russie *Russia*
le Sénégal *Senegal*
la Suisse *Switzerland*
la Tunisie *Tunisia*

Inquiring

Tu viens d'où? *Where are you from?*
C'est comment, la vie là-bas? *What's life like there?*
Qu'est-ce qu'on y... ? *What do you . . . there?*
On... chez toi? *Do people . . . where you're from?*
Vous avez/Il y a... chez vous? *Do you have/Are there . . . where you're from?*
Qu'est-ce qui est typique de chez toi? *What's typical of where you're from?*

Expressing excitement and disappointment

C'est trop cool! *That's too cool!*
J'arrive pas à y croire! *I can't believe it!*
C'est pas possible! *No way!*
C'est vraiment le pied! *That's really neat!*
Youpi! *Yippee!*
Les boules! *Darn!*
J'en ai vraiment marre! *I'm sick of this!*
J'ai vraiment pas de chance. *I'm so unlucky.*
C'est pas juste. *It's not fair.*
Quelle angoisse! *This is the worst!*
Qu'est-ce que je peux être nul(le)! *I just can't do anything right!*

REFERENCE SECTION

SUMMARY OF FUNCTIONS

Function is another word for the way in which you use language for a specific purpose. When you find yourself in a certain situation, such as in a restaurant, in a grocery store, or at school, you'll want to place an order, or make a purchase, or talk about your class schedule. In order to communicate in French, you have to "function" in the language.

Each chapter in this book focuses on language functions. You can easily find them in boxes labeled **Comment dit-on... ?** The other features in the chapter—grammar, vocabulary, and culture notes—support the functions you're learning.

Here is a list of the functions presented in the ***Allez, viens!*** program and their French expressions. You'll need them in order to communicate in a wide range of situations. Following each function are the numbers of the level, chapter, and page where the function was first introduced.

SOCIALIZING

Greeting people **I Ch. 1, p. 22**
Bonjour.　　　　Salut.

Saying goodbye **I Ch. 1, p. 22**
Salut.　　　　　A bientôt.
Au revoir.　　　A demain.
A tout à l'heure.　Tchao.

Asking how people are **I Ch. 1, p. 23**
(Comment) ça va?　Et toi?

Telling how you are **I Ch. 1, p. 23**
Ça va.
Super!
Très bien.
Comme ci, comme ça.
Bof.
Pas mal.
Pas terrible.

Expressing thanks **I Ch. 3, p. 82**
Merci.
A votre service.

III Ch. 6, p. 149
Merci bien/mille fois.
Je vous remercie.
C'est vraiment très gentil de votre part.

Responding to thanks **III Ch. 6, p. 149**
De rien.
Je vous en prie.
(Il n'y a) pas de quoi.
C'est tout à fait normal.

Extending invitations **I Ch. 6, p. 159**
Allons... !　　　Tu viens?
Tu veux... ?　　On peut...

Accepting invitations **I Ch. 6, p. 159**
Je veux bien.　　D'accord.
Pourquoi pas?　Bonne idée.

Refusing invitations **I Ch. 6, p. 159**
Désolé(e), je suis occupé(e).
Ça ne me dit rien.
J'ai des trucs à faire.
Désolé(e), je ne peux pas.

Identifying people **I Ch. 7, p. 179**
C'est...　　　　Voici...
Ce sont...　　　Voilà...

II Ch. 11, p. 273
Tu connais... ?
Bien sûr. C'est...
Je ne connais pas.

Introducing people **I Ch. 7, p. 183**
C'est...
Je te/vous présente...
Très heureux (heureuse).　(FORMAL)

Renewing old acquaintances **III Ch. 1, p. 9**
Ça fait longtemps qu'on ne s'est pas vu(e)s.
Ça fait...
Depuis...
Je suis content(e) de te revoir.
Qu'est-ce que tu deviens?
Quoi de neuf?
Toujours la même chose!
Rien (de spécial).

Seeing someone off **I Ch. 11, p. 296**
Bon voyage!　　　Amuse-toi bien!
Bonnes vacances!　Bonne chance!

Asking someone to convey good wishes **III Ch. 8, p. 194**
Embrasse... pour moi.
Fais mes amitiés à...

Salue... de ma part.
Dis à... que je vais lui écrire.
Dis à... que je pense à lui/elle.

Closing a letter **III Ch. 8, p. 194**

Bien des choses à...
Je t'embrasse bien fort.
Grosses bises.
Bisous à...

Welcoming someone **II Ch. 2, p. 33**

Bienvenue chez moi/chez nous.
Faites/Fais comme chez vous/toi.
Vous avez/Tu as fait bon voyage?

Responding to someone's welcome **II Ch. 2, p. 33**

Merci.
C'est gentil de votre/ta part.
Oui, excellent.
C'était fatigant!

Showing hospitality **III Ch. 6, p. 149**

Entrez, je vous en prie.
Ça me fait plaisir de vous voir.
Donnez-moi votre...
Mettez-vous à l'aise.
Asseyez-vous.
Je vous sers quelque chose?
Qu'est-ce que je peux vous offrir?

Responding to hospitality **III Ch. 6, p. 149**

Vous êtes bien aimable.
Moi aussi.
C'est gentil.
Je prendrais bien...
Vous auriez... ?

Extending good wishes **II Ch. 3, p. 71**

Bonne fête!
Joyeux (Bon) anniversaire!
Bonne fête de Hanoukka!
Joyeux Noël!
Bonne année!
Meilleurs vœux!
Félicitations!
Bon voyage!
Bonne route!
Bon rétablissement!

Congratulating someone **II Ch. 5, p. 127**

Félicitations!
Bravo!
Chapeau!

EXCHANGING INFORMATION

Asking someone's name and giving yours **I Ch. 1, p. 24**

Tu t'appelles comment?
Je m'appelle...

Asking and giving someone else's name **I Ch. 1, p. 24**

Il/Elle s'appelle comment?
Il/Elle s'appelle...

Asking someone's age and giving yours **I Ch. 1, p. 25**

Tu as quel âge?   J'ai... ans.

Inquiring **III Ch. 12, p. 309**

Tu viens d'où?
C'est comment, la vie là-bas?
Qu'est-ce qu'on y... ?
On... chez toi?
Vous avez/Il y a... chez vous?
Qu'est-ce qui est typique de chez toi?

Asking for information (about classes)
I Ch. 2, pp. 51, 54

Tu as quels cours... ?   Vous avez... ?
Tu as quoi... ?   Tu as... à quelle heure?

(at a store or restaurant) **I Ch. 3, p. 82**
C'est combien?

(about travel) **II Ch. 6, p. 152**
A quelle heure est-ce que le train (le car) pour... part?
De quel quai... ?
A quelle heure est-ce que vous ouvrez (fermez)?
Combien coûte... ?
C'est combien, l'entrée?

(about movies) **II Ch. 11, p. 280**
Qu'est-ce qu'on joue comme film?
Ça passe où?
C'est avec qui?
Ça commence à quelle heure?

(about places) **II Ch. 4, p. 90**
Où se trouve... ?
Qu'est-ce qu'il y a... ?
C'est comment?

II Ch. 12, p. 304
Qu'est-ce qu'il y a à faire... ?
Qu'est-ce qu'il y a à voir... ?

Giving information (about classes)
I Ch. 2, p. 51

Nous avons...   J'ai...

(about travel) **II Ch. 6, p. 152**
Du quai...
Je voudrais...
Un... , s'il vous plaît.
... tickets, s'il vous plaît.

(about movies) **II Ch. 11, p. 280**
On joue...   C'est avec...
Ça passe à...   A...

(about places) **II Ch. 12, p. 304**

... se trouve...
Il y a...
On peut...

Telling when you have class **I Ch. 2, p. 54**

à... heure(s)
à... heure(s) quinze
à... heure(s) trente
à... heure(s) quarante-cinq

Writing a formal letter **III Ch. 5, p. 126**

Monsieur/Madame,
En réponse à votre lettre du...
Suite à notre conversation téléphonique,...
Je vous prie d'agréer, Monsieur/Madame, l'expression de mes sentiments distingués.

Requesting information **III Ch. 5, p. 126**

Pourriez-vous m'envoyer des renseignements sur... ?
Je voudrais savoir...
Vous serait-il possible de... ?

Asking for confirmation **III Ch. 11, p. 276**

toujours...
bien...
... , déjà?
... , c'est ça?
Si je me souviens bien,...
Si je ne me trompe pas,...

Asking for explanations **III Ch. 11, p. 283**

Qu'est-ce que c'est?
Comment est-ce qu'on appelle ça?
Qu'est-ce que ça veut dire,... ?
Qu'est-ce qu'il y a dans... ?
Comment est-ce qu'on fait... ?
D'où vient le mot... ?
Comment on dit... ?

Getting someone's attention **I Ch. 3, p. 82**

Pardon.   Excusez-moi.

I Ch. 5, p. 135
La carte, s'il vous
   plaît.
Monsieur!
Madame!
Mademoiselle!

Ordering food and beverages **I Ch. 5, p. 135**

Vous avez choisi?
Vous prenez?
Je voudrais...
Je vais prendre... , s'il vous plaît.
... , s'il vous plaît.
Donnez-moi... , s'il vous plaît.
Apportez-moi... , s'il vous plaît.
Vous avez... ?
Qu'est-ce que vous avez comme... ?

Ordering and asking for details **III Ch. 1, p. 18**

Vous avez décidé?
Non, pas encore.
Un instant, s'il vous plaît.
Que voulez-vous comme entrée?

Comme entrée, j'aimerais...
Et comme boisson?
Comment désirez-vous votre viande?
Saignant(e).
A point.
Bien cuit(e).
Qu'est-ce que vous me conseillez?
Qu'est-ce que c'est,... ?
..., s'il vous plaît?
Qu'est-ce que vous avez comme... ?

Paying the check **I Ch. 5, p. 139**

L'addition, s'il vous plaît.
Oui, tout de suite.
Un moment, s'il vous plaît.
Ça fait combien, s'il vous plaît?
Ça fait... francs.
C'est combien,... ?
C'est... francs.

Exchanging information (about leisure activities) **I Ch. 4, p. 104**

Qu'est-ce que tu fais comme sport?
Qu'est-ce que tu fais pour t'amuser?
Je fais...
Je (ne) fais (pas)...
Je (ne) joue (pas)...

II Ch. 1, p. 12
Qu'est-ce que tu aimes faire?
Qu'est-ce que tu aimes comme musique?
Quel(le) est ton/ta... préféré(e)?
Qui est ton/ta... préféré(e)?

Making plans **I Ch. 6, p. 153**

Qu'est-ce que tu vas faire... ?
Tu vas faire quoi... ?
Je vais...
Pas grand-chose.
Rien de spécial.

Arranging to meet someone **I Ch. 6, p. 163**

Quand (ça)?
tout de suite
Où (ça)?
devant...
au métro...
chez...
dans...
Avec qui?
A quelle heure?
A... heures...
et demie
et quart
moins le quart
moins cinq
midi (et demi)
minuit (et demi)
vers...
On se retrouve...
Rendez-vous...
Entendu.

III Ch. 6, p. 142
Comment est-ce qu'on fait?
Quand est-ce qu'on se revoit?
A quelle heure est-ce qu'on se donne rendez-vous?

R4

Inquiring about future plans I Ch. 11, p. 289

Qu'est-ce que tu vas faire... ?
Où est-ce que tu vas aller... ?

Asking about intentions III Ch. 5, p. 117

Qu'est-ce que tu penses faire?
Qu'est-ce que tu as l'intention de faire?
Qu'est-ce que tu comptes faire?

Asking about future plans III Ch. 5, p. 124

Tu sais ce que tu veux faire?
Tu as des projets?
Qu'est-ce que tu veux faire plus tard?

Sharing future plans I Ch. 11, p. 289

J'ai l'intention de...   Je vais...

Expressing intentions III Ch. 5, p. 117

Je pense...
Je compte...
Je tiens à...
J'ai l'intention de...

Expressing conditions and possibilities III Ch. 5, p. 117

Si...   Il se peut que...
Peut-être que...   Il est possible que...

Describing and characterizing people I Ch. 7, p. 185

Il/Elle est comment?   Il/Elle est...
Ils/Elles sont   Ils/Elles sont...
  comment?

II Ch. 1, p. 10
avoir... ans   Je suis...
J'ai...   Il/Elle est...
Il/Elle a...   Ils/Elles sont...
Ils/Elles ont...

II Ch. 12, p. 314
Il/Elle avait faim.   J'étais...
Il/Elle avait l'air...

Describing a place II Ch. 4, p. 90

dans le nord/sud/est/ouest
plus grand(e) que
moins grand(e) que
charmant(e)
coloré(e)
vivant(e)

II Ch. 12, p. 314
Il y avait...   Il était...

Making a telephone call I Ch. 9, p. 244

Bonjour.
Je suis bien chez... ?
C'est...
(Est-ce que)... est là, s'il vous plaît?

(Est-ce que) je peux parler à... ?
Je peux laisser un message?
Vous pouvez lui dire que j'ai téléphoné?
Ça ne répond pas.
C'est occupé.

Answering a telephone call I Ch. 9, p. 244

Allô?
Bonjour.
Qui est à l'appareil?
Une seconde, s'il vous plaît.
Bien sûr.
Vous pouvez rappeler plus tard?
D'accord.
Ne quittez pas.

Asking others what they need I Ch. 3, p. 74

Qu'est-ce qu'il te (vous) faut pour... ?

I Ch. 8, p. 210
De quoi est-ce que tu as besoin?
Qu'est-ce qu'il te faut?

Expressing need I Ch. 8, p. 210

Il me faut...   J'ai besoin de...

(shopping) I Ch. 10, p. 265
Oui, vous avez... ?
Je cherche quelque chose pour...
J'aimerais... pour aller avec...
Non, merci, je regarde.

Making purchases II Ch. 3, p. 58

C'est combien, s'il vous plaît?
Combien coûte(nt)... ?
Combien en voulez-vous?
Je voudrais...
Je vais (en) prendre...
Ça fait combien?

Inquiring (shopping)

I Ch. 10, p. 265

(Est-ce que) je peux vous aider?
Vous désirez?
Je peux l'(les) essayer?
Je peux essayer... ?
C'est combien,... ?
Ça fait combien?
Vous avez ça en... ?

Asking which one(s) III Ch. 4, p. 88

Quel(s)/Quelle(s)... ?
Lequel/Laquelle/Lesquels/Lesquelles?

Pointing out and identifying people and things III Ch. 4, p. 88

Ça, c'est...   Celui avec...
Celui-là/Celle-là.   Celle qui...
Ceux-là/Celles-là.   La fille au...
Le vert.   Là-bas, le garçon qui...
Celui du...

Pointing out places and things I Ch. 12, p. 317

Voici...
Là, tu vois, c'est...
Regarde, voilà...
Ça, c'est...
Là, c'est...

Pointing out where things are II Ch. 2, p. 39

A côté de...   à gauche de
Il y a...   à droite de
en face de   près de

Asking where things are III Ch. 2, p. 43

Vous pourriez me dire où il y a... ?
Pardon, vous savez où se trouve... ?
Tu sais où sont... ?

Telling where things are III Ch. 2, p. 43

Par là, au bout du couloir.
Juste là, à côté de...
En bas.
En haut.
Au fond.
Au rez-de-chaussée.
Au premier étage.
A l'entrée de...
En face de...

Asking for advice (about directions)

I Ch. 12, p. 322

Comment est-ce qu'on y va?

Asking for directions I Ch. 12, p. 327

Pardon,... , s'il vous plaît?
Pardon,... . Où est... , s'il vous plaît?
Pardon,... . Je cherche... , s'il vous plaît.

III Ch. 2, p. 33

La route pour... , s'il vous plaît?
Comment on va à... ?
Où se trouve... ?

Giving directions I Ch. 12, p. 327

Vous continuez jusqu'au prochain feu rouge.
Vous tournez...
Vous allez tout droit jusqu'à...
Prenez la rue... , puis traversez la rue...
Vous passez devant...
C'est tout de suite à...

II Ch. 2, p. 45

Traversez...
Prenez...
Puis, tournez à gauche dans/sur...
Allez (continuez) tout droit.
sur la droite (gauche)

II Ch. 12, p. 304

C'est au nord/au sud/à l'est/à l'ouest de...
C'est dans le nord/le sud/l'est/l'ouest.

III Ch. 2, p. 33

Pour (aller à)... , vous suivez la... pendant à peu
    près... kilomètres.
Vous allez voir un panneau qui indique l'entrée de
    l'autoroute.
Vous allez traverser...
Après... , vous allez tomber sur...
Cette route va vous conduire au centre-ville.
Vous allez continuer tout droit, jusqu'à...

Inquiring about past events I Ch. 9, p. 237

Tu as passé un bon week-end?

I Ch. 9, p. 238

Qu'est-ce que tu as fait... ?
Tu es allé(e) où?
Et après?
Qu'est-ce qui s'est passé?

I Ch. 11, p. 297

Tu as passé un bon... ?
Ça s'est bien passé?
Tu t'es bien amusé(e)?

II Ch. 5, p. 123

Comment ça s'est passé?
Comment s'est passée ta journée (hier)?
Comment s'est passé ton week-end?
Comment se sont passées tes vacances?

II Ch. 6, p. 144

C'était comment?
Ça t'a plu?
Tu t'es amusé(e)?

III Ch. 1, p. 9

C'était comment, tes vacances?
Ça c'est bien passé?
Comment ça c'est passé?

Exchanging information (about vacations)

III Ch. 1, p. 10

Est-ce que tu es resté(e) ici?
Oui, je suis resté(e) ici tout le temps.
Non, je suis parti(e)...
Quand est-ce que tu y es allé(e)?
J'y suis allé(e) début/fin...
Avec qui est-ce que tu y es allé(e)?
J'y suis allé(e) seul(e)/avec...
Tu es parti(e) comment?
Je suis parti(e) en...
Où est-ce que tu as dormi?
A l'hôtel.
Chez...
Quel temps est-ce qu'il a fait?
Il a fait un temps...
Il a plu tout le temps.

Relating a series of events I Ch. 9, p. 238

D'abord,...
Ensuite,...
Après,...

Je suis allé(e)...
Et après ça...
Enfin,...

II Ch. 1, p. 20
Puis,...

II Ch. 4, p. 99
Après ça,...
Finalement,...
Vers... ,

Asking what things were like **II Ch. 8, p. 198**
C'était comment?
C'était tellement différent?

Describing what things were like **II Ch. 8, p. 198**
C'était...   Il y avait...
La vie était plus... , moins...

Asking what a place was like **III Ch. 1, p. 12**
Qu'est-ce qu'il y avait à voir?
Qu'est-ce qu'il y avait à faire?
Il y avait... ?
Il faisait... ?

Describing what a place was like **III Ch. 1, p. 12**
Il faisait...
... est situé(e)...

Reminiscing **II Ch. 8, p. 201**
Quand j'étais petit(e),...
Quand il/elle était petit(e),...
Quand j'avais... ans,...

Telling what or whom you miss **II Ch. 8, p. 197**
Je regrette...
... me manque.
... me manquent.
Ce qui me manque, c'est...

Asking about a story **III Ch. 9, p. 234**
De quoi ça parle?
Comment est-ce que ça commence?
Comment ça se termine?

Beginning a story **II Ch. 9, p. 235**
A propos,...

Continuing a story **II Ch. 9, p. 235**
Donc,...   C'est-à-dire que...
Alors,...   ... , quoi.
A ce moment-là,...   ... , tu vois.
Bref,...

Ending a story **II Ch. 9, p. 235**
Heureusement,...
Malheureusement,...
Finalement,...

Summarizing a story **II Ch. 11, p. 286**
De quoi ça parle?
Ça parle de...
Qu'est-ce que ça raconte?
C'est l'histoire de...

III Ch. 9, p. 234
Il s'agit de...   Au début,...
A la fin,...   A ce moment-là,...
Ça se passe,...

Breaking some news **II Ch. 9, p. 231**
Tu connais la nouvelle?
Tu ne devineras jamais ce qui s'est passé.
Tu sais qui... ?
Tu sais ce que... ?
Devine qui...
Devine ce que...

III Ch. 10, p. 259
Tu savais que... ?
Tu connais la dernière?
J'ai entendu dire que...
Figure-toi que...
Si tu avais vu...

Showing interest **II Ch. 9, p. 231**
Raconte!
Aucune idée.
Dis vite!

III Ch. 10, p. 259
Oh là là!
Qui t'a dit ça?
Et alors?

Telling jokes **III Ch. 10, p. 261**
J'en connais une bonne.
Est-ce que tu connais l'histoire de... ?
Quelle est la différence entre... et... ?
Quel est le point commun entre... et... ?
C'est l'histoire d'un mec qui...
... et alors, il dit que...
... et l'autre lui répond...
Elle est bien bonne!
Elle est nulle, ta blague!

EXPRESSING FEELINGS AND EMOTIONS

Expressing likes and preferences about things
I Ch. 1, p. 26
J'aime (bien)...   J'aime mieux...
J'adore...   Je préfère...

I Ch. 5, p. 138
C'est...

Expressing dislikes about things I Ch. 1, p. 26

Je n'aime pas...

I Ch. 5, p. 138

C'est...

Telling what you'd like and what you'd like to do
I Ch. 3, p. 77

Je voudrais...
Je voudrais acheter...

Telling how much you like or dislike something
I Ch. 4, p. 102

Beaucoup.   Pas du tout.
Pas beaucoup.   surtout
Pas tellement.

Inquiring about likes and dislikes I Ch. 5, p. 138

Comment tu trouves ça?

Hesitating I Ch. 10, p. 274

Euh... J'hésite.
Je ne sais pas.
Il/Elle me plaît, mais il/elle est...

Making a decision I Ch. 10, p. 274

Vous avez décidé de prendre... ?
Vous avez choisi?
Vous le/la/les prenez?
Je le/la/les prends.
Non, c'est trop cher.

Expressing indecision I Ch. 11, p. 289

J'hésite.
Je ne sais pas.
Je n'en sais rien.
Je n'ai rien de prévu.

III Ch. 1, p. 17

Tout me tente.
Je n'arrive pas à me décider.
J'hésite entre... et...

III Ch. 5, p. 124

Pas vraiment.
Je ne sais pas trop.
Non, je me demande.
Je n'en ai aucune idée.
J'ai du mal à me décider.
Je ne sais plus ce que je veux.

Making suppositions III Ch. 7, p. 169

On pourrait sûrement...
Ça doit être...
Je parie que...
Il doit y avoir...

Expressing disbelief and doubt II Ch. 6, p. 148

Tu plaisantes!   C'est pas vrai!

Pas possible!   N'importe quoi!
Ça m'étonnerait!   Mon œil!

III Ch. 10, p. 259

Je n'en reviens pas.

Expressing doubt III Ch. 7, p. 169

Ça m'étonnerait que...
Je ne suis pas sûr(e) que...
Je ne suis pas certain(e) que...
Je ne pense pas que...

Expressing certainty III Ch. 7, p. 169

Je suis certain(e) que...
Je suis sûr(e) que...
Je sais que...
Je suis convaincu(e) que...

III Ch. 12, p. 304

Ça, c'est sûr.
Je n'en ai aucun doute.

Expressing hopes and wishes I Ch. 11, p. 289

J'ai envie de...
Je voudrais bien...

III Ch. 5, p. 124

J'aimerais bien...
Ce qui me plairait, c'est de...
Mon rêve, c'est de...

III Ch. 8, p. 197

Si seulement je pouvais,...
Si j'avais le choix,...
Si c'était possible,...
Ça serait chouette si...
Qu'est-ce que j'aimerais... !

Expressing anticipation III Ch. 12, p. 304

Il me tarde de...
Je suis vraiment impatient(e) de/d'... !
Vivement que j'arrive!
Dès que je serai là,...
Quand je verrai...

Asking how someone is feeling II Ch. 2, p. 34

Pas trop fatigué(e)?
Vous n'avez pas/Tu n'as pas faim?
Vous n'avez pas/Tu n'as pas soif?

Telling how you are feeling II Ch. 2, p. 34

Non, ça va.
Si, un peu.
Si, je suis crevé(e).
Si, j'ai très faim/soif!
Si, je meurs de faim/soif!

Expressing concern for someone II Ch. 5, p. 119

Ça n'a pas l'air d'aller.
Qu'est-ce qui se passe?

Qu'est-ce qui t'arrive?
Raconte!

II Ch. 7, p. 165
Quelque chose ne va pas?
Qu'est-ce que tu as?
Tu n'as pas l'air en forme.

Sympathizing with someone **II Ch. 5, p. 125**
Oh là là!
C'est pas de chance, ça!
Pauvre vieux (vieille)!

Sharing confidences **I Ch. 9, p. 247**
J'ai un petit problème.
Je peux te parler?
Tu as une minute?

II Ch. 10, p. 250
Je ne sais pas quoi faire.
Qu'est-ce qu'il y a?
Je t'écoute.
Qu'est-ce que je peux faire?

Consoling others **I Ch. 9, p. 247**
Ne t'en fais pas!
Je t'écoute.
Ça va aller mieux!
Qu'est-ce que je peux faire?

II Ch. 5, p. 125
Courage!
T'en fais pas.
C'est pas grave.

Expressing satisfaction **II Ch. 5, p. 123**
Ça s'est très bien passé!
C'était...
    incroyable!
    super!
    génial!
Quelle journée (formidable)!
Quel week-end (formidable)!

Expressing frustration **II Ch. 5, p. 123**
Quelle journée!
Quel week-end!
J'ai passé une journée épouvantable!
C'est pas mon jour!
Tout a été de travers!

Expressing impatience **III Ch. 2, p. 36**
Mais, qu'est-ce que tu fais?
Tu peux te dépêcher?
Grouille-toi!
On n'a pas le temps!
Je suis vraiment impatient(e) de...

Expressing annoyance **III Ch. 8, p. 203**
Non mais, vous vous prenez pour qui?
Non mais, surtout, ne vous gênez pas!

Ça va pas, non?!
Ça commence à bien faire, hein?
Dites donc, ça vous gênerait de... ?

Complaining **II Ch. 7, p. 165**
Je ne me sens pas bien.
Je suis tout(e) raplapla.
J'ai mal dormi.
J'ai mal partout!

II Ch. 12, p. 310
Je crève de faim!   Je suis fatigué(e).
Je meurs de soif!   J'ai peur de...

III Ch. 8, p. 203
C'est l'horreur!
C'est insupportable, à la fin!
J'en ai ras le bol!
Je commence à en avoir marre!

Quarreling **III Ch. 6, p. 153**
Rapporteur(-euse)!
Pleurnicheur(-euse)!
Tricheur(-euse)!
Tu m'énerves, à la fin!
Tu es vraiment casse-pieds!
Tu me prends la tête!
Oh, ça va, hein?
Arrête!
Ça suffit!
Tu le fais exprès?
Mêle-toi de tes oignons!
Fiche-moi la paix!
Casse-toi!
Tant pis pour toi!
C'est toujours la même chose!
C'est lui/elle qui a commencé!
Il/Elle m'a traité(e) de... !
C'est toujours moi qui prends!

Expressing discouragement **II Ch. 7, p. 174;**
II Ch. 12, p. 310
Je n'en peux plus!
J'abandonne.
Je craque!

Offering encouragement **II Ch. 7, p. 174**
Allez!
Encore un effort!
Tu y es presque!
Courage!

Expressing disappointment **III Ch. 12, p. 311**
Les boules!
J'en ai vraiment marre!
J'ai vraiment pas de chance.
C'est pas juste.
Quelle angoisse!
Qu'est-ce que je peux être nul(le)!

Expressing excitement III Ch. 12, p. 311

Génial!
C'est trop cool!
J'arrive pas à y croire!
C'est pas possible!
C'est vraiment le pied!
Youpi!

Expressing astonishment III Ch. 7, p. 177

Oh, dis donc!
Ça alors!
C'est pas vrai!
Ouah!
C'est le pied!
Qu'est-ce que... !
Quel... !
Tiens! Regarde un peu!
C'est fou comme... !
Tu as vu comme... ?
Je n'ai jamais vu un(e) aussi...

Expressing fear III Ch. 7, p. 178

J'ai très peur de...
J'ai peur que...
J'ai la frousse!

Expressing relief III Ch. 7, p. 178

On a eu de la chance!
Ouf! On a eu chaud!
On l'a échappé belle!

PERSUADING

Asking for recommendations (about movies)
III Ch. 9, p. 233

Qu'est-ce que tu as vu comme bon film?
Qu'est-ce qu'il y a comme bons films en ce moment?

Making recommendations (about movies)
III Ch. 9, p. 233

Tu devrais aller voir...
Je te recommande...
Va voir... , c'est génial comme film.
C'est à ne pas manquer!
N'y va pas!
Ça ne vaut pas le coup!
Ne va surtout pas voir...
Evite d'aller voir...

(about food) I Ch. 5, p. 132
Prends...
Prenez...

III Ch. 1, p. 17
Tu devrais prendre...
Pourquoi tu ne prends pas... ?
Essaie...

Asking for suggestions II Ch. 1, p. 18

Qu'est-ce qu'on fait?

II Ch. 4, p. 94
Qu'est-ce qu'on peut faire?

Making suggestions I Ch. 4, p. 110

On... ?

I Ch. 5, p. 129
On va... ?
On fait... ?
On joue... ?

I Ch. 12, p. 322 *(how to get somewhere)*
On peut y aller...
On peut prendre...

II Ch. 1, p. 18
Si tu veux, on peut...
On pourrait...
Tu as envie de... ?
Ça te dit de... ?

II Ch. 4, p. 94
On peut...
Si on allait... ?

II Ch. 8, p. 209
Si on achetait... ?
Si on visitait... ?
Si on jouait... ?

III Ch. 6, p. 141
Ça t'intéresse de... ?
Ça te plairait de... ?
Tu ne voudrais pas... ?

Accepting suggestions I Ch. 4, p. 110

D'accord.   Allons-y!
Bonne idée.   Oui, c'est...

III Ch. 6, p. 141
Ce serait sympa.
Ça me plairait beaucoup.
J'aimerais bien.

Turning down suggestions I Ch. 4, p. 110

Non, c'est...
Ça ne me dit rien.
Désolé(e), mais je ne peux pas.

III Ch. 6, p. 141
C'est gentil, mais j'ai un rendez-vous.
Impossible, je suis pris(e).
J'aimerais bien, mais...

Responding to suggestions II Ch. 1, p. 18

D'accord.
C'est une bonne/excellente idée.
Je veux bien.
Je ne peux pas.
Non, je préfère...
Pas question!
Ça ne me dit rien.

II Ch. 8, p. 209
Bof.
Non, je ne veux pas.
Comme tu veux.

Making excuses I Ch. 5, p. 129

Désolé(e). J'ai des devoirs à faire.
J'ai des courses à faire.
J'ai des trucs à faire.
J'ai des tas de choses à faire.

II Ch. 10, p. 255
J'ai quelque chose à faire.
Je n'ai pas le temps.
Je suis très occupé(e).
C'est impossible.

(school) II Ch. 5, p. 127
..., c'est pas mon fort.
J'ai du mal à comprendre.
Je suis pas doué(e) pour...

Giving reasons II Ch. 5, p. 127

Je suis assez bon (bonne) en...
C'est en... que je suis le/la meilleur(e).
..., c'est mon fort!

Asking for permission I Ch. 7, p. 189

(Est-ce que) je peux... ?
Tu es d'accord?

III Ch. 3, p. 60
J'aimerais...
Tu veux bien que je... ?
Ça te dérange si... ?

Giving permission I Ch. 7, p. 189

Oui, si tu veux.
Pourquoi pas?
Oui, bien sûr.
D'accord, si tu... d'abord...

III Ch. 3, p. 60
Ça va pour cette fois.
Oui, si...

Refusing permission I Ch. 7, p. 189

Pas question!   Non, tu dois...
Non, c'est impossible.   Pas ce soir.

III Ch. 3, p. 60
Tu n'as pas le droit de...
Ce n'est pas possible.

Expressing obligation III Ch. 3, p. 60

Il faut que tu... d'abord.
Tu dois...

Reprimanding someone II Ch. 5, p. 127

C'est inadmissible.
Tu dois mieux travailler en classe.

Tu ne dois pas faire le clown en classe!
Ne recommence pas.

Making requests I Ch. 3, p. 72

Tu as... ?   Vous avez... ?

I Ch. 8, p. 212
Tu peux... ?
Tu me rapportes... ?

I Ch. 12, p. 320
Est-ce que tu peux... ?
Tu pourrais passer à... ?

III Ch. 9, p. 227
Chut!
Tais-toi!
Ne parle pas si fort.
Tu pourrais faire moins de bruit?
Vous pourriez vous taire, s'il vous plaît?
Baisse/Monte le son.

Responding to requests I Ch. 3, p. 72

Voilà.
Je regrette.
Je n'ai pas de...

Accepting requests I Ch. 8, p. 212

Pourquoi pas?
Bon, d'accord.
Je veux bien.
J'y vais tout de suite.

I Ch. 12, p. 320
D'accord.
Si tu veux.

Declining requests I Ch. 8, p. 212

Je ne peux pas maintenant.
Je regrette, mais je n'ai pas le temps.
J'ai des tas de choses (trucs) à faire.

I Ch. 12, p. 320
Désolé(e), mais je n'ai pas le temps.

Asking a favor I Ch. 12, p. 320

Est-ce que tu peux... ?
Tu me rapportes... ?
Tu pourrais passer à... ?

II Ch. 10, p. 255
Tu peux m'aider?
Tu pourrais... ?
Ça t'ennuie de... ?
Ça t'embête de... ?

Granting a favor II Ch. 10, p. 255

Avec plaisir.   Bien sûr que non.
Bien sûr.   Pas du tout.
Pas de problème.

Telling someone what to do I Ch. 8, p. 212

Rapporte-moi...   Achète(-moi)...
Prends...   N'oublie pas de...

Asking for food II Ch. 3, p. 64

Je pourrais avoir... , s'il vous (te) plaît?
Vous pourriez (Tu pourrais) me passer... ?

Offering food I Ch. 8, p. 219

Tu veux... ?   Tu prends... ?
Vous voulez... ?   Encore du/de la... ?
Vous prenez ... ?

II Ch. 3, p. 64
Voilà.
Vous voulez (Tu veux)... ?
Encore... ?
Tenez (Tiens).

Accepting food I Ch. 8, p. 219

Oui, s'il vous (te) plaît.
Oui, avec plaisir.
Oui, j'en veux bien.

II Ch. 3, p. 64
Oui, je veux bien.

Refusing food I Ch. 8, p. 219

Non, merci.
Non, merci. Je n'ai plus faim.
Je n'en veux plus.

II Ch. 3, p. 64
Merci, ça va.
Je n'ai plus faim/soif.

Asking for advice I Ch. 9, p. 247 *(general)*

A ton avis, qu'est-ce que je fais?
Qu'est-ce que tu me conseilles?

II Ch. 10, p. 250
A ton avis, qu'est-ce que je dois faire?
Qu'est-ce que tu ferais, toi?

II Ch. 1, p. 15
Qu'est-ce que je dois... ?

III Ch. 7, p. 171
Tu crois que je devrais... ?
Tu penses qu'il vaudrait mieux... ?

(about clothes) I Ch. 10, p. 264
Je ne sais pas quoi mettre pour...
Qu'est-ce que je mets?

(about directions) I Ch. 12, p. 322
Comment est-ce qu'on y va?

(about gifts) II Ch. 3, p. 68
Tu as une idée de cadeau pour... ?
Qu'est-ce que je pourrais offrir à... ?

Giving advice I Ch. 9, p. 247

Oublie-le/-la/-les!
Téléphone-lui/-leur!

Tu devrais...
Pourquoi tu ne... pas?

I Ch. 10, p. 264
Pourquoi est-ce que tu ne mets pas... ?
Mets...

II Ch. 1, p. 15
Pense à prendre...
Prends...
N'oublie pas...

II Ch. 3, p. 68
Offre-lui (leur) ...
Tu pourrais lui (leur) offrir...
... , peut-être.

II Ch. 7, p. 173
Tu dois...
Tu ferais bien de...
Tu n'as qu'à...

II Ch. 10, p. 250
Invite-le/-la/-les.
Parle-lui/-leur.
Dis-lui/-leur que...
Ecris-lui/-leur.
Explique-lui/-leur.
Excuse-toi.

II Ch. 12, p. 312
Evite de...
Tu ne devrais pas...
Ne saute pas...

III Ch. 5, p. 124
Tu ferais mieux de...
Il faudrait que tu...
Il vaudrait mieux que...

III Ch. 7, p. 171
Je crois que ça vaut mieux.
A mon avis, c'est plus sûr.
Ce n'est pas la peine.
Je ne crois pas que ce soit utile.
Il faudrait que...
Il est très important que...
Il est essentiel que...
Il est nécessaire que...

III Ch. 8, p. 197
Si c'était moi,...
Si j'étais toi,...
A ta place,...

Justifying your recommendations II Ch. 7, p. 178
C'est bon pour toi.
Ça te fera du bien.
C'est meilleur que de...

Accepting advice II Ch. 3, p. 68
Bonne idée!
C'est original.

Tu as raison.
D'accord.

Rejecting advice   II Ch. 3, p. 68

C'est trop cher.
C'est banal.
Ce n'est pas son style.
Il/Elle en a déjà un(e).

II Ch. 7, p. 173

Je ne peux pas.
Non, je n'ai pas très envie.
Non, je préfère...
Pas question!
Je n'ai pas le temps.
Ce n'est pas mon truc.

Advising against something   II Ch. 7, p. 178

Evite de...
Ne saute pas...
Tu ne devrais pas...

Cautioning someone   III Ch. 7, p. 178

Je vous signale que...
Il serait plus prudent de...
Faites gaffe!
Faites attention!
Attention à... !
Méfiez-vous!
Ne bougez pas.

Forbidding   III Ch. 3, p. 67

Il est interdit de...
Veuillez ne pas...
Prière de ne pas...
Interdiction de...
Défense de...

Reproaching someone   II Ch. 10, p. 258

Tu aurais dû...
Tu aurais pu...

III Ch. 3, p. 70

Vous (ne) devriez (pas)...
Tu as tort de...
Ce n'est pas bien de...
Tu ferais mieux de ne pas...

Justifying your actions   III Ch. 3, p. 70

Je suis quand même libre, non?
Tout le monde fait pareil.
Je ne suis pas le/la seul(e) à...

Rejecting others' excuses   III Ch. 3, p. 70

Pense aux autres.
Ce n'est pas une raison.
Ce n'est pas parce que tout le monde... que tu dois
   le faire.

Reminding   I Ch. 11, p. 293

N'oublie pas...
Tu n'as pas oublié... ?
Tu ne peux pas partir sans...
Tu prends... ?

Reassuring someone   I Ch. 11, p. 293

Ne t'en fais pas.
J'ai pensé à tout.
Je n'ai rien oublié.

II Ch. 8, p. 197

Tu vas t'y faire.
Fais-toi une raison.
Tu vas te plaire ici.
Tu vas voir que...

III Ch. 2, p. 36

Ça ne va pas prendre longtemps!
Sois patient(e)!
On a largement le temps!
Il n'y a pas le feu.
Du calme, du calme.

III Ch. 4, p. 96

Crois-moi.
Je t'assure.
Fais-moi confiance.
Je ne dis pas ça pour te faire plaisir.

III Ch. 7, p. 178

Ne vous en faites pas!
N'ayez pas peur.
Calmez-vous!
Pas de panique!

Apologizing   II Ch. 10, p. 258

C'est de ma faute.
Excuse-moi.
Désolé(e).
J'aurais dû...
J'aurais pu...
Tu ne m'en veux pas?

III Ch. 6, p. 144

Je m'excuse de...
Je suis vraiment désolé(e) de...
Pardonne-moi de...
Je m'en veux de...

Accepting an apology   II Ch. 10, p. 258

Ça ne fait rien.
C'est pas grave.
Il n'y a pas de mal.
T'en fais pas.
Je ne t'en veux pas.

III Ch. 6, p. 144

Ne t'inquiète pas.
Ça arrive à tout le monde.

EXPRESSING ATTITUDES AND OPINIONS

Agreeing I Ch. 2, p. 50

Oui, beaucoup.
Moi aussi.
Moi non plus.

III Ch. 9, p. 225

| Je suis d'accord avec toi. | Tu l'as dit! |
| Tu as raison. | Tout à fait! |

III Ch. 11, p. 278
Ça, c'est sûr.

Disagreeing I Ch. 2, p. 50

Moi, non.
Moi, si.
Pas moi.
Non, pas trop.

III Ch. 9, p. 225
Pas du tout.
Tu parles!
Tu te fiches de moi?
Tu rigoles!
Tu as tort.

III Ch. 11, p. 278
Tu délires ou quoi?
N'importe quoi!

Asking for opinions I Ch. 2, p. 57

Comment tu trouves... ?
Comment tu trouves ça?

I Ch. 10, p. 270
Il/Elle me va... ?
Il/Elle te (vous) plaît... ?
Tu aimes mieux... ou... ?

III Ch. 4, p. 86
Tu n'aimes pas... ?
Elle/Il te plaît,... ?
Qu'est-ce que tu penses de... ?
Qu'en penses-tu?

III Ch. 11, p. 278
Ça te branche,... ?
Ça te plaît,... ?

Expressing opinions I Ch. 2, p. 57

C'est...

I Ch. 9, p. 237
Oui, très chouette.
Oui, excellent.
Oui, très bon.
Oui, ça a été.
Oh, pas mauvais.

C'était épouvantable.
Très mauvais.

I Ch. 11, p. 297
C'était formidable!
Non, pas vraiment.
C'était un véritable cauchemar!
Je suis embêté(e).

II Ch. 11, p. 284
C'est drôle/amusant.
C'est une belle histoire.
C'est plein de rebondissements.
Il y a du suspense.
On ne s'ennuie pas.
C'est une histoire passionnante.
Je te le/la recommande.
Il n'y a pas d'histoire.
Ça casse pas des briques.
C'est...
   trop violent.
   trop long.
   déprimant.
   bête.
   un navet.
   du n'importe quoi.
   gentillet, sans plus.

III Ch. 4, p. 86
Je le/la trouve...
Je l'aime bien.
Elle/Il me plaît beaucoup.
C'est très bien, ça.
J'aime bien ce genre de...
Je ne l'aime pas tellement.
Elle/Il ne me plaît pas du tout.
Je trouve qu'ils/elles font...
Ça fait vraiment...

III Ch. 11, p. 278
Je trouve ça...
Si, je l'aime beaucoup.
Ça me plaît beaucoup.
Ça m'éclate.
Je n'écoute que ça.
Ça ne me branche pas trop.

Wondering what happened and offering possible explanations II Ch. 9, p. 228

Je me demande...	Je crois que...
A mon avis,...	Je parie que...
Peut-être que...	

Accepting explanations II Ch. 9, p. 228

| Tu as peut-être raison. | Ça se voit. |
| C'est possible. | Evidemment. |

Rejecting explanations II Ch. 9, p. 228

A mon avis, tu te trompes.
Ce n'est pas possible.
Je ne crois pas.

R14

Asking for judgments III Ch. 9, p. 233

C'était comment?
Comment tu as trouvé ça?

Making judgments III Ch. 9, p. 233

Ça m'a beaucoup plu.
J'ai trouvé ça pas mal/amusant.
Il y avait de...
Je ne me suis pas ennuyé(e) une seconde.
Ça m'a bien fait rire.
C'est nul/lourd.
C'est un navet.
Ça n'a aucun intérêt.
Je n'ai pas du tout aimé.
Ça ne m'a pas emballé(e).
Je me suis ennuyé(e) à mourir.

Making observations III Ch. 11, p. 286

Ce qui est incroyable, c'est...
Ce qui saute aux yeux, c'est...
Ce qui me branche vraiment, c'est...
Ce que je trouve super, c'est...
Ce que j'adore/j'aime, c'est...

Giving impressions III Ch. 11, p. 286

On dirait que...
Il me semble que...
J'ai l'impression que...
Ils ont l'air de...

Making comparisons III Ch. 8, p. 204

Ce n'était pas comme ça.
Ici,... tandis que...
moins de... que
plus de... que
autant de... que...
plus... que...
moins... que...
aussi... que...

Bragging III Ch. 10, p. 251

C'est fastoche, ça!
C'est pas pour me vanter, mais moi,...
Oh, j'en ai vu d'autres.
C'est moi, le/la meilleur(e).
C'est moi qui... le mieux.

Flattering III Ch. 10, p. 251

Tu es fortiche/calé(e).
Alors là, tu m'épates!
Tu en as, du courage.
Tu es vraiment le/la meilleur(e).
Tu es le/la... le/la plus... que je connaisse.

Teasing III Ch. 10, p. 254

Tu es amoureux(-euse) ou quoi?
Non mais, tu t'es pas regardé(e)!
Réveille-toi un peu!
Tu en rates pas une, toi!
Arrête de délirer!

Responding to teasing III Ch. 10, p. 254

Lâche-moi, tu veux?
Je t'ai pas demandé ton avis.
Oh, ça va, hein!
Qu'est-ce que tu en sais?
Ben, ça peut arriver à tout le monde.
Et toi, arrête de m'embêter!

Paying a compliment (about clothing) I Ch. 10, p. 270

C'est tout à fait ton/votre style.
Il/Elle te (vous) va très bien.
Il/Elle va très bien avec...
Je le/la/les trouve...
C'est parfait.

II Ch. 2, p. 40

Il/Elle est vraiment bien, ton/ta...
Il/Elle est cool, ton/ta...

(about food) II Ch. 3, p. 64

C'est vraiment bon!
C'était délicieux!

(about clothing) III Ch. 4, p. 96

Je te trouve très bien comme ça.
Ça fait très bien.
Que tu es... avec ça!
C'est tout à fait toi.
C'est assorti à...
Ça te va comme un gant.
Ça te va très bien!

Responding to compliments II Ch. 2, p. 40

Tu trouves?
C'est vrai? (Vraiment?)
C'est gentil!

II Ch. 3, p. 64

Ce n'est pas grand-chose.

III Ch. 4, p. 96

Ça te plaît, vraiment?
Tu crois?
Oh, c'est un vieux truc.
Oh, tu sais, je ne l'ai pas payé(e) cher.

Criticizing I Ch. 10, p. 270

Il/Elle ne te (vous) va pas du tout.
Il/Elle ne va pas du tout avec...
Il/Elle est (Ils/Elles sont) trop...
Je le/la/les trouve...

Expressing indifference II Ch. 6, p. 144

C'était...
    assez bien.
    comme ci, comme ça.
    pas mal.
Mouais.
Plus ou moins.

III Ch. 9, p. 225
Je m'en fiche.
Ça m'est vraiment égal.
Peu importe.

Emphasizing likes **II Ch. 4, p. 96**

Ce que j'aime bien, c'est...
Ce que je préfère, c'est...
Ce qui me plaît, c'est...

Emphasizing dislikes **II Ch. 4, p. 96**

Ce que je n'aime pas, c'est...
Ce qui m'ennuie, c'est...
Ce qui ne me plaît pas, c'est...

Expressing dissatisfaction **II Ch. 6, p. 144**

C'était...
    ennuyeux.
    mortel.
    nul.
    sinistre.
Sûrement pas!
Je me suis ennuyé(e).

III Ch. 1, p. 9
C'était pas terrible.
Pas trop bien.
Ça ne s'est pas très bien passé.

Expressing enthusiasm **II Ch. 6, p. 144**

C'était...
    magnifique.
    incroyable.
    superbe.
    sensas.
Ça m'a beaucoup plu.
Je me suis beaucoup amusé(e).

III Ch. 1, p. 9
C'était chouette!
Ça s'est très bien passé!
Super!

III Ch. 2, p. 41
Qu'est-ce que c'est... !
Ce que c'est bien!
C'est... comme tout!
Ça me branche!

Expressing boredom **III Ch. 2, p. 41**

Ça m'embête!
Ça me casse les pieds!
Ça m'ennuie à mourir!

R16

SI TU AS OUBLIE...

This list presents vocabulary words that you've already learned in the Level 1 and Level 2 books, but may have forgotten. You may want to use them when you're working on the activities in the textbook and workbook. If you can't find the words you need here, try the English-French and French-English vocabulary lists beginning on page R81.

CLOTHING AND ACCESSORIES

un anorak *ski jacket*
des baskets (f.) *sneakers*
un blouson *jacket*
des bottes (f.) *boots*
des boucles d'oreilles (f.) *earrings*
un bracelet *bracelet*
un cardigan *sweater*
une casquette *cap*
une ceinture *belt*
un chapeau *hat*
des chaussettes (f.) *socks*
des chaussures (f.) *shoes*
une chemise *shirt (men's)*
un chemisier *shirt (women's)*
une cravate *tie*
une écharpe *scarf*
un foulard *scarf*
des gants (m.) *gloves*
un imperméable *raincoat*
un jean *pair of jeans*
une jupe *skirt*
des lunettes (f.) **de soleil** *sunglasses*
un maillot de bain *bathing suit*
un manteau *coat*
une montre *watch*
un pantalon *(pair of) pants*
un portefeuille *wallet*
un pull *pullover sweater*
une robe *dress*
des sandales (f.) *sandals*
un short *pair of shorts*
un sweat-shirt *sweatshirt*
un tee-shirt *T-shirt*
une veste *suit jacket, blazer*

FABRICS AND COLORS

blanc(he)(s) *white*
bleu(e)(s) *blue*
en cuir *leather*
en coton *cotton*
en jean *denim*
gris(e)(s) *grey*
jaune(s) *yellow*
marron (inv.) *brown*
noir(e)(s) *black*
orange (inv.) *orange*
rose(s) *pink*

rouge(s) *red*
vert(e)(s) *green*
violet(te)(s) *purple*

DESCRIBING CLOTHES

à la mode *in style*
branché(e)(s) *cool*
chic *chic*
court(e)(s) *short*
démodé(e)(s) *out of style*
grand(e)(s) *big*
horrible(s) *terrible*
large(s) *baggy*
mignon(ne)(s) *cute*
moche(s) *ugly*
petit(e)(s) *small*
rétro *old-fashioned*
sensas *fantastic*
serré(e)(s) *tight*

FAMILY MEMBERS

le beau-père *stepfather, father-in-law*
la belle-fille *stepdaughter, daughter-in-law*
la belle-mère *stepmother, mother-in-law*
le cousin (la cousine) *cousin*
le demi-frère *half-brother/stepbrother, brother-in-law*
la demi-sœur *half-sister/stepsister, sister-in-law*
l'enfant (unique) *(only) child*
la femme *wife*
la fille *daughter*
le fils *son*
le frère *brother*
la grand-mère *grandmother*
le grand-père *grandfather*
le mari *husband*
la mère *mother*
l'oncle (m.) *uncle*
le parent *parent, relative*
le père *father*
la sœur *sister*
la tante *aunt*

FOODS AND BEVERAGES

les ananas (m.) *pineapple*
les avocats (m.) *avocados*

la baguette *French bread*
les bananes (f.) *bananas*
le beurre *butter*
le bœuf *beef*
le café *coffee*
les carottes (f.) *carrots*
les céréales (f.) *cereal*
les champignons *mushrooms*
un chocolat chaud *hot chocolate*
les citrons *lemons*
un coca *cola*
la confiture *jam*
les crevettes (f.) *shrimp*
les croissants (m.) *croissants*
un croque-monsieur *toasted ham and cheese sandwich*
une eau minérale *mineral water*
les escargots (m.) *snails*
la farine *flour*
les fraises (f.) *strawberries*
les frites (f.) *French fries*
le fromage *cheese*
le fruit *fruit*
les fruits (m.) de mer *seafood*
le gâteau *cake*
la glace *ice cream*
les gombos (m.) *okra*
les goyaves *guavas*
les haricots (m.) *beans*
les haricots verts (m.) *green beans*
un hot-dog *hot dog*
les huîtres (f.) *oysters*
un jus d'orange *orange juice*
un jus de pomme *apple juice*
un jus de raisin *grape juice*
le lait *milk*
les légumes *vegetables*
une limonade *sparkling lemon soda*
le maïs *corn*
les mangues (f.) *mangoes*
les noix de coco (f.) *coconuts*
les œufs (m.) *eggs*
les oignons *onions*
les oranges (f.) *oranges*
le pain *bread*
les papayes (f.) *papayas*
les pâtes (f.) *pasta*
le pâté *pâté*
les pêches (f.) *peaches*
les petits pois (m.) *peas*
la pizza *pizza*
les poires (f.) *pears*
le poisson *fish*

les pommes (f.) *apples*
les pommes de terre (f.) *potatoes*
le porc *pork*
le poulet *chicken*
du raisin *grapes*
une religieuse *cream puff pastry*
le riz *rice*
le rôti de bœuf *roast beef*
la salade *salad*
des salades *heads of lettuce*
un sandwich *sandwich*
le saucisson *salami*
le sel *salt*
le sucre *sugar*
un steak-frites *steak and French fries*
la tarte *pie*
les tomates (f.) *tomatoes*
la viande *meat*
la volaille *poultry*
le yaourt *yogurt*

SPORTS

faire de l'aérobic *to do aerobics*
faire du jogging *to jog*
faire de la musculation *to lift weights*
faire du patin à glace *to ice-skate*
faire de la randonnée *to go hiking*
faire du roller en ligne *to in-line skate*
faire du ski *to ski*
faire du ski nautique *to water-ski*
faire du vélo *to bike*
faire de la voile *to go sailing*
jouer au foot(ball) *to play soccer*
jouer au football américain *to play football*
jouer au golf *to play golf*
jouer au hockey *to play hockey*
jouer au tennis *to play tennis*
jouer au volley (-ball) *to play volleyball*

ADDITIONAL VOCABULARY

This list presents extra vocabulary words you're not responsible for on tests that you may want to use when you're working on the activities in the textbook and workbook.
If you can't find the words you need here, try the English-French and French-English vocabulary lists beginning on page R81.

ADJECTIVES

calm   *calme*
cheerful   *joyeux (joyeuse)*
cultured   *cultivé(e)*
discrete   *discret (discrète)*
easy to get along with   *facile à vivre*
enthusiastic   *enthousiaste*
exasperating   *exaspérant(e)*
generous   *généreux (généreuse)*
honest   *honnête*
hypocritical   *hypocrite*
independent   *indépendant(e)*
likable   *aimable*
loves to party   *fêtard(e)*
moody   *versatile*
not with it   *pas futé(e)*
obnoxious   *pénible*
open   *ouvert(e)*
polite   *poli(e)*
pretentious   *prétentieux (prétentieuse)*
quick-witted   *vif (vive)*
reserved   *réservé(e)*
selfish   *égoïste*
sensitive   *sensible*
sincere   *sincère*
snobbish   *snob*
sociable   *sociable*
spontaneous   *spontané(e)*
talkative   *bavard(e)*
understanding   *compréhensif (compréhensive)*
weird   *bizarre*

ADVENTUROUS ACTIVITIES

to fly a plane   *piloter un avion*
to go bungee jumping   *faire du saut à l'élastique*
to go mountain-climbing   *faire de l'alpinisme*
to go on a photo safari   *aller faire un safari-photo*
to go parachuting   *sauter en parachute*
to go rafting   *faire la descente d'une rivière*
to go rock-climbing   *faire de l'escalade*
to go skydiving   *sauter en chute libre*
to go spelunking   *faire de la spéléologie*
to go surfing   *faire du surf*
to race cars   *faire des courses de voitures*
to ride in a helicopter   *faire un tour en hélicoptère*

AT THE BEACH

to build sandcastles   *faire des châteaux de sable*
to feed the seagulls   *nourrir les mouettes (f.)*
to float   *flotter*
to get sunburned   *attraper un coup de soleil*
to look for seashells   *chercher/ramasser des coquillages*
to play in the waves   *sauter/jouer dans les vagues*
to put on suntan lotion   *mettre de la crème solaire*
to sunbathe   *prendre un bain de soleil*
to walk along the shore   *se promener au bord de la mer*

CARS AND DRIVING

accident   *un accident*
airbag   *un airbag*
antifreeze   *de l'antigel (m.)*
battery   *la batterie*
to brake   *freiner*
brake pedal   *la pédale de frein*
bumper   *le pare-chocs*
car seat   *le siège*
clutch   *la pédale d'embrayage*
dashboard   *le tableau de bord*
entrance ramp   *l'entrée de l'autoroute (f.)*
fender   *l'aile (f.)*
gas pedal   *la pédale d'accélération*
to get a ticket   *avoir un P.V. (procès-verbal)*
headlights   *les phares (m.)*
hood   *le capot*
horn   *le klaxon*
hubcap   *l'enjoliveur (m.)*
jack   *le cric*
license plate   *la plaque d'immatriculation*
motor   *le moteur*
muffler   *le silencieux*
parking meter   *le parcmètre*
radiator   *le radiateur*
rearview mirror   *le rétroviseur*
seat belt   *la ceinture de sécurité*
spark plugs   *les bougies*
speed limit   *la vitesse maximale (la vitesse est limitée à...)*
to stall   *caler*
steering wheel   *le volant*
sticker   *un autocollant*
stop sign   *un stop*
tow truck   *une dépanneuse*
traffic light   *un feu (m.) rouge*
transmission   *la transmission*
trunk   *le coffre*

turn signal   *le clignotant*
windshield wipers   *les essuie-glaces* (m.)
to yield   *laisser la priorité/céder le passage*

ozone layer   *la couche d'ozone*
pesticides   *les pesticides* (m.)
pollution   *la pollution*

CLOTHING, FABRICS, COLORS

ankle boots   *des bottines* (f.)
beige   *beige*
bell bottoms   *un pattes d'eph*
button   *un bouton*
checked   *à carreaux*
collar   *un col*
colorful   *coloré(e), vif/vive*
dark   *foncé(e)*
eyeglasses   *des lunettes* (f.)
flowered   *à fleurs*
gold   *doré(e)*
handkerchief   *un mouchoir*
khaki   *kaki*
lace   *la dentelle*
light   *clair(e)*
linen   *en lin, en toile*
loafers   *des mocassins* (m.)
nylon   *en nylon*
pajamas   *un pyjama*
printed   *imprimé(e)*
short/long sleeved   *à manches courtes/longues*
sleeve   *une manche*
slippers   *des pantoufles* (f.)
suede   *en daim*
suspenders   *des bretelles* (f.)
tank top   *un débardeur*
turquoise   *turquoise*
underwear   *les sous-vêtements* (m.)
velvet   *en velours*
windbreaker   *un coupe-vent*
zipper   *une fermeture éclair*

ENVIRONMENT

acid rain   *la pluie acide*
car exhaust   *l'échappement* (m.)
chemical-free   *sans produits chimiques*
destruction of the tropical rain forest   *la destruction de la forêt tropicale*
droughts   *les périodes* (f.) *de sécheresse*
endangered species   *les espèces* (f.) *en voie de disparition*
erosion   *l'érosion* (f.) *du sol*
extinct animals   *les espèces* (f.) *disparues*
famine   *la famine*
global warming   *le réchauffement de la planète*
greenhouse effect   *l'effet* (m.) *de serre*
industrial waste   *les déchets* (m.) *industriels*
landfills   *les décharges* (f.)
melting of the polar ice caps   *la fonte des glaces polaires*
nuclear waste   *les déchets* (m.) *nucléaires*
organic foods   *la nourriture biologique*
overpopulation   *la surpopulation*

FARM LIFE

barn   *une grange*
cage   *une cage*
chicken coop   *un poulailler*
fence   *une barrière, une clôture*
to get up before dawn   *se lever à l'aube*
to groom the horses   *toiletter les chevaux*
to mill cotton   *filer le coton*
pen   *un enclos*
to plant crops   *planter des cultures*
to plow the fields   *labourer les champs*
to raise cattle   *élever du bétail*
stable   *une écurie*
to take the crops to market   *aller vendre les produits agricoles au marché*
tractor   *un tracteur*
trough   *un abreuvoir* (drink), *une auge* (food)
truck   *un camion*

FOODS AND BEVERAGES

asparagus   *des asperges* (f.)
bacon   *du bacon*
bland   *fade*
Brussels sprouts   *des choux* (m.) *de Bruxelles*
cabbage   *du chou*
cauliflower   *du chou-fleur*
chestnut   *un marron*
cookie   *un biscuit*
cucumber   *un concombre*
cutlet   *une escalope*
doughnut   *un beignet*
duck   *un canard*
eggplant   *une aubergine*
fried eggs   *des œufs* (m.) *au plat*
garlic   *de l'ail* (m.)
grapefruit   *un pamplemousse*
hard-boiled egg   *un œuf dur*
honey   *du miel*
hot (spicy)   *fort(e), piquant(e)*
juicy (fruit)   *juteux (-euse)*; (meat)   *moelleux (-euse); tendre*
lamb   *l'agneau* (m.)
liver   *du foie*
margarine   *de la margarine*
marshmallows   *des guimauves* (f.)
mayonnaise   *de la mayonnaise*
melon   *un melon*
mustard   *de la moutarde*
nuts   *des noix* (f.)
onion   *un oignon*
peanut butter   *du beurre de cacahouètes*
pepper (spice)   *du poivre*; (vegetable)   *un poivron*
pickle   *un cornichon*

popcorn *du pop-corn*
potato chips *des chips* (f.)
raspberry *une framboise*
salmon *du saumon*
scrambled eggs *des œufs brouillés*
shellfish *des fruits de mer* (m.)
soft-boiled egg *un œuf à la coque*
spicy *relevé(e)*
syrup *du sirop*
tasty *savoureux (savoureuse)*
veal *du veau*
watermelon *une pastèque*
zucchini *une courgette*

IN A RESTAURANT

bowl *un bol*
chef *le chef*
to clear the plates *enlever les assiettes*
cup *une tasse*
fork *une fourchette*
glass *un verre*
host/hostess *le maître d'hôtel*
knife *un couteau*
napkin *une serviette*
pepper shaker *la poivrière*
plate *une assiette*
to refill the glass *remplir le verre*
reservation *une réservation*
salt shaker *la salière*
saucer *la soucoupe*
serving tray *le plateau*
spoon *une cuillère*
tablecloth *la nappe*
tip *un pourboire*

FRIENDSHIP

to be sorry *être désolé(e)*
to confide in someone *se confier à quelqu'un*
to feel guilty *se sentir coupable*
to get along with someone *bien s'entendre avec quelqu'un*
to help someone do something *aider quelqu'un à faire quelque chose*
to make friends *se faire des amis*
to meet after school *se retrouver après l'école*
to misunderstand *mal comprendre*
to take the first step *faire le premier pas*
to talk with friends *discuter avec des amis*
to trust someone *avoir confiance en quelqu'un*

LEISURE ACTIVITIES

to build a fire *faire un feu*
to collect butterflies *faire la collection de papillons*

to collect rocks *collectionner les/ramasser des pierres*
to collect stamps *collectionner les timbres*
to fly a kite *faire voler un cerf-volant*
to go to a botanical garden *aller au jardin botanique*
to go to a concert *aller au concert*
to go to a festival *aller à un festival*
to go to an art exhibit *aller voir une exposition*
to paint *faire de la peinture*
to pick wildflowers *cueillir des fleurs sauvages*
to play cards *jouer aux cartes*
to play checkers *jouer aux dames*
to play chess *jouer aux échecs*
to rent movies *louer des vidéos*
to ride a skateboard *faire du skate-board*
to sew *coudre; faire de la couture*
to sing around the campfire *chanter autour du feu de camp*
to visit friends *rendre visite à des amis*

MAKEUP AND TOILETRIES

aftershave lotion *la lotion après-rasage*
bath towels *les serviettes de toilette* (f.)
blowdryer *le séchoir à cheveux*
brush *une brosse (à cheveux)*
comb *un peigne*
conditioner *l'après-shampooing* (m.); *le conditionneur*
cotton balls *des boules* (f.) *de coton; le coton à démaquiller*
cover stick *le correcteur de teint*
dental floss *le fil dentaire*
deodorant *le déodorant*
eyeshadow *l'ombre* (f.) *à paupières*
foundation *le fond de teint*
hair gel *le gel*
hair mousse *la mousse*
hairspray *la laque*
hand lotion *la crème pour les mains*
lipstick *le rouge à lèvres*
mascara *le mascara*
mouthwash *le bain de bouche*
razor *le rasoir*
rouge *le fard à joues*
shampoo *le shampooing*
shaving cream *la crème à raser*
soap *le savon*
toothbrush *la brosse à dents*
toothpaste *le dentifrice*
tweezers *la pince à épiler*
washcloth *le gant de toilette*

MUSICAL INSTRUMENTS AND EQUIPMENT

acoustic guitar *une guitare acoustique*
CD player *un lecteur de CD*

cello   *un violoncelle*
clarinet   *une clarinette*
cymbals   *des cymbales* (f.)
electric guitar   *une guitare électrique*
harp   *une harpe*
headphones   *un casque, des écouteurs* (m.)
hit (song)   *un tube*
mandolin   *une mandoline*
oboe   *un hautbois*
speakers   *des enceintes* (f.), *des baffles* (m.)
trombone   *un trombone*
tuba   *un tuba*
to turn on   *allumer*
turntable   *une platine*
Walkman®   *un walkman;*
   un baladeur

NATURE

bushes   *des buissons* (m.)
cave   *une grotte*
cliff   *une falaise*
date palm   *un dattier*
desert   *le désert*
dunes   *les dunes* (f.)
dust   *la poussière*
fields   *des champs* (m.)
insects   *les insectes* (m.)
jungle   *la jungle*
leaves   *les feuilles* (f.)
mud   *la boue*
oasis   *une oasis*
palm tree   *un palmier*
plains   *une plaine*
plateau   *un plateau*
sand   *le sable*
stream   *un ruisseau*
swamp   *un marais*
valley   *une vallée*
vines   *les vignes* (f.)
volcano   *un volcan*
waves   *les vagues* (f.)

PROFESSIONS

archaeologist   *un(e) archéologue*
athlete   *un(e) athlète*
banker   *un(e) banquier(-ière)*
businessman/businesswoman   *un homme d'affaires*
   (une femme d'affaires)
carpenter   *un menuisier*
commercial artist   *un(e) dessinateur(-trice)*
dancer   *un(e) danseur(-euse)*
diplomat   *un(e) diplomate*
editor   *un(e) rédacteur(-trice)*
electrician   *un(e) électricien(ne)*
fashion model   *un mannequin*
homemaker   *un homme au foyer (une femme au foyer)*
insurance agent   *un agent d'assurances*
judge   *un juge*

manager (of a company)   *le/la directeur (-trice);*
   (of a store or restaurant)   *le/la gérant(e)*
painter   *un peintre*
programmer   *un(e) programmeur(-euse)*
psychiatrist   *un(e) psychiatre*
real-estate agent   *un agent immobilier*
scientist   *un(e) scientifique, un(e) chercheur(-euse)*
social worker   *un(e) assistant(e)*
   social(e)
soldier   *un soldat*
surgeon   *un(e) chirurgien(ne)*
truck driver   *un routier*
veterinarian   *un(e) vétérinaire*

SEA LIFE AND EXPLORATION

air tank   *une bouteille de plongée*
baracuda   *un barracuda*
claws   *les pinces* (f.)
current   *le courant*
deep water   *l'eau profonde* (f.), *les hauts-fonds* (m.)
deep-sea fishing   *la pêche hauturière, la pêche en haute*
   mer
dolphin   *un dauphin*
fins (diving)   *les palmes* (f.); (fish)   *les nageoires* (f.);
   (shark)   *l'aileron* (m.)
fishing line   *la ligne de pêche*
flippers   *les nageoires* (f.), *les palmes* (f.)
gills   *les ouïes* (f.), *les branchies* (f.)
high tide   *la marée haute*
piranha   *un piranha*
saltwater   *l'eau* (f.) *de mer*
scales   *les écailles* (f.)
scuba gear   *l'équipement* (m.) *de plongée*
scuba mask   *un masque de plongée*
seal   *un phoque*
shallow water   *l'eau peu profonde* (f.), *les bas-fonds* (m.)
snorkel   *un tuba*
tentacles   *les tentacules* (m.)
tropical fish   *des poissons* (m.) *tropicaux*
walrus   *un morse*
whale   *une baleine*

TV AND MOVIES

action scenes   *les scènes* (f.) *d'action*
actors   *les acteurs*
actresses   *les actrices*
car chase   *une poursuite de voitures*
costumes   *les costumes* (m.)
digital sound   *le son digital*
direction   *la mise en scène*
director   *le metteur en scène, le réalisateur*
ending   *le dénouement final*
hero   *un héros*
laserdisc   *un disque laser*
lighting   *la lumière*
movie soundtrack   *la bande originale d'un film*
producer   *le producteur*
scenery   *les décors* (m.)

sound effects   *le bruitage*
special effects   *les effets* (m.) *spéciaux*
star   *une star, une vedette*
story   *l'histoire* (f.)
stunts   *les cascades* (f.)
villain   *le méchant; le mauvais*

WILD ANIMALS

antelope   *une antilope*
baboon   *un babouin*
bat   *une chauve-souris*
buffalo   *un buffle*
chimpanzee   *un chimpanzé*
crocodile   *un crocodile*
flamingo   *un flamant*
gazelle   *une gazelle*
gorilla   *un gorille*
gnu   *un gnou*
hyena   *une hyène*
leopard   *un léopard*
lizard   *un lézard*
ostrich   *une autruche*
panther   *une panthère*
vulture   *un vautour*

GEOGRAPHICAL TERMS

THE CONTINENTS

Africa   *l'Afrique* (f.)
Antarctica   *l'Antarctique* (f.)
Asia   *l'Asie* (f.)
Australia   *l'Australie* (f.)
Europe   *l'Europe* (f.)
North America   *l'Amérique* (f.) *du Nord*
South America   *l'Amérique* (f.) *du Sud*

COUNTRIES

Argentina   *l'Argentine* (f.)
Australia   *l'Australie* (f.)
Austria   *l'Autriche* (f.)
Cameroon   *le Cameroun*
Chad   *le Tchad*
Cuba   *Cuba* (no article)
Egypt   *l'Egypte* (f.)
Greece   *la Grèce*
Guinea   *la Guinée*
Holland   *la Hollande*
India   *l'Inde* (f.)
Ireland   *l'Irlande* (f.)
Israel   *Israël* (m.) (no article)
Jamaica   *la Jamaïque*
Jordan   *la Jordanie*
Lebanon   *le Liban*
Libya   *la Libye*

Luxembourg   *le Luxembourg*
Mexico   *le Mexique*
Monaco   *Monaco* (f.) (no article)
Netherlands   *les Pays-Bas* (m.)
North Korea   *la Corée du Nord*
Peru   *le Pérou*
Philippines   *les Philippines* (f.)
Poland   *la Pologne*
Portugal   *le Portugal*
Puerto Rico   *Porto Rico* (no article)
South Korea   *la Corée du Sud*
Syria   *la Syrie*
Turkey   *la Turquie*
Vietnam   *le Viêt-nam*

STATES

Alabama   *l'Alabama* (m.)
Alaska   *l'Alaska* (m.)
Arizona   *l'Arizona* (m.)
Arkansas   *l'Arkansas* (m.)
California   *la Californie*
Colorado   *le Colorado*
Connecticut   *le Connecticut*
Delaware   *le Delaware*
Florida   *la Floride*
Georgia   *la Géorgie*
Hawaii   *Hawaii* (no article)
Idaho   *l'Idaho* (m.)
Illinois   *l'Illinois* (m.)
Indiana   *l'Indiana* (m.)
Iowa   *l'Iowa* (m.)
Kansas   *le Kansas*
Kentucky   *le Kentucky*
Louisiana   *la Louisiane*
Maine   *le Maine*
Maryland   *le Maryland*
Massachusetts   *le Massachusetts*
Michigan   *le Michigan*
Minnesota   *le Minnesota*
Mississippi   *le Mississippi*
Missouri   *le Missouri*
Montana   *le Montana*
Nebraska   *le Nebraska*
Nevada   *le Nevada*
New Hampshire   *le New Hampshire*
New Jersey   *le New Jersey*
New Mexico   *le Nouveau-Mexique*
New York   *l'Etat de New York*
North Carolina   *la Caroline du Nord*
North Dakota   *le Dakota du Nord*
Ohio   *l'Ohio* (m.)
Oklahoma   *l'Oklahoma* (m.)
Oregon   *l'Orégon* (m.)
Pennsylvania   *la Pennsylvanie*
Rhode Island   *le Rhode Island*
South Carolina   *la Caroline du Sud*
South Dakota   *le Dakota du Sud*
Tennessee   *le Tennessee*
Texas   *le Texas*
Utah   *l'Utah* (m.)
Vermont   *le Vermont*

Virginia   *la Virginie*
Washington   *l'Etat de Washington*
West Virginia   *la Virginie-Occidentale*
Wisconsin   *le Wisconsin*
Wyoming   *le Wyoming*

CITIES

Algiers   *Alger*
Brussels   *Bruxelles*
Cairo   *Le Caire*
Geneva   *Genève*
Lisbon   *Lisbonne*
London   *Londres*
Montreal   *Montréal*
Moscow   *Moscou*
New Orleans   *La Nouvelle-Orléans*
Quebec City   *Québec*
Tangier   *Tanger*
Venice   *Venise*
Vienna   *Vienne*

OTHER GEOGRAPHICAL TERMS

Alps   *les Alpes* (f.)
Atlantic Ocean   *l'Atlantique* (m.), *l'océan* (m.)
   Atlantique
border   *la frontière*
capital   *la capitale*
continent   *un continent*
country   *un pays*
English Channel   *la Manche*
hill   *une colline*
lake   *un lac*
latitude   *la latitude*
longitude   *la longitude*
Mediterranean Sea   *la mer Méditerranée*
North Africa   *l'Afrique* (f.) *du Nord*
the North Pole   *le pôle Nord*
ocean   *l'océan* (m.)
Pacific Ocean   *le Pacifique, l'océan* (m.) *Pacifique*
peninsula   *une presqu'île*
plain   *une plaine*
Pyrenees   *les Pyrénées* (f.)
river   *un fleuve*
Sahara desert   *le désert du Sahara*
sea   *la mer*
the South Pole   *le pôle Sud*
state   *un état*
valley   *une vallée*

COMPUTERS

l'ordinateur   le lecteur de CD-ROM   le CD-ROM

le clavier   la souris

CD-ROM   *le CD-ROM, le disque optique*
   compact
CD-ROM drive   *le lecteur de CD-ROM, l'unité* (f.)
   de CD-ROM
to click   *cliquer*
computer   *l'ordinateur* (m.)
delete key   *la touche d'effacement*
disk drive   *le lecteur de disquettes, l'unité* (f.) *de*
   disquettes
diskette, floppy disk   *la disquette, la disquette souple*
to drag   *glisser, déplacer*
e-mail   *le courrier électronique, la messagerie*
   électronique
file   *le dossier*
file/folder   *le fichier*
hard drive   *le disque dur*
homepage   *la page d'accueil*
Internet   *Internet* (m.)
keyboard   *le clavier*
keyword   *le mot-clé*
log on   *l'ouverture d'une session, l'ouverture* (f.) *de*
   session
modem   *le modem*
monitor   *le moniteur*
mouse   *la souris*
password   *le mot de passe*
to print   *imprimer*
printer   *l'imprimante* (f.)
to quit   *quitter*
to record   *enregistrer*
return key   *la touche de retour*
to save   *sauvegarder, enregistrer*
screen   *l'écran* (m.)
to search   *chercher, rechercher*
search engine   *le moteur de recherche, l'outil* (m.) *de*
   recherche
to send   *envoyer*
software   *le logiciel*
Web site   *le site du Web, le site W3*
World Wide Web   *le World Wide Web, le Web, le W3*

PRONUNCIATION GUIDE

SOUND	LETTER COMBINATION	IPA SYMBOL	EXAMPLE
The sounds [y] and [u]	the letter **u** the letter combination **ou**	/y/ /u/	une nous
The nasal sound [ɑ̃]	the letter combination **an** the letter combination **am** the letter combination **en** the letter combination **em**	/ɑ̃/	anglais jambon comment temps
The vowel sounds [ø] and [œ]	the letter combination **eu** the letter combination **eu**	/ø/ /œ/	deux heure
The nasal sounds [ɔ̃], [ɛ̃], and [œ̃]	the letter combination **on** the letter combination **om** the letter combination **in** the letter combination **im** the letter combination **ain** the letter combination **aim** the letter combination **(i)en** the letter combination **un** the letter combination **um**	/ɔ̃/ /ɛ̃/ /œ̃/	pardon nombre cousin impossible copain faim bien lundi humble
The sounds [o] and [ɔ]	the letter combination **au** the letter combination **eau** the letter **ô** the letter **o**	/o/ /ɔ/	jaune beau rôle carotte
The vowel sounds [e] and [ɛ]	the letter combination **ez** the letter combination **er** the letter combination **ait** the letter combination **ais** the letter combination **ei** the letter **ê**	/e/ /ɛ/	apportez trouver fait français neige bête
The glides [j], [w], and [ɥ]	the letter **i** the letter combination **ill** the letter combination **oi** the letter combination **oui** the letter combination **ui**	/j/ /w/ /ɥ/	mieux maillot moi Louis huit
h, th, ch, and gn	the letter **h** the letter combination **th** the letter combination **ch** the letter combination **gn**	/'/ /t/ /ʃ/ /ɲ/	les halls théâtre chocolat oignon
The **r** sound	the letter **r**	/ʀ/	rouge vert

NUMBERS

LES NOMBRES CARDINAUX

0	zéro	20	vingt	80	quatre-vingts
1	un(e)	21	vingt et un(e)	81	quatre-vingt-un(e)
2	deux	22	vingt-deux	82	quatre-vingt-deux
3	trois	23	vingt-trois	90	quatre-vingt-dix
4	quatre	24	vingt-quatre	91	quatre-vingt-onze
5	cinq	25	vingt-cinq	92	quatre-vingt-douze
6	six	26	vingt-six	100	cent
7	sept	27	vingt-sept	101	cent un
8	huit	28	vingt-huit	200	deux cents
9	neuf	29	vingt-neuf	300	trois cents
10	dix	30	trente	800	huit cents
11	onze	31	trente et un(e)	900	neuf cents
12	douze	32	trente-deux	1.000	mille
13	treize	40	quarante	2.000	deux mille
14	quatorze	50	cinquante	3.000	trois mille
15	quinze	60	soixante	10.000	dix mille
16	seize	70	soixante-dix	19.000	dix-neuf mille
17	dix-sept	71	soixante et onze	40.000	quarante mille
18	dix-huit	72	soixante-douze	500.000	cinq cent mille
19	dix-neuf	73	soixante-treize	1.000.000	un million

- The word **et** is used only in 21, 31, 41, 51, 61, and 71.
- **Vingt (trente, quarante,** and so on) **et une** is used when the number refers to a feminine noun: **trente et une cassettes.**
- The **s** is dropped from **quatre-vingts** and is not added to multiples of **cent** when these numbers are followed by another number: **quatre-vingt-cinq; deux cents,** *but* **deux cent six.** The number **mille** never takes an **s: deux mille insectes.**
- **Un million** is followed by **de** + a noun: **un million de francs.**
- In writing numbers, a period is used in French where a comma is used in English.

LES NOMBRES ORDINAUX

1er, 1ère	premier, première	9e	neuvième	17e	dix-septième
2e	deuxième	10e	dixième	18e	dix-huitième
3e	troisième	11e	onzième	19e	dix-neuvième
4e	quatrième	12e	douzième	20e	vingtième
5e	cinquième	13e	treizième	21e	vingt et unième
6e	sixième	14e	quatorzième	22e	vingt-deuxième
7e	septième	15e	quinzième	30e	trentième
8e	huitième	16e	seizième	40e	quarantième

GRAMMAR SUMMARY

ADJECTIVES

REGULAR ADJECTIVES

In French, adjectives agree in gender and number with the nouns that they modify. A regular adjective has four forms: masculine singular, feminine singular, masculine plural, and feminine plural.

	SINGULAR	PLURAL
MASCULINE	un homme **gourmand**	des hommes **gourmands**
FEMININE	une femme **gourmande**	des femmes **gourmandes**

When using the phrase **avoir l'air** + adjective, remember that the adjective agrees in number and gender with the subject, not with **l'air.**

Ma mère avait l'air **fâchée.**   Marc a l'air **déprimé** aujourd'hui.

ADJECTIVES THAT END IN AN UNACCENTED -E

An adjective that ends in an unaccented -**e** has one form for masculine singular and feminine singular. To form the plural of these adjectives, add an -**s** to the singular form.

	SINGULAR	PLURAL
MASCULINE	un frère **pénible**	des frères **pénibles**
FEMININE	une sœur **pénible**	des sœurs **pénibles**

ADJECTIVES THAT END IN -S

When the masculine singular form of an adjective ends in -**s,** the masculine plural form does not change. The feminine forms follow the rules for regular adjectives.

	SINGULAR	PLURAL
MASCULINE	un tapis **gris**	des tapis **gris**
FEMININE	une robe **grise**	des robes **grises**

ADJECTIVES THAT END IN -EUX

Adjectives that end in -**eux** do not change in the masculine plural. The feminine singular form of these adjectives is made by replacing the -**x** with -**se**. To form the feminine plural, replace the -**x** with -**ses**.

	SINGULAR	PLURAL
MASCULINE	un homme **furieux**	des hommes **furieux**
FEMININE	une femme **furieuse**	des femmes **furieuses**

ADJECTIVES THAT END IN -IF

To make the feminine singular form of adjectives that end in -**if,** replace -**if** with -**ive**. To make the plural forms of these adjectives, add an -**s** to the singular forms.

	SINGULAR	PLURAL
MASCULINE	un garçon **sportif**	des garçons **sportifs**
FEMININE	une fille **sportive**	des filles **sportives**

ADJECTIVES THAT END IN -IEN

To make the feminine singular and feminine plural forms of masculine singular adjectives that end in -**ien**, add -**ne** and -**nes**. Add an -**s** to form the masculine plural.

	SINGULAR	PLURAL
MASCULINE	un garçon **canadien**	des garçons **canadiens**
FEMININE	une fille **canadienne**	des filles **canadiennes**

ADJECTIVES THAT DOUBLE THE LAST CONSONANT

To make the adjectives **bon, gentil, gros, mignon, nul,** and **violet** agree with a feminine noun, double the last consonant and add an -**e**. To make the plural forms, add an -**s** to the singular forms. Notice that with **gros**, the masculine singular and masculine plural forms are the same.

SINGULAR						
MASCULINE	bon	gentil	gros	mignon	nul	violet
FEMININE	bonne	gentille	grosse	mignonne	nulle	violette

PLURAL						
MASCULINE	bons	gentils	gros	mignons	nuls	violets
FEMININE	bonnes	gentilles	grosses	mignonnes	nulles	violettes

GRAMMAR SUMMARY

INVARIABLE ADJECTIVES

Some adjectives such as **châtain, marron, orange, super,** and **sympa** are invariable. Although **sympa,** the shortened form of **sympathique,** is invariable, **sympathique** follows the rules for adjectives that end in unaccented -**e,** like **pénible.**

Véronique est une fille très **sympa.** Elle a les cheveux **châtain.**

IRREGULAR ADJECTIVES

The following table summarizes the forms of the irregular adjectives **beau, nouveau,** and **vieux.**

	beau	nouveau	vieux
MASCULINE SINGULAR	un **beau** jardin	un **nouveau** lit	un **vieux** musée
MASCULINE SINGULAR BEFORE VOWEL SOUND	un **bel** homme	un **nouvel** anorak	un **vieil** imperméable
FEMININE SINGULAR	une **belle** maison	une **nouvelle** lampe	une **vieille** gare
MASCULINE PLURAL	de **beaux** jardins	de **nouveaux** lits	de **vieux** musées
FEMININE PLURAL	de **belles** maisons	de **nouvelles** lampes	de **vieilles** gares

POSITION OF ADJECTIVES

In French, adjectives are usually placed after the noun they modify.

C'est un film **déprimant!**

However, certain adjectives are usually placed before the noun. These adjectives refer to the beauty, age, goodness, or size of the nouns they modify. Some of these adjectives are **beau (belle), bon, grand, jeune, joli, petit,** and **vieux (vieille).**

DEMONSTRATIVE ADJECTIVES

This, that, these, and *those* are demonstrative adjectives. In French, there are two masculine singular forms: **ce** and **cet.** You use **cet** before a masculine singular noun that begins with a vowel sound. Demonstrative adjectives always precede the nouns that they modify.

	SINGULAR BEFORE A CONSONANT	SINGULAR BEFORE A VOWEL SOUND	PLURAL
MASCULINE	**ce** cadre	**cet** imperméable	**ces** vases
FEMININE	**cette** main	**cette** écharpe	**ces** chansons

POSSESSIVE ADJECTIVES

Possessive adjectives come before the noun that they modify and they agree in number and gender with the item modified. Before any singular noun that begins with a vowel sound, use the masculine singular form, **mon ami(e), ton ami(e), son ami(e).**

	MASCULINE SINGULAR	FEMININE SINGULAR	MASC./FEM. SINGULAR BEFORE A VOWEL SOUND	MASC./FEM. PLURAL
my	**mon** jardin	**ma** maison	**mon** armoire	**mes** étagères
your	**ton** salon	**ta** cuisine	**ton** anorak	**tes** bottes
his, her, its	**son** tapis	**sa** lampe	**son** imperméable	**ses** mains

The possessive adjectives for *our, your,* and *their* have only two forms, singular and plural.

	SINGULAR	PLURAL
our	**notre** jardin	**nos** armoires
your	**votre** maison	**vos** chambres
their	**leur** salon	**leurs** posters

ADJECTIVES AS NOUNS

To use an adjective as a noun, add a definite article before the adjective. The article and adjective that you use agree in number and gender with the noun that they replace.

—Tu aimes le tapis bleu ou **le gris?**
  Do you like the blue rug or the gray one?

—J'aime **le bleu.**
  I like the blue one.

—Vous préférez **les bottes noires** ou **les grises?**
  Do you prefer the black boots or the gray ones?

—Je préfère **les noires.**
  I prefer the black ones.

ADVERBS

ADVERBS OF FREQUENCY

To tell how often you do or used to do something, you use adverbs of frequency. Some adverbs of frequency are **de temps en temps** *(from time to time)*, **d'habitude** *(usually)*, **... fois par semaine** *(. . . time(s) a week)*, **souvent** *(often)*, **quelquefois** *(sometimes)*, **rarement** *(rarely)*, and **ne... jamais** *(never)*.

Most adverbs follow the conjugated verb. **Ne (N')... jamais** is placed around the conjugated verb. With the **passé composé,** the adverb is placed before the past participle.

Nathalie téléphone **souvent** à ses amis.

Je **n'ai jamais** fait de plongée.

J'ai **beaucoup** mangé.

Adverbs made up of more than one word can be placed at the beginning or the end of a sentence.

D'habitude, je ne mange pas de viande.

Je fais des abdominaux **trois fois par semaine.**

ARTICLES

INDEFINITE ARTICLES

To refer to whole items, you use the indefinite articles **un, une,** and **des.** Remember that indefinite articles agree in number and gender with the nouns they modify.

	SINGULAR	PLURAL
MASCULINE	**un** rôti	**des** œufs
FEMININE	**une** tarte	**des** crevettes

PARTITIVE ARTICLES

To refer to only *some of* or *a portion of* an item, you use the partitive articles **du, de la,** and **de l'.** **Du** and **de la** modify masculine and feminine singular nouns, respectively. **De l'** is used to modify a masculine or feminine noun that begins with a vowel sound.

Donne-moi **du** poisson, s'il te plaît.   Je voudrais **de la** mousse au chocolat.

Tu veux **de l'**omelette?

NEGATION WITH ARTICLES

When the main verb of the sentence is negated, the indefinite and partitive articles usually change to **de.** Definite articles remain the same after a negative verb.

Karim prend **de l'**eau minérale.   —>   Karim ne prend jamais **d'**eau minérale.

Je vais acheter **des** fleurs.   —>   Je ne vais pas acheter **de** fleurs.

J'ai **le** nouveau CD de MC Solaar.   —>   Je n'ai pas **le** nouveau CD de MC Solaar.

THE COMPARATIVE

THE COMPARATIVE

To say that there is *more of, less of,* or *as many/much of* something in French, you use **plus de, moins de,** and **autant de** before the noun. You use **que** *(than/as)* to continue the comparison.

Il a **plus d'**argent **que** son frère.	He has **more** money **than** his brother.
Un train fait **moins de** bruit **qu'**un avion.	A train makes **less** noise **than** an airplane.
J'ai **autant de** livres **que** toi.	I have **as many** books **as** you.

To compare adjectives, you use **plus, moins,** or **aussi** *(as)*. Just as with nouns, you use **que** to continue the comparison.

Janine est **plus** belle **que** Madeleine.	*Janine is **prettier than** Madeleine.*
Pierre est **moins** grand **que** son frère.	*Pierre is **shorter** (less tall) **than** his brother.*
Gisèle est **aussi** intelligente **que** Marc.	*Gisèle is **as smart as** Marc.*

To say something is *better* than something else, you use **meilleur(e)**. Just as with other adjectives, **meilleur(e)** agrees in number and gender with the noun it modifies. To say something is *done better,* you use **mieux**. Since **mieux** is an adverb, it is invariable.

La vie en ville est **meilleure qu'à la** campagne.   Mon père nage **mieux que** moi.

THE SUPERLATIVE

To form the superlative in French, use the comparative forms **(plus, moins, meilleur(e))** with the appropriate definite articles.

Pierre est **le plus grand** garçon. *(the tallest)*
Cette fille est **la plus intelligente.** *(the smartest)*
Cette glace est **la meilleure.** *(the best)*

If the adjective follows the noun, the article is placed before the noun, then repeated before the superlative construction. Notice also that in the superlative, adjectives agree in gender and number with the nouns they modify.

Mireille est **la fille la plus sportive.**

To say *in/of* after the superlative, place **de** before the collective noun.

Nous sommes **les** étudiants **les plus** sérieux **de** notre classe.

The definite article **le** is used with the comparative forms **(plus, moins, mieux)** to form the superlative with adverbs.

C'est Pascale qui nage **le plus vite.** *(the fastest)*
C'est Paul qui conduit **le moins vite.** *(the slowest)*
C'est moi qui parle français **le mieux.** *(the best)*

INTERROGATIVES

FORMAL AND INFORMAL QUESTIONS

To say *which* or *what,* use the appropriate form of the interrogative adjective **quel** before a noun.

	SINGULAR	PLURAL
MASCULINE	**Quel** livre?	**Quels** films?
FEMININE	**Quelle** robe?	**Quelles** bottes?

To ask for specific kinds of information, use the following question words:

A quelle heure?	*At what time?*	**Où?**	*Where?*
Avec qui?	*With whom?*	**Quand?**	*When?*

To ask a question in a formal situation, and to ask ask formal yes-or-no questions, use the question words above followed by **est-ce que.**

> **A quelle heure est-ce que** le train part?
> **Avec qui est-ce qu'**on va à la bibliothèque?
> **Est-ce que** vous avez des anoraks?

In informal situations, you may place the question words at the beginning or the end of the question. For yes-or-no questions, simply raise your voice at the end without using **est-ce que.**

> Le train part **à quelle heure?**
> **Avec qui** on va à la bibliothèque?
> Tu vas acheter cette vieille maison?

INVERSION

The most formal way to ask questions is to use *inversion,* simply inverting the subject and verb and placing a hyphen between them.

> Comment **allez-vous,** madame?
> **Pourriez-vous** me dire à quelle heure le train part?
> **Vend-elle** sa voiture?
> Quel temps **fait-il?**

When you use inversion with the pronouns **il** and **elle** and a verb that ends in a vowel sound, insert a **t** and a hyphen after the verb.

> **Joue-t-il** dans ce film? **Va-t-elle** au stade?

NEGATION

NEGATIVE EXPRESSIONS

To make a sentence negative in French, you generally place the phrase **ne... pas** around the conjugated verb. However, there are several more specialized negative expressions that may be used as well. Like **ne... pas,** the phrases **ne... plus** *(not anymore),* **ne... jamais** *(never),* and **ne... rien** *(nothing)* are placed around the conjugated verb.

> Je **ne** nage **plus.**
> Il **n'**a **jamais** fait de randonnée pédestre.
> Je **n'**ai **rien** mangé hier.

When the phrase **ne... personne** *(no one)* is used in the **passé composé, personne** is placed after the past participle.

> Je **n'**ai rencontré **personne** au centre commercial.

When **rien** and **personne** are the subject of a sentence, they are placed before **ne** and the conjugated verb.

> **Personne n'**était à la porte.
> **Rien n'**est tombé.

As with all negative expressions, the **ne** in **ne... aucun(e)** *(not any),* **ne... ni... ni...** *(neither . . . nor . . .),* and **ne... nulle part** *(nowhere)* is placed before the conjugated verb. However, **aucun(e)** is placed immediately before the noun it refers to, **ni** comes immediately before each of the words it refers to, and **nulle part** is placed directly after the word it negates.

> Je **n'**ai **aucune** idée.
> Marie **ne** mange **ni** poisson **ni** poulet.
> Jacques **n'**a trouvé son livre **nulle part.**

NEGATIVE EXPRESSIONS WITH INFINITIVES

To make an infinitive negative, place the entire negative expression in front of the infinitive.

> Maman a dit de **ne pas** sortir ce soir.
> Il essaie de **ne rien** manger avant le dîner.
> Nous nous sommes promis de **ne jamais** nous casser.

NE... QUE

While the expression **ne... que** appears negative, it means *only.* As with the negative expressions, you place the **ne** before the conjugated verb. Place **que** immediately after the verbal expression.

> Je **n'**ai **que** deux dollars.   *I have only two dollars.*
> Je **ne** fais de la pêche **qu'**avec mon père.   *I go fishing only with my father.*

NOUNS

PLURAL FORMS OF NOUNS

In French, you make most nouns plural by adding an -**s** to the end of the word, unless the word already ends in -**s** or -**x**. Nouns that end in -**eau** are made plural by adding an -**x**, and nouns that end in -**al** are made plural by replacing the -**al** with -**aux**.

	REGULAR NOUNS	-s or -x	-eau	-al
SINGULAR	cadre	tapis	bureau	animal
PLURAL	cadres	tapis	bureaux	animaux

PREPOSITIONS

THE PREPOSITIONS A AND DE

The preposition **à** means *to, at,* or *in,* and **de** means *from* or *of.* When **à** and **de** precede the definite articles **le** and **les**, they form the contractions **au, aux, du,** and **des**. If they precede any other definite article, there is no contraction.

Nous allons **à la** plage et **au** zoo. *We're going to the beach and to the zoo.*
Tu es loin **du** marché mais près **des** musées. *You're far from the market but near the museums.*

	MASCULINE ARTICLE	FEMININE ARTICLE	VOWEL SOUND	PLURAL
à	à + le = au	à la	à l'	à + les = aux
de	de + le = du	de la	de l'	de + les = des

De is also used to indicate possession or ownership.

Là, c'est la boulangerie **de** ma tante. *That's my aunt's bakery over there.*
C'est le bureau **du** prof. *It's the teacher's desk.*

PREPOSITIONS AND PLACES

To say that you're at or going to a place, you need to use a preposition. With cities, use the preposition **à**: **à Paris**. One notable exception is **en Arles**. When speaking about masculine countries, use **au**: **au Viêt-nam**. With names of plural countries, use **aux**: **aux Etats-Unis**. Most countries ending in -**e** are feminine; in these cases, use **en**: **en Italie**. **Le Mexique** is an exception. If a country begins with a vowel, like **Inde**, use **en**: **en Inde**.

CITIES	MASCULINE COUNTRIES	FEMININE COUNTRIES OR MASCULINE COUNTRIES THAT BEGIN WITH A VOWEL	PLURAL COUNTRIES
à Bruxelles **à** Montréal **en** Arles	**au** Canada **au** Maroc **au** Mexique	**en** Italie **en** Espagne **en** Israël	**aux** Etats-Unis **aux** Philippines **aux** Pays-Bas

PRONOUNS

DEMONSTRATIVE PRONOUNS

Celui-là, celle-là, ceux-là, and **celles-là** are *demonstrative pronouns.* They mean *this one, that one, these,* or *those.* Demonstrative pronouns agree in gender and number with the noun they replace.

— **Quelles bottes** est-ce que tu préfères?   — **Quel stylo** est-ce que tu vas acheter?
— **Celles-là.**   — **Celui-là.**

DIRECT OBJECT PRONOUNS: LE, LA, AND LES

A direct object is a noun or pronoun that receives the action of the verb. A direct object pronoun replaces a direct object that has already been mentioned. The direct object pronoun agrees in gender and number with the noun it refers to and it is placed in front of the conjugated verb.

— Il mange **la tarte?**
— Oui, il **la** mange.

If the pronoun is the direct object of an infinitive, it precedes the infinitive.

— Tu vas attendre **le bus?**
— Oui, je vais **l'**attendre.

In an affirmative command, the direct object pronoun follows the verb and is connected to it with a hyphen. In a negative command, the pronoun precedes the verb.

— Je voudrais acheter **le pull** bleu.   — Et **la cravate** verte?
— Achète-**le!**   — Ne **l'**achète pas! Elle est horrible!

	SINGULAR	PLURAL
MASCULINE	le / l'	les
FEMININE	la / l'	les

DIRECT OBJECT PRONOUNS AND THE PASSE COMPOSE

When using the direct object pronouns **le, la, l', les, me, te, nous,** and **vous** with the **passé composé,** you must change the spelling of the past participle to agree in number and gender with the preceding direct object pronoun.

— Tu as rangé **ta chambre?**   — Pierre a acheté **les boissons?**
— Oui, je **l'**ai rangé**e** ce matin.   — Non, il ne **les** a pas acheté**es.**

INTERROGATIVE PRONOUNS

Lequel, laquelle, lesquels, and **lesquelles** are called *interrogative pronouns.* You use them to ask *which one(s).* Interrogative pronouns agree in gender and number with the noun they replace.

— Je vais acheter **ce chemisier.**
— **Lequel?**

— Je trouve qu'elles sont ennuyeuses, **ces BD.**
— **Lesquelles?**

THE PRONOUN Y

The pronoun **y** replaces a phrase meaning *to, on, at,* or *in* any place that has already been mentioned and phrases beginning with prepositions of location such as **à, sur, chez, dans,** and **en + a place or thing.** Place **y** before the conjugated verb.

— Elle va **à la confiserie?**
— Oui, elle **y** va.

— On est allés **chez Gilles?**
— Oui, on **y** est allés.

If there is an infinitive in the sentence, **y** precedes the infinitive.

— Tu vas aller **à l'épicerie?**
— Oui, je vais **y** aller.

THE PRONOUN EN

The object pronoun **en** can be used to replace phrases that begin with **du, de la, de l',** or **des.** These phrases might refer to activities:

— Tu fais **de la plongée?**
— Non, je n'**en** fais pas.

or to quantities:

— Tu veux **des œufs** pour le dîner?
— Oui, j'**en** veux bien.

— Est-ce qu'il te faut **du café?**
— Non, j'**en** ai acheté hier.

Like other object pronouns, **en** precedes the conjugated verb. If the sentence contains an infinitive, **en** is placed between the conjugated verb and the infinitive.

— Nous avons **des crevettes?**
— Non, mais je vais **en** acheter aujourd'hui.

THE REFLEXIVE PRONOUNS

Reflexive pronouns accompany a reflexive verb, a verb whose action is done by the subject to itself. These pronouns reflect the subject, and they change, depending upon the subject of the sentence. The reflexive pronoun **se** is part of the infinitive of a reflexive verb. The verb **se laver** is conjugated below.

SUBJECT	REFLEXIVE PRONOUN	se laver
je	me	Je **me** lave.
tu	te	Tu **te** laves.
il/elle/on	se	Il/Elle/On **se** lave.
nous	nous	Nous **nous** lavons.
vous	vous	Vous **vous** lavez.
ils/elles	se	Ils/Elles **se** lavent.

INDIRECT OBJECT PRONOUNS: LUI AND LEUR

The pronouns **lui** *(to/for him, to/for her)* and **leur** *(to/for them)* replace nouns that are indirect objects of a verb. They replace a phrase that begins with **à** or **pour** followed by a person or people.

The pronoun is placed before the conjugated verb . . .

Tu offres un cadeau **à ta mère?** —> Tu **lui** offres un cadeau?

or before an infinitive, when it is the object of that infinitive.

Je vais offrir des bonbons **à mes amis.** —> Je vais **leur** offrir des bonbons.

In affirmative commands, the pronouns follow the verb and are connected to it with a hyphen.

Offre un cadre **à ta sœur!** —> **Offre-lui** un cadre!

POSITION OF OBJECT PRONOUNS

Object pronouns like **le, la, l', les, lui, leur, me, te, nous, vous, y,** and **en** usually precede the conjugated verb in a sentence.

Tu **me** donnes un cadeau?	Mon livre? Je **l'**ai oublié à l'école.
Paul **leur** parle tout le temps.	Qui **vous** a donné ce bracelet?

In affirmative commands, the object pronoun follows the verb and is connected to it by a hyphen. In this case, **me** and **te** change to **moi** and **toi.** In negative commands, the object pronoun precedes the conjugated verb.

Téléphone-**moi** ce soir!	Donne-**le** à ta sœur!
Ne **me** donne pas de tarte!	N'**y** va pas!

When the object pronoun is the object of an infinitive, it directly precedes the infinitive.

Je voudrais **l'**inviter à la boum.   Tu aurais dû **en** acheter.

Sometimes you will have more than one object pronoun in a sentence. The following table illustrates the correct order of multiple object pronouns in the same sentence.

me te se nous vous	le la l' les	lui leur	y	en

Je **le leur** ai donné.   Ne **leur en** achète pas!

VERBS THAT TAKE A DIRECT OR INDIRECT OBJECT

These verbs take a direct object: **appeler, chercher, écouter, payer,** and **regarder.**

These verbs take an indirect object: **apprendre à, conseiller à, demander à, dire à, parler à, permettre à, répondre à,** and **téléphoner à.**

IL/ELLE EST VERSUS C'EST

Both **il/elle est** and **c'est** can mean *he/she is.* **Il/Elle est** can be used to identify someone's profession or nationality. In this case, no article precedes the noun.

    Harrison Ford? **Il est** acteur.   Céline Dion? **Elle est** québécoise.

If **c'est** is used for the same purpose, the noun must be preceded by an appropriate article.

    Harrison Ford? **C'est un** acteur.   Céline Dion? **C'est une** Québécoise.

When you use both an adjective and a noun, you must use **c'est**.

    Céline Dion? **C'est une** chanteuse québécoise.

RELATIVE PRONOUNS: CE QUI AND CE QUE

The relative pronouns **ce qui** and **ce que** mean *what.* **Ce qui** is the subject of the verb in the clause it introduces:

    Ce qui est embêtant, c'est devoir se coucher très tôt.
    Ce qui me plaît, c'est me promener à la plage.

Ce que is the object of the verb in the clause it introduces and it is usually followed by a subject:

    Ce que je n'aime pas, c'est aller à la pêche quand il pleut.
    Ce que je préfère, c'est aller au cinéma le week-end.

RELATIVE PRONOUNS: QUI, QUE, AND DONT

The relative pronouns **qui** and **que** introduce clauses that give more information about a subject that you've already mentioned. **Qui** is the subject of the verb in the clause it introduces. The verb agrees with the person or object in the main clause that it refers to.

    Isabelle Adjani est une actrice **qui est** très connue en France.
    J'ai deux amis **qui s'appellent** Hervé et Guillaume.

Que is the direct object of the verb in the clause; therefore, it is followed by a subject. When the verb in the clause introduced by **que** is in the **passé composé,** the past participle agrees with the noun that **que** represents. Drop the -**e** from **que** before a vowel sound.

    Voici le CD **que** je voudrais acheter.
    La tente que j'ai **achetée** hier est très chouette!
    La Guerre des étoiles est le film **qu'**on a vu.

You use the pronoun **dont** when you mean *whose* or *about/of/from whom* or *which.*

    Tu as vu le film **dont** il parle? *(about which)*
    Tu connais la fille **dont** la sœur est actrice? *(whose)*

VERBS

REGULAR -ER VERBS

To form the present tense of most -**er** verbs, drop the -**er** and add the following endings to the stem:

SUBJECT	aimer	
	STEM	ENDING
je/j'		-e
tu		-es
il/elle/on	aim	-e
nous		-ons
vous		-ez
ils/elles		-ent

For the **nous** form of the verbs **manger, nager,** and **voyager,** only the -**r** is dropped from the infinitive; the -**e** is retained: **nous mangeons, nous nageons, nous voyageons.** For the **nous** form of **commencer,** the second **c** is changed to a **ç** in the stem: **nous commençons.**

To form the past participle of -**er** verbs, drop the -**er** from the infinitive and add -**é** to the stem (**aimer —> aimé**).

REGULAR -IR VERBS

To form the present tense of most -**ir** verbs, drop the -**ir** and add the following endings to the stem:

SUBJECT	choisir	
	STEM	ENDING
je		-is
tu		-is
il/elle/on	chois	-it
nous		-issons
vous		-issez
ils/elles		-issent

Other -**ir** verbs that follow this pattern are **finir, grandir, grossir, maigrir,** and **se nourrir.** To form the past participle of these verbs, you simply drop the -**ir** from the infinitive and add -**i** to the stem (**choisir —> choisi**).

REGULAR -RE VERBS

The present tense of most -**re** verbs is formed by dropping the -**re** and adding the following endings to the stem:

| SUBJECT | attendre *(to wait)* | |
	STEM	ENDING
je/j' tu il/elle/on nous vous ils/elles	attend	-**s** -**s** -(no ending) -**ons** -**ez** -**ent**

Other -**re** verbs that follow this pattern are **entendre, répondre,** and **perdre.** To form the past participle of these verbs, you simply drop the -**re** from the infinitive and add -**u** to the stem (**attendre —> attendu**).

VERBS LIKE DORMIR

These verbs follow a different pattern from the one you learned for regular -**ir** verbs. These verbs have two stems: one for the singular subjects, and another for the plural ones.

	dormir *(to sleep)*	partir *(to leave)*	sortir *(to go out, to take out)*
je tu il/elle/on	dor**s** dor**s** dor**t**	par**s** par**s** par**t**	sor**s** sor**s** sor**t**
nous vous ils/elles	dorm**ons** dorm**ez** dorm**ent**	part**ons** part**ez** part**ent**	sort**ons** sort**ez** sort**ent**
PAST PARTICIPLE	dormi	parti	sorti

IRREGULAR VERBS

The verbs **avoir, être, aller,** and **faire** are irregular because they do not follow the conjugation patterns that -**er**, -**ir**, and -**re** verbs do.

	avoir *(to have)*	être *(to be)*
je/j'	ai	suis
tu	as	es
il/elle/on	a	est
nous	avons	sommes
vous	avez	êtes
ils/elles	ont	sont
PAST PARTICIPLE	eu	été

	aller *(to go)*	faire *(to do, make)*
je	vais	fais
tu	vas	fais
il/elle/on	va	fait
nous	allons	faisons
vous	allez	faites
ils/elles	vont	font
PAST PARTICIPLE	allé	fait

Devoir, pouvoir, and **vouloir** are also irregular. They are usually followed by an infinitive.

	devoir *(to have to, must)*	pouvoir *(be able to, can)*	vouloir *(to want)*
je	dois	peux	veux
tu	dois	peux	veux
il/elle/on	doit	peut	veut
nous	devons	pouvons	voulons
vous	devez	pouvez	voulez
ils/elles	doivent	peuvent	veulent
PAST PARTICIPLE	dû	pu	voulu

These verbs also have irregular forms.

	dire *(to say)*	écrire *(to write)*	lire *(to read)*
je/j' tu il/elle/on	dis dis dit	écris écris écrit	lis lis lit
nous vous ils/elles	disons dites disent	écrivons écrivez écrivent	lisons lisez lisent
PAST PARTICIPLE	dit	écrit	lu

	mettre *(to put, to put on, to wear)*	prendre *(to take, to have food or drink)*	voir *(to see)*
je tu il/elle/on	mets mets met	prends prends prend	vois vois voit
nous vous ils/elles	mettons mettez mettent	prenons prenez prennent	voyons voyez voient
PAST PARTICIPLE	mis	pris	vu

conduire *(to drive)*	
je	conduis
tu	conduis
il/elle/on	conduit
nous	conduisons
vous	conduisez
ils/elles	conduisent

The past participle of **conduire** is **conduit**. **Conduire** uses **avoir** as its helping verb in the **passé composé**.

connaître *(to know, to be acquainted with)*	
je	connais
tu	connais
il/elle/on	connaît
nous	connaissons
vous	connaissez
ils/elles	connaissent

The past participle of **connaître** is **connu**. **Connaître** uses **avoir** as its helping verb in the **passé composé**. The **passé composé** of **connaître** has a special meaning.

    J'ai connu Sophie au lycée.   *I met Sophie (for the first time) at school.*

THE VERB OUVRIR

While the verb **ouvrir** ends in **-ir**, it is conjugated like a regular **-er** verb.

ouvrir *(to open)*	
j'	ouvre
tu	ouvres
il/elle/on	ouvre
nous	ouvrons
vous	ouvrez
ils/elles	ouvrent

The past participle of **ouvrir** is **ouvert**. **Ouvrir** uses **avoir** as its helping verb in the **passé composé**.

J'**ai ouvert** la porte pour mon père.

VERBS WITH STEM AND SPELLING CHANGES

Verbs listed in this section are not irregular, but they do have some stem and spelling changes.

	acheter *(to buy)*	préférer *(to prefer)*	promener *(to walk (an animal))*
je/j'	achète	préfère	promène
tu	achètes	préfères	promènes
il/elle/on	achète	préfère	promène
nous	achetons	préférons	promenons
vous	achetez	préférez	promenez
ils/elles	achètent	préfèrent	promènent
PAST PARTICIPLE	acheté	préféré	promené

The following verbs have different stems for the **nous** and **vous** forms.

	appeler *(to call)*	essayer *(to try)*
j'	appelle	essaie
tu	appelles	essaies
il/elle/on	appelle	essaie
nous	appelons	essayons
vous	appelez	essayez
ils/elles	appellent	essaient
PAST PARTICIPLE	appelé	essayé

REFLEXIVE VERBS

French verbs that require a reflexive pronoun are called *reflexive verbs.* The subject of the sentence receives the action of a reflexive verb. The reflexive pronoun must change with the subject, as shown in the table below.

se laver		
je	me	lave
tu	te	laves
il/elle/on	se	lave
nous	nous	lavons
vous	vous	lavez
ils/elles	se	lavent

To make a reflexive verb negative, place **ne... pas** around the reflexive pronoun and the verb. (**Je ne me lève pas tôt le week-end.**)

To make the **passé composé** of a reflexive verb, you use **être** as the helping verb. The past participle must agree in number and gender with the subject when there's no direct object following the verb. (**Elle s'est lavée** but **Elle s'est lavé les mains.**)

se laver			
je	me	suis	lavé(e)
tu	t'	es	lavé(e)
il/elle/on	s'	est	lavé(e)(s)
nous	nous	sommes	lavé(e)s
vous	vous	êtes	lavé(e)(s)
ils/elles	se	sont	lavé(e)s

To make a reflexive verb negative in the **passé composé**, place **ne... pas** around the reflexive pronoun and the helping verb. (**Je ne me suis pas levée tôt samedi.**)

RECIPROCAL VERBS

The pronouns **se, nous,** and **vous** may also be added to any verb to make the verb reciprocal. That is, when you add them to a verb, they mean *(to/for/at) each other.*

Ils **se** parlent souvent.	*They speak to each other often.*
Nous **nous** aimons.	*We love each other.*
Vous **vous** êtes rencontrés hier?	*Did you meet each other yesterday?*

Just as past participles agree with a reflexive pronoun that is the direct object of the verb, the same is true with reciprocal verbs. However, if the pronoun is an indirect object of the verb, there is no agreement.

Nous **nous** sommes vus hier.   *We saw each other yesterday.*

BUT

Nous **nous** sommes parlé hier.   *We talked **to** each other yesterday.*

THE IMPERATIVE (COMMANDS)

To make a request or a command of most verbs, use the **tu, nous,** or **vous** form of the present tense of the verb without the subject. Drop the final **-s** from the **tu** form of an -er verb.

Prends un jus de fruit! **Allons** en colonie de vacances!
Range ta chambre! **Faites** le plein, s'il vous plaît.

To make a command negative, simply place **ne... pas** around the verb.

Ne sors **pas** sans ton parapluie!

Place reflexive or object pronouns after the verb in a positive command or suggestion. Place a hyphen between the verb and the pronoun when writing these commands.

Dépêchons-nous! **Grouille-toi!**

The verb **être** has irregular imperative forms.

Sois gentil! **(tu)** **Soyons** à l'heure! **(nous)** **Soyez** patients! **(vous)**

THE NEAR FUTURE (LE FUTUR PROCHE)

To say something is going to happen, use the near future **(le futur proche)**. It is made up of two parts: the present tense of the verb **aller** and the infinitive of the main verb.

Je **vais faire** de la plongée demain. *I'm going to go scuba diving tomorrow.*

To make a sentence in the **futur proche** negative, place **ne... pas** around the conjugated verb **(aller)**.

Monique **ne** va **pas** lire la biographie. *Monique isn't going to read the biography.*

THE PASSE COMPOSE WITH AVOIR

The **passé composé** of most verbs is formed with two parts: the present tense form of the helping verb **avoir** and the past participle of the main verb. To form the past participle, use the formulas below. To make a sentence negative, place **ne... pas** around the helping verb **avoir**.

INFINITIVE	aimer *(to love, to like)*		choisir *(to choose)*		vendre *(to sell)*	
	STEM	ENDING	STEM	ENDING	STEM	ENDING
PAST PARTICIPLE	aim aimé	-é	chois choisi	-i	vend vendu	-u
PASSE COMPOSE	j'ai aimé		j'ai choisi		j'ai vendu	

J'ai mangé au fast-food. Nous n'**avons** pas encore **choisi** la musique.
Elle **a choisi** un anorak rouge. Elle **n'a** pas **répondu** à sa lettre.

Some verbs have irregular past participles that do not follow the above formulas.

être	—>	été	faire	—>	fait
avoir	—>	eu	recevoir	—>	reçu
prendre	—>	pris	boire	—>	bu
lire	—>	lu	voir	—>	vu

THE PASSE COMPOSE WITH ETRE

Some French verbs use **être** as the helping verb in the **passé composé**, including verbs of motion, like **aller, arriver, descendre, entrer, monter, partir, rentrer, retourner, revenir, sortir, tomber,** and **venir,** and verbs that indicate a state or condition, like **mourir, naître,** and **rester.** When être is the helping verb, the past participle has to agree in gender and number with the subject. To make a sentence negative, put **ne... pas** around the helping verb. **(Je ne suis pas allé à l'école hier.)**

aller		
je	suis	allé(e)
tu	es	allé(e)
il/elle/on	est	allé(e)(s)
nous	sommes	allé(e)s
vous	êtes	allé(e)(s)
ils/elles	sont	allé(e)s

Reflexive verbs also use **être** as their helping verb. For more information on the **passé composé** with reflexive verbs, see the heading "Reflexive Verbs," on page R45.

THE IMPARFAIT

To talk about what used to happen in the past or to describe what things were like, you use the **imparfait** (imperfect tense). The stem for the imperfect is the **nous** form of the verb in the present tense without -**ons** (écrire —> nous écrivons —> écriv-). The stem of -**ger** verbs like **manger** keeps the -**e.** The imperfect endings are listed below. To make the imperfect form negative, place **ne... pas** around the verb.

écrire	STEM	ENDINGS
j'		-ais
tu		-ais
il/elle/on	écriv	-ait
nous		-ions
vous		-iez
ils/elles		-aient

You will often use the verbs **avoir** and **être** in the **imparfait** to talk about the past. The table below gives you the **imparfait** forms of both verbs. Notice that **être** uses the irregular stem **ét-.**

avoir		être	
j'	avais	j'	étais
tu	avais	tu	étais
il/elle/on	avait	il/elle/on	était
nous	avions	nous	étions
vous	aviez	vous	étiez
ils/elles	avaient	ils/elles	étaient

THE IMPARFAIT VS. THE PASSE COMPOSE

In French, there are two tenses you can use to talk about the past: the **imparfait** and the **passé compose**. The table below lists the uses of each tense.

IMPARFAIT	PASSE COMPOSE
• to describe how things and people were in the past **Il était petit.** • to describe general conditions or to set the scene **Il faisait froid.** • to talk about what used to happen or to tell about repeated or habitual actions **J'allais à l'école le samedi.** • after words that indicate a repeated action in the past, like **toujours, d'habitude, souvent, tous les jours,** and **de temps en temps** **Je jouais souvent au foot.** • to tell what was going on when something else happened **Je regardais la télé quand Pierre est arrivé.** • to emphasize that you were in the middle of doing something when something else happened, use the expression **être en train de** in the **imparfait** plus an infinitive **J'étais en train de manger quand Jacques est arrivé.** • to make a suggestion, you can use the expression **si on** followed by a verb in the **imparfait** **Si on allait à la plage?** • to tell how someone seemed to be, you can use the expression **avoir l'air** in the **imparfait** followed by an adjective **Elle avait l'air triste.** • to tell how something was or used to be, use the phrase **c'était** with an adjective **C'était magnifique!**	• to tell what happened **Il est tombé.** • after words that indicate a specific moment in the past, like **un jour, soudain, tout d'un coup, au moment où,** and **une fois** **Un jour, elle est partie.** • after words that indicate in which order a series of events occurred, like **d'abord, après, ensuite, enfin,** and **finalement** **Ensuite, on a payé.** • to talk about an event that occurred while another action was going on. **Il a téléphoné quand tu dormais.**

THE FUTURE TENSE (LE FUTUR)

To say you *will do* something, use the future tense. The future tense for most verbs is formed by adding the endings **-ai, -as, -a, -ons, -ez,** and **-ont** to the infinitive. However, if the infinitive ends in **-re,** drop the final **-e** before adding the endings. Verbs that have a spelling change in the present tense have the same change in their future stem.

Je **répondrai** à sa lettre demain.   Nous **sortirons** ensemble la semaine prochaine.
Tu **finiras** tes devoirs samedi soir.   Vous **prendrez** une décision.
Il/Elle/On **achètera** un cadeau.   Ils/Elles **choisiront** un métier.

Some irregular verbs have irregular stems in the future tense, to which are added the regular future endings.

aller —> **ir-**	**envoyer** — **enverr-**	**savoir** —> **saur-**
avoir —> **aur-**	**être** —> **ser-**	**venir** —> **viendr-**
devenir —> **deviendr-**	**faire** —> **fer-**	**voir** —> **verr-**
devoir —> **devr-**	**pouvoir** —> **pourr-**	**vouloir** —> **voudr-**

Je **serai** très content.   Nous **enverrons** les lettres.
Elle **aura** quinze ans.   Vous **ferez** la vaisselle cette semaine.

After the prepositions **quand** *(when)* and **dès que** *(as soon as),* use the future tense, unlike English, in which you would use the present tense.

Je serai heureux **quand je verrai** mes parents.
I'll be happy <u>when I see</u> my parents.

THE CONDITIONAL TENSE (LE CONDITIONNEL)

To say what you *would do* under certain circumstances, use the conditional tense. You also use the conditional tense to be polite.

J'achèterais une nouvelle voiture si j'avais l'argent.   *I would buy a new car if . . .*
Je **voudrais** une eau minérale.   *I would like . . .*

To form the conditional tense, you use the same stem as the future tense (usually the infinitive) and add the endings for the imperfect (**-ais, -ais, -ait, -ions, -iez, -aient**). If the infinitive ends in **-re,** drop the final **-e** before adding the endings.

Je **vendrais** ma voiture.   Nous **prendrions** du café.
Tu **choisirais** la rouge.   Vous **diriez** la vérité.
Il/Elle/On **mangerait** du pain.   Ils/Elles **achèteraient** une maison.

Verbs that have irregular stems in the future tense use the same irregular stems in the conditional tense. (See "The Future Tense.")

SI CLAUSES

To say that if one thing were so, then another thing would happen *(If I had the money, I would buy a car),* begin one clause of the sentence with **si** followed by the imperfect. The verb in the other clause should be in the conditional: **Si j'avais** l'argent, j'**achèterais** une voiture.

You may also begin your sentence with the conditional clause: J'**achèterais** une voiture si j'**avais** l'argent.

THE SUBJUNCTIVE (LE SUBJONCTIF)

The subjunctive mood of a verb is used in clauses after certain phrases that express *obligation* (**Il faut que..**) or *will* (**vouloir que...**).

To form the present subjunctive of most verbs, drop the -**ent** from the **ils/elles** form of the present tense and add -**e**, -**es**, -**e**, -**ions**, **iez**, -**ent**.

disent − ent = dis + e = **dise**	Il faut que **je dise** la vérité.
mettent − ent = mett + es = **mettes**	Maman veut que **tu mettes** tes gants.
répondent − ent = répond + e = **réponde**	Je veux qu'**elle** me **réponde.**
rentrent − ent = rentr + ions = **rentrions**	Il faut que **nous rentrions** avant minuit.
sortent − ent = sort + iez = **sortiez**	Papa ne veut pas que **vous sortiez.**
finissent − ent = finiss + ent = **finissent**	Il faut qu'**ils finissent** leurs devoirs.

Some irregular verbs, like **prendre** and **venir,** have two different subjunctive stems. To form the stem for the **nous** and **vous** forms, drop the -**ons** from the present tense of the **nous** form of the verb and add the subjunctive ending. The stem for the rest of the forms comes from the **ils/elles** form of the present tense.

venons − ons = ven + ions = **venions**   Ma grand-mère veut que **nous venions** chez elle.
prenons − ons = pren + iez = **preniez**   Il faut que **vous preniez** de l'argent.
prennent − ent = prenn + e = **prenne**   Maman veut que **je prenne** mon anorak.

Other irregular verbs, such as **faire,** have one irregular stem, to which you add the subjunctive endings. The stem for faire is **fass-**. The verb **aller** has both an irregular stem and a regular stem. To form the stem for the **nous** and **vous** forms, drop the -**ons** from the present tense of the **nous** form of the verb and add the subjunctive ending. For all other forms, the stem is **aill-**. **Etre** and **avoir** both have irregular forms in the subjunctive.

		FAIRE	ALLER	ETRE	AVOIR
que(qu')	je(j') tu il/elle nous vous ils/elles	fasse fasses fasse fassions fassiez fassent	aille ailles aille allions alliez aillent	sois sois soit soyons soyez soient	aie aies ait ayons ayez aient

EXPRESSIONS REQUIRING THE SUBJUNCTIVE

Phrases requiring the use of the subjunctive express:

obligation:
Il faut qu'on **aille** au marché.

possibility:
Il est possible qu'il **soit** médecin.
Il se peut que...

emotion:
Je suis désolé(e) que tu **sois** malade.
Je suis heureux(-euse) que...
J'ai peur que...

will:
Je veux que tu **sois** plus patient.

necessity:
Il est nécessaire que tu **fasses** ton lit.
Il est essentiel que...
Il est important que...
Il faudrait que...
Il vaudrait mieux que...

doubt:
Je ne crois pas qu'il **soit** acteur.
Je ne pense pas que...
Ça m'étonnerait que...
Je ne suis pas sûr(e) que...
Je ne suis pas certain(e) que...

The indicative mood is used after expressions of *certainty,* such as **Je sais que...** and **Je suis certain(e) que...** .

THE PAST PERFECT (LE PLUS-QUE-PARFAIT)

To say something happened even farther in the past than another event, use the past perfect tense, or the **plus-que-parfait.** To form the **plus-que parfait,** you use the imperfect form of the appropriate helping verb **(avoir** or **être)** and the past participle of the completed action.

Il m'a dit qu'**il avait fait** ses devoirs.　*He told me that he had done his homework.*
Tu n'as pas dit où **tu étais allé(e).**　*You didn't say where you had gone.*

The same rules for agreement of past participles in the **passé composé** apply to the **plus-que-parfait.**

Je t'ai dit que nous **étions allés** au cinéma.

THE CAUSATIVE FAIRE

To say you are *having something done,* use the verb **faire** with the infinitive of the action that is being done.

Je **fais laver** la voiture.　*I'm having the car washed.*

To say you *had* something done, use the **passé composé** of **faire** with the infinitive of the action that was done.

J'**ai fait tondre** la pelouse.　*I had the lawn mowed.*

If the action to be done requires a reflexive verb, the reflexive pronoun precedes the conjugated form of **faire** in the present tense. In the **passé composé,** the reflexive pronoun precedes the helping verb **(être).** In the **futur proche,** place the pronoun before the infinitive **faire.**

Pierre **se** fait couper les cheveux.　*Pierre is having his hair cut.*
Je **me** suis fait laver les cheveux.　*I had my hair washed.*
Nous allons **nous** faire friser.　*We're going to have our hair curled.*

THE PAST INFINITIVE

To express past time after a conjugated verb, use the past infinitive, which is formed by using the infinitive of the helping verb and the past participle of the main verb.

Je suis désolé **d'avoir oublié** ton anniversaire.
Je m'excuse d'**être parti(e)** sans te dire au revoir.

If the past infinitive is reflexive, place the reflexive pronoun before the helping verb (**être**).

Pardonne-moi de **m'être réveillé(e)** si tard.

PASSE SIMPLE

Passé simple is a literary tense used to express a fact or an action completed in the past. It is only used in written French. The stem of regular verbs in the **passé simple** is the infinitive minus its ending, -**er**, -**ir**, or -**re**.

j'écout**ai**	je fin**is**	je vend**is**
tu écout**as**	tu fin**is**	tu vend**is**
il/elle/on écout**a**	il/elle/on fin**it**	il/elle/on vend**it**
nous écout**âmes**	nous fin**îmes**	nous vend**îmes**
vous écout**âtes**	vous fin**îtes**	vous vend**îtes**
ils/elles écout**èrent**	ils/elles fin**irent**	ils/elles vend**irent**

Some verbs have irregular **passé simple** forms.

	ALLER	AVOIR	ETRE	FAIRE	VENIR
je(j')	**allai**	**eus**	**fus**	**fis**	**vins**
tu	**allas**	**eus**	**fus**	**fis**	**vins**
il/elle	**alla**	**eut**	**fut**	**fit**	**vint**
nous	**allâmes**	**eûmes**	**fûmes**	**fîmes**	**vînmes**
vous	**allâtes**	**eûtes**	**fûtes**	**fîtes**	**vîntes**
ils/elles	**allèrent**	**eurent**	**furent**	**firent**	**vinrent**

GRAMMAR SUMMARY

ADDITIONAL GRAMMAR PRACTICE

CHAPITRE 1 - FRANCE, LES REGIONS!

PREMIÈRE ÉTAPE

Renewing old acquaintances; inquiring; expressing enthusiasm and dissatisfaction; exchanging information; asking and describing what a place was like

1 Complète les phrases avec le **passé composé** du verbe entre parenthèses. (See p. 11.)

1. Yasmine _____ (monter) dans la tour Eiffel.
2. Eric _____ (visiter) les châteaux de la Loire.
3. Paul et Pascal _____ (boire) des menthes à l'eau dans un café du cours Mirabeau.
4. Alissa _____ (se perdre) dans le jardin de Monet.
5. Valérie et moi, nous _____ (acheter) des papayes au marché de Treichville.
6. Julien _____ (se promener) à Fort-de-France.
7. Perrine et Mariyam _____ (se baigner) dans l'océan Atlantique.
8. Ariane et toi, vous _____ (déguster) des spécialités alsaciennes.

2 Mets les verbes entre parenthèses au **passé composé**. Fais l'accord du participe passé, s'il y a lieu. (See p. 11.)

> Salut! Je m'appelle Lisette. Je/J' __1__ (naître) en Côte d'Ivoire. Je/J' __2__ (passer) la première partie de ma vie dans la ville de Korhogo. J'avais des tas d'amis là-bas! C'était super! Quand j'avais quinze ans, je/j' __3__ (aller) à Paris avec ma famille. Ma mère me/m' __4__ (dire) que j'allais me plaire en France, mais moi, mon pays me/m' __5__ (manquer) au début. Maintenant, ça va mieux! Je/j' __6__ (avoir) de la chance! Je/j' __7__ (faire) la connaissance de gens super sympa! C'est bien de vivre en France quand on a des copains!

3 Demande si tes amis ont fait ce qu'ils aiment faire pendant les vacances. (See p. 11.)

EXEMPLE   Ce qui me plaît, c'est me lever tard.
<u>Tu t'es levée tard pendant les vacances?</u>

1. Ce que j'aime bien, c'est me mettre en condition.
2. Ce qui nous plaît, c'est nous habiller à la martiniquaise.
3. Ce que nous aimons bien, c'est nous coucher à minuit.
4. Ce qui plaît à mes copines, c'est se promener en bateau sur la mer des Caraïbes.
5. Ce que je préfère, c'est m'amuser avec mes amis.
6. Ce qui plaît à mes frères, c'est s'entraîner à la natation.

4 Tes amis et toi, vous ne savez pas quoi faire. Suggère les activités suivantes. Utilise **si on** et l'**imparfait**. (See p. 13; II, p. 209.)

EXEMPLE   prendre un café sur la place Plumereau
<u>Si on prenait un café sur la place Plumereau?</u>

1. faire un circuit des châteaux de la Loire
2. assister à un spectacle son et lumière au château de Chenonceau
3. monter dans les tours du château d'Ussé
4. aller voir les inventions de Léonard de Vinci au manoir du Clos-Lucé
5. se promener dans le parc du château d'Azay-le-Rideau
6. descendre dans les passages souterrains du château d'Amboise

5 Tes amis te disent ce qu'ils ont fait et ont mangé pendant leurs séjours dans différents pays francophones. Mets à l'**imparfait** les verbes entre parenthèses. (See p. 13.)

CELINE   C'est pas vrai! Quand tu ____1____ (être) en Arles, tu ____2____ (amener) parfois ton chien dans un restaurant pour les chiens?

HECTOR   Quand mes copains ____3____ (rendre) visite à leur ami marseillais, ils allaient au restaurant et ils ____4____ (manger) toujours de la bouillabaisse au déjeuner!

EVE   Quand je/j'____5____ (être) petite, je ____6____ (partir) en camp de vacances en Normandie tous les étés. Je/J'____7____ (adorer) ça! On ____8____ (manger) du boudin, du thon et du fromage! Moi, je/j' ____9____ (prendre) toujours du cidre comme boisson!

DEUXIEME ETAPE

Expressing indecision; making recommendations; ordering and asking for details

6 Lis ces conversations et ajoute les articles (**définis, indéfinis** ou **partitifs**) qui conviennent. (See p. 19.)

BELLA   Excusez-moi, monsieur, qu'est-ce que vous avez comme entrée?

LE SERVEUR   ____1____ carottes râpées et ____2____ céleri rémoulade, mademoiselle.

BELLA   Eh bien, je vais prendre ____3____ carottes râpées, s'il vous plaît!

MAX   Dis, Loïc, tu as choisi?

LOIC   Non. J'hésite entre ____4____ côtelette de porc et ____5____ escalope de dinde.

OMAR   J'ai envie de manger ____6____ poisson!

FATIMA   Alors, prends ____7____ filet de sole! Il est très bon ici!

ANNE   Qu'est-ce que tu prends comme dessert aujourd'hui?

KARIM   Hmm... Je n'arrive pas à me décider. ____8____ crème caramel me tente, mais je suis un régime.

ANNE   Alors, c'est très simple! Tu devrais boire ____9____ eau et manger ____10____ pomme!

CHAPITRE 2 - BELGIQUE, NOUS VOILÀ!

PREMIERE ETAPE

Asking for and giving directions; expressing impatience; reassuring someone

1 Demain, Noël va faire ce que Nora a fait aujourd'hui. Complète les phrases suivantes en utilisant **aller** et l'infinitif du verbe qui convient. (See p. 34.)

    EXEMPLE   Ce matin, j'ai visité le Centre de la BD.
                    <u>Demain, je vais visiter le Centre de la BD aussi!</u>

1. Je suis arrivée à l'heure d'ouverture.
2. Je suis allée à la bédéthèque.
3. J'ai lu tous les Tintin.
4. J'ai acheté *Le Sceptre d'Ottokar.*
5. J'ai créé ma propre bande dessinée.
6. J'ai écrit des dialogues dans les bulles de ma BD.

2 Complète les phrases avec le présent de **conduire.** (See p. 35.)

1. Du calme, du calme! Les freins ne marchent pas très bien! Tu _____ trop vite!
2. Qu'est-ce que vous _____ comme voiture?
3. Les Anglais _____ à gauche.
4. Cette route _____ bien à Bruges?
5. De temps en temps, je _____ la Citroën de ma mère.
6. Ma sœur et moi, nous _____ toujours très prudemment.

3 Tu es en vacances en France avec des amis. Vous allez faire un voyage en voiture. Complète ce petit mot que votre famille d'accueil vous a laissé avec la deuxième personne du pluriel de l'impératif des verbes entre parenthèses. (See p. 37.)

> Surtout, __1__ (être) prudents! __2__ (conduire) doucement et __3__ (faire) attention sur la route. __4__ (s'arrêter) dans une station-service et __5__ (vérifier) les freins et l'huile avant de partir. Et __6__ (téléphoner) à Marc au bureau quand vous arriverez à Lyon. __7__ (prendre) assez d'argent et __8__ (s'amuser) bien!

4 Qu'est-ce que tu dirais dans les situations suivantes? Utilise l'impératif dans tes réponses. (See p. 37.)

1. Il n'y a presque plus d'essence dans notre voiture.
2. Tu veux que tes amis et toi, vous alliez au Centre de la BD.
3. Ton ami Martin conduit beaucoup trop vite.
4. Le pare-brise de votre voiture est très sale.
5. Il n'y a pas assez d'air dans les pneus de la voiture de Sophie et Etienne.
6. Ton ami Luc est toujours en retard.
7. Tu voudrais que ta famille se promène à Bruxelles.
8. Il est deux heures de l'après-midi et ton frère est toujours au lit.

DEUXIEME ETAPE

Expressing enthusiasm and boredom; asking and telling where things are

5 Félicité et Luc vont aller en Belgique. Ecris leurs réponses en utilisant un pronom (**direct** ou **indirect**), **y** ou **en** dans chaque réponse.

> Vous allez lire *Astérix chez les Belges* avant de partir?
> <u>Oui, nous allons le lire avant de partir.</u>

1. Vous allez prendre la E. 411 pour aller à Bruxelles?
2. Vous allez vous arrêter à Bouillon?
3. Vous allez visiter le château?
4. Vous allez manger des gaufres?
5. Vous allez poser une question au gardien *(custodian)* du musée de l'Armée?
6. Vous allez rapporter un album des *Schtroumpfs* à vos petits frères?
7. Vous allez acheter de la dentelle pour votre mère?

6 Remplis les blancs avec le pronom qui convient. (See p. 42.)

— Corinne, ça ____1____ dit d'aller au Musée du Costume et de la Dentelle?
— Oui, j'aimerais bien ____2____ aller.

— Milo et Mireille, je voudrais ____3____ poser une question.
— Vas- ____4____! On ____5____ écoute!

— Que pensez-vous de la Grand-Place?
— On ____6____ trouve magnifique!

— Mes frères aimeraient bien goûter du chocolat belge.
— Dis- ____7____ d'aller aux Galeries St-Hubert!

— Excusez-moi, mademoiselle! Je voudrais acheter des Tintin. Vous savez où on peut ____8____ trouver?
— Vous ____9____ trouverez au Centre Belge de la Bande Dessinée.

— Janine et moi, nous voudrions bien aller au théâtre de marionnettes de Toone. Qu'est-ce vous ____10____ pensez? Ça ____11____ dirait de/d' ____12____ aller avec nous?

— Je dois téléphoner à Christophe!
— Alors, téléphone- ____13____! Je ____14____ attendrai à l'entrée du Musée de Cire. On se/s' ____15____ retrouve dans dix minutes. D'accord?

7 Lis cette conversation entre Solange et Prosper et remplis les blancs avec le pronom qui convient. (See p. 42.)

SOLANGE   Il paraît qu'en Belgique, c'est comme en Suisse : il y a plusieurs langues officielles.

PROSPER   Oui, c'est vrai. Mais il ____**1**____ en a moins qu'en Suisse. En Belgique, il n'y ____**2**____ a que trois.

SOLANGE   J'aimerais bien savoir parler toutes les langues officielles de la Belgique!

PROSPER   Bon, le français, tu ____**3**____ parles déjà. L'allemand, c'est facile. Et le flamand, tu ____**4**____ apprendras vite. Tu n'as qu'à passer quelques mois en Flandre! Ma sœur ____**5**____ habite. Elle ____**6**____ logera *(put up)*!

SOLANGE   Super! Si elle veut bien ____**7**____ loger, moi, je vais ____**8**____ offrir des Astérix. Tu sais que je/j' ____**9**____ ai beaucoup.

PROSPER   Oui, je sais. Malheureusement, ma sœur n'aime pas les BD. Ça ne ____**10**____ dit rien. Elle préfère lire des romans.

8 Simon dit la même chose que Fabien, mais il s'exprime d'une façon un peu différente. Complète les passages suivants en utilisant le pronom qui convient. (See p. 42.)

EXEMPLE   FABIEN - On s'est arrêtés à la station-service au nord de Namur.
              SIMON   - <u>Oui, on s'y est arrêtés.</u>

1. On a demandé au pompiste de vérifier l'huile.
2. Le pompiste nous a conseillé de faire la vidange.
3. Puis, il a voulu vérifier la pression des pneus.
4. Il a mis de l'air dans les pneus.
5. Il nous a nettoyé le pare-brise.
6. Ensuite, il a fait le plein.
7. Il a rechargé la batterie.
8. Finalement, il a vérifié les freins.

9 Complète les passages suivants en utilisant les pronoms qui conviennent. (See p. 42.)

EXEMPLE   Rachid et Samir, demandez la route au pompiste!
              <u>Demandez-la-lui!</u>

1. Rachid, donne la boîte à outils à Fatima!
2. Fatima et Aïcha, apportez-moi la roue de secours!
3. Aïcha, explique à Rachid et Samir comment changer le pneu!
4. Gilles et Ahmed, mettez la roue de secours dans le coffre!
5. Claire, envoie les directions à tes cousines!

CHAPITRE 3 – SOYONS RESPONSABLES!

PREMIERE ETAPE

Asking for, granting, and refusing permission; expressing obligation

1 Tu vas passer une semaine en Suisse avec la famille de Jérôme. Il t'explique que, chez lui, tout le monde a des tâches ménagères *(household chores)* à faire. Prends des notes en utilisant le présent de **devoir** dans chaque phrase. (See p. 60.)

> **EXEMPLE**   C'est à moi de sortir la poubelle.
> <u>Jérôme doit sortir la poubelle.</u>

1. C'est à mon père de faire la cuisine.
2. C'est à nous de ranger nos chambres.
3. C'est à toi de nettoyer la salle de bains.
4. C'est à mes frères de faire la vaisselle.
5. C'est à ma mère de passer l'aspirateur.
6. C'est à mes sœurs de ramasser les feuilles.
7. C'est à moi de jeter des ordures.
8. C'est à nous de faire la lessive.

2 Mazarine et Agathe vont faire du camping dans les Alpes. Dis-leur de respecter l'environnement. Utilise l'expression donnée et le présent de **devoir** dans chaque phrase. (See p. 60.)

> **EXEMPLE**   protéger l'environnement (Agathe et Mazarine)
> <u>Vous devez protéger l'environnement!</u>

1. prendre soin de ne rien détruire (Mazarine)
2. garder votre site propre (Mazarine et Agathe)
3. tout ramasser avant de partir (Agathe)
4. ne pas jeter d'ordures par terre (Agathe)
5. ne pas faire de bruit (Mazarine et Agathe)

3 Tu poses les questions suivantes à tes amis pour apprendre ce qu'ils font comme tâches ménagères. Ecris leurs réponses. Utilise **il faut que** et le **subjonctif** de **faire** dans chaque réponse. (See p. 61.)

> **EXEMPLE**   Félix, est-ce que tu dois faire ton lit avant d'aller à l'école?
> <u>Oui, il faut que je le fasse avant d'y aller.</u>

1. Victor et Angèle, est-ce que vous devez faire la cuisine demain soir?
2. Est-ce que Sara et Adeline doivent faire le repassage une fois par semaine?
3. Est-ce que Daniel et moi devons faire la vaisselle après le dîner?
4. Est-ce que Jellel doit faire la lessive ce soir?
5. Est-ce que tu dois faire la poussière tout de suite?
6. Alain, est-ce que tu dois mettre la table?
7. Luc et Joëlle, est-ce que vous devez enlever la neige?

4 Nina demande à sa mère si elle peut faire certaines choses. Ecris les réponses de sa mère en utilisant **je veux bien que** et le **subjonctif** dans chaque réponse. (See p. 61.)

EXEMPLE   Ça te dérange si Rose vient me voir ce soir?
                <u>Non, je veux bien qu'elle vienne.</u>

1. Ça te dérange si je lui téléphone tout de suite?
2. Nous pouvons regarder une vidéo?
3. Ça te dérange si on fait du pop-corn?
4. Je peux mettre ma chaîne stéréo?
5. On peut écouter MC Solaar?
6. Ça te dérange si elle passe la nuit ici?

5 Lucien se comporte mal. Explique-lui ce qu'il doit faire pour changer son comportement. Utilise **Il faut que,** une des expressions dans la boîte et le **subjonctif** dans chaque phrase. (See p. 61.)

partager ses affaires   respecter ses profs

prendre ses propres décisions

conduire prudemment   aider les personnes âgées

EXEMPLE   J'aime bien conduire très vite.
                <u>Il faut que tu conduises prudemment!</u>

1. Je me moque de *(I make fun of)* mes profs.
2. Je ne veux pas que ma sœur lise mes BD.
3. Moi? Tondre la pelouse de Mémé *(Granny)*? Jamais!
4. C'est à mes parents de décider où je vais en camp de vacances.

DEUXIEME ETAPE

Forbidding; reproaching; justifying your actions and rejecting others' excuses

6 Perrine et Martin t'encouragent à respecter l'environnement. Martin te dit la même chose que Perrine, mais il utilise **tu ferais mieux, ne pas** et l'infinitif du verbe qui convient. Ecris les conseils *(advice)* de Martin. (See p. 67.)

EXEMPLE   PERRINE   Ce n'est pas bien d'utiliser des aérosols.
               MARTIN   <u>Tu ferais mieux de ne pas utiliser d'aérosols.</u>

1. Ce n'est pas bien de laisser la télé allumée.
2. Ce n'est pas bien d'utiliser des pesticides sur ta pelouse.
3. Ce n'est pas bien de prendre des douches pendant vingt minutes.
4. Ce n'est pas bien de gaspiller l'eau.
5. Ce n'est pas bien de mutiler les arbres.
6. Ce n'est pas bien de jeter des ordures par terre.

7 Tu racontes à un/une ami(e) ce que ta mère t'a dit de *ne pas* faire. Complète les passages suivants en utilisant **ne pas** et l'infinitif du verbe qui convient. (See p. 67.)

EXEMPLE   MAMAN   Tu ne vas pas oublier de demander la permission de ton père!
                    TOI   <u>Ma mère m'a dit de ne pas oublier de demander la permission de mon père.</u>

1. Tu ne vas pas prendre la voiture!
2. Tu ne vas pas sortir avec Barthélémy!
3. Tu ne vas pas aller à la boum de Fernand!
4. Tu ne vas pas rentrer après minuit!
5. Tu ne vas pas donner à manger au chat!
6. Tu ne vas pas faire de bruit ce soir!

CHAPITRE 4 – DES GOÛTS ET DES COULEURS

PREMIERE ETAPE

Asking for and giving opinions; asking which one(s); pointing out and identifying people and things

1 Virginie demande l'avis de son ami(e) avant d'acheter certaines choses. Complète les conversations avec les pronoms (**interrogatifs** et **démonstratifs**) qui conviennent. (See p. 89.)

— Comment tu trouves ce col roulé violet?
— _____1_____?
— _____2_____!
— Bof, je n'aime pas tellement.

— Qu'est-ce que tu penses de ces lunettes de soleil?
— _____3_____?
— _____4_____!
— Elles sont hyper-cool!

— J'aime bien ces hauts talons!
— _____5_____?
— _____6_____!
— Ah oui, ils sont sensas!

— Tu aimes cette mini-jupe écossaise?
— _____7_____?
— _____8_____!
— Mais non, elle est affreuse!

2 Valentin a été convoqué à un entretien *(has a job interview)*. Remplis les blancs avec les pronoms (**interrogatifs** et **démonstratifs**) qui conviennent. (See p. 89.)

VALENTIN   Je ne sais pas quoi mettre. Qu'est-ce que tu en penses, toi?

GUY   Mets ton costume en laine!

VALENTIN   _____1_____? Le gris à rayures?

GUY   Oui, _____2_____. Il fait très sérieux.

VALENTIN   Et comme chemise, qu'est-ce que je mets?

GUY   _____3_____. Elle te va très bien.

VALENTIN   Tu penses qu'il faut mettre une cravate?

GUY   Bien sûr!

VALENTIN   Ben, alors, _____4_____ est-ce que je mets? La rouge à pois ou la bleue en soie?

GUY   Tu devrais mettre _____5_____. L'autre est trop tape-à-l'œil.

VALENTIN   Bon, ben, qu'est-ce qu'il me faut encore? Ah, oui, des chaussures!

GUY   Tu n'as qu'à mettre _____6_____.

VALENTIN   _____7_____? Les bleues ou les noires?

GUY   Les noires. Elles ont l'air très confortables.

3 Bella demande à sa mère si elle peut mettre certaines choses. Complète les réponses de sa mère avec un **pronom interrogatif** et un **pronom démonstratif**. (See p. 89.)

EXEMPLE   BELLA   Je peux mettre mon caleçon?

MAMAN   <u>Lequel?</u> Le noir? Ah non, pas question! <u>Je veux que tu mettes celui-là.</u>

1. BELLA   Ça te dérange si je mets mes bottes?

MAMAN   _____? Tes bottes lacées noires? Mais ça ne va pas! Je veux que tu mettes _____.

2. BELLA   Est-ce que je peux mettre une robe?

MAMAN   _____? La robe à col en V? Absolument pas! Je veux que tu mettes _____.

3. BELLA   Je peux mettre mes boucles d'oreilles?

MAMAN   _____? Celles que Mémé t'a données? Pas question! Je veux que tu mettes _____.

4. BELLA   Ça te dérange si je mets mon blouson?

MAMAN   _____? Ton blouson en cuir? Mais non, c'est pas possible! Je veux que tu mettes _____.

5. BELLA   J'aimerais bien mettre mes hauts talons...

MAMAN   _____? Tes hauts talons noirs? Pas question! Je veux que tu mettes _____.

6. BELLA   Est-ce que je peux mettre une jupe?

MAMAN   _____? La mini-jupe orange? Absolument pas! Je veux que tu mettes _____.

Paying and responding to compliments; reassuring someone

4 Tu rends visite à Lian qui habite dans un vieux manoir *(manor)*. Tu lui demandes qui s'occupe du bâtiment et du jardin. Lian te répond en utilisant le **faire** causatif et l'infinitif du verbe qui convient. (See p. 95.)

EXEMPLE   Qui lave les vitres?
<u>On les fait laver.</u>

1. Qui enlève la neige?
2. Qui arrose la pelouse?
3. C'est ton père qui tond la pelouse, non?
4. Dis, c'est toi qui ramasses les feuilles?
5. Ton petit frère doit enlever les mauvaises herbes *(pull up weeds)*, non?

5 Qu'est-ce que les personnes suivantes vont se faire faire? Réponds en utilisant le **faire** causatif et une des expressions dans la boîte. (See p. 95.)

se faire une permanente   se couper les cheveux

se laver les cheveux tous les jours

se raser   se teindre les cheveux

EXEMPLE   Claude aime avoir les cheveux très propres.
<u>Il va se faire laver les cheveux tous les jours.</u>

1. Fabienne voudrait avoir les cheveux violets.
2. Je n'aime pas avoir de moustache.
3. Liliane et Sélima aimeraient bien avoir les cheveux frisés.
4. Aziz et moi, nous préférons les cheveux courts.

6 Florence te conseille de faire faire certaines choses avant d'aller à un défilé de mode *(fashion show)*. Ecris ses conseils en utilisant **il faut que,** une forme du verbe **faire** et les expressions entre parenthèses. (See p. 95.)

EXEMPLE   (réparer ses bottines)   <u>Il faut que tu fasses réparer tes bottines.</u>

1. (nettoyer la jupe en velours pourpre)
2. (laver le débardeur imprimé)
3. (se maquiller)
4. (se couper la frange)
5. (se faire une queue de cheval)

CHAPITRE 5 - C'EST NOTRE AVENIR

PREMIERE ETAPE

Asking about and expressing intentions; expressing conditions and possibilities

1 Karine imagine l'avenir de Marisa. Qu'est-ce qu'elle lui raconte? Complète le passage suivant en utilisant une des expressions dans la boîte et le **futur** du verbe qui convient. N'oublie pas de mettre le verbe à la deuxième personne du pluriel. (See p. 118.)

> aller dans une école de commerce   rejoindre son frère à Dakar
>
> obtenir son diplôme   trouver un travail dans une banque
>
> donner la moitié de sa fortune à une charité   réussir au bac
>
> avoir un enfant   se marier   devenir ministre des finances
>
> faire un voyage aux Etats-Unis   gagner beaucoup d'argent

1. A dix-huit ans, <u>vous réussirez au bac.</u>
2. Après,
3. Vous
4. Et
5. Ensuite,
6. Et
7. A trente ans,
8. Et

2 Une conseillère d'orientation demande à des étudiants ce qu'ils vont faire après le bac. Utilise les expressions entre parenthèses pour écrire leurs réponses. N'oublie pas de mettre les verbes au **futur.** (See p. 118.)

EXEMPLE   Ousmane, qu'est-ce que vous comptez faire si vous réussissez au bac? (aller dans une école technique) <u>J'irai dans une école technique.</u>

1. Omar et Adja, qu'est-ce que vous avez l'intention de faire en septembre? (passer son permis de conduire)
2. Et Penda, qu'est-ce qu'il va devenir s'il n'obtient pas de permis de travail pour la France? (être chauffeur de taxi comme son père)
3. Lamina et Chakib, qu'est-ce qu'ils ont l'intention de faire après le lycée? (faire du journalisme)
4. Et Bertille, qu'est-ce qu'elle pense faire? (chercher du travail dans une entreprise d'import-export)
5. Qu'est-ce que tu veux faire, quand tu vas prendre ta retraite *(retire)* ? (se consacrer à la musique)

3 Tes amis ne savent pas trop quoi faire après le bac. Dis-leur ce qui va se passer s'ils décident de faire certaines choses plutôt que d'autres. (See p. 118.)

EXEMPLE   J'hésite entre quitter ma famille et travailler dans la boutique de mes parents.
<u>Si tu quittes ta famille, tu ne travailleras pas dans la boutique de te parents.</u>

1. Nous hésitons entre prendre un appartement et faire construire une maison.
2. J'hésite entre écrire un roman et créer une BD.
3. Karim hésite entre faire un apprentissage et entrer à l'université.
4. J'hésite entre me consacrer à la médecine et devenir chroniqueur sportif.
5. Nous hésitons entre avoir un enfant et voyager.
6. Malika et sa sœur hésitent entre partir en vacances et prendre des leçons de conduite.
7. Jocelyne hésite entre aller à l'université et travailler dans le café de ses parents.

DEUXIEME ETAPE

Asking about future plans; expressing wishes; expressing indecision; giving advice; requesting information; writing a formal letter

4 Tes amis te racontent ce qu'ils aiment faire. Dis-leur ce que tu ferais après le bac, si tu étais eux. Utilise **si j'étais toi** et une des expressions de la boîte. (See p. 125.)

> faire des études de médecine vétérinaire
> voyager
> aller en Angleterre
> aller voir la conseillère d'orientation
> travailler son saxophone
> devenir pilote
> commencer par faire des films vidéo
> chercher un travail dans une boutique de vêtements
> devenir mécanicien

EXEMPLE   J'aime réparer les vieilles voitures.
<u>Si j'étais toi, je deviendrais mécanicien.</u>

1. Je tiens à joindre un groupe de World Music.
2. Ce qui me plaît, c'est bien m'habiller.
3. J'aimerais rencontrer des tas de gens.
4. Comme j'aimerais bien faire du cinéma!
5. Ce qui me plairait, c'est soigner *(take care of)* les animaux.
6. Ce qui m'intéresse, c'est avoir un travail intéressant.
7. Ce qui me plaît, c'est voyager.
8. Comme j'aimerais bien parler anglais.

5 Tu viens de recevoir une lettre de Prune. Remplis les blancs avec le **conditionnel** des verbes entre parenthèses. (See p. 125.)

Mon rêve, c'est d'aller en Afrique! Si je pouvais, j' __1__ (aller) voir Penda, mon meilleur ami. Il habite Dakar, la capitale du Sénégal. On __2__ (se promener) partout dans la ville. S'il faisait trop chaud, on __3__ (se baigner) dans la mer. Penda me __4__ (présenter) sa famille. Sa mère et ses sœurs m' __5__ (apprendre) à préparer des plats sénégalais. Nous __6__ (avoir) besoin de poulet, de poisson et de fruits, je pense. Peut-être que nous __7__ (faire) les courses dans un marché en plein air. Je __8__ (vouloir) bien aller dans un marché en plein air. L'ambiance __9__ (être) fantastique, à mon avis! Le week-end, les cousins de Penda nous __10__ (emmener) écouter de la musique traditionnelle dans leur village. Qu'est-ce qu'on __11__ (s'amuser)! Avant de rentrer en France, j' __12__ (acheter) un balafon à Penda. Ça lui __13__ (faire) plaisir! Il adore les instruments à percussion! C'est un vrai musicien! Tu l' __14__ (aimer) beaucoup!

6 Complète chaque phrase avec une des expressions dans la boîte. N'oublie pas de mettre le verbe au **conditionnel**. (See p. 125.)

> devenir dentiste   chercher un emploi
>
> quitter sa famille   se marier
>
> être riche   l'adorer   passer son permis de conduire

1. Si je trouvais un appartement à Thiès, …
2. Si nous avions un enfant, …
3. Si tu tombais amoureux, …
4. Si vous vous spécialisiez dans les dents, …
5. Si mes parents gagnaient à la loterie, …
6. Si Mounia prenait des leçons de conduite, …
7. Si j'étais au chômage, …

7 Récris les questions suivantes. Utilise l'inversion dans chacune. (See p. 127.)

1. Est-ce qu'elles sont femmes d'affaires?
2. Il sait ce qu'il veut faire après le bac?
3. Est-ce que vous voulez venir avec nous chez le conseiller d'orientation?
4. Tu veux devenir diplomate, Eric?
5. Est-ce que je pourrais aller à l'université, à ton avis?
6. Nous passons le bac le 28 juin?
7. Est-ce qu'il joue du saxophone?

8 Utilise les fragments suivants pour créer des questions qui contiennent des inversions. (See p. 127.)

1. pouvoir / tu / des conseils / donner / à moi
2. vous / des renseignements / envoyer / je / que / vous / vouloir
3. nous / quand / partir / pour Dakar
4. préférer / ils / policiers / devenir / avocats / ou
5. passer / permis / il / été / son / cet / de conduire
6. se trouver / l'école de commerce / savoir / où / elles
7. elle / être / architecte
8. compter / faire / vous / après le bac / un apprentissage

CHAPITRE 6 - MA FAMILLE, MES COPAINS ET MOI

PREMIERE ETAPE

Making, accepting, and refusing suggestions; making arrangements; making and accepting apologies

1 Mets les verbes entre parenthèses au **passé composé**. N'oublie pas de faire l'accord du participe passé, s'il y a lieu. (See p. 142.)

> Pendant leurs vacances à Fès, Béatrice et Christian ___1___ (se promener) dans la médina. Ils ___2___ (se disputer) et ils ___3___ (se quitter). Quelques heures plus tard, ils ___4___ (se retrouver) par hasard sur la place du Vieux Méchouar. Ils ont décidé de se réconcilier. Puis, ils ___5___ (se dire) des mots d'amour et ils ___6___ (s'embrasser). A minuit, ils ___7___ (s'offrir) des bagues de fiançailles. Le lendemain matin, ils ___8___ (se marier) et le soir même, on a fait la fête à l'hôtel Moussafir.

2 Réponds aux questions de Rachid selon l'exemple. N'oublie pas de mettre les verbes au **futur.** (See p. 142.)

EXEMPLE   Tu me téléphones demain?
<u>Oui, on se téléphonera.</u> or <u>Oui, nous nous téléphonerons.</u>

1. Tu m'en parleras plus tard?
2. Je te verrai ce soir?
3. Tu penses que Babette va écrire à Marie?
4. A ton avis, est-ce que Théo va quitter Laure?
5. Tu es sûr que tu vas te réconcilier avec Clarisse?
6. Tu crois que je vais m'entendre avec ton père?
7. Tu penses que Georges et Claire vont se marier?
8. A ton avis, est-ce que Karine donne un cadeau à Manon?

3 Hier, Ismaïl a rendu visite aux parents de Selwa. Il s'est très mal comporté. Maintenant il s'excuse auprès de son amie. Ecris ses excuses en utilisant **Je m'excuse** et l'**infinitif passé** du verbe qui convient. (See p. 144.)

EXEMPLE   Tu n'as même pas dit bonjour à ma mère!
            <u>Je m'excuse de ne pas avoir dit bonjour à ta mère.</u>

1. Tu n'as pas retiré tes chaussures!
2. Tu n'as pas enlevé ton chapeau!
3. Tu n'as pas bu ton thé à la menthe!
4. Tu as renversé la théière!
5. Tu as parlé tout le temps!
6. Tu as embêté le bébé!
7. Tu n'es pas arrivé à l'heure!

DEUXIEME ETAPE

Showing and responding to hospitality; expressing and responding to thanks; quarreling

4 Moktar a invité Raphaël chez ses parents qui habitent à Fès. Raphaël remercie Moktar de son hospitalité en utilisant **Merci de** et l'**infinitif passé** dans chaque phrase. (See pp. 144, 149.)

EXEMPLE   Moktar a présenté sa famille à Raphaël.
            —<u>Merci de m'avoir présenté ta famille.</u>

1. Moktar a offert des jus de fruit à Raphaël.
2. Moktar lui a montré la boutique de tapis de ses parents.
3. Moktar lui a fait goûter des cornes de gazelle.
4. Moktar lui a appris à dire "au revoir" en arabe.
5. Moktar a invité Raphaël au mariage de sa cousine.
6. Moktar lui a conseillé d'aller voir le Dar el Makhzen.
7. Moktar lui a donné un souvenir de sa visite.

5 Tes amis se comportent mal. Dis-leur comment ils devraient se comporter. Utilise **Il faudrait que** et **le subjonctif** dans chaque phrase. (See pp. 61, 117, 153.)

EXEMPLE   Je ne rends jamais service à ma mère.
            <u>Il faudrait que tu rendes service à ta mère.</u>

1. Rémi ne prend jamais la défense de son petit frère.
2. Arno et moi, nous ne parlons pas de nos ennuis à nos parents.
3. Théo et Rémi ne sont pas gentils avec leur petite sœur.
4. Lucie et Nicole n'aident pas les autres avec leurs problèmes.
5. Je ne parle pas à mes amis quand ils sont tristes.

6 Saïd et Sélima sont frère et sœur. Ecris les réponses de Sélima aux questions de Saïd. Utilise les expressions entre parenthèses. N'oublie pas de mettre le verbe au **conditionnel.** (See pp. 125, 153.)

EXEMPLE   Qu'est-ce que tu ferais, si je me moquais de toi devant tes amies?
(te tirer les cheveux)
Je te tirerais les cheveux!

1. Qu'est-ce que tu ferais, si je venais fouiller dans ta chambre?
(te demander de partir)
2. Qu'est-ce que tu ferais, si je t'ennuyais pendant que tu parlais au téléphone?
(te dire de me ficher la paix)
3. Qu'est-ce que tu ferais, si je lisais tes lettres?
(te conseiller de te mêler de tes oignons)
4. Qu'est-ce que tu ferais, si je bavardais pendant que tu regardais la télé?
(te dire de la fermer)
5. Qu'est-ce que tu ferais si je racontais ce que tu as fait à Maman?
(te traiter de rapporteur)
6. Qu'est-ce que tu ferais si je te prenais le CD que tu viens d'acheter?
(te demander de me le rendre immédiatement)

CHAPITRE 7 - UN SAFARI-PHOTO

PREMIERE ETAPE

Making suppositions; expressing doubt and certainty; asking for and giving advice

1 Ta petite sœur Marie essaie de te décourager d'aller en République centrafricaine avec un(e) ami(e). Tu lui réponds en utilisant **ça m'étonnerait que** et le **subjonctif** du verbe qui convient. (See p. 172.)

EXEMPLE   Je suis sûre que vous aurez la fièvre jaune!
Ça m'étonnerait que nous ayons la fièvre jaune.

1. Je suis sûre qu'il fera très froid la nuit!
2. Je suis certaine que vous ne verrez pas de papillons!
3. Je parie que vous ne rencontrerez pas de gens intéressants!
4. A mon avis, vous ne trouverez pas d'éléphants dans la savane!
5. Je suis convaincue que vous n'apprendrez pas le sangho!
6. Je suis sûre qu'on ne se reverra plus!
7. Je suis sûre que des bêtes féroces vous attaqueront.
8. Je parie que vous tomberez en panne au milieu de la savane.

2 Mme Jacob est au téléphone avec sa fille Agnès qui va bientôt aller à Bangui. Mets au **présent de l'indicatif** ou au **subjonctif** les verbes entre parenthèses. (See p. 172.)

> —Agnès, chérie, il faudrait que tu __1__ (faire) ta valise quand même!......
>
> —Qu'est-ce que tu dis? Tu ne sais pas quoi prendre! Bon, ben, il doit faire très chaud là-bas, non? Alors, il est essentiel que tu __2__ (prendre) des vêtements légers......
>
> —Comment? Ah oui, tu as raison. Il est fort possible que le soleil __3__ (être) féroce! Il est donc nécessaire que tu __4__ (emporter) de la crème solaire et un chapeau.....
>
> —Qu'est-ce que tu dis, chérie? Mais, je n'en sais rien, moi! Il vaudrait mieux que tu __5__ (appeler) l'ambassade. Je suis certaine qu'il __6__ (falloir) prendre son passeport, mais pour le visa... Ah, Agnès, chérie, j'avais presque oublié! Je suis sûre qu'on __7__ (pouvoir) attraper des tas de maladies là-bas. Il est important que tu te __8__ (protéger). En fait, il vaudrait mieux que tu te __9__ (faire) vacciner......
>
> —Tu dis? Tu as déjà consulté un médecin. Ah bon, Dieu merci!

3 Inès et Milo font un safari au parc national Bamingui-Bangoran. Complète leurs conversations avec le **subjonctif** des verbes entre parenthèses. (See p. 172.)

LE GUIDE   Comme il y a beaucoup de braconniers, il est nécessaire que nous __1__ (garder) la réserve.

INES   Est-ce qu'il se peut que les braconniers __2__ (tuer) les éléphants, si vous ne les surveillez pas?

INES   Je voudrais que tu __3__ (faire) une photo des lions, mais il faudrait d'abord que tu __4__ (arrêter) la voiture.

MILO   Tu veux que j'__5__ (arrêter) la voiture? Pas question! J'ai peur que les lions nous __6__ (manger).

MILO   Fais gaffe! J'entends des singes! Il se peut qu'ils nous __7__ (attaquer)!

INES   Je ne pense pas, mais il vaudrait mieux qu'on __8__ (rester) dans la voiture.

INES   Regarde là-bas! Des gazelles! Qu'est-ce qu'elles sont belles!

MILO   Mais tais-toi *(be quiet)*! J'ai peur qu'elles nous __9__ (entendre)!

MILO   Tu as vu! Un rhinocéros! Si on allait lui dire bonjour?

INES   Mais ça ne va pas, toi! Il faut que nous __10__ (rester) assez loin. Il est fort possible qu'il __11__ (charger)!

Expressing astonishment; cautioning someone; expressing fear; reassuring someone; expressing relief

4 Qu'est-ce qui se passe dans *Le Cimetière des éléphants?* Safiétou et Ababacar ne sont pas d'accord. Complète les passages suivants en utilisant **Je ne pense pas que** et le **subjonctif** du verbe qui convient. (See p. 179.)

EXEMPLE   Khoro, c'est le roi des hommes!
            <u>Je ne pense pas qu'il soit le roi des hommes.</u>

1. Le petit tisserin a très envie d'accueillir les hommes.
2. Khoro fait confiance aux hommes.
3. Les hommes sont gentils avec les éléphants.
4. Les éléphants peuvent rester dans leur pays.
5. Les éléphants vont vers le soleil levant *(rising sun)*.
6. Les éléphants font attention à tout sur leur chemin.
7. Les éléphants sont heureux de voir arriver les hommes.
8. Les armes des hommes ne présentent aucun danger pour les éléphants.

5 Remplis les blancs avec le **subjonctif** d'**être** ou de **pouvoir** selon le cas. (See p. 179.)

1. Il est essentiel que nous _____ conscients de la surexploitation de la nature.
2. Je ne pense pas qu'il _____ inutile de lutter contre la chasse illégale des rhinocéros.
3. Il est important que tu _____ membre du WWF.
4. Ça m'étonnerait qu'on _____ arrêter le transport illicite de perroquets.
5. Il faudrait que vous _____ plus concernés par ces problèmes.
6. Je ne pense pas que nous _____ sauver toutes les espèces végétales qui sont en voie de disparition.
7. Il est important qu'on _____ éviter le massacre des éléphants.
8. Il est essentiel que les lois de protection de l'environnement _____ plus strictes.

6 Fais des phrases avec les mots suivants. Mets le verbe au subjonctif, s'il le faut. (See p. 179.)

1. Il est important que / les enfants / avoir des responsabilités
2. Camille / avoir peur que / vous / avoir des soucis
3. Ses parents / avoir peur que / elle avoir un accident
4. Je sais que / il y faire / très chaud
5. Ça m'étonnerait que / tu / avoir 18 ans
6. Il se peut que / je / aller te voir à Bangui
7. Je ne pense pas que / nous / avoir faim après ce dîner
8. Il est possible que / nous / aller nous promener en bateau sur l'Oubangui
9. Je veux bien que / tu / aller me chercher un café
10. Je suis convaincu que / ce / être trop dangereux
11. Il est fort possible que / ils /aller en Afrique cet été

CHAPITRE 8 - LA TUNISIE, PAYS DE CONTRASTES

PREMIERE ETAPE

Asking someone to convey good wishes; closing a letter; expressing hopes or wishes; giving advice

1 D'abord, lis ce que dit Zohra. Ensuite, complète ce que Didier dit. N'oublie pas de mettre le verbe à l'**imparfait**. (See p. 197.)

EXEMPLE	DIDIER	<u>Ça serait chouette si j'avais des parents architraditionnels!</u>
	ZOHRA	C'est pas si chouette que ça d'avoir des parents archi-traditionnels!

1. DIDIER   Ça serait chouette si ma mère…
   ZOHRA   C'est pas si chouette que ça d'aller chercher l'eau au puits.

2. DIDIER   Ça serait chouette si ma sœur…
   ZOHRA   C'est pas si chouette que ça de porter le bois sur sa tête.

3. DIDIER   Ça serait chouette si mon père…
   ZOHRA   C'est pas si chouette que ça d'élever des moutons.

4. DIDIER   Ça serait chouette si Leila et toi, vous…
   ZOHRA   C'est pas si chouette que ça de faire des tapis.

5. DIDIER   Ça serait chouette si mes oncles…
   ZOHRA   C'est pas si chouette que ça de cultiver des dattes.

6. DIDIER   Ça serait chouette si moi, je…
   ZOHRA   C'est pas si chouette que ça de devoir traire les vaches.

7. DIDIER   Ça serait chouette si ma sœur et moi, nous…
   ZOHRA   C'est pas si chouette que ça de faire la cueillette des figues.

8. DIDIER   Ça serait chouette si mes parents…
   ZOHRA   C'est pas si chouette que ça de donner à manger aux chameaux.

2 Qu'est-ce que ces personnes feraient, si elles habitaient dans les villes tunisiennes suivantes? Réponds en utilisant **si** et l'**imparfait d'habiter** dans la première partie de chaque réponse et le **conditionnel** du verbe qui convient dans la deuxième. (See p. 197.)

EXEMPLE   Je / Sfax / cultiver des olives
<u>Si j'habitais à Sfax, je cultiverais des olives.</u>

1. Nous / Bizerte / aller à la pêche avec notre oncle Rachid
2. Selwa / Carthage / se promener souvent parmi les ruines romaines
3. Vous / Tozeur / manger des dattes à tous les repas
4. Tu / Kairouan / faire de la poterie
5. Je / Douz / garder les moutons de mon frère aîné
6. Moussa et Yasmine / Sousse / voir de très beaux couchers de soleil

3 Samir te raconte ce qui lui plaît et ce qu'il aimerait faire. Dis-lui ce que tu ferais, si tu étais lui. Utilise **à ta place** et une des expressions dans la boîte dans chaque phrase. N'oublie pas de mettre le verbe au **conditionnel**. (See p. 197.)

> emprunter une djellaba à son père
>
> essayer le couscous
>
> trouver un travail
>
> partir en vacances
>
> chercher une petite amie
>
> visiter les ruines de Carthage
>
> acheter un caméscope
>
> aller dans la médina
>
> parler à mes parents

EXEMPLE   Ce qui me plaît, c'est le Tunis ancien.
<u>A ta place, j'irais dans la médina.</u>

1. Qu'est-ce que j'aimerais me marier!
2. Je m'intéresse à l'histoire romaine.
3. Ce qui m'intéresse, c'est de gagner ma vie.
4. Je trouve ça très cool, les vêtements traditionnels!
5. Si seulement je pouvais faire une vidéo sur Tunis!
6. Ce qui me plaît, c'est de goûter la cuisine locale.
7. Ce que je voudrais, c'est me reposer.
8. Ce qui serait cool, c'est d'avoir mon propre appartement.

DEUXIEME ETAPE

Complaining; expressing annoyance; making comparisons

4 Gisèle te parle de son enfance. Utilise les fragments donnés et **plus de... que** ou **moins de... que** selon le cas. N'oublie pas de mettre les verbes à l'**imparfait**. (See p. 204.)

EXEMPLE   les hommes / avoir (+) droits / les femmes
<u>Les hommes avaient plus de droits que les femmes.</u>

1. les filles / avoir (+) choses à faire / les garçons
2. ma sœur et moi, nous / avoir (−) liberté / notre frère
3. je / avoir (+) succès à l'école / mon frère
4. je / réussir à (+) examens / lui
5. A 16 ans, ma mère / avoir (+) enfants / moi
6. Mes parents / avoir (−) argent / les parents de mes camarades

5 Fais des phrases selon l'exemple. Pour chaque phrase, utilise **plus... que, moins... que,** ou **aussi... que** et un des adjectifs dans la boîte. (See p. 204.)

intéressant   bruyant   beau   loin   pressé   bête   chaud

> EXEMPLE   vêtements en laine (+) vêtements en coton
> <u>Les vêtements en laine sont plus chauds que les vêtements en coton.</u>

1. moutons (+) chèvres
2. gens à la campagne (−) gens en ville
3. films tunisiens (=) films français
4. la campagne (−) la ville
5. poteries bleues (+) poteries blanches

6 Remplis les blancs avec **mieux** ou la forme correcte de **meilleur.** (See p. 204.)

AICHA   J'en ai marre de Tunis! La pollution et les embouteillages, c'est l'horreur!

ALI   Ne t'en fais pas trop! C'est bientôt les vacances! Ça te fera du bien! Tu iras ____**1**____, je t'assure!

AICHA   Si on allait à Nefta! Ça te dirait? L'air (*m.*) y est ____**2**____ qu'à Tunis. On dormirait chez mon cousin!

ALI   Ça serait chouette! Là-bas, on dort ____**3**____. On y mange ____**4**____. Bref, on va ____**5**____.

CHAPITRE 9 - C'EST L'FUN!

PREMIERE ETAPE

Agreeing and disagreeing; expressing indifference; making requests

1 Crée une question pour chacune des réponses de Nora. (See p. 226.)

> EXEMPLE   Je ne vais nulle part ce week-end.
> <u>Où est-ce que tu vas ce week-end?</u>

1. Non, il ne m'a rien montré.
2. Non, je n'en ai pas encore vu.
3. Je ne parle à personne.
4. Non, je n'en ai aucune idée.
5. Non, je n'aime ni les pubs ni les vidéoclips.

2 Ça fait trois jours que Sophie est à Montréal. Elle n'y a pas fait grand-chose. Ecris ses réponses aux questions de Cora en utilisant une des expressions dans la boîte dans chaque réponse. (See p. 226.)

> ne... nulle part   ne... pas encore
>
> ne... ni... ni...
>
> ne... personne   ne... rien

1. Tu es déjà allée te promener dans le Vieux-Montréal?
2. Tu as rencontré des gens intéressants au Festival international du film?
3. Tu as vu *L'Union sacrée* et *Le Grand bleu*?
4. Tu as regardé le feuilleton à la télé ce matin?
5. Tu es allée au cinéma hier soir?

3 Amélie, la petite sœur de ton copain Xavier, te parle des habitudes de son frère. Complète les passages suivants en utilisant **ne... que**, le verbe qui convient et l'expression entre parenthèses. (See p. 227.)

EXEMPLE   Ça m'étonnerait que tu le fasses regarder un documentaire à la télé (des films d'action).
           <u>D'habitude, il ne regarde que des films d'action à la télé.</u>

1. Ça m'étonnerait que tu le fasses regarder les informations avec toi (des dessins animés).
2. Ça m'étonnerait que tu le fasses lire des romans (des BD).
3. Ça m'étonnerait que tu le fasses écouter du Céline Dion (du MC Solaar).
4. Ça m'étonnerait que tu le fasses choisir la chaîne qui t'intéresse (les chaînes qui l'intéressent).
5. Ça m'étonnerait que tu le fasses te parler de ses problèmes (à son poisson rouge).

DEUXIEME ETAPE

Asking for and making judgments; asking for and making recommendations; asking about and summarizing a story

4 Pierre et Axcelle sont allés au *Festival des Films du monde entier.* Axcelle pose beaucoup de questions et Pierre lui répond. Utilise **qui** ou **que** selon le cas. (See p. 234.)

EXEMPLE   AXCELLE   Ce festival attire des gens du monde entier, non?
           PIERRE   <u>Oui, c'est un festival *qui* attire des gens du monde entier.</u>

1. Dis! Tu aimes bien cette actrice-là?
2. C'est pas vrai! Ce film a été réalisé par des jeunes?
3. Mais dis donc! Cet étudiant-là vient de débuter sa carrière dans le cinéma?
4. Tu préfères ce genre de film, non?
5. Ce réalisateur-là t'a beaucoup marqué *(influenced)*?
6. Tu rigoles! Tu aimerais bien interviewer cette star-là?

5 Remplis les blancs avec **qui, que** ou **dont**. (See p. 234.)

1. *L'Ami africain* raconte l'histoire de touristes _____ sont pris en otage *(taken hostage)* par des braconniers.

2. *Le Pont de la rivière Kwaï,* c'est le film _____ je t'ai parlé l'autre jour.

3. *Les Patriotes?* Tu ne t'en souviens pas? Mais c'est le film français _____ nous avons vu l'année dernière à Montréal!

4. *Mon Père, ce héros* parle d'une fille _____ fait croire à un garçon que son père est son petit ami. Bizarre, non?

5. *La Reine Margot,* c'est le film _____ j'ai conseillé à Jacques.

6. *Henry V* parle de la conquête de la France par les Anglais. C'est un film _____ te plairait!

7. *Roméo et Juliette,* c'est le film de Zeffirelli _____ je préfère.

8. L'acteur _____ j'ai oublié le nom joue dans *Madame Doubtfire.*

6 Pour savoir ce qu'Eliane te dit, combine chacun des fragments de la première colonne avec le fragment qui convient de la deuxième colonne. (See p. 234.)

1. Il est sympa, le restaurant   **a.** qu'il t'a donné?
2. Il était rigolo, le garçon   **b.** qu'il nous a offerte.
3. Il m'a fait penser à un acteur   **c.** dont il nous a parlé?
4. J'ai bien aimé la boisson   **d.** qui est venu nous retrouver.
5. Il est où, le livre   **e.** qu'on a trouvé au centre-ville.
6. Ça te dirait d'aller voir le film   **f.** dont j'oublie le nom.

CHAPITRE 10 - RENCONTRES AU SOLEIL

PREMIERE ETAPE

Bragging; flattering; teasing

1 Fais des phrases avec les mots suivants. Utilise le **superlatif** de l'adjectif qui convient dans chaque phrase. (See p. 252.)

EXEMPLE   La Guadeloupe / île paradisiaque / la mer des Caraïbes
          La Guadeloupe est l'île la plus paradisiaque de la mer des Caraïbes!

1. Ses habitants / les gens / accueillant / le monde
2. Sa végétation / la végétation / luxuriant / la région
3. Son climat / le climat / confortable / les tropiques
4. Ses hôtels / les hôtels / luxueux / que j'aie jamais vus
5. Ses plages / les plages / beau / les Antilles
6. Ses animaux marins / créature / bizarre / le monde

2 Maurice, ton ami guadeloupéen, te parle de sa famille. Complète les passages **suivants** en utilisant le **superlatif** de l'adjectif qui convient et **...que je connaisse.** (See p. 252.)

EXEMPLE Ma sœur, Martine, est une fille très courageuse.
<u>En fait, c'est la fille la plus courageuse que je connaisse!</u>

1. Mon frère, Prosper, est un plongeur très prudent. En fait, ...
2. Mes cousins, Rose et Pierre, sont des enfants très timides. En fait, ...
3. Mon père, c'est un homme très sérieux. En fait, ...
4. Ma mère, c'est une femme très intelligente. En fait, ...
5. Mon cousin Yves est un joueur de football très doué *(talented)*. En fait, ...

3 Tes amis sont les meilleurs et ils le savent bien! Complète les passages suivants en utilisant le **superlatif** de l'adjectif qui convient. (See p. 252.)

EXEMPLE Vraiment, Fabien! C'est toi qui danse le mieux!
<u>Oui, c'est moi, le meilleur!</u>

1. Janine, c'est toi qui nages le plus rapidement!
2. Lisette et Laure, c'est vous qui conduisez le plus prudemment!
3. C'est moi qui cours le plus lentement, je sais bien!
4. C'est Viviane qui finit le plus rapidement!
5. C'est Gilles et Monique qui lisent le plus rapidement.
6. C'est Noël qui étudie le plus sérieusement.

4 Complète les passages suivants en utilisant le **superlatif** de l'adverbe qui convient. (See p. 252.)

EXEMPLE BRIGITTE Maxime conduit très prudemment!
PASCAL Oui, mais c'est moi qui <u>conduis le plus prudemment!</u>

1. BRIGITTE Qu'est-ce qu'il saute haut, Eric!
   PASCAL Oui, mais c'est moi qui...

2. BRIGITTE C'est fou ce que Maryse nage vite!
   PASCAL Oui, mais c'est moi qui...

3. BRIGITTE A mon avis, Suzanne s'habille très bien.
   PASCAL Oui, mais c'est moi qui...

4. BRIGITTE Comme il court vite, ce garçon!
   PASCAL Oui, mais c'est moi qui...

5. BRIGITTE C'est fou comme Isabelle parle souvent.
   PASCAL Oui, mais c'est moi qui...

Breaking some news; showing interest; expressing disbelief; telling a joke

5 La grand-mère guadeloupéenne d'Ophélia vient de te raconter l'histoire d'O'gaya, l'étoile de mer qui voudrait être une étoile de ciel. Ophélia veut savoir si tu as compris. Remplis les blancs dans votre conversation avec le **plus-que-parfait** des verbes entre parenthèses. (See p. 259.)

OPHELIA   Dis! Tu as bien compris qu'O'gaya _____1_____ (aller) voir Man Dou la tortue parce qu'elle voulait être une étoile de ciel?

TOI   Ah oui. Et j'ai compris qu'elle _____2_____ (rencontrer) Morfyo le requin.

OPHELIA   Très bien! Mais est-ce que tu savais qu'O'gaya _____3_____ (demander) au requin s'il allait la manger?

TOI   Non.

OPHELIA   Et tu ne savais pas non plus que le requin lui _____4_____ (dire) qu'il la trouvait sympathique?

TOI   Je n'en avais aucune idée.

OPHELIA   Mais tu as dû quand même comprendre que le requin l' _____5_____ (emmener) sur son dos?

TOI   Ah, oui. Et que la tortue _____6_____ (proposer) à O'gaya d'aller voir l'araignée d'eau.

OPHELIA   Pas mal.... Hmm... Voyons... Est-ce que tu as compris qu'O'gaya _____7_____ (devoir) donner ses yeux à l'araignée d'eau?

TOI   Oui, ça j'ai bien compris. Et je crois avoir compris que l'araignée _____8_____ (tisser) une échelle et l'_____9_____ (accrocher) à la lune?

OPHELIA   C'est ça! Et à la fin de l'histoire? Tu sais ce qui s'est passé?

TOI   Si je ne me trompe pas, ta grand-mère a dit qu'O'gaya _____10_____ (monter) jusqu'au ciel sur l'échelle?

OPHELIA   Oui, c'est ça!

6 Crée des questions avec les mots suivants. Commence chaque question par **Vous saviez que...** N'oublie pas de mettre le verbe au **plus-que-parfait**. (See p. 259.)

EXEMPLE   Chantal et Frédéric / se quitter
           <u>Vous saviez que Chantal et Frédéric s'étaient quittés?</u>

1. Serge / aller à la boum de Bénédicte déguisé en Batman
2. Ousmane et Milo / écrire une nouvelle chanson
3. Blanche et Jonathan / se marier
4. Michael Jordan / faire une pub pour des pizzas
5. Agnès / se casser le bras
6. Harrison et Margot / se fiancer

CHAPITRE 11 - LAISSEZ LES BONS TEMPS ROULER!

PREMIERE ETAPE

Asking for confirmation; asking for and giving opinions; agreeing and disagreeing

1 Marie-Line is asking her friends what kinds of music they like. Write down their answers, using the clues in parentheses. Remember that in French you don't need an object pronoun when you're not referring to a physical object. (See p. 278.)

   1. Anne et Marc, vous aimez la musique cajun? (+)

   2. Ça te plaît, la musique classique? (−)

   3. Est-ce que tu aimes le blues? (+)

   4. Emile et Jeanne, ça vous plaît, le country? (−)

DEUXIEME ETAPE

Asking for explanations; making observations; giving impressions

2 Unscramble the names of the food items on Cédric's shopping list. Then, write the name of each item, adding the correct partitive article. To find out what Cédric will be making, rearrange the underlined letters. (See pp. 19, 284.)

   EXAMPLE   SNABANE - <u>des bananes</u>

   1. <u>N</u>ARF<u>IE</u>   5. EL<u>I</u>HU

   2. F<u>Œ</u>S<u>U</u>   et un <u>B</u>OL A MELA<u>N</u>GER...

   3. <u>T</u>ILA   6. Cédric will be making: des __ __ __ __ __ __ __

   4. CUR<u>ES</u>

3 Récris les phrases suivantes en utilisant **ce qui** ou **ce que** selon le cas. (See p. 286.)

   EXEMPLE   Ça me branche, la musique cajun!
               <u>Ce qui me branche, c'est la musique cajun!</u>

   1. J'adore les crustacés!

   2. Le jazz me plaît vraiment!

   3. La cuisine créole, je trouve ça incroyable!

   4. J'aime les vieux meubles!

   5. Les champs de canne à sucre sautent aux yeux!

4 Hier soir, Maya est sortie avec Zinedine. Maintenant, elle te raconte leur rendez-vous. Remplis les blancs avec **ce qui** ou **ce que** selon le cas. (See p. 286.)

   1. Devine _____ s'est passé!

   2. Tu sais _____ il m'a dit?

   3. _____ je trouve charmant, c'est son sourire!

   4. _____ me plaît, c'est sa façon de s'habiller!

   5. _____ saute aux yeux, c'est ses beaux cheveux!

   6. Tu ne devineras jamais _____ il m'a offert!

CHAPITRE 12 - ECHANGES SPORTIFS ET CULTURELS

PREMIERE ETAPE

Expressing anticipation; making suppositions; expressing certainty and doubt

1 Complète les passages suivants avec le **futur** des verbes entre parenthèses. (See p. 304.)

DOMINIQUE   J'___1___ (avoir) le trac dès que je ___2___ (voir) la piscine!

BRUNO   Tu ___3___ (aller) mieux dès que tu ___4___ (commencer) à t'échauffer!

BENOIT   Marie-José ___5___ (gagner) la plupart des épreuves dès qu'elle ___6___ (apprendre) à rester calme.

BRUNO   La foule ___7___ (être) en délire dès que vous ___8___ (entrer)!

DOMINIQUE   Oui. Et on ___9___ (jouer) l'hymne national de votre pays dès que vous ___10___ (être) sur le podium!

BENOIT   Nous ___11___ (battre) les Américains dès que nous ___12___ (commencer) à nous concentrer sur notre entraînement.

2 Réponds en utilisant **Tu seras contente quand** et le **futur** du verbe qui convient. (See p. 304.)

EXEMPLE   Il me tarde d'aller aux Jeux olympiques!
<u>Tu seras contente quand tu iras aux Jeux olympiques!</u>

1. Il me tarde de commencer l'entraînement!
2. Il me tarde d'entrer en compétition!
3. Il me tarde de gagner la médaille d'or!
4. Il me tarde d'être sur le podium!
5. Il me tarde de rencontrer d'autres champions!
6. Il me tarde de voir les épreuves d'athlétisme!

3 Remplis les blancs avec la forme correcte des verbes entre parenthèses. (See pp. 117, 179, 304.)

1. Les basketteurs français? J'ai peur qu'ils _____ (se faire) battre par les Américains.
2. Ça m'étonnerait qu'il _____ (se cogner) la tête! C'est le meilleur plongeur du monde!
3. Il se peut qu'elle _____ (rater) son tir. Elle a l'air d'avoir le trac.
4. Il faudrait que tu _____ (voir) la différence entre le crawl et le papillon. Sinon, tu ne comprendras rien aux épreuves de natation!
5. Je ne pense pas que vous _____ (arriver) en finale. Vous n'avez vraiment pas de chance!
6. Je ne crois pas qu'ils _____ (pouvoir) nous battre. Nous sommes les meilleurs!

DEUXIEME ETAPE

Inquiring; expressing excitement and disappointment

4 Each of these students comes from the country listed next to his or her name. Write six short conversations, following the pattern shown in the example below. (See p. 308.)

    EXAMPLE   Babette / Brésil   — <u>Moi, je viens du Brésil.</u>
                                                            — <u>C'est comment, la vie au Brésil?</u>

1. Tara / Tunisie
2. Saïd / Sénégal
3. Marco / Mexique
4. Mounia / Maroc
5. Inès / Côte d'Ivoire
6. Estrella / Espagne

5 Où est-ce qu'il faut aller pour faire les choses suivantes? Réponds en utilisant **il faudrait aller** et un des pays dans la boîte. (See p. 308.)

la Belgique   l'Algérie   le Maroc
l'Italie   la Suisse
la République centrafricaine   le Canada

    EXEMPLE   Pour boire du thé à la menthe, il faudrait aller...
                      <u>au Maroc.</u>

1. Pour faire du ski, il faudrait aller...
2. Pour manger des gaufres, il faudrait aller...
3. Pour faire un safari, il faudrait aller...
4. Pour faire la cueillette des dattes, il faudrait aller...
5. Pour acheter une montre, il faudrait aller...
6. Pour manger des spaghettis, il faudrait aller...

FRENCH-ENGLISH VOCABULARY

This list includes both active and passive vocabulary in this textbook. Active words and phrases are those listed in boxes labeled **Vocabulaire, Comment dit-on...?, Grammaire,** and **Note de grammaire,** as well as the **Vocabulaire** section at the end of each chapter. You are expected to know and be able to use active vocabulary. All entries in black heavy type in this list are active. All other words are passive. Passive vocabulary is for recognition only.

The number after each entry refers to the chapter where the word or phrase is introduced. Verbs are given in the infinitive. Phrases are alphabetized by the key word(s) in the phrase. Nouns are always given with an article. If it is not clear whether the noun is masculine or feminine, m. (masculine) or f. (feminine) follows the noun. An asterisk (*) before a word beginning with h indicates an aspirate h.

The following abbreviations are used in this vocabulary: pl. (plural), pp. (past participle), and inv. (invariable).

A

à *to, in (a city or place),* I, 11; **A bientôt.** *See you soon.* I, 1; **A côté de...** *Next to . . . ,* II, 2; **A demain.** *See you tomorrow.* I, 1; **A point.** *Medium rare.* III, 1; **A propos,...** *By the way, . . . ,* II, 9; **A quelle heure?** *At what time?* I, 6; **A tout à l'heure!** *See you later!* I, 1; **A votre service.** *At your service; You're welcome,* I, 3; **à côté:** *Juste là, à côté de...* *Right there, next to . . . ,* III, 2; **à droite de** *to the right of,* II, 2; **à gauche de** *to the left of,* II, 2; **à la mode** *in style,* I, 10; **à la** *to, at,* I, 6; **à réaction** *jet,* III, 3; **A...** *At . . . ,* II, 11; **à la vapeur** *steamed,* III, 11
abandonner: *J'abandonne. I give up.* II, 7
les abdominaux (m.): **faire des abdominaux** *to do sit-ups,* II, 7
abîmer *to damage,* III, 6
aborder *to approach,* III, 10
accabler *to blame,* III, 8
accident (m.): **avoir un accident** *to have an accident,* II, 7
l' accord (m.): **Bon, d'accord.** *Well, OK.* I, 8; **D'accord, si tu...** *d'abord. OK, if you . . . , first.* I, 7; **D'accord.** *OK.* I, 9; **Je ne suis pas d'accord.** *I don't agree.* I, 7; **Tu es d'accord?** *Is that OK with you?* I, 7

l' accordéon (m.) *accordion,* III, 11
accoucher *to give birth,* III, 8
Accrochez-vous! *Hang on!* III, 7
l' accueil (m.) *information desk,* III, 2
accueillant(e) *hospitable,* III, 6
accueillir *to welcome,* III, 6
acheter *to buy,* I, 9; **Achète (-moi)...** *Buy me . . . ,* I, 8; **s'acheter quelque chose** *to buy oneself something,* III, 10
l' acteur (m.) *actor,* III, 5
l' actrice (f.) *actress,* III, 5
l' actualité (f.) *the news,* III, 5
l' addition (f.): **L'addition, s'il vous plaît.** *The check please.* I, 5
adorer: **Ce que j'adore, c'est...** *What I like/love is . . . ,* III, 11; **J'adore...** *I adore . . . ,* I, 1
l' aérobic (m.): **faire de l'aérobic** *to do aerobics,* I, 4; II, 7
les aérosols (m.): **utiliser des aérosols** *to use aerosol sprays,* III, 3
les affaires (f.): **partager ses affaires** *to share,* III, 3
afin de *in order to,* I, 7
affranchir *to put a stamp on,* III, 3
affreux (affreuse) *hideous,* III, 4
africain(e) (adj.) *African,* II, 11
l' Afrique (f.) **du sud** *South Africa,* III, 12
affrontement *facing,* III, 12
âgé(e) *older,* I, 7
l' âge (m.): **Tu as quel âge?** *How*

old are you? I, 1
l' agent (m.) **de police** *police officer,* III, 5
agir *to act,* III, 6; **Il s'agit de...** *It's about . . . ,* III, 9
agréer: **Je vous prie d'agréer, Monsieur/Madame, l'expression de mes sentiments distingués.** *Very truly yours, . . . ,* III, 5
aider *to help,* II, 8; **(Est-ce que) je peux vous aider?** *May I help you?* I, 10; **aider les personnes âgées** *to help elderly people,* III, 3; **Tu peux m'aider?** *Can you help me?* II, 10
ailleurs *somewhere else,* III, 1
aimable: **Vous êtes bien aimable.** *That's kind of you.* III, 6
aimer *to like,* I, 1; **Ce que j'aime, c'est...** *What I like/love is . . . ,* III, 11; **Ce que j'aime bien, c'est...** *What I like is . . . ,* II, 4; **Ce que je n'aime pas, c'est...** *What I don't like is . . . ,* II, 4; **J'aime bien...** *I like . . . ,* II, 1; **J'aime mieux...** *I prefer . . . ,* II, 1; **Je n'aime pas...** *I don't like . . . ,* I, 1; **Le prof ne m'aime pas.** *The teacher doesn't like me.* II, 5; **Moi, j'aime (bien)...** *I (really) like . . . ,* I, 1; **Qu'est-ce que tu aimes comme musique?** *What music do you like?* II, 1; **Qu'est-ce que tu aimes faire?** *What do you like to do?* II, 1; **Tu aimes mieux... ou...?** *Do you*

prefer . . . or . . . ? I, 10; **Tu aimes... ?** *Do you like . . . ?* I, 1; **J'aimerais bien...** *I'd really like . . . ,* III, 5; **J'aimerais...** *I'd like . . . ,* III, 3; **J'aimerais... pour aller avec...** *I'd like . . . to go with . . . ,* I, 10; **Qu'est-ce que j'aimerais... !** *I'd really like to . . . !* III, 8; **Je n'ai pas du tout aimé.** *I didn't like it at all.* III, 9

l' **aîné(e)** *the oldest child,* III, 6

l' **air** (m.): **avoir l'air...** *to seem . . . ,* II, 9; **Ça n'a pas l'air d'aller.** *Something's wrong.* II, 5; **Elle avait l'air...** *She seemed . . . ,* II, 12; **Ils ont l'air de...** *They look like . . . ,* III, 11; **mettre de l'air dans les pneus** *to put air in the tires,* III, 2; **Tu n'as pas l'air en forme.** *You don't seem too well.* II, 7

aise: Mettez-vous à l'aise. *Make yourself comfortable.* III, 6

ajouter *to add,* III, 3

l' **algèbre** (f.) *algebra,* I, 2

l' **Algérie** (f.) *Algeria,* III, 12

l' **algue** (f.) *seaweed,* III, 10

l' **Allemagne** (f.) *Germany,* III, 12

l' **allemand** (m.) *German (language),* I, 2

aller *to go,* I, 6; **l'aller simple** (m.) *a one-way ticket,* II, 6; **l'aller-retour** (m.) *a round-trip ticket,* II, 6; **aller à la pêche** *to go fishing,* II, 4; **Ça n'a pas l'air d'aller.** *Something's wrong.* II, 5; **Ça te dit d'aller... ?** *What do you think about going . . . ?* II, 4; **Ça va aller mieux!** *It's going to get better!* I, 9; *It'll get better.* II, 5; **On peut y aller...** *We can go there . . . ,* I, 12; **Allez tout droit.** *Go straight ahead.* II, 2; **Allez au tableau!** *Go to the blackboard!* I, 0; **Allez! Come on!** II, 7; **Ça va pas, non?!** *Are you out of your mind?!* III, 8; **Ça va pour cette fois.** *OK, just this once.* III, 3; **Ça va très bien avec...** *It goes very well with . . . ,* I, 10; **N'y va pas!** *Don't go!* III, 9; **Oh, ça va, hein?** *Oh, cut it out!* III, 6; **Allons...** *Let's go . . .* I, 6; **Allons-y!** *Let's go!* I, 4

les **allergies** (f.): **J'ai des allergies.** *I have allergies.* II, 7

Allô? *Hello?* I, 9

les **allumettes** (f.) *matches,* II, 12

Alors,... *So . . . ,* II, 9; **Ça alors!** *How about that!* III, 7; **Et alors?** *And then?* III, 10

améliorer *to improve,* III, 3

américain(e) *American* (adj.), II, 11

les **amis** (m.) *friends,* I, 1

l' **amitié** (f.) *friendship,* III, 8; **Fais mes amitiés à...** *Give my regards to . . .* III, 8

amoureux(amoureuse) *in love,* II, 9; **tomber amoureux(-euse) (de quelqu'un)** *to fall in love (with someone),* II, 9; **Tu es amoureux (-euse) ou quoi?** *Are you in love or what?* III, 10

amusant(e) *fun,* II, 11; *funny,* I, 7; **J'ai trouvé ça amusant.** *It was funny.* III, 9

les **amuse-gueule** (m.): **préparer les amuse-gueule** *to make party snacks,* II, 10

s'amuser *to have fun,* II, 4; **Qu'est-ce que tu fais pour t'amuser?** *What do you do to have fun?* I, 4; **Amuse-toi bien!** *Have fun!* I, 11; **Je me suis beaucoup amusé(e).** *I had a lot of fun.* II, 6; III, 1; **Tu t'es amusé(e)?** *Did you have fun?* II, 6

l' **ananas** (m.) *pineapple,* I, 8; II, 4

l' **andouille** (f.) *andouille sausage,* III, 11

l' **anglais** (m.) *English (language),* I, 1

l' **Angleterre** (f.) *England,* III, 12

l' **angoisse** (f.): **Quelle angoisse!** *This is terrible!* III, 12

les **animaux** (m.): **nourrir les animaux** *to feed the animals,* II, 12

animé(e) *lively,* II, 8

les **anneaux** (m.) *rings (in gymnastics),* III, 12

l' **année** (f.): **Bonne année!** *Happy New Year!* II, 3

l' **anniversaire** (m.): **Joyeux (Bon) anniversaire!** *Happy birthday!* II, 3

l' **anorak** (m.) *ski jacket,* II, 1

antillais(e) *from the Antilles,* II, 11

l' **antilope** (f.) *antelope,* III, 7

l' **antre** (m.) *cave, lair,* III, 10

août *August,* I, 4

l' **appareil** (m.): **Qui est à l'appareil?** *Who's calling?* I, 9

l' **appareil-photo** (m.) *camera,* I, 11; II, 1

s'appeler: Comment est-ce qu'on appelle ça? *What is that called?* III, 11; **Il/Elle s'appelle comment?** *What's his/her name?* I, 1; **Il/Elle s'appelle...** *His/Her name is . . . ,* I, 1; **Je m'appelle...** *My name is . . . ,* I, 1; **Tu t'appelles comment?** *What's your name?* I, 1

apporter *to bring,* I, 9; **Apportez-moi... , s'il vous plaît.** *Please bring me . . .* I, 5

l' **apprentissage** (m.): **faire un apprentissage** *to do an apprenticeship,* III, 5

après: Après ça... *After that . . . ,* II, 4; **Après, je suis sorti(e).** *Afterwards, I went out.* I, 9; **Et après?** *And afterwards?* I, 9

l' **après-midi** (m.) *in the afternoon,* I, 2; **l'après-midi libre** *afternoon off,* I, 2

l' **arachide** (m.) *peanut,* III, 1

l' **araignée** (f.) *spider,* III, 7

l' **arbre** (m.) *tree,* III, 7; **planter un arbre** *to plant a tree,* III, 3; **mutiler les arbres** *to deface the trees,* II, 12

l' **arc** (m.) *bow (archery),* III, 12

l' **architecte** (m./f.) *architect,* III, 5

l' **argent** (m.) *silver,* III, 6; **de l'argent** *money,* I, 11

l' **armoire** (f.) *armoire/wardrobe,* II, 2

arracher *to pull,* III, 5

l' **arrêt** (m.): **arrêt de bus** *bus stop,* III, 8

arrêter: arrêter ses études *to stop one's studies,* III, 5; **Arrête! Stop!** III, 6; **Et toi, arrête de m'embêter!** *Stop bothering me!* III, 10

l' **arrière-grand-mère** (f.) *great-grandmother,* III, 6

l' **arrière-grand-père** (m.) *great-grandfather,* III, 6

arriver *to arrive,* II, 5; **arriver en retard à l'école** *to arrive late to school,* III, 5; **Ça peut arriver à tout le monde.** *It could happen to anyone.* III, 10; **Ça arrive à tout le monde.** *It happens to everybody.* III, 6; **J'arrive pas à y croire!** *I can't believe it.* III, 12; **Je n'arrive pas à me décider.** *I can't make up my mind.* III, 1; **Qu'est-ce qui t'arrive?** *What's wrong?* II, 5

arroser: arroser le jardin *to water the garden,* III, 3

l' **artisanat** (m.): **faire de l'artisanat** *to make crafts,* III, 8
les **arts** (m.) **plastiques** *art class,* I, 2
l' **aspirateur** (m.): **passer l'aspirateur** *to vacuum,* III, 3
Asseyez-vous! *Sit down!* I, 0; III, 6
assez *sort of,* II, 9; **assez bien** *OK,* II, 6
l' **assiette** (f.): **l'assiette de charcuterie** *plate of pâté, ham, and cold sausage,* III, 1; **assiette de crudités** *plate of raw vegetables with vinaigrette,* III, 1; **assiette de fromages** *a selection of cheeses,* III, 1
l' **assistant(e) social(e)** *social worker,* III, 5
assister: assister à un spectacle son et lumière *to attend a sound and light show,* II, 6
assorti: C'est assorti à... *That matches . . . ,* III, 4
assure: Je t'assure. *Really.* III, 4
l' **atelier** (m.) *workshop,* III, 5
l' **athlétisme** (m.): **faire de l'athlétisme** *to do track and field,* I, 4
l' **atout** (m.) *asset,* III, 12
attendre *to wait for,* I, 9
attention: Attention à... ! *Watch out for . . . !* III, 7; **Faites attention!** *Watch out!* III, 7
attentionné: être attentionné(e) *to be considerate,* III, 3
au *to, at,* I, 6; *to, in (before a masculine noun),* I, 11; **Au revoir!** *Goodbye!* I, 1; **au métro Saint-Michel** *at the Saint-Michel metro stop,* I, 6; **La fille au...** *The girl in the/with the . . . ,* III, 4
l' **aubaine** (f.) *godsend,* III, 12
l' **auberge** (f.): **l'auberge de jeunesse** *youth hostel,* II, 2
aucun(e): Ça n'a aucun intérêt. *It's not interesting.* III, 9; **Je n'en ai aucun doute.** *I have no doubt about it.* III, 12; **Aucune idée.** *No idea.* II, 9; **Je n'en ai aucune idée.** *I have no idea.* III, 5
aujourd'hui *today,* I, 2
aurais: J'aurais dû... *I should have . . . ,* II, 10; **J'aurais pu...** *I could have . . . ,* II, 10; **Tu aurais dû...** *You should have . . . ,* II, 10; **Tu aurais pu...** *You could have . . . ,* II, 10
auriez: Vous auriez... ? *Would you have . . . ?* III, 6

aussi *also,* I, 1; **aussi... que... as . . . as . . . ,** III, 8; **Je n'ai jamais vu un(e) aussi...** *I've never seen such a . . . ,* III, 7; **Moi aussi.** *Me too.* I, 2
autant: autant de... que... *as many/as much . . . as . . . ,* III, 8
l' **automne** (m.) *autumn, fall,* I, 4; **en automne** *in the fall,* I, 4
autre: ... et l'autre lui répond... *. . . and the other one answers . . . ,* III, 10; **Oh, j'en ai vu d'autres.** *I've seen/done bigger and better things.* III, 10; **Pense aux autres.** *Think about other people.* III, 3
l' **autruche** (f.) *ostrich,* III, 7
avare *greedy,* III, 2
avec: avec moi *with me,* I, 6; **Avec qui?** *With whom?* I, 6; **C'est avec qui?** *Who's in it?* II, 11; **C'est avec... . . . is (are) in it.** II, 11; **J'y suis allé(e) avec...** *I went with . . . ,* III, 1
l' **avion** (m.): **en avion** *by plane,* I, 12
l' **aviron** (m.) *rowing,* III, 12
avis: A mon avis,... *In my opinion, . . . ,* II, 9; **A mon avis, c'est plus sûr.** *In my opinion, it's safer.* III, 7; **A mon avis, tu te trompes.** *In my opinion, you're mistaken.* II, 9; **A ton avis, qu'est-ce que je dois faire?** *In your opinion, what should I do?* II, 10; **A ton avis, qu'est-ce que je fais?** *In your opinion, what do I do?* I, 9
l' **avocat(e)** *lawyer,* III, 5
les **avocats** (m.) *avocados,* I, 8
avoir *to have* I, 2 ; **avoir (prendre) rendez-vous (avec quelqu'un)** *to have (make) a date (with someone),* II, 9; **avoir 8 en...** *to get an 8 in . . .* II, 5; **avoir des responsabilités** *to have responsibilities,* II, 8; **avoir des soucis** *to have worries,* II, 8; **avoir faim** *to be hungry,* I, 5; **avoir l'air...** *to seem . . . ,* II, 9; III, 11; **avoir soif** *to be thirsty,* I, 5; **avoir un accident** *to have an accident,* II, 9; **avoir... ans** *to be . . . years old,* II, 1; **Oui, vous avez... ?** *Yes, do you have . . . ?* I, 10; **Qu'est-ce que vous avez comme... ?** *What kind of . . . do you have?* I, 5; **Vous avez... ?** *Do you have . . . ?* I, 2; **Quand j'avais...**

ans,... *When I was . . . years old, . . . ,* II, 8; **Si j'avais le choix,...** *If I had a choice, . . . ,* III, 8; **Elle avait l'air...** *She seemed . . . ,* II, 12; **Il y avait ...** *There were . . . ,* III, 9
avril *April,* I, 4

le **babouin** *baboon,* III, 7
se **bagarrer** *to fight,* III, 10
les **bagues** (f.): **se faire enlever ses bagues** *to get one's braces off,* III, 10
la **baguette** *long, thin loaf of bread,* I, 12; II, 3
se **baigner** *to go swimming,* II, 4
baisser: Baisse le son. *Turn down the volume.* III, 9
se **balader** *to take a walk,* III, 8
le **balcon** *balcony,* II, 2
la **balle** *ball,* III, 12
le **ballon** *ball,* III, 12
banal: C'est banal. *That's ordinary.* II, 3
les **bananes** (f.) *bananas,* I, 8
le **bananier** *banana tree,* II, 4
la **bande dessinée (une BD)** *a comic book ,* II, 11
la **banque** *bank,* I, 12
le **banquier (la banquière)** *banker,* III, 5
barbant *boring,* I, 2; **C'était barbant.** *It was boring.* I, 11
la **barbe** *beard,* III, 4
barjo *nuts, crazy,* III, 12
les **barres asymétriques** (f.) *the uneven parallel bars,* III, 12
bas: En bas. *Downstairs.* III, 2
le **base-ball** *baseball,* I, 4; III, 12
le **basket-ball** *basketball,* I, 4; III, 12
les **baskets** (f.) *sneakers,* I, 3; II, 1
la **basse** *bass (guitar),* III, 11
le **bateau** *boat,* I, 12; **en bateau** *by boat,* I, 12; **faire du bateau** *to go boating,* I, 11
le **bâton** *baseball bat,* III, 12
la **batterie** *drums,* III, 11
battre *to beat,* III, 12
bavard(e) *talkative,* III, 6
beau *handsome,* II, 1; **Il fait beau.** *It's nice weather.* I, 4
beaucoup *A lot.* I, 4; **Pas beaucoup.** *Not very much.* I, 4
bébé *childish, stupid,* III, 2
la **Belgique** *Belgium,* III, 12
belle *beautiful,* II, 1; **C'est une belle histoire.** *It's a great story.* II, 11; **On l'a échappé belle!** *That was close!* III, 7

le benjamin (la benjamine) *the youngest child*, III, 6
le besoin: De quoi est-ce que tu as besoin? *What do you need?* I, 8; J'ai besoin de... *I need . . . ,* I, 8
bête *stupid*, II, 1
les bêtises (f.): faire des bêtises *to do silly things*, II, 8
le beurre *butter*, I, 8; II, 3
la bibliothèque *library*, I, 6; II, 2
bien: bien... *really . . .* III, 11; Bien des choses à... *All the best to . . . ,* III, 8; bien se nourrir *eat well*, II, 7; Ça commence à bien faire, hein? *Enough is enough!* III, 8; Ça te fera du bien. *It'll do you good.* II, 7; Ce n'est pas bien de... *It's not good to . . . ,* III, 3; Ce que c'est bien! *Isn't it great!* III, 2; Il/Elle est vraiment bien, ton/ta... *Your . . . is really great.* II, 2; J'aime bien... *I like . . . ,* II, 1; Je ne me sens pas bien. *I don't feel well.* II, 7; J'en veux bien. *I'd like some.* I, 8; Je veux bien. *Gladly.* I, 8; *I'd really like to.* I, 6; Merci bien. *Thank you so much.* III, 6; Moi, j'aime bien... *I really like . . . ,* I, 1; Très bien. *Very well.* I, 1; Tu ferais bien de ne pas... *You would do well not to . . . ,* III, 3; Tu ferais bien/mieux de... *You would do well to . . . ,* III, 5; Tu veux bien que je... ? *Is it OK with you if I . . . ?* III, 3; Bien sûr. *Certainly,* I, 9; *Of course,* I, 3; II, 10; Bien sûr que non. *Of course not.* II, 10
bientôt: A bientôt. *See you soon.* I, 1
bienvenue: Bienvenue chez moi (chez nous). *Welcome to my home (our home).* II, 2
le bifteck *steak,* II, 3
les bijoux (m.) *jewelry,* III, 8
le billet: billet d'avion *plane ticket,* I, 11; II, 1; billet de train *train ticket,* I, 11
la biographie *biography,* II, 11
la biologie *biology,* I, 2
la bise: Grosses bises. *Hugs and kisses.* III, 8
Bisous à... *Kisses to . . . ,* III, 8
bisque: en bisque *bisque,* III, 11
bizarre *weird,* III, 6
la blague: Elle est nulle, ta blague! *What a stupid joke!* III, 10
blanc(he) *white,* I, 3

le blé: cultiver le blé *to grow wheat,* III, 8
blesser *to wound,* III, 8
bleu(e) *blue,* I, 3; II, 1
blond(e) *blond,* I, 7; II, 1
le blouson *jacket,* I, 7
le blues *blues,* II, 11; III, 11
le bœuf *beef,* I, 8
Bof! *(expression of indifference),* I, 1; II, 8
la boisson *drink, beverage,* I, 5; Et comme boisson? *And to drink?* III, 1; Qu'est-ce que vous avez comme boissons? *What do you have to drink?* I, 5
la boîte: boîte à rythmes *drum machine,* III, 11; boîte de chocolats *box of chocolates,* II, 3; une boîte de *a can of,* I, 8; les boîtes (f.) *cans,* III, 3
bon(ne) *good,* I, 5; Vous avez (Tu as) fait bon voyage? *Did you have a good trip?* II, 2; Bon voyage! *Have a good trip!* I, 11; Bon, d'accord. *Well, OK.* I, 8; C'est bon pour toi. *It's good for you.* II, 7; C'est vraiment bon! *It's good!* II, 3; Oui, très bon. *Yes, very good.* I, 9; pas bon *not very good,* I, 5; bon chic bon genre (BCBG) *preppy,* III, 4; bon marché *cheap,* III, 4; Bonne chance! *Good luck!* I, 11; Bonne idée. *Good idea.* I, 4; Bonnes vacances! *Have a good vacation!* I, 11; Bonne fête! *Happy holiday! (Happy saint's day!),* II, 3; Bonne fête de Hanoukka *Happy Hannukah,* II, 3; Bonne idée! *Good idea!* II, 7; C'est une bonne (excellente) idée. *That's a good (excellent) idea.* II, 1; de bonne humeur *in a good mood,* II, 9; Elle est bien bonne! *That's a good one!* III, 10
les bonbons (m.) *candies,* II, 3
Bonjour *Hello,* I, 1
le bord: au bord de la mer *to/at the coast,* I, 11
les bottes (f.) *boots,* I, 10; II, 1
les bottines (f.) *ankle boots,* III, 4
la bouchée: bouchées doubles *double time,* III, 5
la boucherie *butcher shop,* II, 3
les boucles d'oreilles (f.) *earrings,* I, 10
le boudin *blood sausage,* III, 3
bouger: Ne bougez pas. *Don't move.* III, 7
la bouillabaisse *fish soup,* III, 4

bouillir *to boil,* III, 11
la boulangerie *bakery,* I, 12; II, 3
Les boules! *Darn!* III, 12
bouleverser *to overturn,* III, 8
la boum: faire une boum *to give a party,* II, 10
bouquiner *to read,* III, 2
La Bourse *the stock market,* III, 2
bousculer *to bump into, to jostle,* III, 3
la boussole *compass,* II, 12
le bout: Par là, au bout du couloir. *Over there, at the end of the hallway.* III, 2
la bouteille: une bouteille de *a bottle of,* I, 8
la boutique de cadeaux *gift shop,* II, 3
les boutons (m.): avoir des boutons *to have acne,* III, 10
la boxe *boxing,* III, 12
le bracelet *bracelet,* I, 3
le braconnier *poacher,* III, 7
brancher: Ça me branche! *I'm crazy about that!* III, 2; Ça ne me branche pas. *I'm not into that.* III, 11; Ça te branche,... ? *Are you into . . . ?* III, 11; Ce qui me branche vraiment, c'est... *What I'm really crazy about is . . . ,* III, 11
le bras: J'ai mal au bras *My arm hurts.* II, 7
la brasse *breaststroke,* III, 12
brasser *to stir,* III, 11
brave *brave,* II, 1
Bravo! *Terrific!* II, 5
Bref,... *Anyway, . . . ,* II, 9
le Brésil *Brazil,* III, 12
les bretelles (f.) *straps,* III, 3; *suspenders,* III, 4
la brique: Ça casse pas des briques. *It's not earth-shattering.* II, 11
briser *to break,* III, 3
la brosse: les cheveux (m.) en brosse *a crew cut,* III, 4
se brosser: se brosser les dents *to brush one's teeth,* II, 4
le brouillon *rough draft,* III, 3
la brousse *the brush (bushes),* III, 7
le bruit *noise,* III, 8; faire du bruit *to make noise,* III, 3; Tu pourrais faire moins de bruit? *Could you make less noise?* III, 9
brun(e) *brunette,* I, 7; *dark brown (hair),* II, 1
bruyant(e) *noisy,* II, 8
le buffle *buffalo,* III, 7
les bulles (f.) *speech bubbles,* III, 2

le bus: en bus *by bus,* I, 12; **rater le bus** *to miss the bus,* II, 5

le but *goal,* III, 7

C

ça: Ça fait combien, s'il vous plaît? *How much is it, please?* I, 5; **Ça fait combien?** *How much does that make?* II, 3; **Ça fait... francs.** *It's . . . francs.* I, 5; **Ça ne me dit rien.** *That doesn't interest me.,* II, 1; **Ça se voit.** *That's obvious.* II, 9; **Ça te dit d'aller... ?** *What do you think about going . . . ?* II, 4; **Ça te dit de... ?** *Does . . . sound good to you?* II, 1; **Ça va.** *Fine.* I, 1; **Ça, c'est...** *This is . . . ,* II, 2; **Comment ça s'est passé?** *How did it go?* II, 5; **Et après ça,...** *And after that, . . . ,* I, 9; **Merci, ça va.** *No thank you, I've had enough.* II, 3; **Non, ça va.** *No, I'm fine.* II, 2; **Oui, ça a été.** *Yes, it was fine.* I, 9; **Ça te va comme un gant.** *That fits you like a glove.* III, 4

le cadeau *gift,* I, 11; **Tu as une idée de cadeau pour... ?** *Have you got a gift idea for. . . ?* II, 3; **la boutique de cadeaux** *gift shop,* III, 3

le cadet (la cadette) *the younger child,* III, 6

le cadre *photo frame,* II, 3

le café *coffee, café,* I, 5

la cafetière *coffee pot,* III, 6

le cahier *notebook,* I, 3

la calculatrice *calculator,* I, 3

calé: Tu es calé(e). *You're really good at that.* III, 10

le caleçon *leggings,* III, 4

le calme: Du calme, du calme. *Calm down.* III, 2; **Calmez-vous!** *Calm down!* III, 7

le caméscope *camcorder,* III, 7

la campagne: à la campagne *to/at the countryside,* I, 11

le camping: faire du camping *to go camping,* I, 11; II, 12; **terrain de camping** *campground,* II, 2

le Canada *Canada,* III, 12

canadien(ne) *Canadian* (adj.), II, 11

le canard *duck,* II, 12

le canari *canary,* I, 7

la canne à pêche *fishing pole,* II, 12

le canotage: faire du canotage *to go for a canoe ride,* II, 12

la cantine: à la cantine *at the school cafeteria,* I, 9

la capitale *capital,* II, 4

le cardigan *sweater,* I, 10

la carie *cavity,* III, 3

les carottes (f.) *carrots,* I, 8; **carottes râpées** *grated carrots with vinaigrette dressing,* III, 1

les carreaux (m.): **à carreaux** *checked,* III, 4

le carrefour: Vous continuez tout droit, jusqu'au carrefour. *Keep going straight ahead up to the intersection.* III, 2

la carte *map,* I, 0; **La carte, s'il vous plaît.** *The menu, please.* I, 5

la carte de crédit *credit card,* III, 7

les cartes (f.): **jouer aux cartes** *to play cards,* I, 4

la case *hut,* III, 1

le casque *helmet,* III, 12

la casquette *cap,* I, 10

casser (avec quelqu'un) *to break up (with someone),* II, 9; **Tu es vraiment casse-pieds!** *You're such a pain!* III, 6; **Casse-toi!** *Get out of here!* III, 6; **Ça casse pas des briques.** *It's not earth-shattering.* II, 11; **Ça me casse les pieds!** *That's so boring!* III, 2

se casser... *to break one's . . . ,* II, 7; III, 10

la cassette *cassette tape,* I, 3

la cassette vidéo *videocassette,* III, 9

le cassoulet *bean stew,* III, 1

la cathédrale *cathedral,* II, 2

le cauchemar: C'était un véritable cauchemar! *It was a real nightmare!* I, 11

ce que: Ce que c'est bien! *Isn't it great?* III, 2; **Ce que j'aime bien, c'est...** *What I like is . . . ,* II, 4; **Ce que je n'aime pas, c'est...** *What I don't like is . . . ,* II, 4; **Ce que je préfère, c'est...** *What I prefer is . . . ,* II, 4; **Tu sais ce que tu veux faire?** *Do you know what you want to do?* III, 5; **Tu sais ce que... ?** *Do you know what . . . ?* II, 9

ce qui: Ce qui m'ennuie, c'est... *What bothers me is . . . ,* II, 4; **Ce qui me plaît, c'est...** *What I like is . . . ,* II, 4; **Ce qui ne me plaît pas, c'est...** *What I don't care for is . . . ,* II, 4

la ceinture *belt,* I, 10

le céleri rémoulade *grated celery root with mayonnaise and vinaigrette ,* III, 1

célibataire *unmarried,* III, 6

celle: Celle qui... *The woman/girl/one who . . . ,* III, 4; **Celle-là.** *That one.* III, 4; **Celles-là** *Those.* III, 4

celui: Celui avec... *The man/guy/one with . . . ,* III, 4; **Celui du...** *The one . . . ,* III, 4; **Celui-là.** *That one.* III, 4

le centre commercial *mall,* I, 6

les céréales (f.) *cereal,* II, 3

certain: Je (ne) suis (pas) certain(e) que... *I'm (not) certain that . . . ,* III, 7

le cervelas *sausage made with pork meat and brains,* III, 1

C'est... *It's . . . ,* I, 2; II, 11; *This is . . . ,* I, 7; **C'est comment?** *What's it like?* II, 4; **Ça, c'est...** *This is . . . ,* II, 2; **C'est-à-dire que...** *That is, . . . ,* II, 9

ceux: Ceux-là. *Those.* III, 4

la chaîne *channel,* III, 9

la chaîne stéréo *stereo,* II, 2

la chaise *chair,* I, 0

la chambre *bedroom,* II, 2; **ranger ta chambre** *to pick up your room,* I, 7

le chameau *camel,* III, 8

les champignons (m.) *mushrooms,* I, 8; III, 11

les champs (m.) *fields,* III, 7; **les champs de canne à sucre** (m.) *sugarcane fields,* II, 4

la chance: Bonne chance! *Good luck!* I, 11; **C'est pas de chance, ça!** *Tough luck!* II, 5; **J'ai vraiment pas de chance.** *I'm so unlucky.* III, 12; **On a eu de la chance!** *We were lucky!* III, 7

le chandail *sweater,* III, 4

la chanson *song,* II, 11

le chant *singing,* III, 11

chanter *to sing,* I, 9

le chanteur *(male) singer,* II, 11

la chanteuse *(female) singer,* II, 11

le chapeau *hat,* I, 10; **Chapeau!** *Well done!* II, 5

la charcuterie *delicatessen,* II, 3; **l'assiette** (f.) **de charcuterie** *plate of pâté, ham, and cold sausage,* III, 1

charmant(e) *charming,* II, 4

la chasse *hunting,* III, 7

le chat *cat,* I, 7

châtain (inv.) *brown (hair),* II, 1

chaud: Il fait chaud. *It's hot.*
I, 4; **Ouf! On a eu chaud!**
Wow! That was a real scare!
III, 7

le chauffeur *driver,* III, 5

les chaussettes (f.) *socks,* I, 10

les chaussures (f.) *shoes,* I, 10

le chemin *path, way,* III, 10

la chemise *shirt (men's),* I, 10

le chemisier *shirt (women's),*
I, 10

le chêne *oak,* III, 11

les chèques (m.) **de voyage** *traveler's checks,* II, 1

cher: C'est trop cher. *It's too
expensive.* I, 10; II, 3

chercher *to look for,* I, 9; **Je
cherche quelque chose
pour...** *I'm looking for something for . . . ,* I, 10

les cheveux (m.) *hair,* II, 1; III, 4

la cheville: se fouler la cheville *to
sprain one's ankle,* II, 7

la chèvre *goat,* III, 8

chez: chez... *to/at . . . 's house,*
I, 11; **Bienvenue chez moi
(chez nous).** *Welcome to my
home (our home),* II, 2; **chez le
disquaire** *at the record store,*
I, 12; **Faites/Fais comme chez
vous/toi.** *Make yourself at
home.* II, 2; **Je suis bien
chez... ?** *Is this . . . 's house?*
I, 9; **On... chez toi?** *Do
people . . . where you're from?*
III, 12; **Qu'est-ce qui est typique de chez toi?** *What's
typical of where you're from?*
III, 12; **Vous avez/Il y a des...
chez vous?** *Do you have/Are
there . . . where you're from?*
III, 12

chic *chic,* I, 10

le chien *dog,* I, 7; **promener le
chien** *to walk the dog,* I, 7

le chignon *bun,* III, 4

la chimie *chemistry,* I, 2

la Chine *China,* III, 12

le chiot *puppy,* III, 9

le chocolat *chocolate,* I, 1; *hot
chocolate,* I, 5

choisir *to choose, to pick,* I, 10;
choisir un métier *to choose a
career,* III, 5; **choisir la
musique** *to choose the music,*
II, 10; **Vous avez choisi?** *Have
you made your selection?* III, 1

le choix: Si j'avais le choix,... *If I
had a choice, . . . ,* III, 8

le chômage: être au chômage *to
be unemployed,* III, 5

la chorale *choir,* I, 2

la chose: C'est toujours la même

chose! *It's always the same!*
III, 6; **J'ai quelque chose à
faire.** *I have something else to
do.* II, 10; **Quelque chose ne
va pas?** *Is something wrong?*
II, 7; **Bien des choses à...** *All
the best to . . . ,* III, 8; **J'ai des
tas de choses à faire.** *I have
lots of things to do.* I, 5

le chouchou *teacher's pet,* III, 1

chouette *very cool,* II, 2; **Ça
serait chouette si...** *It would
be great if . . . ,* III, 8; **Oui, très
chouette.** *Yes, very cool.* I, 9

Chut! *Shh!* III, 1

la chute d'eau *waterfall,* II, 4

la cigale *grasshopper,* III, 11

les cigognes (f.) *storks,* III, 1

les cils (m.) *eyelashes,* III, 4

le cinéma *the movies,* I, 1; *the
movie theater,* I, 6

le circuit *tour,* III, 1; **faire un circuit des châteaux** *to tour
some châteaux,* II, 6

la circulation *traffic,* III, 8

la cire *wax,* III, 2

la citation *quotation,* III, 10

le citron pressé *lemonade,* I, 5

clair *light,* III, 4

classe *classy,* III, 4

le classeur *loose-leaf binder,* I, 3

le (roman) classique *classic,* II, 11

cloche *goofy,* III, 4; **Ça fait vraiment cloche.** *That looks really
stupid.* III, 4

le clou *nail,* III, 6

**le clown: Il ne faut pas faire le
clown en classe!** *You can't be
goofing off in class!* II, 5

le coca *cola,* I, 5

le cocotier *coconut tree,* II, 4

le cœur: J'ai mal au cœur. *I'm sick
to my stomach.* II, 7

la coiffe *headdress,* III, 1

le coiffeur (la coiffeuse) *hair stylist,* III, 4

le coin: au coin de *on the corner of,*
I, 12

le col: à col en V *V-necked,* III, 4

le col roulé *turtleneck sweater,*
III, 4

le collant *hose,* I, 10; *tights,* III, 4

collé: être collé(e) *to have
detention,* II, 5

**la colonie: en colonie de
vacances** *to/at a summer
camp,* I, 11

coloré(e) *colorful,* II, 4

**combien: C'est combien, l'en-
trée?** *How much is the
entrance fee?* II, 6; **C'est
combien,... ?** *How much
is . . . ?* I, 5; **Ça fait combien,**

s'il vous plaît? *How much is
it, please?* I, 5; **Ça fait combien?** *How much does that
make?* II, 3; **Combien
coûte(nt)... ?** *How much is
(are) . . . ?* II, 3; **Combien en
voulez-vous?** *How many
(much) do you want?* II, 3

la comédie *comedy,* III, 9; **la
comédie musicale** *musical
comedy,* III, 9

commander *to order,* III, 1

comme: C'est bien comme... ?
Is it a nice . . . ? III, 12; **C'est
fou comme... !** *I can't believe
how . . . !* III, 7; **Comme entrée,
je voudrais . . .** *As an appetizer I would like . . . ,* III, 1;
Comme ci, comme ça. *So-so.*
I, 1; **Qu'est-ce que tu fais
comme sport?** *What sports do
you play?* I, 4; **Qu'est-ce que
vous avez comme boissons?**
What do you have to drink?
I, 5; **Qu'est-ce que vous avez
comme... ?** *What kind of . . .
do you have?* I, 5; III, 1; **Tu as
vu comme... ?** *Did you see
how . . . ?* III, 7; **C'est... comme
tout!** *It's as . . . as anything!*
III, 2; **Ce n'était pas comme
ça.** *It wasn't like this.* III, 8

commencer *to begin, to start,*
I, 9; **C'est lui/elle qui a commencé!** *He/She started it!*
III, 6; **Ça commence à quelle
heure?** *What time does it
start?* II, 11; **Comment est-ce
que ça commence?** *How does
it start?* III, 9

comment *what,* I, 0; *how,* II, 5;
(Comment) ça va? *How's it
going?* I, 1; **C'est comment?**
What's it like? II, 4; **C'était
comment?** *How was it?*
II, 6; III, 9; **Comment est-ce
qu'on fait... ?** *How do you
make . . . ?* III, 11; **Comment
est-ce qu'on fait?** *How should
we work this out?* III, 6;
Comment on dit... ? *How do
you say . . . ?* III, 11; **Comment
tu as trouvé ça?** *How did you
like it?* III, 9; **Comment tu
trouves ça?** *What do you
think of that/it?* I, 2 ; **Comment
tu trouves... ?** *What do you
think of . . . ?* I, 2; **Elle est
comment?** *What is she like?*
I, 7; **Il est comment?** *What is
he like?* I, 7; **Ils/Elles sont
comment?** *What are they like?*
I, 7; **Tu t'appelles comment?**

What is your name? I, 0;
Comment on va à... ? *How do you get to . . . ?* III, 2

la commode *chest of drawers,* II, 2

commun: prendre les transports en commun *to take public transportation,* III, 3

le comportement *behavior,* III, 7
compréhensif (compréhensive) *understanding,* III, 6

comprendre *to understand,* II, 5;
J'ai du mal à comprendre. *I have a hard time understanding.* II, 5

les **comprimés** (m.) *tablets,* III, 7
le comptable (la comptable) *accountant,* III, 5

compter *to count, to matter, to plan to,* III, 6; **Je compte...** *I'm planning on . . . ,* III, 5; **Qu'est-ce que tu comptes faire?** *What do you plan to do?* III, 5

les **concerts** (m.) *concerts,* I, 1
la **concession** *a grouping of huts,* III, 5

la condition: se mettre en condition *to get into shape,* II, 7

conduire *to drive,* III, 2; **conduire une voiture** *to drive a car,* II, 8; **Cette route vous conduira au centre-ville.** *This road will lead you into the center of town.* III, 2

la confiance: Fais-moi confiance. *Trust me.* III, 4

la **confiserie** *candy shop,* II, 3
la **confiture** *jam,* I, 8

connais: J'en connais une bonne. *I've got a good one.* III, 10; **Je ne connais pas.** *I'm not familiar with them (him/her).* II, 11; **Tu connais la dernière?** *Have you heard the latest?* III, 10; **Tu connais la nouvelle?** *Did you hear the latest?* II, 9; **Tu connais...?** *Are you familiar with . . . ?* II, 11

connaisse: Tu es le/la... le/la plus... que je connaisse. *You're the . . . -est . . . I know.* III, 10

conseiller: Qu'est-ce que tu me conseilles? *What do you advise me to do?* I, 9 **Qu'est-ce que vous me conseillez?** *What do you recommend?* III, 1

les **conseils** (m.) *advice,* III, 4
consommer: consommer trop de sucre *to eat too much sugar,* II, 7

content(e) *happy,* I, 7
continuer: Vous allez continuer cette rue jusqu'au prochain

feu rouge. *You go down this street to the next light.* I, 12;
Vous continuez tout droit, jusqu'au carrefour. *Keep going straight ahead up to the intersection.* III, 2

convaincu: Je suis convaincu(e) que... *I'm convinced that . . . ,* III, 7

cool *cool,* I, 2; **C'est trop cool!** *That's too cool!* III, 12; **Il/Elle est cool, ton/ta...** *Your . . . is cool.* II, 2

le **coquillage** *shell,* III, 10
le **corail** *coral,* III, 10
la **corne** *horn,* III, 7
corriger *to correct,* III, 3
le **costume** *man's suit,* III, 4
la **côte** *cutlet; chop,* III, 1
le côté: à côté de *next to,* I, 12; II, 2; **Juste là, à côté de...** *Right there, next to . . . ,* III, 2

la **côtelette de porc pâtes** *porkchop with pasta,* III, 1

le **coton: en coton** *cotton,* I, 10
le cou: J'ai mal au cou *My neck hurts.* II, 7

se coucher *to go to bed,* II, 4
le **coucher de soleil** *sunset,* III, 8
couler: J'ai le nez qui coule. *I've got a runny nose.* II, 7

couleur: De quelle couleur est... ? *What color is . . . ? I, 3

le **country** *country music,* II, 11; III, 11

le **coup de cœur** *favorite,* III, 4
la **coupe** *haircut,* III, 4; **une coupe au carré** *square cut,* III, 4

le **coupe-vent** *windbreaker, jacket,* III, 4

couper: Tu t'es fait couper les cheveux? *Did you get your hair cut?* III, 4; **se couper le doigt** *to cut one's finger,* II, 7

le courage: Courage! *Hang in there!* II, 5; **Tu en as, du courage.** *You've really got courage.* III, 10

le **courrier** *mail,* III, 4
le cours *course,* I, 2; **cours de développement personnel et social (DPS)** *health,* I, 2; **Tu as quels cours... ?** *What classes do you have . . . ?* I, 2

la **course de fond** *long-distance running,* III, 12

les **courses** (f.) *shopping, errands,* I, 7; **faire les courses** *to do the shopping,* I, 7

court(e) *short (objects),* I, 10; II, 1; **au court-bouillon** *boiled,* III, 11; **les cheveux courts** (m.) *short hair,* III, 4

le **cousin** *male cousin,* I, 7
la **cousine** *female cousin,* I, 7
coûte: Combien coûte(nt)... ? *How much is (are). . . ?* II, 3

le **crabe** *crab,* III, 10
cracher *to spit (out),* III, 6
craquer: Je craque! *I'm losing it!* II, 7

la **cravate** *a tie,* I, 10
le **crayon** *pencil,* I, 3
la **crème: la crème caramel** *caramel custard,* III, 1; **de la crème solaire** *sunscreen,* III, 7

la **crémerie** *dairy,* II, 3
la **crêpe** *very thin pancake,* I, 5
crevé: avoir un pneu crevé *to have a flat tire,* III, 2; **Je suis crevé(e).** *I'm exhausted.* II, 2

crève: Je crève de faim! *I'm dying of hunger!* II, 12

la **crevette** *shrimp,* II, 3; III, 10
le **cric** *car jack,* III, 2
le **crocodile** *crocodile,* III, 7
croire: J'arrive pas à y croire! *I can't believe it.* III, 12; **Crois-moi.** *Believe me.* III, 4; **Je crois que ça vaut mieux.** *I think that's better.* III, 7; **Je crois que...** *I think that . . . ,* II, 9; **Je ne crois pas.** *I don't think so.* II, 9

les **croissants** (m.) *croissants,* II, 3
le **croque-monsieur** *toasted ham and cheese sandwich,* I, 5

les **crudités** (f.): **l'assiette de crudités** *plate of raw vegetables with vinaigrette,* III, 1

les **crustacés** (m.) *shellfish,* III, 11
la **cueillette: faire la cueillette** *to harvest (fruits),* III, 8

cueillir *to harvest,* III, 8; **cueillir des fleurs** *to pick the flowers,* III, 3

le **cuir: en cuir** *leather,* I, 10
cuire *to cook,* III, 11
la **cuisine** *kitchen,* II, 2; **faire la cuisine** *to cook,* III, 3

cuit(e): Bien cuit(e). *Well done.* III, 1

le **cuivre** *brass, copper,* III, 8
cultiver: cultiver le blé *to grow wheat,* III, 8

le **cyclisme** *cycling,* III, 12

D

d'abord: D'abord,... *First, . . . ,* II, 12

d'accord: D'accord. *OK.* I, 4; II, 1; **D'accord, si tu... d'abord...** *OK, if you . . . , first.* I, 7; **Je ne suis pas**

d'accord. *I don't agree.* I, 7; **Tu es d'accord?** *Is that OK with you?* I, 7

le **daim: en daim** *suede,* III, 4

la **dance** *dance music,* III, 11

dangereux (dangereuse) *dangerous,* II, 8

dans *in,* I, 6; **C'est dans le nord/le sud/l'est/l'ouest de...** *It's in the northern/southern/ eastern/western part of . . . ,* II, 12; **dans l'eau** *in the water,* III, 3; **Qu'est-ce qu'il y a dans... ?** *What's in . . . ?* III, 11

la **danse** *dance,* I, 2

danser *to dance,* I, 1; **danser le zouk** *to dance the zouk,* II, 4

la **datte** *date (fruit),* III, 8

le **dattier** *date palm tree,* III, 8

de *of,* I, 0; **de l'** *some,* I, 8; **de la** *some,* I, 8; **De rien.** *You're welcome.* III, 6; **de taille moyenne** *of medium height,* II, 1; **Je n'ai pas de...** *I don't have any . . . ,* I, 3; **Je ne fais pas de...** *I don't play/do . . . ,* I, 4

le **débardeur** *tank top,* III, 4

débarrasser la table *to clear the table,* I, 7

les **débouchés** (m.) *job prospects,* III, 5

le **début: Au début...** *At the beginning . . . ,* III, 9; **J'y suis allé(e) début...** *I went at the beginning of . . . ,* III, 1

le **décalage** *gap,* III, 12

décembre *December,* I, 4

les **déchets** (m.): **jeter (remporter) les déchets** *to throw away (to take with you) your trash,* II, 12

déchirer *to rip, to tear,* II, 5

décider: J'ai du mal à me décider. *I'm having trouble deciding.* III, 5; **Je n'arrive pas à me décider.** *I can't make up my mind.* III, 1

les **décisions** (f.): **prendre ses propres décisions** *to make up one's own mind,* III, 3

décontracté *relaxed,* III, 4

dédaigner *to scorn,* III, 5

Défense de... *Do not . . . ,* III, 3

le **défi** *challenge,* III, 12

défoncer *to unwind,* III, 12

se défouler *to let off steam,* III, 12

dégoûtant *gross,* I, 5

déguster *to taste, enjoy,* II, 4

dehors *outside,* III, 4

déjà *already,* I, 9; **... , déjà?** *... again?,* III, 11; **Il/Elle en a**

déjà un(e). *He/She already has one (of them).* II, 3

le **déjeuner** *lunch,* I, 2

déjeuner *to have lunch,* I, 9

délicieux (délicieuse) *delicious,* I, 5; **C'était délicieux!** *That was delicious!* II, 3

délirant(e) *wild,* III, 4

délirer: Arrête de délirer! *Stop being so silly!* III, 10; **Tu délires ou quoi?** *Are you crazy or what?* III, 11

le **deltaplane: faire du deltaplane** *to hang glide,* II, 4

demain *tomorrow,* I, 2; **A demain.** *See you tomorrow.* I, 1

demander: demander la permission à tes parents *to ask your parents' permission,* II, 10; **demander pardon à (quelqu'un)** *to ask for (someone's) forgiveness,* II, 10; **Je t'ai pas demandé ton avis.** *I didn't ask your opinion.* III, 10

se demander: Je me demande... *I wonder . . . ,* II, 9; III, 5

démarrer *to start up,* III, 10

déménager *to move,* III, 10

la **demeure** *residence,* III, 10

demeurer *to stay,* III, 5

demie: et demie *half past,* I, 6; **demi: et demi** *half past (after midi and minuit),* I, 6

démodé(e) *out of style,* I, 10

la **dentelle** *lace,* III, 2

le **dentiste (la dentiste)** *dentist,* III, 5

les **dents** (f.): **J'ai mal aux dents.** *My teeth hurt.* II, 7

dépêcher: Tu peux te dépêcher? *Can you hurry up?* III, 2; **Dépêche-toi!** *Hurry up!* III, 2

déposer *to deposit,* I, 12

le **dépotoir** *dump,* III, 3

déprimant(e) *depressing ,* II, 11

déprimé(e) *depressed,* II, 9

Depuis... *Since . . . ,* III, 1

déranger *to bother, disturb,* III, 6; **Ça te dérange si... ?** *Do you mind if . . . ?* III, 3

dernièrement *recently,* III, 9

derrière *behind,* II, 12

dès que: Dès que je serai là,... *As soon as I get there, . . . ,* III, 12

descendre *to go down,* II, 6

le **désinfectant** *disinfectant,* III, 7

désirer: Comment désirez-vous votre viande? *How do you like your meat cooked?* III, 1; **Vous désirez?** *What would you like?* I, 10

Désolé(e). *Sorry.* II, 10;

Désolé(e), je suis occupé(e). *Sorry, I'm busy.* I, 6; **Désolé(e), mais je ne peux pas.** *Sorry, but I can't.* I, 4

le **dessert** *dessert,* II, 3

le **dessin animé** *cartoon,* III, 9

dessiner *to draw,* III, 4

le **dessinateur (la dessinatrice)** *commercial artist,* III, 5

détoner *to detonate, explode,* III, 4

détruire *to destroy,* III, 7

dévalisé *stripped, robbed,* III, 2

devant *in front of,* I, 6

devenir *to become,* II, 6; **Qu'est-ce que tu deviens?** *What's going on with you?* III, 1

deviner *to guess,* III, 5; **Devine ce que...** *Guess what . . . ,* II, 9; **Devine qui...** *Guess who . . . ,* II, 9; **Tu ne devineras jamais ce qui s'est passé.** *You'll never guess what happened.* II, 9

devoir *have to, must,* III, 3; II, 7; **Ça doit être...** *It must be . . . ,* III, 7; **Il doit y avoir...** *There must be . . . ,* III, 7; **On doit...** *Everyone should . . . ,* II, 7; **Tu crois que je devrais... ?** *Do you think I should . . . ?* III, 7; **Tu devrais aller voir...** *You should go see . . . ,* III, 9; **Tu devrais...** *You should . . . ,* I, 9; **Tu ne devrais pas...** *You shouldn't . . . ,* II, 7; **Vous (ne) devriez (pas)...** *You should(n't). . . ,* III, 3

les **devoirs** (m.) *homework,* I, 2; **J'ai des devoirs à faire.** *I've got homework to do,* I, 5

dévoué(e) *dedicated,* III, 5

d'habitude *usually,* I, 4

la **diapositive** *slide (photograpy),* III, 7

le **dictionnaire** *dictionary,* I, 3

la **différence: Quelle est la différence entre ... et... ?** *What's the difference between . . . and . . . ?* III, 10

difficile *difficult,* I, 2

le **dimanche** *on Sundays,* I, 2

la **dinde: l'escalope de dinde purée** *sliced turkey breast with mashed potatoes,* III, 1

le **dîner** *dinner,* I, 8

dîner *to have dinner,* I, 9

dingue *wild, crazy, funny,* III, 2

le **diplomate (la diplomate)** *diplomat,* III, 5

le **diplôme: obtenir son diplôme** *to get one's diploma,* III, 5

dire: dire à (quelqu'un) que... *to tell (someone) that . . . ,* II, 10; **dire la vérité** *to tell the truth,* III, 3; **J'ai entendu dire que...** *I've heard that . . . ,* III, 10; **Qu'est-ce que ça veut dire,... ?** *What does . . . mean?* III, 11; **Vous pouvez lui dire que j'ai téléphoné?** *Can you tell her/him that I called?* I, 9; **Dis à... que je pense à lui/elle.** *Tell . . . that I'm thinking about him/her.* III, 8; **Dis à... que je vais lui écrire.** *Tell . . . that I'm going to write.* III, 8; **Dis vite!** *Let's hear it!* II, 9; **Dis-lui/-leur que...** *Tell him/her/them that . . . ,* II, 10; **Oh, dis donc!** *Wow!* III, 7; **... et alors il dit que...** *So he says . . . ,* III, 10; **Ça ne me dit rien.** *That doesn't interest me.* I, 4; II, 1; **Ça te dit d'aller... ?** *What do you think about going . . . ?* II, 4; **Ça te dit de... ?** *Does . . . sound good to you?* II, 1; **Comment on dit... ?** *How do you say . . . ?* III, 11; **écouter ce qu'il/elle dit** *to listen to what he/she says,* II, 10; **Je ne t'ai pas dit?** *Didn't I tell you?* III, 10; **Qui t'a dit ça?** *Who told you that?* III, 10; **Tu l'as dit!** *You said it!* III, 9; **Dites donc, ça vous gênerait de... ?** *Hey, do you think you can . . . ?* III, 8; **On dirait que...** *It looks like . . . ,* III, 11

diriger *to manage* or *direct,* III, 5

se disputer (avec quelqu'un) *to have an argument (with someone),* II, 9

le disquaire: chez le disquaire *at the record store,* I, 12

le disque compact/le CD *compact disc/CD,* I, 3

divers *various,* III, 1

divorcé(e) *divorced,* III, 6

le documentaire *documentary,* III, 9

le doigt: se couper le doigt *to cut one's finger,* II, 7

Donc,... *Therefore, . . . ,* II, 9; **Oh, dis donc!** *Wow!* III, 7

donner: donner à manger aux animaux *to feed the animals,* II, 6; III, 3; **Donnez-moi votre...** *Give me your . . . ,* III, 6; **Donnez-moi... , s'il vous plaît.** *Please give me . . .* I, 5

dormir *to sleep,* I, 1; **Où est-ce**

que tu as dormi? *Where did you stay?* III, 1

le dortoir *dormitory,* III, 5

le dos: J'ai mal au dos *My back hurts.* II, 7

le doute: Je n'en ai aucun doute. *I have no doubt about it.* III, 12

la douzaine: une douzaine de *a dozen,* I, 8

le drame *drama,* III, 9

le droit: Tu n'as pas le droit de... *You're not allowed to . . . ,* III, 3

droite: à droite de *to the right of,* I, 12; II, 2; **sur la droite (gauche)** *on the right (left),* II, 2

drôle: C'est drôle (amusant). *It's funny.* II, 11

dû: J'aurais dû... *I should have . . . ,* II, 10; **Tu aurais dû...** *You should have . . . ,* II, 10

E

l' eau (f.) *water,* I, 5; **l'eau minérale** *mineral water,* I, 5; **la chute d'eau** *waterfall,* II, 4; **le sirop de fraise à l'eau** *water with strawberry syrup,* I, 5

l' échalote (f.) *shallot,* III, 1

échapper *to escape,* III, 7; **On l'a échappé belle!** *That was close!* III, 7

l' écharpe (f.) *scarf,* I, 10; II, 1

l' échec (m.) *failure,* III, 8

éclater: Ça m'éclate. *I'm wild about it.* III, 11

l' école (f.) *school,* I, 1; **faire une école technique** *to go to a technical school,* III, 5

écossais(e) *plaid,* III, 4

écouter: écouter ce qu'il/elle dit *to listen to what he/she says,* II, 10; **écouter de la musique** *to listen to music,* I, 1; **Écoutez!** *Listen!* I, 0; **Je n'écoute que ça.** *That's all I listen to.* III, 11; **Je t'écoute.** *I'm listening.* I, 9; II, 10

l' écran (m.) *screen,* III, 9

les écrevisses (f.) *crawfish,* III, 11

l' écrivain (m.) *writer,* III, 5

l' écureuil (m.) *squirrel,* II, 12

l' édition (f.) *publishing,* III, 5

l' éducation (f.) physique et sportive (EPS) *physical education (PE),* III, 3; I, 2

l' effort (m.): Encore un effort! *One more try!* II, 7

égal: Ça m'est égal. *Whatever.* II, 8; **Ça m'est vraiment égal.** *It's really all the same to me.* III, 9

l' église (f.) *church,* II, 2

égoïste *selfish,* III, 6

l' électricien (l'électricienne) *electrician,* III, 5

élégant(e) *elegant, sophisticated,* III, 4

l' éléphant (m.) *elephant,* III, 7

l' élève (m./f.) *student,* I, 2

élever *to raise,* III, 8

elle *she* or *it,* I, 1

elles *they,* I, 1

éloignés *distant (relatives),* III, 11

emballé: Ça ne m'a pas emballé(e). *It didn't do anything for me.* III, 9

embêtant(e) *annoying,* I, 7

embêter *to pester, annoy,* III, 6; **Et toi, arrête de m'embêter!** *Stop bothering me!* III, 10; **Ça m'embête!** *That bores me!* III, 2; **Ça t'embête de... ?** *Would you mind . . . ?* II, 10

l' embouteillage (m.) *traffic jam,* III, 8

emboutir: emboutir la voiture *to wreck the car,* III, 10

embrasser: Embrasse... pour moi. *Give . . . a kiss for me.* III, 8; **Je t'embrasse bien fort.** *Hugs and kisses.* III, 8

émincé(e) *chopped,* III, 1

l' émission (f.) *program,* III, 9; **l'émission de variétés** *variety show,* III, 9

emmener *to take (a person) with you,* III, 9

empêcher *to prevent, stop,* III, 12

emporter *to bring (with you),* II, 12

emprunter *borrow,* I, 12

en *some, of it, of them, any, none,* I, 8; **en** *to, in (before a feminine noun),* I, 11; **en laine** *wool,* III, 4; **en soie** *silk,* III, 4; **Combien en voulez-vous?** *How many (much) do you want?* II, 3; **En bas.** *Downstairs.* III, 2; **en coton** *cotton,* I, 10; **en cuir** *leather,* I, 10; **en face de** *across from,* II, 2; **En haut.** *Upstairs.* III, 2; **en jean** *denim,* I, 10; **Il/Elle en a déjà un(e).** *He/She already has one (of them).* II, 3; **Je m'en veux de...** *I feel bad for . . . ,* III, 6; **Je n'en peux plus!** *I just can't do any more!* II, 7; **Je n'en veux plus.** *I don't* *want anymore,* I, 8; **Je ne t'en veux pas.** *No hard feelings.* II, 10; **Je suis parti(e) en...** *I went by . . . ,* III, 1; **Je vais (en) prendre...** *I'll take . . . ,* II, 3; **T'en fais pas.** *Don't worry.* II, 5; **Tu n'as pas l'air en forme.** *You don't seem too well.* II, 7; **Tu ne m'en veux pas?** *No hard feelings?* II, 10; **Vous avez ça en... ?** *Do you have that in . . . ? (size, fabric, color),* I, 10

encore: Encore de... ? *More . . . ?* I, 8; **Encore un effort!** *One more try!* II, 7; **Encore... ?** *Some more . . . ?* II, 3; **Pas encore.** *Not yet.* III, 1

l' **endroit** (m.) *place,* I, 12

l' **énergie** (f.) *energy,* III, 3

énervé(e) *annoyed,* II, 9

énerver: Tu m'énerves, à la fin! *You're bugging me!* III, 6

l' **enfant** (m./f.) *child,* I, 7; **avoir un enfant** *to have a child,* III, 5

Enfin,... *Finally, . . . ,* II, 1; II, 4; II, 9

enfoncer *to drive in (a nail),* III, 6

enlever: enlever la neige *to shovel snow,* III, 3; **se faire enlever ses bagues** *to get one's braces off,* III, 10

ennuyer *to bother,* II, 8; **Ça m'ennuie à mourir!** *That bores me to death!* III, 2; **Ça t'ennuie de... ?** *Would you mind . . . ?* II, 10; **Ce qui m'ennuie, c'est...** *What bores me is . . . ,* II, 4; **On ne s'ennuie pas.** *You're never bored.* II, 11; **Je me suis ennuyé(e) à mourir.** *I was bored to death.* III, 9; **Je me suis ennuyé(e).** *I was bored.* II, 6; **Je ne me suis pas ennuyé(e) une seconde.** *I wasn't bored a second.* III, 9

ennuyeux (ennuyeuse) *boring,* II, 6; **C'était ennuyeux.** *It was boring.* I, 5

enregistrer *to record,* III, 9

enseigner: l'enseignement technique *technical education,* III, 5

Ensuite,... *Next, . . . ,* II, 1; *Then, . . . ,* II, 12

entendre: entendre le réveil *to hear the alarm clock,* II, 5; **Entendu.** *OK.* I, 6; **J'ai entendu dire que...** *I've heard that . . . ,* III, 10

s'entraîner à... *to train for (a sport),* II, 7

l' **entraîneur** (m.) *coach,* III, 12

entre *between,* I, 12; **Quelle est la différence entre ... et... ?** *What's the difference between . . . and . . . ?* III, 10

l' **entrecôte grillée** *rib steak,* III, 1

l' **entrée** (f.) *first course,* II, 3; *appetizer,* III, 1, **C'est combien, l'entrée?** *How much is the entrance fee?* II, 6; **Que voulez-vous comme entrée?** *What sort of appetizer would you like?,* III, 1; **Comme entrée, j'aimerais...** *For an appetizer, I would like . . .* III, 1; **A l'entrée de...** *At the entrance to . . . ,* III, 2

entrer *to enter,* II, 6; **entrer à l'université** *to enter the university,* III, 5

l' **enveloppe** (f.) *envelope,* I, 12

envie: J'ai envie de... *I feel like . . . ,* I, 11; **Non, je n'ai pas très envie.** *No, I don't feel like it.* II, 7; **Tu as envie de... ?** *Do you feel like . . . ?* II, 1

envoyer: envoyer des lettres *to send letters,* I, 12; **envoyer les invitations** *to send the invitations,* II, 10; **Pourriez-vous m'envoyer des renseignements sur... ?** *Could you send me information on . . . ?* III, 5

épater: Alors, là, tu m'épates! *I'm really impressed!* III, 10

l' **épée** (f.) *an epee/a sword,* III, 12

épicé(e) *spicy,* III, 11

l' **épicerie** (f.) *grocery store,* I, 12

les **épices** (f.) *spices,* III, 11

les **épinards** (m.) *spinach,* III, 11

épouser *to marry,* III, 6

épouvantable: avoir une journée épouvantable *to have a horrible day,* II, 5; **C'était épouvantable.** *It was horrible.* I, 9; **J'ai passé une journée épouvantable!** *I had a terrible day!* II, 5

l' **épreuve** (f.) *event (sports),* III, 12

l' **équipe** (f.) *a team,* III, 12

l' **équitation** (f.) *equestrian events,* III, 12; **faire de l'équitation** *to go horseback riding,* I, 1

l' **escalope** (f.) **de dinde purée** *sliced turkey breast with mashed potatoes,* III, 1

les **escargots** (m.) *snails,* I, 1; II, 3

l' **escrime** (f.) *fencing,* III, 12

l' **escrimeur (l'escrimeuse)** *fencer,* III, 12

l' **espadon** (m.) *swordfish,* III, 10

l' **Espagne** (f.) *Spain,* III, 12

l' **espagnol** (m.) *Spanish (language),* I, 2

les **espèces** (f.) *species,* III, 7

l' **essayage** (m.) *fitting,* III, 4

essayer: Je peux essayer... ? *Can I try on . . . ?* I, 10; **Je peux l'(les) essayer?** *Can I try it (them) on?* I, 10; **Essaie...** *Try . . . ,* III, 1

l' **essence** (f.) *gas,* III, 2

essentiel: Il est essentiel que... *It's essential that . . . ,* III, 7

essuyer *to wipe,* III, 1

l' **est** (m.): **dans l'est** *in the east,* II, 4; **C'est à l'est de...** *It's to the east of . . . ,* II, 12

Est-ce que *(introduces a yes-or-no question),* I, 4; **(Est-ce que) je peux... ?** *May I . . . , ?* I, 7

l' **étage** (m.): **Au premier étage.** *On the second floor.* III, 2

les **étagères** (f.) *shelves,* II, 2

les **Etats-Unis** (m.) *United States,* III, 12

l' **été** (m.) *summer,* I, 4; **en été** *in the summer,* I, 4

éteindre *to turn off/out,* III, 3; **éteindre les lumières** *to turn out the lights,* III, 3

éternuer: J'éternue beaucoup. *I'm sneezing a lot.* II, 7

l' **étoile de mer** (f.) *starfish,* III, 10

étonné(e) *surprised,* II, 9

étonner: Ça m'étonnerait que... *I'd be surprised if . . . ,* III, 7; **Ça m'étonnerait!** *That would surprise me.* II, 6; III, 10

étouffée: à l'étouffée *steamed,* III, 11

être *to be,* I, 7; **être collé(e)** *to have detention,* II, 5; **être en train de (+ infinitive)** *to be in the process of (doing something),* II, 9

l' **étude** (f.) *study hall,* I, 2; **arrêter/finir ses études** *to stop/finish one's studies,* III, 5

étudier *to study,* I, 1

les **événements** (m.) *events,* III, 10

évidemment *obviously,* II, 9

éviter *to avoid,* III, 3; **Evite d'aller voir...** *Avoid seeing. . . ,* III, 9; **Evite de...** *Avoid . . . ,* II, 7

les **examens** (m.) *tests,* I, 1

excellent(e) *excellent,* I, 5; **Oui, excellent.** *Yes, excellent.* I, 9; II, 2

s'excuser *to apologize,* II, 10; **Excuse-moi.** *Forgive me.*

II, 10; **Excuse-toi.** *Apologize.* II, 10; **Je m'excuse de...** *I'm sorry for . . . ,* III, 6

l' **exercice** (m.): **faire de l'exercice** *to exercise,* II, 7

exigeant *demanding,* III, 5

expliquer: expliquer ce qui s'est passé (à quelqu'un) *to explain what happened (to someone),* II, 10; **Explique-lui/-leur.** *Explain to him/her/them.* II, 10

exprès: Tu le fais exprès? *Are you doing that on purpose?* III, 6

F

face: en face de *across from,* I, 12; II, 12

fâché(e) *angry,* II, 9

facile *easy,* I, 2

la **faim: avoir faim** *to be hungry,* I, 5; **Je n'ai plus faim.** *I'm not hungry anymore.* II, 3; **Si, j'ai très faim!** *Yes, I'm very hungry.* II, 2; **Vous n'avez pas/Tu n'as pas faim?** *Aren't you hungry?* II, 2

faire *to do, to make, to play,* I, 4; **faire + infinitive** *to have (something) done,* III, 4; **se faire enlever ses bagues** *to get one's braces off,* III, 10; **se faire percer les oreilles** *to have one's ears pierced,* III, 10; **se faire mal à...** *to hurt one's . . . ,* II, 7; III, 10; **faire la tête** *to sulk,* II, 9; **faire le plein** *to fill it up,* III, 2; **faire les préparatifs** *to get ready,* II, 10; **Tu vas t'y faire.** *You'll get used to it.* II, 8; **fais: A ton avis, qu'est-ce que je fais?** *In your opinion, what do I do?* I, 9; **Est-ce que tu fais... ?** *Do you play/do . . . ?* I, 4; **Fais-toi une raison.** *Make the best of it.* II, 8; **Ne t'en fais pas!** *Don't worry!* I, 9; **Faites/Fais comme chez vous (toi).** *Make yourself at home.* II, 2; **Mais, qu'est-ce que tu fais?** *What are you doing?* III, 2; **Ne t'en fais pas.** *Don't worry.* I, 11; **Qu'est-ce que tu fais comme sport?** *What sports do you play?* II, 1; **Qu'est-ce que tu fais pour t'amuser?** *What do you do to have fun?* I, 4; **Qu'est-ce que**

tu fais quand... ? *What do you do when . . . ?* I, 4; **Ça fait combien?** *How much does that make?* II, 3; **Ça fait vraiment...** *That looks really . . . ,* III, 4; **Ça fait...** *It's been . . . ,* III, 1; **Ça ne fait rien.** *It doesn't matter.* II, 10; **Comment est-ce qu'on fait?** *How should we work this out?* III, 6; **D'abord, j'ai fait...** *First, I did . . . ,* I, 9; **Il fait beau.** *It's nice weather.* I, 4; **Il fait frais.** *It's cool.* I, 4; **Il fait froid.** *It's cold.* I, 4; **Il fait chaud.** *It's hot.* I, 4; **Qu'est-ce qu'on y fait?** *What should we do?* II, 1; **Faites gaffe!** *Look out!* III, 7; **Faites attention!** *Watch out!* III, 7; **Qu'est-ce qu'il y avait à faire?** *What was there to do?* III, 1

fameux (fameuse): pas fameux *not so great,* I, 5

fantaisiste *eccentric, whimsical,* III, 5

farci(e) (à) *stuffed (with),* III, 11

la **farine** *flour,* I, 8

fastoche: C'est fastoche, ça! *That's so easy!* III, 10

fatigant: C'était fatigant! *It was tiring!* II, 2

fatigué(e): Je suis fatigué(e) *I'm tired.* II, 12; **Pas trop fatigué(e)?** *(You're) not too tired?* II, 2

faudrait: Il faudrait que tu... *You should . . . ,* III, 5; **Il faudrait que tu...** *You ought to . . . ,* III, 7

la **faune** *animal life,* III, 10

faut: Il faut mieux travailler en classe. *You have to do better in class.* II, 5; **Il faut que tu... d'abord.** *First, you have to . . . ,* III, 3; **Il me faut...** *I need . . . ,* I, 3; **Il ne faut pas...** *One should not . . . ,* III, 3; **Qu'est-ce qu'il te faut pour... ?** *What do you need for . . . ? (informal),* I, 3; **Il faut que tu sois...** *You must be . . . ,* III, 3

la **faute: C'est de ma faute.** *It's my fault.* II, 10

Félicitations! *Congratulations!* II, 3

la **femme** *wife,* I, 7; III, 6

la **femme d'affaires** *business-woman,* III, 5

la **fenêtre** *window,* I, 0

fermer: A quelle heure est-ce

que vous fermez? *When do you close?* II, 6; **Fermez la porte.** *Close the door.* I, 0

féroce *ferocious,* III, 7

le **festin** *feast, banquet,* III, 5

la **fête: Bonne fête de Hanoukka!** *Happy Hanukkah!* II, 3; **Bonne fête!** *Happy holiday! (Happy saint's day!),* II, 3

le **feu: Il n'y a pas le feu.** *Where's the fire?* III, 2

la **feuille: une feuille de papier** *a sheet of paper,* I, 0; **ramasser les feuilles** *to rake leaves,* III, 3

feuilleter *to leaf through ,* III, 2

le **feuilleton** *soap opera,* III, 9

février *February,* I, 4

se fiancer *to get engaged,* III, 10

ficher: Je m'en fiche. *I don't give a darn.* III, 9; **Fiche-moi la paix!** *Leave me alone!* III, 6; **Tu te fiches de moi?** *Are you kidding me?* III, 9

fier (fière) *proud,* III, 10; **Tu peux être fier (fière) de toi.** *You should be proud of yourself.* II, 5

la **fièvre jaune** *yellow fever,* III, 7

la **figue** *fig,* III, 8

figurer: Figure-toi que... *Can you imagine that . . . ,* III, 10

le **filet de sole riz champignons** *filet of sole with rice and mushrooms,* III, 1

la **fille** *daughter,* I, 7

le **film: le film classique** *classic movie,* II, 11; **le film comique** *comedy,* II, 11; **le film d'action** *action movie,* II, 11; **le film d'aventures** *adventure movie,* II, 11; **le film d'horreur** *horror movie,* II, 11; **le film de science-fiction** *science-fiction movie,* II, 11; **le film policier** *detective or mystery movie,* II, 11; **le film étranger** *foreign film,* III, 9; **le film historique** *historical movie,* III, 9; **le film de guerre** *war movie,* III, 9; **le film d'espionnage** *spy movie,* III, 9; **voir un film** *to see a movie,* I, 6; **Qu'est-ce qu'il y a comme bons films en ce moment?** *What good movies are out now?* III, 9; **Qu'est-ce que tu as vu comme bons films?** *What good movies have you seen?* III, 9

le **fils** *son,* I, 7

la **fin: A la fin...** *At the end . . . ,* III, 9; **C'est insupportable, à la**

fin! *I won't put up with this!*
III, 8; **Tu m'énerves, à la
fin!** *You're bugging me to
death!* III, 6; **J'y suis allé(e)
fin...** *I went at the end of . . . ,*
III, 1

Finalement... *Finally . . . ,* I, 9;
II, 1; II, 4; II, 9

finir: finir ses études *to finish
one's studies,* III, 5

fixer: fixer la date *to choose the
date,* II, 10

le **flamant** *flamingo,* III, 7

la **flèche** *arrow,* III, 12

le **fleuret** *foil (sword),* III, 12

le **fleuriste** *florist's shop,* II, 3

les **fleurs** (f.) *flowers,* II, 3

la **flûte** *flute,* III, 11

la **fois: Ça va pour cette fois.** *OK,
just this once.* III, 3; **... fois par
semaine** *. . . times a week,* I, 4

foncé(e) *dark,* III, 4

le **fonceur** (la **fonceuse**) *a "go-
getter,"* III, 12

le **fonctionnaire** (la **fonctionnaire**)
government employee, III, 5

le **fond: Au fond.** *Towards the
back.* III, 2

le **fond de teint** *foundation* (cos-
metics), III, 4

le **foot(ball)** *soccer,* I, 1; **le football américain** *football,* I, 4

la **forêt: en forêt** *to the forest,*
I, 11; **la forêt tropicale**
tropical rainforest, II, 4

la **forme: Tu n'as pas l'air en
forme.** *You don't seem well.*
II, 7; **forme tunique** *tunic
style,* III, 4

formidable: C'était formidable!
It was great! I, 11

fort(e) *strong,* I, 7; II, 1; **Ce n'est
pas mon fort.** *It's not my
strong point.* II, 5; **Je t'embrasse bien fort.** *Hugs and
kisses.* III, 8

fortiche: Tu es fortiche. *You're
really strong at that.* III, 10

fou (**folle**) *crazy, funny,* III, 2;
C'est fou comme... ! *I can't
believe how . . . !* III, 7

la **fougère** *fern,* III, 10

fouiller *to rummage around,*
III, 6

le **foulard** *scarf,* II, 3; III, 4

la **foule** *crowd,* III, 8

se **fouler: se fouler la cheville**
to sprain one's ankle, II, 7

la **fourmi** *ant,* III, 7

fourmiller *to swarm,* III, 5

la **fourrure** *fur,* III, 7

les **frais** (m.) *fees,* III, 5

frais: Il fait frais. *It's cool.* I, 4

les **fraises** (f.) *strawberries,* I, 8

le **franc** *franc (the French monetary unit),* I, 3

le **français** *French (language),* I, 1

franchir: franchir le seuil *to walk
through (clear) the door(way),*
III, 5

la **frange** *bangs,* III, 4

le **frappeur** *the batter (in base-
ball),* III, 12

les **freins** (m.) *the brakes,* III, 2

le **frère** *brother,* I, 7

frire *to fry,* III, 11

frisé: les cheveux frisés (m.)
curly hair, III, 4

se **friser** *to curl one's hair,* III, 4

frit(e) *fried,* III, 11

les **frites** (f.) *French fries,* I, 1

froid: Il fait froid. *It's cold.* I, 4

le **fromage** *cheese,* I, 5; II, 3; **fromage de chèvre** *goat cheese,*
III, 1

la **frousse: J'ai la frousse!** *I'm
scared to death!* III, 7

les **fruits de mer** (m.) *seafood,* II, 3

fumer *to smoke,* III, 3

furieux (**furieuse**) *furious,* II, 9

la **fusée** *rocket,* III, 2

futé: pas futé(e) *not with it,* III, 6

gaffe: Faites gaffe! *Look out!*
III, 7

gagner *to win,* I, 9; *to earn,* I, 9

le **gant** *glove,* III, 4; **Ça te va
comme un gant.** *That fits you
like a glove.* III, 4; **les gants**
(m.) *a pair of gloves,* II, 1;
III, 4

garder *to look after* I, 7

le **gardien** *warden, caretaker,* III, 7

la **gare** *train station ,* II, 2

le **gaspillage** *waste,* III, 3

gaspiller *to waste,* III, 3

le **gâteau** *cake,* I, 8

gauche: à gauche *to the left,*
I, 12; **à gauche de** *to the left
of,* II, 2

la **gazelle** *gazelle,* III, 7

gêné(e) *embarrassed,* II, 9

**gêner: Dites donc, ça vous gêne-
rait de... ?** *Hey, do you think
you can . . . ?* III, 8; **Non,
mais surtout, ne vous gênez
pas!** *Well just go right ahead!*
III, 8

génial (e) *great,* I, 2; II, 2

le **genou** *knee,* II, 7

le **genre: J'aime bien ce genre de...**
I like this type of . . . , III, 4

les **gens** (m.) *people,* III, 8; **les gens
mal élevés** *rude people,* III, 8;
les gens pressés *people in a
hurry,* III, 8

gentil (**gentille**) *nice,* I, 7; **C'est
gentil.** *That's nice of you.*
III, 6; **C'est gentil de votre/ta
part.** *That's so nice of you.* II,
2; **Merci, c'est gentil.** *Thanks,
that's nice of you.* II, 3; III, 6

gentillet: gentillet, sans plus
cute (but that's all) , II, 11

la **géographie** *geography,* I, 2

la **géométrie** *geometry,* I, 2

la **gestion** *management,* III, 5

le **gilet** *vest,* III, 4

la **girafe** *giraffe,* III, 7

la **glace** *ice cream,* I, 1; **faire du
patin à glace** *to ice-skate,* I, 4

le **glas** *toll, knell,* III, 8

le **gnon** *blow,* III, 3

le **gnou** *gnu,* III, 7

le **golf** *golf,* I, 4; **jouer au golf** *to
play golf,* I, 4

le **gombo** *gumbo,* III, 11; **les gombos** *okra,* I, 8

la **gomme** *eraser,* I, 3

gommer *to erase,* III, 4

la **gorge: J'ai mal à la gorge** *I have
a sore throat.* II, 7

le **gorille** *gorilla,* III, 7

la **gourde** *canteen,* III, 7

gourmand(e) *someone who
loves to eat well,* II, 1

le **goût** *taste,* III, 4; **de mauvais
goût** *in poor taste,* III, 2

le **goûter** *afternoon snack,* I, 8

les **goyaves** (f.) *guavas,* I, 8

grand(e) *tall, big,* I, 7; II, 1;
moins grand(e) que *smaller
than . . . ,* II, 4; **plus grand(e)
que** *bigger than . . . ,* II, 4

**grand-chose: Ce n'est pas
grand-chose.** *It's nothing special.* II, 3; **Pas grand-chose.**
Not much. I, 6

la **grand-mère** *grandmother,* I, 7

le **grand-père** *grandfather,* I, 7

grandir *to grow,* I, 10

la **grange** *barn,* III, 12

le **graphisme** *graphic arts,* III, 5

le **gratte-ciel** *skyscraper,* III, 8

grave: C'est pas grave. *It's not
serious.* II, 5

la **grègue** *a coffeepot (Cajun),* III,
11

**grignoter: grignoter entre les
repas** *snacking between meals,*
II, 7

grimper *to climb,* III, 3

la **grippe: J'ai la grippe.** *I've got
the flu.* II, 7

gris(e) *grey,* I, 3

le **grognement** *growling,* III, 7
gros (grosse) *fat,* I, 7; **Grosses bises.** *Hugs and kisses.* III, 8
grossir *to gain weight,* I, 10
grouiller: Grouille-toi! *Get a move on!* III, 2
le **groupe** *(music) group,* II, 11
le **grumeau** *lump,* III, 11
la **Guadeloupe** *Guadeloupe,* III, 12
le **guépard** *cheetah,* III, 7
guidée: une visite guidée *a guided tour,* II, 6
la **guitare** *guitar,* III, 11
la **gymnastique** *gymnastics,* III, 12; **faire de la gymnastique** *to do gymnastics,* II, 7

habile *skillful,* III, 5
s'habiller *to get dressed,* II, 4
l' **habitude** (f.): **d'habitude** *usually,* I, 4
Haïti (m.) *(no article)* *Haiti,* III, 12
les **haltères** (m.) *barbells,* III, 12
l' **haltérophilie** (f.) *weightlifting,* III, 12
*les **hamburgers** (m.) *hamburgers,* I, 1
*le **hareng** *herring,* III, 1
*les **haricots** (m.) **verts** *green beans,* I, 8
*haut: **En haut.** *Upstairs.* III, 2
*les **hauts talons** (m.) *high heels,* III, 4
l' **herbe** (f.) *grass,* III, 7
hésiter: Euh... J'hésite. *Oh, I'm not sure.* I, 10; **J'hésite entre... et...** *I can't decide between . . . and . . . ,* III, 1
l' **heure** (f.): I, 2; **A quelle heure?** *At what time?* I, 6; **A tout à l'heure!** *See you later!* I, 1; **Tu as... à quelle heure?** *At what time do you have . . . ?* I, 2; **à... heures** *at . . . o'clock,* I, 2; **à... heures quarante-cinq** *at . . . forty-five,* I, 2; **à... heures quinze** *at . . . fifteen,* I, 2; **à... heures trente** *at . . . thirty,* I, 2
Heureusement,... *Fortunately, . . . ,* II, 9
heureux: Très heureux (heureuse). *Pleased to meet you.* I, 7
l' **hippocampe** (m.) *seahorse,* III, 10
l' **hippopotame** (m.) *hippopotamus,* III, 7
*se **hisser** *to haul oneself up,* III, 10

l' **histoire** (f.) *history,* I, 2; **C'est l'histoire de...** *It's the story of . . . ,* II, 11; III, 9; **C'est une belle histoire.** *It's a great story.* II, 11; **C'est une histoire passionnante.** *It's an exciting story.* II, 11; **Est-ce que tu connais l'histoire de... ?** *Do you know the one about . . . ?* III, 10; **Il n'y a pas d'histoire.** *It has no plot.* II, 11; **l'histoire d'amour** *love story,* III, 9
l' **hiver** *winter,* I, 4; **en hiver** *in the winter,* I, 4
*le **hockey** *hockey,* I, 4
*le **homard** *lobster,* III, 10
l' **homme** (m.) **d'affaires** *businessman,* III, 5
*la **honte: Oh la honte!** *How embarrassing!* III, 11
l' **horreur** (f.): **C'est l'horreur!** *This is just horrible!* III, 8
horrible *terrible,* I, 10
*hors *outside,* III, 12
*les **hors-d'œuvre** (m.) *hors d'œuvre,* III, 11
*le **hot-dog** *hot dog,* I, 5
l' **hôtel** (m.): **A l'hôtel.** *In a hotel.* III, 1
l' **huile** (f.) *the oil,* III, 2; **mettre de l'huile dans le moteur** *to put oil in the motor,* III, 2
les **huîtres** (f.) *oysters,* II, 3; III, 11
l' **humeur** (f): **de mauvaise humeur** *in a bad mood,* II, 9; **de bonne humeur** *in a good mood,* II, 9
l' **hyène** (f.) *hyena,* III, 7
hyper-cool *super cool,* III, 4

ici: Ici,... tandis que... *Here, . . . whereas . . .* III, 8
l' **idée** (f.): **Bonne idée!** *Good idea!* II, 3; **C'est une bonne (excellente) idée.** *That's a good (excellent) idea.,* II, 1; **Je n'en ai aucune idée.** *I have no idea.* III, 5; **Tu as une idée de cadeau pour... ?** *Have you got a gift idea for. . . ?* II, 3
il *he* or *it,* I, 1
il y a *there is, there are,* I, 5
l' **île** (f.) *island,* II, 4
ils *they,* I, 1
l' **image** (f.) *the picture,* III, 9
l' **immeuble** (m.) *building,* III, 8
impatient(e): Je suis vraiment impatient(e) de... ! *I can hardly wait to . . . !* III, 12; *I'm really anxious to . . . !* III, 2

l' **imperméable** (m.) *raincoat,* II, 1
important: Il est très important que... *It's very important that . . . ,* III, 7
importer: du n'importe quoi *worthless,* II, 11; **N'importe quoi!** *That's ridiculous!* II, 6; *Yeah, right!* III, 10; **Peu importe.** *It doesn't matter.* III, 9
impossible: C'est impossible. *It's impossible.* II, 10
imprégné *permeated, immersed,* III, 12
l' **impression** (f.): **J'ai l'impression que...** *I have the impression that . . . ,* III, 11
impressionner *to impress,* III, 10
imprimé(e) *printed,* III, 4
inadmissible: C'est inadmissible. *That's not acceptable.* II, 5
incroyable *incredible,* II, 6; **C'était incroyable!** *It was amazing/unbelievably bad!* II, 5; **Ce qui est incroyable, c'est...** *What's incredible is . . . ,* III, 11
les **indications** (f.) *directions,* III, 2
l' **infirmier** (m.), **l'infirmière** (f.) *nurse,* III, 5
les **informations** (f.) *the news,* III, 9
l' **informatique** (f.) *computer science,* I, 2
l' **ingénieur** (m.) *engineer,* III, 5
inquiet (inquiète) *worried,* II, 9
s'inquiéter: Ne t'inquiète pas! *Don't worry!* III, 6
s'inscrire *to enroll,* III, 5
l' **instant** (m.): **Un instant, s'il vous plaît.** *One moment, please.* III, 1
l' **instituteur** (m.), **l'institutrice** (f.) *elementary school teacher,* III, 5
insupportable: C'est insupportable, à la fin! *I won't put up with this!* III, 8
intelligent(e) *smart,* I, 7; II, 1
l' **intention** (f.): **J'ai l'intention de...** *I intend to . . . ,* I, 11; III, 5; **Qu'est-ce que tu as l'intention de faire?** *What do you intend to do?* III, 5
l' **interdiction** (f.) *ban,* III, 3; **Interdiction de...** *. . . is not allowed,* III, 3
interdit: Il est interdit de... *It's forbidden to . . . ,* III, 3
intéressant *interesting,* I, 2; **Ce qui est intéressant/incroyable, c'est...** *What's interesting/incredible is . . . ,* III, 11

intéresser: Ça t'intéresse de... ? *Would you be interested in . . . ?* III, 6

l' **intérêt** (m.): Ça n'a aucun intérêt. *It's not interesting.* III, 9

l' **interro** (f.) *quiz,* I, 9

l' **intrigue** *plot,* III, 9

les **invitations** (f.): envoyer les invitations *to send the invitations,* II, 10

isolé(e) *isolated,* II, 8

l' **Italie** (f.) *Italy,* III, 12

jamais: ne... jamais *never,* I, 4; Je n'ai jamais vu un(e) aussi... *I've never seen such a . . . ,* III, 7

le **jambalaya** *jambalaya,* III, 11

la **jambe:** J'ai mal à la jambe *My leg hurts.* II, 7

le **jambon** *ham,* I, 5; II, 3

janvier *January,* I, 4

le **Japon** *Japan,* III, 12

le **jardin** *yard,* II, 2

jaune *yellow,* I, 3

le **jazz** *jazz,* II, 11; III, 11

je *I,* I, 1

le **jean** *(a pair of) jeans,* I, 3; II, 1; en jean *denim,* I, 10

jeter: jeter les déchets *to throw away your trash,* II, 12; jeter des ordures *to throw trash,* III, 3

le **jeu télévisé** *game show,* III, 9

le **jeudi** *on Thursdays,* I, 2

jeune *young,* I, 7; II, 1

la **jeunesse** *youth,* III, 5; l'auberge (f.) de jeunesse *youth hostel,* II, 2

les **jeux** (m.): jouer à des jeux vidéo *to play video games,* I, 4

le **jogging:** faire du jogging *to jog,* I, 4

jouer *to play,* I, 4; jouer à... *to play . . . ,* I, 4; Qu'est-ce qu'on joue comme film? *What films are playing?* II, 11; On joue... *. . . is showing.* II, 11

le **jour:** C'est pas mon jour! *It's just not my day!* II, 5

le **journaliste** (la journaliste) *journalist,* III, 5

la **journée:** avoir une journée épouvantable *to have a horrible day,* II, 5; Comment s'est passée ta journée (hier)? *How was your day (yesterday)?* II, 5; Quelle journée!

What a bad day! II, 5; Quelle journée formidable! *What a great day!* II, 5

joyeux (joyeuse) *cheerful,* III, 6; Joyeux (Bon) anniversaire! *Happy birthday!* II, 3; Joyeux Noël! *Merry Christmas!* II, 3

le **judo** *judo,* III, 12

le **juge** *judge,* III, 5

juillet *July,* I, 4

juin *June,* I, 4

les **jumeaux** (-elles) *twins,* III, 6

les **jumelles** (f.) *binoculars,* III, 7

la **jupe** *skirt,* I, 10

le **jus:** le jus d'orange *orange juice,* I, 5; le jus de pomme *apple juice,* I, 5

jusqu'à: Vous allez tout droit jusqu'à... *You go straight ahead until you get to . . . ,* I, 12

juste: C'est pas juste. *It's not fair.* III, 12; Juste là, à côté de... *Right there, next to . . . ,* III, 2

justement *exactly,* III, 8

le **kilo:** un kilo de *a kilogram of,* I, 8

le **klaxon** *car horn,* III, 8

-**là** *there (noun suffix),* I, 3; (Est-ce que)... est là, s'il vous plaît? *Is . . . , there, please?* I, 9; Là, c'est... *Here (There) is . . . ,* II, 2; C'est comment, la vie là-bas? *What's life like there?* III, 12; Là-bas, le garçon qui... *Over there, the boy who . . . ,* III, 4

lâcher: Lâche-moi, tu veux? *Will you give me a break?* III, 10

la **laine:** en laine *wool,* III, 4

laisser: Je peux laisser un message? *Can I leave a message?* I, 9

le **lait** *milk,* I, 8; II, 3

la **lampe** *lamp,* II, 2; la lampe de poche *flashlight,* II, 12

le **lancer du disque** *the discus throw,* III, 12

le **lanceur** *the pitcher (baseball),* III, 12

laquelle: Laquelle? *Which one?* III, 4

large *baggy,* I, 10

largement: On a largement le temps! *We've got plenty of time!* III, 2

les **larmes** (m.) *tears,* III, 5

le **latin** *Latin,* I, 2

laver: laver la voiture *to wash the car,* I, 7; laver les vitres (f.) *to wash the windows,* III, 3; se laver *to wash oneself,* II, 4

les **légumes** (m.) *vegetables,* I, 8

lequel: Lequel? *Which one?* III, 4

lesquels: Lesquels/Lesquelles? *Which ones?* III, 4

la **lessive:** faire la lessive *to do the laundry,* III, 3

lever: Levez la main! *Raise your hand!* I, 0; Levez-vous! *Stand up!* I, 0

se **lever** *to get up,* II, 4

la **librairie** *bookstore,* I, 12

libre: Je suis quand même libre, non? *I'm free, aren't I?* III, 3

la **limonade** *lemon soda,* I, 5

le **lin** *flax,* III, 4

le **lion** *lion,* III, 7

lire *to read,* I, 1

le **lit** *bed,* II, 2; faire son lit *to make one's bed,* III, 3

le **litre:** un litre de *a liter of,* I, 8

la **livre:** une livre de *a pound of,* I, 8

le **livre** *book,* I, 3; le livre de poésie *book of poetry,* II, 11

loin: loin de *far from,* I, 12

long(longue) *long,* I, 10; II, 1; les cheveux longs (m.) *long hair,* III, 4; trop long *too long,* II, 11

longtemps: Ça fait longtemps qu'on ne s'est pas vu(e)s. *It's been a long time since we've seen each other.* III, 1; Ça ne va pas prendre longtemps! *It's not going to take long!* III, 2

lors de *at the time of,* III, 8

lorsque *when,* III, 3

la **lotion anti-moustique(s)** *mosquito repellent,* III, 7

loufoque *wild, crazy,* III, 2

le **loup** *wolf,* II, 12

lourd(e) *heavy,* III, 7; C'est lourd. *It's dull.* III, 9

luire *to gleam,* III, 10

les **lumières** (f.) *lights,* III, 3

le **lundi** *on Mondays,* I, 2

les **lunettes de soleil** (f.) *sunglasses,* I, 10

la **lutte** *wrestling,* III, 12

le **lycée** *high school,* II, 2

madame (Mme) *ma'am; Mrs.*
I, 1; **Madame!** *Waitress!* I, 5;
**Monsieur/Madame (to start a
business letter)** *Sir/Madam,*
III, 5
mademoiselle (Mlle) *miss; Miss,*
I, 1; **Mademoiselle!** *Waitress!*
I, 5
les magasins (m.) *stores,* I, 1; **faire
les magasins** *to go shopping,*
I, 1
le magazine *magazine,* I, 3; **magazine télévisé** *magazine show,*
III, 9
le magnétoscope *videocassette
recorder, VCR,* I, 0; III, 9
magnifique *beautiful,* II, 6
mai *May,* I, 4
maigrichon *scrawny, skinny,*
III, 2
maigrir *to lose weight,* I, 10
le maillot de bain *bathing suit,*
I, 10
la main *hand,* I, 0; **J'ai mal à la
main.** *My hand hurts.* II, 7
mais *but,* I, 1; **Non mais, tu t'es
pas regardé(e)!** *If you could
see how you look!* III, 10
le maïs *corn,* I, 8
la maison *house,* II, 2; **la Maison
des jeunes et de la culture
(MJC)** *recreation center,*
I, 6
mal: mal à l'aise *uncomfortable,*
II, 9; **Il n'y a pas de mal.** *No
harm done.* II, 10; **J'ai du mal à
me décider.** *I'm having trouble
deciding.* III, 5; **J'ai mal
dormi.** *I didn't sleep well.* II, 7;
J'ai mal partout! *I hurt all
over!* II, 7; **J'ai mal...** *My . . .
hurts.* II, 7; **J'ai trouvé ça pas
mal.** *It was not bad.* III, 9;
Pas mal. *Not bad.* I, 1; *all
right,* II, 6; **se faire mal à...**
to hurt one's . . . , II, 7; III, 10;
mal élevé(e) *rude,* III, 8
malade: Je suis malade. *I'm
sick.* II, 7
la malédiction *curse,* III, 8
**le malentendu: un petit malen-
tendu** *a little misunderstanding,* II, 10
Malheureusement,... *Unfortunately, . . . ,* II, 9
malicieusement *mischievously,*
III, 10
les manches (f.): **à manches
courtes/longues** *short/long-
sleeved,* III, 4

manger *to eat,* I, 6; II, 7; **donner
à manger aux animaux** *to
feed the animals,* II, 6; III, 3
manger mieux *to eat better,*
III, 3
les mangues (f.) *mangoes,* I, 8
manier *to handle,* III, 5
le manioc *manioc (edible root),* III, 1
le mannequin *model,* III, 5
**manquer: C'est à ne pas man-
quer!** *Don't miss it!* III, 9;
... me manque. *I miss . . .
(singular),* II, 8; **... me manquent.** *I miss . . . (plural),*
II, 8; **Ce qui me manque, c'est...**
What I miss is . . . , II, 8
le manteau *coat,* I, 10
le maquillage *makeup,* III, 4
se maquiller *to put on makeup,*
III, 4
le maquis *popular Ivorian outdoor
restaurant,* II, 8
le marabout *religious leader,* III, 5
le marais *marsh, swamp,* III, 11
la marche: rater une marche *to
miss a step,* II, 5
le mardi *on Tuesdays,* I, 2
le mari *husband,* I, 7; III, 6
marié(e) *married,* III, 6
se marier *to get married,* III, 5
marin *marine,* III, 10
le Maroc *Morocco,* III, 12
la maroquinerie *leather-goods
shop,* II, 3
marrant(e) *funny,* III, 2
**marre: J'en ai vraiment
marre!** *I'm sick of this!* III, 12;
**Je commence à en avoir
marre!** *I've just about had it!*
III, 8
marron *brown,* I, 3; II, 1
mars *March,* I, 4
le masque *mask,* II, 8; III, 12
m'as-tu-vu: être m'as-tu-vu *to be
a show off,* III, 7
le match: regarder un match *to
watch a game (on TV),* I, 6;
voir un match *to see a game
(in person),* I, 6
les maths (f.) *math,* I, 1
les matières grasses (f.) *fat,* II, 7
le matin *in the morning,* I, 2
**mauvais(e): de mauvais
goût** *in poor taste,* III, 2; **avoir
une mauvaise note** *to get a
bad grade,* II, 5; **de mauvaise
humeur** *in a bad mood,* II, 9
**le mec: C'est l'histoire d'un mec
qui...** *It's about a guy
who . . . ,* III, 10
le mécanicien (la mécanicienne)
mechanic, III, 5
méchant(e) *mean,* I, 7

le médecin *doctor,* III, 5
les médicaments (m.) *medicine,*
I, 12
la méduse *jellyfish,* III, 10
Méfiez-vous! *Be careful!* III, 7
**meilleur(e): C'est meilleur
que...** *It's better than . . . ,*
II, 7; **C'est moi, le/la
meilleur(e).** *I'm the best.*
III, 10; **Tu es vraiment le/la
meilleur(e).** *You're really the
best.* III, 10; **Meilleurs vœux!**
Best wishes! II, 3
mélanger *to mix,* III, 1
mêler *to mix,* III, 11; **Mêle-toi de
tes oignons!** *Mind your own
business!* III, 6
**même: C'est toujours la même
chose!** *It's always the same!*
III, 6; **Toujours la même
chose!** *Same old thing!* III, 1
le ménage: faire le ménage *to do
housework,* I, 1; II, 10
mener *to lead,* III, 2
mentir *to lie,* III, 6
le menu *fixed-price menu,* III, 1
le menuisier (la menuisière) *carpenter,* III, 5
la mer *sea,* II, 4; **au bord de la
mer** *to/at the coast,* I, 11
Merci. *Thank you,* I, 3; II, 2;
**Merci bien/infiniment/mille
fois.** *Thank you so much.* III,
6; **Merci, ça va.** *No thank you,
I've had enough.* II, 3; **Non,
merci.** *No, thank you.* I, 8
le mercredi *on Wednesdays,* I, 2
la mère *mother,* I, 7
la météo *the weather report,* III, 9
le métier *job, occupation,* III, 5;
choisir un métier *to choose a
career,* III, 5
le métissage *crossbreeding,* III, 4
le métro: au métro... *at the . . .
metro stop,* I, 6; **en métro** *by
subway,* I, 12
le metteur en scène *director,* III, 9
mettre *to put, to put on, to wear,*
I, 10; **Je ne sais pas quoi mettre pour...** *I don't know what
to wear for . . . ,* I, 10; **Qu'est-
ce que je mets?** *What shall I
wear?* I, 10; **mettre la table** *to
set the table,* III, 3; **se mettre
en condition** *to get into shape,*
II, 7; **Mettez-vous à l'aise.**
Make yourself comfortable.
III, 6
se mettre à *to start,* III, 1
**meurs: Je meurs de faim
(soif)!** *I'm dying of hunger
(thirst)!* II, 2
le Mexique *Mexico,* III, 12

le micro (le microphone) *the mike, the microphone,* III, 11

midi *noon,* I, 6

mieux: C'est moi qui... le mieux. *I . . . the best.* III, 10; **Ça va aller mieux!** *It's going to get better!* I, 9; **J'aime mieux...** *I prefer . . . ,* I, 1; **manger mieux** *to eat better,* III, 3; **Tu ferais mieux de...** *You would do better to . . . ,* III, 5

mignon(ne) *cute,* I, 7

mijoter *to simmer,* III, 11

militaire: faire son service militaire *to do one's military service,* III, 5

le millefeuille *layered pastry,* II, 3

le millénaire *millenium, thousand-year-old,* III, 4

mince *slender,* I, 7

la mini-jupe *miniskirt,* III, 4

minuit *midnight,* I, 6

la minute: Tu as une minute? *Do you have a minute?* I, 9; II, 10

minutieux (-ieuse) *meticulous,* III, 3

les mocassins (m.) *loafers,* III, 4

moche: Je le/la/les trouve moche(s). *I think it's (they're) really tacky.* I, 10

la mode: à la mode *in style,* I, 10

moi *me,* I, 2

moins: La vie était plus... moins... *Life was more . . . , less . . . ,* II, 8; **moins cinq** *five to,* I, 6; **moins de... que...** *fewer . . . than . . . ,* III, 8; **moins grand(e) que** *smaller than . . . ,* II, 4; **moins le quart** *quarter to,* I, 6; **moins... que...** *less . . . than . . . ,* III, 8; **Plus ou moins.** *More or less.* II, 6

la moisson *harvest,* III, 1

le moment: A ce moment-là... *At that point . . . ,* II, 9; III, 9; **Un moment, s'il vous plaît.** *One moment, please.* I, 5

monsieur (M.) *sir; Mr.* I, 1; **Monsieur!** *Waiter!* I, 5; **Monsieur/Madame** *(to start a business letter) Sir/Madame,* III, 5

la montagne: à la montagne *to/at the mountains,* I, 11; **faire du vélo de montagne** *to go mountain-bike riding,* II, 12; **les montagnes russes** *the roller coaster,* II, 6

monter *to go up,* II, 6; **monter dans une tour** *to go up in a tower,* II, 6

la montre *watch,* I, 3

montrer *to show,* I, 9

se moquer de *to tease, make fun of,* III, 10

le morceau: un morceau de *a piece of,* I, 8

mort(e) *dead,* III, 6

mortel(le) *deadly boring,* II, 6; III, 2; *deadly dull,* II, 8

la mosquée *mosque,* II, 8

la motivation *incentive,* III, 5

Mouais. *Yeah.* II, 6

la mouche *fly,* III, 7

la mouffette *skunk,* II, 12

la moule *mussel,* III, 12

mourir *to die,* II, 6; **Ça m'ennuie à mourir!** *That bores me to death!* III, 2; **Je me suis ennuyé(e) à mourir.** *I was bored to death.* III, 9

la moustache *mustache,* III, 4

le moustique *mosquito,* II, 4

le mouton *sheep,* III, 8

moyenne: de taille moyenne *of medium height,* II, 1

la musculation: faire de la musculation *to lift weights,* II, 7

le museau *muzzle, snout,* III, 1

le musée *museum,* I, 6; II, 2

le musicien (la musicienne) *musician,* II, 11

la musique *music,* I, 2; **la musique cajun** *Cajun music,* III, 11; **la musique classique** *classical music,* II, 11; III, 11; **écouter de la musique** *to listen to music,* I, 1; **Qu'est-ce que tu aimes comme musique?** *What music do you like?* II, 1

musulman *Muslim,* III, 8

mutiler: mutiler les arbres *to deface the trees,* II, 12

nager *to swim,* I, 1

naître *to be born,* II, 6

la natation *swimming,* III, 12; **faire de la natation** *to swim,* I, 4

la natte *braid,* III, 4

nautique: faire du ski nautique *to water ski,* I, 4

le navet: C'est un navet. *It stinks.* II, 11; *It's trash.* III, 9

ne: ne... pas *not,* I, 1; **ne... jamais** *never,* I, 4; **ne... pas encore** *not yet,* I, 9; **ne... aucun(e)** *no . . . ,* III, 9; **ne... ni... ni...** *neither . . . nor . . . ,* III, 9; **ne... nulle part** *nowhere,* III, 9; **ne... personne** *no one,* III, 9; **ne... rien** *noth-*

ing, III, 9; **ne... que** *only,* III, 9; **Tu n'as qu'à...** *All you have to do is . . . ,* II, 7; III, 5

nécessaire: Il est nécessaire que... *It's necessary to . . . ,* III, 7

néfaste *harmful,* III, 8

la neige: enlever la neige *to shovel snow,* III, 3; **Il neige.** *It's snowing.* I, 4

nettoyer: nettoyer la salle de bains *to clean the bathroom,* III, 3; **nettoyer le pare-brise** *to clean the windshield,* III, 2; **nettoyer le parquet** *to clean the floor,* III, 3

neuf: Quoi de neuf? *What's new?* III, 1

le neveu *nephew,* III, 6

le nez: J'ai le nez qui coule. *I've got a runny nose.* II, 7

la nièce *niece,* III, 6

le Niger *Niger,* III, 12

Noël: Joyeux Noël! *Merry Christmas!* II, 3

noir(e) *black,* I, 3; II, 1

les noix de coco (f.) *coconuts,* I, 8

non *no,* I, 1; **Moi non plus.** *Neither do I.* I, 2; **Moi, non.** *I don't.* I, 2; **Non, pas trop.** *No, not too much.* I, 2

le nord: dans le nord *in the north,* II, 4; **C'est au nord de...** *It's to the north of . . . ,* II, 12

normal: C'est tout à fait normal. *You don't have to thank me.* III, 6

la note: avoir une mauvaise note *to get a bad grade,* II, 5

la nouille *noodle,* III, 1

se nourrir: bien se nourrir *eat well,* II, 7; **nourrir les animaux** *to feed the animals,* II, 12

nous *we,* I, 1

nouveau (nouvelle) *new,* II, 2

novembre *November,* I, 4

nul (nulle) *useless,* I, 2; *worthless,* II, 8; **C'est nul.** *It's no good.* III, 9; **Qu'est-ce que je peux être nul(le)!** *I just can't do anything right!* III, 12

obtenir: obtenir son diplôme *to get one's diploma,* III, 5

occupé: C'est occupé. *It's busy.* I, 9; **Désolé(e), je suis occupé(e).** *Sorry, I'm busy.* I, 6

s'occuper de *to take care of,* III, 8

octobre *October,* I, 4

l' œil (m.) (pl. les yeux) *eye,* II, 1;
   Mon œil! *Yeah, right!* II, 6; *No
   way!* III, 10

les œufs (m.) *eggs,* I, 8; II, 3

l' office de tourisme (m.) *tourist
   information office,* II, 2

offrir (à quelqu'un) *to give (to
   someone),* II, 10; **Qu'est-ce que
   je peux vous offrir?** *What can
   I offer you?* III, 6; **Qu'est-ce
   que je pourrais offrir à... ?**
   What could I give to . . . ? II, 3;
   Tu pourrais lui/leur offrir...
   You could give him/her . . . ,
   II, 3; **Offre-lui/leur...** *Give
   him/her/them . . . ,* II, 3

oh: **Oh là là!** *Oh no!* II, 5; *Wow!*
   III, 10; **Oh dis donc!** *Wow,*
   III, 9

l' oignon (m.) *onion,* I, 7

l' oiseau (m.) *bird,* III, 7

les okras (m.) *okra,* III, 11

l' olive (f.) *olive,* III, 8

l' olivier (m.) *olive tree,* III, 8

l' ombre à paupières (f.) *eyeshadow,* III, 4

l' omelette *omelet,* I, 5

on: *we, they, you, people in
   general,* I, 4; **On... ?** *How
   about . . . ?* I, 4

l' oncle (m.) *uncle,* I, 7

l' onglet (m.) *prime cut of beef,*
   III, 1

opprimer *to oppress,* III, 8

orange (inv.) *orange,* I, 3

les oranges (f.) *oranges,* I, 8

l' ordinaire *regular gas,* III, 2

l' ordinateur (m.) *computer,* I, 3

les ordures (f.): **jeter des ordures**
   to throw trash, III, 3

les oreilles (f.): **J'ai mal aux
   oreilles.** *My ears hurt.* II, 7

original: **C'est original.** *That's
   unique.* II, 3

l' orignal (m.) *moose,* II, 12

l' orthographe (f.) *spelling,* III, 2

où: **D'où vient le mot... ?** *Where
   does the word . . . come from?*
   III, 11; **Où ça?** *Where?* I, 6; **Où
   est-ce que tu vas aller... ?**
   *Where are you going to
   go . . . ?* I, 11; **Où est... s'il
   vous plaît?** *Where is . . . ,
   please?* II, 2; **Où se trouve... ?**
   Where is . . . ? II, 4; **Tu es
   allé(e) où?** *Where did you go?*
   I, 9; **Tu viens d'où?** *Where are
   you from?* III, 12; **Vous pourriez me dire où il y a... ?**
   *Could you tell me where I could
   find . . . ?* III, 2

Ouah! *Wow!* III, 7

oublier *to forget,* I, 9; **N'oublie**

pas de... *Don't forget to . . .*
   I, 8; II, 1; **Oublie-le/-la/-les!**
   Forget him/her/them! I, 9;
   II, 10; **Je n'ai rien oublié.**
   I didn't forget anything. I, 11;
   Tu n'as pas oublié... ? *You
   didn't forget . . . ?* I, 11

l' ouest (m.): **dans l'ouest** *in the
   west,* II, 4; **C'est à l'ouest de...**
   It's to the west of . . . , II, 12

ouf: **Ouf! On a eu chaud!**
   Whew! That was a real scare!
   III, 7

oui *yes,* I, 1

l' ours (m.) *bear,* II, 12

l' oursin (m.) *sea urchin,* III, 10

l' ouvrier (l'ouvrière) *worker,*
   III, 5

ouvrir: **A quelle heure est-ce
   que vous ouvrez?** *When do
   you open?* II, 6; **Ouvrez vos
   livres à la page...** *Open your
   books to page . . . ,* I, 0

P

la page *page,* I, 0

le pagne *piece of Ivorian cloth,* II, 8

pailleté *sequined,* III, 10

le pain *bread,* I, 8; II, 3; **pain au
   chocolat** *croissant with a
   chocolate filling,* II, 3

la paix: **Fiche-moi la paix!** *Leave
   me alone!* III, 6

la palmeraie *palm grove,* III, 8

le palmier *palm tree,* II, 4

le paludisme *malaria,* III, 7

le panier (m.) *basket,* II, 8

la panique: **Pas de panique!** *Don't
   panic!* III, 7

panne: **tomber en panne** *to
   break down,* II, 9; **tomber en
   panne d'essence** *to run out of
   gas,* III, 2

le panneau *sign,* III, 2; **Vous allez
   voir un panneau qui indique
   l'entrée de l'autoroute.** *You'll
   see a sign that points out the
   freeway entrance.* III, 2

les pansements (m.) *bandages,* III, 7

le pantalon *a pair of pants,* I, 10

les papayes (f.) *papayas,* I, 8

la papeterie *stationery store,* I, 12

le papier *paper,* I, 0; III, 3

le papillon *butterfly,* III, 7

le paquet: **un paquet de** *a
   package/box of,* I, 8

par: **Par là, au bout du couloir.**
   *Over there, at the end of the
   hallway.* III, 2; **par terre** *on the
   ground,* III, 3

le parapluie *umbrella,* I, 11

le parc *park,* I, 6; II, 2; **visiter un
   parc d'attractions** *to visit an
   amusement park,* II, 6

parce que *because,* I, 5; **Ce n'est
   pas parce que tout le monde...
   que tu dois le faire.** *Just
   because everyone else . . . does-
   n't mean you have to.* III, 3

Pardon. *Pardon me.* I, 3;
   **demander pardon à
   (quelqu'un)** *to ask (someone's) forgiveness,* II, 10;
   Pardon, madame. *Excuse me,
   ma'am.* I, 12; **Pardon, mademoiselle. Où est... , s'il vous
   plaît?** *Excuse me, miss. Where
   is . . . please?* I, 12; **Pardon,
   monsieur. Je cherche... , s'il
   vous plaît.** *Excuse me, sir. I'm
   looking for . . . , please.* I, 12;

pardonner à (quelqu'un) *to
   forgive (someone),* II, 10;
   Pardonne-moi de... *Pardon
   me for . . . ,* III, 6

le pare-brise: **nettoyer le pare-
   brise** *to clean the windshield,*
   III, 2

pareil: **Tout le monde fait
   pareil.** *Everybody does it.*
   III, 3

le parent *parent, relative,* I, 7

parfait: **C'est parfait.** *It's perfect.* I, 10

parier: **Je parie que...** *I bet
   that . . . ,* II, 9

parler: **(Est-ce que) je peux parler à... ?** *Could I speak
   to . . . ?* I, 9; **Je peux te parler?** *Can I talk to you?* I, 9;
   parler au téléphone *to talk
   on the phone,* I, 1; **Tu parles!**
   No way! III, 9; **Ça parle de...**
   It's about . . . , II, 11; III, 9; **De
   quoi ça parle?** *What's it
   about?* II, 11; III, 9; **Ne parle
   pas si fort.** *Don't speak so
   loudly.* III, 9; **Parle-lui/-leur.**
   Talk to him/her/them. II, 10

le parquet: **nettoyer le parquet** *to
   clean the floor,* III, 3

la part: **C'est vraiment très gentil
   de votre part.** *That's very nice
   of you.* III, 6

partager: **partager tes
   affaires** *to share your things,*
   III, 3; **partager son véhicule**
   to share one's vehicle, III, 3

particulière *private,* III, 8

partir *to leave,* I, 11; II, 6; **Tu ne
   peux pas partir sans...** *You
   can't leave without . . . ,* I, 11;
   Je suis parti(e) en... *I went*

by . . . , III, 1; **Non, je suis parti(e)...** *No, I went away for . . . ,* III, 1; **Tu es parti(e) comment?** *How did you get there?* III, 1

partout: J'ai mal partout! *I hurt all over!* II, 7

pas: (Il n'y a) pas de quoi. *It's nothing.* III, 6; **Pas du tout.** *Not at all.* II, 10; III, 9; **Pas mal.** *Not bad.* I, 1; **Pas mauvais** *Not bad,* I, 9; **Pas question!** *Out of the question!* I, 7; *No way!,* II, 1; **Pas super** *not so hot,* I, 2; **Pas terrible.** *Not so great.* I, 1

le passage pour piétons *pedestrian crossing,* III, 8

le passeport *passport,* I, 11; II, 1

passer: Tu pourrais passer à... ? *Could you go by . . . ?* I, 12; **Vous passez devant...** *You'll pass . . . ,* 12; **Ça passe à...** *It's playing at . . . ,* II, 11; **Ça passe où?** *Where is that playing?* II, 11; **Ça se passe...** *It takes place . . . ,* III, 9; **Qu'est-ce qui se passe?** *What's going on?* II, 5; **Ça s'est bien passé?** *Did it go well?* I, 9; **Ça s'est très bien passé!** *It went really well!* II, 5; **Comment ça s'est passé?** *How did it go?* II, 5; **expliquer ce qui s'est passé (à quelqu'un)** *to explain what happened (to someone),* II, 10; **J'ai passé une journée épouvantable!** *I had a terrible day!* II, 5; **Qu'est-ce qui s'est passé?** *What happened?* I, 9; **Tu as passé un bon weekend?** *Did you have a good weekend?* I, 9

passionnant(e): *fascinating,* I, 2; **C'est une histoire passionnante.** *It's an exciting story.* II, 11

le pâté *paté,* II, 3

les pâtes (f.) *pasta,* II, 7

patient: Sois patient(e)! *Be patient!* II, 2

le patin: faire du patin à glace *to ice-skate,* I, 4

la pâtisserie *pastry shop,* I, 12; II, 3

les pattes (f.) *sideburns,* III, 4

le pattes d'eph *bell-bottoms,* III, 4

les paupières (f.) *the eyelids,* III, 4

pauvre: Pauvre vieille! *You poor thing!* II, 5

payer *to pay,* III, 4; **Oh, tu sais, je ne l'ai pas payé(e)**

cher. *Oh, it wasn't expensive.* III, 4

le paysage *scenery, landscape,* III, 7

la peau *skin,* III, 7

la pêche: aller à la pêche *to go fishing,* II, 4

pêcher *to fish,* III, 8

les pêches (f.) *peaches,* I, 8

les pêcheurs: village de pêcheurs *fishing village,* II, 4

pédestre: faire une randonnée pédestre *to go for a hike,* II, 12

la peine: Ce n'est pas la peine. *It's not worth it.* III, 7

la pellicule *roll of film,* III, 7

la pelouse: tondre la pelouse *to mow the lawn,* III, 3

peluche *plush,* III, 11

pendant: Pour (aller à)... vous suivez la... pendant à peu près... kilomètres. *To get to . . . , follow . . . for about . . . kilometers.* III, 2

le pendentif *pendant,* III, 4

pénible *a pain in the neck,* I, 7

penser *to think,* I, 11; **J'ai pensé à tout.** *I've thought of everything.* I, 11; **Je ne pense pas que...** *I don't think that . . . ,* III, 7; **Je pense...** *I think I'll . . . ,* III, 5; **Pense à prendre...** *Remember to take . . . ,* II, 1; **Pense aux autres.** *Think about other people.* III, 3; **Qu'en penses-tu?** *What do you think of it?* III, 4; **Qu'est-ce que tu penses de... ?** *What do you think of . . . ?* III, 4; *What do you say about . . . ?* III, 11; **Qu'est-ce que tu penses faire?** *What do you think you'll do?* III, 5

perdre *to lose,* I, 9; II, 5; **perdre du poids** *to lose weight,* III, 10; **se perdre** *to get lost,* II, 9

le père *father,* I, 7

la permanente *perm,* III, 4

le permis: passer son permis de conduire *to get one's driver's license,* III, 5

la permission: demander la permission à tes parents *to ask your parents' permission,* II, 10

petit(e) *short (height),* I, 7; II, 1; *small,* I, 10; II, 1; **petit déjeuner** *breakfast,* I, 8; **le petit-fils** *grandson,* III, 6; **la petite-fille** *granddaughter,* III, 6; **Quand il/elle était petit(e),...** *When he/she was*

little, . . . , II, 8; **Quand j'étais petit(e),...** *When I was little,* . . . , II, 8

les petits pois (m.) *peas,* I, 8

peu: Peu importe. *It doesn't matter.* III, 9; **Un peu.** *A little.* II, 2

la peur: J'ai peur (de la, du, des)... *I'm scared (of) . . . ,* II, 12; **J'ai peur que...** *I'm afraid that . . . ,* III, 7; **J'ai très peur de...** *I'm very afraid of . . . ,* III, 7; **N'ayez pas peur.** *Don't be afraid.* III, 7

peut-être *maybe,* II, 3; **Peut-être que...** *Maybe . . . ,* II, 9; III, 5; **Tu as peut-être raison.** *Maybe you're right.* II, 9

la pharmacie *drugstore,* I, 12

le pharmacien (la pharmacienne) *pharmacist,* III, 5

les photos (f.): **faire de la photo** *to do photography,* I, 4

la physique *physics,* I, 2

le piano *piano,* III, 11

la pièce *room (of a house),* II, 2; **la pièce: voir une pièce** *to see a play,* I, 6

le pied: à pied *on foot,* I, 12; **C'est le pied!** *Cool! Neat!* III, 7; **C'est vraiment le pied!** *That's really neat!* III, 12; **J'ai mal aux pieds.** *My feet hurt.* II, 7

la pieuvre *octopus,* III, 10

piler *to pound, grind,* III, 1

le pilote *pilot,* III, 5

les pinces (f.): **à pinces** *pleated,* III, 4

le pique-nique: faire un pique-nique *to have a picnic,* I, 6; II, 6

la piqûre *shot,* III, 7

la piscine *swimming pool,* I, 6; II, 2

la pizza *pizza,* I, 1

la place: la place de stationnement *parking place,* III, 8; **A ta place,...** *If I were in your place,* . . . , III, 8

la plage *beach,* I, 1; II, 4

plaire: Tu vas te plaire ici. *You're going to like it here.* II, 8; **Ça me plairait beaucoup.** *I'd like that a lot.* III, 6; **Ça te plairait de...** *Would you like to . . . ?* III, 6; **Ce qui me plairait, c'est de...** *What I would like is to . . . ,* III, 5; **Il/Elle me plaît, mais il/elle est cher/chère.** *I like it, but it's expensive.* I, 10; **Il/Elle te/vous plaît?** *Do you like it?* I, 10; **Ce qui me plaît, c'est...** *What I like is . . . ,* II, 4; **Ce qui**

ne me plaît pas, c'est... *What I don't care for is . . . ,* II, 4; **s'il vous/te plaît** *please,* I, 3; **Un... s'il vous plaît.** *A . . . , please.* II, 6

plaisanter *to joke,* III, 10; **Tu plaisantes!** *You're joking!* II, 6

plaisir: Avec plaisir. *With pleasure.* II, 10; **Ça me fait plaisir de vous voir.** *I'm happy to see you.* III, 6; **Je ne dis pas ça pour te faire plaisir.** *And I'm not just saying that.* III, 4; **Oui, avec plaisir.** *Yes, with pleasure.* I, 8

la planche: faire de la planche à voile *to go windsurfing,* I, 11; II, 4

planter: planter un arbre *to plant a tree,* III, 3

le plastique *plastic,* III, 3

les plats (m.) principaux *main dishes,* III, 1; **le plat principal** *main course,* II, 3

plein: C'est plein de rebondissements. *It's full of plot twists.* II, 11; **faire le plein** *to fill it up,* III, 2

pleurer *to cry,* III, 1

Pleurnicheur(-euse)! *Crybaby!* III, 6

pleut: Il pleut. *It's raining.* I, 4

le plombier *plumber,* III, 5

la plongée: faire de la plongée avec un tuba *to snorkel,* II, 4; **faire de la plongée sous-marine** *to go scuba diving,* II, 4

le plongeoir *diving board,* III, 12

le plongeon acrobatique *diving,* III, 12

plonger *to dive,* III, 12

plu (pp. of plaire): Ça m'a beaucoup plu. *I liked it a lot.* III, 9; **Ça t'a plu?** *Did you like it?* II, 6

plu (pp. of pleuvoir): Il a plu. *It rained.* III, 1

plus: Je n'en peux plus! *I just can't do any more!* II, 7; **Je n'en veux plus.** *I don't want anymore,* I, 8; **Je ne sais plus ce que je veux.** *I don't know what I want anymore.* III, 5; **plus tard** *later,* III, 5; **La vie était plus...** *Life was more . . . ,* II, 8; **Moi non plus.** *Neither do I.* I, 2; **Non, merci. Je n'ai plus faim.** *No thanks. I'm not hungry anymore.* I, 8; **plus de... que** *more . . . than . . . ,* III, 8; **plus... que**

more . . . than, III, 8; **plus grand(e) que** *bigger than . . . ,* II, 4; **Plus ou moins.** *More or less.* II, 6; **Tu es le/la... le/la plus... que je connaisse.** *You're the . . . -est . . . I know.* III, 10

plutôt *rather,* II, 9

les pneus (m.) *tires,* III, 2; **avoir un pneu crevé** *to have a flat tire,* III, 2

le po-boy *po-boy sandwich,* III, 11

la poêle *pan,* III, 11

le poids: perdre du poids *to lose weight,* III, 10

le point d'eau *watering hole,* III, 7; **A point.** *Medium rare.* III, 1; **Quel est le point commun entre... ?** *What do . . . and . . . have in common?* III, 10

les poireaux (m.) *leeks,* III, 1

les poires (f.) *pears,* I, 8

les pois (m.): les petits pois (m.) *peas,* I, 8; **à pois** *polka-dotted,* III, 4

le poisson *fish,* I, 7; II, 3

la poissonnerie *fish shop,* II, 3

la poitrine *chest,* III, 5

le poivron *pepper,* III, 1

poli(e) *polite,* III, 3

la pollution *pollution,* III, 8

le polo *polo shirt,* III, 4

les pommes (f.) *apples,* I, 8; **les pommes de terre (f.)** *potatoes,* I, 8; les pommes mousseline (f.) *mashed potatoes,* III, 1

les pompes (f.): faire des pompes *to do push-ups,* II, 7

le pompiste (la pompiste) *gas station attendant,* III, 2

le pop *popular, mainstream music,* II, 11

le porc *pork,* I, 8; III, 11; **la côtelette de porc pâtes** *pork-chop with pasta,* III, 1

la porte *door,* I, 0

le portefeuille *wallet,* I, 3; II, 3

porter *to wear,* I, 10

possible: Pas possible! *No way!* II, 6; **C'est pas possible!** *No way!* III, 12; **Ce n'est pas possible.** *That's not possible.* II, 9; **C'est possible.** *That's possible.* II, 9; **Il est possible que...** *It's possible that . . . ,* III, 5; **Si c'était possible,...** *If it were possible, . . . ,* III, 8; **Vous serait-il possible de... ?** *Would it be possible for you to . . . ?* III, 5

la poste *post office,* I, 12; II, 12

le poster *poster,* I, 3; II, 2

le potage *soup,* III, 1

la poterie *pottery,* II, 8; III, 8

la potiche *oriental vase,* III, 9

la poubelle *trashcan,* I, 7; **sortir la poubelle** *to take out the trash,* I, 7

le pouce *inch,* III, 11

le pouding au pain *bread pudding,* III, 11

la poule *chicken,* III, 8

le poulet *chicken (meat),* I, 8; II, 3; **le poulet haricots verts** *roasted chicken with green beans,* III, 1

pour: Qu'est-ce qu'il te faut pour... ? *What do you need for . . . ? (informal),* I, 3; **Qu'est-ce que tu fais pour t'amuser?** *What do you do to have fun?* I, 4

pourquoi: Pourquoi est-ce que tu ne mets pas... ? *Why don't you wear . . . ? ,* I, 10; **Pourquoi pas?** *Why not?* I, 6; **Pourquoi tu ne... pas?** *Why don't you . . . ?* I, 9; II, 7

pourtant *nevertheless, yet,* III, 7

pousser *to grow,* III, 3

la poussière: faire la poussière *to dust,* III, 3

la poutre *the balance beam,* III, 12

pouvoir *to be able to, can,* I, 8; **Il se peut que...** *It might be that . . . ,* III, 5; **On peut...** *We can . . . ,* II, 4; **Je pourrais avoir... ?** *May I have some . . . ?* II, 3; **Tu pourrais... ?** *Could you . . . ?* II, 10; **Tu pourrais passer à... ?** *Could you go by . . . ?* I, 12; II, 10; **On pourrait...** *We could . . . ,* II, 1; **On pourrait sûrement...** *We'd be able to . . . for sure.* III, 7; **Vous pourriez/Tu pourrais me passer... ?** *Would you pass me . . . ?,* II, 3; **Vous pourriez me dire où il y a... ?** *Could you tell me where I could find . . . ?* III, 2

préféré: Quel est ton... préféré(e)? *What is your favorite . . . ?* II, 1; **Qui est ton/ta... préféré(e)?** *Who is your favorite . . . ?* II, 1

préférer: Ce que je préfère, c'est... *What I prefer is . . . ,* II, 4; **Je préfère** *I prefer,* II, 1

le premier étage *second floor,* II, 2

prendre *to take or to have (food or drink),* I, 5; **prendre rendez-vous (avec quelqu'un)** *to make a date (with someone),* II, 9; **Ça ne va pas prendre** longtemps! *It's not going to take long!* III, 2; **Je vais (en) prendre...** *I'll take . . . ,* II, 3; **Je vais prendre... , s'il vous plaît.** *I'm going to have . . . , please.* I, 5; **Pense à prendre...** *Remember to take . . . ,* II, 1; **prendre les transports en commun** *to take public transportation,* III, 3; **prendre ses propres décisions** *to make up one's own mind,* III, 3; **prendre des leçons de conduite** *to take driving lessons,* III, 10; **Tu devrais prendre...** *You should have . . . ,* III, 1; **Vous avez décidé de prendre... ?** *Have you decided to have . . . ?* I, 10; **Je prendrais bien...** *I'd like some . . . ,* III, 6; **Prends...** *Have . . . ,* I, 5; *Get . . . ,* I, 8; *Take . . . ,* II, 1; **C'est toujours moi qui prends!** *I'm always the one who gets blamed!* III, 6; **Je le/la/les prends.** *I'll take it/them.* I, 10; **Je prends... , s'il vous plaît.** *I'll have . . . , please.* I, 5; **Tu me prends la tête!** *You're driving me crazy!* III, 6; **Tu prends... ?** *Will you have . . . , ?* I, 8; *Are you having . . . ?* I, 11; **Prenez...** *Take . . . ,* I, 8; **Non mais, vous vous prenez pour qui?** *Who do you think you are?* III, 8; **Prenez une feuille de papier.** *Take out a sheet of paper.* I, 0; **Vous le/la/les prenez?** *Are you going to take it/them?* I, 10; **Vous prenez?** *What are you having?* I, 5; **Vous prenez... ?** *Will you have . . . , ?* I, 8; **Prenez la rue... , puis traversez la rue...** *You take . . . Street, then cross . . . Street,* I, 12

les **préparatifs** (m.): **faire les préparatifs** *to get ready,* II, 10

préparer: préparer les amuse-gueule *to make party snacks,* II, 10

près: près de *close to,* I, 12; *near,* II, 2

présenter: Je te/vous présente... *I'd like you to meet . . . ,* I, 7

presque: Tu y es presque! *You're almost there!* II, 7; **Tu y es (On y est) presque!** *You're (we're) almost there!* II, 12

pressé(e) *in a hurry,* III, 8; **les gens pressés** *people in a hurry,* III, 8

la **pression: la pression des pneus** *the tire pressure,* III, 2

prêt(e) *ready,* III, 2

prévoyant *provident,* III, 5

prévu: Je n'ai rien de prévu. *I don't have any plans.* I, 11

prier: Entrez, je vous en prie. *Come in, please.* III, 6; **Je vous en prie.** *You're very welcome.* III, 6; **Je vous prie d'agréer, Monsieur/Madame, l'expression de mes sentiments distingués.** *Very truly yours, . . . ,* III, 5

la **prière: Prière de ne pas...** *Please do not . . . ,* III, 3

le **printemps** *spring,* I, 4; **au printemps** *in the spring,* I, 4

pris(e): Je suis pris(e). *I'm busy.* III, 6

privé: être privé(e) de sortie *to be "grounded",* II, 9

le **problème: J'ai un petit problème.** *I've got a problem.* I, 9; **Pas de problème.** *No problem.* II, 10

prochain: Vous continuez cette rue jusqu'au prochain feu rouge. *You go down this street to the next light.* I, 12

produire *to produce,* III, 11

les **produits** (m.) **laitiers** *dairy products,* I, 8

le **prof(esseur) (la prof)** *high school/college teacher,* I, 2; III, 5

le **programme télé** *TV guide/listing,* III, 9

le **programmeur (la programmeuse)** *computer programmer,* III, 5

la **proie** *prey,* III, 7

les **projets** (m.): **Tu as des projets?** *Do you have plans?* III, 5

la **promenade: faire une promenade** *to go for a walk,* III, 3

promener: promener le chien *to walk the dog,* I, 7; **se promener** *to go for a walk,* II, 4

les **pronostics** (m.) *predictions,* III, 12

propos: A propos,... *By the way, . . . ,* II, 9

propre *clean,* II, 8; **prendre ses propres décisions** *to make up one's own mind,* III, 3

prudemment: conduire prudemment *to drive safely,* III, 3

prudent(e) *careful, aware,* III, 3; **Il serait plus prudent de...** *It would be wise to . . . ,* III, 7

le **psychiatre (la psychiatre)** *psychiatrist,* III, 5

pu (pp. of pouvoir): **J'aurais pu...** *I could have . . . ,* II, 10; **Tu aurais pu...** *You could have . . . ,* II, 10

la **publicité** *commercial,* III, 9

puis: Et puis,... *Then, . . . ,* II, 1; **Puis, tournez à gauche dans...** *Then, turn left on . . . ,* II, 2; **Vous prenez la rue... puis la rue...** *You take . . . Street, then . . . Street,* I, 12

puisque *since,* III, 1

le **puits** *well,* III, 8

le **pull** *sweater,* II, 1

le **pull(-over)** *pullover,* I, 3; II, 1

punir *to punish,* III, 6

Q

qu'est-ce que: Qu'est-ce que vous avez comme spécialités? *What kind of . . . do you have?* III, 1; **Mais, qu'est-ce que tu fais?** *What are you doing?* III, 2; **Qu'est ce que tu as?** *What's wrong?,* II, 7; **Qu'est-ce qu'il y a... ?** *What is there . . . ?* II, 4; **Qu'est-ce qu'il y a à boire?** *What is there to drink?* I, 5; **Qu'est-ce qu'il y a?** *What's wrong?* II, 10; **Qu'est-ce qu'il y a dans... ?** *What's in . . . ?* III, 11; **Qu'est-ce qu'on fait?** *What should we do?* II, 1; **Qu'est-ce qu'on peut faire?** *What can we do?* II, 4; **Qu'est-ce que c'est,... ?** *What is . . . ?* III, 1; **Qu'est-ce que c'est... !** *That is so . . . !* III, 2; **Qu'est-ce que c'est?** *What's that?* III, 11; **Qu'est-ce que j'aimerais... !** *I'd really like to . . . !* III, 8; **Qu'est-ce que je peux faire?** *What can I do?* I, 9; II, 10; **Qu'est-ce que tu aimes faire?** *What do you like to do?* II, 1; **Qu'est-ce que tu as fait... ?** *What did you do . . . ?* I, 9; **Qu'est-ce que tu fais... ?** *What do you do . . . ?* I, 4; **Qu'est-ce que tu vas faire... ?** *What are you going to do . . . ?* I, 6; **Qu'est-ce que vous avez comme boissons?** *What do you have to drink?* I, 5

Qu'est-ce qui: Qu'est-ce qui s'est passé? *What happened?* I, 9; **Qu'est-ce qui se passe?** *What's going on?* II, 5; **Qu'est-ce qui t'arrive?** *What's wrong?* II, 5

le quai: Du quai... *From platform . . .*, II, 6; **De quel quai... ?** *From which platform . . . ?* II, 6

quand: Quand (ça)? *When?* I, 6; **Quand je verrai...** *When I see . . .*, III, 12; **Quand est-ce que tu y es allé(e)?** *When did you go?* III, 1

le quart: et quart *quarter past*, I, 6; **moins le quart** *quarter to*, I, 6

que: Que tu es... avec ça! *You look really . . . in that!* III, 4

quel(s): Quel(s)... *Which . . .*, III, 4; **Quel week-end!** *What a (bad) weekend!* II, 5; **Quel week-end formidable!** *What a great weekend!* II, 5; **Quel est ton... préféré(e)?** *What is your favorite . . . ?* II, 1; **Tu as quel âge?** *How old are you?* I, 1; **Tu as quels cours... ?** *What classes do you have . . . ?* I, 2

quelle(s): Quelle(s)... *Which . . .*, III, 4; **Quelle journée!** *What a (bad) day!* II, 5; **Quelle journée formidable!** *What a great day!* II, 5; **Tu as... à quelle heure?** *At what time do you have . . . ?* I, 2

quelque chose: J'ai quelque chose à faire. *I have something (else) to do.* II, 10; **Je cherche quelque chose pour...** *I'm looking for something for . . .*, I, 10; **Quelque chose ne va pas?** *Is something wrong?* II, 7

quelquefois *sometimes*, I, 4

la question: Pas question! *Out of the question!* I, 7; *No way!*, II, 1

la queue de cheval *pony tail*, III, 4

qui: Avec qui? *With whom?* I, 6; **Qui est ton... préféré(e)?** *Who is your favorite . . . ?* II, 1

la quiche *quiche*, I, 5

quitter: quitter sa famille *to leave one's family*, III, 5; **Ne quittez pas.** *Hold on.* I, 9

quoi: (Il n'y a) pas de quoi. *It's nothing.* III, 6; **..., quoi. . . .*, *you know.* II, 9; **De quoi ça parle?** *What's it about?* III, 9; **Je ne sais pas quoi faire.** *I don't know what to do.* II, 10; **Je ne sais pas quoi mettre pour...** *I don't know what to wear for . . .*, I, 10; **N'importe quoi!** *That's ridiculous!* II, 6; **Tu as quoi... ?** *What do you have . . . ?* I, 2

raconter: Raconte! *Tell me!* II, 5; III, 10; **Qu'est-ce que ça raconte?** *What's the story?* II, 11

la radio *radio*, I, 3

raide: les cheveux raides (m.) *straight hair*, III, 4

le raifort *horseradish*, III, 1

le raisin *grapes*, I, 8; **les raisins secs** (m.) *raisins*, III, 11

la raison: Ce n'est pas une raison. *That's not a reason.* III, 3; **Fais-toi une raison.** *Make the best of it.* II, 8; **Tu as raison...** *You're right . . .*, II, 3; III, 9

ramasser *to pick up*, III, 3; **ramasser les feuilles** *to rake leaves*, III, 3

les rames (f.) *oars*, III, 12

la randonnée: faire de la randonnée *to go hiking*, I, 11; **faire une randonnée en raquettes** *to go snow-shoeing*, II, 12; **faire une randonnée en skis** *to go cross-country skiing*, II, 12; **faire une randonnée pédestre** *to go for a hike*, II, 12

ranger: ranger ta chambre *to pick up your room*, I, 7

le rap *rap*, II, 11; III, 11

râpé: les carottes râpées *grated carrots with vinaigrette dressing*, III, 1

raplapla: Je suis tout(e) raplapla. *I'm "wiped" out.* II, 7

rappeler *to remind*, III, 3; **se rappeler** *to remember*, III, 6; **Vous pouvez rappeler plus tard?** *Can you call back later?* I, 9

rapporter: Rapporte-moi... *Bring me back . . .*, I, 8; **Tu me rapportes... ?** *Will you bring me . . . ?* I, 8

Rapporteur(-euse)! *Tattletale!* III, 6

les rapports (m.) *relationship*, III, 6

les raquettes (f.): faire une randonnée en raquettes *to go snow-shoeing*, II, 12

rarement *rarely*, I, 4

ras: J'en ai ras le bol! *I've had it!* III, 8

rasant(e) *boring*, III, 2; **C'est rasant!** *That's boring!* III, 2

se raser *to shave*, III, 4

rassurer *to reassure*, III, 4

rater: rater le bus *to miss the bus*, I, 9; II, 5; **rater un exa-** **men** *to fail a test*, I, 9; **rater une marche** *to miss a step*, II, 5; **Tu en rates pas une, toi!** *You're batting a thousand!* III, 10

le raton laveur *raccoon*, II, 12

les rayures (f.): à rayures *striped*, III, 4

la réalisation *production*, III, 9

les rebondissements (m.): C'est plein de rebondissements. *It's full of plot twists.* II, 11

recevoir: recevoir le bulletin trimestriel *to receive one's report card*, II, 5

le récif *reef*, III, 10

recommander: Je te le recommande. *I recommend it.* II, 11; **Je te recommande...** *I recommend . . .*, III, 9

recommencer: Ne recommence pas. *Don't do it again.* II, 5

réconcilier: se réconcilier avec (quelqu'un) *to make up (with someone)*, II, 10

reconnaître *to recognize*, III, 1

la récréation *break*, I, 2

recycler *to recycle*, III, 3

rédiger *to write (a paper)*, III, 3

refréner *to restrain*, III, 5

regarder: regarder la télé *to watch TV*, I, 1; **regarder un match** *to watch a game (on TV)*, I, 6; **Non mais, tu t'es pas regardé(e)!** *If you could see how you look!* III, 10; **Non, merci, je regarde.** *No, thanks, I'm just looking.* I, 10; **Tiens! Regarde un peu!** *Hey! Check it out!* III, 7

le reggae *reggae music*, II, 11

le régime: suivre un régime trop strict *follow a diet that's too strict.* II, 7

la règle *ruler*, I, 3

regretter: Je regrette. *Sorry*, I, 3; **Je regrette, mais je n'ai pas le temps.** *I'm sorry, but I don't have time.* I, 8; **Je regrette...** *I miss . . .*, II, 8

rejoindre *to join*, III, 11

relax *relaxing*, II, 8

relever: relevés de terrain *hilly terrain*, III, 5

la religieuse *cream puff pastry*, II, 3

remarquer *to notice*, III, 6

remercier: Je vous remercie. *Thank you.* III, 6

rémoulade: le céleri rémoulade *grated celery root with mayonnaise and vinaigrette*, III, 1

remplir *to fill out, fill in*, III, 3

la rémunération *payment*, III, 5

le renard *fox*, II, 12

rencontrer *to meet*, I, 9; II, 9

le rendez-vous: Rendez-vous...
We'll meet . . . I, 6; **A quelle heure est-ce qu'on se donne rendez-vous?** *What time are we meeting?* III, 6; **avoir (prendre) rendez-vous (avec quelqu'un)** *to have a date/ make an appointment (with someone)*, II, 9; **C'est gentil, mais j'ai un rendez-vous.** *That's nice of you, but I've got an appointment.* III, 6

rendre *to return something*, I, 12; **rendre les examens** *to return tests*, II, 5

la renommée *fame*, III, 1

renoncer *to give up*, III, 1

les renseignements (m.): **Pourriez-vous m'envoyer des renseignements sur... ?** *Could you send me information on . . . ?* III, 5

rentrer *to go back (home)*, II, 6

renverser *to turn over*, III, 6

le repas: **sauter un repas** *to skip a meal*, II, 7

le repassage: **faire le repassage** *to do the ironing*, III, 3

répéter *to rehearse, to practice*, I, 9; **Répétez!** *Repeat!* I, 0

le répondeur *answering machine*, III, 7

répondre *to answer*, I, 9; **Ça ne répond pas.** *There's no answer.* I, 9

la réponse: **En réponse à votre lettre du...** *In response to your letter of . . .*, III, 5

le reportage sportif *sportscast*, III, 9

la République centrafricaine *Central African Republic*, III, 12

la République de Côte d'Ivoire *the Republic of Côte d'Ivoire*, III, 12

la République démocratique du Congo *Democratic Republic of Congo*, III, 12

le requin *shark*, III, 10

le réservoir *the gas tank*, III, 2

résoudre *to resolve*, III, 9

respecter: **respecter la nature** *to respect nature*, II, 12; **respecter tes profs et tes parents** *to respect your teachers and your parents*, III, 3

les responsabilités (f.): **avoir des responsabilités** *to have responsibilities*, II, 8

responsable *responsible*, III, 3

ressentir *to feel*, III, 8

ressortir: **faire ressortir** *to highlight*, III, 4

le restaurant *restaurant*, I, 6

la restauration *food service; catering*, III, 5

rester *to stay*, II, 6; **Est-ce que tu es resté(e) ici?** *Did you stay here?* III, 1; **Oui, je suis resté(e) ici tout le temps.** *Yes, I stayed here the whole time.* III, 1

le résumé *summary*, III, 9

le rétablissement: **Bon rétablissement!** *Get well soon!* II, 3

retirer: **retirer de l'argent (m.)** *to withdraw money*, I, 12

retourner *to return*, II, 6

rétro (inv.) *retro*, I, 10

les retrouvailles (f.) *reunion*, III, 1

retrouver: **On se retrouve...** *We'll meet . . .* I, 6; **Où est-ce qu'on se retrouve?** *Where are we meeting?* III, 6

réussir son bac *to pass one's baccalaureat exam*, III, 5

la revanche: **en revanche** *on the other hand*, III, 12; **une revanche à prendre** *to get revenge on somebody*, III, 12

rêvasser *to daydream*, III, 3

le rêve: **Mon rêve, c'est de...** *My dream is to . .* , III, 5

le réveil: **entendre le réveil** *to hear the alarm clock*, II, 5

se réveiller: **Réveille-toi un peu!** *Get with it!* III, 10

revenir *to come back*, II, 6; **Je n'en reviens pas.** *I don't believe it*, III, 10

revoir: **Je suis content(e) de te revoir.** *I'm glad to see you again.* III, 1; **Quand est-ce qu'on se revoit?** *When are we getting together?* III, 6

le rez-de-chaussée *first (ground) floor*, II, 2; III, 2

le rhinocéros *rhinoceros*, III, 7

le rhume: **J'ai un rhume.** *I've got a cold.* II, 7

rien: **Ça ne fait rien.** *It doesn't matter.* II, 10; **Ça ne me dit rien.** *That doesn't interest me.* I, 4; **De rien.** *You're welcome.* III, 6; **Je n'ai rien oublié.** *I didn't forget anything.* I, 11; **Rien (de spécial).** *Nothing (special).* I, 6; III, 1

rigoler *to laugh, enjoy oneself*, III, 1; **Tu rigoles!** *You're joking!* III, 9

rigolo(te) *funny, hysterical*, III, 2

ringard(e) *corny*, III, 4

rire: **Ça m'a bien fait rire.** *It really made me laugh.* III, 9

la rivière *river*, III, 7

le riz *rice*, I, 8

la robe *dress*, I, 10

le robinet *faucet*, III, 3

le rocher *rock*, III, 10

le rock *rock music*, II, 11; III, 11

le rognon *kidney*, III, 1

la roideur *stiffness, rigidity*, III, 4

le roller: **faire du roller en ligne** *to in-line skate*, I, 4

le roman *novel* , I, 3; **roman d'amour** *romance novel*, II, 11; **roman de science-fiction** *science-fiction novel*, II, 11; **roman policier (le polar)** *detective or mystery novel*, II, 11

rose *pink*, I, 3

le rôti de bœuf *roast beef*, II, 3

la roue: **la grande roue** *ferris wheel*, II, 6; **la roue de secours** *spare tire* III, 2

rouge *red*, I, 3

le rouge à lèvres *lipstick*, III, 4

la route: **Bonne route!** *Have a good (car) trip!* , III, 2; **Cette route va vous conduire au centre-ville.** *This road will lead you into the center of town.* III, 2; **La route pour..., s'il vous plaît?** *Could you tell me how to get to . . . ?* III, 2

roux (rousse) *redheaded*, I, 7

russe: **les montagnes russes** *the roller coaster*, II, 6

la Russie *Russia*, III, 12

S

le sable *sand*, II, 4

le sac (à dos) *bag; backpack*, I, 3; **sac (à main)** *purse*, II, 3; III, 4

le sac de couchage *sleeping bag*, II, 12

Saignant(e). Rare. III, 1

la salade *salad*, I, 8; **la salade verte** *green salad*, III, 1; **les salades** *heads of lettuce*, I, 8

sale *dirty*, II, 8

salé(e) *salty*, III, 11

les saletés (f.) *trash, junk*, III, 3

la salle: **la salle à manger** *dining room*, II, 2; **la salle de bains** *bathroom*, II, 2

le salon *living room*, II, 2

saluer: **Salue... de ma part.** *Tell . . . hi for me.* III, 8

Salut! *Hi!* or *Goodbye!* I, 1

le samedi *on Saturdays*, I, 2

les sandales (f.) *sandals*, I, 10

le sandre *pike, perch*, III, 1

le **sandwich** *sandwich*, I, 5

sanguin(e) *the color of blood*, III, 10

la **santé: C'est bon pour la santé.** *It's healthy.* II, 7

les **saucisses** (f.) *sausages*, III, 11

le **saucisson** *salami*, I, 5; II, 3

le **saut à la perche** *pole vault*, III, 12

le **saut en longueur** *long jump*, III, 12

sauter: sauter un repas *to skip a meal*, II, 7; **Ce qui saute aux yeux, c'est...** *What catches your eye is . . . ,* III, 11

la **savane** *savannah*, III, 7

savoir: Je voudrais savoir... *I would like to know . . .* III, 5; **Je n'en sais rien.** *I have no idea.* I, 11; **Je ne sais pas quoi faire.** *I don't know what to do.* II, 10; **Je ne sais pas.** *I don't know.* I, 10; **Je ne sais pas trop.** *I really don't know.* III, 5; **Je sais que...** *I know that . . . ,* III, 7; **Qu'est-ce que tu en sais?** *What do you know about it?* III, 10; **Tu sais ce que tu veux faire?** *Do you know what you want to do?* III, 5; **Tu sais où sont... ?** *Do you know where . . . are?* III, 2; **Tu sais qui... ?** *Do you know who . . . ?* II, 9; **Tu savais que... ?** *Did you know that . . . ?* III, 10; **Pardon, vous savez où se trouve... ?** *Excuse me, could you tell me where . . . is?* III, 2

le **saxophone** *saxophone*, III, 11

le **scénario** *screenplay*, III, 9

la **science-fiction** *science fiction*, I, 1

les **sciences** (f.) **naturelles** *natural science ,* I, 2

le **scientifique (la scientifique)** *scientist*, III, 5

la **seconde: Une seconde, s'il vous plaît.** *One second, please.* I, 9

le **secrétaire (la secrétaire)** *secretary*, III, 5

le **sel** *salt*, II, 7

la **semaine: une fois par semaine** *once a week*, I, 4

sembler: Il me semble que... *It seems to me that . . . ,* III, 11

le **Sénégal** *Senegal*, III, 12

sensationnel(le)(s)/sensas *fantastic*, I, 10; *sensational*, II, 6

sensible *sensitive*, III, 6

les **sentiers** (m.): **suivre les sentiers balisés** *to follow the marked trails*, II, 12

les **sentiments** (m.): **Je vous prie**

d'agréer, Monsieur/Madame, l'expression de mes sentiments distingués. *Very truly yours, . . . ,* III, 5

septembre *September*, I, 4

la **série** *series*, III, 9

sérieux (-euse) *conservative*, III, 4

le **serpent** *snake*, III, 7

serré(e) *tight*, I, 10

le **serveur (la serveuse)** *server*, III, 5

service: A votre service. *At your service; You're welcome*, I, 3; **(Est-ce que) tu pourrais me rendre un petit service?** *Could you do me a favor?* I, 8

servir: Je vous sers quelque chose? *Can I offer you something?* III, 6

seul(e): J'y suis allé(e) seul(e)... *I went alone . . . ,* III, 1; **Je ne suis pas le/la seul(e) à...** *I'm not the only person who . . . ,* III, 3

seulement: Si seulement je pouvais,... *If I could only . . . ,* III, 8

le **shampooing** *shampoo*, III, 4

le **short** *(a pair of) shorts*, I, 3

si: Si... *If . . . ,* III, 5; **Moi, si.** *I do.* I, 2; **Si c'était moi,...** *If it were me, . . . ,* III, 8; **Si c'était possible,...** *If it were possible, . . . ,* III, 8; **Si j'étais toi,...** *If I were you, . . . ,* III, 8; **Si on achetait... ?** *How about buying . . . ?* II, 8; **Si on allait... ?** *How about going . . . ?* II, 4; **Si on jouait... ?** *How about playing . . . ?* II, 8; **Si on visitait... ?** *How about visiting . . . ?* II, 8; **Si tu veux, on peut...** *If you like, we can . . . ,* II, 1

la **sieste: faire la sieste** *to take a nap*, II, 8

signaler: Je vous signale que... *I'm warning you that . . . ,* III, 7

simple *simple*, II, 8

le **singe** *monkey*, III, 7

sinistre *awful*, II, 6

sinon *otherwise, or else*, III, 5

le **sirop de fraise (à l'eau)** *water with strawberry syrup*, I, 5

situé(e) *located*, III, 1

le **ski** *skiing*, I, 1; **faire du ski** *to ski*, I, 4; **faire du ski nautique** *to water-ski*, I, 4; **faire une randonnée en skis** *to go cross-country skiing*, II, 12

sobre *plain*, III, 4

sociable *outgoing*, III, 6

la **sœur** *sister*, I, 7

la **soif: avoir soif** *to be thirsty*, I, 5; **Je n'ai plus soif.** *I'm not thirsty anymore.* II, 3; **J'ai très soif.** *I'm very thirsty.* II, 2; **Vous n'avez pas/Tu n'as pas soif?** *Aren't you thirsty?* II, 2

soigner *to take care of*, III, 6

le **soir** *evening; in the evening*, I, 4; **Pas ce soir.** *Not tonight.* I, 7

sois: Sois patient(e)! *Be patient!* III, 2

le **soldat** *soldier*, III, 5

le **son** *sound*, III, 9; **Monte le son.** *Turn up the volume.* III, 9

le **sondage** *poll*, III, 1

le **songe** *dream*, III, 2

la **sonorité** *tone*, III, 11

la **sortie** *dismissal*, I, 2; **être privé(e) de sortie** *to be "grounded"*, II, 9

sortir *to go out*, II, 6; **sortir avec les copains** *to go out with friends*, I, 1; **sortir la poubelle** *to take out the trash*, I, 7; **sortir le chien** *to take out the dog*, III, 3

les **soucis** (m.): **avoir des soucis** *to have worries*, II, 8

le **souhait** *wish, desire*, III, 8; **A tes souhaits!** *Bless you!*, II, 7

soulever *to lift (up)*, III, 5

soumettre *to submit*, III, 1

les **soupes** (f.) *soups*, III, 11

souple *soft*, III, 4

les **sourcils** (m.) *eyebrows*, III, 4

sourire *to smile*, III, 7

sous-marine: faire de la plongée sous-marine *to scuba dive*, II, 4

se souvenir: Si je me souviens bien,... ? *If I remember correctly, . . . ?* III, 11

souvent *often*, I, 1

spécial: Rien de spécial. *Nothing special.* I, 6

le **spectacle: assister à un spectacle son et lumière** *to attend a sound and light show*, II, 6

le **sport** *sports*, I, 1; *gym (class)*, I, 2; **faire du sport** *to play sports*, I, 1; **Qu'est-ce que tu fais comme sport?** *What sports do you play?* I, 4

le **stade** *stadium*, I, 6

le **stage** *training period, training course, internship*, III, 5

la **station: la station de métro** *metro station*, III, 8; **la station-service** *a gas station*, III, 2

le **steak-frites** *steak and French fries*, I, 5; III, 1

le style: C'est tout à fait ton style. *It looks great on you!* I, 10; **Ce n'est pas son style.** *That's not his/her style.* II, 3

le stylo *pen,* I, 3

le sucre *sugar,* I, 8

le sud: dans le sud *in the south,* II, 4; **C'est au sud de...** *It's to the south of . . . ,* II, 12

suffit: Ça suffit! *That's enough!* III, 6

la Suisse *Switzerland,* III, 12

la suite: C'est tout de suite à... *It's right there on the . . . ,* I, 12; **J'y vais tout de suite.** *I'll go right away.* I, 8; **Suite à notre conversation téléphonique,...** *Following our telephone conversation, . . . ,* III, 5; **tout de suite** *right away,* I, 6

suivre: suivre les sentiers balisés *to follow the marked trails,* II, 12; **suivre un régime trop strict** *to follow a diet that's too strict.* II, 7; **Pour (aller à)... vous suivez la... pendant à peu près... kilomètres.** *To get to . . . , follow . . . for about . . . kilometers.* III, 2

super (adj.) *super,* I, 2; (adv.) *really, ultra-,* II, 9; **Super!** *Great!* I, 1; *Super!* III, 12; **pas super** *not so hot,* I, 2; **le super (sans plomb)** *premium (unleaded) gasoline,* III, 2

superbe *gorgeous,* II, 6

sur: sur la droite (gauche) *on the right (left),* II, 2

sûr: Bien sûr. *Of course.* II, 10; **Ça, c'est sûr.** *That's for sure.* III, 11; **Je (ne) suis (pas) sûr(e) que...** *I'm (not) sure that . . . ,* III, 7

sûrement: On pourrait sûrement... *We'd be able to . . . for sure.* III, 7; **Sûrement pas!** *Definitely not!* II, 6

surtout *especially,* I, 1; **Ne va surtout pas voir...** *Really, don't go see . . . ,* III, 9; **Non mais, surtout, ne vous gênez pas!** *Well, just go right ahead!* III, 8

susciter *to provoke, arouse,* III, 12

le suspense: Il y a du suspense. *It's suspenseful.* II, 11

le sweat(-shirt) *sweatshirt,* I, 3; II, 1

sympa (abbrev. of sympathique) (inv.) *nice,* I, 7; II, 1

le synthé (synthétiseur) *synthesizer,* III, 11

T

le tableau *blackboard,* I, 0; *chart,* III, 6

tacheté *spotted,* III, 7

la taille *the waist,* III, 4; **en taille...** *in size . . . ,* I, 10

le taille-crayon *pencil sharpener,* I, 3

le tailleur *tailor,* III, 5

taire: Vous pourriez vous taire, s'il vous plaît? *Could you please be quiet?* III, 9; **Tais-toi!** *Be quiet!* III, 9

le tam-tam *an African drum,* II, 8

tandis que: Ici,... tandis que... *Here . . . , whereas . . . ,* III, 8

tant: Tant pis pour toi! *Tough!* III, 6

tant que *as long as,* III, 1

la tante *aunt,* I, 7

tape-à-l'œil *gaudy,* III, 4

taper *to beat,* III, 3

le tapis *rug,* II, 2; III, 8

taquiner *to tease,* II, 8

tard *late,* II, 4; **plus tard** *later,* III, 5

tarder: Il me tarde de... *I can't wait to . . . ,* III, 5

la tarte *pie,* I, 8; **la tarte aux pommes** *apple tart,* II, 3; **les tartes aux fruits** *fruit pies/tarts,* III, 1

la tartine *bread, butter, and jam,* II, 3

le tas: J'ai des tas de choses à faire. *I have lots of things to do.* I, 5

le taux *rate,* III, 1

le taxi: en taxi *by taxi,* I, 12 **Tchao!** *Bye!* I, 1

le technicien (la technicienne) *technician,* III, 5

le tee-shirt *T-shirt,* I, 3; II, 1

teint: les cheveux teints (m.) *dyed hair,* III, 4

la télécommande *remote,* III, 9

le téléphone: parler au téléphone *to talk on the phone,* I, 1 **téléphoner à (quelqu'un)** *to call (someone),* II, 10; **Téléphone-lui/-leur!** *Call him/her/them!* I, 9

le téléviseur *television set,* III, 9

la télévision *television,* I, 3; **regarder la télé(vision)** *to watch TV,* I, 1

tellement: C'était tellement différent? *Was it really so different?* II, 8; **Pas tellement.** *Not too much.* I, 4

le temps: de temps en temps *from time to time,* I, 4; **Je suis**

désolé(e), mais je n'ai pas le temps. *Sorry, but I don't have time.* I, 12; **Il a fait un temps...** *The weather was . . .* III, 1; **On a largement le temps!** *We've got plenty of time!* III, 2; **On n'a pas le temps!** *We don't have time!* III, 2; **Quel temps fait-il?** *What's the weather like?* I, 4; **Quel temps est-ce qu'il a fait?** *What was the weather like?* III, 1

tenir: Tenez. *Here you are.* II, 3; **Tiens.** *Here you are.* II, 3; **Je tiens à...** *I really want to . . . ,* III, 5; **Tiens! Regarde un peu!** *Hey! Check it out!* III, 7

le tennis *tennis,* I, 4

la tente *tent,* II, 12

la tenue *outfit,* III, 12

terminer: Comment ça se termine? *How does it end?* III, 9

le terrain de camping *campground,* II, 2

la terre: par terre *on the ground,* III, 3

terrible: Pas terrible. *Not so great.* I, 1; **C'était pas terrible.** *It wasn't so great.* III, 1

la tête: faire la tête *to sulk,* II, 9; **J'ai mal à la tête** *My head hurts.* II, 7; **Tu me prends la tête!** *You're driving me crazy!* III, 6

le théâtre *theater,* I, 6; II, 12; **faire du théâtre** *to do drama,* I, 4

le thon *tuna,* III, 1

les tickets (m.): **Trois tickets, s'il vous plaît.** *Three (entrance) tickets, please.* II, 6

le timbre *stamp,* I, 12

timide *shy,* I, 7

le tir à l'arc *archery,* III, 12 **tirer** *to pull, to shoot,* III, 6, 12

le tisserin *a type of African bird,* III, 7

le tissu *fabric, cloth,* II, 8

la toile: en toile *linen,* III, 4

les toilettes (f.) **(les W.-C.** (m.)) *toilet, restroom,* II, 2

tolérant(e) *tolerant,* III, 3

les tomates (f.) *tomatoes,* I, 8 **tomber** *to fall,* II, 5; **Après... , vous allez tomber sur...** *After . . . , you'll come across . . . ,* III, 2; **tomber amoureux(-euse) (de quelqu'un)** *to fall in love (with someone),* II, 9; **tomber en panne** *to break down,* II, 9; **tomber en panne d'essence** *to run out of gas,* III, 2; **tomber malade** *to get sick,* III, 10

tondre: tondre la pelouse *to mow the lawn,* III, 3

la **torche** *flashlight,* III, 7
   tort: Tu as tort. *You're wrong.* III, 9; **Tu as tort de...** *You're wrong to . . . ,* III, 3
la **tortue** *turtle,* III, 10
   tôt *early,* II, 4
   toujours: toujours... ? *still . . . ?* III, 11; **C'est toujours la même chose!** *It's always the same!* III, 6; **Toujours la même chose!** *Same old thing!* III, 1
la **tour** *tower,* II, 6
le **tour: faire un tour sur la grande roue** *to take a ride on the ferris wheel,* II, 6; **faire un tour sur les montagnes russes** *to take a ride on the roller coaster,* II, 6
   tourner: Puis, tournez à gauche dans/sur... *Then, turn left on . . . ,* II, 2; **Vous tournez...** *You turn . . . ,* I, 12
   tout: A tout à l'heure! *See you later!* I, 1; **Allez (continuez) tout droit.** *Go (keep going) straight ahead.* II, 2; **C'est... comme tout!** *It's as . . . as can be!* III, 2; **J'ai pensé à tout.** *I've thought of everything.* I, 11; **Je n'ai pas du tout aimé.** *I didn't like it at all.* III, 9; **Pas du tout.** *Not at all.* I, 4; II, 10; III, 9; **Il/Elle ne va pas du tout avec...** *It doesn't go at all with . . . ,* I, 10; **Tout a été de travers!** *Everything went wrong!* II, 5; **Tout me tente.** *Everything looks tempting.* III, 1; **Tout à fait!** *Absolutely!* III, 9; **C'est tout à fait ton style.** *It looks great on you.* I, 10; **tout de suite** *right away,* I, 6; **C'est tout de suite à...** *It's right there on the . . . ,* I, 12; **J'y vais tout de suite.** *I'll go right away.* I, 8; **Vous allez tout droit jusqu'à...** *You go straight ahead until you get to . . . ,* I, 12
   tout à fait: Tout à fait! *Absolutely!* III, 9; **C'est tout à fait normal.** *You don't have to thank me.* III, 6
   tout le monde: Ça arrive à tout le monde. *It happens to everybody.* III, 6; **Ça peut arriver à tout le monde.** *It could happen to anyone.* III, 10; **Ce n'est pas parce que tout le monde... que tu dois le faire.** *Just because everyone else . . . doesn't mean you have to.* III, 3; **Tout le monde fait pareil.** *Everybody does it.* III, 3

le **trac: Tu as le trac?** *Are you nervous?* III, 12
le **train: en train** *by train,* I, 12; **être en train de** *to be in the process of (doing something),* II, 9
   traire: traire les vaches (f.) *to milk the cows,* III, 8
   traiter: Il/Elle m'a traité(e) de... ! *He/She called me a . . . !* III, 6
la **tranche: une tranche de** *a slice of,* I, 8
   tranquille *calm,* II, 8
le **travail: trouver un travail** *to find a job,* III, 5
   travailler *to work,* I, 9; **Il faut mieux travailler en classe.** *You have to do better in class.* II, 5
les **travaux** (m.) **pratiques** *lab,* I, 2
   travers: Tout a été de travers! *Everything went wrong!* II, 5
   traverser: Traversez... *Cross . . . ,* II, 2; **Vous allez traverser...** *You cross . . . ,* III, 2
   trébucher *to stumble, stagger,* III, 5
   Tricheur (-euse)! *Cheater!* III, 6
la **trompe** *trunk,* III, 7
   se tromper: A mon avis, tu te trompes. *In my opinion, you're mistaken.* II, 9; **Si je ne me trompe pas,... ?** *If I'm not mistaken, . . . ?* III, 11
la **trompette** *trumpet,* III, 11
   trop: C'est trop cher. *It's too expensive.* II, 3; **Il/Elle est (Ils/Elles sont) trop...** *It's/They're too . . . ,* I, 10; **Je ne sais pas trop.** *I really don't know.* III, 5; **Non, pas trop.** *No, not too much.* I, 2; **Pas trop bien.** *Not too well.* III, 1
le **trottoir** *sidewalk,* III, 8
le **trou** *hole,* III, 7
   troué *hollowed out,* III, 11
le **trouillard** *coward, wimp,* III, 7
le **troupeau** *herd,* III, 7
la **trousse** *pencil case,* I, 3; **la trousse de premiers soins** *first-aid kit,* II, 12
   trouver *to find,* I, 9; **se trouve...** *. . . is located . . . ,* II, 12; **Ce que je trouve super, c'est...** *What I think is super is . . . ,* III, 11; **Je le/la/les trouve moche(s).** *I think it's (they're) really tacky.* I, 10; **Je trouve qu'il est...** *I think it's . . . ,* III, 4; **Je trouve qu'ils/elles font...** *I think they look . . . ,* III, 4; **Où se trouve... ?** *Where is . . . ?*

II, 4; **Comment tu as trouvé ça?** *How did you like it?* III, 9; **J'ai trouvé ça pas mal/amusant.** *It was not bad/funny.* III, 9
le **truc** *thing,* I, 5; **Ce n'est pas mon truc.** *It's not my thing.* II, 7; **Oh, c'est un vieux truc.** *This old thing?* III, 4; **J'ai des tas de trucs à faire.** *I have lots of things to do.* I, 12; **J'ai des trucs à faire.** *I have some things to do.* I, 5
les **truffes** (f.) *truffles,* III, 1
la **truite** *trout,* III, 1
   tu *you,* (singular, informal), I, 0
   tuer *to kill,* III, 7
la **Tunisie** *Tunisia,* III, 12
   typique: Qu'est-ce qui est typique de chez toi? *What's typical of where you're from?* III, 12

   un *a; an,* I, 3
   une *a; an,* I, 3
   utile: Je ne crois pas que ce soit utile. *I don't think it's worthwhile.* III, 7

les **vacances** (f.) *vacation,* I, 1; **Bonnes vacances!** *Have a good vacation!* I, 11; **C'était comment, tes vacances?** *How was your vacation?* III, 1; **Comment se sont passées tes vacances?** *How was your vacation?* II, 5; **en colonie de vacances** *to/at a summer camp,* I, 11; **en vacances** *on vacation,* I, 4
   vacciner *to vaccinate,* III, 7
   vachement *really,* II, 9
la **vaisselle: faire la vaisselle** *to do the dishes,* I, 7
la **valise** *suitcase,* I, 11
la **vanille: à la vanille** *vanilla,* III, 1
   se vanter *to brag,* III, 10; **C'est pas pour me vanter, mais moi...** *I'm not trying to brag, but . . . ,* III, 10
la **vapeur: à la vapeur** *steamed,* III, 11
le **vase** *vase,* II, 3
   vaudrait: Il vaudrait mieux que... *It would be better if . . . ,* III, 5; **Tu penses qu'il vaudrait**

mieux... ? *Do you think it'd be better to . . . ?* III, 7

vaut: Ça ne vaut pas le coup! *It's not worth it!* III, 9; **Je crois que ça vaut mieux.** *I think that's better.* III, 7

le vautour *vulture,* III, 7

la végétation tropicale *tropical vegetation,* III, 7

la veille *eve,* III, 5

le vélo *biking,* I, 1; **à vélo** *by bike,* I, 12; **faire du vélo** *to bike,* I, 4; **faire du vélo de montagne** *to go mountain-bike riding,* I, 12

le vélomoteur *moped,* III, 8

vendre *to sell,* I, 9

le vendredi *on Fridays,* I, 2

venir *to come,* II, 6

le ventre: J'ai mal au ventre *My stomach hurts.* II, 7

vérifier *to check,* III, 2

véritable: C'était un véritable cauchemar! *It was a real nightmare!* I, 1

la vérité: dire la vérité *to tell the truth,* III, 3

le verre *glass,* III, 3

vers *about,* I, 6; **Vers...** *About (a certain time) . . . ,* II, 4

versatile *moody,* III, 6

vert(e) *green,* I, 3; II, 1

la veste *suit jacket, blazer,* I, 10

les vêtements (m.) *clothes,* I, 10

le vétérinaire (la vétérinaire) *veterinarian,* III, 5

veuf (veuve) *widowed,* III, 6

veuillez: Veuillez ne pas... *Please do not . . . ,* III, 3

la viande *meat,* I, 8; III, 11

la vidange: faire la vidange *to change the oil,* III, 2

la vidéo: faire de la vidéo *to make videos,* I, 4; **jouer à des jeux vidéo** *to play video games,* I, 4

la vidéocassette *videotape,* I, 3

le vidéoclip *music video,* III, 9

la vie: C'est comment, la vie là-bas? *What's life like there?* III, 12; **La vie était plus... moins...** *Life was more . . . , less . . . ,* II, 8

vieux (vieille): Pauvre vieux/ vieille! *You poor thing!* II, 5

vif (vive) *quick (witted),* III, 6

le village de pêcheurs *fishing village,* II, 4

violent: trop violent *too violent,* II, 11

violet(te) *purple,* I, 3

le violon *violin,* III, 11

le virage *turn,* III, 12

viser *to aim at, to take aim,* III, 12

la visite: une visite guidée *a guided tour,* II, 6

visiter *to visit (a place),* I, 9; II, 6

vite: Dis vite! *Let's hear it!* II, 9

les vitres: laver les vitres (f.) *to wash the windows,* III, 3

les vitrines (f): **faire les vitrines** *to window-shop,* I, 6

vivant(e) *lively,* II, 4

vivement: Vivement que... ! *I just can't wait . . . !* III, 12

les vœux (m.): **Meilleurs vœux!** *Best wishes!* II, 3

Voici... *Here's . . . ,* I, 7

Voilà. *Here it is.* II, 3; **Here,** I, 3; **Voilà...** *There's . . . ,* I, 7; III, 12

la voile: faire de la planche à voile *to go windsurfing,* I, 11; **faire de la voile** *to go sailing,* I, 11

voir: Qu'est-ce qu'il y a à voir... ? *What is there to see . . . ?* II, 12; **Qu'est-ce qu'il y avait à voir?** *What was there to see . . . ?* III, 1; **Tu devrais aller voir...** *You should go see . . . ,* III, 9; **Tu vas voir...** *You'll see. . . ,* II, 8; **Va voir... ,** *c'est génial comme film. Go see . . . , it's a great movie.* III, 9; **voir un film** *to see a movie,* I, 6; **voir un match** *to see a game (in person),* I, 6; **voir une pièce** *to see a play,* I, 6; **... tu vois.** *. . . you see.* II, 9; **Ça se voit.** *That's obvious.* II, 9; **Si tu avais vu... !** *If you could have seen . . . !* III, 10

le voisinage *neighborhood,* III, 11

la voiture: *car,* I, 7; **en voiture** *by car,* I, 12; **laver la voiture** *to wash the car,* I, 7; **emboutir la voiture** *to wreck the car,* III, 10

le volcan *volcano,* II, 4

le volley (-ball) *volleyball,* I, 4

vouloir *to want,* I, 6; **Je m'en veux de...** *I feel bad that . . . ,* III, 6; **Je ne t'en veux pas.** *No hard feelings.* II, 10; **Je veux bien.** *Gladly,* I, 12; *I'd like to.* II, 1; *I'd really like to.* I, 6; **Non, je ne veux pas.** *No, I don't want to.* II, 8; **Oui, si tu veux.** *Yes, if you want to.* I, 7; **Si tu veux, on peut...** *If you like, we can . . . ,* II, 1; **Tu ne m'en veux pas?** *No hard feelings?* II, 10; **Tu veux bien que...** *Is it*

OK with you if . . . ? III, 3; **Je voudrais acheter...** *I'd like to buy . . . ,* I, 3; **Je voudrais bien...** *I'd really like to . . . ,* I, 11; **Tu ne voudrais pas... ?** *Wouldn't you like to . . . ?* III, 6

vous *you,* (plural and/or formal), I, 1

le voyage: Bon voyage! *Have a good trip! (by plane, ship),* I, 11; II, 3; **Vous avez/Tu as fait bon voyage?** *Did you have a good trip?* II, 2

voyager *to travel,* I, 1

vrai: C'est pas vrai! *You're kidding!* II, 6; **C'est vrai?** *Really?* II, 2

vraiment: Vraiment? *Really?* II, 2; **C'est vraiment bon!** *It's good!* II, 3; **Il/Elle est vraiment bien, ton/ta...** *Your . . . is really great.* II, 2; **Non, pas vraiment.** *No, not really.* I, 11

vulgaire *tasteless,* III, 4

le week-end *weekend; on weekends,* I, 4; **ce week-end** *this weekend,* I, 6; **Comment s'est passé ton week-end?** *How was your weekend?* II, 5

le western *western (movie),* II, 11

y *there,* I, 12; **Allons-y!** *Let's go!* I, 4; **Comment est-ce qu'on y va?** *How can we get there?* I, 12; **Je n'y comprends rien.** *I don't understand anything about it.* II, 5; **N'y va pas!** *Don't go!* III, 9; **On peut y aller...** *We can go there . . . ,* I, 12; **Qu'est-ce qu'on y... ?** *What do you . . . there?* III, 12; **Tu vas t'y faire.** *You'll get used to it.* II, 8

le yaourt *yogurt,* I, 8

les yeux (m.) *eyes,* II, 1

Youpi! *Yippee!* III, 12

Z

le zèbre *zebra,* III, 7

zéro *a waste of time,* I, 2

le zoo *zoo,* I, 6; II, 6

le zouk: danser le zouk *to dance the zouk,* II, 4

Zut! *Darn!,* I, 3

ENGLISH-FRENCH VOCABULARY

In this vocabulary, the English definitions of all active French words in the book have been listed, followed by the French. The numbers after each entry refer to the level and chapter where the word or phrase first appears, or where it becomes an active vocabulary word. It is important to use a French word in its correct context. The use of a word can be checked easily by referring to the chapter where it appears.

French words and phrases are presented in the same way as in the French-English vocabulary.

A

a *un, une,* I, 3
able: We'd be able to . . . for sure. *On pourrait sûrement... ,* III, 7
about: About (a certain time) . . . *Vers... ,* II, 4; **It's about . . .** *Ça parle de... ,* II, 11; III, 9; **It's about . . .** *Il s'agit de... ,* III, 9; **It's about a guy who . . .** *C'est l'histoire d'un mec qui... ,* III, 10; **What's it about?** *De quoi ça parle?* II, 11; III, 9
Absolutely! *Tout à fait!* III, 9
acceptable: That's not acceptable. *C'est inadmissible.* II, 5
accident: to have an accident *avoir un accident,* II, 9
accordion *l'accordéon* (m.), III, 11
accountant *le/la comptable,* III, 5
acne: to have acne *avoir des boutons,* III, 10
across: across from *en face de,* I, 12; II, 2
action: action movie *un film d'action,* II, 11
actor *l'acteur* (m.), III, 5
actress *l'actrice* (f.), III, 5
adore: I adore... *J'adore... ,* I, 1
adventure: adventure movie *un film d'aventures,* II, 11
advise: What do you advise me to do? *Qu'est-ce que tu me conseilles?* I, 9
aerobics: to do aerobics *faire de l'aérobic,* I, 4; II, 7
aerosol: to use aerosol sprays *utiliser des aérosols,* III, 3
afraid: Don't be afraid. *N'ayez pas peur.* III, 7; **I'm afraid that . . .** *J'ai peur que... ,* III, 7; **I'm very afraid of . . .** *J'ai très peur de... ,* III, 7
African *africain(e),* II, 11
after: After that . . . *Après ça... ,* II, 4, 12; **And after that, . . .** *Et après ça... ,* I, 9
afternoon: afternoon off *l'après-midi libre,* I, 2; **in the afternoon** *l'après-midi,* I, 2
afterwards: Afterwards, I went out. *Après, je suis sorti(e),* I, 9; **And afterwards?** *Et après?* I, 9
again: . . . again? *...déjà?,* II, 11; **Don't do it again.** *Ne recommence pas.* II, 5
agree: I don't agree. *Je ne suis pas d'accord.* I, 7; **I agree with you.** *Je suis d'accord avec toi.* III, 9
ahead: Go (keep going) straight ahead. *Allez (continuez) tout droit,* II, 2; **Well just go right ahead!** *Non mais, surtout, ne vous gênez pas!* III, 8
air: to put air in the tires *mettre de l'air dans les pneus,* III, 2
alarm: to hear the alarm clock *entendre le réveil,* II, 5
algebra *l'algèbre* (f.), I, 2
Algeria *l'Algérie* (f.), III, 12
all: All you have to do is . . . *Tu n'as qu'à... ,* II, 7; **I didn't like it at all.** *Je n'ai pas du tout aimé.* III, 9; **Not at all.** *Pas du tout.* I, 4; II, 10; **I don't like that at all.** *Ça ne me plaît pas du tout.* III, 11; **That's all I listen to.** *Je n'écoute que ça.* III, 11
all over: I hurt all over! *J'ai mal partout!* II, 7
all right *pas mal,* II, 6
allergies: I have allergies. *J'ai des allergies.* II, 7
allowed: You're not allowed to . . . *Tu n'as pas le droit de... ,* III, 3
almost: You're (We're) almost there! *Tu y es (On y est) presque!* II, 12; **You're almost there!** *Tu y es presque!* II, 7
alone: I went alone . . . *J'y suis allé(e) seul(e)... ,* III, 1; **Leave me alone!** *Fiche-moi la paix!* III, 6
already *déjà,* I, 9; **He/She already has one (of them).** *Il/Elle en a déjà un(e).* II, 3
also *aussi,* I, 1

always: I'm always the one who gets blamed! *C'est toujours moi qui prends!* III, 6; **It's always the same!** *C'est toujours la même chose!* III, 6
am: I am . . . *Je suis... ,* II, 1
amazing: It was amazing/unbelievably bad! *C'était incroyable!* II, 5
American *américain(e),* II, 11
amusement park *un parc d'attractions,* II, 6
an *un, une,* I, 3
and *et,* I, 1
andouille sausage *l'andouille* (f.), III, 11
angry *fâché(e),* II, 9
ankle: to sprain one's ankle *se fouler la cheville,* II, 7
annoyed *énervé(e),* II, 9
annoying *embêtant(e),* I, 7
answer *répondre,* I, 9; **There's no answer.** *Ça ne répond pas.* I, 9; **. . . and then the other one answers . . .** *...et l'autre lui répond... ,* III, 10
ant *la fourmi,* III, 7
anxious: I'm really anxious to . . . *Je suis vraiment impatient(e) de... ,* III, 2
any (of it) *en,* I, 8
any more: I don't want any more. *Je n'en veux plus.* I, 8; **I just can't do any more!** *Je n'en peux plus!* II, 7, 12
anymore: I don't know what I want anymore. *Je ne sais plus ce que je veux.* III, 5; **I'm not hungry (thirsty) anymore.** *Je n'ai plus faim (soif).* II, 3
anyone: It could happen to anyone. *Ça peut arriver à tout le monde.* III, 10
anything: I didn't forget anything. *Je n'ai rien oublié.* I, 11; **It didn't do anything for me.** *Ça ne m'a pas emballé(e).* III, 9; **I just can't do anything right!** *Qu'est-ce que je peux être nul(le)!* III, 12

Anyway, . . . *Bref,... ,* II, 9
apologize *s'excuser,* II, 10;
   Apologize. *Excuse-toi.* II, 10
appetizers *les entrées* (f.), III, 1;
   What would you like for an appe-
   tizer? *Que voulez-vous comme*
   entrée? III, 1
apples *des pommes* (f.), I, 8; **apple**
   juice *un jus de pomme,* I, 5; **apple**
   tart *la tarte aux pommes,* II, 3
appointment: That's nice of you, but
   I've got an appointment. *C'est gen-*
   til, mais j'ai un rendez-vous. III, 6
apprenticeship: to do an apprentice-
   ship *faire un apprentissage,* III, 5
April *avril,* I, 4
archery *le tir à l'arc,* III, 12
architect *l'architecte,* III, 5
are: There is/are . . . *Il y a... ,* II, 12;
   They are . . . *Ils/Elles sont... ,* II, 1
argument: to have an argument
   (with someone) *se disputer (avec*
   quelqu'un), II, 9
arm *le bras,* II, 7
armoire: armoire/wardrobe *l'armoire*
   (f.), II, 2
around *vers,* I, 6
arrive *arriver,* II, 5; **to arrive late to**
   school *arriver en retard à l'école,*
   II, 5
arrow *la flèche,* III, 12
art class *les arts* (m.) *plastiques,* I, 2
as: as many/as much . . . as . . .
   autant de... que... , III, 8; **as . . .**
   as . . . *aussi... que... ,* III, 8; **It's as**
   . . . as can be! *C'est... comme tout!*
   III, 2
ask: to ask (someone's) forgiveness
   demander pardon à (quelqu'un),
   II, 10; **to ask your parents' per-**
   mission *demander la permission*
   à tes parents, II, 10
at *à la, au, aux,* I, 6 II, 6; **At . . .** *A... ,*
   II, 11; **at . . . fifteen** *à... heures*
   quinze, I, 2; **at . . . forty-five** *à...*
   heures quarante-cinq, I, 2; **at my**
   house *chez moi,* I, 6; **At that**
   point, . . . *A ce moment-là,... ,*
   II, 9; III, 9; **at the record store** *chez*
   le disquaire, I, 12; **At what time?**
   A quelle heure? I, 6
attend: to attend a sound and light
   show *assister à un spectacle son et*
   lumière, II, 6
attendant: gas station attendant
   le/la pompiste, III, 2
August *août,* I, 4
aunt *la tante,* I, 7
avocados *des avocats* (m.), I, 8
Avoid . . . *Evite de... ,* II, 12;
   Avoid . . . *Evite(z) de... ,* II, 7;
   Avoid seeing . . . *Evite d'aller*
   voir... , III, 9

aware *prudent(e),* III, 3
away: No, I went away for . . . *Non,*
   je suis parti(e)... , III, 1; **Yes, right**
   away. *Oui, tout de suite.* I, 5
awful *sinistre,* II, 6

back *le dos,* II, 7; **come back** *revenir,*
   II, 6; **go back (home)** *rentrer,* II, 6;
   Towards the back. *Au fond.* III, 2
backpack *un sac à dos,* I, 3
bad *mauvais,* I, 5; **I feel bad that . . .**
   Je m'en veux de... , III, 6; **I'm bad in**
   computer science. *Je suis mau-*
   vais(e) en informatique. II, 5; **It was**
   amazing/unbelievably bad! *C'était*
   incroyable! II, 5; **It was not bad/**
   funny. *J'ai trouvé ça pas mal/amus-*
   ant. III, 9; **not bad** *pas mal,* I, 2, 9;
   What a bad day! *Quelle journée!*
   II, 5; **What a bad weekend!** *Quel*
   week-end! II, 5
bag *un sac,* I, 3
baggy *large,* I, 10
bakery *la boulangerie,* I, 12; II, 3
balance: the balance beam *la poutre,*
   III, 12
balcony *le balcon,* II, 2
ball *la balle,* III, 12; *le ballon,* III, 12
banana tree *un bananier,* II, 4
bananas *des bananes* (f.), I, 8
bandages *les pansements* (m.), III, 7
bangs *la frange,* III, 4
bank *la banque,* I, 12
baseball *le base-ball,* III, 12; **to play**
   baseball *jouer au base-ball,* I, 4
basketball *le basket-ball,* I, 4; III, 12;
   to play basketball *jouer au*
   basket(-ball), I, 4
baskets *des paniers* (m.), II, 8; **bas-**
   ket (basketball) *le panier,* III, 12
bass (guitar) *la basse,* III, 11
bat (baseball) *le bâton,* III, 12
bathing suit *un maillot de bain,* I, 10
bathroom *la salle de bains,* II, 2
batter (baseball) *le frappeur,* III, 12
batting: You're batting a thousand!
   Tu en rates pas une, toi! III, 10
be *être,* I, 7; **to be in the process of**
   (doing something) *être en train de*
   (+ infinitive), II, 9
be able to, can *pouvoir,* I, 8; **Can**
   you . . . ? *Est-ce que tu peux... ?*
   I, 12; **I can't.** *Je ne peux pas.* II, 7
beach *la plage,* I, 1
bear *un ours,* II, 12
beard *la barbe,* III, 4
beautiful *beau (belle),* II, 2; *mag-*
   nifique, II, 6
because *parce que,* I, 5; **Just because**
   everyone else . . . doesn't mean

you have to. *Ce n'est pas parce que*
   tout le monde... que tu dois le faire.
   III, 3
become *devenir,* II, 6
bed *le lit,* II, 2; **to go to bed** *se*
   coucher, II, 4; **to make one's bed**
   faire son lit, III, 3
bedroom *la chambre,* II, 2
beef *le bœuf,* I, 8
been: It's been . . . *Ça fait... ,* III, 1
begin, to start *commencer,* I, 9
beginning: At the beginning . . .
   Au début... , III, 9; **I went at the**
   beginning of . . . *J'y suis allé(e)*
   début... , III, 1
behind *derrière,* I, 12
Belgium *la Belgique,* III, 12
believe: Believe me. *Crois-moi.* III, 4;
   I can't believe how . . . ! *C'est fou*
   comme... ! III, 7; **I can't believe**
   it. *J'arrive pas à y croire!* III, 12;
   I don't believe it. *Je n'en reviens*
   pas. III, 10
belt *la ceinture,* I, 10
best: All the best to . . . *Bien des*
   choses à... , III, 8; **Best wishes!**
   Meilleurs vœux! II, 3; **I . . . the best.**
   C'est moi qui... le mieux. III, 10;
   I'm the best. *C'est moi, le/la*
   meilleur(e). III, 10; **Make the best**
   of it. *Fais-toi une raison.* II, 8;
   You're really the best. *Tu es vrai-*
   ment le/la meilleur(e). III, 10
bet: I bet that . . . *Je parie que... ,* II, 9
better: It would be better if . . . *Il*
   vaudrait mieux que... , III, 5; **It'll**
   get better. *Ça va aller mieux.* II, 5;
   It's better than . . . *C'est meilleur*
   que... , II, 7; **It's going to get bet-**
   ter! *Ça va aller mieux!* I, 9; **You**
   have to do better in class. *Il faut*
   mieux travailler en classe. II, 5;
   You would do well/better to . . .
   Tu ferais bien/mieux de... , III, 5
between *entre,* I, 12
big *grand(e),* I, 10; **big (tall)**
   grand(e), II, 1
bigger: bigger than . . . *plus*
   grand(e) que, II, 4; **I've done bigger**
   and better things. *Oh, j'en ai vu*
   d'autres. III, 10
bike *faire du vélo,* I, 4; **by bike** *à*
   vélo, I, 12
biking *le vélo,* I, 1
binder: loose-leaf binder *un*
   classeur, I, 3
binoculars *les jumelles* (f.), III, 7
biography *la biographie,* II, 11
biology *la biologie,* I, 2
bird *l'oiseau* (m.), III, 7
birthday: Happy birthday! *Joyeux*
   (Bon) anniversaire! II, 3
bisque *en bisque,* III, 11

black *noir(e)*, I, 3; **black** *noir*, II, 1; **black hair** *les cheveux noirs*, II, 1
blackboard *le tableau*, I, 0; **Go to the blackboard!** *Allez au tableau!*, I, 0
blamed: I'm always the one who gets blamed! *C'est toujours moi qui prends!* III, 6
blazer *la veste*, I, 10
bless: Bless you! *A tes souhaits!* II, 7
blond *blond(e)*, I, 7; **blond hair** *les cheveux blonds*, II, 1
blue *bleu(e)*, I, 3; *bleu*, II, 1
blues (music) *le blues*, II, 11; III, 11
boat *le bateau*, I, 12; **by boat** *en bateau*, I, 12; **to go boating** *faire du bateau*, I, 12
boiled *au court-bouillon*, III, 11
book *le livre*, I, 0
bookstore *la librairie*, I, 12
boots *des bottes* (f.), I, 10; **pair of boots** *les bottes* (f.), I, 10
bored: I was bored. *Je me suis ennuyé(e).* II, 6; III, 1; **I was bored to death.** *Je me suis ennuyé(e) à mourir.* III, 9; **I wasn't bored a second.** *Je ne me suis pas ennuyé(e) une seconde.* III, 9; **You're never bored.** *On ne s'ennuie pas.* II, 11
bores: That bores me to death! *Ça m'ennuie à mourir!* III, 2; **That bores me!** *Ça m'embête!* III, 2; **What bores me...** *Ce qui m'ennuie, c'est...*, III, 2
boring *barbant*, I, 2; *ennuyeux (ennuyeuse)*, II, 6, 8; **It was boring.** *C'était ennuyeux.* I, 5; *C'était barbant.* I, 11; **deadly boring** *mortel(le)*, III, 2; **That's boring!** *C'est rasant!* III, 2; **That's so boring!** *Ça me casse les pieds!* III, 2
born: to be born *naître*, II, 6
borrow *emprunter*, I, 12
bother *ennuyer*, II, 8; **Stop bothering me!** *Et toi, arrête de m'embêter!* III, 10
bottle: a bottle of *une bouteille de*, I, 8
bow (in archery) *l'arc* (m.), III, 12
box: a package/box of *un paquet de*, I, 8
boxing *la boxe*, III, 12
bracelet *le bracelet*, I, 3
braces: to get one's braces off *se faire enlever ses bagues*, III, 10
brag: I'm not trying to brag, but... *C'est pas pour me vanter, mais moi...*, III, 10
braid *la natte*, III, 4
brakes *les freins* (m.), III, 2
brass, copper *le cuivre*, III, 8
brave *brave*, II, 1
Brazil *le Brésil*, III, 12

Brazilian (adj.) *brésilien(ne)*, III, 12
bread *du pain*, I, 8; *le pain*, II, 3; **long, thin loaf of bread** *la baguette*, I, 12
bread pudding *le pouding au pain*, III, 11
break *la récréation*, I, 2; **Give me a break!** *Oh, ça va, hein!* III, 10; **Will you give me a break?** *Lâche-moi, tu veux?* III, 10; **to break one's...** *se casser le/la...*, II, 7; III, 10
break down *tomber en panne*, II, 9; **to break down (run out of gas)** *tomber en panne (d'essence)*, III, 2
break up (with someone) *casser (avec quelqu'un)*, II, 9
breakfast *le petit déjeuner*, I, 8
bring *apporter*, I, 9; **Bring me back...** *Rapporte-moi...*, I, 8; **Please bring me...** *Apportez-moi..., s'il vous plaît.* I, 5; **to bring (with you)** *emporter*, II, 12; **Will you bring me...?** *Tu me rapportes...?* I, 8
brother *le frère*, I, 7
brown *marron*, I, 3; II, 1; **light brown hair** *châtain* (inv.) II, 1; **dark brown hair** *les cheveux bruns*, II, 1
brunette *brun(e)*, I, 7
brush (bushes) *la brousse*, III, 7; **to brush one's teeth** *se brosser les dents*, II, 4
buffalo *le buffle*, III, 7
bugging: You're bugging me! *Tu m'énerves, à la fin!* III, 6
building *l'immeuble* (m.), III, 8
bun (hairstyle) *le chignon*, III, 4
bus: by bus *en bus*, I, 12; **bus stop** *l'arrêt* (m.) *de bus*, III, 8
business: Mind your own business! *Mêle-toi de tes oignons!* III, 6; **businessman/woman** *homme/femme d'affaires*, III, 5
busy: I'm very busy. *Je suis très occupé(e).* II, 10; **It's busy.** *C'est occupé.* I, 9; **Sorry, I'm busy.** *Désolé(e), je suis occupé(e).* I, 6; *Je suis pris(e).* III, 6
but *mais*, I, 1
butcher shop *la boucherie*, II, 3
butter *du beurre*, I, 8; *le beurre*, II, 3
butterfly *le papillon*, III, 7
buy *acheter*, I, 9; **buy: Buy me...** *Achète(-moi)...*, I, 8; **How about buying...?** *Si on achetait...?* II, 8; **to buy oneself something** *s'acheter quelque chose*, III, 10
by: By the way,... *A propos,...*, II, 9
Bye! *Tchao!* I, 1

C

café *le café*, I, 5
cafeteria: at the school cafeteria *à la cantine*, I, 9
Cajun music *la musique cajun*, III, 11
cake *du gâteau*, I, 8
calculator *la calculatrice*, I, 3
call (someone) *téléphoner à (quelqu'un)*, I, 10; **Call him/her/them!** *Téléphone-lui/-leur!* I, 9; **Can you call back later?** *Vous pouvez rappeler plus tard?* I, 9
called: Then I called... *Ensuite, j'ai téléphoné à...*, I, 9; **He/She called me a...!** *Il/Elle m'a traité(e) de...!* III, 6; **What is that called?** *Comment est-ce qu'on appelle ça?* III, 11
calling: Who's calling? *Qui est à l'appareil?* I, 9
calm *tranquille*, II, 8; **Calm down!** *Calmez-vous!* III, 7; **Calm down.** *Du calme, du calme.* III, 2
camcorder *le caméscope*, III, 7
camel *le chameau*, III, 8
camera *l'appareil-photo* (m.), I, 11; II, 1
camp: to/at a summer camp *en colonie de vacances*, I, 11
campground *le terrain de camping*, II, 2
camping: to go camping *faire du camping*, I, 11; II, 12
can: a can of *la boîte de*, I, 8
can (to be able to): *pouvoir*, I, 8; **Can I...?** *Je peux...?* III, 3; **Can I try on...?** *Je peux essayer...?* I, 10; **Can you...?** *Est-ce que tu peux...?* I, 12; **I can't because...** *Je ne peux pas parce que...* I, 5; **I can't right now.** *Je ne peux pas maintenant.* I, 8; **No, I can't.** *Non, je ne peux pas.* I, 12; II, 1, 7; **Can I talk to you?** *Je peux te parler?* II, 10; **If you like, we can...** *Si tu veux, on peut...*, II, 1; **We can...** *On peut...*, II, 4; **What can I do?** *Qu'est-ce que je peux faire?* II, 10; **What can we do?** *Qu'est-ce qu'on peut faire?* II, 4; **You can...** *On peut...*, II, 12
Canada *le Canada*, III, 12
canary *le canari*, I, 7
candies *les bonbons* (m), II, 3
candy shop *la confiserie*, II, 3
canoe: to go for a canoe ride *faire du canotage*, II, 12
cans *les boîtes* (f.), III, 3
canteen *la gourde*, III, 7
cap *la casquette*, I, 10
capital *la capitale*, II, 4

car: by car *en voiture,* I, 12; to wash the car *laver la voiture,* I, 7; to wreck the car *emboutir la voiture,* III, 10

caramel custard *la crème caramel,* III, 1

cards: to play cards *jouer aux cartes,* I, 4

care: What I don't care for is . . . *Ce qui ne me plaît pas, c'est... ,* II, 4

career: to choose a career *choisir un métier,* III, 5

careful *prudent(e),* III, 3; Be careful! *Méfiez-vous!* III, 7

carrots *les carottes* (f.), I, 8; grated carrots with vinaigrette dressing *les carottes râpées,* III, 1

cartoon *le dessin animé,* III, 9

cartoon book *une bande dessinée (une BD),* II, 11

cassette tape *la cassette,* I, 3

cat *le chat,* I, 7

catches: What catches your eye is . . . *Ce qui saute aux yeux, c'est... ,* III, 11

cathedral *la cathédrale,* II, 2

CD (compact disc) *un disque compact/un CD,* I, 3

celery: grated celery root with mayonnaise and vinaigrette *le céleri rémoulade,* III, 1

Central African Republic *la République centrafricaine,* III, 12

cereal *les céréales* (f.), II, 3

certain: I'm (not) certain that . . . *Je (ne) suis (pas) certain(e) que... ,* III, 7

Certainly. *Bien sûr.* I, 9

chair *la chaise,* I, 0

channel (TV) *la chaîne,* III, 9

charming *charmant(e),* II, 4

Cheater! *Tricheur(-euse)!* III, 6

check *vérifier,* III, 2; check out: Hey! Check it out! *Tiens! Regarde un peu!* III, 7; The check, please. *L'addition, s'il vous plaît.* I, 5; traveler's checks *les chèques* (m.) *de voyage,* II, 1

cheese *le fromage,* I, 5; II, 3; a selection of cheeses *l'assiette de fromages,* III, 1; goat cheese *fromage de chèvre,* III, 1; toasted cheese and ham sandwich *un croque-monsieur,* I, 5

cheetah *le guépard,* III, 7

chemistry *la chimie,* I, 2

chest: chest of drawers *la commode,* II, 2

chic *chic,* I, 10

chicken *la poule,* II, 3; III, 8

chicken *le poulet* I, 8; chicken meat *du poulet,* I, 8; live chickens *des poules,* I, 8; roasted chicken with

green beans *le poulet haricots verts,* III, 1

child *l'enfant* (m./f.) I, 7; to have a child *avoir un enfant,* III, 5

childish *bébé,* III, 2

China *la Chine,* III, 12

chocolate *le chocolat,* I, 1; box of chocolates *la boîte de chocolats,* II, 3

choice: If I had a choice, . . . *Si j'avais le choix,... ,* III, 8

choir *la chorale,* I, 2

choose *choisir,* I, 10; to choose a career *choisir un métier,* III, 5; to choose the date *fixer la date,* II, 10; to choose the music *choisir la musique,* II, 10

Christmas: Merry Christmas! *Joyeux Noël!* II, 3

church *l'église* (f.), II, 2

class: What classes do you have . . . ? *Tu as quels cours... ?* I, 2

classic *un (roman) classique,* II, 11; classic movie *un film classique,* II, 11

classical music *la musique classique,* II, 11; III, 11

classy *classe,* III, 4

clean *propre,* II, 8

clean: to clean house *faire le ménage,* I, 7; to clean the bathroom *nettoyer la salle de bains,* III, 3; to clean the floor *nettoyer le parquet,* III, 3; to clean the windshield *nettoyer le pare-brise,* III, 2

clear: to clear the table *débarrasser la table,* I, 7

close: That was close! *On l'a échappé belle!* III, 7

close: Close the door! *Fermez la porte!,* I, 0; When do you close? *A quelle heure est-ce que vous fermez?* II, 6

close to *près de,* I, 12

cloth *le tissu,* II, 8

coach *l'entraîneur* (m.), III, 12

coast: to/at the coast *au bord de la mer,* I, 11

coat *un manteau,* I, 10

coconut tree *un cocotier,* II, 4

coconuts *des noix de coco* (f.), I, 8

coffee *le café,* I, 5

cola *un coca,* I, 5

cold: I've got a cold. *J'ai un rhume.* II, 7; It's cold. *Il fait froid.* I, 4

color: What color is . . . ? *De quelle couleur est... ?,* I, 3

colorful *coloré(e),* II, 4

come *venir,* II, 6; come across: After . . . , you'll come across . . . *Après..., vous allez tomber sur... ,* III, 2; come back *revenir,* II, 6; Come

in, please. *Entrez, je vous en prie.* III, 6; Come on! *Allez!* II, 7, 12; Where does the word . . . come from? *D'où vient le mot... ?* III, 11; Will you come? *Tu viens?* I, 6

comedy *la comédie,* III, 9; *le film comique,* II, 11

comfortable: Make yourself comfortable. *Mettez-vous à l'aise.* III, 6

commercial *la publicité,* III, 9

common: What do . . . and . . . have in common? *Quel est le point commun entre... et... ?* III, 10

compact disc/CD *un disque compact/un CD,* I, 3

compass *une boussole,* II, 12

competition *la compétition,* III, 12

computer *un ordinateur,* I, 3

computer science *l'informatique,* I, 2

concerts *les concerts* (m.), I, 1

Congratulations! *Félicitations!* II, 3; II, 5

conservative *sérieux (-euse),* III, 4

considerate: to be considerate *être attentionné,* III, 3

conversation: Following our telephone conversation, . . . *Suite à notre conversation téléphonique,... ,* III, 5

convinced: I'm convinced that . . . *Je suis convaincu(e) que... ,* III, 7

cooked: How do you like your meat cooked? *Comment désirez-vous votre viande?* III, 1

cool *cool,* I, 2; Cool! *C'est le pied!* III, 7; It's cool (outside). *Il fait frais.* I, 4; super cool *hyper-cool,* III, 4; That's too cool! *C'est trop cool!* III, 12; very cool *chouette,* II, 2; Yes, very cool. *Oui, très chouette.* I, 9; I, 11; Your . . . is cool. *Il/Elle est cool, ton/ta... ,* II, 2

copper *le cuivre,* III, 8

coral *du corail,* III, 10

corn *du maïs,* I, 8

corner: on the corner of *au coin de,* I, 12

corny *ringard(e),* III, 4

Côte d'Ivoire *la République de Côte d'Ivoire,* III, 12

cotton: in cotton *en coton,* I, 10

could: Could you . . . ? *Tu pourrais... ?* II, 10; Could you go by . . . ? *Tu pourrais passer à... ?* I, 12; I could have . . . *J'aurais pu... ,* II, 10; If I could, . . . *Si seulement je pouvais,... ,* III, 8; We could . . . *On pourrait... ,* II, 1; You could give him/her (them) . . . *Tu pourrais lui (leur) offrir... ,* II, 3; You could have . . . *Tu aurais pu... ,* II, 10

country music *le country,* II, 11; III, 11

country: to/at the countryside *à la campagne,* I, 11

courage: You've really got courage. *Tu en as, du courage.* III, 10

course (school) *le cours,* I, 2; (meal) first course *l'entrée,* II, 3; main course *le plat principal,* II, 3; Of course not. *Bien sûr que non.* II, 10; Of course. *Bien sûr.* I, 3; II, 10; Of course. They are (He/She is) . . . *Bien sûr. C'est...,* II, 11; Yes, of course. *Oui, bien sûr.* I, 7

cousin *le cousin (la cousine)* I, 7

crab *le crabe,* III, 10

crafts: to make crafts *faire de l'artisanat (m.),* III, 8

crawfish *les écrevisses* (f.), III, 11

crazy (funny) *fou/folle,* III, 2; (wild) *dingue,* III, 2; Are you crazy or what? *Tu délires ou quoi?* III, 11; I'm crazy about that! *Ça me branche!* III, 2; What I'm really crazy about is . . . *Ce qui me branche vraiment, c'est...,* III, 11; You're driving me crazy! *Tu me prends la tête!* III, 6

cream: cream puff pastry *la religieuse,* II, 3

credit card *la carte de crédit,* III, 7

crew: a crew cut *les cheveux en brosse* (m.), III, 4

crocodile *le crocodile,* III, 7

croissant *les croissants* (m.), II, 3; croissant with a chocolate filling *le pain au chocolat,* II, 3

cross: Cross . . . *Traversez...,* II, 2; You cross . . . *Vous traversez...,* III, 2

cross-country: to go cross-country skiing *faire une randonnée en skis,* II, 12

crowd *la foule,* III, 8

Crybaby! *Pleurnicheur(-euse)!* III, 6

curly: curly hair *les cheveux frisés* (m.), III, 4

cut: Oh, cut it out! *Oh, ça va, hein?* III, 6; a crew cut *les cheveux en brosse* (m.), III, 4; a square cut *une coupe au carré,* III, 4; Did you get your hair cut? *Tu t'es fait couper les cheveux?* III, 4; to cut one's finger *se couper le doigt,* II, 7

cute *mignon, mignonne,* I, 7; cute, but that's all *gentillet, sans plus,* II, 11

cycling *le cyclisme,* III, 12

dairy *la crémerie,* II, 3

dance *danser,* I, 1; *la danse,* I, 2; dance music *la dance,* III, 11; to dance the zouk *danser le zouk,* II, 4

dangerous *dangereux (dangereuse),* II, 8

Darn it! *Zut!* I, 3; *Zut, alors!* III, 7; *Les boules!* III, 12

date (fruit) *la datte,* III, 8

date: to have a date/make a date (with someone) *avoir (prendre) rendez-vous (avec quelqu'un),* II, 9

daughter *la fille,* I, 7

day: I had a terrible day! *J'ai passé une journée épouvantable!* II, 5; It's just not my day! *C'est pas mon jour!* II, 5; What a bad day! *Quelle journée!* II, 5; What a great day! *Quelle journée formidable!* II, 5

dead *mort(e),* III, 6

deadly: deadly dull *mortel(le),* II, 6; II, 8

death: I was bored to death. *Je me suis ennuyé(e) à mourir.* III, 9

December *décembre,* I, 4

decide: I can't decide between . . . and . . . *J'hésite entre... et...,* III, 1; Have you decided to take . . . ? *Vous avez décidé de prendre... ?* I, 10; I'm having trouble deciding. *J'ai du mal à me décider.* III, 5

deface: to deface the trees *mutiler les arbres,* II, 12

Definitely not! *Sûrement pas!* II, 6

delicatessen *la charcuterie,* II, 3

delicious *délicieux(-ieuse),* I, 5; That was delicious! *C'était délicieux!* II, 3

Democratic Republic of Congo *la République Démocratique du Congo,* III, 12

denim: in denim *en jean,* I, 10

dentist *le/la dentiste,* III, 5

deposit *déposer,* I, 12

depressed *déprimé(e),* II, 9

depressing *déprimant(e),* II, 11

dessert *le dessert,* II, 3; III, 1

detective: detective or mystery movie *un film policier,* II, 11; detective or mystery novel *un roman policier (un polar),* II, 11

detention: to have detention *être collé(e),* II, 5

dictionary *le dictionnaire,* I, 3

did: First, I did . . . *D'abord, j'ai fait...,* I, 9

die *mourir,* II, 6

diet: to follow a diet that's too strict *suivre un régime trop strict,* II, 7

difference: What's the difference between . . . and . . . ? *Quelle est la différence entre ... et... ?* III, 10

different: Was it really so different? *C'était tellement/si différent?* II, 8

dining room *la salle à manger,* II, 2

dinner *le dîner,* I, 8; to have dinner *dîner,* I, 9

diploma: to get one's diploma *obtenir son diplôme,* III, 5

dirty *sale,* II, 8

discus: the discus throw *le lancer du disque,* III, 12

dishes: to do the dishes *faire la vaisselle,* I, 7

disinfectant *le désinfectant,* III, 7

dismissal (when school gets out) *la sortie,* I, 2

dive *plonger,* III, 12; diving *le plongeon acrobatique,* III, 12; diving board *le plongeoir,* III, 12

divorced *divorcé(e),* III, 6

do *faire,* I, 4; All you have to do is . . . *Tu n'as qu'à...,* II, 7; III, 5; Do you know what you want to do? *Tu sais ce que tu veux faire?* III, 5; Do you play/do . . . ? *Est-ce que tu fais... ?* I, 4; Don't do it again. *Ne recommence pas.* II, 5; I do. *Moi, si.* I, 2; I don't know what to do. *Je ne sais pas quoi faire.* II, 10; I don't play/do . . . *Je ne fais pas de...,* I, 4; I have errands to do. *J'ai des courses à faire.* I, 5; I just can't do any more! *Je n'en peux plus!* II, 7; I play/do . . . *Je fais...,* I, 4; In your opinion, what do I do? *A ton avis, qu'est-ce que je fais?* I, 9; It didn't do anything for me. *Ça ne m'a pas emballé(e).* III, 9; It'll do you good. *Ça te fera du bien.* II, 7; to do homework *faire les devoirs,* I, 7; to do the dishes *faire la vaisselle,* I, 7; What are you going to do . . . ? *Qu'est-ce que tu vas faire... ?* I, 6; II, 1; *Tu vas faire quoi... ?* I, 6; What can I do? *Qu'est-ce que je peux faire?* I, 9; What can we do? *Qu'est-ce qu'on peut faire?* II, 4; What did you do ? *Qu'est-ce que tu as fait?* I, 9; What do you advise me to do? *Qu'est-ce que tu me conseilles?* I, 9; What do you do (when). . . ? *Qu'est-ce que tu fais (quand)... ?* I, 4; What do you like to do? *Qu'est-ce que tu aimes faire?* II, 1; What should we do? *Qu'est-ce qu'on fait?* II, 1; What are you doing? *Mais, qu'est-ce que tu fais?* III, 2

doctor *médecin* (m.), III, 5

documentary *le documentaire,* III, 9

dog *le chien,* I, 7; to walk the dog *promener le chien,* I, 7; *sortir le chien,* III, 3

don't: I don't. *Moi, non.* I, 2; What I don't like is . . . *Ce que je n'aime pas, c'est...,* II, 4; Why don't

you . . . ? *Pourquoi tu ne... pas... ?* II, 7

done, made *fait (faire),* I, 9

door *la porte,* I, 0

doubt: I have no doubt of it. *Je n'en ai aucun doute.* III, 12

down: to go down *descendre,* II, 6; **You go down this street to the next light.** *Vous continuez cette rue jusqu'au prochain feu rouge.* I, 12; **downstairs** *en bas,* III, 2

dozen *la douzaine de,* I, 8

drama *le drame,* II, 9; **to do drama** *faire du théâtre,* I, 4

drawers: chest of drawers *la commode,* II, 2

dream: My dream is to . . . *Mon rêve, c'est de... ,* III, 5

dress *la robe,* I, 10; **to get dressed** *s'habiller,* II, 4

drink: to drink *boire,* I, 5; *la boisson,* I, 5; **And to drink?** *Et comme boisson?* III, 1; **What do you have to drink?** *Qu'est-ce que vous avez comme boissons?* I, 5; **What is there to drink?** *Qu'est-ce qu'il y a à boire?* I, 5

drive *conduire,* III, 2; **to drive a car** *conduire une voiture,* II, 8; **to drive safely** *conduire prudemment,* III, 3

driver *le chauffeur,* III, 5; **to get one's driver's license** *passer son permis de conduire,* III, 5

driving: You're driving me crazy! *Tu me prends la tête!* III, 6; **to take driving lessons** *prendre des leçons de conduite,* III, 10

drugstore *la pharmacie,* I, 12

drum (from Africa) *un tam-tam,* II, 8; **drum machine** *la boîte à rythmes,* III, 11; **drums** *la batterie,* III, 11

duck *un canard,* II, 12

dull: It's no good/dull. *C'est nul/lourd.* III, 9

dust: to dust *faire la poussière,* III, 3

dyed: dyed hair *les cheveux teints* (m.), III, 4

dying: I'm dying of hunger! *Je crève de faim!* II, 12; **I'm dying of thirst!** *Je meurs de soif!* II, 12

early *tôt,* II, 4

earrings *des boucles d'oreilles* (f.), I, 10

ears *les oreilles* (f.), II, 7; **to get one's ears pierced** *se faire percer les oreilles,* III, 10

earth-shattering: It's not earth-shattering. *Ça casse pas des briques.* II, 11

east: in the east *dans l'est,* II, 4; **It's to the east of . . .** *C'est à l'est de... ,* II, 12

eastern: It's in the eastern part of . . . *C'est dans l'est de... ,* II, 12

easy *facile,* I, 2; **That's so easy!** *C'est fastoche, ça!* III, 10

eat *manger,* I, 6; II, 7; **to eat too much sugar** *consommer trop de sucre,* II, 7; **someone who loves to eat** *gourmand(e),* II, 1; **to eat better** *manger mieux,* III, 3; **to eat well** *bien se nourrir,* II, 7

eggs *des œufs* (m.), I, 8; II, 3

elderly: to help elderly people *aider les personnes âgées,* III, 3

elegant *élégant(e),* III, 4

elementary school teacher *l'instituteur(-trice),* III, 5

elephant *l'éléphant* (m.), III, 7

else: I have something else to do. *J'ai quelque chose à faire.* II, 10

embarrassed *gêné(e),* II, 9

end: At the end . . . *A la fin... ,* III, 9; **How does it end?** *Comment ça se termine?* III, 9; **I went at the end of (month). . .** *J'y suis allé(e) fin... ,* III, 1; **Over there, at the end of the hallway.** *Par là, au bout du couloir.* III, 2

energy *l'énergie* (f.), III, 3

engaged: to get engaged *se fiancer,* III, 10

engineer *l'ingénieur,* III, 5

England *l'Angleterre* (f.), III, 12

English (language) *l'anglais* (m.), I, 1

enjoy *déguster,* II, 4

enough: Enough is enough! *Ça commence à bien faire, hein?* III, 8; **That's enough!** *Ça suffit!* III, 6

enter *entrer,* II, 6; **to enter the university** *entrer à l'université,* III, 5

entrance: At the entrance to . . . *A l'entrée de... ,* III, 2; **How much is the entrance fee?** *C'est combien, l'entrée?* II, 6

envelope *l'enveloppe* (f.), I, 12

epee (sword) *l'épée* (f.), III, 12

equestrian events *l'équitation* (f.), III, 12

eraser *la gomme,* I, 3

especially *surtout,* I, 1

essential: It's essential to . . . *Il est essentiel que... ,* III, 7

evening: *le soir,* I, 2; **in the evening** *le soir,* I, 2

everybody: Everybody does it. *Tout le monde fait pareil.* III, 3; **It happens to everybody.** *Ça arrive à tout le monde.* III, 6

everyone: Everyone should . . . *On doit...* II, 7; **Just because everyone**

else . . . doesn't mean you have to. *Ce n'est pas parce que tout le monde... que tu dois le faire.* III, 3

everything: Everything went wrong! *Tout a été de travers!* II, 5; **I've thought of everything.** *J'ai pensé à tout.* I, 11

exam *les examens* (m.), I, 1; **to pass one's baccalaureat exam** *réussir son bac,* III, 5

excellent *excellent,* I, 5, 9; II, 2

exciting: It's an exciting story. *C'est une histoire passionnante.* II, 11

excuse: Excuse me. *Excusez-moi.!* I, 3, 5; **Excuse me, ma'am. . . . , please?** *Pardon, madame. ... , s'il vous plaît?* I, 12; **Excuse me, miss. Where is . . . , please?** *Pardon, mademoiselle. Où est... , s'il vous plaît?* I, 12; **Excuse me, sir. I'm looking for . . . , please.** *Pardon, monsieur. Je cherche... , s'il vous plaît.* I, 12

exercise *faire de l'exercice,* II, 7

exhausted: I'm exhausted. *Je suis crevé(e),* II, 2

expensive: It's too expensive. *C'est trop cher,* II, 3; **Oh, it wasn't expensive.** *Oh, tu sais, je ne l'ai pas payé(e) cher.* III, 4

explain: Explain to him/her/them. *Explique-lui/leur.* II, 10; **to explain what happened (to someone)** *expliquer ce qui s'est passé (à quelqu'un),* II, 10

eye *l'œil* (m.) (pl. *les yeux*), II, 1

fabric *le tissu,* II, 8

faded *délavé(e),* III, 4

fail: to fail a test *rater un examen,* I, 9

fair: It's not fair. *C'est pas juste.* III, 12

fall *tomber,* II, 5; **in the fall** *en automne,* I, 4; **to fall in love (with someone)** *tomber amoureux(-euse) (de quelqu'un),* II, 9

familiar: Are you familiar with . . . ? *Tu connais...? ,* II, 11; **I'm not familiar with them (him/her).** *Je ne connais pas.* II, 11

fantastic *sensas (sensationnel(le)),* I, 10

far from *loin de,* I, 12

fascinating *passionnant(e),* I, 2

fat (adj.) *gros (grosse),* I, 7; **(noun)** *les matières grasses* (f.), II, 7

father *le père,* I, 7

fault: It's my fault. *C'est de ma faute.* II, 10

favorite: What is your favorite . . . ? *Quel(le) est ton/ta... préféré(e)?* II, 1; **Who is your favorite . . . ?** *Qui est ton/ta... préféré(e)?* II, 1

February *février*, I, 4

fee: How much is the entrance fee? *C'est combien, l'entrée?* II, 6

feed: to feed the animals *donner à manger aux animaux*, II, 6; III, 3; *nourrir les animaux*, II, 12

feel: Do you feel like . . . ? *Tu as envie de... ?* II, 1; **I don't feel like it.** *Ça ne me dit rien.* I, 6; **I don't feel well.** *Je ne me sens pas bien.* II, 7; **I feel bad for . . .** *Je m'en veux de... ,* III, 6; **I feel like . . .** *J'ai envie de... ,* I, 11; **No, I don't feel like it.** *Non, je n'ai pas très envie.* II, 7

feelings: No hard feelings. *Je ne t'en veux pas.* II, 10; **No hard feelings?** *Tu ne m'en veux pas?* II, 10

fencer *l'escrimeur(-euse)*, III, 12

fencing *l'escrime* (f.), III, 12

ferocious *féroce*, III, 7

ferris wheel *la grande roue*, II, 6

fewer: fewer . . . than . . . *moins de... que,* III, 8

fig *la figue*, III, 8

fight *se bagarrer*, III, 10

fill: to fill it up *faire le plein*, III, 2

film: foreign film *le film étranger*, III, 9; **roll of film** *la pellicule*, III, 7; **What films are playing?** *Qu'est-ce qu'on joue comme film?* II, 11

Finally . . . *Enfin,... ,* I, 9; II, 1; II, 4; II, 9 **Finalement,... ,** I, 9; II, 1; II, 4; II, 9

find *trouver*, I, 9; **Could you tell me where I could find . . . ?** *Vous pourriez me dire où il y a... ?* III, 2; **to find a job** *trouver un travail*, III, 5

Fine. *Ça va.* I, 1; **Yes, it was fine.** *Oui, ça a été.* I, 9

finish: to finish one's studies *arrêter/finir ses études* (f.), III, 5

fire: Where's the fire? *Il n'y a pas le feu.* II, 2

first: First, . . . *D'abord,... ,* II, 12; **First, I did . . .** *D'abord, j'ai fait... ,* I, 9; **First, I'm going to . . .** *D'abord, je vais... ,* II, 1; **OK, if you . . . first.** *D'accord, si tu... d'abord... ,* I, 7

first-aid kit *une trousse de premiers soins*, II, 12; III, 7

fish *le poisson*, I, 7; II, 3; *du poisson*, I, 8; **to fish** *pêcher*, III, 8; **fish shop** *la poissonnerie*, II, 3

fishing: fishing pole *une canne à pêche*, II, 12; **fishing village** *un village de pêcheurs*, II, 4; **to go fishing** *aller à la pêche*, II, 4

fits: That fits you like a glove. *Ça te va comme un gant.* III, 4

flashlight *une lampe de poche*, II, 12; *la torche*, III, 7

flat: to have a flat tire *avoir un pneu crevé*, III, 2

floor: first (ground) floor *le rez-de-chaussée*, II, 2; **On the ground floor.** *Au rez-de-chaussée.* III, 2; **On the second floor.** *Au premier étage.* III, 2; **second floor** *le premier étage*, II, 2; **to clean the floor** *nettoyer le parquet*, III, 3

florist's shop *le fleuriste*, II, 3

flour *de la farine*, I, 8

flu: I've got the flu. *J'ai la grippe.* II, 7

flute *la flûte*, III, 11

fly *la mouche*, III, 7

folk music *le folk*, II, 11; III, 11

follow: to follow a diet that's too strict *suivre un régime trop strict*, II, 7; **to follow the marked trails** *suivre les sentiers balisés*, II, 12; **To get to . . . , follow . . . for about . . . kilometers.** *Pour (aller à)... , vous allez suivre la... pendant à peu près... kilomètres.* III, 2

following: Following our telephone conversation, . . . *Suite à notre conversation téléphonique,... ,* III, 5

foot *le pied*, II, 7; **My foot hurts.** *J'ai mal au pied.* II, 7; **on foot** *à pied*, I, 12

football: to play football *jouer au football américain*, I, 4

for: It's good for you. *C'est bon pour toi.* II, 7

forbidden: It's forbidden to . . . *Il est interdit de... ,* III, 3

foreign: foreign film *le film étranger*, III, 9

forest: to the forest *en forêt*, I, 11

forget *oublier*, I, 9; **Don't forget . . .** *N'oublie pas... ,* II, 1; *N'oublie pas de...* I, 8; **Forget him/her/them!** *Oublie-le/-la/-les!* I, 9; II, 10; **I didn't forget anything.** *Je n'ai rien oublié.* I, 11; **You didn't forget your . . . ?** *Tu n'as pas oublié... ?* I, 11

forgive (someone) *pardonner à (quelqu'un)*, II, 10; **Forgive me.** *Excuse-moi.* II, 10

forgiveness: to ask (someone's) forgiveness *demander pardon à (quelqu'un)*, II, 10

Fortunately, . . . *Heureusement,... ,* II, 9

fox *un renard*, II, 12

frame: photo frame *le cadre*, II, 3

franc (the French monetary unit) *le franc*, I, 3

free: I'm free, aren't I? *Je suis quand même libre, non?* III, 3

freeway: You'll see a sign that points out the freeway entrance. *Vous allez voir un panneau qui indique l'entrée de l'autoroute.* III, 2

French (language) *le français* I, 1; **French fries** *les frites* (f.), I, 1

Friday: on Fridays *le vendredi*, I, 2

fried *frit(e)*, III, 11

friends *les ami(e)s*, I, 1; **to go out with friends** *sortir avec les copains*, I, 1

from: Do people . . . where you're from? *On... chez toi?* III, 12; **Do you have/Are there . . . where you're from?** *Vous avez/Il y a des... chez vous?* III, 12; **From platform . . .** *Du quai... ,* II, 6; **Where are you from?** *Tu viens d'où?* III, 12

front: in front of *devant*, I, 6

fruit *les fruits* (m.), I, 8

fun *amusant(e)*, II, 11; **Did you have fun?** *Tu t'es bien amusé(e)?* I, 11; II, 6; III, 1; **Have fun!** *Amuse-toi bien!* I, 11; **I had a lot of fun.** *Je me suis beaucoup amusé(e).* II, 6; III, 1; **What do you do to have fun?** *Qu'est-ce que tu fais pour t'amuser?* I, 4

funny *amusant(e)*, I, 7; *marrant(e)*, III, 2; **funny (crazy)** *fou/folle*, III, 2; **funny (hysterical)** *rigolo(te)*, III, 2; **funny (wild)** *dingue*, III, 2; **It's funny.** *C'est drôle (amusant).* II, 11

furious *furieux (furieuse)*, II, 9

gain: to gain weight *grossir*, I, 10

game (match) *le match*, III, 12; **game show** *le jeu télévisé*, III, 9; **to watch a game (on TV)** *regarder un match*, I, 6

gas *l'essence* (f.), III, 2; **gas station** *une station-service*, III, 2; **the gas tank** *le réservoir*, III, 2

gaudy *tape-à-l'œil*, III, 4

geography *la géographie*, I, 2

geometry *la géométrie*, I, 2

German (language) *l'allemand* (m.), I, 2; (adj.)

Germany *l'Allemagne* (f.), III, 12

get: As soon as I get there, . . . *Dès que je serai là,... ,* III, 12; **Get . . .** *Prends... ,* I, 8; **Get a move on!** *Grouille-toi!* III, 2; **Get out of here!** *Casse-toi!* III, 6; **Get well soon!** *Bon rétablissement!* II, 3; **Get with it!** *Réveille-toi un peu!* III, 10; **to get up** *se lever*, II, 4; **How can I get to . . . ?** *Comment on va à... ?* III, 2;

How can we get there? *Comment est-ce qu'on y va?* I, 12; **How did you get there?** *Tu es parti(e) comment?* III, 1; **It'll get better.** *Ça va aller mieux.* II, 5; **To get to . . . , follow . . . for about . . . kilometers.** *Pour (aller à)... , vous allez suivre la... pendant à peu près... kilomètres.* III, 2; **to get a bad grade** *avoir une mauvaise note,* II, 5; **to get an 8 in . . .** *avoir 8 en... ,* II, 5; **to get lost** *se perdre,* II, 9; **to get ready** *faire les préparatifs,* II, 10; **You'll get used to it.** *Tu vas t'y faire.* II, 8

gift *le cadeau,* I, 11; **gift shop** *la boutique de cadeaux,* III, 3; **Have you got a gift idea for. . . ?** *Tu as une idée de cadeau pour... ?* II, 3

giraffe *la girafe,* III, 7

give: Give . . . a kiss for me. *Embrasse... pour moi.* III, 8; **Give . . . my regards.** *Fais mes amitiés à... ,* III, 8; **Give him/her (them) . . .** *Offre-lui (leur) ... ,* II, 3; **Give me your . . .** *Donnez-moi votre... ,* III, 6; **Please give me . . .** *Donnez-moi... , s'il vous plaît.* I, 5; **to give (to someone)** *offrir (à quelqu'un),* II, 10; **What could I give to . . . ?** *Qu'est-ce que je pourrais offrir à... ?* II, 3; **You could give him/her (them) . . .** *Tu pourrais lui (leur) offrir... ,* II, 3

give up: I give up. *J'abandonne.* II, 7

glad: I'm glad to see you again. *Je suis content(e) de te revoir.* III, 1

Gladly. *Je veux bien.* I, 8

glass *le verre,* III, 3

glove *le gant,* III, 12; **gloves** *les gants* (m.), II, 1; III, 4; **That fits you like a glove.** *Ça te va comme un gant.* III, 4

go *aller,* I, 6; **Go to the blackboard!** *Allez au tableau!,* I, 0; **Could you go by . . . ?** *Tu pourrais passer à... ?* I, 12; **Did it go well?** *Ça s'est bien passé?* I, 9; **Don't go!** *N'y va pas!* III, 9; **Go (keep going) straight ahead.** *Allez (continuez) tout droit,* II, 2; **How did it go?** *Comment ça s'est passé?* II, 5; **Let's go . . .** *Allons... ,* I, 6; **to go for a walk** *faire une promenade,* I, 6; **We can go there . . .** *On peut y aller... ,* I, 12; **Where did you go?** *Tu es allé(e) où?* I, 9; **You go down this street to the next light.** *Vous continuez cette rue jusqu'au prochain feu rouge.* I, 12

go back (home) *rentrer,* II, 6

go down *descendre,* II, 6

go out *sortir,* II, 6; **to go out with friends** *sortir avec les copains,* I, 1

go up *monter,* II, 6; **to go up in a tower** *monter dans une tour,* II, 6

go with: It doesn't go at all with . . . *Il/Elle ne va pas du tout avec... ,* I, 10; **It goes very well with . . .** *Il/Elle va très bien avec... ,* I, 10; **I'd like . . . to go with . . .** *J'aimerais... pour aller avec... ,* I, 10

goat *la chèvre,* III, 8; **goat cheese** *le fromage de chèvre,* III, 1

going: First, I'm going to . . . *D'abord, je vais... ,* II, 1; **How about going . . . ?** *Si on allait... ?* II, 4; **How's it going?** *(Comment) ça va?* I, 1; **I'm going . . .** *Je vais... ,* I, 6; **I'm going to . . .** *Je vais... ,* I, 11; **I'm going to have . . . , please.** *Je vais prendre... , s'il vous plaît.* I, 5; **What are you going to do . . . ?** *Qu'est-ce que tu vas faire... ?* I, 6; II, 1; **What do you think about going . . . ?** *Ça te dit d'aller... ?* II, 4; **What's going on?** *Qu'est-ce qui se passe?* II, 5; **What's going on with you?** *Qu'est-ce que tu deviens?* III, 1; **Where are you going to go . . . ?** *Où est-ce que tu vas aller... ?* I, 11; **You're going to like it here.** *Tu vas te plaire ici.* II, 8

golf *le golf,* I, 4; **to play golf** *jouer au golf,* I, 4

good *bon,* I, 5; **Did you have a good . . . ?** *Tu as passé un bon... ?* I, 11; **Did you have a good trip?** *Vous avez (Tu as) fait bon voyage?* II, 2; **Good idea!** *Bonne idée!* II, 3; **I've got a good one.** *J'en connais une bonne.* III, 10; **It'll do you good.** *Ça te fera du bien.* II, 7; **It's good for you.** *C'est bon pour toi.* II, 7; **It's good!** *C'est vraiment bon!* II, 3; **not very good** *pas bon,* I, 5; **pretty good** *pas mauvais,* I, 5; **That's a good (excellent) idea.** *C'est une bonne (excellente) idée.* II, 1; **That's a good one!** *Elle est bien bonne!* III, 10; **Yes, very good.** *Oui, très bon.* I, 9; **You're really strong/good at that.** *Tu es fortiche/calé(e).* III, 10

Goodbye! *Au revoir!* I, 1; *Salut!* I, 1

goofing: You can't be goofing off in class! *Il ne faut pas faire le clown en classe!* II, 5

gorgeous *superbe,* II, 6

got (to have to): All you've got to do is . . . *Tu n'as qu'à... ,* III, 5; **No, you've got to . . .** *Non, tu as... à... ,* I, 7

grade: to get a bad grade *avoir une mauvaise note,* II, 5

granddaughter *la petite-fille,* III, 6

grandfather *le grand-père,* I, 7

grandmother *la grand-mère,* I, 7

grandson *le petit-fils,* III, 6

grapes *du raisin,* I, 8

grass *l'herbe* (f.), III, 7

great *génial(e),* I, 2; II, 2; **Great!** *Super!* I, 1; *Génial!* III, 12; **Isn't it great!** *Ce que c'est bien!* III, 2; **It was great!** *C'était formidable!* I, 11; *C'était chouette!* III, 1; **It wasn't so great.** *C'était pas terrible.* III, 1; **It would be great if . . .** *Ça serait chouette si... ,* III, 8; **Not so great.** *Pas terrible.* I, 1; **What a great day!** *Quelle journée formidable!* II, 5; **What a great weekend!** *Quel week-end formidable!* II, 5; **Your . . . is really great.** *Il/Elle est vraiment bien, ton/ta... ,* II, 2

great-grandfather *l'arrière-grand-père* (m.), III, 6

great-grandmother *l'arrière-grand-mère,* (f.), III, 6

green *vert(e),* I, 3; II, 1; **green beans** *les haricots verts* (m.), I, 8

grey *gris(e),* I, 3

grocery store *l'épicerie* (f.), I, 12

gross *dégoûtant,* I, 5

ground: on the ground *par terre,* III, 3; **On the ground floor.** *Au rez-de-chaussée.* III, 2

grounded: to be "grounded" *être privé(e) de sortie,* II, 9

group *un groupe,* II, 11

grow *grandir,* I, 10

grow wheat *cultiver le blé,* III, 8

Guadeloupe *la Guadeloupe,* III, 12

guavas *des goyaves* (f.), I, 8

guess: Guess what . . . *Devine ce que... ,* II, 9; **Guess who . . .** *Devine qui... ,* II, 9; **You'll never guess what happened.** *Tu ne devineras jamais ce qui s'est passé.* II, 9

guide: TV guide/listing *le programme télé,* III, 9

guided: to take a guided tour *faire une visite guidée,* II, 6

guitar *la guitare,* III, 11

gumbo *le gombo,* III, 11

guy: It's about a guy who . . . *C'est l'histoire d'un mec qui... ,* III, 10

gym *le sport,* I, 2

gymnastics *la gymnastique,* III, 12; **to do gymnastics** *faire de la gymnastique,* II, 7

H

had: I've really had it! *J'en ai ras le bol!* III, 8; **I've had it up to here!** *J'en ai jusque là!* III, 8; **I've just about had it!** *Je commence à en avoir marre!* III, 8

hair *les cheveux* (m.), II, 1; **black hair** *les cheveux noirs*, II, 1; **blond hair** *les cheveux blonds*, II, 1; **dark brown hair** *les cheveux bruns*, II, 1; **curly hair** *les cheveux frisés*, III, 4; **dyed hair** *les cheveux teints*, III, 4; **hair stylist** *un coiffeur (une coiffeuse)*, III, 4; **long hair** *les cheveux longs*, II, 1; III, 4; **red hair** *les cheveux roux*, II, 1; **short hair** *les cheveux courts*, II, 1; III, 4; **straight hair** *les cheveux raides*, III, 4
haircut *la coupe*, III, 4
Haiti *Haïti* (m.) (no article), III, 12
half: **half past** *et demie*, I, 6; **half past (after midi and minuit)** *et demi*, I, 6
ham *le jambon*, I, 5; II, 3; **toasted ham and cheese sandwich** *un croque-monsieur*, I, 5
hamburgers *les hamburgers* (m.), I, 1
hand *la main*, I, 0; II, 7
handsome *beau*, II, 1
hang: **Hang in there!** *Courage!* II, 5
hang glide *faire du deltaplane*, II, 4
Hanukkah: **Happy Hanukkah!** *Bonne fête de Hanoukka!* II, 3
happen: **It could happen to anyone.** *Ça peut arriver à tout le monde.* III, 10
happened: **What happened?** *Qu'est-ce qui s'est passé?* I, 9; **to explain what happened (to someone)** *expliquer ce qui s'est passé (à quelqu'un)*, II, 10; **You'll never guess what happened.** *Tu ne devineras jamais ce qui s'est passé.* II, 9
happens: **It happens to everybody.** *Ça arrive à tout le monde.* III, 6
happy: **Happy birthday!** *Joyeux (Bon) anniversaire!* II, 3; **Happy Hanukkah!** *Bonne fête de Hanoukka!* II, 3; **Happy holiday! (Happy saint's day!)** *Bonne fête!* II, 3; **Happy New Year!** *Bonne année!* II, 3; **I'm happy to see you.** *Ça me fait plaisir de vous voir.* III, 6
hard *difficile*, I, 2; **No hard feelings.** *Je ne t'en veux pas.* II, 10; **No hard feelings?** *Tu ne m'en veux pas?* II, 10
harm: **No harm done.** *Il n'y a pas de mal.* II, 10
harvest: **to harvest fruits** *faire la cueillette*, III, 8
has: **He/She has . . .** *Il/Elle a . . .* , II, 1
hat *un chapeau*, I, 10
have *avoir*, I, 2; **have fun** *s'amuser*, II, 4; **At what time do you have . . . ?** *Tu as... à quelle heure?* I, 2; **Do you have . . . ?** *Tu as . . . ?* I, 3; **Do you have . . . ?** *Vous avez... ?* I, 2; **Do you have that in . . . ?** (size, fabric, color) *Vous avez ça en... ?* I, 10; **Have . . . Prends...** , I, 5; **Have a good trip! (by car)** *Bonne route!* II, 3; **Have a good trip! (by plane, ship)** *Bon voyage!* II, 3; **He/She has . . .** *Il/Elle a... ,* II, 1; **I don't have . . .** *Je n'ai pas de...* , I, 3; **I have some things to do.** *J'ai des trucs à faire.* I, 5; **I have...** *J'ai...* , I, 2; II, 1; **I'll have . . . , please.** *Je vais prendre... , s'il vous plaît.* I, 5; **I'm going to have . . . , please.** *Je vais prendre... , s'il vous plaît.* I, 5; **May I have some . . . ?** *Je pourrais avoir... ?* II, 3; **They have . . .** *Ils/Elles ont...* , II, 1; **to have an accident** *avoir un accident*, II, 9; **to have an argument (with someone)** *se disputer (avec quelqu'un)*, II, 9; **to have done** *faire + infinitive*, III, 4; **to take or to have (food or drink)** *prendre*, I, 5; **to have a child** *avoir un enfant*, III, 5; **We have . . .** *Nous avons...* , I, 2; **What classes do you have . . . ?** *Tu as quels cours...* I, 2; **What do you have . . . ?** *Tu as quoi...* I, 2; **What kind of . . . do you have?** *Qu'est-ce que vous avez comme... ?* I, 5; **Will you have . . . ?** *Tu prends... ?* I, 8; *Vous prenez... ?* I, 8; **Would you have . . . ?** *Vous auriez... ?* III, 6; **Yes, do you have . . . ?** *Oui, vous avez... ?* I, 10; **Why don't you have . . . ?** *Pourquoi tu ne prends pas... ?* III, 1
have to: **All you have to do is . . .** *Tu n'as qu'à...* , II, 7; **First you have to . . .** *Il faut que... d'abord.* III, 3; **You have to do better in class.** *Il faut mieux travailler en classe.* II, 5; **You have to . . .** *Tu dois...* , III, 3
having: **What are you having?** *Vous prenez?* I, 5
head *la tête*, II, 7
health *le cours de développement personnel et social (DPS)*, I, 2
hear: **Did you hear the latest?** *Tu connais la nouvelle?* II, 9; **Let's hear it!** *Dis vite!* II, 9; **to hear the alarm clock** *entendre le réveil*, II, 5
heard: **Have you heard the latest?** *Tu connais la dernière?* III, 10; **I've heard that . . .** *J'ai entendu dire que...* , III, 10
heavy *lourd(e)*, III, 7
height: **of medium height** *de taille moyenne*, II, 1
Hello *Bonjour* 1; **Hello? (on the phone)** *Allô?* I, 9

helmet *le casque*, III, 12
help *aider*, II, 8; **Can you help me?** *Tu peux m'aider?* II, 10; **May I help you?** *(Est-ce que) je peux vous aider?* I, 10; **to help elderly people** *aider les personnes âgées*, III, 3
her *la*, I, 9; **her** *son/sa/ses*, I, 7; *lui*, I, 9
here: **Here.** *Voilà.* I, 3; **Here's . . .** *Voici...* , I, 7; **Here (There) is . . .** *Là, c'est...* , II, 2; **Here . . . , whereas . . .** *Ici,... tandis que...* , III, 8; **Here it is.** *Voilà.* II, 3; **Here you are.** *Tenez (tiens).* II, 3
Hey! **Check it out!** *Tiens! Regarde un peu!* III, 7; **Hey, do you think you can . . . ?** *Dites donc, ça vous gênerait de... ?* III, 8
Hi! *Salut!* I, 1; **Tell . . . hi for me.** *Salue... de ma part.* III, 8
hideous *affreux (-euse)*, III, 4
high heels *les hauts talons* (m.), III, 4
high school *le lycée*, II, 2; **high school/college teacher** *le/la professeur*, III, 5
hike: **to go for a hike** *faire une randonnée pédestre*, II, 12
hiking: **to go hiking** *faire de la randonnée*, I, 11
him *le*, I, 9; *lui*, I, 9
hippopotamus *l'hippopotame* (m.), III, 7
his *son/sa/ses*, I, 7
historical: **historical movie** *le film historique*, III, 9
history *l'histoire* (f.), I, 2
hockey: **to play hockey** *jouer au hockey*, I, 4
Hold on. *Ne quittez pas.* I, 9
holiday: **Happy holiday! (Happy saint's day!)** *Bonne fête!* II, 3
home: **Make yourself at home.** *Faites (Fais) comme chez vous (toi)*, II, 2; **Welcome to my home (our home)** *Bienvenue chez moi (chez nous)*, II, 2
homework *les devoirs* (m.), I, 2; **I've got homework to do.** *J'ai des devoirs à faire.* I, 5; **to do homework** *faire ses devoirs*, I, 7
horn *une corne*, III, 7
horrible: **It was horrible.** *C'était épouvantable.* I, 9; **This is just horrible!** *C'est l'horreur!* III, 8; **to have a horrible day** *avoir une journée épouvantable*, II, 5
horror movie *le film d'horreur*, II, 11
hors d'œuvre *les hors-d'œuvre*, III, 11
horseback: **to go horseback riding** *faire de l'équitation*, I, 1

hose (clothing) *un collant*, I, 10

hostel: youth hostel *l'auberge de jeunesse* (f.), II, 2

hot: hot chocolate *un chocolat*, I, 5; hot dog *un hot-dog*, I, 5; It's hot. *Il fait chaud.* I, 4; not so hot *pas super*, I, 2

house *la maison*, II, 2; at my house *chez moi*, I, 6; Is this . . .'s house? *Je suis bien chez...?* I, 9; to clean house *faire le ménage*, I, 7; to/at . . .'s *chez...*, I, 11

housework: to do housework *faire le ménage*, I, 1; II, 2

how: Could you tell me how to get to . . .? *La route pour... , s'il vous plaît?* III, 2; Did you see how . . .? *Tu as vu comme...?* III, 7; How about . . .? *On...?* I, 4; How about buying . . .? *Si on achetait...?* II, 8; How about going . . .? *Si on allait...?* II, 4; How about playing . . .? *Si on jouait...?* II, 8; How about playing baseball? *On joue au base-ball?* I, 5; How about skiing? *On fait du ski?* I, 5; How about that! *Ça alors!* III, 7; How about visiting . . .? *Si on visitait...?* II, 8; How can I get to . . .? *Comment on va à...?* III, 2; How did it go? *Comment ça s'est passé?* II, 5; How do you like it? *Comment tu trouves ça?* I, 5; How do you say . . .? *Comment on dit...?* III, 11; How many (much) do you want? *Combien en voulez-vous?* II, 3; How much does that make? *Ça fait combien?* II, 3; How much is (are). . .? *Combien coûte(nt)...?* II, 3; How much is . . .? *C'est combien,...?* I, 5; How much is it? *C'est combien?* I, 3; *Ça fait combien?* I, 10; How much is it, please? *Ça fait combien, s'il vous plaît?* I, 5; How old are you? *Tu as quel âge?* I, 1; How was it? *C'était comment?* II, 6; How was your day (yesterday)? *Comment s'est passée ta journée (hier)?* II, 5; How was your vacation? *Comment se sont passées tes vacances?* II, 5; How was your weekend? *Comment s'est passé ton week-end?* II, 5; How's it going? *(Comment) ça va?* I, 1; How . . .! *Qu'est-ce que...!* III, 6

hugs: Hugs and kisses. *Grosses bises.* III, 8; *Je t'embrasse bien fort.* III, 8

hunger: I'm dying of hunger! *Je crève de faim!* II, 12; I'm dying of hunger! *Je meurs de faim!* II, 2

hungry: to be hungry *avoir faim*, I, 5; Aren't you hungry? *Vous n'avez pas (Tu n'as pas) faim?* II, 2; I'm not hungry anymore. *Je n'ai plus faim.* II, 3; No thanks. I'm not hungry anymore. *Non, merci. Je n'ai plus faim.* I, 8; I'm very hungry! *J'ai très faim!* II, 2

hurry: Can you hurry up? *Tu peux te dépêcher?* III, 2; Hurry up! *Dépêche-toi!* III, 2; people in a hurry *les gens pressés*, III, 8

hurt: I hurt all over! *J'ai mal partout!* II, 7; My . . . hurts. *J'ai mal à...* , II, 7; to hurt one's . . . *se faire mal à ...* , II, 7; III, 10

husband *le mari*, I,7; III, 6

hysterical (funny) *rigolo(te)*, III, 2

I

I *je*, I, 0

I'd: I'd like to buy . . . *Je voudrais acheter...* , I, 3

ice: to ice-skate *faire du patin à glace*, I, 4

ice cream *la glace*, I, 1

idea: Good idea. *Bonne idée.* I, 4; II, 3; That's a good (excellent) idea. *C'est une bonne (excellente) idée.* II, 1; I have no idea. *Je n'en sais rien.* I, 11; *Je n'en ai aucune idée.* III, 5; No idea. *Aucune idée.* II, 9

if: If . . . *Si...* , III, 5; If I could, . . . *Si seulement je pouvais,...* , III, 8; If I had a choice, . . . *Si j'avais le choix,...* , III, 8; If I were in your place, . . . *A ta place,...* , III, 8; If I were you, . . . *Si j'étais toi,...* , III, 8; If it were me, . . . *Si c'était moi,...* , III, 8; OK, if you . . . first. *D'accord, si tu... d'abord.* I, 7; Yes, if . . . *Oui, si...* , III, 3

imagine: Can you imagine that . . . *Figure-toi que...* , III, 10

impolite: impolite people *les gens (m.) mal élevés*, III, 8

important: It's very important that . . . *Il est très important que...* , III, 7

impossible: It's impossible. *C'est impossible.* II, 10

impressed: I'm really impressed! *Alors, là, tu m'épates!* III, 10

impression: I have the impression that . . . *J'ai l'impression que...* , III, 11

in *dans*, I, 6; . . . is (are) in it. *C'est avec...* , II, 11; in (a city or place) *à*, I, 11; in (before a feminine noun) *en*, I, 11; in (before a masculine noun) *au*, I, 11; in (before a plural noun) *aux*, I, 11; In a hotel. *A l'hôtel.* III, 1; in front of *devant*, I, 6; in order to *afin de*, I, 7; in the afternoon *l'après-midi*, I, 2; in the evening *le soir*, I, 2; in the morning *le matin*, I, 2; in the water *dans l'eau*, III, 3; The girl in the/with the . . . *La fille au...* , III, 4; What's in . . .? *Qu'est-ce qu'il y a dans... ?* III, 11; Who's in it? *C'est avec qui?* II, 11

incredible *incroyable*, II, 6

indifference: (expression of indifference) *Bof!* I, 1; II, 8

information: Could you send me information on . . .? *Pourriez-vous m'envoyer des renseignements sur... ?* III, 5

insect repellent *de la lotion anti-moustique(s)*, II, 12; III, 7

intend: I intend to . . . *J'ai l'intention de...* , I, 11; III, 5; What do you intend to do? *Qu'est-ce que tu as l'intention de faire?* III, 5

interest: That doesn't interest me. *Ça ne me dit rien.* II, 1

interested: Would you be interested in . . .? *Ça t'intéresse de... ?* III, 6

interesting *intéressant*, I, 2; It's not interesting. *Ça n'a aucun intérêt.* III, 9

into: Are you into . . .? *Ça te branche,... ?* III, 11; I'm not into that. *Ça ne me branche pas trop.* III, 11

invite: Invite him/her/them. *Invite-le/la/les.* II, 10

ironing: to do the ironing *faire le repassage*, III, 3

is: He/She is . . . *Il/Elle est...* , II, 1; There is/are . . . *Il y a...* , II, 12

island *l'île* (f.), II, 4

isn't: Isn't it great! *Ce que c'est bien!* III, 2

isolated *isolé(e)*, II, 8

it *le, la*, I, 9

it's: It's . . . *C'est...* , I, 2; II, 11; It's . . . francs. *Ça fait...francs.* I, 5

Italy *l'Italie* (f.), III, 12

J

jacket *le blouson*, I, 10; ski jacket *l'anorak* (m.), II, 1

jam *de la confiture*, I, 8

jambalaya *le jambalaya*, III, 11

January *janvier*, I, 4

Japan *le Japon*, III, 12

jazz *le jazz*, II, 11; III, 11

jeans: pair of jeans *un jean*, I, 3; II, 1

jellyfish *la méduse*, III, 10

jewelry *les bijoux* (m.), III, 8

job: to find a job *trouver un travail,*
III, 5
jog *faire du jogging,* I, 4
joke: What a stupid joke! *Elle est
nulle, ta blague!* III, 10
joking: You're joking! *Tu plaisantes!*
II, 6; *Tu rigoles!* III, 9
journalist *le/la journaliste,* III, 5
judo *le judo,* III, 12
July *juillet,* I, 4
June *juin,* I, 4

kidding: Are you kidding me? *Tu te
fiches de moi?* III, 9; **You're kidding!** *C'est pas vrai!* II, 6
kilogram: a kilogram of *un kilo de,* I, 8
kind: That's kind of you. *Vous êtes
bien aimable.* III, 6; **What kind
of . . . do you have?** *Qu'est-ce que
vous avez comme...?* I, 5, III, 1
kiss: Give . . . a kiss for me.
Embrasse... pour moi. III, 8
kisses: Hugs and kisses. *Je t'embrasse bien fort.* III, 8; **Kisses
to . . .** *Bisous à...,* III, 8
kitchen *la cuisine,* II, 2
knee *le genou,* II, 7
know: Did you know that . . . ? *Tu
savais que... ?* III, 10; **Do you know
the one about . . . ?** *Est-ce que tu
connais l'histoire de... ?* III, 10;
Do you know what . . . ? *Tu sais
ce que... ?* II, 9; **Do you know
who . . . ?** *Tu sais qui... ?* II, 9; **I
don't know what to do.** *Je ne sais
pas quoi faire.* II, 10; **I don't know.**
Je ne sais pas. I, 10; **I know
that . . .** *Je sais que...,* III, 7;
I really don't know. *Je ne sais
pas trop.* III, 5; **I would like to
know . . .** *Je voudrais savoir...,*
III, 5; **What do you know about it?**
Qu'est-ce que tu en sais? III, 10;
You're the . . . -est . . . I know. *Tu
es le/la... le/la plus... que je connaisse.* III, 10

lab *les travaux* (m.) *pratiques,* I, 2
lamp *la lampe,* II, 2
late *tard,* II, 4
later: Can you call back later? *Vous
pouvez rappeler plus tard?* I, 9; **See
you later!** *A tout à l'heure!* I, 1
latest: Did you hear the latest? *Tu
connais la nouvelle?* II, 9; **Have you
heard the latest?** *Tu connais la
dernière?* III, 10

Latin *le latin,* I, 2
laugh: It really made me laugh. *Ça
m'a bien fait rire.* III, 9
laundry: to do the laundry *faire la
lessive,* III, 3
lawn: to mow the lawn *tondre la
pelouse,* III, 3
lawyer *l'avocat(e),* III, 5
**lead: This road will lead you into the
center of town.** *Cette route va vous
conduire au centre-ville.* III, 2
leather: leather-goods shop *la
maroquinerie,* III, 3; **in leather** *en
cuir,* I, 10
leave *partir,* I, 11; II, 6; **Can I leave
a message?** *Je peux laisser un
message?* I, 9; **Leave me alone!**
Fiche-moi la paix! III, 6; **to leave
one's family** *quitter sa famille,*
III, 5; **You can't leave without . . .**
Tu ne peux pas partir sans..., I, 11
left: to the left (of) *à gauche (de),*
I, 12; II, 2
leg *la jambe,* II, 7
leggings *un caleçon,* III, 4
lemon soda *la limonade,* I, 5
lemonade *le citron pressé,* I, 5
less: less . . . than . . . *moins...
que...,* III, 8; **Life was more . . . ,
less . . .** *La vie était plus...,
moins...,* II, 8; **More or less.**
Plus ou moins. II, 6
let's: Let's go . . . *Allons...,* I, 6;
Let's go! *Allons-y!* I, 4; **Let's hear
it!** *Dis vite!* II, 9
letter: to send letters *envoyer des
lettres,* I, 12
library *la bibliothèque,* I, 6; II, 2
license: to get one's driver's license
passer son permis de conduire,
III, 5
life: Life was more . . . , less . . . *La
vie était plus..., moins...,* II, 8
lift: to lift weights *faire de la musculation,* II, 7
lights *les lumières* (f.), III, 3
like *aimer,* I, 1; **Did you like it?** *Ça
t'a plu?* II, 6; **Do you like . . . ?** *Tu
aimes...* ? I, 1; **Do you like it?** *Il/
Elle te/vous plaît?* I, 10; **Do you like
this . . . ?** *Il/Elle te plaît,... ?* III, 4;
How did you like it? *Comment tu
as trouvé ça?* III, 9; **How do you
like . . . ?** *Comment tu trouves... ?* I,
10; **How do you like it?** *Comment
tu trouves ça?* I, 5; **I like it a lot.**
Il/Elle me plaît beaucoup. III, 4;
I (really) like . . . *Moi, j'aime
(bien)...,* I, 1; **I didn't like it at
all.** *Je n'ai pas du tout aimé.* III, 9;
Don't you like . . . ? *Tu n'aimes
pas... ?* III, 4; **I don't like...** *Je
n'aime pas...,* I, 1; II, 1; **I like . . .**

J'aime bien... , II, 1; **I like it, but it's
expensive.** *Il/Elle me plaît, mais
il/elle est cher/chère.* I, 10; **I like
this type of . . .** *J'aime bien ce
genre de...,* III, 4; **I'd like . . .**
J'aimerais..., III, 3; *Je voudrais...,*
I, 3; II, 6; **I'd like some.** *J'en veux
bien.* I, 8; **I'd like . . . to go with . . .**
J'aimerais... pour aller avec..., I, 10;
I'd like some . . . *Je prendrais
bien...,* III, 6; **I'd like that a lot.** *Ça
me plairait beaucoup.* III, 6; **I'd like
to.** *Je veux bien.* II, 1; **I'd really like
. . .** *J'aimerais bien...,* III, 5; **I'd
really like to . . .** *Je voudrais bien...,*
I, 11; **I'd really like to . . . !**
Qu'est-ce que j'aimerais... ! III, 8;
I'd really like to. *Je veux bien.* I, 6;
If you like, we can . . . *Si tu veux,
on peut...,* II, 1; **Is it like here?**
C'est pareil qu'ici? III, 12; **It looks
like . . .** *On dirait que...,* III, 11; **It
wasn't like this.** *Ce n'était pas
comme ça.* III, 8; **The teacher
doesn't like me.** *Le prof ne m'aime
pas.* II, 5; **They look like . . .** *Ils ont
l'air de...,* III, 11; **What are they
like?** *Ils sont comment?* I, 7; **What
do you like to do?** *Qu'est-ce que tu
aimes faire?* II, 1; **What I don't like
is . . .** *Ce que je n'aime pas, c'est...,*
II, 4; **What I like is . . .** *Ce que
j'aime bien, c'est...,* II, 4; *Ce qui me
plaît, c'est...,* II, 4; **What I like/love
is . . .** *Ce que j'adore/j'aime, c'est...,*
III, 11; **What I would like is to . . .**
Ce qui me plairait, c'est de..., III, 5;
What is he like? *Il est comment?*
I, 7; **What is she like?** *Elle est comment?* I, 7; **What music do you
like?** *Qu'est-ce que tu aimes comme
musique?* II, 1; **What was it like?**
C'était comment? II, 8; **What would
you like?** *Vous désirez?* I, 10;
What's life like there? *C'est comment, la vie là-bas?* III, 12; **Would
you like to . . . ?** *Ça te plairait
de...,* III, 6; **Wouldn't you like
to . . . ?** *Tu ne voudrais pas... ?*
III, 6; **You're going to like it here.**
Tu vas te plaire ici. II, 8
liked: I liked it a lot. *Ça m'a beaucoup plu.* III, 9; **I really liked it.** *Ça
m'a beaucoup plu.* II, 6
lion *le lion,* III, 7
listen: Listen! *Ecoutez!,* I, 0; **to listen
to music** *écouter de la musique,*
I, 1; **to listen to what he/she says**
écouter ce qu'il/elle dit, II, 10
listening: I'm listening. *Je t'écoute.*
I, 9; II, 10
listing: TV guide/listing *le programme télé,* III, 9

liter: a liter of *un litre de*, I, 8
little: When he/she was little, . . .
  Quand il/elle était petit(e),... , II, 8;
  When I was little, . . . *Quand
  j'étais petit(e),...* , II, 8; **Yes, a little.**
  Si, un peu, II, 2
lively *vivant(e)*, II, 4; *animé(e)*, II, 8
living room *le salon*, II, 2
lobster *le homard*, III, 10
located: . . . is located . . . *. . . se
  trouve...* , II, 12; *. . . est situé(e)...* ,
  III, 1; **Where is . . . located?** *Où se
  trouve... ?*, II, 12
long *long/longue*, I, 10; II, 11; **long-
  distance running** *la course de
  fond*, III, 12; **long-sleeved** *à
  manches longues*, III, 4; **It's been a
  long time since we've seen each
  other.** *Ça fait longtemps qu'on ne
  s'est pas vu(e)s.* III, 1; **It's not
  going to take long!** *Ça ne va pas
  prendre longtemps!* III, 2; **long
  hair** *les cheveux longs* (m.), II, 1;
  III, 4; **the long jump** *le saut en
  longueur*, III, 12
look: I think they look . . . *Je trouve
  qu'ils/elles font...* , III, 4; **I think
  you look very good like that.** *Je te
  trouve très bien comme ça.* III, 4; **If
  you could see how you look!** *Non
  mais, tu t'es pas regardé(e)!* III, 10;
  Look at the map! *Regardez la
  carte!*, I, 0; **Look out!** *Faites gaffe/
  attention!* III, 7; **Look, here's
  (there's) (it's) . . .** *Regarde,
  voilà...* , I, 12; **That doesn't look
  good on you.** *Ça ne te (vous) va
  pas du tout.* I, 10; **That looks really
  . . .** *Ça fait vraiment...* , III, 4; **to
  look after** *garder*, III, 3; **to look
  after your little sister** *garder ta
  petite sœur*, I, 7; **to look for**
  chercher, I, 9; **You look really . . .
  in that!** *Que tu es... avec ça!* III, 4
looking: I'm looking for something
  for . . . *Je cherche quelque chose
  pour...* , I, 10; **No, thanks, I'm just
  looking.** *Non, merci, je regarde.*
  I, 10
looks: It looks great on you! *C'est
  tout à fait ton style.* I, 10; **It looks
  like . . .** *On dirait que...* , III, 11
lose *perdre*, I, 9; II, 5; III, 12; **to lose
  weight** *maigrir*, I, 10; *perdre du
  poids*, III, 10
losing: I'm losing it! *Je craque!* II, 7
lost: to get lost *se perdre*, II, 9
lot: A lot. *Beaucoup.* I, 4; **I had a
  lot of fun.** *Je me suis beaucoup
  amusé(e).* II, 6; **I liked it a lot.** *Ça
  m'a beaucoup plu.* III, 9; **I'd like
  that a lot.** *Ça me plairait beaucoup.*
  III, 6

lots: I have lots of things to do. *J'ai
  des tas de choses à faire.* I, 5
loudly: Don't speak so loudly. *Ne
  parle pas si fort.* III, 9
love: I love . . . *J'adore...* , II, 1; **love:
  Are you in love or what?** *Tu es
  amoureux (-euse) ou quoi?* III, 10;
  in love *amoureux (amoureuse)*, II, 9;
  to fall in love (with someone)
  *tomber amoureux(-euse) (de quel-
  qu'un)*, II, 9; **What I like/love is . . .**
  Ce que j'adore/j'aime, c'est... , III, 11
luck: Good luck! *Bonne chance!* I, 11;
  Tough luck! *C'est pas de chance,
  ça!* II, 5
lucky: We were lucky! *On a eu de la
  chance!* III, 7
lunch *le déjeuner*, I, 2; **to have lunch**
  déjeuner, I, 9

ma'am *madame (Mme)*, I, 1
madam *madame*, III, 5
made *fait (faire)*, I, 9
magazine *un magazine*, I, 3; **magazine show** *le magazine télévisé*, III, 9
main dishes *les plats* (m.)
  principaux, III, 1
make *faire*, I, 4; **How do you
  make . . . ?** *Comment est-ce qu'on
  fait... ?* III, 11; **How much does
  that make?** *Ça fait combien?* II, 3;
  Make the best of it. *Fais-toi une
  raison.* II, 8; **to have (make) a date
  (with someone)** *avoir (prendre)
  rendez-vous (avec quelqu'un)*, II, 9;
  to make one's bed *faire son lit*,
  III, 3
make up: to make up (with
  someone) *se réconcilier avec
  (quelqu'un)*, II, 10; **to make up
  one's own mind** *prendre ses propres décisions*, III, 3
mall *le centre commercial*, I, 6
mangoes *des mangues* (f.), I, 8
many: as many/as much . . . as . . .
  autant de... que... , III, 8; **How
  many (much) do you want?**
  Combien en voulez-vous? II, 3
map *la carte*, I, 0
March *mars*, I, 4
married *marié(e)*, III, 6; **to get married** *se marier*, III, 5
mask *le masque*, II, 8; III, 12
match (game) *le match*, III, 12
matches *les allumettes*, II, 12; **That
  matches . . .** *C'est assorti à...* , III, 4
math *les maths* (f.), I, 1
matter: It doesn't matter. *Ça ne fait
  rien.* II, 10; *Peu importe.* III, 9
May *mai*, I, 4

may: May I . . . ? *(Est-ce que) je
  peux... ?* I, 7; **May I have
  some . . . ?** *Je pourrais avoir... ?*
  II, 3; **May I help you?** *(Est-ce que)
  je peux vous aider?* I, 10
maybe *peut-être*, II, 3; **Maybe . . .**
  Peut-être que... , II, 9; III, 5; **Maybe
  you're right.** *Tu as peut-être raison.* II, 9
me *moi*, I, 2
meal *un repas*, II, 7
mean *méchant(e)*, I, 7; **What
  does . . . mean?** *Qu'est-ce que ça
  veut dire,... ?* III, 11
meat *la viande*, I, 8; III, 11
mechanic *le mécanicien(la mécanicienne)*, III, 5
medicine *des médicaments* (m.), I, 12
medium: of medium height *de taille
  moyenne*, II, 1; **Medium rare.**
  A point. III, 1
meet *rencontrer*, I, 9; II, 9; **I'd like you
  to meet . . .** *Je te (vous) présente...* ,
  I, 7; **Pleased to meet you.** *Très
  heureux (heureuse).* I, 7; **We'll
  meet . . .** *On se retrouve...* , I, 6;
  We'll meet . . . *Rendez-vous...* , I, 6
meeting: What time are we meeting?
  *A quelle heure est-ce qu'on se donne
  rendez-vous?* III, 6; **Where are we
  meeting?** *Où est-ce qu'on se
  retrouve?* III, 6
menu: The menu, please. *La carte,
  s'il vous plaît.* I, 5
merry: Merry Christmas! *Joyeux
  Noël!* II, 3
message: Can I leave a message? *Je
  peux laisser un message?* I, 9
metro: at the . . . metro stop *au
  métro...* , I, 6; **metro station** *la station de métro*, III, 8
Mexico *le Mexique*, III, 12
microphone *le microphone*, III, 11
midnight *minuit*, I, 6
might: It might be that . . . *Il se peut
  que...* , III, 5
mike (microphone) *le micro*, III, 11
military: to do one's military service
  faire son service militaire, III, 5
milk *du lait*, I, 8; II, 3; **to milk the
  cows** *traire les vaches* (f.), III, 8
mind: Are you out of your
  mind?! *Ça va pas, non?!* III, 8; **Do
  you mind if . . . ?** *Ça te dérange
  si... ?*, III, 3; **I can't make up my
  mind.** *Je n'arrive pas à me décider.*
  III, 1; **Mind your own business!**
  Mêle-toi de tes oignons! III, 6; **to
  make up one's own mind** *prendre
  ses propres décisions*, III, 3; **Would
  you mind . . . ?** *Ça t'embête de... ?*
  II, 10; *Ça t'ennuie de... ?* II, 10
mineral water *l'eau minérale*, I, 5

miniskirt *la mini-jupe*, III, 4
minute: Do you have a minute? *Tu as une minute?* I, 9; II, 10
miss, Miss *mademoiselle (Mlle)*, I, 1
miss: Don't miss it! *C'est à ne pas manquer!* III, 9; **I miss . . .** *Je regrette...* , II, 8; **(plural)** *... me manquent.* II, 8; **(singular)** *... me manque.* II, 8; **to miss a step** *rater une marche*, II, 5; **to miss the bus** *rater le bus*, I, 9; II, 5; **What I miss is . . .** *Ce qui me manque, c'est...* , II, 8
mistaken: If I'm not mistaken, . . . *Si je ne me trompe pas,...* , III, 11; **In my opinion, you're mistaken.** *A mon avis, tu te trompes.* II, 9
misunderstanding: a little misunderstanding *un petit malentendu*, II, 10
moment: One moment, please. *Un moment, s'il vous plaît.* I, 5
Monday: on Mondays *le lundi*, I, 2
money *de l'argent*, I, 11
monkey *le singe*, III, 7
mood: in a bad mood *de mauvaise humeur*, II, 9; **in a good mood** *de bonne humeur*, II, 9
moose *un orignal*, II, 12
moped *le vélomoteur*, III, 8
more: More . . . ? *Encore de... ?* I, 8; **Some more . . . ?** *Encore... ?* II, 3; **I just can't do any more!** *Je n'en peux plus!* II, 7; **Life was more . . . , less . . .** *La vie était plus... , moins...* , II, 8; **more . . . than . . .** *plus de... que...* , III, 8; **more . . . than . . .** *plus... que...* , III, 8; **More or less.** *Plus ou moins.* II, 6; **One more try!** *Encore un effort!* II, 7
morning: in the morning *le matin*, I, 2
Morocco *le Maroc*, III, 12
mosque *une mosquée*, II, 8
mosquito *un moustique*, II, 4; **mosquito repellent** *de la lotion anti-moustique(s)*, II, 12; III, 7
mother *la mère*, I, 7
mountain: to go mountain-bike riding *faire du vélo de montagne*, II, 12; **to/at the mountains** *à la montagne*, I, 11
move *déménager*, III, 10; **Don't move.** *Ne bougez pas.* III, 7; **Get a move on!** *Grouille-toi!* III, 2
movie *le film*, I, 6; **the movies** *le cinéma*, I, 1; **movie theater** *le cinéma*, I, 6; **historical movie** *le film historique*, III, 9; **war movie** *le film de guerre*, III, 9; **What good movies are out?** *Qu'est-ce qu'il y a comme bons films en ce moment?* III, 9; **What good movies have you seen?** *Qu'est-ce que tu as vu comme bons films?* III, 9
mow: to mow the lawn *tondre la pelouse*, III, 3
Mr. *monsieur (M.)*, I, 1
Mrs. *madame (Mme)*, I, 1
much: as many/as much . . . as . . . *autant de... que...* , III, 8; **How much is (are). . . ?** *Combien coûte(nt)... ?* II, 3; **How much is . . . ?** *C'est combien,...* ? I, 5; **How much is it, please?** *Ça fait combien, s'il vous plaît?* I, 5; **How much is it?** *C'est combien?* I, 3; **How much is the entrance fee?** *C'est combien, l'entrée?* II, 6; **No, not too much.** *Non, pas trop.* I, 2; **Not much.** *Pas grand-chose.* I, 6; **Not too much.** *Pas tellement.* I, 4; **Not very much.** *Pas beaucoup.* I, 4; **Yes, very much.** *Oui, beaucoup.* I, 2; **I don't like that very much.** *Je n'aime pas tellement ça.* III, 11
museum *le musée*, I, 6; II, 2
mushrooms *les champignons* (m.), I, 8; III, 11
music *la musique*, I, 2; **(music) group** *un groupe*, II, 11; **classical music** *la musique classique*, II, 11; III, 11; **music video** *le vidéoclip*, III, 9; **What music do you like?** *Qu'est-ce que tu aimes comme musique?* II, 1
musical comedy *une comédie musicale*, III, 9
musician *le musicien(la musicienne)*, II, 11
must: It must be . . . *Ça doit être...* , III, 7; **There must be . . .** *Il doit y avoir...* , III, 7
mustache *la moustache*, III, 4
my *mon/ma/mes*, I, 7; **It's just not my day!** *C'est pas mon jour!* II, 5
mystery: detective or mystery movie *un film policier*, II, 11

N

name: His/Her name is... *Il/Elle s'appelle...* , I, 1; **My name is...** *Je m'appelle...* , I, 1; **What's your name?** *Tu t'appelles comment?* I, 1
nap: to take a nap *faire la sieste*, II, 8
natural science *les sciences* (f.) *naturelles*, I, 2
near *près de*, II, 2
Neat! *C'est le pied!* III, 7; **That's really neat!** *C'est vraiment le pied!* III, 12
necessary: It's necessary that . . . *Il est nécessaire que...* , III, 7
neck *le cou*, II, 7
necklace *le collier*, III, 4
need: I need . . . *Il me faut...* , I, 3, 10; *J'ai besoin de...* , I, 8; **What do you need for . . . ?** *Qu'est-ce qu'il vous (te) faut pour... ?* I, 3, 8; **What do you need?** *De quoi est-ce que tu as besoin?; Qu'est-ce qu'il te faut?* I, 8
neither: Neither do I. *Moi non plus.* I, 2; III, 9
nephew *le neveu*, III, 6
never *ne... jamais*, I, 4
new *nouveau (nouvelle)*, II, 2; **Happy New Year!** *Bonne année!* II, 3; **What's new?** *Quoi de neuf?* III, 1
news *les informations* (f.), III, 9
next: Next, . . . *Ensuite,...* II, 1; **next to** *à côté de*, I, 12; II, 2; **Right there, next to . . .** *Juste là, à côté de...* , III, 2
nice *gentil (gentille)*, I, 7; *sympa*, II, 1; **It's nice weather.** *Il fait beau.* I, 4; **That would be nice.** *Ce serait sympa.* III, 6; **Thanks, that's nice of you.** *Merci, c'est gentil.* II, 3; III, 6; **That's so nice of you.** *C'est gentil de votre (ta) part.* II, 2; **That's very nice of you.** *C'est vraiment très gentil de votre part.* III, 6
niece *la nièce*, III, 6
Niger *le Niger*, III, 12
nightmare: It was a real nightmare! *C'était un véritable cauchemar!* I, 11
no *non*, I, 1; **No . . . -ing** *Défense de...* , III, 3; **It's no good.** *C'est nul* III, 9; **No way!** *C'est pas possible!* III, 12; *Mon œil!* III, 10; *Pas question!* II, 1; *Tu parles!* III, 9
noise *le bruit*, III, 8; **Could you make less noise?** *Tu pourrais faire moins de bruit?* III, 9; **to make noise** *faire du bruit*, III, 3
noisy *bruyant(e)*, II, 8
none (of it) *en*, I, 8
noon *midi*, I, 6
north: in the north *dans le nord*, II, 4; **It's to the north of . . .** *C'est au nord de...* , II, 12
northern: It's in the northern part of . . . *C'est dans le nord de...* , II, 12
nose: I've got a runny nose. *J'ai le nez qui coule.* II, 7
not *ne... pas*, I, 1; **. . . is not allowed** *Interdiction de...* , III, 3; **Definitely not!** *Sûrement pas!* II, 6; **It was not bad.** *J'ai trouvé ça pas mal*, III, 9; **It's not good to . . .** *Ce n'est pas bien de...* , III, 3; **Not at all.** *Pas du tout.* I, 4; II, 10; III, 9; **Oh, not bad.** *Oh, pas mal.* I, 9; **not so great** *pas fameux*, I, 5; **not very good** *pas bon*, I, 5; **not yet** *ne... pas encore*, I, 9; **One should not . . .** *Il ne faut*

ENGLISH-FRENCH VOCABULARY

ENGLISH-FRENCH VOCABULARY

R119

pas... , III, 3; **Please do not . . .**
*Prière de ne pas... , Veuillez ne
pas... ,* III, 3; **You'd do well/better
not to . . .** *Tu ferais bien/mieux de
ne pas... ,* III, 3

notebook *le cahier,* I, 0

nothing: It's nothing special. *Ce
n'est pas grand-chose.* II, 3; **It's
nothing.** *(Il n'y a) pas de quoi.*
III, 6; **Nothing (special).** *Rien
(de spécial).* I, 6; III, 1

novel *un roman,* I, 3

November *novembre,* I, 4

nurse *l'infirmier(-ière),* III, 5

O

oars *les rames* (f.), III, 12

obvious: That's obvious. *Ça se voit.*
II, 9

obviously *évidemment,* II, 9

o'clock: at . . . o'clock *à... heures,* I, 2

October *octobre,* I, 4

octopus *la pieuvre,* III, 10

of *de,* I, 0; **Of course not.** *Bien sûr
que non.* II, 10; **Of course.** *Bien sûr.*
I, 3; II, 10; **of it** *en,* I, 8; **of them**
en, I, 8

off: afternoon off *l'après-midi libre,*
I, 2

offer: Can I offer you something?
Je vous sers quelque chose? III, 6;
What can I offer you? *Qu'est-ce
que je peux vous offrir?* III, 6

often *souvent,* I, 4

oh: Oh no! *Oh là là!* II, 5

oil *l'huile* (f.), III, 2; **to put oil in the
motor** *mettre de l'huile dans le
moteur,* III, 2; **to check the oil**
vérifier l'huile, III, 2; **to change the
oil** *faire la vidange,* III, 2

OK *assez bien,* II, 6; *D'accord.* I, 4;
Entendu. I, 2; **Well, OK.** *Bon, d'ac-
cord.* I, 8; **Is it OK with you if . . . ?**
Tu veux bien que... ?, III, 3; **Is that
OK with you?** *Tu es d'accord?* I, 7

okra *des okras* (m.), III, 11; *des
gombos,* I, 8

old: How old are you? *Tu as quel
âge?* I, 1; **I am . . . years old.** *J'ai...
ans.* I, 1; **This old thing?** *Oh, c'est
un vieux truc.* III, 4; **to be . . . years
old** *avoir... ans,* II, 1; **When I
was . . . years old, . . .** *Quand
j'avais... ans,... ,* II, 8

old-fashioned *démodé(e),* I, 10

older *âgé(e),* I, 7

oldest: the oldest child *l'aîné(e),*
III, 6

olive *l'olive* (f.), III, 8

omelette *l'omelette* (f.), I, 5

on: Can I try on . . . ? *Je peux
essayer... ?* I, 10; **on foot** *à pied,*
I, 12; **on (day of the week) . . .** s
le + (day of the week),* I, 2

on the right (left) *sur la droite
(gauche),* II, 2

once: OK, just this once. *Ça va pour
cette fois.* III, 3; **once a week** *une
fois par semaine,* I, 4

**one: He/She already has one (of
them).** *Il/Elle en a déjà un(e).* II, 3;
That one. *Celui-là/Celle-là,* III, 4;
The one . . . *Celui du... ,* III, 4; **Which
one?** *Lequel/Laquelle?* III, 4; **Which
ones?** *Lesquels/Lesquelles?* III, 4

one-way: a one-way ticket *un aller
simple,* II, 6

onion *l'oignon* (m.), I, 8

only *ne... que,* III, 9; **I'm not the
only one who . . .** *Je ne suis pas
le/la seul(e) à... ,* III, 3

open: Open your books to page . . .
Ouvrez vos livres à la page... , I, 0;
When do you open? *A quelle heure
est-ce que vous ouvrez?* II, 6

opinion: I didn't ask your opinion.
Je t'ai pas demandé ton avis. III, 10;
In my opinion, . . . *A mon avis,... ,*
II, 9; **In your opinion, what do I
do?** *A ton avis, qu'est-ce que je
fais?* I, 9; **In your opinion, what
should I do?** *A ton avis, qu'est-ce
que je dois faire?* II, 10

or *ou,* I, 1

orange (color) *orange,* I, 3; **orange
juice** *un jus d'orange,* I, 5;
oranges *des oranges* (f.), I, 8

ordinary: That's ordinary. *C'est
banal.* II, 9

other: Think about other people.
Pense aux autres. III, 3

ought: You ought to . . . *Il faudrait
que tu... ,* III, 5

our *notre, nos,* I, 7

out: to go out *sortir,* II, 6; **Out of the
question!** *Pas question!* I, 7

outfit *la tenue,* III, 12

**over there: Over there, the boy
who . . .** *Là-bas, le garçon qui... ,*
III, 4

oysters *les huîtres* (f.), II, 3; III, 11

P

package: a package/box of *un
paquet de,* I, 8

page *la page,* I, 0

pain: a pain (in the neck) *pénible,*
I, 7; **You're such a pain!** *Tu es
vraiment casse-pieds!* III, 6

pair: a pair of jeans *un jean,* I, 3;
II, 1; **of shorts** *un short,* I, 3; **of
boots** *les bottes* (f.), II, 1; **of gloves**

les gants (m.), II, 1; **of pants** *un
pantalon,* I, 10; **of sneakers** *les
baskets* (f.), II, 1

palm tree *un palmier,* II, 4

pancake (very thin) *la crêpe,* I, 5

panic: Don't panic! *Pas de panique!*
III, 7

pantyhose *un collant,* III, 4

papayas *des papayes* (f.), I, 8

paper *le papier,* I, 0; III, 3; **sheets of
paper** *des feuilles* (f.) *de papier,* I, 3

parallel: the uneven parallel bars *les
barres asymétriques* (f.), III, 12

pardon: Pardon me. *Pardon,* I, 3;
Pardon me for . . . *Pardonne-moi
de... ,* III, 4

parent *le parent,* I, 7

park *le parc,* I, 6; II, 2

parking place *la place de stationnement,* III, 8

party: to give a party *faire une
boum,* II, 10

**pass: to pass one's baccalaureat
exam** *réussir son bac,* III, 5; **Would
you pass . . . ?** *Vous pourriez (tu
pourrais) me passer... ?,* II, 3; **You'll
pass . . .** *Vous passez devant... ,*
I, 12

passport *le passeport,* I, 11; II, 1; III, 7

pasta *des pâtes* (f.), II, 7

pastry *la pâtisserie,* I, 12; **pastry
shop** *la pâtisserie,* I, 12; III, 3

paté *le pâté,* II, 3

patient: Be patient! *Sois patient(e)!*
III, 2

peaches *des pêches* (f.), I, 8

pears *des poires* (f.), I, 8

peas *des petits pois* (m.), I, 8

pedestrian: pedestrian crossing *le
passage pour piétons,* III, 8

pen *le stylo,* I, 0

pencil *un crayon,* I, 3; **pencil case**
la trousse, I, 3; **pencil sharpener**
un taille-crayon, I, 3

pendant *le pendentif,* III, 4

people: people in a hurry *les gens
pressés,* III, 8

perfect: It's perfect. *C'est parfait.* I, 10

perm *la permanente,* III, 4

**permission: to ask your parents'
permission** *demander la permission
à tes parents,* II, 10

pharmacist *le pharmacien (la pharmacienne),* III, 5

phone: Phone him/her/them.
Téléphone-lui/-leur. II, 10; **to talk
on the phone** *parler au téléphone,*
I, 1

photo: photo frame *le cadre,* II, 3

photography: to do photography
faire de la photo, I, 4

physical education *l'éducation* (f.)
physique et sportive (EPS), I, 2

Moi, j'aime (bien)... , I, 1; **I really don't know.** *Je ne sais pas trop.* III, 5; **I really liked it.** *Ça m'a beaucoup plu.* II, 6; **I'd really like . . .** *J'aimerais bien... ,* III, 5; **I'd really like to . . .** *Je voudrais bien... ,* I, 11; **I'd really like to.** *Je veux bien.* I, 6; **No, not really.** *Non, pas vraiment.* I, 11; **That looks really . . .** *Ça fait vraiment... ,* III, 4; **Was it really so different?** *C'était tellement différent?* II, 8; **Your . . . is really great.** *Il/Elle est vraiment bien, ton/ta... ,* II, 2

reason: That's no reason. *Ce n'est pas une raison.* III, 3

receive: to receive one's report card *recevoir le bulletin trimestriel,* II, 5

recommend: I recommend . . . *Je te recommande... ,* III, 9; **I recommend it.** *Je te le recommande.* II, 11; **What do you recommend?** *Qu'est-ce que vous me conseillez?* III, 1

record: at the record store *chez le disquaire,* I, 12

recorder: videocassette recorder/VCR *le magnétoscope,* III, 9

recreation center *la Maison des jeunes et de la culture (MJC),* I, 6

recycle *recycler,* III, 3

red *rouge,* I, 3; **red hair** *les cheveux roux,* II, 1; **redheaded** *roux (rousse),* I, 7

regards: Give . . . my regards. *Fais mes amitiés à... ,* III, 8

reggae music *le reggae,* II, 11

regular: regular gasoline *l'ordinaire,* III, 2

rehearse *répéter,* I, 9

relaxing *relax,* I, 11

remember: If I remember correctly, . . . *Si je me souviens bien,... ,* III, 11; **Remember to take . . .** *Pense à prendre... ,* II, 1

remote (control) *la télécommande,* III, 9

repeat: Repeat! *Répétez!,* I, 0

report card: to receive one's report card *recevoir le bulletin trimestriel,* II, 5

respect: to respect nature *respecter la nature,* II, 12; **to respect your teachers and your parents** *respecter tes profs et tes parents,* III, 3

response: In response to your letter of . . . *En réponse à votre lettre du... ,* III, 5

responsibilities: to have responsibilities *avoir des responsabilités,* II, 8

responsible *responsable,* III, 3

restaurant *le restaurant,* I, 6

restroom *les toilettes* (f.) (*les W.-C.* (m.)), II, 2

retro *rétro,* I, 10

return *retourner,* II, 6; **to return something** *rendre,* I, 12; **to return tests** *rendre les examens,* II, 5

rhinoceros *le rhinocéros,* III, 7

rice *du riz,* I, 8

ride: to take a ride on the ferris wheel *faire un tour sur la grande roue,* II, 6; **to take a ride on the roller coaster** *faire un tour sur les montagnes russes,* II, 6

ridiculous: That's ridiculous! *N'importe quoi!* II, 6

riding: to go horseback riding *faire de l'équitation,* I, 1

right: I can't right now. *Je ne peux pas maintenant.* I, 8; **I'll go right away.** *J'y vais tout de suite.* I, 8; **It's right there on the . . .** *C'est tout de suite à... ,* I, 12; **on the right** *sur la droite,* II, 2; **right away** *tout de suite,* I, 6; **to the right (of)** *à droite (de),* I, 12; II, 2; **Yeah, right!** *Mon œil!* II, 6; *N'importe quoi!* III, 10; **You're right.** *Tu as raison.* II, 3; III, 9; **I just can't do anything right!** *Qu'est-ce que je peux être nul(le)!* III, 12

ring: the rings (in gymnastics) *les anneaux* (m.), III, 12

rip *déchirer,* II, 5

river *la rivière,* III, 7

roast beef *le rôti de bœuf,* III, 3

rock (music) *le rock,* II, 11; III, 11

rock *le rocher,* III, 10

roll: roll of film *la pellicule,* III, 7

roller coaster *les montagnes russes,* II, 6

romance novel *un roman d'amour,* II, 11

romantic: romantic movie *une histoire* (f.) *d'amour,* II, 11

room (of a house) *la pièce,* II, 2; **to pick up your room** *ranger ta chambre,* I, 7

round-trip: a round-trip ticket *un aller-retour,* II, 6

rowing *l'aviron* (m.), III, 12

rug *le tapis,* II, 2; III, 8

ruler *la règle,* I, 3

running: long-distance running *la course de fond,* III, 12

runny: I've got a runny nose. *J'ai le nez qui coule.* II, 7

Russia *la Russie,* III, 12

S

safely: to drive safely *conduire prudemment,* III, 3

safer: In my opinion, it's safer. *A mon avis, c'est plus sûr.* III, 7

said: You said it! *Tu l'as dit!* III, 9

sailing: to go sailing *faire de la voile,* I, 11

salad *la salade verte,* III, 1; **salad, heads of lettuce** *de la salade,* I, 8

salami *le saucisson,* I, 5; II, 3

salesperson *le vendeur(la vendeuse),* III, 5

salt *le sel,* II, 7

salty *salé(e),* III, 11

same: It's always the same! *C'est toujours la même chose!* III, 6; **It's really all the same to me.** *Ça m'est vraiment égal.* III, 9; **Same old thing!** *Toujours la même chose!* III, 1

sand *le sable,* II, 4

sandals *les sandales* (f.), I, 10

sandwich *un sandwich,* I, 5

Saturday: on Saturdays *le samedi,* I, 2

sausages *les saucisses* (f.), III, 11

savannah *la savane,* III, 7

saxophone *le saxophone,* III, 11

say: How do you say . . . ? *Comment on dit... ?* III, 11

saying: I'm not just saying that. *Je ne dis pas ça pour te faire plaisir.* III, 4

says: So he says . . . *... et alors, il dit que... ,* III, 10

scare: Wow! That was a real scare! *Ouf! On a eu chaud!* III, 7

scared: I'm scared (of) . . . *J'ai peur (de la, du, des)... ,* II, 12; **I'm scared to death!** *J'ai la frousse!* III, 7

scarf *l'écharpe* (f.), I, 10; II, 1; *le foulard,* II, 3

school *l'école* (f.), I, 1; **high school** *le lycée,* II, 2

science fiction: science-fiction novel *un roman de science-fiction,* II, 11; **science-fiction movie** *un film de science-fiction,* II, 11; III, 9

score: to score . . . points *marquer... points,* III, 12

screen *l'écran* (m.), III, 9

scuba dive: to go scuba diving *faire de la plongée sous-marine,* II, 4

sea *la mer,* II, 4

seahorse *l'hippocampe* (m.), III, 10

seaweed *l'algue* (f.), III, 10

second: One second, please. *Une seconde, s'il vous plaît.* I, 9

secretary *le/la secrétaire,* III, 5

see: Go see . . . it's a great movie. *Va voir... , c'est génial comme film.* III, 9; **Really, don't go see . . .** *Ne va surtout pas voir... ,* III, 9; **See you later!** *A tout à l'heure!* I, 1; **See you soon.** *A bientôt.* I, 1; **See**

you tomorrow. *A demain.* I, 1; **to go to see a game (in person)** *aller voir un match,* I, 6; **to see a movie** *voir un film,* I, 6; **to see a play** *voir une pièce,* I, 6; **What is there to see . . . ?** *Qu'est-ce qu'il y a à voir... ?,* II, 12; **When I see . . .** *Quand je verrai...* , III, 12; **You should go see . . .** *Tu devrais aller voir...* , III, 9; **You'll see that . . .** *Tu vas voir que...* , II, 8

seem: to seem . . . *avoir l'air...* , II, 9; III, 11; **You don't seem too well.** *Tu n'as pas l'air en forme.* II, 7

seemed: She seemed . . . *Elle avait l'air...* , II, 12

seems: It seems to me that . . . *Il me semble que...* , III, 11

seen (pp.) *vu* (pp. of *voir*), I, 9; **If you could have seen . . . !** *Si tu avais vu...* , III, 10

selection: Have you made your selection? *Vous avez choisi?* III, 1

sell *vendre,* I, 9

send: to send letters *envoyer des lettres,* I, 12; **to send the invitations** *envoyer les invitations,* II, 10

Senegal *le Sénégal,* III, 12

sensational *sensas,* II, 6

September *septembre,* I, 4

series *la série,* III, 9

serious: It's not serious. *C'est pas grave.* II, 5

server *le serveur (la serveuse),* III, 5

service: At your service; You're welcome. *A votre service.* I, 3

set: to set the table *mettre la table,* III, 3

shall: Shall we go to the café? *On va au café?* I, 5

shampoo: a shampoo *un shampooing,* III, 4

shape: to get into shape *se mettre en condition,* II, 7

share *partager ses affaires,* III, 3; **to share one's vehicle** *partager son véhicule,* III, 3

shark *le requin,* III, 10

shave *se raser,* III, 4

sheep *le mouton,* III, 8

sheet: a sheet of paper *la feuille de papier,* I, 0

shell *le coquillage,* III, 10

shellfish *les crustacés* (m.), III, 11

shelves *les étagères,* II, 2

Shh! *Chut!* III, 9

shirt (men's) *la chemise,* I, 10; **(women's)** *le chemisier,* I, 10

shoes *les chaussures* (f.), I, 10

shoot *tirer,* III, 12

shop: to window-shop *faire les vitrines,* I, 6

shopping *les courses* (f.), I, 7; **to do the shopping** *faire les courses,* I, 7; **to go shopping** *faire les magasins,* I, 1; **Can you do the shopping?** *Tu peux aller faire les courses?* I, 8

short (objects) *court(e),* I, 10; **short (height)** *petit(e),* I, 7; II, 1; **short hair** *les cheveux courts* (m.), II, 1; III, 4

shorts: (a pair of) shorts *un short,* I, 3

should: Do you think I should . . . ? *Tu crois que je devrais... ?* III, 7; **Everyone should . . .** *On doit...* , II, 7; **I should have . . .** *J'aurais dû...* , II, 10; **In your opinion, what should I do?** *A ton avis, qu'est-ce que je dois faire?* II, 10; **What do you think I should do?** *Qu'est-ce que tu me conseilles?* II, 10; **What should I . . . ?** *Qu'est-ce que je dois...* , II, 1; **What should I do?** *Qu'est-ce que je dois faire?* II, 12; **What should we do?** *Qu'est-ce qu'on fait?* II, 1; **You should . . .** *Il faudrait que tu...* , III, 5; **You should . . .** *Tu devrais...* , I, 9; II, 7; **You should be proud of yourself.** *Tu peux être fier (fière) de toi.* II, 5; **You should go see . . .** *Tu devrais aller voir...* , III, 9; **You should have . . . (food or drink)** *Tu devrais prendre...* , III, 1; **(ought to have)** *Tu aurais dû...* , II, 10

shouldn't: You shouldn't . . . *Tu ne devrais pas...* , II, 7; *Tu ne dois pas...* , III, 3; *Vous (ne) devriez (pas)...* , III, 3; **One should not . . .** *Il ne faut pas...* , III, 3

shovel: to shovel snow *enlever la neige,* III, 3

show *montrer,* I, 9; **game show** *le jeu télévisé,* III, 9; **magazine show** *le magazine télévisé,* III, 9; **sound and light show** *un spectacle son et lumière,* II, 6

showing: . . . is showing. *On joue...* , II, 11

shrimp *la crevette,* II, 3; III, 10

shy *timide,* I, 7

sick: I'm sick of this! *J'en ai vraiment marre!* III, 12; **I'm sick to my stomach.** *J'ai mal au cœur.* II, 7; **I'm sick.** *Je suis malade.* II, 7

sideburns *des pattes* (f.), III, 4

sidewalk *le trottoir,* III, 8

silk *en soie,* III, 4

silly: Stop being so silly! *Arrête de délirer!* III, 10; **to do silly things** *faire des bêtises,* II, 8

simple *simple,* II, 8

Since . . . *Depuis...* , III, 1

sing *chanter,* I, 9

singer *la chanteuse (le chanteur),* II, 11

singing *le chant,* III, 11

single *célibataire,* III, 6

sir *monsieur (M.),* I, 1; III, 5

sister *la sœur,* I, 7

sit-ups: to do sit-ups *faire des abdominaux,* II, 7

sit: Sit down. *Asseyez-vous.* III, 6

skate: to ice-skate *faire du patin à glace,* I, 4; **to in-line skate** *faire du roller en ligne,* I, 4

ski *faire du ski,* I, 4; **ski jacket** *l'anorak* (m.), II, 1; **to water ski** *faire du ski nautique,* I, 4

skiing *le ski,* I, 1

skip: Don't skip . . . *Ne saute pas...* , II, 7

skipping: skipping a meal *sauter un repas,* II, 7

skirt *la jupe,* I, 10

skunk *une mouffette,* II, 12

skyscraper *le gratte-ciel,* III, 8

sleep *dormir,* I, 1; **I didn't sleep well.** *J'ai mal dormi.* II, 7

sleeping bag *un sac de couchage,* II, 12

slender *mince,* I, 7

slice: a slice of *la tranche de,* I, 8

small *petit(e),* I, 10; II, 1

smaller: smaller than . . . *moins grand(e) que,* II, 4

smart *intelligent(e),* I, 7; II, 1

smoke *fumer,* III, 3

snack: afternoon snack *le goûter,* I, 8; **to make party snacks** *préparer les amuse-gueule,* II, 10

snacking: snacking between meals *grignoter entre les repas,* II, 7

snails *les escargots* (m.), I, 1; II, 3

snake *le serpent,* III, 7

sneakers *des baskets* (f.), I, 3; **pair of sneakers** *les baskets* (f.), II, 1

sneezing: I'm sneezing a lot. *J'éternue beaucoup.* II, 7

snorkel *faire de la plongée avec un tuba,* II, 4

snow-shoeing: to go snow-shoeing *faire une randonnée en raquettes,* II, 12

snowing: It's snowing. *Il neige.* I, 4

so: So . . . *Alors,...* , II, 9; **so-so** *comme ci, comme ça,* I, 1; II, 6; **not so great** *pas fameux,* I, 5; **That is so . . . !** *Qu'est-ce que c'est... !* III, 2

soap opera *le feuilleton,* III, 9

soccer *le football,* I, 1; **to play soccer** *jouer au foot(ball),* I, 4

socks *les chaussettes* (f.), I, 10

sole: filet of sole with rice and mushrooms *le filet de sole riz champignons,* III, 1

some *des*, I, 3; ; *du, de la, de l', des, en*, I, 8; **I'd like some.** *J'en veux bien.* I, 8; **Some more . . . ?** *Encore... ?* II, 3

sometimes *quelquefois*, I, 4

son *le fils*, I, 7

song *la chanson*, II, 11

soon: As soon as I get there, . . . *Dès que je serai là,... ,* III, 12; **See you soon.** *A bientôt.* I, 1

sophisticated *élégant(e)*, III, 4

sorry: Sorry. *Désolé(e).* II, 10; *Je regrette.* I, 3; **I'm sorry for . . .** *Je m'excuse de... ,* III, 6

sort of *assez*, II, 9

sound *le son*, III, 9; **Does . . . sound good to you?** *Ça te dit de... ?* II, 1; **sound and light show** *un spectacle son et lumière*, II, 6

soups *les soupes* (f.), III, 11

south: in the south *dans le sud*, II, 4; **It's to the south of . . .** *C'est au sud de... ,* II, 12; **South Africa** *l'Afrique* (f.) *du sud*, III, 12; **South African** (adj.) *sud-africain(e)*, III, 12

southern: It's in the southern part of . . . *C'est dans le sud de... ,* II, 12

Spain *l'Espagne* (f.), III, 12

Spanish (language) *l'espagnol* (m.), I, 2

speak: Could I speak to . . . ? *(Est-ce que) je peux parler à... ?* I, 9

special: It's nothing special. *Ce n'est pas grand-chose.* II, 3; **Nothing (special).** *Rien (de spécial).* I, 6; III, 1

spices *les épices* (f.), III, 11

spicy *épicé(e)*, III, 11

spider *l'araignée* (f.), III, 7

spinach *les épinards* (m.), III, 11

sports *le sport*, I, 1; **to play sports** *faire du sport*, I, 1; **What sports do you play?** *Qu'est-ce que tu fais comme sport?* I, 4; II, 1

sportscast *le reportage sportif*, III, 9

sprain: to sprain one's ankle *se fouler la cheville*, II, 7; III, 10

spring: in the spring *au printemps*, I, 4

spy flick *le film d'espionnage*, III, 9

squirrel *un écureuil*, II, 12

stadium *le stade*, I, 6

stamp *un timbre*, I, 12

stand: Stand up! *Levez-vous!*, I, 0

starfish *l'étoile* (f.) *de mer*, III, 10

start *commencer*, I, 9; **How does it start?** *Comment est-ce que ça commence?* III, 9; **What time does it start?** *Ça commence à quelle heure?* II, 11

started: He/She started it! *C'est lui/elle qui a commencé!* III, 6

stationery store *la papeterie*, I, 12

stay *rester*, II, 6; **Did you stay here?** *Est-ce que tu es resté(e) ici?* III, 1; **Where did you stay?** *Où est-ce que tu as dormi?* III, 1

stayed: Yes, I stayed here the whole time. *Oui, je suis resté(e) ici tout le temps.* III, 1

steak *le bifteck*, II, 3; **steak and French fries** *le steak-frites*, I, 5; III, 1

steamed *à la vapeur*, III, 11

step: to miss a step *rater une marche*, II, 5

stereo *la chaîne stéréo*, II, 2

still . . . *toujours... ,* III, 11

stinks: It stinks. *C'est un navet*, II, 11

stomach *le ventre*, II, 7; **I'm sick to my stomach.** *J'ai mal au cœur.* II, 7

stop: Stop! *Arrête!* III, 6; **at the . . . metro stop** *au métro... ,* I, 6; **to stop one's studies** *arrêter ses études*, III, 5

stores *les magasins* (m.), I, 1

story: It's a great story. *C'est une belle histoire.* II, 11; **It's the story of . . .** *C'est l'histoire de... ,* II, 11; III, 9; **What's the story?** *Qu'est-ce que ça raconte?* II, 11

straight: straight hair *les cheveux raides* (m.), III, 4

straight ahead: Go (keep going) straight ahead. *Allez (continuez) tout droit*, II, 2; **Keep going straight ahead up to the intersection.** *Vous allez continuer tout droit, jusqu'au carrefour.* III, 2; **You go straight ahead until you get to . . .** *Vous allez tout droit jusqu'à... ,* I, 12

strawberries *les fraises* (f.), I, 8

street: You go down this street to the next light. *Vous continuez cette rue jusqu'au prochain feu rouge.* I, 12; **You take . . . Street, then cross . . . Street.** *Prenez la rue... , puis prenez la rue... ,* I, 12

strict: to follow a diet that's too strict *suivre un régime trop strict*, II, 7

striped *à rayures*, III, 4

strong *fort(e)*, I, 7; II, 1; **It's not my strong point.** *Ce n'est pas mon fort.* II, 5; **You're really strong/good at that.** *Tu es fortiche/calé(e).* III, 10

student *l'élève* (m./f.), I, 2

studies: to stop one's studies *arrêter ses études*, III, 5

study *étudier*, I, 1; **study hall** *l'étude* (f.), I, 2

stuffed (with) *farci(e) (à)*, III, 11

stupid *bête*, II, 1; **(childish)** *bébé*, III, 2; **What a stupid joke!** *Elle est nulle, ta blague!* III, 10; **That looks really stupid!** *Ça fait vraiment cloche!* III, 4

style: in style *très à la mode*, I, 10; **That's not his/her style.** *Ce n'est pas son style.* II, 3

subway: by subway *en métro*, I, 12

such: I've never seen such a . . . *Je n'ai jamais vu un(e) aussi... ,* III, 7

sugar *le sucre*, I, 8; **sugarcane fields** *des champs de canne à sucre*, II, 4

suit: man's suit *le costume*, III, 4; **suit jacket** *la veste*, I, 10; **Does it suit me?** *Ça me va?* I, 10; **That suits you really well.** *Ça te (vous) va très bien.* I, 10

suitcase *la valise*, I, 11

sulk *faire la tête*, II, 9

summer: in the summer *en été*, I, 4

Sunday: on Sundays *le dimanche*, I, 2

sunglasses *des lunettes de soleil* (f.), I, 10

sunscreen *de la crème solaire*, III, 7

super (adj.) *super*, I, 2; **super cool** *hyper-cool*, III, 4; **What I think is super is . . .** *Ce que je trouve super, c'est... ,* III, 11

sure: I'm not sure. *J'hésite.* I, 11; **I'm (not) sure that . . .** *Je (ne) suis (pas) sûr(e) que... ,* III, 7; **That's for sure.** *Ça, c'est sûr.* III, 11; **We'd be able to . . . for sure.** *On pourrait sûrement... ,* III, 7

surprise: That would surprise me. *Ça m'étonnerait!* II, 6; III, 10

surprised *étonné(e)*, II, 9; **I'd be surprised if . . .** *Ça m'étonnerait que... ,* III, 7

suspenseful: It's suspenseful. *Il y a du suspense.* II, 11

sweater *le cardigan*, I, 10; *le pull*, II, 1

sweatshirt *le sweat-shirt*, I, 3; *le sweat*, II, 1

swim *faire de la natation*, I, 4; *nager*, I, 1

swimming *la natation*, III, 12; **to go swimming** *se baigner*, II, 4; **swimming pool** *la piscine*, I, 6

Switzerland *la Suisse*, III, 12

sword *l'épée* (f.), III, 12

swordfish *l'espadon* (m.), III, 10

synthesizer *le synthé (le synthétiseur)*, III, 11

T

T-shirt *le tee-shirt*, I, 3; II, 1

table: to clear the table *débarrasser la table*, I, 7; **to set the table** *mettre la table*, III, 3

tacky: I think it's (they're) really tacky. *Je le/la/les trouve moche(s).* I, 10

tailor *le tailleur (la tailleuse)*, III, 5

take: Are you going to take it/them? *Vous le/la/les prenez?* I, 10; **Have you decided to take . . . ?** *Vous avez décidé de prendre... ?* I, 10; **I'll take . . .** *Je vais (en) prendre... ,* II, 3; **I'll take . . . (of them).** *Je vais en prendre... ,* II, 3; **I'll take it/them.** *Je le/la/les prends.* I, 10; **It's not going to take long!** *Ça ne va pas prendre longtemps!* III, 2; **Remember to take . . .** *Pense à prendre... ,* II, 1; **Take . . .** *Prends... ,* I, **Take . . .** *Prenez... ,* II, 2; **to take; to have (food or drink)** *prendre,* I, 5; **to take pictures** *faire des photos,* I, 4; **We can take . . .** *On peut prendre... ,* I, 12; **You take . . . Street, then cross . . . Street.** *Prenez la rue... , puis traversez la rue... ,* I, 12

take out: Take out a sheet of paper. *Prenez une feuille de papier.* I, 0; **to take out the trash** *sortir la poubelle,* I, 7

takes place: It takes place . . . *Ça se passe... ,* III, 9

taking: Are you taking . . . ? *Tu prends... ?* I, 11

talk: Can I talk to you? *Je peux te parler?* I, 9; II, 10; **Talk to him/her/them.** *Parle-lui/-leur.* II, 10; **to talk on the phone** *parler au téléphone,* I, 1

tall *grand(e),* I, 7; II, 1

tank: the gas tank *le réservoir,* III, 2

tart: apple tart *la tarte aux pommes,* II, 3; **fruit pies/tarts** *les tartes aux fruits,* III, 1

taste *déguster,* II, 4; **in poor taste** *de mauvais goût,* III, 2

tasteless *vulgaire,* III, 4

Tattletale! *Rapporteur (-euse)!* III, 6

taxi: by taxi *en taxi,* I, 12

teacher *le/la professeur,* I, 0

team *l'équipe (f.),* III, 12

tear *déchirer,* II, 5

tease *taquiner,* II, 8

technical: to go to a technical school *faire une école technique,* III, 5

technician *le technicien(la technicienne),* III, 5

teeth *les dents (f.),* II, 7

television *la télévision,* I, 0; **television set** *le téléviseur,* III, 9

tell: Can you tell her/him that I called? *Vous pouvez lui dire que j'ai téléphoné?* I, 9; **Didn't I tell you?** *Je ne t'ai pas dit?* III, 10; **Tell . . . hi for me.** *Salue... de ma part.* III, 8; **Tell . . . that I'm going to write.** *Dis à... que je vais lui écrire.* III, 8; **Tell . . . that I'm thinking about him/her** *Dis à... que je*

pense à lui/elle. III, 8; **Tell him/her/ them that . . .** *Dis-lui/-leur que... ,* II, 10; **Tell me!** *Raconte!* II, 5; III, 10; **to tell (someone) that . . .** *dire à (quelqu'un) que... ,* II, 10; **to tell the truth** *dire la vérité,* III, 3

tempting: Everything looks tempting. *Tout me tente.* III, 1

tennis: to play tennis *jouer au tennis,* I, 4

tent *une tente,* II, 12

terrible *horrible,* I, 10; **I had a terrible day!** *J'ai passé une journée épouvantable!* II, 5; **This is terrible!** *Quelle angoisse!* III, 12

Terrific! *Bravo!* II, 5

tests *les examens (m.),* I, 1

than: bigger than . . . *plus grand(e) que,* II, 4; **fewer . . . than . . .** *moins de... que... ,* III, 8; **It's better than . . .** *C'est meilleur que... ,* II, 7; **less . . . than . . .** *moins... que... ,* III, 8; **more . . . than . . .** *plus de... que... ,* III, 8; *plus... que... ,* III, 8; **smaller than . . .** *moins grand(e) que,* II, 4

thank: You don't have to thank me. *C'est tout à fait normal.* III, 6

thank you: Thank you. *Merci.* I, 3; II, 2; *Je vous remercie.* III, 6; **Thank you so much.** *Merci bien/mille fois.* III, 6; **Yes, thank you.** *Oui, s'il vous (te) plaît.* I, 8; **No, thank you.** *Non, merci.* I, 8; **No thank you, I've had enough.** *Merci, ça va.* II, 3

thanks: No thanks. I'm not hungry anymore. *Non, merci. Je n'ai plus faim.* I, 8

that *ce, cet, cette,* I, 3; **That is so . . . !** *Qu'est-ce que c'est... !* III, 2; **This/ That is . . .** *Ça, c'est... ,* I, 12; **That is, . . .** *C'est-à-dire que... ,* II, 9

theater *le théâtre,* I, 6; II, 2

their *leur/leurs,* I, 7

them *les, leur,* I, 9

then: Then, . . . *Ensuite,... ,* II, 12; *Et puis,... ,* II, 1; **And then?** *Et alors?* III, 10; **Then I called . . .** *Ensuite, j'ai téléphoné à... ,* I, 9

there *-là* (noun suffix), I, 3; *y,* I, 12; **Here (There) is . . .** *Là, c'est... ,* II, 2; **Is . . . there, please?** *(Est-ce que)... est là, s'il vous plaît?* I, 9; **Over there, at the end of the hallway.** *Par là, au bout du couloir.* III, 2; **Right there, next to . . .** *Juste là, à côté de... ,* III, 2; **There is/are. . .** *Il y a... ,* I, 5; II, 2; **There's . . .** *Voilà...* I, 7; **What do you . . . there?** *Qu'est-ce qu'on y...?* III, 12; **You're almost there!** *Tu y es presque!* II, 7

Therefore, . . . *Donc,... ,* II, 9

these *ces,* I, 3; **These/Those are . . .** *Ce sont... ,* I, 7

thing: It's not my thing. *Ce n'est pas mon truc.* II, 7; **This old thing?** *Oh, c'est un vieux truc.* III, 4

things: I have lots of things to do. *J'ai des tas de choses à faire.* I, 5; **I have some things to do.** *J'ai des trucs à faire.* I, 5

think: Do you think I should . . . ? *Tu crois que je devrais... ?* III, 7; **Do you think it'd be better to . . . ?** *Tu penses qu'il vaudrait mieux... ?* III, 7; **Do you think so?** *Tu trouves?* II, 2; **Hey, do you think you can . . . ?** *Dites donc, ça vous gênerait de... ?* III, 8; **I don't think so.** *Je ne crois pas.* II, 9; **I don't think that . . .** *Je ne pense pas que... ,* III, 7; **I think I'll . . .** *Je pense... ,* III, 5; **I think it's . . .** *Je trouve qu'il est... ,* III, 4; **I think it's/they're . . .** *Je le/la/les trouve... ,* I, 10; **I think that . . .** *Je crois que... ,* II, 9; **I think that's better.** *Je crois que ça vaut mieux.* III, 7; **What do you think about going . . . ?** *Ça te dit d'aller... ?* II, 4; **What do you think I should do?** *Qu'est-ce que tu me conseilles?* II, 10; **What do you think of . . . ?** *Comment tu trouves... ?* I, 2; *Qu'est-ce que tu penses de... ?* III, 4; **What do you think of it?** *Qu'en penses-tu?* III, 4; **What do you think of that/ it?** *Comment tu trouves ça?* I, 2; **What do you think you'll do?** *Qu'est-ce que tu penses faire?* III, 5; **Who do you think you are?** *Non mais, vous vous prenez pour qui?* III, 8

thirst: I'm dying of thirst! *Je meurs de soif!* II, 2

thirsty: to be thirsty *avoir soif,* I, 5; **Aren't you thirsty?** *Vous n'avez pas (Tu n'as pas) soif?* II, 2; **I'm not thirsty anymore.** *Je n'ai plus soif,* II, 3

this *ce, cet, cette,* I, 3; **This is . . .** *C'est... ,* I, 7; *Ça, c'est... ,* II, 2; **This/ That is . . .** *Ça, c'est... ,* I, 12

those *ces,* I, 3; **Those.** *Ceux-là/ Celles-là,* III, 4; **Those are . . .** *Ce sont... ,* I, 7

thought: I've thought of everything. *J'ai pensé à tout.* I, 11

throat *la gorge,* II, 7

throw: to throw away your trash *jeter les déchets,* II, 12; **to throw the ball** *lancer le ballon,* III, 12; **to throw trash** *jeter des ordures,* III, 3

Thursday: on Thursdays *le jeudi,* I, 2

ticket: plane ticket *un billet d'avion,* I, 11; II, 1; **Three (entrance) tickets, please.** *Trois tickets, s'il vous* plaît. II, 6; **train ticket** *un billet de train*, I, 11

tie *la cravate*, I, 10; III, 4

tied: to be tied *être à égalité*, III, 12

tight *serré(e)*, I, 10

tights *un collant*, III, 4

time: a waste of time *zéro*, I, 2; **At what time do you have . . . ?** *Tu as... à quelle heure?* I, 2; **At what time?** *A quelle heure?* I, 6; **from time to time** *de temps en temps*, I, 4; **I'm sorry, but I don't have time.** *Je regrette, mais je n'ai pas le temps.* I, 8; **Sorry, but I don't have time.** *Je suis désolé(e), mais je n'ai pas le temps.* I, 12; **We don't have time!** *On n'a pas le temps!* III, 2; **What time does it start?** *Ça commence à quelle heure?* II, 11; **What time does the train (the bus) for . . . leave?** *A quelle heure est-ce que le train (le car) pour... part?* II, 6

tire *le pneu*, III, 2; **spare tire** *la roue de secours*, III, 2; **tire pressure** *la pression des pneus* (m.), III, 2; **to have a flat tire** *avoir un pneu crevé*, III, 2

tired: I'm tired. *Je suis fatigué(e)*, II, 12; **(You're) not too tired?** *Pas trop fatigué(e)?* II, 2

tiring: It was tiring! *C'était fatigant!* II, 2

to *à la* (before a feminine noun), I, 6; **(a city or place)** *à*, I, 11; **(before a feminine noun)** *en*, I, 11; **(before a masculine noun)** *au*, I, 11; **(before a plural noun)** *aux*, I, 11; **five to (before an hour)** *moins cinq*, I, 6

today *aujourd'hui*, I, 2

together: When are we getting together? *Quand est-ce qu'on se revoit?* III, 6

toilet *les toilettes* (f.) *(les W.-C.)* (m.), II, 2

told: Who told you that? *Qui t'a dit ça?* III, 10

tolerant *tolérant(e)*, III, 3

tomato: tomato salad *la salade de tomates*, III, 1; **tomatoes** *des tomates* (f.), I, 8

tomorrow *demain*, I, 2; **See you tomorrow.** *A demain.* I, 1

tonight: Not tonight. *Pas ce soir.* I, 7

too: Me too. *Moi aussi.* I, 2; III, 9; **No, it's too expensive.** *Non, c'est trop cher.* I, 10; II, 3; **No, not too much.** *Non, pas trop.* I, 2; **Not too much.** *Pas tellement.* I, 4; **It's/They're too...** *Il/Elle est (Ils/Elles sont) trop...* , I, 10; **too violent** *trop violent(e)*, II, 11

took (pp.) *pris* (pp. of prendre), I, 9

Tough! *Tant pis pour toi!* III, 6;

Tough luck! *C'est pas de chance, ça!* II, 5

tour: to take a guided tour *faire une visite guidée*, II, 6; **to tour some châteaux** *faire un circuit des châteaux*, II, 6

tourist: tourist information office *l'office de tourisme*, II, 2

towards: Towards the back. *Au fond.* III, 2

tower: to go up in a tower *monter dans une tour*, II, 6

track and field *l'athlétisme*, III, 12; **to do track and field** *faire de l'athlétisme*, I, 4

traffic *la circulation*, III, 8

traffic jam *l'embouteillage* (m.), III, 8

trails: to follow the marked trails *suivre les sentiers balisés*, II, 12

train *s'entraîner*, III, 12; **to train for (a sport)** *s'entraîner à...* , II, 7

train (locomotive): by train *en train*, I, 12; **train station** *la gare*, II, 2; **train ticket** *un billet de train*, I, 11

trash: It's trash. *C'est un navet.* III, 9; **to take out the trash** *sortir la poubelle*, I, 7; **to throw trash** *jeter des ordures*, III, 3

trashcan *la poubelle*, I, 7

travel *voyager*, I, 1

tree *l'arbre* (m.), III, 7

trip: Did you have a good trip? *Vous avez (Tu as) fait bon voyage?* II, 2; **Have a good trip! (by car)** *Bonne route!* II, 3; **Have a good trip! (by plane, ship)** *Bon voyage!* I, 11; II, 3

tropical rainforest *la forêt tropicale*, II, 4

trouble: I'm having trouble deciding. *J'ai du mal à me décider.* III, 5

truly: Very truly yours, . . . *Je vous prie d'agréer, Monsieur/Madame, l'expression de mes sentiments distingués.* III, 5

trumpet *la trompette*, III, 11

trunk *la trompe*, III, 7

trust: Trust me. *Fais-moi confiance.* III, 4

truth: to tell the truth *dire la vérité*, III, 3

try: Try . . . *Essaie...* , III, 1; **Can I try it (them) on ?** *Je peux l'(les) essayer?* I, 10; **One more try!** *Encore un effort!* II, 7

Tuesdays: on Tuesdays *le mardi*, I, 2

Tunisia *la Tunisie*, III, 12

turkey: sliced turkey breast with mashed potatoes *l'escalope de dinde purée*, III, 1

turn: Then, turn left on . . . *Puis, tournez à gauche dans/sur...* , II, 2; **to turn off/out** *éteindre*, III, 3; **You turn . . .** *Vous tournez...* , I, 12

turn down: Turn down the volume. *Baisse le son.* III, 9

turn up: Turn up the volume. *Monte le son.* III, 9

turtle *la tortue*, III, 10

turtleneck sweater *le col roulé*, III, 4

TV: TV guide/listing *le programme télé*, III, 9; **to watch TV** *regarder la télé(vision)*, I, 1

twins *les jumeaux(-elles)*, III, 6

twists: It's full of plot twists. *C'est plein de rebondissements.* II, 11

type: I like this type of . . . *J'aime bien ce genre de...* , III, 4

typical: What's typical of where you're from? *Qu'est-ce qui est typique de chez toi?* III, 12

ultra- (adv.) *super*, I, 2

umbrella *le parapluie*, I, 11

uncle *l'oncle* (m.), I, 7

uncomfortable (people) *mal à l'aise* (inv.), II, 9

understanding: I have a hard time understanding. *J'ai du mal à comprendre.* II, 5

unemployed: to be unemployed *être au chômage*, III, 5

Unfortunately, . . . *Malheureusement,... ,* II, 9

unique: That's unique. *C'est original.* II, 3

United States *les Etats-Unis* (m.), III, 12

unleaded (gasoline) *sans plomb*, III, 2

unlucky: I'm so unlucky. *J'ai vraiment pas de chance.* III, 12

up: to go up *monter*, II, 6

up to: I've had it up to here! *J'en ai ras le bol!* III, 8

Upstairs. *En haut.* III, 2

used: You'll get used to it. *Tu vas t'y faire.* II, 8

useless *nul*, I, 2

usually *d'habitude*, I, 4

V-necked *à col en V*, III, 4

vacation *les vacances* (f.), I, 1; **Have a good vacation!** *Bonnes vacances!* I, 11; **How was your vacation?** *C'était comment, tes vacances?* III, 1; **on vacation** *en vacances*, I, 4

vacuum: to vacuum *passer l'aspirateur*, III, 3

variety show *l'émission* (f.) *de variétés*, III, 9

vase *le vase,* II, 3

VCR (videocassette recorder) *le magnétoscope,* I, 0

vegetables *les légumes* (m.), I, 8; II, 7; **plate of raw vegetables with vinaigrette** *l'assiette de crudités,* III, 1

vegetation: tropical vegetation *la végétation tropicale,* III, 7

very: not very good *pas bon,* I, 5; **very cool** *chouette,* II, 2; **Yes, very much.** *Oui, beaucoup.* I, 2

vest *le gilet,* III, 4

video: music video *le vidéoclip,* III, 9; **to make videos** *faire de la vidéo,* I, 4; **to play video games** *jouer à des jeux vidéo,* I, 4

videocassette *la cassette vidéo,* III, 9; **videocassette recorder/VCR** *le magnétoscope,* I, 0; III, 9

videotape *la vidéocassette,* I, 3

village: fishing village *un village de pêcheurs,* II, 4

violent *violent,* II, 11

violin *le violon,* III, 11

visit (a place) *visiter,* I, 9; II, 6

visiting: How about visiting . . . ? *Si on visitait... ?* II, 8

volcano *le volcan,* II, 4

volleyball: to play volleyball *jouer au volley(-ball),* I, 4

w

wait: I can hardly wait to . . . ! *Je suis vraiment impatient(e) de... !* III, 12; **I can't wait to . . .** *Il me tarde de... ,* III, 12; **I just can't wait . . . !** *Vivement que... !* III, 12

wait for *attendre,* I, 9

waiter *le serveur,* III, 5; **Waiter!** *Monsieur!* I, 5

waitress *la serveuse,* III, 5; **Waitress!** *Madame!* I, 5; *Mademoiselle!* I, 5

walk: to go for a walk *faire une promenade,* I, 6; *se promener,* II, 4; **to walk the dog** *promener le chien,* I, 7; *sortir le chien,* III, 3

wallet *le portefeuille,* I, 3; II, 3

want *vouloir,* I, 6; **Do you know what you want to do?** *Tu sais ce que tu veux faire?* III, 5; **Do you want . . . ?** *Vous voulez (tu veux)... ?* I, 6, II, 3; **I don't know what I want anymore.** *Je ne sais plus ce que je veux.* III, 5; **I really want to . . .** *Je tiens à... ,* III, 5; **If you want.** *Si tu veux.* I, 12; **No, I don't want to.** *Non, je ne veux pas.* II, 8; **Yes, if you want to.** *Oui, si tu veux.* I, 7

war movie *le film de guerre,* III, 9

wardrobe: armoire/wardrobe *l'armoire* (f.), II, 2

warning: I'm warning you that . . . *Je vous signale que... ,* III, 7

was: He was . . . *Il était... ,* II, 12; **How was it?** *C'était comment?* III, 9; **I was . . .** *J'étais... ,* II, 12; **It was . . .** *C'était... ,* II, 6; **It was amazing/unbelievably bad!** *C'était incroyable!* II, 5; **There was/were . . .** *Il y avait... ,* II, 12

wash: to wash oneself *se laver,* II, 4; **to wash the car** *laver la voiture,* I, 7; **to wash the windows** *laver les vitres,* III, 3

waste *gaspiller,* III, 3; **a waste of time** *zéro,* I, 2

watch *la montre,* I, 3

watch: to watch a game (on TV) *regarder un match,* I, 6; **to watch TV** *regarder la télé(vision),* I, 1; **Watch out for . . . !** *Attention à... !* III, 7

water *l'eau* (f.), I, 5; **mineral water** *l'eau minérale,* I, 5; **to water ski** *faire du ski nautique,* I, 4; **to water the garden** *arroser le jardin,* III, 3; **Water, please.** *De l'eau, s'il vous plaît.* III, 1; **water with strawberry syrup** *le sirop de fraise à l'eau,* I, 5

waterfall *une chute d'eau,* II, 4

watering hole *le point d'eau,* III, 7

way: a one-way ticket *un aller simple,* II, 6; **By the way, . . .** *A propos,... ,* II, 9; **No way!** *C'est pas possible!* III, 12; *Mon œil!* III, 10; *Pas possible!* II, 6; *Pas question!* II, 1; *Tu parles!* III, 9

wear *mettre, porter,* I, 10; **I don't know what to wear for . . .** *Je ne sais pas quoi mettre pour... ,* I, 10; **Wear . . .** *Mets... ,* I, 10; **What shall I wear?** *Qu'est-ce que je mets?* I, 10; **Why don't you wear . . . ?** *Pourquoi est-ce que tu ne mets pas... ?* I, 10

weather: The weather was great. *Il a fait un temps magnifique.* III, 1; **weather report** *la météo,* III, 9; **What is the weather like?** *Quel temps est-ce qu'il fait?* I, 4; **What was the weather like?** *Quel temps est-ce qu'il a fait?* III, 1

Wednesday: on Wednesdays *le mercredi,* I, 2

weekend: Did you have a good weekend? *Tu as passé un bon week-end?* I, 9; **on weekends** *le week-end,* I, 4; **this weekend** *ce week-end,* I, 6; **What a bad weekend!** *Quel week-end!* II, 5; **What a great weekend!** *Quel week-end formidable!* II, 5

weight: to lose weight *maigrir,* I, 10; *perdre du poids,* III, 10

weightlifting *l'haltérophilie* (f.), III, 12

weights *les haltères* (m.), III, 12

welcome: At your service; You're welcome. *A votre service.* I, 3; **Welcome to my home (our home)** *Bienvenue chez moi (chez nous),* II, 2; **You're very welcome.** *Je vous en prie.* III, 6; **You're welcome.** *De rien.* III, 6

well: Did it go well? *Ça s'est bien passé?* I, 9; **It didn't go well.** *Ça ne s'est pas bien passé.* III, 1; **Get well soon!** *Bon rétablissement!* II, 3; **I don't feel well.** *Je ne me sens pas bien.* II, 7; **It went really well!** *Ça s'est très bien passé!* II, 5; **Very well.** *Très bien.* I, 1; **Well done!** *Chapeau!* II, 5; **well done (meat)** *bien cuit(e).* III, 1; **You don't seem too well.** *Tu n'as pas l'air en forme.* II, 7; **You would do well to . . .** *Tu ferais bien de... ,* II, 7; **You would do well/better to . . .** *Tu ferais bien/mieux de... ,* III, 5; **Not too well.** *Pas trop bien.* III, 1

went: Afterwards, I went out. *Après, je suis sorti(e).* I, 9; **I went . . .** *Je suis allé(e)... ,* I, 9; **I went by . . .** *Je suis parti(e) en... ,* III, 1; **It went really well!** *Ça s'est très bien passé!* II, 5

were: If I were in your place, . . . *A ta place,... ,* III, 8; **If I were you, . . .** *Si j'étais toi,... ,* III, 8; **If it were me, . . .** *Si c'était moi,... ,* III, 8; **If it were possible, . . .** *Si c'était possible,... ,* III, 8; **There was/were . . .** *Il y avait... ,* II, 12; **There were . . .** *Il y avait de... ,* III, 9

west: in the west *dans l'ouest,* II, 4; **It's to the west of . . .** *C'est à l'ouest de... ,* II, 12

western: western (film) *un western,* II, 11; III, 9; **It's in the western part of . . .** *C'est dans l'ouest de... ,* II, 12

what *comment,* I, 0; **What's interesting/incredible is . . .** *Ce qui est intéressant/incroyable, c'est... ,* III, 11; **I don't know what to do.** *Je ne sais pas quoi faire.* II, 10; **What are you doing?** *Mais, qu'est-ce que tu fais?* III, 2; **What are you going to do . . . ?** *Qu'est-ce que tu vas faire... ?* I, 6; *Tu vas faire quoi... ?* I, 6; **What bothers me is . . .** *Ce qui m'ennuie, c'est... ,* II, 4; **What can we do?** *Qu'est-ce qu'on peut faire?* II, 4; **What catches your eye is . . .** *Ce qui saute aux yeux, c'est... ,* III, 11;

What do you have to drink? *Qu'est-ce que vous avez comme boissons?* I, 5; **What do you need for . . . ?** (formal) *Qu'est-ce qu'il vous faut pour . . . ?* (informal) *Qu'est-ce qu'il te faut pour... ?* I, 3; **What do you think of . . . ?** *Comment tu trouves... ?* I, 2; **What I don't like is . . .** *Ce que je n'aime pas, c'est..,* II, 4; **What I like is . . .** *Ce qui me plaît, c'est... ,* II, 4; **What is . . . ?** *Qu'est-ce que c'est,... ?* III, 1; **What is that called?** *Comment est-ce qu'on appelle ça?* III, 11; **What is there . . . ?** *Qu'est-ce qu'il y a... ?* II, 4; **What is there to drink?** *Qu'est-ce qu'il y a à boire?* I, 5; **What is your name?** *Tu t'appelles comment?* I, 0; **What's going on?** *Qu'est-ce qui se passe?* II, 5; **What's his/her name?** *Il/Elle s'appelle comment?* I, 1; **What's it like?** *C'est comment?* II, 4; **What's that?** *Qu'est-ce que c'est?* III, 11; **What's wrong?** *Qu'est-ce qui t'arrive?* II, 5
whatever: Whatever. *Ça m'est égal.* II, 8
when: When? *Quand (ça)?* I, 6; **When do you open (close)?** *A quelle heure est-ce que vous ouvrez (fermez)?* II, 6; **When did you go there?** *Quand est-ce que tu y es allé(e)?* III,1
where: Where? *Où ça?* I, 6; **Do you know where . . . are?** *Tu sais où sont... ?* III, 2; **Excuse me, could you tell me where . . . is?** *Pardon, vous savez où se trouve... ?* III, 2; **Where did you go?** *Tu es allé(e) où?* I, 9; **Where is . . . , please?** *Où est... , s'il vous plaît?* II, 2, 4; II, 12; **Where's the fire?** *Il n'y a pas le feu.* III, 2;
whereas: Here . . . whereas . . . *Ici,... tandis que... ,* III, 8
which: Which . . . *Quel(s)/ Quelle(s)... ,* III, 4; **From which platform . . . ?** *De quel quai... ?* II, 6; **Which one?** *Lequel/Laquelle?* III, 4; **Which ones?** *Lesquels/ Lesquelles?* III, 4
white *blanc(he),* I, 3
who: The woman/girl/one who . . . *Celle qui... ,* III, 4; **Who's calling?** *Qui est à l'appareil?* I, 9
whom: With whom? *Avec qui?* I, 6
why: Why don't you . . . ? *Pourquoi tu ne... pas?* I, 9; II, 7; **Why not?** *Pourquoi pas?* I, 6
widowed *veuf (veuve),* III, 6
wife *la femme,* I, 7; III, 6

wild *délirant(e),* III, 4; **(crazy, funny)** *dingue,* III, 2; **I'm wild about it.** *Ça m'éclate.* III, 11
win *gagner,* I, 9; III, 12
window *la fenêtre,* I, 0; **to window-shop** *faire les vitrines,* I, 6; **to wash the windows** *laver les vitres,* III, 3
windshield: to clean the windshield *nettoyer le pare-brise,* III, 2
windsurf *faire de la planche à voile,* I, 11; II, 4
winter: in the winter *en hiver,* I, 4
wiped out: I'm wiped out. *Je suis tout(e) raplapla.* II, 7
wise: It would be wise to . . . *Il serait plus prudent de... ,* III, 7
wishes: Best wishes! *Meilleurs vœux!* II, 3
with: I went with . . . *J'y suis allé(e) avec... ,* III, 1; **The girl in the/with the . . .** *La fille au... ,* III, 4; **The man/guy/one with . . .** *Celui avec... ,* III, 4; **with me** *avec moi,* I, 6; **With whom?** *Avec qui?* I, 6
withdraw: to withdraw money *retirer de l'argent* (m.), I, 12
without: You can't leave without . . . *Tu ne peux pas partir sans... ,* I, 11
wolf *un loup,* II, 12
wonder: I wonder . . . *Je me demande... ,* II, 9; III, 5
wool *en laine,* III, 4
word: Where does the word . . . come from? *D'où vient le mot... ?* III, 11
work *travailler,* I, 9
work out: How should we work this out? *Comment est-ce qu'on fait?* III, 6
worker *l'ouvrier(l'ouvrière),* III, 5
worried *inquiet (inquiète),* II, 9
worries: to have worries *avoir des soucis,* II, 8
worry: Don't worry! *Ne t'en fais pas!* I, 9; II, 5; *Ne vous en faites pas!* III, 7; **Don't worry about it!** *Ne t'inquiète pas.* III, 6
worth: It's not worth it! *Ça ne vaut pas le coup!* III, 9; *Ce n'est pas la peine.* III, 7
worthless *n'importe quoi,* II, 11; *nul (nulle),* II, 8
worthwhile: I don't think it's worthwhile. *Je ne crois pas que ce soit utile.* III, 7
would: It would be great if . . . *Ça serait chouette si... ,* III, 8; **That would be nice.** *Ce serait sympa.* III, 6; **What would you do?** *Qu'est-ce que tu ferais, toi?* II, 10; **would like: I'd like to buy . . .** *Je voudrais*

acheter... , I, 3; **Would you mind . . . ?** *Ça t'embête de... ? II,* 10; *Ça t'ennuie de... ? II,* 10; **Would you pass . . .** *Vous pourriez (tu pourrais) me passer... ,* II, 3; **Yes, I would.** *Oui, je veux bien.* II, 3; **You would do well to . . .** *Tu ferais bien de... ,* II, 7
Wow! *Oh, dis donc!* III, 7; *Ouah!* III, 7; **Wow! That was a real scare!** *Ouf! On a eu chaud!* III, 7
wreck: to wreck the car *emboutir la voiture,* III, 10
wrestling *la lutte,* III, 12
write: Write him/her/them. *Ecris-lui/-leur.* II, 10
writer *l'écrivain,* III, 5
wrong: Everything went wrong! *Tout a été de travers!* II, 5; **Is something wrong?** *Quelque chose ne va pas?* II, 7; **Something's wrong.** *Ça n'a pas l'air d'aller.* II, 5; **What's wrong?** *Qu'est-ce qui t'arrive?* II, 5; *Qu'est ce que tu as?* II, 7; *Qu'est-ce qu'il y a?* II, 10; **You're wrong to . . .** *Tu as tort de... ,* III, 3; **You're wrong.** *Tu as tort.* III, 9

yard *le jardin,* II, 2
yeah: Yeah. *Mouais.* II, 6; **Oh yeah? Yeah, right!** *Mon œil!* II, 6
year: I am . . . years old. *J'ai... ans.* I, 1; **When I was . . . years old, . . .** *Quand j'avais... ans,... ,* II, 8
yellow *jaune,* I, 3
yes *oui,* I, 1
yet: not yet *ne... pas encore,* I, 9; III, 10
Yippee! *Youpi!* III, 12
yogurt *du yaourt,* I, 8
you *tu, vous,* I, 0; **And you?** *Et toi?* I, 1; **. . . you know.** *..., quoi.* II, 9; **. . . you see.** *..., tu vois.* II, 9
young *jeune,* I, 7; II, 1
younger: the younger child *le cadet(la cadette),* III, 6
youngest: the youngest child *le benjamin(la benjamine),* III, 6
your *ton/ta/tes,* I, 7; *votre/vos,* I, 7
yours: Very truly yours, . . . *Je vous prie d'agréer, Monsieur/Madame, l'expression de mes sentiments distingués.* III, 5

zebra *le zèbre,* III, 7
zoo *le zoo,* I, 6; II, 6

GRAMMAR INDEX

This grammar index includes topics introduced in **Allez, viens!** Levels 1, 2 and 3. The roman numeral I preceding the page numbers indicates Level 1; the Roman numeral II indicates Level 2; the Roman numeral III indicates Level 3. Page numbers in boldface type refer to **Grammaire** and **Note de grammaire** presentations. Other page numbers refer to grammar structures presented in the **Comment dit-on... ?, Tu te rappelles?, Vocabulaire,** and **A la française** sections. Page numbers beginning with R refer to the Grammar Summary in this reference section (pages R27–R52).

A

à: expressions with **jouer** I: **101**; contractions with **le, la, l',** and **les** I: **101**, 157, 316, R18; II: **44**, 166, R25; III: R35; with cities and countries I: **290**, R18; II: R25; III: **308**, R35

adjectives: adjective agreement and placement I: 78, **79, 186**, R12–R14; II: **11**, R19–21; III: R27–R29; and **de** II: **39**; as nouns I: **265**, R15; II: R22; III: R30; demonstrative I: **77**, R14; II: R21; III: R30; formation of feminine adjectives III: R27–R29; formation of plural adjective and nouns III: R27–R29; possessive I: 179, **181**, R15; II: R22; III: R30; preceding the noun II: **39**, R21; III: R30

à quelle heure: I: 54, 163, **165**, R17

adverbs: of frequency I: **110**; II: **101**, 172, R23; III: R31; placement with the **passé composé** I: **240**, R15; II: R23

agreement: adjectives I: **79, 186**, R12–R14; II: **11**, R19-R21; III: R27–R29; agreement of past participles III: **11**, R47; in the **passé composé** II: **147**, R35; in the **passé composé** of reflexive verbs II: **168**, R34; III: R45; in the **passé composé** with direct object pronouns II: **257**, R26; III: R36

aller: I: 135, 153, **154**, 288, 289, R23; with an infinitive I: **154**; II: 21, R38; III: 34, R46; in the **passé composé** I: 238, 298, R25; II: 124, R35

articles: definite articles **le, la, l',** and **les** I: **28**, R16; III: 19, R30; definite articles with days of the week I: **153**; indefinite articles **un, une,** and **des** I: 71, **73**, R16; II: R23; III: 19, R31; partitive articles **du, de la,** and **de l'** I: 207, **208**, 320, R16; II: 59, **65**, R23; III: 19, R31

avec qui: I: 163, **165**, R17; II: R24; III: R33

avoir: I: **51**, R23; II: **10**, R31; III: R42; **avoir besoin de** I: **210**; **avoir envie de** I: **289**; II: 18, 173; **avoir l'air** II: **227**; expressions with II: 9, 34, 68, 119, 127, 165, 173, 310; imperfect II: **199**, 260, R36; with the **passé composé** I: 237, **239**, 241, 245, 267, 298, R25; II: 120, R35; III: **11**, R46

C

ça: replacing the subject of a sentence with **il, elle,** or **ça.** III: **177**

causative **faire:** III: **95**

ce, cet, cette, and **ces:** I: **77**, R14; II: R21; III: R29

ce que, ce qui: III: **286**, R39; See relative pronouns.

c'est: versus **il/elle est** + adjective I: **274**; II: **275**, R28; III: R39

celle-là, celles-là, celui-là, ceux-là demonstrative pronouns III: **89**, R36

cognates: I: 6–7, 27, 76, 100

commands: I: 11, 132, 135, **136**, R25; II: **15**, R38; forming commands and suggestions III: **37**, R46; with object pronouns I: 135, 212, **247**, 296, R19–R20; II: R26-R28; III: **37**, R50

comparative: III: **204**, R32

comparisons: II: 90, 178, 198; superlative II: 127; III: **252**, R32

conditional: II: 68, 148, 173, 178, 250, 251, 255, 312; III: **125**, R49; in the past II: 258

conduire: III: **35**

connaître: II: 231, 273, **274**, R32; **passé composé** II: **274**, R32

contractions: See **à** or **de.**

countries: prepositions with countries I: **290**, R18; II: R25; III: R35

D

de: before modified nouns II: **39**, 88, R21; contractions I: **104**, 325, R18; II: 39, R25; III: R35; expressions with **faire** I: **101**; indefinite articles (negative) I: **73**; II: R23; indicating relationship or ownership I: **180**; II: R25; III: R35; partitive article I: **208**, R16; II: R23; III: R31; with expressions of quantity I: **214**

definite articles: I: **28**, R16; III: 19

demonstrative adjectives: I: **77**, R14; II: R21; III: R29

demonstrative pronouns: III: **89**

object pronouns: See pronouns.

on: with suggestions I: 110, 129; using **on** III: 143

où: I: 163, **165**, 289, R17

ouvrir: II: 152, **153**, R33; III: R44

partir: I: **294**, R23; II: R30; III: R41

partitive articles: I: 207, **208**, 320, R16; II: 59, **65**, 93, 171, R23; III: 19, R31

passé composé: III: **11**; R46–R47; agreement of the direct object in the II: 257, R26; with **avoir** I: 237, **239**, 241, 245, 298, R25; II: 118, **120**, R35; III: **11**, R46; with **être** I: R25; II: **124**, 142, **147**, 168, R35; III: **11**, R47; versus imperfect II: 233, 237, **315**, R37; III: R48

passive voice (avoiding): III: 283

past: past infinitive: III: **144**, R52; past participles III: **11**; past perfect III: **259**, R51; using the present tense to relate past events III: **235**

placement of adjectives I: **79**, R14; of adverbs I: **110**, 240, R15; II: R23; of object pronouns II: 252, 259, R28; III: R29

plaire: II: 95, 197; **in the passé composé** II: 144

plural: formation of plural adjectives and nouns III: R27, R35

possessive adjectives: I: **181**, R15; II: R22; III: R30

pourquoi: I: 159, 212, 247, 264, 290

pouvoir: I: 110, 130, 159, 189, 212, **213**, R24; II: 18, **64**, 250, 255, R31; III: R42; **pourrais** I: 320; **pourrait** II: 18

prendre: I: 132, **133**, R24; II: R32

prepositions: I: **325**, R18; **à** II: **44**; **à** and **en** I: **290**, R18; **de** I: **180**, 214, R18; II: 39, R25; expressions with **faire** and **jouer** I: **101**; **chez** I: 163; with countries III: **308**, R35

present: using the present tense to relate past events III: **235**

pronouns: and infinitives I: 247, 265; agreement with the direct object pronoun in the **passé composé** II: 257, R26; direct object pronouns I: **247**, **273**, 296, R19; II: 250, 251, **252**, 284, R26; III: **42**, R36; **en** I: 214, 219, **220**, 293, R20; II: **58**, **172**, R27; III: **42**, R37; formal versus familiar **(tu/vous)** I: **33**; II: **34**, R26; indirect object pronouns I: 244, **247**, 296, R20; II: **68**, R27; III: **42**, R38; interrogative pronouns and demonstrative pronouns III: **89**, R36; placement of II: 252, 259, R28; III: **42**, R38; omitting the object pronoun in speech III: **279**; relative pronouns II: 95, **96**, 197, **287**, R28; III: **234**, R39; subject pronouns I: 24, 26, **33**, 105, R19; **(tu/vous)** I: **33**; II: **34**, R26;

reflexive pronouns II: **93, 95, 100**, R27; III: R45; **y** I: 135, 212, 320, 322, **323**, R20; II: R26; III: **42**, R37; using **on** III: **143**

quand: I: 106, 163, **165**, R17; II: R24; with future tense III: **304**

quantities: I: **214**; II: 57, 58

que: II: **287**, R28; relative pronouns III: **234**, R35

quel(s), quelle(s): See question words.

qu'est-ce que: I: **165**, 289, 290, 297; II: 12, 68, 90, 94, 165, 250, 280, 286, 304, 312

qu'est-ce qui: II: 119

question formation: I: **103**, R17; II: **34**, R24; formal II: **152**, R24; III: **127**, R33; informal II: **152**, R24

question words: I: 54, 163, **165**, R17; II: 12, R24; **quel** I: 25, 51, II: **12**, 123, 152, R24; III: R33; **pourquoi** I: 159, 212, 247, 264, 290

questions: inversion in questions III: **127**

qui: I: 163, **165**, R17; relative pronouns II: 231, **287**, R28; III: **234**, R35

quoi: I: 51, **165**, 264

re-: prefix I: 213

-**re** verbs: I: **245**, R21; II: R30; III: R41; with the **passé composé** I: 245, 298, R25; II: **120**, 124, R35; III: R41

reciprocal verbs: III: **142**, R45

reflexive pronouns: See pronouns.

reflexive verbs: See verbs.

relative pronouns: See pronouns.

rien: See **ne... rien.**

savoir: II: 231, 250

se: See reflexive pronouns.

si: I: **50**, R17; clauses III: **197**, 303, R46; indicating condition I: 189, 320; in suggestions II: **209**, R36

sortir: I: **294**, R23; II: R30; III: R41

stems: irregular verb stems in the future tense III: **118**, R49

subject pronouns: I: 24, 26, **33**, 105, R19; **(tu/vous)** I: **33**; II: **34**, R26

subjunctive: subjunctive III: **61**, 117, R50; irregular subjunctive forms III: **61**, 179, R50; subjunctive versus indicative III: **169**; using the subjunctive III: **169**, 172, R51

ACKNOWLEDGMENTS

For permission to reprint copyrighted material, grateful acknowledgment is made to the following sources:

Association de Gestion des Domaines Touristiques du Vallon de la Lambrée: Advertisement, "Château Fort de Logne," from *Guide des attractions touristiques & musées, Belgique.*

Attractions et Tourisme c/o Grottes de Han: Advertisements, "Château Fort de Logne" and "Parc de Récréation Mont Mosan," from *Guide des attractions touristiques & musées, Belgique.*

Bayard Presse International: "Albert nez en l'air" and "Julie Boum" from *Albert nez en l'air* by Paul Martin, illustrated by Mario Ramos, from *Astrapi.* Copyright © by Bayard Presse International. From "Sportez-vous bien" from *Okapi,* October 1–15, 1986. Copyright ©1986 by Bayard Presse International. From "Le sport, c'est quoi pour vous?" from *Okapi,* November 15–30, 1986. Copyright ©1986 by Bayard Presse International. From "Quel rôle joue la mode dans votre vie?" from *Okapi,* July 15-31, 1989. Copyright © 1989 by Bayard Presse International. From "Aimez-vous la BD?" from *Okapi,* no. 534, February 15-28, 1994. Copyright © 1994 by Bayard Presse International. "La musique est un langage universel," "La musique m'accompagne dans la vie," and "Tous aiment me voir danser" from "Quelle musique écoutez-vous?" from *Okapi,* no. 548, October 15-22, 1994. Copyright © 1994 by Bayard Presse International.

Jérôme Bonnefoy: Photographs of clothing from "Vanessa, Hélène, Charlotte, Shannen...Exploits leurs combines" from *Bravo Girl,* no. 56, April 25-May 8, 1994.

Centre Belge de la Bande Dessinée: Hours of operation from the brochure *Centre Belge de la Bande Dessinée.*

Comité Français d'Education pour la Santé: Sticker with message, "Fumer, c'est pas ma nature!"

Companhia Melhoramentos de São Paulo, Brazil and Volcano Press, Inc.: "La Tortue et le Leopard" by Rogério Andrade Barbosa, illustrated by Ciça Fittipaldi. French translation by Holt, Rinehart and Winston. Originally published in Portugese as "A Tartaruga e o Leopardo". Copyright © 1987 by Companhia Melhoramentos de São Paulo; English translation copyright © 1993 by Volcano Press, Inc.

Département de l'intérieur, de l'agriculture, de l'environnement et de l'énergie, Geneva: "Aidez-nous à protéger les eaux!" from *Voyage au bout de l'eau.*

Dwight's Cajun Bar-B-Que: Advertisement, "Dwight's Cajun Bar-B-Que," from *Le Menu Français,* Volume 1.

Editions Denoël: "Il faut être raisonnable" from *Les Vacances du Petit Nicolas* by Sempé and Goscinny. Copyright © 1962 by Editions Denoël.

Editions Gallimard: From "Enfance d'une fille" from *La cause des femmes* by Gisèle Halimi. Copyright © 1973 by Editions Grasset & Fasquelle.

Editions l'Harmattan: French text and illustrations from *O'gaya* by Isabelle and Henri Cadoré, illustrated by Bernadette Coléno. Copyright © 1991 by Editions L'Harmattan.

Garland Publishing, Inc.: "Froumi et Grasshopper" from *Cajun and Creole Folktales: The French Oral Tradition of South Louisiana,* collected and annotated by Barry Jean Ancelet. Copyright © 1994 by Barry Jean Ancelet.

Grand Hôtel Bristol, "L'Auberge": Adaptation of menu from restaurant "L'Auberge."

Hachette F.L.E.: "La petite maison" and "Les trois femmes du roi" from *Contes et histoires du Maghreb* by Jean-Paul Tauvel. Copyright © 1975 by Hachette.

Hachette Livre: "La cuisine cajun" from "La Louisiane" from *Le guide du Routard: Etats-Unis 1993/94.* Copyright © 1993 by Hachette Livre. Front cover, adaptation of "La mosquée de la kasbah," from "La place Jemaa-el-Fna," "Le minaret de la Koutoubia," "Le palais de la Bahia," adaptation from "Les souks," and from "Les tombeaux saadiens" from *Le guide du Routard: Maroc, 1994-95.* Copyright © 1994 by Hachette Livre.

InterMédia Caraïbes: Text from "La Faune sous-marine de la Guadeloupe" from "Antilles Info Tourisme Guadeloupe" by InterMédia Caraïbes. Online. Available http://www.antilles-info-tourisme.com/guadeloupe.

Journal L'Alsace: "A la soupe les potaches" from *Journal L'Alsace,* April 11-13, 1993. Copyright © 1993 by Journal L'Alsace.

L'Officiel des Spectacles: From "L'Ami africain," from "Le Pont de la Rivière Kwai," and from "Les Patriotes" from "Films en exclusivité" from *L'Officiel des Spectacles,* no. 2488. Copyright © by L'Officiel des Spectacles.

La Maison de Campagne: Advertisement, "La Maison de campagne, Lafayette," from *Le Menu Français,* Volume 1.

Christian Lacroix: From "Bazar de Christian Lacroix: automne-hiver 1994-1995," from "Christian Lacroix collection haute-couture: automne-hiver 1994/95," from "Christian Lacroix prêt-à-porter: automne-hiver 1994/95," and four illustrations by Christian Lacroix.

Le Monde: Quotes by Zinedine Zidane from "Zinedine Zidane, roi du monde" by Gilles van Kote from *Le Monde,* no. 16628, July 14, 1998. Copyright ©1998 by Le Monde.

Le Soleil: From "Des nouveaux professionnels sur le marché" from *Le Soleil,* no. 6936, July 20, 1993. Copyright ©1993 by Le Soleil. All rights reserved. *Le Soleil* is a Senegalese newspaper.

Les Productions La Fête: Four photographs, Scene 83, and synopsis and production information from *Fierro...L'été des secrets,* produced by Rock Demers, directed by André Melançon from a story by Rodolfo Otero, screenplay by André Melançon and Geneviève Lefebvre, stills by Jean Demers. *Fierro...L'été des secrets* is number 8 in the collection *Tales for All.* Produced by Productions La Fête, 225 Roy Street East, Suite 203, Montreal, Quebec, Canada H2W 1M5.

Librairie Gründ: "Le cimetière des éléphants" from *Légendes et contes: Contes africains* by Vladislav Stanovsk, translated into French by Dagmar Doppia. Copyright © 1992 by Aventinum, Prague; French translation copyright © 1992 by Librairie Gründ, Paris.

Madame au Foyer: "Les Tunisiennes en marche" from "Les femmes dans le monde" by Monique Roy from *Madame,* September 1994. Copyright © 1994 by Madame au Foyer.

Michelin Travel Publications: From Map No. 970, "Europe," 1994 edition. Permission No. 94-460. Copyright © 1994 by Michelin. From Map No. 409, "Belgique, Luxembourg, Belgium," 1994 edition. Permission No. 94-460. Copyright © 1994 by Michelin.

ACKNOWLEDGMENTS

Office National du Tourisme Tunisien: Photographs and text from *Tunisie amie: Tunisie. Le pays proche.*

Parc de Récréation Mont Mosan: Advertisement, "Parc de Récréation Mont Mosan," from *Guide des attractions touristiques & musées, Belgique.*

J.C. Penney Company, Inc: Photo from page 135 from *Celebrate Summer* catalogue by J.C. Penney. Copyright © 1994 by J.C. Penney Company, Inc.

Liliane Phung and Scoop: Four photos and text from "Mannequins d'un jour: Liliane, une vraie beauté asiatique" from *OK! Podium,* no. 34. Text copyright © by COGEDIPRESSE; photos copyright © by Fred. Gregoire.

Poor Boy's Riverside Inn: Advertisement, "Poor Boy's Riverside Inn: Sert la meilleure cuisine cajun depuis 1932," from *Le Menu Français,* Volume 1.

Poupart Bakery, Inc.: Advertisement, "Poupart Bakery, Inc.: 'La Boulangerie Française de Lafayette'," from *Le Menu Français,* Volume 1.

Quelle La Source: Six photographs of clothing and accessories with descriptions from the catalogue *Quelle La Source,* Spring-Summer 1994.

Randol's Seafood & Restaurant: Logo, photographs and text from brochure *Randol's Seafood & Restaurant: Lafayette, LA.*

Swiss Council for Accident Prevention, Berne, Switzerland: From "Equipement adéquat" and front cover from *Faire des randonnés en montagne, sûrement!*

SYGMA: Photograph of Vanessa Paradis by Bettina Rheims and photograph of Hélène Rolles by Jacques Bourget. The statements accompanying these photos were written by HRW and do not reflect the opinions of these photos' subjects.

TV 7 Jours: Cover, text from "Les Feuilletons" by Benoît Breton, and television listing from "Samedi, 10 septembre" from *TV 7 Jours,* September 10-16, 1992. Copyright © 1992 by TV 7 Jours.

Winstub au Cygne: Adaptation of "Le Cygne" menu.

WWF-World Wide Fund for Nature: From *Sauvegarder la nature, c'est assurer l'avenir de l'homme* and WWF Panda logo. Logo copyright © 1986 by WWF-World Wide Fund for Nature (formerly World Wildlife Fund).

WWF Suisse: Membership application for WWF from *Les Iles,* vol. 14, no. 3, September 1981.

PHOTOGRAPHY CREDITS

Abbreviations used: (t) top, (c) center, (b) bottom, (l) left, (r) right; (bckgd) background, (brd) border.

CHAPTER OPENER PHOTOGRAPHS: HRW Photos/Scott Van Osdol.

TABLE OF CONTENTS: Page vii(t), David R. Frazier Photolibrary; vii(cr), Emmanuel Rongiéras d'Usseau; viii(t), (b), HRW Photo/Patrice Maurin-Berthier; ix(tl), HRW Photo/Patrice Maurin-Berthier; ix(tr), Blaine Harrington; x(tl), Michael Newman/PhotoEdit; x(br), Robert Fried; xi(tr), HRW Photo/May Polycarpe; xi(bl), Brian Seed/Tony Stone Images; xii(tl), Jean Whitney/Tony Stone Images; xii(tr), Robert Frerck/Odyssey; xiii(tl), HRW Photo/Patrice Maurin-Berthier; xiii(br), Adventure Photo; xiv(tl), SuperStock; xiv(tr), HRW Photo/Sam Dudgeon; xv(tr), HRW Photo/May Polycarpe; xv(bl), Wolfgang Kaehler; xvi(tl), Mauricio Handler/The Wildlife Collection; xvi(tr), Karl I. Wallin/FPG International, Inc.; xvii(tl), Dirk Dietrich/Dietrich Photography; xvii(br), Bob Krist/Leo de Wys Inc.; xviii(tl), P. Rondeau/AllSport; xviii(tr), Mitchell B. Reibel/Sports Photo Masters.

UNIT ONE: Page xxiv-1, Phil Cantor/SuperStock; 2(tl), (bl), SuperStock; 2(cr), Blaine Harrington; 3(tl), Gary Cralle; 3(br), W. Gontscharff/SuperStock; 3(cr), SuperStock; 3(cl), P. and G. Bowater/The Image Bank. **CHAPTER ONE:** Page 4(c), P.J. Sharpe/SuperStock; 5(t), David R. Frazier Photolibrary; 5(b), Robert Fried; 6(tr), Jean-Marc Truchet/Tony Stone Images; 6(c), Barry Iveron/Woodfin Camp & Assoicates; 6(cl), HRW Photo/Marty Granger/Edge Productions; 6(b), Adina Tovy/Photo 20-20; 7(tr), Rick Lee/SuperStock; 7(tlc), David R. Frazier Photolibrary; (trc), F. Bouillot/Marco Polo/Photo Take; 7(bcl), HRW Photo/Marty Granger/Edge Productions; 7(bl), Bas van Beek/Leo de Wys; 7(br), Ph. Halle/Marco Polo/Photo Take; 8(c), Editions de Art Jack; 12(bl), SuperStock; 12(bc), HRW Photo/Michele Slane; 12(br), Shaun Egan/Tony Stone Images; 14(tr), Emmanuel Rongiéras d'Usseau 15(c), Catherine Ursillo/ Photo Researchers; 16(l), (c), HRW Photo/Marty Granger/ Edge Productions; 16(r), HRW Photo/Louis Boireau/Edge Productions; 23(b), HRW Photo/Sam Dudgeon. **CHAPTER TWO:** Page 28(t), Editions Albert René, 1998. Touts droits réservés; 28(c), Pierre Berger/Photo Researcher; 28(bc), *Les Aventures de Tintin: Marché Sur la Lune* by Hergé © 1954 Casterman, Paris Tournai; 28(br), *L'Œuf et les Schtroumpfs* by Peyo © 1978 S.A. Editions Jean Dupuis; 29(all), 30-32(all), HRW Photo/Patrice Maurin-Berthier; 34, Spencer Grant/PhotoEdit; 38(c), *Julie, Claire, Cécile: On s'éclate* by Sidney et Bom © 1989 Editions du Lombard, Bruxelles; 39(tl), Centre Belge de la Bande Dessinée, Bruxelles; 39(c), *Les Aventures de Tintin: On a Marché Sur la Lune* by Hergé. © 1954 Casterman, Paris-Tournai; 39(cr), *Les Aventures de Tintin: Le Sceptre d'Ottokar* by Hergé. © 1975 Casterman, Paris-Tournai; 39(r), *L'Œuf et les Schtroumpfs* by Peyo © 1978 S.A. Editions Jean Dupuis; 40(l), (c), HRW Photo/Marty Granger/Edge Productions; (r), HRW Photo/Louis Boireau/Edge Productions; 44(tl), HRW Photo/Sam Dudgeon; 44(tc), Victor Englebert; 44(tr), Color Day Productions/The Image Bank; 44(cl), Messerschmidt/FPG International; 44(c), John Darling/Tony Stone Images; 44(cr), F. Bouillot/Marco Polo/Photo Take; 45(l), J. Wishnetsky/Comstock; 45(cr), F. Bouillot/Marco Polo/Photo Take; 45(cl), Richard Pasley; 45(r), Victor Englebert; 46, 47,48, *Julie, Claire, Cécile: C'est la Jungle* by Sidney et Bom © 1988 Editions du Lombard, Bruxelles; 52(b), *Lucky Luke: Fingers* by Lo Hartog Van Banda © 1983 Dargund Editeur. **CHAPTER THREE:** Page 54(c), 55(t), Blaine Harrington; 55(b), HRW Photo/Patrice Maurin-Berthier; 56(tl), HBJ Photo/Mark Antman; 56(c), HRW Photo/Patrice Maurin-Berthier; 56(tr), (br), Blaine Harrington; 57(cr), Michelle Bridwell/Frontera Fotos; 57(bl), Ciné Plus; 57(br), Blaine Harrington; 58(l), Michelle Bridwell/Frontera Fotos; 58(cl), Blaine Harrington; 58(cr), (r), HRW Photo/Patrice Maurin-Berthier; 63(cr), Peanuts reprinted by permission of United Features Syndicate, Inc.; 65-66(all), Blaine Harrington; 67(all), Daniel J. Schaefer; 72, 78(cl), (cr), (c), Daniel J. Schaefer; 77(b), Claude Martin/World Wildlife Fund for Nature. **CHAPTER FOUR:** Page 80(c), Robert Fried; 81(t), HRW Photo/Patrice Maurin-Berthier; 81(b), Carol Simowitz; 90(bl), HBJ Photo/Peter Menzel; 90(br), Beryll Goldberg; 91(all), HRW Photo/Marty Granger/Edge Productions; 92(l), Michael Newman/PhotoEdit; 92(r), Shirley Richards/SuperStock; 93(tl), Cathlyln Melloan/Tony Stone Images; 93(tr), Daniel Schaefer; 93(bl), Tony

Freeman/PhotoEdit; 93(bc) Photo 20/20; 93(br), HRW Photo/Patrice Maurin-Berthier; 101(b), HRW Photo/Sam Dudgeon; 103(l), Super Magazine: Paris; 103(r), Michael Roberts.

UNIT TWO: Page 106-107 Gill Copeland/Nawrocki Stock Photo, Inc ; 108(tl), J. Deselliers/SuperStock; 108(tr) R. Campillo/The Stock Market; 108(br), 109(tr), Gill Copeland/Nawrocki Stock Photo, Inc.; 109(cl), Charles G. Summers/Ron Kimball Stock Agency; 109(br), Dave G. Houser; 109(c), Rita Summers/Ron Kimball Stock Agency; 109(tl), Cliche. **CHAPTER FIVE**: Page 110, Brian Seed/Tony Stone Images; 111(t), Steven Ferry; 111(bl), HRW Photo/May Polycarpe; 112(t), G. Giansanti/Sygma; 112(c), Jason Lauré; 112(b), 113(c), Thierry Prat/Sygma; 113(t), Marcus Rose/Panos Pictures; 113(b), HRW Photo/May Polycarpe; 114(cl), Marcus Rose/Panos Pictures 114(cr), Thierry Prat/Sygma; 115(tl), Brian Seed/Tony Stone Images; 115(tc), SuperStock; 115(tr), (cr), Dave Houser 115(cl), Holton Collection/SuperStock; 119(c), SuperStock; 119(tl), HRW Photo Daniel Aubrey; 119(tr), HRW photo/May Polycarpe; 120(tl), Thierry Prat/Sygma; 120(tc), (tr), HRW Photo/Louis Boireau/Edge Productions; 122(all), HRW Photo/Marty Granger/Edge Productions; 123(l), Jeff Greenberg/PhotoEdit; 123(cl), (cr), HRW Photo/Russell Dian; 123(r), HRW Photo/May Polycarpe. **CHAPTER SIX**: Page 136, Beryl Goldberg; 137(t), Jean Whitney/Tony Stone Images; 137(bl), HRW Photo/John Langford; 137(br), HRW Photo/Patrice Maurin-Berthier; 138(tl), (bl), Robert Frerck/Odyssey; 138(c), (cr), Elaine Little/World Photo Images; 139(tr), Naboru Komine/Photo Researchers, Inc.; 139(cr), HRW Photo/Mark Antman; 145(tl), HRW Photo/Louis Boireau; 145(tc), (tr), HRW Photo/Marty Granger/Edge Productions; 146(tc), (tr), 147(tr), (bc), Elaine Little/World Photo Images; 147(cr), © Createc148(tl), Altitude/Peter Arnold, Inc.; 148(tr), Robert Frerck/Tony Stone Images; 148(bl), John Beatty/Tony Stone Images; 148(bc), S.A. Kaluzny; 148(br), Budd Nielsen/Image International. 158(cl), (c), SuperStock; (br) Panos Pictures; (bkgd) Blaine Harrington. **CHAPTER SEVEN**: Page 162, Victor Englebert; 163(tr), HRW Photo Patrice Maurin-Berthier; 163(b), Adventure Photo; 164(tr), (bl), (br), HRW Photo/Patrice Maurin-Berthier; 164(cl), (cr), Photo Disc © 1998; 165(tl), (br), HRW Photo/Patrice Maurin-Berthier; 165(cr), HRW Photo/Sam Dudgeon; 167(tl), SuperStock; 167(tr), Victor Englebert; 167(bl), Magrus Rosshagen/Panos Pictures; 167(br), Jason Lauré; 173 (all) HRW Photo/Marty Granger/Edge Productions; 174(tr), Rick Ridgeway/Adventure Photos; 174(cl), SuperStock; 174(br), Four by Five/SuperStock; 175(tl), SuperStock; 175(br), E.R. Digginger/Bruce Coleman, Inc.; 176(br), Edwin and Peggy Bauer/Natural Selection; 176(bcr), (tcr), Tim Davis/Davis/Lynn Images; 176(tcl), Christer Fredriksson/Natural Selection; 176(bl), (bcl), Daniel J. Cox/Natural Selection; 176(tl), (tr), Renee Lynn/Davis/Lynn Images; 185(tl), SuperStock; 185(tc), Anup Manj Shah/Animals Animals; 185(tll), George Merillon/Liaison International; 185(bl), Victor Englebert; 185(bc), John Guistina/The WildLife Collection; 185(br), Ron Levy; 186(tl), HRW Photo/Sam Dudgeon; 186(tlc),(trc), (tr), SuperStock. **CHAPTER EIGHT**: Page 188(tr), Ric Ergenbright; 188(bl), Steve Vidler/SuperStock; 189(tr), HRW Photo/Sam Dudgeon; 189(b), Elaine Little/World Photo Images; 190(tl), SuperStock; 190(tr), Dave Bartruff; 190(bl), Cuido Cozzi/Bruce Coleman, Inc.; 190(br), Steve Vidler/Leo de Wys, Inc.; 191(tr), Ric Ergenbright; 191(cr), Nik Wheeler; 191(br), HRW Photo/Sam Dudgeon; 193(tr), Nik Wheeler; 193(c), Ric Ergenbright; 193(tr), John Elk/Bruce Coleman, Inc.; 193(bl), Jason Lauré; 193(br), Klaus D.Francke/Peter Arnold, Inc.; 194(tl), SuperStock; 194(tc), (tr), (cb), (ctrc), (cbr), Ric Ergenbright; 194(ctl), (br), Daniel J. Schaefer; 194(ctlc), Jane Grushow/Grant Heilman Photography; 194(ctr), Elaine Little/World Photo Images; 194(cbc), Karen Ann Wilson/Natural Selection; 194(cbcr), HRW Photo/Russell Dian; 194(bl), John Cancalos/Natural Selection; 199(all), HRW Photo/Marty Granger/Edge Productions; 200(tr), (bl), Elaine Little/World Photo Images; 200(c), Nik Wheeler; 201(tr), S. Fiore/SuperStock; 201(bl), Richard Hutchings/PhotoEdit; 201(br), Nik Wheeler; 205(bl), J. Moline/Photo Researchers, Inc. 205(br), Nik Wheeler.

UNIT THREE: Page 214-215S. Poulin/SuperStock; 216(tr), Kunio Owaki/SuperStock; 216(cl), Thomas Ames, Jr./Tony Stone Images; 216(br), Marc Romanelli/The Image Bank; 217(tr), E. Faure/SuperStock; 217(cl), Max and Bea Hunn; 217(cr), Robert Fried; 217(bl), D. Donne Bryant/DDB Stock Photo. **CHAPTER NINE**: Page 218, Wolfgang Kaehler; 219(tr), HRW Photo Patrice Maurin-Berthier; 219(bl), HRW Photo/May Polycarpe; 220(tl), (cl), (bl), (bc), HRW Photo/Sam Dudgeon; 220(c), Archive Photo; 221(tr), SuperStock; 221(cr), (bl), HRW Photo/Sam Dudgeon; 223(tl), (cl), Robert Fried; 223(tc), Malak/SuperStock; 223(tr), S. Poulin/SuperStock; 224(cr), Wolfgang Kaehler; 228, HRW Photo/Sam Dudgeon; 229(all), HRW Photo/Marty Granger/Edge Productions; 230(tl), Ciné Plus; 230(cl), HRW Photo/Sam Dudgeon; 230(cr), PhotoEdit; 230(br), Rivera Collection/SuperStock; 231(tl), (cr), (bl), Ciné Plus; 231(br), HRW Photo/Russell Dian; 241(l), (cl), Barry King/Liaison International; 241(cr), John Herrington/Black Star; 241(r), Ron Davis/Shooting Star. **CHAPTER TEN**: Page 244(tr), Chris Huss/The Wildlife Collection; 244(bl), Mauricio Handler/The Wildlife Collection; 245(tr), (bl), HRW Photo/Patrice Maurin/Berthier; 246(t), (cr), (bl), Steven Ferry; 246(br), Karl I. Wallin/FPG International, Inc.; 247(tr), B.Crew/SuperStock; 247(cl), (cr), (bl), Steven Ferry; 249(tl), (tc), (cr), Robert Fried; 249(tr), Wolfgang Kaehler; (br), Robert Rattner; 254(b), Steven Ferry; 255(l), (r), HRW Photo/Marty Granger/Edge Productions; 255(c), HRW Photo/Louis Boireau; 256(tl), (cl), (bl), Steven Ferry; 256(c), McCarten/PhotoEdit; 256(br), Al Tielemans/Duomo; 266(br), Norbert Wu/Tony Stone Images; 266(cl), Stuart Westmorland/Tony Stone Images; 266(tr), Peter and Stef Lanbert/Tony Stone Images. **CHAPTER ELEVEN**: Page 270 C. Harris/SuperStock, 271(tr), D. Donne Bryant/DDB Stock Photo; 271(bl), Les Riess; 272(tr), Daniel J. Schaefer; (bl), D. Donne Bryant/DDB Stock Photo; 273(tl), Bob Krist/Leo de Wys, Inc.; 273(tr), D. Donne Bryant/DDB Stock Photo; 273(cl), (cr), Daniel J. Schaefer; 275(tl), Les Riess; 275(tr), (tc), (cl), D. Donne Bryant/DDB Stock Photo; 275(cr), Dirk Dietrich/Dietrich Photography; 280(bl), Kunio Owaki/The Stock Market; 281(tr), (cl), Les Riess; 281(br), Daniel J. Schaefer; 282(l), Les Reiss; 282(c), (r), HRW Photo/Marty Granger/Edge Productions; 284, 285(all), Daniel J. Schaefer; 287(tl), (bl), Les Riess; 287(tr), Mark E. Gibson; 287(br), 288-289(bckgd), Daniel J. Schaefer **CHAPTER TWELVE**: Page 296 P. Rondeau/AllSport; 297(tr), HRW Photo/Patrice Maurin-Berthier; 297(bl), HRW Photo/Sam Dudgeon; 298(tl), Mitchell B. Reibel/Sports Photo Masters; 298(cl), Focus on Sports; 298(br), David Madison; 299(tr), HRW Photo/Sam Dudgeon; 299(cr), David Madison; 299(br), Focus on Sports; 306(tr), (bl), Daniel J. Schaefer; 307(tl), (cr), Robert Fried; 307(cl), Daniel J. Schaefer; 307(bl), Frederic Chehu/AllSport; 308(tl), (tcl), HRW Photo/May Polycarpe; 308(tcr), (ccr), Robert Fried; 308(tr), HRW Photo/Aubrey; 308(cl), Sean Sprague/Panos Pictures; 308(ccl), Owen Franken, 308(cr), Michelle Bridwell/Frontera Fotos; 308(bl), Jeremy Hartley/Panos Pictures; 308(bcl), Marc French/Panos Pictures; 308(bcr), HRW Photo/Herman Emmett; 308(br), Wolfgang Kaehler; 309(b), HRW Photo/Sam Dudgeon; 310(l), (r), HRW Photo/Marty Granger/Edge

ACKNOWLEDGMENTS

Productions; 310(c), HRW Photo/Louis Boireau; 312(tr), William R. Sallez/Duomo Photography; 313(tr), Ian Tomlinson/AllSport; 313(cl), Jean-Marc Loubat/Vandystadt Agence de Presse/AllSport; 313(cr), Mike Cooper/AllSport; 313(bl), Didier Klein/Vandystadt Agence de Presse/ AllSport; 314(tr), Romuald Mergneuz/SIPA Press; 314(cl), P. Candelora/Vandystadt Agence de Presse/AllSport; 314(bl), Gromek Niviere/SIPA Press; 316(tl), Myron of Athens, The Lancillotti Discobulus. Roman copy of Greek original (c.450B.C.). Museo Nazionale Romano Delle Terme, Rome, Italy/Art Resource, NY; 316(br), Popperfoto/Archive Photos; 317(tl), S. Botterill/AllSport; 317(tcl), Focus on Sports; 317(tcr), Yann Guichaoua/AllSports; 317(tr), Simon Kruty/AllSport; 317(cl), Frederic Chehu/AllSport; 317(clc), Steven E. Sutton/Duomo Photography; 317(crc), Focus on Sports; 317(cr), Duomo Photography.

ILLUSTRATION AND CARTOGRAPHY CREDITS

Abbreviated as follows: (t) top; (b) bottom; (l) left; (r) right; (c) center.

All art, unless otherwise noted, by Holt, Rinehart & Winston.

Front Matter: Page xxiii, GeoSystems; xxiv, GeoSystems; xxv, GeoSystems; xxvi, GeoSystems; xxvii, GeoSystems.

UNIT ONE: Page 1, GeoSystems. **Chapter One:** Page 6, GeoSystems; 7, GeoSystems; 10, Gilles-Marie Baur; 26, Jocelyne Bouchard. **Chapter Two:** Page 30, GeoSystems; 33, Anne Stanley; 34, GeoSystems; 35, Pascal Garnier; 36, Pascal Garnier; 37, Jean-Pierre Foissy; 41, Jean-Pierre Foissy; 43, Anne Stanley; 45, Ortelius Designs. **Chapter Three:** Page 59, Julian Willis; 60, Bruce Roberts; 61, Julian Willis; 62 (t), Jean-Pierre Foissy; 62 (b), Gwenneth Barth; 63 (t), Gwenneth Barth; 69, Jean-Pierre Foissy; 70, Julian Willis; 78, Julian Willis. **Chapter Four:** Page 85, Agnes Gojon; 86, Pierre Fouillet; 87, Agnes Gojon; 88 (t), Pascal Pinet; 88 (c), Sylvie Rochart; 88 (b), Pierre Fouillet; 94, Jocelyne Bouchard; 95, Sylvie Rochart; 97, Agnes Gojon; 104, Pierre Fouillet.

UNIT TWO: Page 107, GeoSystems. **Chapter Five:** Page 116, Andrew Bylo; 117, Jocelyne Bouchard; 119, Jocelyne Bouchard; 134, Jocelyne Bouchard. **Chapter Six:** Page 141, Jocelyne Bouchard; 143, Jean-Pierre Foissy; 146, Jocelyne Bouchard; 149, Sylvie Rochart; 151, Jocelyne Bouchard; 160, Brian Stevens. **Chapter Seven:** Page 168, Jocelyne Bouchard; 170, Julian Willis; 177, Julian Willis; 178 (t), Bruce Roberts; 178 (b), Gilles-Marie Baur. **Chapter Eight:** Page 194, Jocelyne Bouchard; 196 (t), Jocelyne Bouchard; 196 (b), Anne Stanley; 197, Jocelyne Bouchard; 198, Bruce Roberts; 202, Jocelyne Bouchard; 203, Sylvie Rochart; 212, Pierre Fouillet.

UNIT THREE: Page 215, GeoSystems. **Chapter Nine:** Page 224, Jocelyne Bouchard; 225, Bruce Roberts; 226, Jocelyne Bouchard; 228, Bruce Roberts; **Chapter Ten:** Page 250, Anne Stanley; 251, Anne Stanley; 253, Anne Stanley; 258, Andrew Bylo; 261, Jean-Pierre Foissy; 268, Andrew Bylo. **Chapter Eleven:** Page 277 (t), Bruce Roberts; 277 (b), Sylvie Rochart; 278, Jean-Pierre Foissy; 283, Gilles-Marie Baur; 288, Tim Jessell; 289, Tim Jessell; 290, Tim Jessell; 294, Bruce Roberts. **Chapter Twelve:** Page 301, Alain Massicotti; 302, Bernard LeDuc; 303, Alain Massicotti; 305, Bruce Roberts; 308, Anne Stanley; 311, Jocelyne Bouchard.